Günter Spitzing

Lexikon
byzantinisch-christlicher
Symbole

Die Bilderwelt Griechenlands und Kleinasiens

Diederichs

Alle Fotos und die meisten Zeichnungen sowie die Vorlagen
für die Reinzeichnungen stammen vom Verfasser

Die Abbildung auf dem Umschlag zeigt die Hochzeit
von Kanaa, Ajios Nikolaos Orphanos, Thessaloniki

CIP-Titelaufnahme der Deutschen Bibliothek

Spitzing, Günter:
Lexikon byzantinisch-christlicher Symbole :
d. Bilderwelt Griechenlands u. Kleinasiens / Günter Spitzing. –
München: Diederichs, 1989
ISBN 3-424-00934-2
NE: HST

© Eugen Diederichs Verlag, München 1989
Alle Rechte vorbehalten

Produktion: Tillmann Roeder, Buchendorf
Reproduktion: Fotolitho Longo, Frangart
Satz, Druck und Bindung: Passavia Druckerei GmbH Passau

ISBN 3-424-00934-2

Printed in Germany

Orte mit altchristlichen, byzantinischen und postbyzantinischen Monumenten sind mit + gekennzeichnet.

Günter Spitzing
Lexikon byzantinisch-christlicher Symbole

Inhalt

Vorwort	7

Teil I Der Bildkosmos der byzantinischen Kirche   9

Vom Ergriffensein zum Begreifen	10
Auffinden und Bestimmen der Bildmotive	10
Das sinnbildliche Denken	11
Die schriftlichen Quellen für die Symbole und Motive	11
Räumliche und historische Umrisse	12
Entwicklungszüge der griechischen Kunst	12
Orientierung nach dem Osten	15
Glaubens- und Kunsttendenzen der Ostkirche	15
Die Bildprogramme orthodoxer Innenräume	17
Wiedergabe der griechischen und türkischen Begriffe, Eigen- und Ortsnamen	24

Teil II Byzantinisch-christliche Symbole und Bildmotive von ABC bis Zahl   27

Teil III Anhang   321

Entzifferungshilfen für Bildbeschriften (griechisch–deutsch)	322
Die Entwicklung des byzantinischen Reiches	327
Kunstgeschichtliche Epochen von der frühchristlichen Zeit bis zur Gegenwart	330
Die wichtigsten byzantinischen Monumente	332
Literaturverzeichnis	342

Vorwort

Fotos bilden Sichtbares ab, gelten meist als Beweis dafür, daß ihr Gegenstand in sichtbarer Form existiert.

Die *byzantinische Ikone* hingegen macht das sichtbar, was das innere Auge schaut. Sie verdankt ihr Dasein einem Vertrauen und sie strahlt selbst Vertrauen aus – Vertrauen darauf, daß es die Welt des Göttlichen gibt und daß sich diese geistige Welt dem Menschen anschaulich offenbart.

Die Bilderwelt in den Kirchen des Ostens stellt die Wirklichkeit innerer Bilder dar – gerade das ist es wohl, was sie so faszinierend erscheinen läßt, sowohl für den Gläubigen als auch für den Außenstehenden.

Nimmt der Gläubige sonntagvormittags an der »göttlichen Liturgie« teil, so sehen seine inneren Augen, daß die Kirche angefüllt ist von Engeln, die den Altar umschweben. Und der hat sich verwandelt in einen Thron, der hinaufragt über alle Himmel hinaus. Und auf ihm der Herrscher aller Welten, der Pantokrator.

Der Sinn des orthodoxen Gottesdienstes liegt nicht so sehr darin, die Teilnehmer über Gott zu belehren; es gilt vielmehr ein Fest zu feiern zusammen mit Gott und allen Heiligen. Vergangenheit und Zukunft – Christi Heilsgeschichte und die verheißene Gotteswelt – werden mit der Gegenwart des rituellen Geschehens in einem Augenblick der Zeitlosigkeit vereinigt; sie werden zur erlebbaren und eben auch »anschaulichen« Wirklichkeit. Und die Gläubigen sind auch bereit, dies alles als innere Bildschau mitzuerleben. Diese Vorstellungskraft ist es, die nach außen tritt und sich verkörpert in den Fresken und Mosaiken, in den Tafelbildern und in der Architektur.

Sicherlich erlebt der Außenstehende etwas anderes als der Gläubige, wenn er eine griechische, serbische oder russische Kirche betritt oder in einen ihm fremden Gottesdienst hineingerät. Da ist er nun konfrontiert mit der ungewohnten Formensprache der Bilder, mit der Rhythmik und Tonalität unbekannter Gesänge, mit dem Duft von verbranntem Weihrauch und Olivenöl – nicht zuletzt mit einer Folge lebhafter, ihn rätselhaft anmutender ritueller Aufzüge und Ereignisse. Das hat alles etwas sehr Anziehendes, andererseits mag die Fremdartigkeit der Erscheinungen auch hilflos machen, ja auch Einsamkeit auslösen.

Was mich betrifft, so ist seit jeher die Faszination der byzantinischen Bilderwelt um vieles stärker gewesen als das Gefühl des Fremd- und Befremdetseins. Zudem hat die Begegnung mit Griechen dazu geführt, daß mich deren ausgeprägte Neugier und Fremdenfreundlichkeit angesteckt und veranlaßt hat, mich mit Sympathie und Empathie Erscheinungen zuzuwenden, die mir zunächst fremd vorkamen.

Aber abgesehen davon – 35 Jahre lang habe ich auf zahlreichen Reisen in Griechenland, einschließlich der Mönchsrepublik Athos, in Kleinasien (Konstantinopel und Kappadokien), in Serbien und Nordmakedonien, nach Venedig, Ravenna und Moskau altchristliche, byzantinische und postbyzantinische Bilder und Symbole studiert und fotografiert.

Dabei, und auch beim Studium der Quellen zu den Bildern stieß ich auf drei Tatbestände, die mein ohnehin großes Interesse ganz erheblich steigerten:

☆ Die byzantinische Bilderwelt ist alles andere als museal. Sie ist nicht nur eng verbunden mit den orthodoxen Riten, sondern auch verknüpft mit dem volkstümlichen Brauchtum von heute. Byzantinische Kulturtraditionen prägen den neugriechischen Staat und seine Politik, und sie haben sich ausgewirkt auf das, was wir im Charakter der Menschen als das »typisch Griechische« empfinden. Das Griechenland von heute verdankt seine liebenswerten Eigenheiten der griechischen Kirche mit ihrer byzantinischen Tradition.

So sah ich mich geradezu aufgefordert, auch das Volksbrauchtum Griechenlands – soweit es in Zusammenhang mit den einzelnen Bildmotiven steht – in diesem Buch zu berücksichtigen.

☆ Die byzantinische Bilderwelt bietet dem Menschen etwas Lebenswichtiges – nämlich Orientierung. Sie stellt sogar selbst eine Art von Orientierungssystem dar. Die Bilderwelt schafft eine enge Verbindung zwischen dem Einzelnen und der Gesamtheit des Universums, dem – sagen wir es griechisch – Kosmos. Der Gläubige weiß so um seinen Standort in der Welt, deren Bestimmung es ist, vergöttlicht zu werden – zusammen mit ihm selbst.
Ich meine, daß die Beschäftigung mit solchen Orientierungssystemen für Menschen aus dem Umkreis abendländischer Tradition besonders reizvoll sein müßte, weil diese nichts mehr zu bieten hat, was dem vergleichbar wäre.

☆ Die byzantinische Bilderwelt betont die Abbildbarkeit Christi als des Abbildes Gottes und die Abbildbarkeit des Menschen als des göttlichen Ebenbildes. Bild und Abbildbarkeit sind wesentlicher Bestandteil des Bildes, das sich der Mensch vom sich verkörperlichenden Gott und von sich selbst macht – mit anderen Worten: es ist ein wesentliches, wenn nicht das wesentliche Element seiner Theologie und seiner Anthropologie.

Für jemanden wie mich, der sich zeitlebens mit dem Bild und dessen Bedeutung für den Menschen beschäftigt hat, ist gerade dieser Aspekt der byzantinischen Kultur ebenso reizvoll wie gedanklich anregend.

Abgesehen von dem allem erscheint es mir nützlich, daß die Beschäftigung mit der byzantinischen Kunst und Kultur einen doppelten Brückenschlag ermöglicht – einen hin zur Kultur des Westens und einen zu der des Ostens.
Die christlich-abendländische und die byzantinische Kunst haben eine gemeinsame Jugendgeschichte, wobei die wesentlichen Impulse von Byzanz ausgingen. Von dorther ist die abendländische Kunst von der Karolingerzeit bis zur Hochgotik in erheblichem Ausmaße geprägt – so sehr, daß die Beschäftigung mit jenen abendländischen Kunstepochen zumindestens eine gewisse Kenntnis byzantinischer Bildmotive voraussetzt.
Nur aus dieser Kenntnis heraus sind dann auch die eigenständigen Entwicklungen in der abendländischen Kunst zu würdigen und zu beurteilen.
Die Verbindungen in anderer Richtung waren aber noch wesentlich enger. Auf byzantinischem Territorium – vor allem in Kleinasien – mündeten jene kontinenteübergreifenden Handelswege ein, die wir heute unter dem Oberbegriff »Seidenstraße« zusammenfassen. Fertige und halbfertige Waren, aber auch fertige und halbfertige Anschauungen fluteten auf diesen Wegen zwischen dem östlichen Mittelmeer und dem fernen Osten hin und her. Der Austausch von Produkten und Gedanken wurde erst unterbrochen, als sich der Sperriegel der islamisierten Länder zwischen das byzantinische Reich und die Staaten Asiens schob. Zuvor jedoch war genügend Zeit dafür geblieben, daß sich im gesamten Raum zwischen Griechenland, Indien, Indonesien und China überraschend viele ähnliche Grundkonzeptionen über das, was der Kosmos, was Gott und was der Mensch ist, herausbilden konnten.
Eine weitgehend – sagen wir einmal kühn – verwandte Geistigkeit, ausgedrückt auch in der Formensprache der Bilder, verbindet das christliche Griechenland mit den Hochkulturen des Ostens. Aber eine weitgehend verwandte Glaubensüberzeugung, dargestellt in den Motiven der christlichen Glaubenswelt, verbindet es mit dem Abendland.
So gesehen ist es das einfachere Verfahren, sich auf dem Umweg über die Beschäftigung mit der byzantinischen Kultur einen bequemen Zugang zu den Kulturen Süd- und Ostasiens zu verschaffen, als geradewegs über Stock und Stein auf sein Ziel loszugehen – um dann letztlich vor verrammelten Toren zu stehen.
Für mich kann die byzantinische Kunst mitunter schon Mittel zum Zweck sein, aber sie ist es nicht ausschließlich. Ich fühle mich von ihrer, wie ich meine, attraktiven Formensprache stark angezogen. Doch war es auch von der ersten Begegnung an mit ihr für mich eine Selbstverständlichkeit, daß ich – wie es für jeden, der verliebt ist, selbstverständlich ist – mich nicht nur darauf beschränken wollte sie zu bewundern, sondern daß es mir auch darauf ankam, sie intensiver kennenzulernen.

1 Geburt Mariä. Das erste der zwölf Hochfeste des griechischen Kirchenjahres (Dodekaorthon) wird wie im Westen am 8. September begangen. Die gesamte Kindheitsgeschichte Marias wird in der Vorhalle der Chorakirche in Konstantinopel (Istanbul) dargestellt. Das Geburtsmosaik selbst befindet sich an einer der östlichen Schildbogenwände (ganz links im Bild). Die spätbyzantinischen Mosaiken entstanden zwischen 1315 und 1320.

2 Kreuzerhöhung. Das zweite Hochfest im Kirchenjahr, gefeiert am 14. September. Fresko aus einem der nordgriechischen Meteora-Felsenklöster, geschaffen im 15. Jh.

3 Tempelgang Mariä. Das dritte Hochfest, gefeiert am 21. November. Die »Töchter der Hebräer« (oben kopfstehend) geleiten das Marienkind mit den Eltern Joachim und Anna zum Tempel. Gewölbemosaik aus der Vorhalle der Chorakirche in Konstantinopel (Istanbul), 1315–1320

4 Geburt Christi. Im Unterschied zum »Heiligen Abend« des abendländisch-christlichen Kirchenjahres jeweils am 25. Dezember begangen. Mosaik in der Südost-Trompe der Klosterkirche von Daphni bei Athen, entstanden Ende des 11. Jh.

5 Taufe Christi im Jordan. Das Fest der großen »Wasserweihe« fällt auf den 6. Januar, an dem im Osten wie im Westen der »Weisen aus dem Morgenlande« bzw. der »Heiligen Drei Könige« gedacht wird. Mosaik in der Südosttrompe der Klosterkirche von Osios Lukas in der Landschaft Phokis, Anfang 11. Jh.

6 Darstellung im Tempel. Das sechste byzantinisch-christliche Hochfest entspricht »Mariä Lichtmeß« und wird wie diese am 2. Februar begangen.

7 Verkündigung Mariä, wird wie im westchristlichen Kirchenjahr am 25. März gefeiert. Fresko in der Kirche zum Taubenschlag, Cavusin bei Göreme (Kappadokien), entstanden zwischen 963 und 969.

8 Einzug in Jerusalem. Das Fest der »Palmwedel« entspricht dem Palmsonntag und wird ebenfalls am Sonntag vor Ostern gefeiert. Ikone in der Festbildreihe einer Bilderwand in einer Kirche in Chios. Postbyzantinisch, 18. Jh.

9 Himmelfahrt. Wird wie »Christi Himmelfahrt« in unseren Breiten am Donnerstag vor Pfingsten gefeiert. Fresko in der Kuppel der zerstörten Höhlenkirche von El Nazar bei Göreme (Kappadokien), vermutlich Ende 10. Jh.

10 Pfingsten, sieben Wochen nach Ostern. Die Ikone des Pfingstsonntags zeigt die Trinität in der Gestalt der »drei Männer zu Besuch bei Abraham im Hain Mamre«. Fresko aus der Höhlenkirche Carikli Kilise bei Göreme (Kappadokien), vermutlich 13. Jh.

11 Verklärung Christi. Die »Metamorphosis« (griech.) oder »Transfiguratio« (lat.) wird im Osten (als elftes Hochfest) und im Westen am 6. August gefeiert. Goldmosaikdarstellung aus der Nordwesttrompe der Klosterkirche von Daphni bei Athen, Ende 11. Jh.

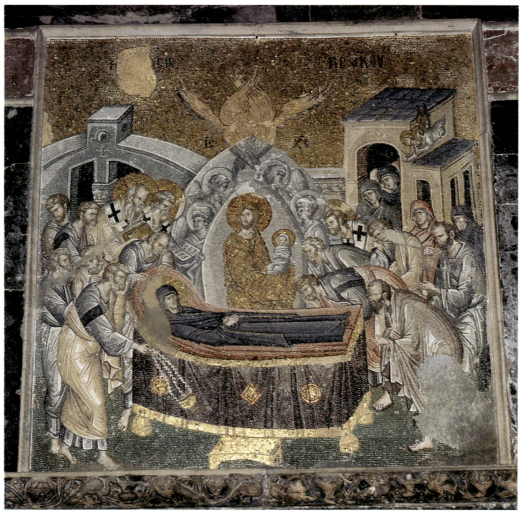

12 Heimholung Mariä. Entspricht dem westchristlichen Fest »Mariä Himmelfahrt« und wird wie dieses am 15. August begangen. Mosaik an der Westwand des Kirchenschiffes der Chorakirche in Konstantinopel (Istanbul), entstanden 1315–1320.

Der Bildkosmos
der byzantinischen Kirche

Vom Ergriffensein zum Begreifen

Dies Buch habe ich für alle diejenigen geschrieben, die fortschreiten wollen vom ergriffenen Schauen zum Begreifen. Die byzantinisch-christliche Geistigkeit selbst legt es einem nahe, diesen Schritt zu vollziehen, weil sie sich selbst anschaulich begreifbar ausdrückt – in der Form ihrer Bilderwelt. Vor dem Goldgrund der Ikonen und Mosaiken und vor dem dunkelblauen Untergrund der Freskomalerei spiegelt sich ins Sichtbare verdichtet die Innenwelt der Menschen des christlichen Ostens. Dies Buch soll nun die Voraussetzungen dafür bieten, daß man diese Bildwirklichkeit verstehen kann, sich ihr zu nähern vermag in einem zumindest dreistufigen Annäherungsprozeß:

1. Der Inhalt eines Bildmotivs wird in seiner Gesamtheit und in seinen Details exakt bestimmt. Die Grundlagen hierfür liefern vor allem die schriftlichen Quellen (→ »Die schriftlichen Quellen für die Symbole und Motive«).
2. Die Rolle des jeweiligen Einzelbildes im gesamten Bildprogramm eines Kirchenraumes oder der Bilderwand wird ermittelt (→ »Die Bildprogramme orthodoxer Innenräume«).
3. Die Bedeutung des jeweiligen Bildmotivs für das kirchliche wie für das alltägliche Leben – für das Kirchenjahr wie für den bäuerlichen Jahreszyklus – wird aufgezeigt; denn das orthodoxe Kultbild ist bis zum heutigen Tag der Kristallisationskern eines lebendigen, sich daran anlagernden Brauchtums.

Darüber hinaus sind auch noch andere Gegebenheiten von Interesse – wie etwa die Wandlungen, denen ein bestimmtes Motiv im Laufe der historischen Entwicklung ausgesetzt ist.

Auffinden und Bestimmen der Bildmotive

Der Hauptteil des Buches ist alphabetisch geordnet nach Motivbenennungen. Dies ist für ein Lexikon über Bilder ebenso unvermeidlich wie letztlich unbefriedigend. Dem Benutzer, der gerade vor einem Bild steht, ist dessen Benennung oftmals nicht bekannt. Sie ist es ja gerade, die er zunächst sucht. Und weil das so ist, bietet mein Buch zusätzliche Hilfen fürs Suchen und Finden an:

☆ Fast jedem Stichwort ist zumindest eine Abbildung beigefügt. Einer Vielzahl von Motiven kommt man bereits durch den ikonographischen Vergleich auf die Spur.

☆ Zu allen byzantinischen Darstellungen gehören grundsätzlich Beischriften, die das Motiv kennzeichnen, und oft auch darüber hinausgehende Texterläuterungen. Mit Hilfe des griechischen Alphabets (→ ABC) sowie des Verzeichnisses griechischer Bildmotivtitel und deren Übersetzung (im Anhang) ist das deutsche Stichwort zu ermitteln, unter dem das Motiv behandelt wird. Die ostkirchlichen Heiligen (→ Heilige, → Märtyrer, → Kirchenväter, → Patriarchen) lassen sich vielfach nur über die Schriftzusätze identifizieren. Die in der westlichen mittelalterlichen Kunst üblichen kennzeichnenden Attribute kommen im byzantinischen Raum nur in Ausnahmefällen vor.

☆ In den verschiedenen Raumteilen innerhalb einer byzantinischen Kirchenarchitektur – Apsis, Kuppel, Schiff, Vorhalle – kann jeweils nur eine begrenzte Auswahl an Motiven erscheinen. Die vier Pläne von Bildprogrammen in Kirchen aus unterschiedlichen Epochen, die den Einführungsteil dieses Buches abschließen, geben einen Überblick über beispielhafte Zuordnungen bestimmter Motive zu bestimmten Orten der Innenarchitektur.

Darüber hinaus informiert das Kapitel »Entwicklungszüge der griechischen Kunst« über die Entwicklung der kirchlich-religiösen Ikonographie im Verlauf der Geschichte des byzantinischen Reiches und der anschließenden Epochen.

☆ Im Hauptschiff (Naos) größerer orthodoxer Kirchen sind bestimmte Bildzyklen dargestellt. Ältere Zyklen (vor 1000) geben in erzählender Form ausgewählte Berichte des Neuen Testaments sowie verwandter Schriften wieder. Es handelt sich vor allem um den → Marienzyklus (der später in der Vorhalle dargestellt wird), um Zyklen von Wundertaten (→ Wunderheilungen, → Wunderspeisungen), sowie vor allem auch um den → Passions- und Osterzyklus. Die Bildfolgen der Zyklen sind unter den genannten Stichworten im Zusammenhang beschrieben. Somit kann anhand eines einzelnen, bereits erkannten Bildes der gesamte Zyklus aufgerollt und entziffert werden. (Beispiele: Die Kreuzigung Christi gehört zum → Passions- und Nachosterzyklus, die Speisung der 5000 zum Zyklus der Wunderspeisungen.) Später (etwa ab 1000) breitet sich der Festtagszyklus (Dodekaorthon) im Naos aus. Er wird unter dem Stichwort → Festtagskalender ebenfalls zusammenhängend erläutert.

Das sinnbildliche Denken

Die Bedeutung eines Großteils byzantinischer Bilder, nicht zuletzt der alttestamentlichen Zyklen, erschließt sich nur dem, der sich mit byzantinischer Denkweise auseinandersetzt. Ihr stand das mittelalterlich-abendländische Denken durchaus noch nahe, während sich unser eigenes heutiges Denksystem erheblich davon entfernt hat. Der zeitgenössische abendländische Mensch sucht Ereignisse und Objekte (über Zeit und Raum hinweg) durch Ursache-Wirkungs-Abhängigkeiten miteinander zu verketten. (Man glaubt, etwas bisher Unbekanntes dann verstanden zu haben, wenn man es durch das Beantworten der Fragen »Wo? Wann? Wie? Warum?« an bereits vorher Vertrautes angegliedert hat.)

Demgegenüber verknüpft byzantinisches Denken Vergangenheit, Gegenwart und Zukunft, aber auch Ferne und Nähe dadurch, daß es ähnliche Dinge und ähnliche Ereignisse einander zuordnet, beziehungsweise sie einander unterordnet. Es geht darum, möglichst viele Dinge und Ereignisse mit den zentralen Glaubensinhalten in Beziehung zu bringen. Letztlich wird die Gesamtheit aller Erscheinungen als im Einzelfall jeweils stärkerer (damit übergeordneter) oder schwächerer (damit untergeordneter) Abglanz des Einen, des göttlichen Lichtes gesehen (→ Himmlische und kirchliche Hierarchie). Dieses Licht ist wirksam in Zeit und Raum.

☆ Wirksamkeit in der Zeit: Die Schöpfung der Welt und ihre heilsgeschichtliche Neuschöpfung kommt durch die von oben her sich entfaltende Ausstrahlung des göttlichen Lichtes zustande. Im liturgischen Ritus werden der Schöpfungsakt und der historische Neuschöpfungsakt (→ Ostern) rituell vergegenwärtigt. Alles, was innerhalb der göttlichen Heilsordnung besteht, ist in diese Lichtkaskade eingebunden.

☆ Wirksamkeit im Raum: Die → Eucharistie (das Heilige Abendmahl) ist nichts anderes als die immer wieder neu vollzogene Vergöttlichung des gesamten Kosmos. Die Heilsgeschichte ist darin insofern eingebunden, als sie auf die Eucharistie hinzielt. Ein gutes Beispiel dafür ist die alttestamentliche Szene der Opferung Isaaks. Sie gewinnt ihre Bedeutung dadurch, daß sie einen versteckten Hinweis (→ Schatten) auf den Opfertod Christi und damit gleichzeitig auf die Eucharistie bildet.

Der dem byzantinischen Denken verhaftete Mensch versucht alles Seiende, und damit auch sich selbst, in ein in sich geschlossenes Gewirke aufeinander hinweisender und miteinander verwobener Details einzubeziehen. Es gibt so gut wie nichts, was nicht auf etwas anderes, über ihm Stehendes, deutet. Die Tatsache, daß das byzantinische → Ornament alle Einzelelemente miteinander verflicht, aber auch die Bedeutung der Textilgewebe für den byzantinischen Ritus, ist sichtbar gewordener Ausdruck dieser inneren Einstellung.

Die schriftlichen Quellen für die Symbole und Motive

Die meisten Bildmotive basieren auf einer mehrstufigen Quellentradition. So sind eine ganze Reihe von Motiven abhängig entweder von liturgischen Texten (→ Liturgie) oder aber sie stehen in Zusammenhang mit Angaben in der Ermenia (Malerhandbuch vom Berge Athos). Beide Quellen basieren ihrerseits wieder auf biblischen oder apokryphen Texten.

Die byzantinische Liturgie in ihrer Gesamtheit läßt sich als die poetische Gestaltung eines aus der Heiligen Schrift herausgefilterten Konzentrates auffassen.

Für die Quellenhinweise aus der Bibel, die das Alte (AT) und das Neue Testament (NT) umfaßt, werden die üblichen Abkürzungen benutzt (z.B. Luk. für Lukas). Die sogenannten Apokryphen sind Schriften aus dem Umfeld des AT (AT-A) und des NT (NT-A: ab Mitte 2. Jh., die kanonischen Schriften des NT entstanden im ersten Jh.). Zwar werden die Apokryphen von den Kirchen nicht voll anerkannt, jedoch sind deren Inhalte sowohl in liturgische Texte als auch in bildliche Darstellungen eingeflossen. Die Bücher, die in der ältesten griechischen Übersetzung des AT, der Septuaginta (→ Darstellung Christi), enthalten sind, jedoch nicht in den hebräischen Textüberlieferungen, werden von Orthodoxen und Katholiken als kanonische Texte angesehen, von den Evangelischen jedoch nur als AT-A (in der Vollbibel Luthers: »... Bücher, so der Heiligen Schrift nicht gleichzuhalten, und doch nützlich und gut zu lesen sind«).

Räumliche und historische Umrisse

Byzantinische Monumente sind weithin über den Mittelmeerraum verstreut. Zur Erleichterung einer Studienreiseplanung wurde in den Anhang eine Karte sowie eine Übersicht über alle im Text erwähnten Denkmäler aufgenommen (»Die wichtigsten byzantinischen Kunstdenkmäler«).
Tabellarische Zusammenfassungen über die Entwicklung des byzantinischen Reiches in Raum und Zeit einerseits, und über die wichtigsten Epochen der byzantinischen Kunstgeschichte andererseits, finden sich ebenfalls im Anhang.

Entwicklungszüge der griechischen Kunst

Zusätzlich zur realen Welt des Menschen hatten – so Herder – die alten Hellenen eine zweite ideale Welt der Statuen geschaffen. Von der archaischen Zeit um 700 v. Chr. an, vor allem aber in der klassischen und hellenistischen Epoche, entstanden ganze Heere von Götterbildern, von Grabbildern (Darstellungen der Verstorbenen) und Weihebildern (den Göttern zugeeignet und in heiligen Bezirken oder in Schatzhäusern aufgestellt).

Die antike griechische Kunst

1. war eine göttliche Kunst in zweifachem Sinne. Sie war den Göttern geweiht und vorbehalten. (Was im nichtsakralen Bereich erhalten blieb – Fußbodendekor, winzige Lehmfigürchen – ist unbedeutend.) Sie läßt sich aber auch als Darstellung der edlen göttlichen Eigenschaften des Menschen auffassen. Und die Götter selbst sind als nichts anderes als ideale Verkörperungen dieser Eigenschaften zu verstehen.
2. hat sich von der formstrengen geometrischen Zeichenhaftigkeit mehr und mehr hinentwickelt zur Darstellung menschenhafter Figuren. In hellenistischer Zeit tastete sich die griechische Kunst vor bis in die Randzonen der Charakterisierung des Individuellen. Dennoch war sie kaum interessiert an der Wiedergabe der Außenweltwirklichkeit. Sie ließ vielmehr die wertvollsten Vorstellungen der idealen Innenwelt daraus heraustreten und sich in den harten Materialien der Außenwelt – in Marmor und Bronze – verkörpern. So sollten die Ideen der Innenwelt in der Außenwelt wirksam werden.
3. hat Bildungen hervorgebracht, denen ein hoher Wirklichkeitswert zugesprochen wurde. Das vorgestellte Darstellungen Hervorbringende verschmolz mit dem Dargestellten selbst. So wurden die Bilder der Götter mit Speisen versorgt, an ihren Festtagen gebadet und bekleidet. Die Gesichter von Göttern und Göttinnen, deren Anblick hätte gefährlich werden können, wurden verhüllt. Die Statuen wurden aus dem Willen heraus geboren, Ideen in der äußeren Körperwelt wirksam werden zu lassen, entsprechend der Absicht, die äußere Welt mit Ideen belebend zu durchtränken, ja, durch die Ideen die reale Welt neu umzuerschaffen.

Bilderfeindlichkeit kannte das antike Griechenland nicht, abgesehen von einer begrenzten Kritik einiger nüchterner Denker, die dann doch eines übersahen: Dem Denken selbst stehen zwei durchaus unterschiedliche Möglichkeiten offen sich zu artikulieren – einerseits in Worten, andererseits in Bildern. Und dann: Der Gewinn neuer Erkenntnisse in Bildform muß als unerläßliche Vorstufe allem Gedanklichen, das in Worten gefaßt ist, vorausgehen. So hat die verkörperlichende Vermenschlichung der Götter es erst möglich gemacht, ideale menschliche Eigenschaften und Verhaltensweisen als göttlich inspiriert zu empfinden – was wiederum die Voraussetzung war zur Entwicklung ethischer Entscheidungsfähigkeit.

Die Christen der Verfolgungszeit konnten einerseits sehr schlichte Formen der Malerei, sowie einfache Ritzsymbole (Katakombenmalerei) und andererseits eine Sarkophag-Reliefkunst, die sich von der zeitgenössischen nichtchristlichen Kunst formal, aber auch inhaltlich nur wenig abhob. Christliche Themen werden zunächst eher angedeutet und vieldeutig umschrieben als dargestellt (→ Christus, → David). Wichtig sind Vorbildereignisse, die ein heilvolles Durchschreiten durch den Tod und Hinübergehen in die Welt der Seligen verheißen. Dargestellt werden – möglicherweise auf Christus anspielende – Seelengeleiter, die den Toten bei seiner Jenseitsreise vor allen Gefährdungen bewahren sollen.

Von der *Friedenszeit* an beginnt ganz generell die Plastik allmählich in die Fläche zurückzusinken. Zeichnung und Farbe gewinnt an Bedeutung. Zweidimensionale Darstellungen werden aus edlem Material, besonders mit Mosaiksteinchen, technisch sorgfältig ausgearbeitet (→ Farben). Bilder wie auch Stoffe werden – nicht zuletzt unter persischem Einfluß – einerseits farbiger, andererseits ornamentaler. Plastische Körperlichkeit muß farbigem Leuchten weichen. Die Wände verlieren ihre Festigkeit, wirken mit ornamentalem Dekor übersät wie Vorhänge – und tatsächlich werden die Kirchenräume auch extensiv mit dekorativen Stoffen geschmückt. Unsere Vorstellungen von der Dekoration byzantinischer Kircheninnenräume ist unvollkommen, weil wir ihre Ausschmückung mit Stoffen nicht kennen. Nur musivische und gemalte Stoffmuster, und Darstellungen von Vorhängen (in der untersten Zone kappadokischer Höhlenkirchen) lassen ahnen, wie wichtig Stoffe in der damaligen Zeit genommen wurden: Seide war das beliebteste Geschenk, gleichrangig mit Gold und Edelgestein. (→ Gewänder).

Die Bildinhalte waren symbolisch repräsentativ, bezogen sich vor allem auf den Kult. Nach und nach kamen auch erzählende Einzelbilder und Bildfolgen auf.

Die theologischen Sprecher der ersten christlichen Jahrhunderte hatten Bilder scharf abgelehnt (Origines, Tertullian, Eusebios, als Zeitgenosse Konstantins sogar noch Epiphanius). Maßgebend dafür war einerseits das Verbot, Gott darzustellen (im Alten Testament), andererseits ihre Gegenposition zu der antiken Götterbild-Anbetung (Idolatrie), darüber hinaus auch ein Hang zu einer »reinen entsinnlichten Geistigkeit«. Die einfachen Gläubigen hatten sich demgegenüber immer an Bilder gehalten. Ende des 4. Jh.s erhielten sie Unterstützung von den großen Kappadokiern (→ Kirchenväter, → bilderfeindliche Ornamente), die in ihrer menschenfreundlichen Toleranz griechische Bildung als durchaus vereinbar mit christlicher Gesinnung betrachteten.

Daß sich auch bei den Bilderfreunden das vollplastische religiöse Bildwerk niemals durchgesetzt hat, ist jedoch nicht nur als Reaktion auf die vollplastische griechische Bilderwelt, deren Zeugnisse damals noch überall zu sehen waren, anzusehen: Während die Griechen der klassischen und hellenistischen Zeit die Außenwelt mit Hilfe ihrer steingewordenen Ideen auf ideale Weise verbesserten, ihre Innenwelt kämpferisch der Außenwelt gegenüberstellten, gaben die frühchristlichen und byzantinischen Griechen ihrer Innenwelt zwar auch eine äußere Gestalt, setzten sie aber zugleich radikal von der Außenwelt ab. Ihre gesamte Vorstellung von Gott und der Welt bildeten sie modellhaft im bildgeschmückten Kirchenraum ab. Es ging den Byzantinern darum, die Innenwelt im Innenraum als überhöhte und »wirklichere« Wirklichkeit der Außenwelt gegenüberzustellen. Im kirchlichen Innenraum beginnt schon jetzt die Vergöttlichung der Welt (genau wie in der kultischen Handlung, → Eucharistie), die am Ende der Tage auf die gesamte Welt übergreifen wird.

Doch zunächst konnte sich auch das flächige Bild nicht völlig durchsetzen. Der bilderfreundlichen volkstümlichen Tradition stand eine bilderfeindliche höfische Tradition gegenüber. 726 erhob Leon III., ein aus Kleinasien stammender Kaiser, die Bekämpfung der Bilder und ihrer Freunde zum Programm. Erst 842 gelang es den Bilderfreunden, die Oberhand zu gewinnen; vereinzelt hielten sich ikonoklastische Strömungen noch bis gegen 900 (→ Bild, → bilderfeindliche Ornamente).

Die Theologie der Ostkirche hat sich herausgebildet in der Auseinandersetzung mit abweichenden Meinungen (Häresien). So waren es letztlich die Ikonoklasten, die die Orthodoxie zur Ausbildung ihrer ausformulierten Bildtheologie (→ Bild) veranlaßten: *Weil Gott als Jesus Christus sichtbarer Mensch wurde, darf er, ja muß er abgebildet werden.* Wie das Evangelium, verkündet auch das Bild die Menschwerdung Christi.

Im 9. und 10. Jh. werden vor allem Ereignisse aus den Evangelien in erzählender Folge in Bildzeilen dargestellt. Um 1000 erreicht der Kreuzkuppelkirchenbau seine höchste Vollkommenheit als Architektur mit abbildendem Charakter: Jetzt ist sie ein perfektes Modellbild des Kosmos. Gleichzeitig entwickeln sich neuartige Bildzyklen, die jetzt den Ablauf des Kirchenjahres illustrieren (Dodekaorthon, → Festkalender). Der Jahreskreis wird als Bildkalender in das Kosmosmodell eingebunden. Der Kirchenraum repräsentiert so göttlich durchwirkten All*raum und* gleichzeitig göttlich durchwirkte *Zeit.*

Die Teilnehmer des sogenannten 4. Kreuzzuges eroberten 1204 Konstantinopel, mordeten und brandschatzten, plünderten und zerstörten mutwillig Ikonen. Sie zerstückelten das byzantinische Reich und betrachteten die einzelnen Teile als ihre Beute. 1261 gelang es dem Geschlecht der Paläologen, die Stadt zurückzugewinnen. In spätbyzantinischer Zeit war das byzantinische Reich zwar nur ein politisch geschwächtes Restreich, gab aber erstaunlicherweise dennoch fruchtbaren Boden für die Blüte der religiösen Kunst her. Man experimentierte mit lebhaft bewegten Figuren- und Farbkombinationen. Neue Bildmotive entstanden, die die geistige Seite des liturgischen Geschehens darstellten (himmlische → Liturgie, → Eucharistie). Die verstärkte Hinwendung zur idealen Welt des Göttlichen, Innenwelt und Überwelt zugleich, in dieser Zeit, war es wohl, die es der Kunst ermöglichte, weitgehend unbeeinträchtigt von den äußeren mißlichen Gegebenheiten zu bleiben.

Nach dem Fall der Hauptstadt 1453 und dem Untergang der letzten Bastion, dem Despotat von Mistra auf der Peloponnes, lebte die nachbyzantinische Kunst als Wandmalerei weiter in der Ausgestaltung der Klöster (Athos, Meteora) sowie in der Ikonenmalerei (Kreta 16. Jh., Rußland, naive rumänische Ikonen und Hinterglasbilder des 17. bis 19. Jh.s, naive griechische Ikonen des 18., 19. und 20. Jh.s).

Für die Griechen, für die die kaiserliche Hierarchie eine Art von Spiegelung der himmlischen Hierarchie gewesen war, war es eine neue Erfahrung, ohne einen christlichen Herrscher und im wesentlichen auch ohne eine christliche Führungsschicht auskommen zu müssen. Religion und Kultur der türkischen Herrenschicht waren und blieben fremd. Unter der abschirmenden Glasglocke der Tourkokratia waren die orthodoxe Kirche – jetzt abgeschnitten von jeder Verbindung mit der höfischen Kultur – und die ländliche Bevölkerung auf sich gestellt und aufeinander angewiesen. Dies führte schließlich zu einer innigen Verbindung von Volksbrauchtum und orthodoxem kirchlichem Leben. Heutzutage ist es nicht immer so leicht zu unterscheiden, wo der kirchliche Kultus aufhört und das volkstümliche Brauchtum beginnt.

> »Leuchte kleiner Mond, Du heller,
> leucht mir, daß ich eile schneller,
> daß ich rasch zur Schule komm,
> um zu lernen brav und fromm,
> daß ich lern das ABC,
> und Gottes Willen so versteh.«
> *Kinderlied aus der Zeit der Tourkokratia*

Griechentum und Christentum lebten weiter in der griechischen Sprache. Daß die Kinder lesen und schreiben lernten, wurde von den Türken nicht gerne gesehen, oft auch strengstens untersagt. In kleinen Hauskapellen, die man in die Gehöfte einbaute, brachten Priester und Mönche den Kleinen heimlich das griechische ABC bei.

Heute noch werden von Privatleuten schlichte Kirchlein mit naiven Ikonen – aus Dankbarkeit oder in Erfüllung eines Gelübdes – gestiftet.

Der entscheidende kulturelle Gegensatz zwischen Griechen und Osmanen besteht darin, daß für die Orthodoxen das religiöse Bild Grundlage ihres Glaubens und Basis der christlichen Verkündigung ist, während die Muslims Bilder – ganz besonders religiöse Bilder zumindestens in der Theorie scharf ablehnen.

Und dennoch hat die byzantinische Kunst unübersehbare Auswirkungen auf die Kultur derer gehabt, die das byzantinische Reich zerstörten.

In Istanbul und im nahen Edirne (Adrianopoulis) entstanden im 14., 15. und 16. Jh. die gewaltigen kuppelüberwölbten Moscheen, die als eine Auseinandersetzung mit dem Vorbild *Ajia Sophia* zu begreifen sind. Es ist schon interessant, daß dieser gewaltige justinianische Bau des 6. Jh.s in byzantinischer Zeit keine direkten Nachfolgebauten ausgelöst hat, während er für die Türken ein ständiger Ansporn wurde, seine Grundkonzeption in Formen umzugießen, die sich für den islamischen Kult eigneten. Wichtig war es für sie, das byzantinische Längsbaukonzept mit der geosteten Apsisnische durch ein Breitbaukonzept mit einer nach Mekka ausgerichteten Gebetsnische an der südöstlichen Breitseite zu ersetzen.

Mehmed II. Fatih (der Eroberer, 1451–81) hat noch am Tag der Einnahme Konstantinopels die erhabenste Kirche der Christenheit zur Moschee umgewandelt. Er und die ihm folgenden Sultane haben alles getan, um das Bauwerk zu erhalten und es im islamischen Sinne weiter auszubauen. Am Schicksal der Kirche wird einerseits der historische Bruch, andererseits aber auch die Kontinuität an der Nahtstelle zwischen spätbyzantinischem Reich und dem osmanischen Großreich deutlich: Mehmed hatte alle transportablen Ikonen und Bildwerke sofort entfernen lassen. Er sorgte für die Errichtung eines Minaretts, damit der Muezzin seine Gebetsrufe fünfmal am Tag über die Stadt erschallen lassen konnte. Die übrigen drei Minarette fügten andere Sultane hinzu.

Orientierung nach dem Osten

»Weil nun Gott das geistige Licht ist und Christus in der heiligen Hymne Licht und Osten genannt wird, so sollte man sich zur Anbetung nach Osten wenden.« *Johannes Damaszenus, Glaubenslehre*

Die Kirchen des Ostens sind – seit dem 6. Jh. im Regelfalle – nach Osten hin ausgerichtet. Die Anbetenden wenden ihr Gesicht gen Sonnenaufgang. (Das deutsche Wort »Ost« entstammt der gleichen Wurzel wie das griechische »*Eos*« = *Morgenröte*.) Diese Ostung in Verbindung mit der Vorstellung, daß alles, was Licht ist, aus dem Osten stammt, ist das Symbol des christlichen Ostens schlechthin, gleichzeitig auch eines der eindringlichsten Beispiele für symbolisches Denken.

Ein Symbol, ein Bild, ein Bildzeichen, ein sinnbildlich gedeuteter Gegenstand, eine bildhafte Formulierung oder ein Ritus, weist über seinen bloßen Darstellungsinhalt hinaus auf etwas hin, was wesentlich bedeutsamer ist als es selbst. Gleichgültig, ob der Zusammenhang zwischen dem Symbol und dem Symbolisierten direkt erfaßt werden oder aber nur über einen Lernprozeß einsichtig werden kann – in jedem Fall wird er bewußt oder auch unbewußt als sinnfällig erfahren. Das Symbol ist sozusagen der unscheinbare, aber sichtbare Henkel eines prachtvollen aber unsichtbaren, mit bedeutsamem ideellem Inhalt gefüllten Gefäßes, der die Mauer des Unwahrnehmbaren durchstößt. Im antiken Griechenland war das Symbolon (= das Zusammengeworfene, das Kennzeichen, das abgebrochene Stück) ein abgebrochenes Teil – etwa der Henkel eines Kruges oder das Stückchen eines Ringes. Der Besitzer konnte seine Identität dadurch beweisen, daß er dies Teil paßgenau ins Ganze einfügte. Für uns ist das Symbol eine Handhabe aus dem Bereich des Bilddenkens, mit deren Hilfe das Symbolisierte, das der Welt des Begriffsdenkens angehört, erfaßbar und begreifbar wird.

Die Ostung der Kirchen, das Beten in Richtung Osten, die Anordnung der Hausikonen in der Ostecke oder an der Ostwand – das sind einfache äußere Anzeichen für ein kompliziertes Gefüge von Vorstellungen:

☆ Das Paradies liegt im Osten.
☆ Das endzeitliche himmlische Jerusalem, als das wiederkehrende Paradies, wird im Osten erstehen.
☆ Der Christusglaube hat sich von Osten her in Richtung Griechenland verbreitet.
☆ Die göttliche Ausstrahlung Christi ist so gewaltig, daß man sie nur mit der Sonne, besonders der aufgehenden Sonne, vergleichen kann.
☆ Die Auferstehung Christi (→ Ostern) ist wie ein Sonnenaufgang nach dunkler Nacht. Während der Nacht durchquert nach antiker Vorstellung die Sonne die Unterwelt – den Hades –, in die Christus sonnengleich nach seiner Grablegung hinabgestiegen ist.
☆ Sonnenhaft ist Christus im Innenraum der Kirche anwesend, als Lichtkreuz in der frühchristlichen Periode (in der Apsis, an der Decke oder Kuppel), als zugleich zum Himmel auffahrender und von dort Wiederkehrender, in den Gewölben oder Kuppeln der frühbyzantinischen Zeit (→ Himmelfahrt), als sonnenhaft Strahlender (→ Pantokrator) von der mittelbyzantinischen Epoche an.

Auf griechisch heißt »*Sonnenaufgang*« und zugleich auch Osten »*Anatoli*« (lat. »*Oriens*« – davon ist »*Orientierung*« abgeleitet). Von Griechenland und Konstantinopel aus war Anatolien das Ostland. Tatsächlich war das bis ins 11. Jh. hinein byzantinisch beherrschte Hochland Kleinasiens das Kerngebiet ostkirchlicher Frömmigkeit. Von dorther kamen und dort wirkten im 4. Jh. bereits kurz nach dem Tode Konstantins die großen → Kirchenväter Gregor der Theologe und Gregor von Nyssa, insbesondere aber → Basilios, der Begründer des griechischen Mönchtumes. So entwickelte sich in Anatolien, insbesondere in Kappadokien, eine eigenständige mönchische Kunstprovinz. Mit ihrer volkstümlichen Schlichtheit und Naivität bildet die Malerei der kappadokischen Höhlenkirchen einen interessanten Gegensatz zur Prunkentfaltung der kaiserlichen Kunst Konstantinopels.

Glaubens- und Kunsttendenzen der Ostkirche

Eine evangelische Theologiestudentin fragte einen griechischen Geistlichen: »Wieso sind die Gewänder und Bilder in der orthodoxen

Kirche so prunkvoll? Wo bleibt da die christliche Armut und Schlichtheit?«
Eine Griechin zu Besuch in Hamburg verließ völlig entsetzt eine protestantische Kirche: »Das ist da drinnen so kahl, so traurig. Da kann man doch gar keine Freude empfinden!« Doch auch die pralle Leiblichkeit süddeutscher spätbarocker Figuren hat sie erschreckt: »Das sind doch keine Heiligen! Das sind doch Puppen!«
1054 hatten päpstliche Legaten eine Bannbulle gegen den Patriarchen von Konstantinopel auf den Altar der Ajia Sophia gelegt und damit den bereits viel früher entstandenen Riß zwischen Ost und West zum Bruch vergrößert.
Ganz zweifellos bestehen in Glaubensüberzeugung und Ritus gewichtige Unterschiede zwischen der orthodoxen und der römisch-katholischen Kirche. Meist sind sie bedingt durch die besonders sorgfältig durchdachten Vorstellungen, die sich in der Kirche des Ostens vom Wirken des Heiligen Geistes entwickelt haben.

Die orthodoxe Kirche

☆ lehnt den Primat des Papstes ab. Ihr Oberhaupt ist Christus selbst. Die → Patriarchen, die den selbständigen Kirchen in den verschiedenen Ländern vorstehen, sind alle gleichberechtigt. Vor der Trennung galt der römische Stuhl als ein Patriarchat, wie alle anderen auch – lediglich ausgestattet mit einem gewissen zeremoniellen Ehrenvorrecht.
☆ lehnt den Anspruch des Papstes auf Unfehlbarkeit ab. Die kann nur Christus selbst zukommen. Der Heilige Geist wirkt in den ökumenischen Konzilien als den Versammlungen der Gesamtheit der Kirche, so wie er an → Pfingsten in der Apostelversammlung in Jerusalem wirkte. Kein Patriarch oder sonstiger Kirchenoberer kann alleine für sich ein neues Dogma einführen. So lange kein neues ökumenisches Konzil zustande kommt – das letzte fand vor dem Bruch 787 in Nizäa statt –, ist es daher auch nicht möglich, in der Dogmatik irgend etwas zu verändern oder zu ergänzen.
☆ empfindet eine im Abendland vollzogene eigenmächtige Einfügung ins Glaubensbekenntnis, der zufolge der Heilige Geist nicht nur vom Vater, sondern auch vom Sohne ausgehe (sog. Filioque-Streit!), als eine Gefährdung der Gleichrangigkeit der drei in der Trinität vereinigten göttlichen Personen.
☆ lehnt die Lehre, daß die Mutter Marias ihr Kind »unbefleckt« empfangen habe, ab und folgerichtigerweise auch das Dogma der leiblichen Aufnahme Marias in den Himmel. Das hat Folgen für die Darstellungen der Geschehnisse um die Gottesmutter gehabt (→ Heimholung Mariä). Nach orthodoxer Vorstellung wurde Maria von aller Sündhaftigkeit dadurch gereinigt, daß sie während der → Verkündigung von der Kraft des Heiligen Geistes beschirmt wurde.
☆ kennt kein Fegefeuer.
☆ lehnt die Lehre von den überschüssigen guten Werken der Heiligen, die den Sündern zugute kommen, ab.
☆ spendet das Abendmahl in beiderlei Gestalt. Wie im Abendland bis zum 9. Jh. wird gesäuertes Brot verwendet, keine Oblate. Die Verwandlung in Leib und Blut Christi wird dabei als Gnadenwunder des Heiligen Geistes erfleht und nicht kraft einer dem Priester verliehenen Wandlungsvollmacht vollzogen.
☆ besteht bei der Taufe auf dem dreimaligen Untertauchen, einem ursprünglich auch im Westen verbreiteten Brauch, der die drei Tage, die Christus im Grab lag, symbolisiert.
☆ legt Wert darauf, daß die Myronsalbung möglichst unmittelbar nach der Taufe vollzogen wird.
☆ berechnet den Ostertermin (→ Ostern) anders als die Westkirchen.
☆ lehnt die Zwangsehelosigkeit der Priester ab.

Doch viel bedeutsamer als dies alles sind die Besonderheiten der orthodoxen Geistigkeit und Frömmigkeit, die sich sowohl im Drama der Liturgie als auch in der Ideen-Wirklichkeit der Bilder spiegeln.

Die ostkirchliche Kunst akzentuiert

☆ das eucharistische Element.
Weil das Abendmahl das absolute Zentrum der Liturgie ist, durchdringt ganz folgerichtig das Thema → Eucharistie vom 5. Jh. an in sich ständig verstärkendem Ausmaße die Ausgestaltung des kirchlichen Innenraumes.
Gelegentlich wird übersehen, daß die Eucharistie die Antwort anbietet auf folgende existentielle Grundfrage:
Wie ist das Verhältnis von mir, als einzelnem, zur Gemeinschaft, die mich umgibt, und darüber hinaus zu meiner gesamten Umwelt? Inwieweit kann ich mich von ihr abgrenzen, inwieweit vermag ich mit ihr zu verschmelzen? Die verschiedenen Kulturen bieten für die Beantwortung dieser Frage unterschiedlichste Lösungen an. Die westliche Zivilisation umspielt das Problem mit Hilfe der »Kommunikation«, wobei sie sich vorzugsweise – wie nicht anders zu erwarten – apparativer Mittel bedient.
Das ostkirchliche Angebot, eine innige Verbundenheit des Einzelnen einerseits mit Gott und andererer-

seits mit der Gesamtheit des Kosmos, mit allen Lebenden und allen Verstorbenen, zu gewährleisten, ist die Feier der »*heiligen Teilnahme*« *(i ajia metalipsis),* die auch bezeichnet wird als »*die göttliche Gemeinschaft*« *(i kinonia),* was im Lateinischen dem Wort »*Kommunion*« entspricht. Die Grenzen zwischen dem »Ich« des Menschen und der von Göttlichkeit durchstrahlten Welt lösen sich in der Eucharistie auf. Die eucharistisch rituell erfüllte Sehnsucht nach Eingebundensein des einen in die Gesamtheit alles anderen drückt sich auch in der die Details zusammenfügenden und verbindenden Grundstruktur der meisten byzantinischen → Ornamente aus.

☆ das kosmologische Element.

Westliche Geistigkeit ist vor allem an der *Zeit* (Beginn und Ende der Geschichte), östliche hingegen am *Raum* (Kosmos) interessiert. Das wird bereits in der Architektur des Kirchenraumes anschaulich sichtbar. Im Westen wird die Längserstreckung der Kathedrale gegliedert durch eine Pfeiler- oder Säulenallee, so wie die Zeit gegliedert wird durch Tage und Stunden. So etwas entspricht dem Lauf der Geschichte, die einmal – wie es der Chorabschluß versinnbildlicht – ihr Ende erfahren wird. Im Osten finden wir hingegen vorzugsweise Zentralbauten, die als »Kosmogramme« zu verstehen sind (→ Kirchengebäude).

Natürlich versinnbildlicht auch die westliche Architektur zusätzlich noch den Raum, wie auch die Kirche des Ostens den Zeitablauf kennt – insbesondere im Drama der Liturgie. Aber dieser Zeitablauf stellt sich innerhalb der Orthodoxie letztlich dar als eine Vergegenwärtigung von früherer Heilsgeschichte und zukünftiger Heilserwartung zugleich. Mit anderen Worten: Die Westkirchen stellen die Eschatologie (Aufhebung der Zeit durch Gottes Ewigkeit), die Ostkirche die Kosmologie (Vergöttlichung der Welt) in den Vordergrund.

Bemerkenswert in diesem Zusammenhang: In der abendländischen Kunst werden die Zeitstile besonders wichtig – die Veränderungen, die die Kunst von Zeitepoche zu Zeitepoche erfährt. Demgegenüber treten innerhalb des byzantinischen Reiches die Unterschiede in den Stilen der einzelnen Regionen besonders deutlich hervor.

☆ das Element der *Sonnen*haften und die *Licht*symbolik.

Der Goldgrund symbolisiert das Licht schlechthin. (Näheres → »Orientierung nach dem Osten«, sowie Stichworte → Ostern, → Pantokrator.)

☆ die *Schau* des Göttlichen *(Theoria).*

Der Betonung des Lichtes, das schließlich die Voraussetzung für das Sehen bildet, entspricht die Bedeutung, die dem Gesichtssinn zugesprochen wird. Während sich insbesondere die protestantische Kirche, als Folge der unscharfen Übersetzung von »*Logos*« mit »*Wort*« zur Kirche des Redens und Hörens entwickelt hat, leitet die byzantinische Kirche daraus, daß (nach Joh. 1, 14) dieser Logos »*Fleisch wurde*«, sich also anschaubar und anschaulich verkörperlichte, und daß er, der Logos, als Licht in der Finsternis schien, wichtige Folgerungen ab:

Die Menschen dürfen Gott schauen – die der alttestamentlichen Zeit zwar nur als Symbol (→ Schatten), die der neutestamentlichen Zeit als Bild, denn Christus ist das Bild Gottes, und schließlich die erlösten Menschen dereinst direkt von Angesicht zu Angesicht. Die Mystiker bereiten sich in diesem Leben bereits auf die Schau Gottes vor, die vielen von ihnen als ekstatisches Erlebnis gewährt wird (→ Verklärung).

Weil der Logos einerseits dem Lichte gleicht und andererseits sichtbar geworden ist, sind die Ikonen und die abbildhaften Riten der Liturgie Verkündigung, die durchs Auge ins Innere des Menschen gelangen, durchaus gleichwertig den Evangelienlesungen und Psalmodien, die durchs Ohr eindringen. Letztlich werden in die Anbetung und die Verkündigung der byzantinischen Kirche alle Sinne einbezogen – die Nase durch Weihrauch-, durch Kerzen- und Blütenduft, die Zunge durch die → Eucharistie und nicht zuletzt auch durch die *Eulogia*-Gaben – sprich *Ewlojía* – (→ Brot), der Tastsinn durch den → Kuß, der den Ikonen oder den Reliquien oder auch den Mitmenschen gilt.

☆ der »Vor-Bild-Charakter« der biblischen Gestalten.

Insbesondere für die evangelische Kirche ist das Wichtige an den biblischen Gestalten, das was sie sagen. Die Worte innerhalb des Wortes Gottes sind entscheidend und werden in Form von Worten im Wortgottesdienst weitergegeben. Für den Orthodoxen hingegen ist das Tun und Wirken der biblischen Gestalten als Vorbild für sein eigenes Verhalten von größter Bedeutung. Das gilt etwa für das Damaskus-Erlebnis des Apostels Paulus – oder auch für sein Verzücktwerden bis in den dritten Himmel.

Und es ist eben auch das Vor-Bild-hafte der Bibel, das nachgebildet wird in der orthodoxen Bilderwelt und nachgestaltet im bildhaften Ritus, der allerdings auch das Wort mit umfaßt.

Die Bildprogramme orthodoxer Innenräume

Die Bilder werden alle zunächst hinsichtlich ihres Darstellungsinhaltes – also ikonographisch – beschrieben. Wo immer möglich, wird darüber hinaus der eigentliche symbolische Bedeutungsinhalt untersucht – im Sinne einer umfassenden ikonologischen Interpretation. Gerade bei den Wandbildern reicht jedoch alles deshalb nicht aus, weil diese im Zusammenhang mit ihrer Position im gesamten Bildprogramm der Kirche gesehen werden müssen. Den Programmen selbst liegen mehr oder weniger unterschiedliche theologische Konzeptionen zugrunde.

Auf den folgenden Seiten werden vier verschiedene Bildprogramme aus zu unterschiedlichen Zeiten entstandenen Kirchen vorgestellt. Alle sind durchaus charakteristisch für die byzantinische Kunst, ermöglichen auch insoweit eine Orientierung über Bildmotive, als sie darüber informieren, welches Motiv etwa an welcher Stelle im Kirchenraum zu erwarten ist. Allerdings: Byzantinische Kirchen sind Individuen. Das gilt auch für ihre Programme. Man wird kaum jemals zwei finden, die haargenau übereinstimmen.

Die Pläne: Sie sind ausgebildet als perspektivische Einblicke von oben her in den Kirchenraum. Die Gewölbezonen überkuppelter oder eingewölbter Kirchen erscheinen als Projektionen auf den Boden (in besonders dünner Strichstärke).

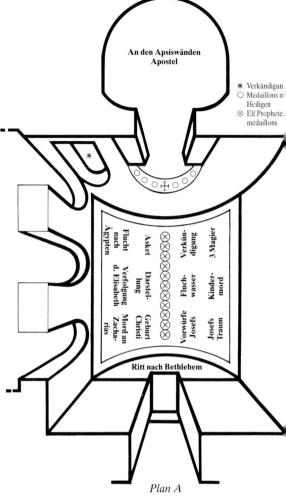

Plan A

Plan A

Eustathios Kirche (auch Eustachius-Kirche), Göreme. Kleine, aus dem Felsen herausgehöhlte Kirche, tonnenüberwölbt, mit Fresken (um 970 und um 1149). Schwerpunkt des Bildprogramms, gemäß älteren Traditionen, ist eine erzählende Szenenfolge, in diesem Fall die Kindheitsgeschichte nach dem Protevangelium (→ Marienzyklus) einschließlich einer breit ausgemalten Darstellung der Geburt Christi. In der Scheitellinie des Gewölbes Medaillons mit Propheten, die Christus weissagten. Die von links nach rechts in Leserichtung spiralig von oben nach unten ablaufende Szenenfolge beginnt neben der Apsis im Osten der Südwand, oberer Streifen, setzt sich in der Westlünette und dann im Westen der Nordwand oben fort, greift im Osten in den unteren Streifen der Südwand über, setzt sich dann unten in der Nordwand fort, findet dort im Osten neben der Apsis ihren Abschluß.
In der Apsis unten sind neben Johannes dem Täufer noch Apostel erkennbar, weitere Apostel und Heilige besetzen die Nordwand.

Plan B

Klosterkirche Panajia tis Kimesis tou Theotokou in Daphni bei Athen (vor 1100 – oder Anfang 12. Jh.?). Kreuzkuppelkirche nach dem Acht-Stützen-System, Gewölbezone und Hochwände in Goldmosaik, tiefergelegene Wandteile mit Marmorinkrustation, sowie Fresken aus dem 17. Jh. Straffes Bildprogramm mit zwei Blickachsen. Im Hauptraum, einschließlich Kreuzarme und Innennarthex, sind die 13 Feste des Dodekaorthon (→ Festtagskalender) dargestellt. (Abweichungen vom Normalzyklus: Kreuzeserhöhung und Himmelfahrt fehlen, Ungläubiger Thomas und Lazarus sind hinzugefügt.) Die Szenenabfolge, entsprechend dem Kirchenjahr (und gleichzeitig der irdischen Lebensgeschichte Christi) beginnt oben an der Ostwand im nördlichen Kreuzarm, zieht sich über die beiden östlichen Trompen zur oberen Bildleiste erst der Ost-,

Der Bildkosmos der byzantinischen Kirche

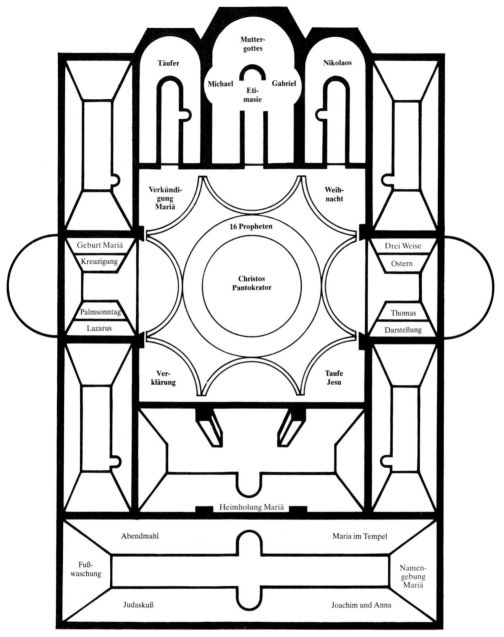

Plan B

dann der Westwand im südlichen Kreuzarm, weiter über die beiden westlichen Trompen zum oberen Streifen der Westwand des nördlichen Kreuzarmes. Von da springt die Abfolge zum unteren Bildstreifen, weiter zur Ostwand des Nordkreuzarms, zur Ostwand des Südkreuzarms, zur Westwand des Südkreuzarms und schließlich zur Westwand der inneren Vorhalle (Heimholung).

☆ Die erste Blickachse (Christusachse) verläuft senkrecht von oben nach unten. Oberste Zone: Zone der göttlichen Natur Christi. Kuppel mit Christus Pantokrator als dem wahren Licht der Welt, umringt im Tambour von 16 Propheten zwischen 16 Fenstern (noch erkennbar Moses, David, Jesaia, Salomon, Elias, Elisas, Jonas, Habakuk, Zephania, Maleachi, Joel, Zacharia, Ezechiel, Jeremias).
Mittlere Zone: Zone der Erscheinung des göttlichen Lichtes in der Welt. Trompengewölbe als Übergang vom Rund der Kuppel (Symbol des Himmels) zum Quadrat bzw. Kreuz des Naos (Symbol der Erde). Dargestellt sind vier Ereignisse aus dem *Leben Christi*, bei dem seine *Göttlichkeit* offenbar wird (Darstellungen von Epiphanien, Einstrahlungen des göttlichen Lichts bis in die Welt).
Darunterliegende Zone: Zone der menschlichen Natur Christi. Hochwände der seitlichen Kreuzarme mit Festtagsszenen, die sich alle auf den *Erdenwandel* Jesu beziehen. Wichtige ergänzende Passionsszenen, die keinen Platz mehr zwischen den Festtagsbildern fanden, wurden ausgelagert in den linken Teil der äußeren Vorhalle.

☆ Die zweite Blickachse (Marienachse) verläuft von Osten nach Westen. In der Halbkuppel der Apsis die Mutter Gottes. Sie wird flankiert von Michael und Gabriel (→ Maria zwischen Engeln). Die apsisnahen Osttrompen sowie die oberen Streifen der östlichen Querschiffswände sind mit Szenen besetzt, die gleichzeitig christologischen und mariologischen Charakter haben. Die Szene der Darstellung Christi im Tempel oben an der Westwand des südlichen Kreuzarmes leitet über zu den drei dem Protevangelium entnommenen Marienszenen im Süden der äußeren Vorhalle. Die der Apsiswölbung gegenüberliegende Westwand des inneren Narthex ist der Heimholung Mariä vorbehalten.

In den Gurtbogen der Gewölbe und den kleinen Wandflächen sind folgende, im Plan nicht berücksichtigte Heilige dargestellt: Prowos, Tarachos, Andronikos, Samonas, Gurias, Sergios, Bakchos, Akynthinos, Auxentios, Ewgenios, Mardarios, Orestios. In der Prothesis ist Johannes der Täufer, umgeben von den alttestamentlichen Priestern Aron und Zacharias, von den Bischöfen sind Silvester und Anthimos, von den Diakonen Stephanos und Rufinos, dargestellt. Im Diakonikon gesellen sich zu Nikolaos Gregor der Wundertäter, Gregor von Agrigent, Elephterios, Aberkus, sowie die Diakone Lawrentius und Ewplos. (Mittelbyz. Goldmosaikdarstellungen auch in Osios Lukas, Anfang des 11. Jh.s; Nea Moni Chios, Mitte des 11. Jh.s.)

Plan C

Elmali Kilise (Apfelkirche), Göreme, Kappadokien (vermutlich um 1200). Der aus dem Felsen herausgemeißelte Raum in Kreuzkuppelform ist mit Fresken ausgestattet. Dem Bildprogramm nach zu urteilen dürfte der ursprüngliche Name
»*Kirche zu den Erzengeln« (Archangeli)*
gewesen sein.
Der Programmaufbau ist dreizonig, wobei an manchen Stellen eine thematische Verbindung zwischen der Mittelzone (obere Wandzone) und der Gewölbezone besteht.
Oberste Gewölbezone: 9 Flachkuppeln über Pendantifs (Eckzwickel) durch Gurtbogen voneinander getrennt. In der großen Mittelkuppel der Pantokrator. Das Kreuzmotiv seines Nimbus wird von Schmuckfeldern, die ihn umgeben, nochmals aufgegriffen und setzt sich auch in der Architektur, die die Kreuzform betont, fort. (Die vier Eckkuppeln liegen niedriger als die Mittelkuppel und die vier die Kreuzarme betonenden Kuppeln.) In den Pendantifs um den Pantokrator herum die vier Evangelisten. Auf den vier die Hauptkuppel tragenden, säulengestützten Gurtbogen acht Propheten (demgegenüber werden auf den restlichen Gurtbogen meist weniger bekannte Heilige dargestellt). Von den verbleibenden 8 Kuppeln sind 6 mit den Brustbildern von Erzengeln besetzt, eine über der Mitte der Westwand mit dem von Engeln gen Himmel getragene Christus (über den zurückbleibenden Aposteln), und eine von Engeln, die die aus der Mittelzone heraufragende Kreuzigung umschweben. Es geht hier um Christus als den Herrn der himmlischen Heerscharen. Mittelzone: Sie besteht aus den oberen Feldern der Wandabschnitte und aus den die Kreuzstruktur der Gewölbezone hervorhebenden Schildbogen, die die Kreuzarmseiten flankieren. In dieser Zone herrschen Festtagsbilder vor, deren Anordnung allerdings weder dem Ablauf des Kirchenjahres noch der Heilsgeschichte folgt.
Die Verteilung der Bilder im Raum steht meines Erachtens im Dienste der Kreuzsymbolik: Der *senkrechte Arm* des *Grundrißkreuzes* wird dadurch als die Himmelslinie der *göttlichen Natur Christi* ausgewiesen: an der Westwand die Himmelfahrt, in der Hauptapsis im Osten die → Deïsis (Anbetung des erhöhten Christus). Diese Symbolik würde auch erklären, daß die Mutter Gottes von ihrem üblichen Platz in der Hauptapsis in die Prothesis Apsidiole versetzt wurde (s. a. ihre Bedeutung für die → Pros-

Der Bildkosmos der byzantinischen Kirche

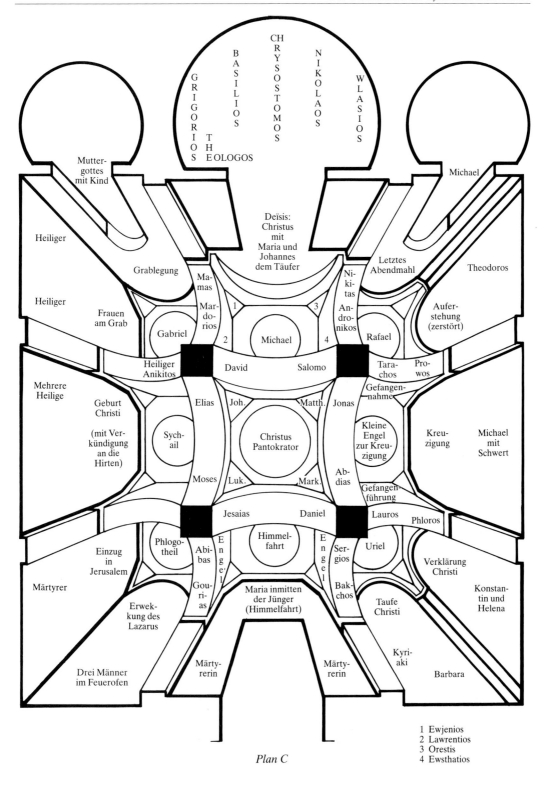

Plan C

1 Ewjenios
2 Lawrentios
3 Orestis
4 Ewsthatios

komedie). Der Erzengel Michael in der Diakonikonapsis weist einerseits darauf hin, daß Diakone im Gottesdienst die Rolle der Engel übernehmen und betont andererseits, daß die Elmali Kilise den Erzengeln geweiht ist.

Der *waagrechte Kreuzesarm* entspricht der *menschlichen Natur Christi:* Jesu irdisches Leben als Mensch ist ausgespannt zwischen seiner Geburt (links) und seinem Kreuzestode (rechter Kreuzarm). Beide Festtagsthemen sind durch ergänzende Szenen in den Schildbogen angereichert und akzentuiert.

Die übrigen Festtagsbilder sind dem verfügbaren Platz entsprechend im Raum verteilt. Zwei Motive – die dem eigentlichen Festtagskalender nicht angehören – haben eucharistischen Charakter und sind den Schildbogen über den Nebenapsiden zugeordnet; die Grablegung der Prothesis und das »historische« Abendmahl dem Diakonikon.

Unterste Raumzone: An den Wänden sind es vorwiegend Heilige, die die in der Kirche anbetenden Gläubigen umstehen, sie in ihre Gemeinschaft mit einbeziehen.

In dieser Kirche tritt das Kreuz mit seinem Schnittpunkt dem kreuznimbierten Christus Pantokrator als Mittelpunkt in mehrfacher Hinsicht in den Vordergrund. Es wird im Dekor ebenso herausgehoben wie in der Architektur und nicht zuletzt in der Programmsymbolik.

Die Betonung des Kreuzes und der Engel erinnert an die Ausstattung von Kirchen, wie sie nach Abschluß des Bilderstreites (843) in Konstantinopel entstanden sind:

☆ Kreuzkuppelkirchen haben sich vom 7. Jh. an herausgebildet, ihre klassische mittelbyzantinische Ausprägung formte sich nach dem Bilderstreit heraus. Die mehrfache Einbindung des Pantokrators der Elmalikirche in die Kreuzsymbolik erinnert daran, daß Christus und die Heiligen Gestalten in der Ikonoklastenzeit ausschließlich in der Form des Kreuzsymbols dargestellt werden durften.

☆ In der Gewölbezone der frühen nachikonoklastischen Kirchen Konstantinopels erschien der Pantokrator zwischen den Engeln. Dargestellt wurden auch Heilige, Apostel und Propheten, jedoch keine biblischen Szenen (dies ist zu folgern aus der Beschreibung einer untergegangenen Kirche anläßlich einer Einweihungsfestrede des Patriarchen Photios von 881). Im Sinne des Dyonys Areopagita bilden die → Engel die obersten Schichten, die das von Christus-Gott ausstrahlende Licht widerstrahlen. Die Apostel und Heiligen jedoch werden in Byzanz als eine Art niederer Ordnung von Engeln angesehen. Schließlich trifft sogar noch ein abgeschwächter Abglanz des Lichtes die Anbetenden unten im Kirchenraum – und wenn es sich dabei, wie das wohl in der Elmali Kilise der Fall war, um Mönche handelt, dann stellen diese als Träger des sogenannten »Engelskleides« gewissermaßen die allerunterste Engelordnung dar. Die Elmali Kilise versucht das Programm der Engel- und Heiligenordnungen der Kirchen des späten 9. Jh.s mit dem neuen Festtagszyklus zu kombinieren. Die Datierungen der Fresken streuen zwischen dem 11. und 13. Jh. Das Programm scheint für eine möglichst frühe Datierung zu sprechen. Weitere Kirchen in Göreme (Karanlik, Carikli) knüpfen in Stil und Programm an die Elmali Kilise an.

Plan D

O Jeros Naos tou Nikolaou Orphanou, Thessaloniki mit spätbyzantinischen Fresken (Anfang 14. Jh.). Überdachter Längsbau (offener Dachstuhl). Die niedrigen, seitenschiffähnlichen Anbauten im Norden und Süden sowie die Vorhalle im Westen sind im Plan nicht berücksichtigt.

Das Programm weist einerseits die hochgelegenen Wandteile und andererseits die Ostwand als besonders bedeutungsvoll aus.

Von unten nach oben:

Unterste Zone (Säulenzone): An den Wänden verschiedene Heilige, die – ehemals selbst sterbliche Menschen – zwischen der Welt der Menschen und der Welt des Göttlichen vermitteln. Mittelzone: Hier wird hauptsächlich das Leiden Christi in erzählender Reihenfolge dargestellt. Die Szenenfolge beginnt mit dem historischen Abendmahl im Osten der Nordwand, wird dann unterbrochen durch die Apostelkommunion an der Ostwand, Vorbild für das Abendmahl der Gläubigen. Auch die Muttergottes in der Apsiswölbung, die in diese Zone eingebunden ist, betont die Inkarnation Gottes, die menschliche und leidende Seite Christi. Über Gethsemane und den Judaskuß im Osten der Südwand läuft die Bildfolge weiter bis in die Mitte der Nordwand, nur unterbrochen von der Kimesis-Darstellung (Heimholung Mariä) im Westen genau gegenüber der Apsiswölbung. (Für Passionsszenen bevorzugt die byzantinische Kunst möglichst tiefgelegene Stellen im Kircheninneren, in Osios Lukas z. B. die Krypta.)

Oberzone: Von der Mittelzone in der Mitte der Nordwand (Kreuzgestaltung) springt die Bildfolge nach oben in die Nordecke der Bildwand (Kreuzigung!). Die gesamte Oberzone ist von Festtagsdarstellungen besetzt, wobei allerdings gewichtige Abweichungen vom heutigen Festtagskalender bestehen. So wird heute anstelle der Kreuzigung die Kreuzerhöhung bevorzugt. Außerdem sind hier die Szenen zur »großen Woche« (Leiden, Kreuzigung und Auferstehung) sehr stark ausgebaut. Einerseits wird dadurch der eucharistische Akzent des Pro-

Der Bildkosmos der byzantinischen Kirche

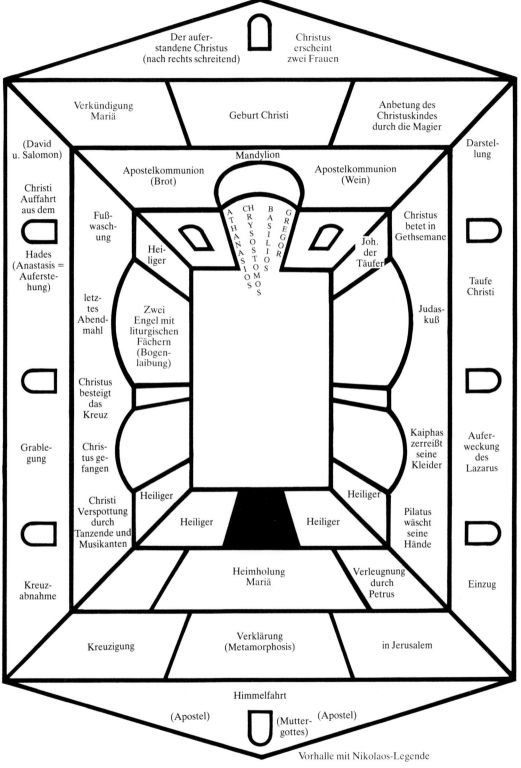

Plan D

grammes verstärkt und andererseits hat man so den Ablauf des Kirchenjahres (→ Festtagskalender) mit der zeitlichen Abfolge der wichtigsten Stationen der Heilsgeschichte (des Erdenwandels Christi) harmonisiert.

Ein Festtagsbild (Kimesis → Heimholung Mariä) ist wegen seiner Beziehung zum Sterben in die mittlere Zone herabgerutscht, ein weiteres (Himmelfahrt Christi) wurde nach oben in die Giebelzone versetzt.

Giebelzone: Der Leben-Jesu-Zyklus, der zugleich Festtagszyklus ist, wird in den beiden Giebeln fortgesetzt. Unmittelbar auf die Auferstehung (→ Ostern) im Osten der Nordwand folgt im Ostgiebel die Erscheinung des Auferstandenen, gegenüber im Westgiebel die Himmelfahrt. Durch ihre Stellung im Kirchenraum ausgezeichnet sind also die Szenen, in denen der bereits Auferstandene vom Leiden befreit seiner Vergöttlichung entgegensieht. Die beiden Giebeldarstellungen enthalten inhaltliche Höhepunkte, die vergleichbar den Pantokratordarstellungen in Kuppelkirchen sind.

Ostwand:
Das große Thema der Ostwand ist die Eucharistie. In der untersten Zone umstehen in der Apsis die großen Kirchenlehrer und Liturgen den Altar (v. l. n. r.: Athanasios, Chrysostomos, Basilios, Gregor der Theologe).
In der Mittelzone knüpft die Apostelkommunion (links die Austeilung von Brot, rechts die von Wein) als Vorbild für die Eucharistie, die sich um den Altar herum vollzieht, einerseits an den Passionszyklus an, insbesondere an das historische Abendmahl, gleich links daneben. Andererseits flankiert die zweiteilige Darstellung die der → Maria zwischen Engeln in der Apsiswölbung. Der Gottesmutter ist die zweite Prosphore in der → Proskomidie geweiht (s. a. → Brot). Auf ihre eucharistische Bedeutung weist auch die Darstellung des aus einem eucharistischen Tuch hervorgegangenen → Mandylions über dem Apsisbogen hin. Die Prosphorenpatene des Abendmahls bedeutet gleichzeitig das Grab Christi wie auch seine Wiege, und so ist über der Mandyliondarstellung in der Oberzone die Weihnachtsgeschichte dargestellt, flankiert von zwei weiteren Szenen, die beide ebenfalls zugleich christologische und mariologische Bedeutung haben.
Die Zyklen in der Passions- und in der darüberliegenden Kirchenfestzone setzen deshalb an verschiedenen Stellen ein, damit die eucharistischen und mariologischen Szenen in der Ostwand folgerichtig in die szenischen Abläufe eingegliedert werden können.

Äußere Vorhalle: An der Ostwand Szenen aus dem Leben des heiligen → Nikolaus.

Südliches Seitenschiff: Szenen mit dem heiligen Gerasimos und seinem Löwen.
Thematisch wie stilistisch sind die Darstellungen recht typisch für die spätbyzantinische Freskomalerei im Norden Griechenlands und im Süden des slavischen Balkans.

Bei allen Unterschieden in den Programmen zeichnen sich doch einige Haupttendenzen ab:

☆ Darstellungen des Göttlichen werden hochbewertet und stehen demzufolge auch hoch oben im Kirchenraum. Darstellungen menschlichen Seins und Leidens werden dementsprechend tiefer angeordnet. Die Bildinhalte werden also in eine hierarchische Ordnung eingebunden.

☆ Darstellungen der Eucharistie und Anspielungen darauf finden sich auf der Seite des aufgehenden Lichtes im Osten. Schließlich verkörpert sich in Brot und Wein das Licht der Welt. Die Eucharistie findet im Allerheiligsten statt.

☆ Sterbe- oder Endgerichtsdarstellungen finden sich im Westen, der Sonnenuntergangsseite.

Die Programme fallen schon deshalb recht unterschiedlich aus, weil auf unterschiedliche Weise versucht wird, die verschiedenen in den Bildreihen enthaltenen Tendenzen miteinander zu einem logischen Gesamtgefüge zu verknüpfen.

Wiedergabe der griechischen und türkischen Begriffe, Eigen- und Ortsnamen

Griechisch:
In byzantinischen Bildbeschriften wird der S-Laut vorzugsweise mit C (weniger häufig mit Σ) wiedergegeben. In diesem Buch wird für die griechischen Ausdrucke die mittelbyzantinische Schreibweise verwendet.
Der Umschrift der griechischen Worte liegt die nachweisbar bereits um 1000 verwendete neugriechische Aussprache zugrunde. Die Kenntnis dieser Aussprache versetzt die Leser in die Lage, sich mit Griechen über die Beischriften zu den byzantinischen Bildern zu verständigen.

☆ Thita – ähnlich klingend wie das englische th – wurde mit th umschrieben.
☆ Zita – ein ausgeprägt stimmhaftes s – wird zur Unterscheidung vom stimmlosen s-Laut als z wiedergegeben.
☆ Ypsilon wird dann, wenn es als i (ohne Färbung in Richtung ü) gesprochen wird, als y wiedergegeben. Für Omikron-Ypsilon mit dem Lautwert u wurde ou gewählt. Nach Epsilon und Jota wird es ähnlich wie w gesprochen und dementsprechend wiedergegeben.
☆ Gamma wird als g umschrieben – obwohl in der Regel wesentlich »hauchiger« ausgesprochen. Vor Epsilon und allen I-Lauten wird es zu j.

Bei einigen Namen, die den Lesern in mitteleuropäischer Schulaussprache sehr vertraut sind, wurde des leichteren Auffindens wegen für die Stichworte die von Erasmus von Rotterdam konstruierte Aussprache der Umschrift zugrunde gelegt. Erasmische Schreibweisen im Text – in seltenen Fällen bevorzugt, um die Benutzung von Literatur, die die schulsprachliche Umschrift benutzt, zu erleichtern – wurden in Anführungszeichen gesetzt.

Türkisch:
In der heute in lateinischen Buchstaben geschriebenen Sprache werden einige Buchstaben anders gesprochen als im Deutschen, darüber hinaus kommen vier zusätzliche Buchstaben vor.
☆ c ähnlich klingend wie dsch wird nicht umschrieben. Z. B. Cami (Dschami)
☆ ç entspricht tsch, wird ebenfalls mit c wiedergegeben
☆ ş entspricht sch und wird auch sh umschrieben
☆ ğ oft kaum hörbar, wird durch ´ ersetzt. Z. B.: So'anli statt Soganli
☆ ı ein sehr geschlossenes hervorgestoßenes i, wird ununterschieden durch i ersetzt
☆ v entspricht w, bleibt v.

Anastasis – Osterdarstellung in der Apsis der Nebenkirche (Parekklision) der Chorakirche (Kariye Cami), Konstantinopel, 1315–1321.

Der Bildkosmos der byzantinischen Kirche

Panajia (Allheilige) mit dem Christuskind. Fresko (Ausschnitt) auf einer maniotischen Stein-Bilderwand. Georgskirche bei Dirou, Innere Mani, Peloponnes, postbyzantinisch.

Byzantinisch-christliche
Symbole und Bildmotive
von ABC bis Zahl

ABC

ΑΒΓ / το ΑΛΦΑΒΗΤΟΝ *
awg / to alfáwiton

»Aber Jesus sagte zu ihm: Wenn du wirklich ein Lehrer bist und die Buchstaben gut kennst, dann nenne mir die Bedeutung des A, und ich will Dir dann die des B sagen.« *Kindheitserzählung des Thomas 14 (NT-A)*

»Ich bin das Alpha und das Omega, der Erste und der Letzte.« *Offbg. Joh. 22, 13*

Der erste und der letzte Buchstabe – im Griechischen Alpha und Omega – vertreten als Kurzform das gesamte Alphabet. Dies wiederum repräsentiert die gesamte Zeit vom Urbeginn bis zum Weltenende und zugleich den gesamten Kosmos. Wer lesen und schreiben kann, beherrscht auf magisch-symbolische Weise das Universum. Wenn das frühchristl. Monogramm Christi (→ Kreuz) von Alpha und Omega flankiert wird, weist dies den in seinem Namenskürzel vergegenwärtigten Christus als Beherrscher des Alls aus.

Griechische Großbuchstaben

Das folgende griechische Majuskel-Alphabet (mittelbyz. Typus) wird wegen seiner kosmischen Bedeutung in Kirchen dargestellt und im Ritus benutzt. Nahezu alle heiligen Gestalten und Szenen sind mit kennzeichnenden Beischriften – ausgeschrieben oder abgekürzt – versehen (siehe Bildbeischriften im Anhang).

Beischriften und Abbreviaturen machen das Bild zur Ikone. Die Orthodoxie erkennt kein Bild mit christl. Motiven als Kultbild an, wenn die Beischriften fehlen. Die Buchstaben sind es, die die Darstellungen mit Heilskraft anreichern. Allerdings sind die kennzeichnenden Beischriften nicht immer einfach zu entziffern:

☆ Die Formen der Buchstaben weisen – je nach Epoche und Gegend – starke Unterschiede auf.
☆ Die einzelnen Wörter werden meist ohne Zwischenraum aneinandergereiht, häufig jedoch aus Gründen der Bildkomposition mittendrin auseinandergeschnitten. Der Artikel, aber auch abgekürzte Zusätze zum Namen, wie »der Heilige«, »der Prophet«, »der Erzengel« werden gerne in das folgende Wort mit eingebunden. Im Griechischen ist es bis heute üblich, in Verbindung mit Namen den bestimmten Artikel zu benutzen. Man sagt »der Christus«, »der Gott«.

Übersicht I: Griechische Großbuchstaben

Buchstabe	Bezeichnung	Lautwert	abendländische Lautwiedergabe
ΑΑ	Alpha	a	a
Β	Wita	w	b
Γ	Gamma	gh, vor I- und E-Lauten J	g
Δ	Delta	dh (sehr weiches englisches th)	d
ΕЄ	Epsilon	e	e
Ζ	Zita	s (stimmhaft etwa wie in »Dunst«)	z
ΗΗ	Ita	i	ä oder e (lang)
ΘΘ	Thita	th (englisch)	t
ΙΙ	Jota	i, vor Vokalen j	i
ΚΚ	Kappa	k	k
ΛΛ	Lambda	l	l
ΜΜ	My	m	m
Ν	Ny	n	n
Ζ Ξ	Xi	x	x
Ο	Omikron	o	o
ΠΠ	Pi	p	p
Ρ	Rho	r	r
C C	Sigma	s (stimmlos) letzter Buchstabe, nur als Schluß-s	s
Τ	Taw	t	t
ΥV	Ipsilon	i	ü oder i
Φ	Phi	f	f
Χ	Chi	ch (weiter vorne gesprochen)	ch
Ψ	Psi	ps	ps
ΩΩ	Omega	o	o (lang)

Die Buchstaben beider Übersichten sind herausfotografiert aus Beischriften zu Goldmosaik-Darstellungen in Osios Lukas (kurz nach 1000). Lediglich Xi und Psi wurden rekonstruiert.

* Im byzantinischen Griechisch ist in der Regel der altgriechische Buchstabe Σ durch C ersetzt.

☆ Neben den Standardabkürzungen für die gebräuchlichen heiligen Namen, die aus dem ersten und letzten Buchstaben des Wortes bestehen, kommen auch Buchstabenkombinationen vor, deren Abkürzungsregeln schwer durchschaubar sind. Mitunter weist eine zirkumflexartige Linie hinter den Abkürzungen darauf hin, daß Buchstaben ausgefallen sind.

☆ Zwei bis drei Buchstaben werden häufig zu einem einzigen Zeichen zusammengefaßt (s. u. »Nomina Sacra«!).

☆ Die Orthographie wird verhältnismäßig freizügig gehandhabt. Insbesondere in den kappadokischen Höhlenkirchen finden sich recht kühne Schreibweisen. Aus diesen ist allerdings zu erschließen, daß um die Jahrtausendwende die Aussprache des Griechischen ähnlichen Regeln folgte wie das heutige Neugriechische. Die deutsche Umschrift griech. Ausdrücke in diesem Buch folgt so weitgehend wie möglich der byzantinisch-neugriechischen Aussprache. Sie weicht in wesentlichen Punkten von der in deutschen Schulen für das Altgriechische üblichen Aussprache – einer Konstruktion von Erasmus von Rotterdam – ab.

Nomina Sacra

IC XC	IS CHS	Jesus Christos
MP ΘY	MR THY	Miter Theou (Gottesmutter)
OAP	O ARCH	O Archanggelos (Der Erzengel)
OA	O A	O Ajios (Der Heilige)
O IO	O A IO	O Ajios Joannis (Der heilige Johannes)
	O CHRMOS	O Chrysostomos (Der Chrysostomos)

Übersicht II: **Nomina Sacra**
Einige Beispiele für Abkürzungen heiliger Namen und Namenszusätze:

Buchstaben mit christlich-mystischer Bedeutung

Im Gegensatz zu den Verhältnissen in der Antike besitzen in christl. Zeit auffällig wenige Buchstaben eine spezielle symbolische Bedeutung:

Alpha: Erster Buchstabe des Alphabets, Hinweis auf den Anfang (i archi). Seine Zusammensetzung aus drei Strichen weist auf die göttliche Trinität hin. Daher werden gelegentlich Zierleisten aus dekorativ aneinandergereihten A-Formen zusammengesetzt.

Taw: Bedeutet Zeichen, Siegel und Kreuz (→ Kreuz, → Zahl).

Ypsilon: Abbild des Scheidewegs, Entscheidung zwischen Gut und Böse, auch Gabelkreuz (→ Kreuz).

Das Alphabet, Symbol alles Seienden, Symbol Gottes

In manchen byz. Kirchen hat man das Alphabet an die Wand gemalt – so beispielsweise in der Form einer Zierleiste an die linke Wand der Medaillonkirche in Göreme. Das Alphabet als die Gesamtheit der Buchstaben – magisch zwingender allumfassender Zeichen – steht, weil mit ihnen alles zu beschreiben ist, für die Gesamtheit all dessen, was ist. Die Buchstaben gelten als die Bausteine des durch den Logos (légo = zählen, beschreiben, lesen) geschaffenen Kosmos. Wie in der Antike hielt man im Frühchristentum die Buchstaben, die beschreiben, für austauschbar mit dem, was beschrieben wird. Wer die Buchstaben beherrscht, beherrscht die Dinge.

Für Christen bedeutete das Alphabet eine Repräsentation der gesamten Schöpfung einschließlich des Schöpfers. So kam in frühchristl. Zeit der Brauch auf, daß der Bischof bei der Einweihung einer Kirche ein Aschenkreuz auf dem Fußboden auslegte und darin senkrecht und waagerecht ein griech. Alphabet einzeichnete. Kirchengebäude wurde und wird als mikrokosmisches Modell des Makrokosmos verstanden (→ Kirchengebäude).

Die Kurzform des griech. Alphabetes Alpha und Omega wird schon im NT (Offb. Joh. 21,6 und 22, 13) als Selbstbezeichnung Christi verwendet. Erstmals tauchen die beiden Buchstaben – später häufig Kreuzeszeichen und Christogrammen beigefügt – auf einer ins 3. Jh. datierten Grabplatte auf (Rom, Kallistus Katakombe). In frühchr. Zeit wurden Alpha und Omega häufig in den → Nimbus der Christusgestalt eingefügt.

Doch schon im Hebräischen bedeutet »Aleph Teth« die Gesamtheit schlechthin. Der letzte

Buchstabe des hebräischen Alphabets »Teth« wurde »Zeichen« oder – seiner Form wegen – »Kreuz« genannt und von Analphabeten anstatt einer Unterschrift benutzt (sog. »Siegel«, vergl. deutsch: »Mach Dein Kreuzchen drunter«). Überdies hat Teth als Zahlzeichen den Wert 400. Das ist eine Zahl kosmischer Vollkommenheit. Im Hebräischen wie im Griechischen sind alle Buchstaben gleichzeitig Zahlzeichen, was magischen Praktiken und Verschlüsselungen Tür und Tor öffnet.

Dichtungen, deren Vers-Anfangsbuchstaben sich in alphabetischer Ordnung aneinanderreihen, werden auf diese Weise aufgeladen mit der allumfassenden kosmischen Kraft des Alphabets. Deshalb hat man magischen religiösen Formeln, Zaubersprüchen aber auch rituellen religiösen Gesängen die Form eines solchen »alphabetischen *Akrostichon*« verliehen. AT: Klagelieder Jeremia, Psalmen 9, 10, 25, 34, 37, 111, 112, 119, 145. Frühes Christentum: Dichtungen von → Ephräm dem Syrer, Gregor von Nazianz, → Johannes Damaszenus. Der bekannteste akrostichische Hymnus byz. Zeit ist der 24versige → Akathistoshymnus.

Abraham im Paradies mit dem armen Lazarus in seinem Schoße. Kloster Dochiariou, Athos, 2. Hälfte 16. Jh.

Abendmahl

→ Eucharistie, → Liturgie, → Proskomidie

Abraham

O ABPAAM
O Avraam

»Und wahrlich wir entsandten Abraham und gaben seiner Nachkommenschaft das Prophetentum und die Schrift.« *Koran, 57. Sure 26*

Juden, Christen und Muslims betrachten Abraham als ihren geistigen, Juden und Muslims auch als ihren leiblichen Stammvater. Für die Juden ist ihr Gott der Gott Abrahams, Isaaks und Jakobs, die Christen glauben, daß Abraham auf sie im Paradiese wartet und für die Muslims sind Abraham selbst und seine Nachfolger lange vor dem Erscheinen des Propheten Mohammed ebenfalls schon echte Muslims.

Erzvater der Juden, Christen und Muslims

Der bedeutendste Erzvater aus dem AT (1. Mose 11, 25 ff.) wurde vermutlich Anfang des 2. Jahrtausends vor Christus in Südbabylonien geboren. Auf Geheiß Gottes wanderte er mit seinen Hirten und Herden nach Kanaan aus, lebte und starb bei Mamre (Hebron).

Die Juden führen ihre Abstammung auf Abraham, auf seinen mit Sara gezeugten Sohn Isaak und seinen Enkel Jakob zurück.

Für die Christen ist Abraham der Stammvater Christi, und ein Vorbild unerschütterlichen Glaubens. In seinem Wirken und seinen Begegnungen mit Gott sind die Ereignisse der Heilsgeschichte wie auch sakramentale Gnadengaben des christl. Kultes → schattenhaft vorgebildet. Für die Muslims ist »Ibrahim« über seinen mit der Magd Hagar gezeugten Sohn Ismael der Stammvater der Araber.

Ibrahim sagt den Auftritt eines Propheten für die Araber voraus, gilt als Hüter des Heiligtums in Mekka und hat eine göttliche Offenbarung erhalten, die Mohammed als inhaltlich übereinstimmend mit dem Koran ansah.

Einzeldarstellungen

☆ *Abraham der Prophet:* Abraham wird auf Medaillons, in Ganzfigur oder als Büste, gelegentlich unter die Propheten eingereiht, häufiger unter die Vorväter Christi.

☆ *Abrahams Schoß:* Ikonographisch interessanter ist die Darstellung von Abrahams Schoß, die häufig in Verbindung mit Endzeitdarstellungen auftritt: Der Erzvater mit langem weißem Haar und Bart – häufig sogar die Dreiergruppe Abraham, Isaak und Jakob – sitzt im Paradies, im Schoße lauter winzig kleine Menschlein. Die spätjüdische Vorstellung, daß sich der »Same Abrahams« am Ende der Zeiten wieder in seinem Schoß versammle – der Zustand des Menschen nach seinem Tod entspricht dem vor seiner Geburt (→ Geburt Christi) – wird im NT aufgegriffen im Gleichnis vom reichen Mann und armen Lazarus. Auf manchen Darstellungen des → Endgerichtes ist es die kleine Figur des Lazarus, die geborgen in Abrahams Schoß sitzt, während der ungerechte Reiche im Feuerstrom Qualen erleidet (Chora-Kirche, Konstantinopel, 1315–20, Athoskirchen). Abraham wird bis heute in der griech. Totenliturgie erwähnt: sein Schoß gehört ebenso wie das Land Kanaan zu den Paradiesvorstellungen.

Szenische Darstellungen

1. Gastfreundschaft
2. Melchisedek
3. Opferung Isaaks.

Die Ermenia – das Malerhandbuch vom Berge Athos, das die Bildprogramme orthodoxer Kirchen inhaltlich beschreibt – nennt neun Szenen mit Abraham, von denen drei häufiger vorkommen:

1. *»Die Gastfreundschaft Abrahams«.* Hinweis auf die Trinität und das Abendmahl (→ Pfingsten).

2. *»Das Opfer Melchisedeks«.* Abraham hat eine Schlacht gewonnen, Melchisedek zieht ihm entgegen, um ihn zu segnen:

»Aber Melchisedek, der König von Salem, trug Brot und Wein hervor. Er war ein Priester Gottes, des Höchsten.« *1. Mose 14, 18*

Sein *»unblutiges Opfer«* ist eine Anspielung auf das Abendmahl, in dem Christus gleichzeitig das Opfer und der opfernde Priester ist (→ Eucharistie). Christus selbst wird in den liturgischen Texten (nach Hebr. 7, 11) als *»Priester nach der Ordnung Melchisedeks«* bezeichnet. In einem Mosaik anfangs 5.Jh. (Santa Maria Maggiore, Rom) erscheint über Brot und Wein in den Wolken Christus, dessen Rechte auf Melchisedek weist, der die »eucharistischen Gaben« Abraham und seinem Gefolge darbringt. Auf einem Mosaik im Allerheiligsten von San Vitale, Ravenna, 6.Jh., opfert Melchisedek auf einem Abendmahlsaltar Brot, während ihm gegenüber in der gleichen Darstellung Abel ein Lamm darbringt. An der Wand gegenüber »Die Gastfreundschaft Abrahams« und »Opferung Isaaks«. Eine Kopie des Melchisedek-Abel-Motivs findet sich in Sant' Apollinare in Classe b. Ravenna, 7.Jh. In Darstellungen als Einzelfigur trägt Melchisedek eine Bischofskrone, hält eine Schüssel mit drei Broten, bisweilen ein Spruchband:

»Der Name des Herrn soll gepriesen werden von nun an bis in Ewigkeit.« *Hiob 1, 21*

3. *»Isaaks Opferung«* (s. 1. Mose 22). Auf Gottes Geheiß soll Abraham seinen spätgeborenen Sohn – Sara war bereits 100jährig – auf einem Berg als Brandopfer darbringen. Er greift zum Messer, doch erhebt der Engel des Herrn Einspruch:

»Lege deine Hand nicht an das Kind und tu ihm nichts an, denn nun weiß ich: Du fürchtest Gott und verschonest nicht deinen einzigen Sohn um meinetwillen.« *1. Mose 22, 12.*

Als Ersatzopfer nimmt Abraham einen Bock, der sich im Gebüsch verfangen hat. Die Erzählung spiegelt Entwicklungsgeschichtliches, die Ablösung des Menschenopfers durch das Tieropfer.

Frühe Darstellungen in spätjüdischen Synagogen (Dura-Europos, Syrien, ca. 245 n.Chr.), besonders häufig als Katakombenmalereien und als Sarkophagreliefs. Im Frühchristentum wird die Szene als bildhafte Vorwegnahme (und gewissermaßen Garantie) der Errettung der Seele des Toten verstanden. Von konstantinischer Zeit an wird Isaaks Opferung zum Hinweis (Präfiguration) auf die Passion Christi und spätestens vom 6.Jh. an (San Vitale, Ravenna) auf das Abendmahl. Die Gleichsetzung von Jesus und Isaak wird dadurch begünstigt, daß im Griechischen beider Namen mit dem gleichen Buchstaben beginnen.

Adam und Eva
O AΔAM KAI H EVA
O Adam kä i Ewa

»Durch einen Menschen wurde der Tod bewirkt, und durch einen Menschen die Auferstehung von den Toten. Wie in Adam alle dahinscheiden, so werden in Christus alle zum Leben erweckt.« *1. Kor. 15, 21–22*

»Mit der Hand bildetest Du Adam aus Erde, für ihn wurdest Du der Natur nach Mensch und wolltest gekreuzigt werden zu seiner Rettung. ... Durchbohrt wurde Dir die Seite, mein Schöpfer, aus ihr bewirktest Du die Neuerschaffung der Eva, dadurch daß Du Adam wirst, wundersam schlafend den lebensspendenden Schlaf und das Leben herausnehmend aus Schlaf und Verderben.« Aus der *Liturgie vom großen Freitag*

Adam und Eva anbetend vor dem leeren Thron in einer Darstellung der Wiederkunft Christi. Kloster Esphigmenu, Athos, Anfang 16. Jh.

Das Urelternpaar der Menschheit (1. Mose 1 und 2) – Adam, der aus Erde gemachte, und Eva, die vom Manne gemachte, hat durch den Sündenfall Tod in die Welt gebracht. Sie stehen im Gegensatz zu Christus und Maria, durch die die Welt neu geschaffen und das (ewige) Leben gebracht wird.

Verhältnis Adam – Christus und Eva – Maria
Nach orthodoxer Auffassung ist Adam von Gott geschaffen als ein Wesen, das durch seinen »Erd-Leib« am Materiellen, durch seine Seele an der geistigen Welt teil hat. Die Folgen seines Sündenfalles wurden nicht auf die Nachkommen vererbt: Vielmehr ist die Menschheit von ihrem Uranfang an mit dem Urelternpaar verbunden und hat so Teil an seiner Sündhaftigkeit. Für die bildliche Darstellung sind Adam und Eva insofern interessant, als sie einerseits die erlösungsbedürftige Menschheit personifizieren und andererseits, als sie den Lebensbringern Christus (neuer Adam) und Maria (neue Eva) entgegengesetzt werden.

In postbyz. Zeit wird dem Schöpfungs- und Sündenfallzyklus ein Zyklus mit der Passion Christi und seiner Auferstehung (→ Ostern) gegenübergestellt.

Darstellungen der erlösten Ureltern
Die Kreuzigung des »neuen« rettet den alten Adam, dessen Totenschädel auf Darstellungen der → Kreuzigung von Christi erlösendem Blut benetzt wird. Wie aus der geöffneten Seite Adams Eva geschaffen wurde, so kommt das Heil der Neuschöpfung der Menschheit – so die Liturgie – in Gestalt des eucharistischen Blutes aus der offenen Seitenwunde Christi. Bei seiner Auferstehung (→ Ostern) zieht Christus das Urelternpaar aus dem Sarkophag. Auf spät- und postbyz. Darstellungen seiner Wiederkunft sind Adam und Eva, sich aus den Särgen erhebend – wie im Auferstehungsbilde zu sehen –, als Vertreter der Menschheit gegenwärtig (Chora-Kirche, Konstantinopel; Meteora und Athos-Klöster).

Zyklen um Adam und Eva
Schöpfung, Sündenfall, Vertreibung, Kain und Abel

»*Schöpfung*«: Das Verbot der östlichen Kirchen, Gottvater bildlich darzustellen, schränkte die Möglichkeiten, die Schöpfungsakte auf Mosaiken und in Wandmalereien wiederzugeben, ein. In den seltenen Schöpfungsszenen mittelbyz. Zeit hat man Gottvater durch Christus ersetzt (Basilika in Monreale, Ende 12. Jh.).

In den spätbyz. Gesamtzyklen, denen die Passion und Auferstehung Christi gegenübergestellt werden, trägt die göttliche Schöpfergestalt einerseits den Kreuznimbus Christi, andererseits – entsprechend westlicher Tradition – den Bart Gott Vaters (Rhodos Panajia Lindos und Kattawia, 18. Jh.). Adam steht bei seiner Erschaffung nackt vor Gott, Eva tritt aus dem schlafenden Adam heraus und erhebt anbetend die Hände.

Adam gibt den Tieren Namen«: Gott selbst schafft die Dinge, in dem er sie anruft. Er macht nach 1. Mose 2, 19 Adam zu einer Art von Mitschöpfer indem er ihn beauftragt, den Tieren Namen zu verleihen. Das Motiv wird in spätbyz. Zeit auch unabhängig vom Zyklus dargestellt; Adam nackt unter einem Baume sitzend, eine Hand auf dem Knie, mit der anderen auf Tiere weisend, u. a. auf Schlange, Elefant, Lamm, Tiger sowie auf mehrere drachenähnliche Fabelwesen. Boden und Hintergrund des Paradieses als Ort der Helle (→ Endgericht) sind weiß (Meteora Kloster Nikolaos Anapawsas, Anfang 16. Jh.).

»Die Übertretung«: Sündenfall: Adam und Eva stehen nackt unter einem großen Feigenbaum. Die sich darumwindende Schlange hält ihren Kopf an Evas Ohr, dringt gleichsam in sie ein. (Die neue Eva, Maria, empfängt den Christus-Logos ebenfalls durchs Ohr). Mit einer Hand führt Eva die Frucht zum Munde, mit der anderen reicht sie Adam ein Stück. Das Motiv kommt in verkürzter Form schon in der frühchristl. Sarkophagkunst vor. In der Buchmalerei des 11. bis 13. Jh.s kann die Schlange ersetzt sein durch einen saurierähnlichen Vierbeiner. Jüdischer Überlieferung nach glich sie vor dem Sündenfall einem Kamel, das der Satan ritt. Danach hatte sie zur Strafe ihre Füße verloren *1. Mose 3, 14*.

»Vertreibung« und »Wehklage«: Die Ureltern fliehen, mit einem Feigenblatt bekleidet, aus dem Paradies. Ein sechsflügeliger Cherub bewacht das Tor. Oft wird auch dargestellt, wie die beiden das verlorene Paradies beweinen, und wie sie arbeiten. Adam bearbeitet die Erde mit einer Hacke, Eva sitzt bei ihm mit dem Spinnrocken in der Hand – dem Attribut der Eva wie auch Marias als der neuen Eva (→ Verkündigung Mariä).

»Die Söhne der Ureltern – Kain und Abel«. »Geburt des Kain« und »Geburt des Abel«: In einer Grotte liegt Eva auf ihrem Kleid. Adam hat den kleinen Kain auf dem Arm. Ähnlich ist die Szene mit der Geburt Abels aufgebaut. Das Kind wird von Adam und dem jugendlichen Kain gebadet – in Anspielung auf die → Geburt Christi. Abel gilt als Christi Typos.

»Abel hütet Schafe« und *»Kain bearbeitet die Erde«!* Die Gestalt des Abel, der mit einem Stab Schafe hütet, weist auf Christus als den guten Hirten hin. Kain hat zwei Kühe vor den Pflug gespannt.

»Opfer Kains und Abels«, »Brudermord«, »Adam und Eva beweinen Abel«: Abel opfert in den Flammen auf einem Altar ein Lamm – auch dies ein vorbildhafter Typos für Christus als das in der → Eucharistie dargebrachte Lamm Gottes. Der Rauch des Gott wohlgefälligen Opfers steigt nach oben. Kains Opfer dagegen, eine Korngarbe, wird von Gott nicht angenommen – ihm schlagen die Flammen des Opferfeuers ins Gesicht.

Eifersüchtig auf seinen Bruder und auf die Liebe Gottes, schlachtet Kain den Jüngeren auf einer Bergkuppe ab. Der Ermordete wird von Adam – 150 Jahre alt, daher grauhaarig dargestellt – und Eva beweint. Oft erscheint noch ein Engel mit dem Schriftband: »Weine nicht, er wird auferweckt werden am jüngsten Tag.«

Weitere Darstellungen von Adam und Eva → Endgericht, → Ostern, → alttestamentliche Szenen.

Adler / Kreuzadler
Ο ΑΕΤΟC / Ο CΤΑΥΡΟΑΕΤΟC
o Aetós / o Stawroaetós

Der Adler spielt seit altersher im Mythos eine große Rolle, desgleichen in der religiösen Symbolik. Zwei seiner Grundbedeutungen haben sich in der byz. Kunst durchgesetzt. Einerseits die Zuordnung zur Staatsmacht – dem römischen Kaiser und, in Form des Doppeladlers, dem byz. Herrscher, andererseits die Zuordnung zur Region des Himmels, des Lichts und der Göttlichkeit. Besonders deutlich wird das am Motiv Adler und Schlange, das auch in indianischen Kulturen und in Asien verbreitet ist. (In Indien und Indonesien ist der Himmelsadler Garuda der Schlangentöter.) Die beiden Tiere versinnbildlichen den

Adler/Kreuzadler

Kampf des Lichtes mit der Finsternis, des wohltätigen Wassers mit dem zerstörerischen Feuer – im christl. Verständnis der Kampf des Adlers – Christus – Lichtes mit der Schlange – Satan – Finsternis. Nach Basilios ist der Adler, der seine Jungen im Nest gegen die Schlangen verteidigt, ein Bild Christi, der die Menschen in der Welt vor dem Bösen beschützt.

Seelenvogel des römischen Kaisers
Ein Adler mit Blitzbündel zwischen den Krallen schmückte als Symbol Jupiters die Feldzeichen der Römer. Die Seelen der auf dem Scheiterhaufen verbrannten römischen Kaiser flogen in der Gestalt eines Adlers gen Himmel. Man stellte derartige → Himmelfahrten nicht nur bildlich z. B. auf Münzen dar, sondern ließ am Verbrennungsplatz tatsächlich einen gefangenen Adler frei. Diese Idee von der Adlerseele des Kaisers (bzw. vom → Pfau der Kaiserin) stellt nur eine Ausformung der allgemein verbreiteten Vorstellung dar, daß die Seelen in Vogelgestalt in die jenseitige Welt fliegen.

fahrt und deren Symbolik stark beeinflußt. In der altchristl. Sarkophagkunst wandelt sich der kaiserliche Seelenvogel zum Symbol des auferstehenden und auffahrenden Christus. Gelegentlich erscheint der Adler über den Relief-Triumphkränzen mit dem sonnenhaften Christusmonogramm (auf Sarkophagen!): Im alten Orient wie in Rom war der Adler auch Symbol der Sonne und des Lichtes.

Adler und Taufe
Der Physiologus vergleicht in bezug auf Psalm 102 (103), 5: »Du wirst wieder jung wie ein Adler« den Adler, der sich durch ein dreifaches Bad in der Quelle verjüngt, mit dem Katechumenen (Taufanwärter), der durch die Taufe zum neuen Menschen wird.
In Indien und Indonesien wird dem Adler das Wasser, seinem Widerpart Schlange das Feuer zugeordnet. Der Götteradler Garuda hat für seine Auftraggeber das heilige Wasser der Unsterblichkeit gestohlen. Auch der griech. Zeus, dessen Wahrzeichen der Adler ist, war als Wettergott Herr über den Regen.

Adler und Schlange. Flachrelief auf einer Basis, Umgebung von Mistra, spätbyzantinisch.

Byzantinischer Doppeladler. Relief aus Andros, 1805.

Symbol Christi
Vom 4. Jh. an werden Elemente des römischen Kaiserkults auf den Weltenherrscher Christus übertragen; kaiserliche Apotheosebilder haben die Darstellungen von Christi → Himmel-

Byzantinischer Doppeladler
Der Doppeladler als Repräsentation des byz. Reiches ist eine Weiterentwicklung des römischen Adler-Feldzeichens. Die beiden Adlerköpfe weisen angeblich auf die beiden Teile

des christlich römischen Reiches nach Theodosius (nach 395), auf den Osten und den Westen hin.
Es spricht einiges dafür, daß der Adler seinen zweiten Kopf byz. Webtechnik verdankt. Muster mit axialsymmetrischen Figuren lassen sich webtechnisch besonders rationell anfertigen. Dementsprechend häufig sind byzantinische Gewebe mit Doppeladlern bzw. mit am Kopf zusammengewachsenen Adlerpaaren ornamentiert.

Symbol des Christenvolkes im Freiheitskampf
In den Klephtenliedern der griech. Freiheitskämpfer erfährt das Symbol des aufsteigenden Adlers, insbesondere des wegen seines Flugbildes in der Form eines Kreuzes als Kreuzadler bezeichneten Königsadlers, eine Umdeutung: Aus dem Symbol Christi wird ein Symbol des sich gegen die Osmanenherrschaft erhebenden christl. Volkes.
Unter den vier Evangelistensymbolen verkörpert der Adler Johannes (→ Evangelisten).

Akathistos-Hymnos
Ο ΑΚΑΘΙΣΤΟΣ ΥΜΝΟΣ
O Akáthistos Ymnos

Marienhymnus mit 24 Versen, wird im Stehen – wörtlich übersetzt: »ohne daß man sich hinsetzt« – gesungen (→ Maria, → Marienzyklus, → Ikonenwunder).

Akklamation
Η ΠΡΟΣΦΩΝΗΣΙΣ
i Prosfónisis

Zuruf mit der erhobenen Rechten zur Bestätigung einer Wahl oder zum Lobpreis im Rahmen des römischen, später des byz. Kaiserkults.
Von dort wurden die Akklamationen in die Liturgie übertragen – als Lobpreisung für den Weltenherrscher (Pantokrator) Christus, insbesondere in seiner Gestalt als → eucharistische Gabe.
☆ *Axios (würdig)* im Altertum Bestätigung bei einer Abstimmung, wurde später zur Bischofswahl per Zuruf benutzt. Bei den Kopten und christl. Äthiopiern wird der Neugetaufte als *»würdig«* akklamiert. Mit *»axión estín«* beginnt das wichtigste Marienlied *(Theotokion)* der Chrysostomosliturgie (→ Maria). Der Dichter und Nobelpreisträger Elytis setzt sich in seinem von Mikis Theodorakis vertonten naturlyrischen Zyklus *»Axion estín«* ganz bewußt damit auseinander.

Grüßender Engel, Verkündigung Mariä. Klosterkirche von Daphni bei Athen, Ende 11. Jh.

☆ *Chäre (altgr. chaire – freue Dich)*, einleitender Zuruf im »Englischen Gruß« an Maria (Ave!) ist eine gängige alt- wie neugriech. Grußformel.
☆ *Zurufe mit halberhobener rechten Hand* drücken als wegwerfende Bewegungen Ablehnung aus – insbesondere auch auf Passionsdarstellungen. Mit der Geste und dem Ausruf *»Anathema«* (verflucht sei!) wurden Irrlehren verurteilt.

Alphabet
→ ABC

Altar / Altargerät
Η ΑΓΙΑ ΤΡΑΠΕΖΑ
i ajía trápeza

Ein Altar ist Anbetungs- und vor allem Opferstätte für eine Gottheit, auch für Ahnen- oder Totengeister (Begräbniskult).
Der Altar der orthodoxen Kirche hat rituelle Funktionen – er steht im Zentrum des kultischen Geschehens. Geichzeitig ist er eingehüllt in ein vieldeutiges Bedeutungsgeflecht:

Er ist

☆ Opferstätte, an der → Christus als Erzpriester selbst, vertreten durch den handelnden Priester, das Opfer darbringt (Thysiastírion).
☆ Opferstätte, auf der Christus als das Lamm in der Gestalt von Brot und Wein geopfert wird.
☆ Überhimmlischer Thron Gottes, zugleich → leerer Thron Christi, bereitet für dessen Wiederkunft.
☆ Fußpunkt der → Himmelsleiter zu Gott.
☆ Grab Christi.
☆ Krippe Christi.
☆ Grab einer Reliquie.

In die umfassende Symbolik sind auch alle Gerätschaften einbezogen – acht, die sich ständig auf dem Altar befinden, weitere sieben, die für den Abendmahlsgottesdienst und seine Vorbereitung (→ Proskomidie) dienen.

Der Altar als Zentrum von Kirchenbau und Kult

In einer griech. Kirche gibt es nur einen Altar im Allerheiligsten hinter der »schönen Pforte« *(oréa pyli)*. Der Tisch links in der Prothesis (nördliche Nebenapside) ist ein Rüsttisch für die Vorbereitung des Abendmahls. Er wird in Kirchen mit nur einer Apsis durch eine Wandnische ersetzt. In großen Kirchen gibt es allerdings Nebenkapellen mit je einem zusätzlichen Altar.

Da pro Altar und Tag nur ein eucharistischer Gottesdienst gefeiert werden darf, ermöglichen es die zusätzlichen Altäre, mehrere Abendmahlsfeiern in einer Kirche abzuhalten. Heiligenaltäre wie in der römisch-katholischen Kirche sind in der orthodoxen nicht üblich.

Heute werden Altäre aus Stein errichtet und mit einer allseitig vorkragenden Platte überdeckt, darüber kommt ein Tuch, auf das die Altargeräte gestellt werden.

Nach alter Sitte werden griech. Altäre noch heute von einem → Ciborium – es stellt den Himmel dar – überwölbt.

Einem Altar direkt den Rücken zuzuwenden zeugt von Mangel an Respekt. Den Altarraum dürfen durch die Schöne Pforte hindurch nur Geistliche betreten.

(Sinnbildliche Bedeutungen des Altars → Kirchengebäude.)

Ciborienüberwölbter Altar des Tempels in Jerusalem aus der → Darstellung Christi.
Goldmosaik in Osios Lukas bei Stiri, Anfang 11. Jh.

Die historische Entwicklung des Altars zum Reliquiengrab

Die einfachen Tische des frühchristl. Liebesmahles – eines bereits im NT erwähnten gemeinsamen Mahles der Gemeinde – wurden ab Ende des 2. Jh.s, als die ersten Kirchen entstanden, nach und nach durch feste Altäre ersetzt. Die Sitte, an Märtyrergräbern Abendmahlsgottesdienste zu begehen, führte dazu, Gedenkbauten (Memorien) und größere Grabbauten für bedeutende Märtyrer zu errichten, unmittelbar über den Gräbern auch Altäre.

Mit dem Ende der Christenverfolgungen in konstantinischer Zeit wurde der Reliquienkult mehr und mehr zum Zentrum volkstümlicher Frömmigkeit. Man teilte die Märtyrergebeine auf, verbrachte sie an Orte, die bis dahin noch nicht mit Reliquien geheiligt waren und setzte sie unter oder im Altar selbst bei; er nahm damit endgültig den Charakter eines Grabmals an.

Der begrenzte Vorrat an Gebeinen ließ einen Bedarf an Reliquien zweiter Ordnung entstehen, an Dingen, die mit den Gebeinen in Berührung gekommen waren. So wurden die Altarvorderseiten mit einem fensterartigen Durchbruch zur Reliquie hin – die sogenannte Confessio – versehen.

Da hindurch haben die Gläubigen Gürtel, Bänder, Stolen zur Reliquie hinabgelassen (→ Gewänder) oder aber → Öl auf die Gebeine aufgegossen, das man hernach wieder auffing.

Die Weihnachtskrippe des Christuskindes ausgebildet als Grabaltar. Ausschnitt aus der Geburt Christi in der Klosterkirche von Daphni bei Athen. Ende 11. Jh.

Besondere Bedeutung gewann die Confessio über dem Heiligen Grab in Jerusalem, häufig dargestellt mit der Öllampe über dem Altar, vor allem auf Pilgerfläschchen. Gier nach Reliquien führte dazu, daß sich vor dem Altar häufig Szenen abspielten, die mit der Heiligkeit des Ortes schlecht zu vereinbaren waren – einer der Gründe für die vom 5. Jh. an aufkommende Tendenz, den Altarraum durch Schranken und Vorhänge von den Gläubigen abzusondern.

Die Geräte auf dem Altar

Alle Geräte auf dem Altar haben ihre Bedeutung für den Gottesdienst. Im Notfall kann der Priester auf sie verzichten – allerdings auf eines nicht, auf das Antiminsion.

1. *Antiminsion:* Leinentuch mit Futter (wörtl.: »anstelle des Tisches«), in das der Bischof bei der Weihe eine Kapsel mit Reliquienteilen einlegt. Es liegt zusammengefaltet auf dem Altar und wird während der »Liturgie der Gläubigen« vor dem großen Einzug feierlich aus-

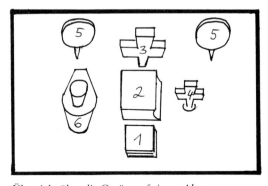

Übersicht über die Geräte auf einem Altar.

einandergefaltet. Mit der Grablegung Christi und den vier Symbolen der Evangelisten bestickt, repräsentiert es das Grablinnen Christi. Es dient als Unterlage für die Abendmahlsgaben; ohne das eingenähte Reliquienstück kann der Priester keine Liturgie feiern; dies erst macht den Altar zum heiligen Tisch und zugleich zum heiligen Grab Christi. (In der römisch-katholischen Kirche ist die Reliquie in den Altar selbst eingelassen.)

Altar/Altargerät

Symbolornament (2 Fassungen) auf Altardecken der mittelbyzantinischen Zeit (und auf priesterlichen → Gewändern); eine zeichenhaft vereinfachte Darstellung der Confessio des Heiligen Grabes in Jerusalem.

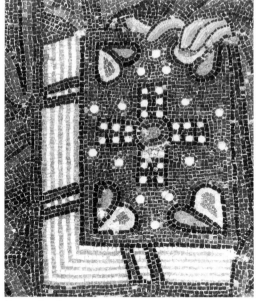

Evangelienbuch in der Hand des zwischen dem Kaiserpaar Konstantin IX. und Zoï thronenden Christus. Empore Ajia Sophia, Konstantinopel, 1. Hälfte 11. Jh.

Vorläufer des Antiminsion sind Altardecken, auf die ein- oder mehrfach ein von vier Winkeln umgebenes Feld appliziert war. Mittendrin findet sich ein achtstrahliger Stern (Opfer Abels und Melchisedeks, San Vitale, Ravenna, 538–544, Sant'Apollinare in Classe, 7. Jh.) oder ein Kreuz (Osios Lukas, Anfang 11. Jh., Ochrid in Makedonien, Periwleptos 1295), letzteres oft ergänzt durch vier Punkte, die die Abendmahlsbrote darstellen (→ Brot, → Proskomidie).

Die Bedeutung dieses auf Abbildungen von Altären des 6.–14. Jh.s üblichen und zunächst rätselhaften Vier-Winkel-Symbols wird durch eine Darstellung »Engel und Frauen vor dem leeren Grab« auf einem byz. Kästchen (Kästchen Sancta Sanctorum, Vatikan, 6. Jh.) erhellt: Anstelle des leeren Grabes findet sich im Hintergrund die konstantinische Grabeskirche, in Form einer Aedicula (→ Ciborium mit zugebauten Seiten). Durch die geöffnete Tür sind die vier Winkelflächen mit dem Kreuz zu sehen: Bildkürzel für das Grab Christi.

Von der Altardecke mit dem Zeichen »heiliges Grab« bis zum Antiminsion in der Bedeutung »Christi Grablinnen« ist nur ein kleiner Schritt. Zwei Fresken von antiminsionähnlichen Tüchern mit eucharistischen Symbolen sind gegen 1070 entstanden (Shakli Kilise, Göreme, → Kreuz, → Mandylion, → Proskomidie). Vom 13. Jh. an wurden die Antiminsiontücher mit Darstellungen der Grablegung bestickt.

2. *Evangelion:* ein kostbares Buch mit den Evangelientexten liegt auf dem Altar. Wird in der »Liturgie der Katechumenen« in einer feierlichen Prozession (kleiner Einzug) ins Kirchenschiff und durch die Schöne Pforte wieder hin zum Altar gebracht (→ Eucharistie, → Liturgie, → Geburt Christi).

3. *Altarkreuz:* großes Standkreuz, verbleibt auf dem Altar.

4. *Segenskreuz:* 20–30 cm hoch mit Griff, geschmückt mit dem Bild des Gekreuzigten, oft auch mit anderen Szenen aus dem NT, steht rechts neben dem Evangelienbuch. Der Priester erteilt mit dem Kreuz den Segen. Byzant. Kreuze waren zur Ehre Gottes aus Edelmetall; in der Zeit der Türkenherrschaft mußte sich die verarmte Kirche auf etwa 20 cm hohe, in unedles Metall gefaßte Holzkreuze beschränken, deren reiches Schnitzwerk den Verlust im Materialwert ausglich. Heute werden Segenskreuze aus Bronze gegossen. Die älteste Darstellung (San Vitale, Ravenna, 526–547) ist das geschweifte Gemmenkreuz in der Hand des Bischofs Maximianos. Die ornamentalen Stielkreuze, vor allem in bildlos ornamentierten Kirchen zu sehen, lassen sich ebenfalls als Segens- oder Ritualkreuze auffassen.

5. *Zwei Rhipidien:* Ehrenfächer aus Metall (Durchmesser ca. 30 cm) sind etwas hinter dem Standkreuz aufgestellt, das sie flankieren (→ Pfau).

6. *Artophorion:* (wörtl. Brottrage), Behälter zur Aufbewahrung von geweihtem Brot für die Krankenkommunion sowie für die Abendmahlsfeier der »vorgeweihten Gaben« an den Wochentagen der Fastenzeit. Das Artophorion steht oft als kleines Kirchenmodell, in mittelbyz. Zeit als das der Grabeskirche in Jerusalem ausgebildet, links neben dem Ewangelion. Artophorien in der Form der Taube des heiligen Geistes hängen an einer Kette vom Scheitel des → Ciboriums herab. In frühchristl. Zeit verwahrte man vorgeweihtes Brot in reich beschnitzten Elfenbeinbüchsen.

Mitunter steht rechts neben dem Artophorion oder auf dem Rüsttisch ein Gabenträger aus Metall; er ist für den Transport der Gaben ans Bett Schwerkranker bestimmt.

7. *Thymiastirion:* ein im Diakonikon (südliche Apsisnische) aufbewahrtes Weihrauchfaß, wird vom Bischof, vom Diakon und vom Priester benutzt. Sein kelchähnliches Unterteil mit der Pfanne für den glühenden Weihrauch ist an mehreren Ketten befestigt, der zwischengeklemmte Deckel wird so eingestellt, daß Luft an die Glut kommt, jedoch keine Weihrauchpartikel herausfallen. Kräftige ruckweise Schwenks um etwa 90° nach oben entfachen die Glut und lassen den duftenden Rauch herausquellen – als sichtbaren Ausdruck für die zum Himmel aufsteigenden Gebete.

Der Weihrauch, im AT wie im NT häufig erwähnt, dringt nicht vor dem 4. Jh. in die christl. Liturgie ein. (In der Verfolgungszeit wurden Christen genötigt, ihrem Glauben dadurch abzuschwören, daß sie vor Kaiserbildern Weihrauchkörner opferten!) Früheste christl. Darstellungen in Ravenna (San Vitale, Mitte 6. Jh., Sant'Apollinare in Classe, 7. Jh.); weihrauchschwenkende Engel erscheinen ab mittelbyz. Zeit in Darstellungen der Liturgie, in postbyz. Zeit in den Zyklen der → Apokalypse.

8. *Dikiro-Trikira:* zwei Kerzenleuchter, vom Bischof benutzt, um beidhändig der Menge das Kreuzeszeichen zu spenden.

Das Dikirion, ein Leuchter mit zwei einander kreuzenden Kerzen, versinnbildlicht die göttliche und die menschliche Natur Christi.

Trikiron, ein Leuchter mit drei einander kreuzenden Kerzen, repräsentiert die Dreieinigkeit.

Alle fünf Kerzen zusammen spielen auf die Kosmoszahl (→ Zahl 5) an.

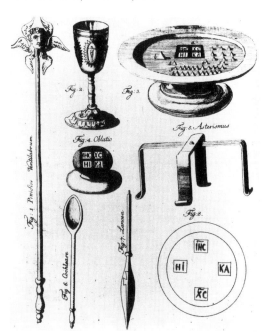

Geräte für die Proskomidie: 1. Rhipidion (Ehrenfächer), 2. Kelch, 3. Diskos (Patene), 4. Prosphora (Abendmahlsbrot), 5. Asteriskos, 6. Lawis, 7. Logchi, 8. Anordnung des in vier Teile gebrochenen Lammes bei der Eucharistie.
Aus: J. G. King »Die Gebräuche und Ceremonien der griechischen Kirche in Rußland ...« Riga 1773.

Geräte für die Zurüstung (→ Proskomidie) und für das Abendmahl

1. *Diskos:* ein Edelmetallteller (20–25 cm breit) mit Fuß, innen vergoldet, für die Vorbereitung und Darbringung des Abendmahlbrots. Die für diesen Zweck bestimmten Prosphorenschalen – zunächst ohne Fuß – lassen sich bis Anfang des 6. Jh.s zurückverfolgen. Im Zentrum von Schalen nach dem Jahr 1000 steht häufig die Gottesmutter: der Diskos gilt als Krippe, in der symbolisch in der Form des Brotes der neugeborene Christus liegt.

2. *Asteriskos:* gekreuzte Metallbügel, deren Schnittpunkt mit einem Stern verziert ist. Dies Gerät wird auf den Diskos gesetzt und soll verhindern, daß das Tuch, mit dem der Diskos abgedeckt wird, die ausgelegten Brotstücke berührt und durcheinanderbringt; symbolisch

stellt er den Stern über der Krippe dar. Im Gebrauch seit dem 9. Jh.

3. *Logchi und Mousa:* (Die heilige Lanze und der Schwamm) bestehen aus einem seit dem 8. Jh. nachgewiesenen Lanzettmesser mit einem Kreuz als Knauf, zum Zerteilen des Brotes, und einem kleinen Schwammstück, mit dem die Brotstücke in der rituell erwünschten Form geordnet werden. Das Zerteilen des Brotes während der Proskomidie wird als Schlachten des Lammes Christi aufgefaßt, Lanze und Schwamm bedeuten die Marterwerkzeuge. Den Prototyp der Logchi, die heilige Lanze, mit der Christi Seite aufgestochen wurde, hat Helena in Jerusalem aufgefunden (→ Konstantin und Helena).

4. *Lawis:* vergoldeter eucharistischer Löffel zum Austeilen des in Wein getauchten Brotes. Lawis bedeutet wörtl. Zange, sie spielt auf die des Propheten → Jesaias an; ein Seraph hatte mit ihr ein Stück glühender Kohle gebracht, um die Lippen des Propheten zu reinigen. Der Priester bezeichnet in seinen Gebeten um Reinigung die Abendmahlsgaben als die glühende Kohle des Jesaia: »Siehe, dies hat meine Lippen berührt und es wird hinwegnehmen meine Missetaten und mich reinigen von meinen Sünden« (aus der Liturgie der Gläubigen nach Jes. 6, 7).
Der Löffel, der Christus als Abendmahlsgabe aufnimmt, symbolisiert auch die Gottesmutter, die das Christuskind in sich trug (→ Brennender Dornbusch).

5. *Potirion:* Abendmahlskelch mit Knauf. Das älteste erhaltene Fragment wurde nach 300 geschaffen. Nach dem 9. Jh. entstandene Kelche bestehen aus Edelmetallen und kostbaren Steinen. Bis zum 13. Jh. hat es auch zweihenklige Gefäße mit niedrigem Fuß gegeben (Opfer Abels und Melchisedeks: San Vitale, Sant'Apollinare in Classe, Ravenna). Formschöne Weingefäße verschiedenen Typs finden sich in zahlreichen eucharistischen Darstellungen, auch in Bildern des historischen Abendmahls.

6. *Kalymmata:* zwei Decken. Während der Proskomidie wird je eine über den Diskos und über den Kelch gelegt.

7. *Aër:* ein etwa 50 × 50 cm großes Tuch, dessen Name »Lufthauch« bedeutet. Es wird über Kelch und Diskos, beide bereits mit den beiden Kalymmata abgedeckt, gebreitet. So verhüllt werden die Gaben vom Rüsttisch in der Prothesis zum Altar verbracht. Während des Glaubensbekenntnisses wird das Aër über den Gaben geschwenkt; wenn der Bischof zelebriert, wird es von Geistlichen wie ein Baldachin über seinem Kopf gehalten. Beides versinnbildlicht das Wehen des Heiligen Geistes. Aufgekommen ist das Aër wohl im 7. oder 8. Jh.; nach 1000 hat man es häufig mit »Grablegung« oder »Beweinung« bestickt. Im 13. Jh. hat sich daraus das Epitaphiostuch (→ Passionszyklus) abgespalten. Dies wurde zunächst beim großen Einzug von zwei Diakonen wie ein halbrunder Baldachin über dem Priester gehalten, der fast darunter verschwand (göttl. Liturgie um den Kuppelpantokrator im Meteorakloster Nikolaos Anapawsas, 16. Jh.).

Alttestamentliche Szenen
ΣΤΟΙΧΕΙΑ ΑΠΟ ΤΗΝ ΠΑΛΑΙΑ ΔΙΑΘΗΚΗ
Stichia apó tin paláa Diathíki

Die Ereignisse des AT haben für die östlichen Kirchen nur insoweit Bedeutung, als sie als Hinweise auf die Heilsereignisse des NT und das Heilsgeschehen in der Liturgie verstanden werden können.

Wandmalerei und Liturgie
Zwischen dem 11. und 13. Jh. wurden byz. Handschriften vor allem der ersten acht Bücher (Okatateuch) des AT reich illustriert. Von diesen AT-Motiven wurden nur diejenigen für die Wand- und Ikonenmalerei übernommen, die

☆ typologisch auf Christus, besonders auf Leiden und Auferstehen sowie auf das Abendmahl hinweisen,
☆ Gegenbilder (Antitypen) darstellen, also Unheilsereignisse schildern, die durch die Heilsereignisse des NT aufgehoben werden (Sündenfall, Brudermord, Turmbau zu Babel),
☆ die Heilsgestalten des NT legitimieren (Stammbaum Christi → Wurzel Jesse, → David).

Die meisten dieser Motive sind als Bildanspielungen auf die Antiphonen – Gesänge, die auf Psalmen und Prophetenworten beruhen – zu

> Übersicht: **Typologische Vorbilder**
>
> *Für die Taufe*
>
> Näheres unter → Ciborium. Typologische Vorbilder für die Taufe werden gewöhnlich in der Kuppel von Weihwasserbrunnen (Fialen) dargestellt (→ Taufe Christi)
>
> *Für das Abendmahl*
>
> Opfer Abels und Kains (→ Adam und Eva)
> Opfer → Noahs
> Noah pflanzt Wein
> Gastfreundschaft Abrahams (→ Pfingsten)
> Opferung Isaaks (→ Abraham)
> Opfer Melchisedeks (→ Abraham)
> Mose feiert das Passahfest
> Mannaspeisung in der Wüste
> Speisung → Elias durch den Engel
>
> *Für das Kreuz*
>
> Näheres → Kreuz
>
> *Für Christus als Priester*
>
> Abel als Opfernder (→ Adam und Eva)
> Melchisedek (→ Abraham)
>
> *Für Christi Tod und Auferstehung*
>
> Ermordung Abels (→ Adam und Eva)
> Opferung Isaaks (→ Abraham)
> Erhöhung der ehernen Schlange
> → Jonas vom Walfisch verschlungen
> → Simson ringt mit dem Löwen
> → Daniel in der Löwengrube
> Die drei Jünger im Feuerofen (→ Daniel)
>
> *Für die Gottesmutter*
>
> → Himmelsleiter
> → Brennender Dornbusch (→ Mose)
> → David tanzt um die Bundeslade
> Bundeslade auf dem Berge Zion (→ David)
> → Gideon und das betaute Fell
> Verkündigung von → Simsons Geburt

verstehen, die in der vorösterlichen Fastenzeit gesungen werden.

Näheres zu AT-Motiven unter den Stichworten: Schatten, Adam und Eva, Noah, Turmbau zu Babel, Himmelsleiter, Joseph von Ägypten, Moses, Brennender Dornbusch, Bileam, Josua, Bundeslade, Gideon, Simson, David, Salomon, Elias und Elisas, Jesaias, Daniel, Jonas, Propheten, Wurzel Jesse, Ciborium, Hesekielvision, Jerusalem.

Anbetung Christi durch die Weisen aus dem Morgenland

Η ΠΡΟΣΚΥΝΗΣΙΣ ΤΩΝ ΜΑΓΩΝ
I Proskýnisis ton Mágon

Fremde Astrologen, Sterndeuter aus Persien, huldigen dem Christuskind und offenbaren dadurch, daß dieses Kind der – noch verborgene – Allherrscher ist: Herr nicht nur über das jüdische Volk, sondern über alle Menschen, gleichgültig welcher Herkunft, Herr auch über Sonne, Mond und Gestirne.

Festtag

Im Osten wie im Westen wird die »Anbetung« am 6. Januar gefeiert. Allerdings wird in der

Die Magier aus dem Morgenland. Wandfresko, Ajiou Nikolaou Orphanou, Thessaloniki, 1. Hälfte 14. Jh.

orthodoxen Kirche am gleichen Tag die → Taufe Christi mit der Wasserweihe begangen, hinter der das Motiv der Magier, aus denen im Abendland die Heiligen Drei Könige aus dem Morgenland wurden, zurücktritt.

Die drei Magier (Weisen) im Bild

»Deine Geburt, Christe, unser Gott, ließ erstrahlen der Welt der Erkenntnis Licht, denn dabei wurden die Anbeter der Gestirne belehrt Dich anzubeten, als die Sonne der Gerechtigkeit und Dich zu erkennen, als den Aufgang aus der Höhe.« *Aus der Weihnachtsliturgie*

Die niederknieenden oder heranreitenden Astrologen werden entweder in die → Geburt Christi einbezogen oder separat in einem Nebenbild dargestellt. Ihre Dreierzahl leitet sich von den drei bei Matth. 2.9–11 genannten, auf den Bildern meist mit verhüllten Händen dargebrachten Gaben ab:

»Siehe, der Stern, den sie in ihrer östlichen Heimat gesehen hatten, ging (wieder) vor ihnen einher bis sie dorthin gelangten, da er dort darüberstand, wo das Kind war. Und sie gingen hinein in die Behausung, fanden das Kind mit seiner Mutter, fielen nieder und huldigten ihm ausgestreckt auf der Erde liegend (wie man es bei einem König macht), und taten ihre Schatzkisten auf und brachten ihm Geschenke dar: Gold, Weihrauch und Myrrhe« *Matth. 2.9–11*

Myrrhe ist ein Weihrauchharz. Ephräm der Syrer sagt darüber: »*Heidnischer Weihrauch von den Magiern geheiligt.*«

Der sechs- oder achtstrahlige → Stern schwebt über dem Kind oder führt die Magier an, er wird gelegentlich von einem Engel vor ihnen hergetragen. Meist deutet der erste Magier mit der Rechten auf den Himmelskörper. Kenntlich sind die Magier an ihren persischen Hosen und vor allem an den phrygischen Mützen – langen spitzen Zipfelkappen aus Stoff oder weichem Leder, wie sie u. a. die aus dem kleinasiatischen, zeitweise persisch beherrschten Phrygierlande (westlich von Kappadokien) stammenden Amazonen getragen haben sollen.

Im Rahmen von Bildzyklen der Kindheitsgeschichte Marias und Christi (→ Marienzyklus) wird oft der gesamte Erlebniskomplex – die Suche nach dem neugeborenen König der Juden – aufgerollt: Die Weisen kommen bei Herodes an, werden bewirtet, unterrichten ihn über das Königskind. Herodes, tief beunruhigt, berät sich mit Schriftgelehrten und Hohenpriestern, die auf Bethlehem als prophezeite Geburtsstätte eines künftigen Herrschers hinweisen. Herodes sendet die Weisen dorthin und verlangt, ihm auf dem Heimweg Bericht zu erstatten. Gott befiehlt ihnen jedoch im Traum, auf einem anderen Weg in ihre Heimat zurückzukehren. Herodes läßt in Bethlehem alle Kleinkinder ermorden.

Entwicklung des Magier-Motivs von 300 bis heute

Das Magiermotiv ist gleichzeitig mit dem Motiv von der → Geburt Christi um 325 aufgekommen. Das erste ökumenische Konzil in Nizäa hatte betont, Christus sei als wahrer Gott und auch als wahrer Mensch anzusehen – dieses sollte bildhaft durch die beiden Motive verkündigt werden.

Auf frühen Sarkophagen wurden die drei Weisen gerne den drei Jünglingen im Feuerofen (→ Daniel) gegenübergestellt: Die drei ebenfalls aus der Fremde Stammenden haben standhaft dem falschen Herrscher die Anbetung verweigert – so wie die treu gebliebenen Christen der Verfolgungszeit sich weigerten, vor dem Kaiserbild zu opfern (→ Kranz).

Auf römischen Sarkophagreliefs und in Katakombenmalereien (4. Jh.) thront auf einer Kathedra die königliche Gottesmutter – hoch im Profil. Ehrfürchtig nahen sich ihr von links die Magier. Bei einem Teil der Denkmäler fehlt der Stern, bei anderen schwebt er über oder vor der Gottesmutter. Deutet der erste Magier darauf, beweist dies, daß das Gestirn bereits als Repräsentation Christi verstanden wird. Auf manchen Sarkophagen ist eine kreisförmige Scheibe zu sehen: der Stern war aufgemalt und ist heruntergewaschen. Manchmal taucht ein bärtiger Asket hinter dem Thron auf – der Prophet → Bileam. Gegen Ende des 4. Jh.s werden auch die Magier (immer links), der Stern, das Kind in der Krippe, die Muttergottes, oft auch ein Hirte, in einem Bilde vereinigt. Vom 5. Jh. an führt häufig ein Engel, der auch den Stern tragen kann, die Magiergruppe an. Vorbild sind römische Kaiserhuldigungsszenen: die geflügelte Viktoria führt den Zug derer, die zur Audienz erscheinen. Zur Zeit Justinians gerät die Magierszene in den Sog des aufblühenden christl. Kaiserkultes. In Santa Maria Maggiore (Rom, ab Mitte 5. Jh.)

thront der fünfjährige Christusknabe auf einer bettartig breiten reichverzierten Kathedra. Über ihm der achtstrahlige Stern, flankiert von vier stehenden Engeln; links von ihm thront Maria, rechts als allegorische Gestalt die heidenchristl. Kirche. An den äußersten Rändern erscheinen links ein, rechts zwei Magier in königlich prächtigem Aufzug.

In Ravenna, Sant' Apollinare Nuovo (ca. 650) stürmen drei Magier mit Geschenken in den verhüllten Händen auf die frontal thronende Himmelskönigin zu, die einen winzigen, erwachsen wirkenden Christusknaben auf dem Schoß hält. Vier Engel mit Herrschaftsstäben flankieren sie. Auch auf Pilgerampullen aus dem heiligen Land (6. und 7. Jh., Monza) thront Maria frontal zwischen drei Magiern und drei Hirten. Schwebende Engel halten eine Scheibe mit einem achtstrahligen Stern über sie. Ab 8. Jh. (Bilderstreit) erscheinen die anbetenden Magier innerhalb erzählender Bildreihen – mit Namenbeischriften. Die ältesten bekannten Beispiele sind

☆ eine armenische Fassung des Protevangelium des Jakobus (6. Jh. oder früher): erstmals werden die Magier als königliche Brüder bezeichnet, Melquon beherrscht Persien, Balthasar Indien, Gaspar Arabien.

☆ eine alexandrinische Schrift (6. Jh.); nennt Melichior, Bithisarea, Gathaspa.

Koptische Amulett-Texte (6.–7./8. Jh.) bringen die Magier zusammen mit dem berühmten apotropäisch-magischen Quadrat der Sator-Arepo-Formel. Quadrat und Magiernamen dienen als Abwehrzauber gegen den Bösen Blick, gegen Dämonen und anderes Unheil – wie heute noch in katholischen Gebieten die an Dreikönig mit Kreide auf den Türsturz der Hauptpforte geschriebene »19 – K + M + B – 88« (im Bereich der Ostkirche unbekannt!). Die ältesten bekannten Namenbeischriften zu Wandbildern – Melcheon, Gaspar, Waltasar (ähnlich in einer lateinischen Schrift von 845 aus Ravenna) – finden sich in der kappadokischen Höhlenkirche Egri Tash Kilisesi, Ihlara, Ende 9. Jh. Aus der Zeit stammt auch eine Darstellung in der nahen Kokar Kilise mit fünf anbetenden Hirten, die laut Beischriften Sator, Arepo, Tenete, Opera, Rotas heißen: es sind die fünf Worte des magischen Quadrats.

In mittelbyz. Zeit wird das Anbetungsmotiv teils ins Weihnachtsbild einbezogen, teils als Bild danebengestellt. In spätbyz. Zeit verdrängt humane Empfindsamkeit die ursprüngliche hieratische Strenge der Darstellung: Das Kind streckt seine Arme den Magiern entgegen, die Mutter neigt ihm ihren Kopf zu.

Sternsinger sind in Griechenland nicht bekannt, wohl aber deren Vorform, die Sänger, die mit Kálanta-Heischeliedern zwischen Weihnachten und Neujahr (→ Basilios) und bei anderen Festen (→ Lazarus) von Haus zu Haus ziehen. (*Kálanta:* serb: coleda, ma. lat. currente).

Antiminsion
ΤΟ ΑΝΤΙΜΗΝCΙΟΝ
to antimínsion

Zusammenfaltbares Tuch, das als Unterlage für die Abendmahlsgaben auf den Altar gelegt wird. Es enthält eine eingenähte Reliquie und ist für die Eucharistiefeier unverzichtbar. → Altar / Altargerät.

Apokalypse
Η ΑΠΟΚΑΛΥΨΙC
i Apokálipsis

Als »Offenbarungen« werden jüdische und christl. Schriften (auch bestimmte Einschübe ins AT) bezeichnet, die angeregt durch Visionen den Untergang der Welt und die darauf folgende Heilszeit beschreiben.

Sie sind charakteristischer Ausdruck einer betont historischen Weltsicht, die die Weltgeschichte als ausgespannt empfindet zwischen einem bestimmten festgelegten Anfangs- und einem unwiderruflichen Endpunkt. Diese Weltschau, die Abendland und Islam in unterschiedlicher Weise vom Judentum geerbt, unterscheidet sich von der eines zyklischen Ablaufes (ewiges Vergehen und Neuerstehen) der anderen Kulturen. In der zu kosmologischen Kategorien neigenden orthodoxen Kirche war die Apokalyptik zeitweise umstritten.

Von den sechs Offenbarungen christl. Herkunft hat allein die Apokalypse, die dem Evangelisten Johannes zugeschrieben wird,

Bedeutung erlangt; als letzte Schrift wurde sie ins NT aufgenommen.

Einfluß der Lutherübersetzung des NT auf die nachbyzantinischen Apokalypsezyklen in den Athosklöstern

Während bereits im 2. Jh. westliche Kirchenväter die johannäische Apokalypse zum NT gezählt haben, wurde sie von → Johannes Chrysostomos und anderen Kirchenvätern des Ostens scharf abgelehnt. Kanonisiert wurde sie erst vom Konzil von 692, doch wird sie bis heute weder in liturgischen Gesängen noch in gottesdienstlichen Lesungen berücksichtigt.

Die vier apokalyptischen Reiter, Offbg. Joh 6, 8–11, Fresko im Athoskloster Dionysiou (vor 1568). Linkes Bild: Das Lamm empfängt das Buch mit den sieben Siegeln.

Vorbild für Athos-Fresken: Holzschnitt von Lukas Cranach in der ersten Ausgabe des NT M. Luthers (Septembertestament).

Die erste Ausgabe des von Luther verdeutschten NT – Wittenberger Septembertestament von 1522 – war außer mit Bildinitialen lediglich mit 21 Holzschnitten zur Apokalypse illustriert. Lucas Cranach d. Ä. hatte dafür Dürers Holzschnitte vereinfacht und die Bildinhalte zugleich im antirömischen Sinne pointiert. Nachschnitte fertigte Hans Holbein d. J. für den von Thomas Wolff besorgten verkleinerten Nachdruck des Luther NT (Basel 1523) an. Beide Holzschnittserien dienten als Vorlagen für postbyz. Freskenzyklen in den Klöstern des Athos.

1568 Kloster Dionysiou, Portikus und Trapeza, früheste Apokalypse-Darstellungen (21 Illustrationen nach Cranach und Holbein).

Um 1850 Kloster Xenophontos, Exonarthex des Katholikon, Freskenzyklus (Vorbild Dionysiou). 1676 Kloster Dochiariou, Trapeza, 21 Fresken (vorwiegend nach Holbein).

Alle späteren Apokalypsefresken auf dem Athos – Mega Lawra 1719 und 1814, Philotheou 1765, Karakallou 17, Xeropotamou 1783, Iwiron 1795, Zographou (1849) – sind freier gestaltet, ihre Ableitung von der Dürer-Apokalypse ist dennoch augenscheinlich.

Die Themen der apokalyptischen Zyklen auf dem Athos:

1. Offbg. Joh. 1, 12–20: Die sieben Leuchter (Symbole der sieben Gemeinden, an die Johannes sieben Sendschreiben richtet) und der Mann mit der Schwertzunge.
2. Offbg. Joh. 5 und 6, 1: Eröffnung des siebenfach versiegelten Buches.
3. Offbg. Joh. 6, 2–8: Die vier apokalyptischen Reiter erscheinen bei der Öffnung der ersten vier Siegel des Buches.
4. Offbg. Joh. 6, 9–11: Die Verteilung weißer Kleider an die Märtyrer, die unter dem Altar auf das neue Jerusalem warten (Öffnung des fünften Siegels).

Das Sonnenweib und der Kampf Michaels mit dem Drachen nach Offbg. Joh. 12, 1–9. Athoskloster Zographou, 1849. Barockisierender Stil.

5. Offbg. Joh. 6, 12–17: Erdbeben, Sonnenfinsternis, Sternenregen (sechstes Siegel).
6. Offbg. Joh. 7: Ein Engel kennzeichnet die Knechte Gottes mit dem Siegel (Kreuzeszeichen mit Wein aus einem Abendmahlskelch als Blut des Lammes, Anspielung an das erste Passahfest beim Auszug aus Ägypten, 2. Mose 12).
7. Offbg. Joh. 8: Die vier ersten von Engeln geblasenen Posaunen (siebtes Siegel): Hagel, brennender Berg, Stern Wermuth, Verfinsterung der Gestirne, dreifaches Wehe.
8. Offbg. Joh. 9, 1–12: Fünfte Posaune, Brunnen des Abgrundes mit gepanzerten Heuschrecken.
9. Offbg. Joh. 9, 13–21: Sechste Posaune, vier Würgeengel mit Löwenreitern.
10. Offbg. Joh. 10: Engel mit Säulenbeinen und Sonnenkopf, gibt Johannes ein Buch, das er verschlingen soll (ähnlich Ez. 3, 1–3).
11. Offbg. Joh. 11, 1–14: Vermessung des Tempels sowie Drache, der die Balken Vermessenden verschlingt.
12. Offbg. Joh. 12, 1–6: Das Weib mit der Sonne bekleidet auf der Mondsichel und der Drache.
13. Offbg. Joh. 13: Der siebenköpfige Drache aus dem Meer und der zweiköpfige aus der Erde.
14. Offbg. Joh. 14, 1–8: Das Lamm erscheint auf dem Berge Zion. Der Fall Babylons.
15. Offbg. Joh. 14, 9–20: Die Ernte und die Blutkelter.
16. Offbg. Joh. 16: Das Ausgießen der Schalen des Zornes Gottes durch die Engel.
17. Offbg. Joh. 17: Die Babylonische Hure auf dem Untier reitend.
18. Offbg. Joh. 18: Die Klage über den Untergang Babylons und der Engel, der den Mühlstein (Symbol Babylons) ins Meer wirft.
19. Offbg. Joh. 19: Der Sturz des Tieres in den brennenden Abgrund und der Ritter »Treu und Wahrhaftig« mit dem blutbespritzten Kleid auf dem weißen Pferd.
20. Offbg. Joh. 20: Der Engel, der den Satan auf 1000 Jahre bindet.
21. Offbg. Joh. 21: Das neue Jerusalem.

Die Situation der Apokalypse-Darstellung außerhalb des Athos

Die reformatorische Bewegung hatte für die Illustration des NT apokalyptische Themen bevorzugt, weil sie die eigenen Zeitläufe als Abschnitt der Weltuntergangsepoche empfand. (Luthers Vorrede zur Apokalypse. Er deutet darin in polemischer Weise persönliche Gegner als apokalyptische Ungeheuer.) Die Athosmönche sahen sich unter der Osmanenherrschaft nach dem Zusammenbruch des byz. Reiches in ähnlicher Situation und griffen deswegen die Thematik der Holzschnitte begierig auf. Apokalyptische Darstellungen waren im byz. Raum zuvor unbekannt; nicht einmal auf Patmos, wo Johannes nach Offbg. 1, 9 die apokalyptischen Visionen gehabt haben soll, finden sich Fresken mit solchen Motiven. Einzelelemente apokalyptischer Thematik – »Zusammenrollen des Himmels« und »Erde und Meer geben ihre Toten frei« sind allerdings ab 1000 in Darstellungen des → Endgerichtes eingegangen.

Vom Athos – und damit von den protestantischen Holzschnitten – unabhängige postbyz. Apokalypse-Zyklen finden sich nur auf Rhodos: Kirchen der Heimholung Mariä (Kímesis tis Theotókou) in Asklipió (1646) und in Kattawiá (17. Jh.).

Apostel
ΟΙ ΜΑΘΗΤΑΙ
i Mathitá

Die zwölf engen Anhänger Christi werden im NT als seine Schüler (mathetá), nicht so häufig als Sendboten (apóstoli) bezeichnet (Matth. 10, 2). Die Zwölf ist auch in Byzanz die Zahl, die die Gesamtheit aller Königreiche dieser Welt repräsentiert (→ Zahl). Nach Luk. 10, 1 und 17 wird ein weiterer Kreis von 70 Männern als Apostel bezeichnet. Das Malerhandbuch (Ermenia) gibt für sie Namen an; Darstellungen der 70 sind jedoch unbekannt.

Festtag der 12 Apostel

Im Osten ist der 30. Juni, der Tag nach »Peter und Paul«, der Aposteltag; im Westen fallen beide Tage zusammen und werden am 29. Juni gefeiert.

Ist der 30. ein Sonntag, dann feiern in den Kirchen, die den zwölf Aposteln geweiht sind, zwölf Priester gemeinsam die Liturgie. Sie repräsentieren die Zwölf Schüler (Jünger) Jesu.

Übersicht: Liste der Apostel

nach dem NT			byzantinische Reihe			
Gruppe	Name	Attribut – nur in der westlichen Kunst üblich	Gruppe	Name	Kennzeichen	Tag
Die vier Erstberufenen	Petrus	Schlüssel	Gruppe der acht Apostel	Petrus	grauhaarig, runder Bart, Brief: Petr 1,1. »Ich Petrus, Apostel Christi«	18. Juli
	Andreas	Andreaskreuz				
	Jakobus	Muschel, Pilgerhut				
	Johannes	Kelch mit Schlange				
2. Gruppe	Philippus	Kreuz		Paulus	dunkel, Stirnglatze, in der Hand seine 14 gerollten Briefe	18. Juli
	Bartholomäus	Messer				
	Matthäus	Beil, Meßlatte, Winkelmaß		Andreas	lockiger Greis, zweigespaltener Bart, mit Kreuz und gerolltem Blatt	30. Nov.
	Thomas	Lanze, Winkelmaß				
3. Gruppe	Jakobus d. Ä.	Walkerstange		Simon	alt, kahlköpfig, runder Bart	3. Mai
	Thaddäus (mit Beinamen Judas)	Keule, Beil		Jakobus	jung, mit Bartansatz	30. April
				Bartholomäus	jung, mit Bartansatz	11. Juni
	Simon Zelotes	Säge, Beil		Thomas	jung, bartlos	6. Okt.
	Judas Ischariot	Münzbeutel		Philippus	jung, bartlos	14. Nov.
			Gruppe der vier Evangelisten	Johannes Theologos	kahlköpfig, langer weißer Bart, hält sein Evangelium	26. Sept.
				Matthäus	Greis mit langem Bart, Evangelium	16. Nov.
				Lukas (eigentlich kein Apostel)	junger Krauskopf, wenig Bart, Evangelium	18. Okt.
				Markus (eigentlich kein Apostel)	grauhaarig, mit rundem Bart, Evangelium	25. April

Nach seinem Verrat und Selbstmord wurde Judas Ischariot durch den nachgewählten Matthias (Beil, Lanze, Steine) ersetzt. Die Apostelgeschichte nennt Barnabas als 12. Apostel. Dennoch gilt in der gesamten christlichen Kunst Paulus (Schwert) wegen seiner ekstatischen Christusvision bei Damaskus als der 12. Apostel, der Apostel der Heiden.

An ihren Attributen lassen sich die byz. Apostel nur sehr schwer unterscheiden. In altchristl. Zeit tragen sie einheitlich Kränze oder Bücher, nur Petrus (Schlüssel) und Paulus (Schriftrolle) sind durch Attribute herausgehoben. Der Bruder des Herrn, Jakobus, wird gelegentlich auch alt und mit einem Priestergewand angetan dargestellt.

Der auferstandene Christus erscheint den zwölf Jüngern auf einem Berg in Galiläa (Matth. 28, 16–17). Tokali Kilise I, Göreme, Kappadokien, Anfang 10. Jh.

Aposteldarstellungen und deren Zuordnung zum Kirchenraum

Einzelne oder sämtliche Apostel erscheinen auf Darstellungen des Lebens Jesu: Apostelberufung (Tokali I), → Wunderspeisungen, → Passions- und Nachosterzyklus, Apostelentsendung (Tokali I, Göreme, Anfang 10. Jh.; Cavusin Kilise, 2. Hälfte 10. Jh.), → Himmelfahrt. Weitere Motive mit allen Zwölfen: → Pfingsten, Apostelkommunion (→ Eucharistie), → Heimholung Mariä. Physiognomisch herausgehoben werden Petrus, Paulus und Johannes (→ Evangelisten). Außer ihnen erhalten nur diejenigen Apostel Namenszusätze, die auch in den Evangelien des öfteren auffallen: Jakobus (→ Verklärung), → Thomas.

Geht es darum, die Reihe der Zwölf als Einzelfiguren darzustellen, werden in der Regel acht Apostel (Gruppe 1 und 2) und vier Evangelisten ausgewählt. In frühmittelbyz. Zeit besetzen die vier Evangelisten die vier zum Kuppelrund überleitenden Eckzwickel (Pendentifs), die Acht umgeben im achtfenstrigen Kuppeltambour den Christus Pantokrator in der Kuppel. (Das erinnert einerseits daran, daß sich die Darstellung des → Pantokrator aus dem Bild der → Himmelfahrt herausentwickelt hat, andererseits an die weiter unten erwähnte frühchristl. Gleichsetzung der Apostel mit Sternbildern.)

Etwa ab 1000 werden die acht Tambourapostel durch 16 Propheten ersetzt. Die Jünger erscheinen jetzt auf Kleinstikonen, angebracht am Haupt-Kronleuchter, der von der Kirchenkuppel herabhängt, oft auch um die → Deïsis herum auf der Bilderwand (→ Ikonostase).

Die zwölf Apostel gelten als »die Säulen der Kirche«; in modernen Hallenkirchen mit zwei mal sechs Säulen ist auf jeder ein Apostel abgebildet.

Die Apostel umgeben als Sternbilder und Monatszeichen die »Taufe Christi im Jordan«, Darstellung des Neujahrsfestes. Baptisterium der Orthodoxen, San Giovanni in fonte, Ravenna, um 450.

Die Apostel als Sternbilder und Monatszeichen

Vom 2. Jh. an, besonders aber unter → Konstantin, wird Christus mit der Sonne, zugleich Repräsentation des Jahres, gleichgesetzt, die Apostel mit den Sternbildern bzw. den Monaten. (Clemens Alexandrinus: Christus ist »das willkommene Jahr ... die Apostel sind die Monate«.) Ein weiteres Beispiel für die Zuordnung von Heilsgestalten zu Gestirnen ist Maria, die mit dem Mond in Verbindung gebracht wird.

In einer Parallelentwicklung haben sich das frühe Christentum wie das späte Judentum von Nationalkulten zu Religionen mit kosmischem Anspruch gewandelt: In Synagogen wurden vom 4. Jh. an um ein Kuppelscheitel-Medaillon mit der Sonne die mit den zwölf Patriarchen gleichgesetzten zwölf Tierkreiszeichen gruppiert.

Die vier Eckzwickel besetzen die sogenannten Angesichtsengel Gottes (z. B. in Beth Alpha nach 569). In der Synagoge von Beth Schean (6. Jh.) umgeben Allegorien für die zwölf Monate Sonne und Mond. Schon Konstantin, der die Sonnen- und die Christus-Symbolik miteinander verband, hatte eine Apostelkirche errichten lassen – und daneben sein Mausoleum. Er verstand sich als der 13. Apostel und erwartete zusammen mit ihnen, nach seinem Tode ebenfalls astral verkörpert zu werden.

In den Baptisterien Ravennas (Baptisterium d. Orthodoxen, Mitte 5., der Arianer, Ende 5. Jh.) umkreisen die Apostel als Monatssternbilder die Szene der → »Taufe Christi im Jordan«: eine Darstellung der Erscheinung des göttlichen Lichts, der Sonne der Gerechtigkeit. *Petrus und Paulus* führen die Apostel, die goldene → Kränze in Händen halten, an.

In Ornamentaldarstellungen mit deutlich astralem Charakter aus der Zeit des Bilderstreites umgeben zwölf Apostel in der Form von Sternsymbolen das sonnenhafte Christuskreuz (Gülüdere Nr. 5, Üzümlü Kilise, Kizil Cukur, Kappadokien, 7. oder 8. Jh.).

Zerstörtes Scheitelfresko im Kuppelraum einer Höhlenkirche. Christus als Sonnenkreuz umgeben von zwölf Aposteln als Gestirne. Üzümlü Kilise, Gülüdere, Kappadokien, frühikonoklastisch, ca. 8. Jh.

Überall dort, wo auf Ornamenten die Zahl zwölf (oder acht und vier) auftaucht, sind vermutlich die Apostel gemeint.

Im frühchristl. Italien wurden die Apostel häufig zusammen mit Christus oder dem Kreuz in der Apsiswölbung (Santa Pudenziana, Rom, Ende 4. Jh.) oder auf dem Triumphbogen vor der Apsis (Poreč in Istrien, 543) abgebildet, auch symbolisiert durch Lämmer (Santa Maria Maggiore, 1. Hälfte 5. Jh., San Cosmas und Damian, Rom; Sant'Apollinare in Classe, Ravenna, Mitte 6. Jh.) oder Tauben. In San Giovanni in fonte, Albenga (5. Jh.), umflattern zwölf Tauben ein dreifaches Christusmonogramm.

Augen

→ Böser Blick
→ Paraskewi (Heilung von Augenleiden)
→ Pfau (Sterne als Augen)

Basilios der Große
Ο ΑΓΙΟΣ ΒΑCΙΛΕΙΟC Ο ΜΕΓΑC
o Ajíos Wassílios o Mégas

Der bedeutende Kirchenvater aus Caesarea, Kappadokien (gest. 379), ist einerseits, seiner Gelehrsamkeit wegen, Schutzpatron der Schüler und Studenten, andererseits tritt er als Hüter der neuen Aussaat und Garant einer guten Ernte auf. Im Osten ist Basilios der populärste Heilige, zutiefst verbunden mit bäuerlichem Brauchtum und volkstümlichen Neujahrssitten.

Der Heilige des Neujahrestages und des Neujahrsbrauchtums
»Anfang des Monats, Anfang des Jahres,
Anfang Januar
Und Anfang der Zeit, wo Christus erschien,
um über die Erde zu schreiten.
Er erschien, und spendete Segensgrüße allen denen,
die die Felder pflügen.
Und sein erster Gruß war der Wassilissegen:
»Heiliger Wassili, Herr, gut pflügst Du die Felder«
»Mit Deinem Segen, Herr, guter und hochgepriesener« ...
»Ich will Dich fragen, Herr, wieviele Schalen mit Saatgut verstreust Du?«
»Ich säe aus 12 Maß Weizen und 15 Maß Gerste und auch das, was darüber hinaus verstreut wird, den Rebhühnern und Häschen ...«
Aus einer alten Kalanta (Heischelied) zum Neuen Jahr

Basilios verstarb an einem 1. Januar. So wurde der Neujahrstag sein Tag – im Westen der 2. Januar. Da nach dem Volksglauben die Heiligen an ihrem Namenstag auf die Erde herabsteigen, wird für Wassilios überall in Griechenland ein kleiner Imbiß vorbereitet – Fleisch, Fisch und Wein, auch Süßigkeiten, meist das erste Stück der Wassilopita. Dies Kuchenbrot haben die Bäuerinnen bereits am Vorabend gebacken, mit einem Kreuz aus Rosinen (auch mit einem Schafpferch-Zeichen) geschmückt. Eingebacken ist eine Münze – früher ein Silber- oder Goldstück! Noch vor dem Jahreswechsel schneidet der Hausherr das runde Gebäck säuberlich in Stücke, legt das erste Stück für den heiligen Wassilios zur Seite, das zweite mancherorts für die Muttergottes, anderswo für das eigene Haus.
Die weiteren Stücke erhalten der Hausherr, die Angehörigen, die Dienerschaft – immer ihrer Rangfolge nach.
Sogar das Vieh bekommt ein Stückchen. Wer die Münze findet, wird im neuen Jahr viel Glück haben. Über die Entstehung des Brauches erzählt man sich: Ein habgieriger Herrscher hat Caesarea erobert und von den Einwohnern alles vorhandene Gold erpreßt. Doch eine Bußpredigt des wortgewaltigen Wassilios brachte ihn zur Besinnung: Er gab alles an ihn, den Bischof der Stadt, zurück. Wie sollte Wassilios aber das Gold auf gerechte Weise verteilen? Er ließ Münzen und Wertsachen in Brote einbacken und diese an die Einwohner verteilen.
Tatsächlich war Basilios sozial engagiert, was die von ihm überlieferte Homilie (Predigt) gegen den Hunger bestätigt.
Das Landvolk sieht ihn als den großen Sämann und Hirten, der auskömmliche Nahrung sichert.
Die mit seinem Namen verbundenen Bräuche sollen reichliche Ernte und Überfluß an Vieh garantieren. Noch vor Einbruch der Nacht des Jahreswechsels waschen und bürsten die griech. Bauern ihre Tiere, füttern sie reichlich, denn Wassilios inspiziert bei seinem Rundgang auch Ställe und Pferche und fragt das Vieh, ob es ihm gut ergehe bei seinem Herrn. In Nordgriechenland und im orthodoxen Balkan wird an Neujahr oder auch schon zu Weihnachten ein Getreidesieb mit Korn, Nüssen und Münzen gefüllt. Denn Sinn erklärt ein Wunsch an den Hausherrn in der bereits zitierten Kalanda:

»Auf daß Du durchsiebst das Mehl, damit unten klingende Münzen herausfallen.«

Andernorts verstreut der Hausherr Korn im Hausgarten. Gruppen von Kindern und Jugendlichen ziehen mit Zweigen, auch Äpfeln oder Papierschiffen in den Händen von Haus zu Haus, singen Wassilios-Kalanda und erhalten als Gegengabe Süßigkeiten oder Münzen. Alle wünschen sich »*Chronia polla*«, was dem Sinne nach bedeutet »*Möge dieser Jahrestag oft wiederkehren!*« Was immer getan oder vermieden wird zu tun, alles hat an diesem Tag Bedeutung, nicht zuletzt auch wer es ist, der als erster am Neujahrsmorgen nach dem Kirchgang das Haus betritt. In Amorgos muß es ein Familienmitglied sein. Mit einer Ikone in der Hand geht es erst zwei Schritte in das Haus hinein und spricht: »*Komm herein, gutes Glück!*« Dann tritt es drei Schritte zurück und ruft aus: »*Komm heraus, Unglück!*« Dies geschieht dreimal, dann schleudert es einen → Granatapfel (Symbol der Fülle) kraftvoll auf den Boden, so daß die Kerne nach allen Seiten spritzen. Und damit das Jahr honigsüß werde, tunken alle Anwesenden einen Finger in Honig und lecken ihn dann ab. Zum Schluß wird gekochter Weizen gegessen, »in Ajii Wassilios Namen« (→ Kollywa, → Totenbräuche → Brot).

Das Leben des Kirchenlehrers und Begründers des griechischen Mönchtums

Basilios, 330 in Caesarea (heute Kayseri) geboren, zählt mit seinem Bruder Gregor von Nyssa und mit Gregor von Nazianz zu den drei großen Kappadokiern. Zusammen mit → Johannes Chrisostomus werden sie als die der großen Kirchenväter bezeichnet.
Basilios' Klosterordensregeln sind bis heute für griech. Mönche – im Westen unter »Basilianer« bekannt – verbindlich. Benedikt hat sich bei der Abfassung seiner Ordensregeln auf Basilius gestützt, der das gemeinschaftliche (kinowitische) Mönchstum dem Eremitenwesen vorzog. Gegen 364 wurde Basilios Priester, 370, neun Jahre vor seinem Tode, Bischof von Caesarea. Er gründete Klosterschulen, schuf Versorgungseinrichtungen für die Mittellosen, kämpfte in Wort und Schrift gegen die vom orthodoxen Glauben abgefallenen Arianer *(Arius, gest. 336): Christus ist nicht Gottes Sohn und ihm nicht gleich, sondern sein erstes Geschöpf)!* Seine Werke umfassen Predigttexte (sog. Homilien), Briefe sowie dogmatische Schriften, die → Johannes Damaszenus später in seine eigene Schrift über den Glauben einarbeitete. Dem Basilios wird eine der beiden orthodoxen → Liturgien zugeschrieben.

O Ajios Wassilios in einer Nische in der Ostecke der Nordwand der Klosterkirche von Osios Lukas bei Stiri, nach 1000.

Basiliosdarstellungen im Allerheiligsten

Die Basilius-Ikonen, derer am 1. Januar in besonderer Weise in der Liturgie gedacht wird, zeigen einen priesterlich gekleideten (→ Gewänder), hochgewachsenen Mann mit grauem, sehr langem und spitzem Vollbart, mit grauen Haaren und einer Stirnglatze. Seine Augenbrauen sind gewölbt, in der Linken trägt er ein Buch oder aber ein Schriftband mit dem Stillgebet:

»*oúdís áxios* ... Keiner von denen ist würdig, die mit Banden des Fleisches und der Lust gebunden herauszutreten oder sich zu nähern oder Dir zu dienen, König der Ehren. Der Dienst für Dich ist nämlich groß und schrecklich, selbst für die himmlischen Mächte.« *Basiliosliturgie*

Der Platz des Kirchenvaters ist entweder hoch oben in Gewölbenähe in einer Nische innerhalb des Allerheiligsten oder unmittelbar daneben (frühe mittelbyz. Zeit) oder in der unteren Zone des Apsisrunds. Dort umstehen zwei symmetrisch angeordnete, einander zugewandte Gruppen von Kirchenvätern den heiligen Tisch. Basilius ist Anführer der linken, nach rechts blickenden Gruppe; Johannes Chrysostomos steht der zweiten Gruppe vor.

Berg
O OPOC / TO BOYNO
o óros / to wunó

Berggipfel gelten in fast allen Religionen als Göttersitze, oder – wie im AT und NT – als Orte der Begegnung zwischen dem emporgestiegenen Mensch und dem Göttlichen.

Altes Testament und alter Orient: Berg als Himmelsleiter

In der gesamten altorientalischen Welt – auch im antiken Griechenland, in den asiatischen Hochkulturen, bei sibirischen und indianischen Völkern – sind hohe Berge Aufenthaltsorte der Gottheiten. Die Sumerer nannten ihren Hauptgott »großer Berg«. Die Psalmen des AT verweisen auf Berge als Wohnstatt oder Erscheinungsort Jahwes. Psalm 121:

» – Zu den Bergen hebe ich auf meine Augen:
woher wird mir Hilfe kommen?
Meine Hilfe ist von Ihm her,
der Himmel und Erde gemacht hat!«

Mose erhielt die Gesetzestafeln auf einem einzeln stehenden hohen Berg (Sinai oder Horeb), dem Propheten Hesekiel erschien Gottes Herrlichkeit auf dem Horeb. Auf dem Zion, der höchsten Erhebung Jerusalems, befand sich der Tempel mit der Bundeslade. Synagogen wurden nach Möglichkeit an der höchstgelegenen Stelle eines Ortes errichtet.

Wie der Baum (→ Lebensbaum) ist auch der Berg eine Art von → Himmelsleiter. Im alten Israel sind Berge Aufstiegsmöglichkeiten zu Gott (viele Psalmen, die Gott in der Höhe besingen, heißen »Aufstiegsgesänge«), während Bäume Herabstiegstreppen für Jahwe darstellen.

Der Weltenberg ist Achse und Zentrum der Welt, Zugang zum Himmel. Bei den Propheten wird der Gottesberg vergeistigt zum Symbol des für die nahe Zukunft erwarteten Gottesreiches. Berge sind nach jüdischer und altorientalischer Kosmologie die vier Stützen, auf denen der Himmel ruht.

Neues Testament: Berge als Offenbarungsorte des Göttlichen

Auch im NT sind Berggipfel Erscheinungsorte des Göttlichen. Die → Versuchung Christi spielt sich auf einem Berg ab. Auf einem Berg wird Christus verklärt. Von dort aus können

Christi Verklärung auf einem hohen Berg. Als Landschaftshintergrund die kappadokischen »Feenkamine«, Steinpyramiden, die man vom Eingang der Höhlenkirche aus in natura sieht.
Shakli Kilise, Göreme, Kappadokien, ausgehendes 11. Jh.

gemäß der Petrusapokalypse (→ Endgericht) die Jünger Himmel und Hölle überschauen. Auf dem Berge Golgatha wird Christus gekreuzigt. Vom Ölberg aus fährt der Auferstandene auf zum Himmel. Von einem großen Berg aus sieht der Apokalyptiker Johannes (21, 10) das himmlische Jerusalem herniederfahren.

Frühchristliche und byzantinische Darstellungen
Das Paradies liegt nach spätjüdischer Vorstellung, welche die Christen übernahmen, auf einem Berg im Osten. Dargestellt wird der Pardiesesberg, dem vier Ströme entquellen (1. Mose 2, 10–14), in der Symbolform eines kleinen Hügels oder Steines in Apsiswölbungen und auf Sarkophagen (Santa Costanza, Rom, Mitte 4. Jh., Osios David, Thessaloniki, Anfang 6. Jh., Sarkophage Konstantius III. und Valentian III., Ravenna, 5. Jh.).

In frühbyz. Zeit kommt die → Verklärung Christi auf dem Berg auf. Die Höhle der → Geburt Christi wird von einem Berg überwölbt, auf dem die Engel erscheinen.

Bergdarstellungen auf mittelbyz. Fresken in Höhlenkirchen Kappadokiens basieren auf dem Vorbild der bizarren pilzförmigen Erdpyramiden (Feenkamine) der Umgebung (Shakli Kilise, Ende 11. Jh., Carikli Kilise vermutl. 2. Jh., Göreme). Davon wurden die bizarren Felszacken auf spätbyz., griech. und russischen Ikonen angeregt.

Berufung der ersten vier Jünger. Tokali Kilise, Göreme, Kappadokien, Anfang 10. Jh.
»Folget mir nach, ich will Euch zu Menschenfischern machen!« Mark. 1, 17

Berufung der Jünger
ΚΑΛΟΥΝΤΑΙ ΟΙ ΠΡΩΤΟΙ ΜΑΘΗΤΑΙ
kaloúnte i próti mathitá

In Wandbildserien ist die Berufung der vier ersten Jünger (→ Apostel) zwischen der → Versuchung Christi und der Hochzeit zu Kanaa (→ Wunderspeisungen) zu finden. (Mark. 1, 16–20, Matth. 4, 18–22, Luk. 5, 1–11).
Zwei Fischerboote mit Rudern treiben auf dem *»Galiläischen Meer«* (→ Wunder am Meer). Im vorderen ziehen Simon Petrus und Andreas, im hinteren (dargestellt über dem ersten Boot) Jakobus und Johannes prall mit Fischen gefüllte Netze ein. Vor ihnen an Land steht Jesus mit erhobener Hand (Christusgeste) und fordert sie zur Nachfolge auf. Auf manchen Fassungen liegt Petrus bereits an Land, zu Christi Füßen. In einem Boot kann sich auch Zebedäus, der greise Vater der vier, befinden. Fischer werden als eine Art Präfigurationen derer verstanden, die das Evangelium verkünden (Menschenfischer). Der → Fisch selbst ist ein Geheimzeichen für Christus.

Eine vermutlich ikonoklastische Symbolisierung der Menschenfischer-Metapher findet sich in einer kappadokischen Höhlenkirche: Zelve Kirche Nr. 4: Ein Kreuz mit Spießgriff steckt in Wasserwogen. Von seinem Querbalken gehen Angelruten aus, an denen Fische hängen: Das Evangelium vom Kreuz fängt Menschen, um sie zu retten.

Beschneidung Christi
Η ΠΕΡΙΤΟΜΗ ΤΟΥ ΧΡΙΣΤΟΥ
i peritomí tou Christoú

Jesus von Nazareth wurde wie alle männlichen Nachkommen, die in die jüdische Kultgemeinschaft aufgenommen werden sollten, am achten Tage nach der Geburt beschnitten. Im Rahmen eines Ritus wurde ein Stück der Vorhaut seines Gliedes entfernt und die Eichel freigelegt. Die Beschneidung – im Judentum unumgängliches Kennzeichen eines männlichen Mitgliedes – ist in unterschiedlicher Ausprägung bei den Religionsgemeinschaften des Vorderen Orients, Südostasiens, Ozeaniens, Australiens und Amerikas verbreitet.

Neujahr – Tag der Beschneidung und Namensgebung

Die Beschneidung, verbunden mit der Namengebung Christi wird – wie im Westen – am 1. Januar gefeiert (→ Basilios).

»Der Herr des Weltalls duldet die Beschneidung, und als der Gütige schneidet er hinweg die Übertretungen der Sterblichen; er gibt heute der Welt die Erlösung; er freut sich in der Höhe aber auch Wassilios, des Schöpfers hoher Priester, des Lichtbringers und göttlichen Spenders, der Geheimnisse Christi.« *Kontakion, Liturgie des 1. Januar.*

Von der Ostkirche wird die Tatsache, daß Christus der jüdischen Sitte der Beschneidung unterworfen wurde, als Ausdruck dafür gewertet, daß sich der Gottessohn wie ein richtiger Mensch dem Gesetz Mose unterwarf.

Die Beschneidungspraxis, ein über das Judentum und den alten Orient hinaus verbreiteter Brauch

Die Aufnahme männlicher Nachkommen in die jüdische Kultgemeinschaft erfolgt durch die Beschneidung. Entsprechende Gebote, sowie Reinigungs- und Ablöseriten finden sich in der Thora:

»Wenn ein Weib ein Knäblein bekommt ... so soll sie sieben Tage (kultisch) unrein sein, wie wenn sie unter ihrer Krankheit (der Menstruation) leidet ... Und am achten Tag soll man das Fleisch seiner Vorhaut beschneiden und dann soll sie noch 33 Tage zu Hause bleiben im Blut ihrer Reinigung.« *3. Mose 12*

Die Beschneidung war in Altägypten sowie bei einigen Stämmen Kanaans üblich; Muslims wurden, nach dem Vorbild Ismails, des Stammvaters der Araber, der nach dem AT dreizehnjährig von → Abraham beschnitten wurde, etwa im gleichen Alter dieser Prozedur unterzogen.

Die byz. Kirche sieht in Ismaels Beschneidung das typologische Vorbild für die Beschneidung Christi.

Die judenchristl. Gemeinschaften des 1. und 2. Jh.s betrachteten die Beschneidung als heilsnotwendig für sich und auch für die Heidenchristen – wogegen Paulus heftig polemisierte. Religionsgeschichtliche Deutungen des Brauches:

☆ Ein magisch besonders gefährdetes Hautstück wird den Dämonen überlassen, als Ersatz für das Neugeborene.

Beschneidung Christi. Aus der Festbildreihe der Bilderwand in der Kirche des Erzengels Michael Archangelos, Rhodos, 19. Jh.

☆ Der kulturell geformte Mensch ist der künstlich veränderte, sein Körper nicht naturbelassen, wie das Wildtier: So weist der Beschneidungstermin am achten Tag nach der Geburt (→ Zahl 8) auf den Tag hin, an dem etwas vollendet wird (nach frühchristl. Auffassung z. B. das Siebentagewerk der Schöpfung).

Byzantinische Darstellungen der Beschneidung

Die Beschneidung Christi wird auf Bilderwänden mit mehr als 13 Festtagsbildern häufiger, seltener an Kirchenwänden dargestellt.

Das Motiv ist auch im Malerhandbuch (Ermenia) nicht beschrieben und fehlt in den meisten Fassungen des Marienzyklus wohl deshalb, weil es im Protevangelium des Jakobus nicht mehr erwähnt wird. Auf den meist spät- oder postbyz. Ikonen bzw. Ikonenbeibildern liegt das Jesuskind halb aufgedeckt auf dem Altartisch. Der Hohepriester Zacharias zückt das Messer, nach altem jüdischem Brauch aus Stein geformt.

Bild
H EIKON
I íkon

Für die Orthodoxen ist nicht nur das Tafelbild, sondern jedes ostkirchliche kultische Bildmotiv eine Ikone, sofern es nur einen das Motiv kennzeichnenden Textzusatz in griech. oder kyrillischer, in Ausnahmefällen auch in lat. Schrift aufweist. Der Begriff schließt das gemalte oder musivische Wandbildmotiv ebenso ein wie das gestickte oder applizierte Bild (etwa auf einer Altardecke).

Im Altgriechischen bedeutete Ikone (abgeleitet von »iko« = »ich gleiche, ich scheine«) einfach »Bild«, »Abbild« oder auch »Statue«. (→ Ikonostase, → Kuß).

Der Sonntag der Orthodoxie – Festtag der Bilder

»Zum Urbilde trägt empor die Verehrung des Bildes. Darum laßt uns beharrlich verehren die Bilder Christi und der Heiligen.« *Basilios-Liturgie am Sonntag der Orthodoxie*

Die Ikonen bilden zusammen mit der Heiligen Schrift und der kirchlichen Überlieferung die drei Säulen, auf denen das Glaubensgebäude wie auch das kultische Leben der Orthodoxie beruht. Der große Feiertag für die heiligen Bilder – der erste Sonntag in der vorösterlichen Fastenzeit – heißt bezeichnenderweise »Sonntag der Orthodoxie«. So sagt die Festtagsliturgie:

»Indem wir Deine göttliche Gestalt im Bilde darstellen, verkünden wir klar, o Christus, Deine Geburt, Deine unaussprechlichen Wunder, Deine Kreuzigung.«

An diesem Tag wird mit einer Ikonenprozession der Beendigung der Wirren des Bilderstreites (726–843) gedacht. Ein hagiographischer Text über Kaiserin Theodora berichtet:

»Kurz darauf (842) starb er (Kaiser Theophilos), und Kaiser wurde sein Sohn Michael, der 5½ Jahre alt war, zusammen mit Theodora, seiner Mutter. Sofort erging ein kaiserlicher Befehl, und alle wurden zurückgerufen, wer immer (von den Bilderanhängern) verbannt oder in bitterer Haft war. Der gottlose Theophilos hatte sie in seiner gewalttätigen Art ihrer Habe beraubt, sie verstümmelt und verbannt.«

Der bei dieser Gelegenheit neu eingesetzte Patriarch Methodios ließ am ersten Fastensonntag 843 nach einem einwöchigen strengen Fasten in der Ajia Sophia einen Gottesdienst zur Wiedereinführung der heiligen Ikonen abhalten.

Die Aufstellung der heiligen Bilder. Kloster Megisto Meteoron, 16. Jh.

»Außerhalb eines Gotteshauses der Heilige Methodios, der Patriarch, in bischöflichem Gewand. Er trägt den Bischofsstab. Andere Bischöfe (hinter ihm) halten Bilder. Davor sitzen zwei Diakone, die das Bild Christi und zwei andere, die das Bild der Allheiligen tragen, welche die Hodigitria genannt wird; ihre Fußbekleidung ist goldschimmernd. Hinter dem Patriarchen die Kaiserin Theodora und der Kaiser Michael, der Sohn, ein kleines Kind, welche ebenfalls Bilder halten. Hinter ihnen sind Priester mit Weihrauch und Lichtern, und die heiligen Einsiedler Johannes Arsatius und Isaias und viele andere Mönche. Daneben die heilige Cassia, viele Nonnen und Laien, Männer, Frauen und Kinder, die Kreuze und Lichter tragen.« *Aus dem Malerhandbuch (Ermenia)*

Bilderverehrung und Bilderstreit

Die Durchsetzung der Bilderverehrung war der Endpunkt eines langwierigen historischen Prozesses, der in engem Zusammenhang mit den Auseinandersetzungen um die Göttlichkeit und Menschlichkeit Christi zu sehen ist. Während der ersten 2 Jahrhunderte nach Christi Tod herrschte eine distanzierte Haltung gegenüber der bildlichen Wiedergabe des Heiligen vor. Verantwortlich dafür war einerseits das mosaische Bildverbot *(2. Mose 20, 4–5: Du sollst Dir kein Gottesbild machen lassen, kein Abbild dessen, was oben im Himmel, noch dessen, was unten auf der Erde, noch dessen, was in den Wassern unter der Erde ist. Du sollst sie nicht anbeten und ihnen nicht dienen ...«)* und andererseits eine verständliche Abwehrhaltung gegenüber der antiken Umwelt mit ihren Legionen von Götterbildern.

In den apokryphen *Johannesakten* (2. Hälfte 2. Jh.) sagt Johannes zu einem Maler, der ihn porträtiert hatte *(26–29):* »Was du jetzt gemacht hast, ist kindisch und unvollkommen: Du hast einem Toten ein totes Bild malen lassen!« Andererseits haben schon im 2. Jh. Origines und Clemens Alexandrinus den Gedanken, daß Christus selbst die Ikone Gottes sei, »*ein Bild, das nach dem Abbild des Schöpfers gestaltet*«, und damit die Begründung für die spätere byz. Bildtheologie geliefert: Weil sich im NT Gott im Bilde des Logos (Christus) offenbart hat, darf er, ja muß er sogar auch bildlich – als Christus – dargestellt werden.

(Im Gegensatz dazu hat sich Gott im AT noch nicht als Bild, sondern nur als → Schatten offenbart.) Bereits der *Hebräerbrief* bezeichnet (1, 3) Christus als den »*Glanz seiner (Gottes) Herrlichkeit und das Ebenbild seines Wesens*«.

Die christl. darstellende Kunst aus dem 3. und dem Anfang des 4. Jh.s (vor allem Sepulkraldarstellungen) kennt kaum eigenständige christl. Motive, wohl aber christl. gedeutete heidnische Sujets bukolischer Art – der gute Hirte, Weinranken mit Kelter – später auch Motive aus dem AT (→ Jonas, → Noah). Für die Verfolgungszeit und die anschließenden Jahrzehnte ist Mehrdeutigkeit der Motive charakteristisch. Sie bezeugt eine gewisse Scheu, eindeutig christl. Motive darzustellen – abgesehen davon, daß dafür noch kein Vorrat an Vorlagen erarbeitet worden war. Der Umschwung setzte mit der »Konstantinischen Wende« im 2. Viertel des 4. Jh.s ein: NT-Figuren und christl. Symbole setzen sich durch; nicht zuletzt in den vom Kaiserpaar reich ausgestatteten Gedenkstätten Palästinas (→ Konstantin). Später betonen die großen Kappadokier → Basilios, Gregor von Nazianz und Gregor von Nissa die Vorbildhaftigkeit der Bilder für das Christenleben. Als dann im 5. und 6. Jh. sog. monophysitische Strömungen – Lehren, die die göttliche Natur Christi hervorheben – aufkommen, wird die bildliche Darstellung zu einer theologisch dogmatischen Frage. Christus ist abbildbar, weil ihm neben seiner göttlichen, vom Vater stammenden Natur eine gleichwertige menschliche, von seiner Mutter Maria herrührende, Natur eigen ist. Eine wesentliche Klärung der Bildtheologie bringt bereits das *Trullanum* (Konzil 691–692, unmittelbar vor dem Bilderstreit). Es überwindet theologisch die symbolischen Darstellungen (→ Lamm), wie sie in den ersten Jh.en üblich waren.

Bildhafter Ausdruck der Theologie vom Bild als Bestätigung der menschlichen Natur Christi ist der während des Bilderstreites aufgekommene Glaube, daß das Bild der Muttergottes mit dem Kinde vom Typ Odigitria (→ Maria, → Ikonenwunder, → Evangelisten) auf ein vom Evangelisten Lukas gemaltes Porträt zurückgehe (ältestes, dem Evangelisten zugeschriebenes Bild, Capella Sancta Sanctorum, Rom, vermutl. 6. Jh.; ein Fresko in Matejic, makedonisches Jugoslawien, 14. Jh., wird als Kopie des Lukas-Urbildes angesehen). Darstellungen des Evangelisten mit einem Bild im Bild (Maria auf einer Staffelei) werden in spät- und mittelbyz. Zeit üblich, vgl. die Eckzwickel in Kirchen der Meteoraklöster, Rhodos, Kattawia).

Die ikonoklastischen, d. h. bilderstürmenden Kaiser (726–780, 802–842) mit ihrer Neigung, den menschlichen Charakter Christi zu leugnen, wandten sich gleicherweise gegen die Bilder- wie gegen die Marienverehrung. Dargestellt werden durften lediglich Ornamente, in die Kreuze eingewoben waren.

Abstrakte Symbole ersetzten die Ikonen. Maßgebenden Einfluß darauf hatten die erwähnten monophysitischen Lehren, besonders aber der im 7. Jh. aufgekommene, aggressiv bilderfeindliche Islam:

Übersicht: **Illusionistisches Bild und Kultbild**

Das westliche zentralperspektivische Bild (seit der Renaissance)	*Das byzantinische bedeutungsperspektivische Kultbild*
1. INHALT *Objekt* Im Gegensatz zur Ikone, die auf ein Urbild hinweist, das von höherem Rang ist als sie selbst, stellt das westliche Bild in der Regel ein Objekt in der sichtbaren Welt dar. Selbst wenn ein unsichtbares Wesen oder Ereignis wiedergegeben wird, dann so, als ob es sichtbar wäre.	*Urbild* Die Ikone reflektiert immer etwas Größeres, hinter ihr Stehendes (insofern hat sie symbolischen Charakter). Die Darstellung Christi verweist nach oben auf Christus selbst, der Goldgrund ist Abglanz des himmlischen Lichtes. In seiner Darstellungsweise macht das Kultbild keinen Unterschied zwischen Ereignissen der Außenwelt und solchen, die sich in der Innenwelt abspielen.
2. LEGITIMATION *Ähnliche Darstellung* Das Bild ist seinem Objekt ähnlich. Es zeigt etwas, das in einem bestimmten Augenblick von einem bestimmten Blickpunkt aus entweder so gesehen worden ist oder zumindest so gesehen hätte werden können. Dargestellt wird die Erscheinung eines Objektes; das, was von ihm sichtbar ist (Illusionismus).	*Authentische Darstellung* Das Bild bedeutet das Urbild, es braucht ihm nicht ähnlich zu sein, kann es auch nicht, weil das Urbild dem menschlichen Auge unerreichbar bleibt. Der Wahrheitsbeweis für den Inhalt einer Ikone ergibt sich daraus, daß eine von der andern sukzessiv abgemalt worden ist. Am Anfang steht das Urbild, beispielsweise die Muttergottes selbst, so wie sie von Lukas gemalt worden ist, oder aber eine »nicht mit Händen gemachte« (→ Ikonenwunder) Ikone, die auf wundersame Weise erschienen ist.
3. PERSPEKTIVE *Zentralperspektive* Der Maßstab des Dargestellten hängt vom Betrachter ab. Je ferner gelegen von ihm dies gedacht wird, desto kleiner und unscheinbarer erscheint es; je näher, desto größer und bedeutungsvoller. Das Dargestellte erhält seine Bedeutung vom Betrachter. Ohne ihn, der Blickpunkt und Zeitpunkt der Betrachtung festlegt, kann es nicht existieren. Im Bildraum verlaufen die Fluchtlinien vom winzig dargestellten Entferntesten zum groß dargestellten Nähesten auseinander. In unserer Vorstellung weiten sie sich, wenn sie über den Bildraum hinaus auf den Betrachter zukommen, markieren gleichzeitig immer Größeres. Damit ist der Betrachter selbst das Größte und Wichtigste im Verhältnis zum betrachteten Bild.	*Bedeutungsperspektive* Was im Bild am bedeutendsten ist, wird auch am größten dargestellt. Christus und die Muttergottes sind größer als die Engel oder sonstige Nebenfiguren – oft nur geringfügig größer, so daß der bedeutungsperspektivische Unterschied vom Betrachter zwar nachempfunden, aber nicht bewußt wahrgenommen wird. Fluchtlinien laufen – wenn, wie vor allem in der spätbyz. Kunst vorhanden – nach hinten in den Bildraum hinein auseinander auf den Hintergrund zu, der nichts anderes ist als das göttliche Licht selbst. Das, was das Bedeutendste ist, liegt weit entfernt vom betrachtenden Beschauer, in jenseitiger Ferne.
4. BETRACHTUNGSSITUATION *Neutraler Beobachter* Der Beobachtende bleibt der Fremde, der mit dem Geschehen an sich nichts zu tun hat, es lediglich von außen, wie durch ein Fenster (oder den Sucher einer Kamera!) beobachtet. Sein Verhältnis zum Geschehen ist distanziert. Zu einer Beteiligung am Geschehenen kann es nur kommen durch die dargestellten Emotionen, in die sich der Betrachter einfühlt. (Eben weil die Identifizierung mit den heiligen Personen nicht mehr möglich war, steigerte sich der Ausdruck der dargestellten Personen von der Spätgotik an ins Dramatische!)	*Einbeziehung in das hl. Geschehen im Bildraum* Die Ikone besitzt eine starke Tendenz, den Betrachter in den Bildraum hineinzuziehen, damit er – wie in der Liturgie – mit den Gestalten, die als Chor die heiligen Hauptfiguren umgeben, etwa mit Engeln oder Aposteln, völlig verschmelzen kann. Die Ikone kennt zwar keinen perspektivischen Bildraum, wohl aber einen Lichtraum, in dessen Strahlungsflut der Betrachter einbezogen wird.

»Wenn einer ein Bild verfertigt, wird ihn Gott so lange Qualen erleiden lassen, bis er diesem Lebensgeist einbläst – und das wird er nie fertigbringen.«
Buchara Sahil, Burja Bap. 104

Die Zwangsmaßnahmen zur Durchsetzung des Bilderverbotes stießen auf erbitterten Widerstand des Volkes und eines großen Teils des Mönchtums. Sprachrohr der Opposition, das die theologischen Gegenargumente formulierte, wurde → Johannes Damaszenus.
Abbildcharakter des Kirchengebäudes → Kirchengebäude, → Ikonostase.

Bilderfeindliche Ornamente
ΤΑ ΕΙΚΟΝΟΚΛΑΣΤΙΚΑ ΚΟΣΜΗΜΑΤΑ
Ta ikonoklastiká kosmímata

Die bilderfeindlichen byz. Kaiser des 8. und 9. Jh.s haben die Darstellung heiliger Gestalten und Geschehnisse verboten, die vorhandenen Tafelbilder und Fresken vernichten lassen. Aus der kämpferischen Auseinandersetzung mit den ikonoklastischen, islamisch beeinflußten Strömungen hat sich die orthodoxe Theologie des Bildes (→ Johannes Damaszenus) herausentwickelt.
Die Ikonoklasten selbst haben zur Ausschmückung von Kirchenräumen lediglich Ornamente und anikonische (nicht-bildhafte) Symbolzeichen zugelassen.
Christus wurde durch das Kreuz oder das Abendmahlsbrot repräsentiert. Nach dem Sieg der Bilderfreunde hat man religiöse Symbole dieser Epoche mit ikonischen Darstellungen übermalt.
Deutungen der ikonoklastischen Symbolsprache werden dadurch erschwert, daß der Denkmälerbestand begrenzt ist und sich zeitlich nicht eindeutig einordnen läßt.

Das Problem der anikonischen Ornamentik
Ausschließlich oder vorwiegend anikonisch ausgemalte Kirchen finden sich vor allem in Kappadokien. Datiert werden sie teils in die frühikonoklastische (726–787) und spätikonoklastische Epoche (813–842), teils sehr viel früher (Giordani → Lit.-Verz.), teils auch sehr viel später (Marcel Restle).
Die Zuweisungen weichen bis zu 300 Jahre voneinander ab.

Die Situation wird dadurch kompliziert,

☆ daß es ikonoklastische Strömungen bereits lange vor der staatlich verordneten Bilderfeindlichkeit gegeben hat.
☆ daß nicht alle ikonoklastischen mönchischen Gemeinschaften nach Ende des Bilderstreites ihre Gesinnung gewechselt haben.
☆ daß im fraglichen Gebiet auch Anhänger nichtbyz. Gruppierungen siedelten, Mitglieder der armenischen und westsyrischen Kirche, die ihrerseits zurückhaltend gegenüber Bildern waren.
☆ daß im nahen Ostkappadokien die Hochburgen der Paulikianer lagen, Angehörige einer bilderfeindlichen Sekte.

Die Untersuchungen der »Anikonischen Denkmäler« erlauben nun durchaus einige Rückschlüsse, wobei von folgenden Voraussetzungen auszugehen ist:

a) Gegenüber dem architektonischen Dekor der mitteleuropäischen Neuzeit besteht der byz. anikonische Dekor aus weniger Leerornamentik (ornamentalen Figuren, die nur Schmuckerfordernissen dienen). Deshalb muß der anikonische Figurenvorrat grundsätzlich in seiner Symbolik entschlüsselt werden können. Die Zeichen ersetzen Bilder oder weisen auf etwas Abbildbares in ein- oder mehrdeutiger Weise hin. Durch Beischriften wissen wir genauer, daß im Frühikonoklasmus ornamentale Kreuze bestimmte biblische Persönlichkeiten vertreten haben.

Die Patriarchen Abraham, Isaak und Jakob, repräsentiert durch Kreuze in ineinanderverschlungenen Kreisen. Abraham Kilise (oder Agios Basilios) bei Sinasos, zwischen 726 und 786.

b) Die Suche nach Bedeutungen hat von den Figurationen an Kuppelwölbungen, Apsiden und Schildbogen – d.h. an architektonisch herausragenden Stellen – auszugehen. Vergleiche mit ikonischer Kunst im räumlichen und zeitlichen Umfeld ermöglichten Deutungen, unter der Voraussetzung, daß sich Parallelen zu den anikonischen Zeichen aufspüren lassen. An bildlichen Darstellungen finden sich an architektonisch herausragenden Stellen vor und nach dem Bilderstreit vor allem die → Himmelfahrt Christi, die Majestas Domini (→ Hesekielvision), die → Verklärung Christi.

c) Als zusätzliche Symbole kommen an architektonisch wichtigen Stellen vor allem Zeichen mit liturgisch-sakramentaler Bedeutung (Taufe und Abendmahl) in Betracht. Die Eucharistie ist das Zentrum sowohl des Kultes als auch der Frömmigkeit aller ostkirchlichen Richtungen. Die Ikonoklasten selbst betonen, *das einzige erlaubte Abbild Christi seien seine → eucharistischen Gestalten, nämlich Brot und Wein.*

Reliefkreuz (Ausschnitt) an der Decke der Üzümlü Kilise, Zelve, Kappadokien, vermutlich frühikonoklastisch.

Tatsächlich zeigt eine Untersuchung der Stempel für die Abendmahlsbrote (Prosphoren) in den verschiedenen östlichen Kirchen, daß übereinstimmende Ornamentzeichen einerseits auf den Stempeln und andererseits in den anikonisch dekorierten Kirchenkuppeln vorkommen.

d) Der anikonische Dekor kappadokischer Kirchen wird vom Kreuzeszeichen beherrscht.

Das Kreuz im anikonischen Kirchendekor Kappadokiens

Entsprechend ihrer Ornamentik und der Form ihrer Kreuzeszeichen lassen sich die Kirchen in folgende Gruppen einteilen:

1. *Kreuzreliefstil:* Aus dem Felsen ist eine längsrechteckige Flachdecke mit raumfüllendem Reliefkreuz herausgearbeitet (Zelve Üzümlü Kilise, vor 790). Die Raumdecke (Güllüdere, Kirche zu den drei Kreuzen, nach 740) überziehen manchmal mehrere, z. B. drei Kreuzsymbole. Längsrechteckige Reliefkreuze kommen auch auf Flachdecken von Monolithfelsenkirchen in Lalibela, Äthiopien, vor (12.–13. Jh. nach älteren Vorbildern in Aksum).

2. *Textiler polychrom-ornamentaler Stil:* Gemalte dekorative lateinische Kreuze mit Schweifung füllen die Flachdecken der Haupträume kleiner Höhlenkirchen aus. Zwischen die Kreuzarme sind rechteckige Felder mit unterschiedlicher Ornamentstruktur eingeklemmt. Auch Wände und Pfeiler sind zugedeckt mit reichen Ornamentflächen und -bändern in üppiger Farbigkeit. Ähnlichkeiten der großflächigen Musterfelder mit Teppichen und Luxusgeweben der kaiserlichen Stoffmanufak-

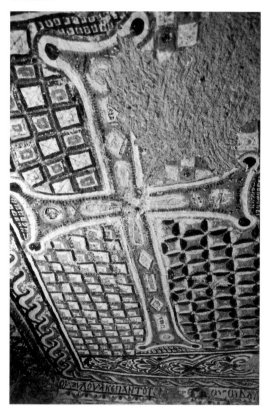

Gemaltes Deckenkreuz der Abraham Kilise bei Sinasos, durch Inschrift zwischen 726 und 780 datiert.

turen in der Hauptstadt – ihrerseits beeinflußt von persisch-sassanidischen Geweben – sind unübersehbar. Die lastenden Felsenwände sind künstlerisch in luftige Zeltvorhänge verwandelt worden (Sinasos Abraham Kilise; Üzümlü Kilise, Kizil Cukur). Als Vorläufer der textilen Auflösung der Wände sind die Goldmosaik-Innendekore der justinianischen Kirchen anzusehen (San Vitale, Ravenna, Mitte 6. Jh.).

Nachgewirkt hat der Stil in den textilen Bändern, Feldern und Zwickeln, die die bildertragenden Wände der späteren Kreuzkuppelkirchen in Göreme gliedern (Elmali, Karanlik und Carikli Kilise, zwischen 11. und 13. Jh.).

3. *Stil der architekturgliedernden Zeichnung:* Einfach gezeichnete, teils mit dem Lineal, teils mit freier Hand gezogene Linienformen, Kreuzsymbole sowie Umreißungen, die die Architektur gliedern. Dabei wird rote (manchmal zusätzlich auch grüne) Farbe auf den nackten Fels aufgetragen. Es dominieren einfache, in Kreise gesetzte rote Malteserkreuze in unterschiedlicher Ausführung. Einige der einfachen Figuren sind vor 910/920, andere nach 1082 entstanden. Die Kreiskreuze kommen auch in armenischen Kirchen des 10. Jh.s vor (→ Kreuz). Auf westsyrische Einflüsse weist das häufige Vorkommen des dreizinkigen Gabelkreuzes.

Armenische »Malteserkreuze«, ausgespart aus rotem Kreis, Göreme.

4. *Spezieller Stil der architekturgliedernden Zeichnung* (Barbara Kilise und Zwei-Gesichter-Kirche Göreme): Ikonografische Gründe legen es nahe, den Hauptteil der roten Zeichnungen in der Barbara Kilise byz. Ikonoklasten der 2. Periode (813–842) oder zumindest Gruppierungen, die diese Tradition fortsetzten, zuzuweisen. (Die bildlichen Darstellungen und einige »Malteserkreuze« sind spätere Beifügungen.)

Basilius I. hat noch um 870 einen Bannfluch gegen die ikonoklastische Häresie aussprechen lassen.

Deckenkreuz der Üzümlü Kilise, Kizilcukur bei Göreme, vermutlich frühikonoklastisch.

Zeichenhafte Darstellungen kaiserlicher Standarten, Barbara Kilise, Göreme, Kappadokien.

Eine ganze Reihe der Zeichen in der Barbara Kilise sind als kaiserliche Standarten zu deuten. Das ergeben Vergleiche mit Standarten, die von Erzengeln gehalten werden (Michael und Gabriel in Sant'Apollinare in Classe, Ravenna, Mitte 6. Jh.; standartentragende Engel in der Kimesiskirche, Iznik, Ende 7. Jh.;

Bilderfeindliche Ornamente

Erzengel-Email aus Konstantinopel, Ende 10. Jh.; Standarten hinter Statthalter: Urteil des Pilatus im Codex Purpureus Rossanensis, 6. Jh.).

Standarten spielen eine wichtige Rolle

☆ bei der Kaiserakklamation. Nach dem Tode eines Kaisers wurden sie von den Anführern der Truppenteile auf den Boden geworfen, zur Ausrufung des neuen Kaisers wieder erhoben. Die Standarten eines unterlegenen Herrschers wurden auf den Boden geworfen, die des siegreichen triumphierend hochgehalten.

☆ bei der → eucharistischen Akklamation. Die Erzengel halten kaiserliche Standarten in Händen. Die Himmelsboten sind ausgestattet mit kaiserlichen Gewändern und Insignien. Auf beschrifteten Erzengel-Standarten steht »Ajios, Ajios, Ajios« (Sant'Apollinare in Classe; Iznik Kimesiskirche; Emaille Pala d'oro), ein Hinweis auf die akklamierende Lobeshymne für Christus-Gott, die während des eucharistischen Hochgebetes (anaphora) unmittelbar vor dem eucharistischen Einsetzungsworten gesungen wird (→ Eucharistie): »Heilig, heilig, heilig ist der Herr Zabaoth. Erfüllt sind Himmel und Erde von Deiner Herrlichkeit. Osanna in der Höhe, hochgelobt sei, der da kommt im Namen des Herrn, Osanna in der Höhe.«

Über den an den Seitenwänden aufgepflanzten Standarten schwebt in der Hauptkuppel das Kreuz, umgeben von den vier eucharistischen, auf die Abendmahlsbrote hinweisenden Punkten (sie können ab frühikonoklastischer Zeit die eucharistischen Silben IC XP NI KA – Jesus Christus siege! – ersetzen). Die Triumph- und Siegesstandarten der Barbarakirche rufen Christus aus als den siegreichen Herrscher, der den Menschen erscheint in Gestalt der eucharistischen Gaben.

Weitere Darstellungen in der Barbarakirche lassen sich als zeichenhafte Wiedergabe der → Himmelfahrt Christi und der → Verklärung deuten.

Anscheinend ist die Kirche von Soldaten angelegt worden. (Bereits Heraklios (610–641) hat in Kleinasien das System der Bauernsoldaten geschaffen.)

Eucharistisches Kreuz, umgeben von vier Erzengelstandarten, Hauptkuppel Barbara Kilise, Göreme.

Gerade im umkämpften Kappadokien siedelten Leute, denen Pachtland als Entgeld für Wehrdienstleistungen zugesprochen worden ist. Auch die einfache Ausführung der Zeichnungen spricht dafür, daß die Schöpfer in kaisertreuen Bauernsoldaten der spät- oder nachikonoklastischen Zeit zu suchen sind. (Der Kaiserkult ist eine Spiegelung des Christuskultes.)

5. *Kreuzgratkuppelstil mit roter grafischer Zeichnung:* Kappadokische Höhlenkirchen sind mit einer Zentralkuppel mit auffälligen, sowohl reliefierten, wie bemalten Kreuzgraten ausgestattet (zwischen 9. und 12. Jh.). Ähnliche Kuppelgestaltungen finden sich in den Höhlenkirchen der nordäthiopischen Provinz Tigre (Kreuzgratkuppeln: Enda Miryam Weqro, Kirche des Abba Johanni, Marienkirche Quoquor – zwischen 7. und 14. Jh.). Eine kappadokische Kuppel in Göreme (Nr. 31) weist eine eigenartige Bemalung – rote Quadrate mit liegenden Kreuzen und vier Punkten – auf. Die gleiche Form haben die 13 Quadrate auf äthiopischen Prosphorensiegeln aus jener Zeit.

Äthiopischer Prosphorenstempel.

Beziehungen zwischen Kappadokien und Äthiopien

Daß in Inneranatolien ähnliche Symbolformen auftreten wie in Ägypten, im Sudan und in Äthiopien, hat folgende Gründe: Das Stammland der westsyrischen Kirche (Jakobiten) wurde 634–637 von den Arabern besetzt. Zunächst großzügig geduldet, gerieten die orientalischen Christen Ende des 7. Jh.s unter starken islamischen Druck. Es lag für sie nahe, in die damals noch christlichen Randbezirke des byz. Kappadokien oder nach Äthiopien auszuweichen. (Äthiopier und Kopten gehören der monophysitischen Richtung des orientalischen Christentums an. Gründer des Jakobitentums ist ein koptischer Mönch.)

Die Brotstempel der Westsyrer, Kopten und Äthiopier ähneln sich deshalb, weil sie alle auf die Riten der Jakobusliturgie abgestimmt sind. Die Brote mit den markierten Soll-Bruchstellen werden in viele kleine Stücke zerteilt, damit sie an die Gläubigen ausgegeben werden können: So weisen die Stempel ein Raster vieler mit dem Kreuz gekennzeichneter Quadrate auf. Das Muster der Kreuzgrate in den Kuppeln läßt sich als Darstellung der Eucharistie verstehen, deren Partikel von Gott ausstrahlen, sich über die ganze Welt ausbreiten und die verschiedenen Teile des Kosmos in sakramentaler Gemeinschaft miteinander verbinden (→ Kreuz).

Kreuzgratkuppel mit eucharistischer Symbolik, Göreme Nr. 31.

Bilderwand

→ Ikonostase

Bileam
Ο ΠΡΟΦΗΤΗΣ ΒΑΛΑΑΜ
O Profítis Walaám

Im AT erwähnter nichtjüdischer Prophet aus Mesopotamien (der Walaam aus dem griechischen AT). Wird vom Moabiterkönig Balak gerufen, um die Israeliten zu verfluchen (4. Mose, 22–24). Jahwe behindert die Reise Bileams zu den Moabitern und verwandelt seine Flüche in Segen.

Szenische Darstellungen mit Bileam
Das Malerhandbuch (Ermenia) erwähnt zwei Motive:

☆ »Zwei Reben und in der Mitte der Rebzweige sitzt Walaam auf einem Maultier und treibt es mit dem Stock scharf an. Das Maultier liegt auf den Knien und dreht seinen Kopf zurück zu Walaam. Der Engelsfürst Michael steht mit gezogenem Schwert vor ihm. In der Nähe die Heerführer des Königs (zu Pferde) zwischen zwei Bergen« (Moni Thari, Rhodos, 1620; Basilika Monreale, Ende 12. Jh.; Sophienkathedrale Kiew)

Einzelnen handelnden, im AT erwähnten Engeln (der Engel des Herrn) wird in der byz. Kunst die Gestalt des Erzengels Michael verliehen!

☆ »Moses bekämpft zusammen mit den Hebräern die Moabiter. Auf einem Berg sieben Altäre, auf denen je ein Stier und ein Widder liegen. Der König Balak und seine Heerführer stehen daneben, Balaam (vor ihm) schaut zu den Hebräern hin, segnet sie und sagt (nach 4. Mose 24, 17): »Es wird ein Stern aus Jakob aufgehen, es wird ein Mann aus Israel erweckt werden und er wird zerbrechen die Führer von Moab.«

Bileam als Typos des Heidenchristen
Das erwähnte Mose-Zitat (24, 17), beigefügt den seltenen Einzeldarstellungen Bileams, gilt als Weissagung der Geburt Christi und Hinweis auf das Erscheinen des Sternes von Bethlehem. Wegen dieses Ausspruches und weil Bileam wie die Weisen aus dem Morgenland nichtjüdischer Abstammung ist, wird er als Typos des aus der Heidenschaft stammenden Christen angesehen. Als bärtige, in den Fellmantel des Propheten gekleidete Gestalt erscheint er auf frühchristlichen und frühbyz. Darstellungen der → Anbetung durch die Weisen, er deutet mit seiner Rechten auf den Stern. Gelegentlich wird er wegen seiner Weissagung unterhalb der → Wurzel Jesse abgebildet.

Origines bewertet Bileam negativ, als Typos des Schriftgelehrten und Pharisäers, von deren Herrschaft die schlichten Gläubigen, repräsentiert durch die widerspenstige Eselin, befreit werden sollen.

Ansonsten gilt die Eselin als Stammutter der Tiere, mit denen Christus in Jerusalem einzog: »Das Eselsfüllen ... sprach: Ich bin von jener Familie, die dem Bileam gedient hat, und zu welcher der Geschlechtsgenosse von mir gehörte, auf den sich Dein Herr (Christus) und Dein Lehrer gesetzt hat.« Apokryphe Thomasakten 40.

Der Erzengel Michael erschreckt die Eselin des Propheten Bileam. Moni Thari, Rhodos, 17. Jh.

Böser Blick
ΤΟ ΚΑΚΟ ΜΑΤΙ
to kakó máti

Der Glaube, daß Blicke töten, zumindest schwer schaden können, insbesondere Kindern und Haustieren, ist seit dem Altertum im Mittelmeerraum verbreitet. Menschen, deren Blick ständig oder zeitweilig böse ist, können sich, müssen sich aber nicht unbedingt dessen bewußt sein. Zu unterscheiden sind:

☆ der neidische Blick, der das Neidobjekt schädigt.
☆ der bewundernde Blick, der sozusagen den Neid der Schicksalsmächte, z. B. auf ein hübsches Kind, lenkt.
☆ der verhexende Blick, mit dem schöne Frauen Männer verzaubern (waskanía). Davon weiß man in den griechischen Tavernen der Hafenstädte so manches Lied aus dem Volksmilieu (laika tragoudia, speziell Rebetika) zu singen.
Vor dem Bösen Blick schützen das Kreuzeszeichen, Ketten aus blauen Perlen (vor allem für Haustiere), Amulette in Augenform oder – nach antikem Brauch – mit Zeichnungen (Eule, Skorpion, Ibis). Anhänger aus Silber oder Gold in der Form einer → Eule oder eines Skorpions werden von Juwelieren und Touristenboutiquen angeboten – besonders auf Rhodos und Kos.
Manche Zeichen mit noch ungeklärter Bedeutung an Kircheneingängen sind Apotropäika (Abwehrzauber), auch gegen den Bösen Blick.

Apsis-Christus, Gesicht und Augenpartien sind durch Steinwürfe zerstört. Elmali Kilise, Göreme, Kappadokien

Die Muslims, Araber und Türken, die Kirchen in Kleinasien und im Balkan eroberten, scheuten die Blicke der christlichen Heiligen und zerkratzten ihre Augenpartie (→ Georg). Andererseits hat mancher orthodoxe Christ seine Hausikonen umgedreht oder mit einem Tuch abgedeckt, wenn er etwas vorhatte, das dem Blick der Heiligen besser verborgen bleiben sollte.
Als Schutzheilige gegen Augenleiden gilt insbesondere → Paraskewi.

Brennender Dornbusch
Ι ΒΑΤΟС ΠΟΥ ΔΕΝ ΚΑΙΕΤΑΙ
I Wátos pu den káete

Als dürres Gestrüpp, das brennt und doch nicht verbrennt, erscheint Gott dem Mose. Den Christen gilt der brennende Busch als Typos der Gottesmutter, die Gott als Feuer in sich trägt und dennoch nicht von ihm verzehrt wird.

Altes Testament: Mose und der brennende Dornbusch
»Und der Engel des Herrn erschien ihm in einer feurigen Flamme aus dem Dornbusch. Und er sah, daß der Dornbusch mit Feuer brannte und wurde dennoch nicht aufgezehrt ... rief ihn Gott aus dem Busche ... ›Tritt nicht herzu, ziehe Deine Schuhe aus von Deinen Füßen, denn der Ort, darauf Du stehst, ist heiliges Land.‹ ... Und Moses verhüllte sein Gesicht, denn er fürchtete sich, Gott anzuschauen.« *2. Mose 3, 2*

Mose erhält am Sinai von »*dem, der im Dornbusch wohnt*« (*5. Mose 33, 16*), den Auftrag, sein Volk aus Ägypten herauszuführen. Im alten Orient gilt der Dornbusch als Sonnengewächs (Dornen = Strahlen). Trockene Dornsträucher stellen in der Wüste das wichtigste Feuerungsmaterial dar. Das Dornbuschmotiv gehört in den Umkreis der Gotteserscheinungen in oder unter Bäumen (→ Lebensbaum). Dornen und Flammen betonen hier die Unzugänglichkeit Gottes.

Darstellungen des brennenden Dornbusches als Typos der Gottesmutter
Vom 4. Jh. an wird der Dornbusch als Typus der »Immerjungfrau« verstanden, die Gott als das Feuer in sich trägt (Maria Platytera, → Maria, die Allheilige), ohne zu verbrennen; er symbolisiert, daß sie Jungfrau blieb, obwohl sie gebar.
Das Motiv wird vom 4./5. Jh. an bis in die postbyz. Zeit als Mosaik oder Fresko dargestellt: Mose, von Schafen umgeben, hat seine Schuhe abgelegt, wendet sich voller Furcht ab vom brennenden Dornbusch; die Gottesmutter (Maria Platytera, → Maria, die Allheilige) – oder ein Christuskopf – erscheinen. Kyrillos von Alexandrien deutet die Dornen als die menschliche Sündhaftigkeit, von der auch die Allheilige betroffen ist.

Bisweilen wird die Situation unmittelbar vor der Erscheinung dargestellt – Moses stützt sich auf seinen Stab (Rhodos, Moni Thari 1506).

Die Beziehung zwischen eucharistischer und der späteren mariologischen Symbolik

Zwei der ältesten Darstellungen des Dornbusch-Motivs (ohne Marienerscheinung) weisen typologisch auf die Eucharistie hin:

☆ Portalrelief Santa Sabina, Rom (1. Hälfte 5. Jh.): Die Flammen züngeln aus Felsgestein, das wie ein Altar geformt ist. Zwischen Mose und dem brennenden Dornbusch steht der im AT erwähnte Engel.
Der Dornbusch repräsentiert den himmlischen Altar, von dem der Engel die glühenden Kohlen nimmt, um die Lippen des Propheten zu reinigen (Jesaia 6, 5–7, → Proskomedie) und zugleich als Typos den Abendmahlsaltar.
☆ Mosaik im Sanktuarium von San Vitale, Ravenna (6. Jh.): Der die Sandalen lösende Mose vor dem Flammenfelsen ist links über einer Lünette mit eucharistischen Motiven angebracht: Abel und Melchisedek (→ Abraham) bringen auf dem heiligen Tisch Opfer dar. Rechts über der Lünette gegenüber Mose der Prophet Jesaia.

Die frühbyz. Buchmalerei übernimmt zunächst das Motiv des brennenden Felsaltars. Der Bedeutungswandel des brennenden Dornbusches in der späten mittelbyz. Zeit vom Typus des Abendmahlsaltars zum Typus der Muttergottes erklärt sich aus der späten Auffassung → Marias als des Abendmahlslöffels, d.h. als Behältnis, das Christus in seiner Gestalt als Abendmahlsgabe in sich birgt (→ Altar, → Jesaia).

Das Ikonenmotiv der Dornbusch-Muttergottes

In nachbyz. Zeit, besonders in Rußland verbreiteter Ikonentyp: Die Büste der Allheiligen mit dem Christkind auf dem Arm (mitunter von einem → Nimbus umgeben) sitzt in einem achtstrahligen Stern.
Der setzt sich wieder aus zwei vierzackigen Sternen (vier Ecken aus konkaven Kreissegmenten) zusammen:

☆ Der vordere, auf der Spitze stehende blaue Vierzacken-Stern ist durch Sterne und Engel als Himmelssphäre gekennzeichnet: Die Allheilige ist die Himmelskönigin.
☆ Der hintere, vom vorderen überschnittene Vierzacken-Stern ist meist rot und vertritt das Dornbusch-Feuer. In den vier Flammenzwickeln können die vier Evangelistensymbole angeordnet sein.
Zwischen den acht sich nach außen verjüngenden Spitzen werden verbindende Kurven gezogen, so daß eine Art Blüte entsteht. Auf den »Blütenblättern« erscheinen Erzengel.
Hervorgegangen ist das Motiv der Dornbusch-Muttergottes aus dem achtzipfligen, von Cherubin hinter Maria aufgespannten Tuch (= Himmelszelt: Chorakirche, Konstantinopel, 1315–20).

Auf manchen Ikonen (Rußland Pskow, 14. Jh.) hält Maria Platytera (→ Maria, die Allheilige) anstelle des Welt- und Himmelskreises den Doppel-Viererstern mit der Büste des Christus Emanuel.
Wird in spätbyz. Zeit der Christus der → Verklärung, der → Heimholung Mariä oder Gottvater im Doppel-Viererstern dargestellt, so handelt es sich dabei um eine Anspielung auf den brennenden Dornbusch als Typos einer Epiphanie.

Das Motiv erinnert an Mandalas (→ Kirchengebäude). Die Achtzahl der Zacken läßt an die vier Haupt- und an die vier Nebenhimmelsrichtungen denken, die blaue und die rote Farbe an die Vereinigung der beiden Urgegensätze Wasser – zugeordnet der Mutter Gottes als lebensspendende Quelle – und Feuer – dem Element des Weiblichen und Muttergöttlichen. (Bereits im 4. und 5. Jh. wurde in einem Kloster unterhalb des Sinai der Dornbusch Mose neben einer Quelle den Pilgern gezeigt.)

Brot / Brotstempel

Ο ΑΡΤΟΣ / Η ΠΡΟΣΦΟΡΑ / Η ΣΦΡΑΓΙΣ
o Artos / I prosforá / i sfragjís

Das Hauptnahrungsmittel ist Brot, die Speise schlechthin. Als Inbegriff göttlich-geistiger Nahrung verbindet es alle, die es gemeinsam verzehren. Im Brot erscheint auch Gott selbst den Menschen. Das Gottesbrot erhält eine besondere Form oder wird mit einem Stempel – mit symbolischer oder bildlicher Darstellung – gekennzeichnet.

Muttergottes vor dem achtzipfeligen Himmelszelt. Chorakirche, Konstantinopel, 1315–1320.

Brot als körperliche und geistige Nahrung im Judentum, der griechischen und römischen Antike und im frühen Christentum

»Unser täglich Brot gib uns heute und vergib uns unsere Schuld.«

Die vierte Bitte um das Grundnahrungsmittel ist die einzige weltliche Bitte (vier als Zahl der Welt) im Vaterunser. Ob sie sich aber tatsächlich nur auf leibliche Nahrung bezieht, ist höchst fraglich angesichts der Selbstaussage Jesu *(Joh. 6, 35):* »*Ich bin das Brot des Lebens.*« Nichts verbindet die Menschen derart intensiv miteinander, als gemeinsames Essen – mit Ausnahme der Liebe; verständlich, daß frühchristliche Gemeinschaftsmahle »*Agapi*« *(Liebesmahle)* hießen. Uralt ist die Vorstellung, daß der Mensch zu dem wird, was er sich einverleibt.

Zur Zeit des AT aßen die *Juden* Fladenbrot aus Gerste, seltener aus Weizen. Es diente als tellerartige Unterlage für Fleisch und Gemüse (heute noch wird in Griechenland und in der Türkei Fleisch – *Jiro* bzw. *Döner Kebab* – zusammen mit Zwiebeln und Kräutern in Brotfladen gewickelt). Geistiges Brot ist schon für die Juden die Thora, das Wort Gottes. Die in vier Spitzen auslaufenden Schaubrote, ausgestellt im Tempel zu Jerusalem, waren vermutlich Kosmogramme (die Abendmahlsvorbereitungen in der → Proskomidie haben ebenfalls kosmografischen Charakter!).

Für die Griechen war im Brot deren Erfinderin, die Erdmutter, selbst anwesend. Ihr zu Ehren feierten sie die Megalartia (großes Brotfest).

Brotbestandteile wurden im Totenkult den Toten und den chtonischen Gottheiten – z. B. der Demeter als einer Erscheinungsform der Erdmutter – geopfert (Ausstreuen von Körnern, Teigopfer, Brotgaben). Bei keinem Opfer, blutig oder unblutig, durfte Backwerk fehlen. Brotreste, geheiligt durch ein Opfer an Asklepios, galten als Heilmittel – wie heute die Ewlojiabrote.

Für die Römer war Brot das älteste Nahrungsmittel und älteste Opfergabe zugleich. In gesäuerter Form konnte es jedem Gott dargebracht werden. Gebildbrot in Tierform wurde,

wie im alten Ägypten, als Ersatz für blutige Opfer gegeben. An Neujahr schickte man guten Bekannten glückbringendes Kuchenbrot. Auch Totenspenden und Totenmahle mit Brot waren üblich.
Wie die griech. waren die römischen Alltagsbrote rund. Mehrfach unterteilt, konnten sie leicht gebrochen werden. Besonders verbreitet war panis quadratus, kreuzförmig unterteiltes Brot.

Griechisch-orthodoxer Prosphorenstempel (seitenverkehrt vergrößert). Apollona, Rhodos.

Totenmahlsszene mit Fisch und panis quadratus. Die Darstellung ist möglicherweise christlich. Ausschnitt aus einem Sarkophagdeckel, Museo Christiano, Vatikan, Ex. Vat. 172, Ende 3. Jh.

Geformtes, geritztes und gestempeltes Brot

Die frühen Christen deuteten die Ritzzeichnung des panis quadratus als Kreuz und benutzten die Fladen für die Eucharistie (Emmausmahl, frühchristlicher Sarkophag, Museo della Therme, Rom; Gastmahl des Abraham, San Vitale, Ravenna, 6. Jh.).
Gestirnförmiges Kultgebäck war im Orient üblich, so bei den Totenopfern der Parsen (sonnen- und mondförmig), bei den Manichäern (Kombination von Sonnen- und Mondscheibe), bei einer marianisch-christlichen Sekte Arabiens (Mondsichel).
Die frühesten Brotformen und die Brotstempel, angebracht zur Kennzeichnung des Gewichts oder aber zur Weihe von Opferbrot, scheinen römisch zu sein. Sowohl in der Liturgie wie im religiösen Volksbrauch des heutigen Griechenland spielt Brot eine entscheidende Rolle.

Das Brot in der byzantinischen und in der heutigen Orthodoxie

»Siehe, Dein Bild ist geformt mit dem Blut der Trauben auf dem Brot und geformt auf dem Herzen mit den Farben des Glaubens und der Liebe. Gesegnet sei, der vergehen läßt Bilder aus Stein durch sein wahres Bild.« (Ephräm der Syrer)
→ *Proskomidie und Liturgie:* Partikel aus fünf Prosphoren (Abendmahlsbroten) – mit dem Kreuzeszeichen und dem Schriftzug IC XP NI KA gestempelt – werden in der → Proskomidie zu einem mikrokosmischen Modell des allumfassenden Kosmos zusammengelegt und in der Liturgie als Heiliges Abendmahl (→ Eucharistie) gespendet (in der syrisch-orthodoxen Kirche wird das 12teilige flache Brot bei der Vorbereitung des Abendmahls in Stücke gebrochen, aus denen der Priester eine menschenförmige Figur fügt).
Abschluß der Feier der Liturgie: *Antidoron* (»Anstattgabe«) – die Reste der fünf Prosphoren und gegebenenfalls noch zusätzliche – werden zum Schluß der liturgischen Feier an Teilnehmer und Nichtteilnehmer des Abendmahles verteilt. Dieses heilbringende Brot kann zum Zeichen der Gastlichkeit auch an Nichtorthodoxe gegeben werden. Die Mönche vom Sinai spenden es z. B. den muslimischen Beduinen, um ihnen etwas Gutes anzutun. Manche Gläubige schätzen das Antidoron so hoch ein, daß sie am Vorabend des Empfanges fasten. An besonderen Festtagen werden die Brotstücke mit nach Hause genommen und als Heilmittel für Kranke verwendet. Theologisch

gilt das *Antidoron* (nach Pseudo-Germanikus) als Leib der Gottesmutter, da das Lamm Christus aus ihr herausgelöst, herausgeboren wird. Da Maria zugleich die Kirche repräsentiert, wird das *Antidoron* zu einem Gemeinschaftsmahl, das alle Gläubigen miteinander verbindet.

Gestempelter Ewlojion (Eulogion). Brot bei einem Kirchenfest vor der Giprelkirche auf dem Tsambiko, Rhodos

Hohe Festtage und Namensfeste von Heiligen: Artoklasia
In der Zeremonie des Brotbrechens – sie findet bei Namensfesten von Heiligen vor deren Kirche statt – werden Kuchenbrotstücke (sog. Artos, im Gegensatz zum gewöhnlichen Brot »Psomi«) als Heilsgabe und Zeichen der Gemeinschaft verteilt. Die großen runden Brotlaibe – Durchmesser bis zu einem halben Meter – tragen eine Stempelprägung (Bild des Prosphorensiegels, des Festtagsheiligen oder einer Festtagsszene). *Brotverteilung bei Festen im Haus:* Das Christopsomo (→ Geburt Christi) wird zu Weihnachten verteilt, der Muttergottes als Stärkung nach der Entbindung angeboten.
Neujahr ist undenkbar ohne Wassilópitta (→ Basilius).
Am Vorabend des Samstags des → Lazarus werden für die Kinder »Lazari« gebacken, Brötchen oder Mandelbrote in der Form eines in Leinentüchern gewickelten Menschen. Lazarus weist vorbildlich auf den auferstehenden Christus hin. Kollywa, die *Totenspeise bei Bestattungen und Erntefeiern:* Eine Speise aus gequollenen Weizenkörnern, siehe → Totenbräuche.

Abbildungen und Symbole des Abendmahlsbrotes
Als Weihegaben gekennzeichnete Brote finden sich auf Darstellungen der → Eucharistie bzw. ihrer typologischen Vorbilder – auf frühen Bildern bis zur Mitte des 6. Jh.s, vor allem als panis quadratus (Gastmahl Abrahams, San Vitale, Ravenna, Mitte 6. Jh.) –, später als gestempeltes Brot (Opfer Abels und Melchisedeks, San Vitale, Mitte 6. Jh., Sant'Apollinare in Classe, 7. Jh., Ravenna, Ajia Sophia, Ochrid, 11. Jh.). Im byz. Bereich setzt sich bereits um 700 der bis heute verwendete Prosphorenstempel durch. Zu der Zeit hat auch die → Proskomidie ihre bis jetzt gültige Form erhalten. Während des Bilderstreites kommen zwei Symbole für die fünf Prosphoren der Proskomidie auf:

☆ Fünf kreuzförmig angeordnete Punkte.
☆ Vier Punkte zwischen den Armen eines → Kreuzes.

Sie sind eine Abkürzung der vier Silben »Jesus Christos Nika«.
Vorformen dieses Symboltyps lassen sich bis ins 6. Jh. zurückverfolgen. In der Kirche von Tabgha (Palästina) errichtet an der Stelle der Speisung der 5000 mit fünf Broten und drei Fischen, stellt ein Mosaik einen Brotkorb dar: zwischen zwei Fischen vier Brote, mit einem Kreuz gekennzeichnet und auch selbst kreuzförmig angeordnet. Heute noch werden serbische Weihnachtsbrote kreuzförmig in der Art des panis quadratus unterteilt. Zwischen den Kreuzarmen liegen vier kleine Quadrate mit dem Prosphorensiegel.

Buchstaben → ABC

Bundeslade
Η ΚΙΒΟΤΟC ΤΗC ΔΙΑΘΗΚΗC
I kibótos tis diathíkis

Das größte Heiligtum des alttestamentlichen Judentums birgt die mosaischen Gesetzesta-

feln. Aufbewahrt wurden sie in der Frühzeit in einem Zelt, später im Allerheiligsten des Tempels.
In byz. Zeit ist die Lade Typos der Gottesmutter, die das Heiligste – Christus-Gott – als Kind in sich trägt.

Die Lade für die Gesetzestafeln im Alten Testament

Jahwe selbst fordert auf dem Berge Sinai Mose (2. Mose 25) dazu auf, eine vergoldete Lade aus Holz für die zwei steinernen Gesetzestafeln (mit dem gesamten jüdischen Gesetzeswerk) anzufertigen. In der Wanderzeit der Israeliten wurde die Lade mit Hilfe zweier Stangen von vier Männern getragen. Im Lager hat man sie in einem Zelt aus zehn Teppichen (Stiftshütte) zusammen mit anderen Kultgegenständen aufbewahrt. Nach dem Ende der Nomadenzeit ersetzte König → Salomon die Stiftshütte durch einen steinernen Tempel auf dem Berg Zion. Im Allerheiligsten verblieb die Lade wahrscheinlich bis zur Zerstörung des Tempels durch Nebukadnezar II. (587 v. Chr.).
In den jüdischen Gebetshäusern (Synagogen) befindet sich, nachgewiesen seit 250 v. Chr., dem Eingang gegenüber als Ersatz für die Lade und ihre Gesetzestafeln ein Schrein für die Thorarollen.

Die Bundeslade in der äthiopischen Tradition

Äthiopien war von jüdischen Flüchtlingen vor Nebukadnezar missioniert worden und übernahm daher das Christentum später in seiner judenchristlichen Form.
Nach äthiopischer Überlieferung hatte bereits König Menelik I., Sohn König Salomons und der Bilbis (Königin von Saba), die Bundeslade in Jerusalem entwendet und nach Äthiopien gebracht.
Dort begründete er die äthiopische, durch die Abstammung von Salomon legitimierte Kaiserdynastie.
Bis heute wird in Äthiopien das Abendmahl anstatt auf dem Antiminsion auf dem sog. Tabot (Bundeslade) dargebracht – einem in kostbare Tücher gewickelten seltenen Stein oder Holzstück.

Die byzantinische Deutung der Bundeslade als Typos der Gottesmutter

Bundeslade und → Tempel verkörpern beide die den Christus in sich tragende Gottesmutter, repräsentieren gleichzeitig die mit der Gottesmutter gleichgesetzte triumphierende Kirche.
Das Malerhandbuch (Ermenia) nennt folgende Szenen mit der Bundeslade aus dem AT:

☆ »Zwölf Priester tragen auf ihren Schultern die Bundeslade. Sie stehen in der Mitte des Jordan wie auf dem Trockenen. Hinter ihnen sind Wagen mit zwei Rindern und ein Wagenführer, der sie antreibt. Die Menge des Volkes durchwandert mit → Josua den Fluß.«

Die Priester sind typologische Vorbilder für die zwölf Apostel, Josua für Jesus (die Namen beider werden in der griech. Bibel gleich geschrieben). Die Szene selbst weist auf die Taufe hin (→ Ciborium).

☆ David bringt die Bundeslade nach Jerusalem *(2. Sam. 6, 1–11)*:

»Zwei Rinder ziehen einen Wagen und darauf liegt die Bundeslade (eine goldene Kiste und zwei goldene Cherubim über ihr). Davor David in einem weißen Gewand, die Harfe spielend. Neben ihm sind Priester, die einen mit Pauken, die andern mit Zithern, die andern mit Trompeten. Neben der Bundeslade liegt der tote Usa. Dahinter eine Menge nachfolgender Leute.«

☆ David tanzt um die Bundeslade herum. *(2. Sam. 16, 14–15)*.
(Fresko in der Chorakirche, Konstantinopel, 1315.)

Charos
О ХАРОС / О ХАРОNТАС
O cháros / O cháröntas

Der Totenfährmann der Antike, Charon, lebt als Charos in der byz.-christl. Wandmalerei und in neugriech. Klageliedern fort.

Geleitsmann der Toten in der Antike

Charon, in der Antike Totenfährmann, aber auch gleichgesetzt mit dem Tod selbst (auch mit dem Hades), wird von den altgriech. Schriftstellern sprachlich in Zusammenhang gebracht mit dem Totenfluß Acheron, hinter dem sich eine alte Totenherrschergestalt verbirgt. Heute wird Charon abgeleitet von »*charopos*« (wildfunkelnd blickend). Den von Charos befahrenen Acheron stellten sich die Griechen als Fluß oder See vor, eine Verniedlichung des die Erde umspülenden Urmeeres.

Charos, Verkörperung des Todes in den neugriechischen Klageliedern

Der neugriech., in Totenklagen (Mirolojia) und -gesängen faßbare Charon ist zu einer Verkörperung des Todes selbst geworden. Gleichzeitig tritt er als Totengeleiter und Beherrscher des Totenreiches auf. Er besitzt den Schlüssel zum Hades.

In den volkstümlichen Klagegesängen (sog. Mirolojia und Charoslieder) finden wir seine Gestalt aufgespalten in den meeresbefahrenden Totengott der Küsten- und Inselbewohner – seine Boote sind niemals Nachen, sondern große Segelschiffe – und in den wilden Reiter (Herr über die Pferde) der bergigen Region:

Insel Zakynthos:

»Es treibt das Segel des Charos,
es treibt zum Orte des schwarzen Geschicks,
Dorthin, wo viele Seelen sind, alte und junge,
schwarz ist sein Schiff und schwarz seine Segel.«

Rhodos:

»Steh auf mein Kind, der Charos harrt,
und er gewährt kein Warten,
Sein Schiff steht unter Segel schon,
zum Hades fährt hinab es!«

Peloponnes:

»Schwarz ist er selbst, schwarz ist sein Pferd,
sein schnelles Roß ein Rappe,
geht aus auf Raub die ganze Nacht,
bis in die Morgenfrühe.«

Stehende Wendungen im heutigen Neugriechisch: »*Ihn nahm der Charos*« *(Er starb)* und »*Ich sah den Charos mit meinen Augen*« *(Ich bin dem Tod von der Schippe gesprungen.)*
Die antike Sitte, den Toten eine Münze – Entgelt für die Schiffspassage – in den Mund zu legen oder einen Ersatz dafür, z. B. ein Wachskreuz, ist heute noch in Griechenland (auch in Frankreich) verbreitet.

Der Totenherrscher zu Füßen des auferstehenden Christus – hier von einem Engel gefesselt – wird durch Beischriften teils als Charos, teils als Hades, teils auch als Satan bezeichnet. Kloster Panajia Mawrotissa bei Kastoria, spätbyzantinisch.

Charos – Hades – Satan

Auf Wandmalereien mit Unterweltmotiven werden die Gestalt des → Teufels, des Hades und des Charos nicht deutlich voneinander unterschieden (→ Ostern). In den Klageliedern kommt zwar der Charos als Tod vor, der → Hades als die von Charos beherrschte Unterwelt, der Teufel aber überhaupt nicht. In Märchen dagegen kann der → Teufel Züge des seefahrenden Charos, des Poseidon und, als Herr über alle Schätze der Welt, auch des Hades/Pluto annehmen.

Cherubim
ΤΑ ΧΕΡΟΥΒΙΜ
Ta cheruwím

Vierflügelwesen, über und über mit Augen bedeckt, die den Thron Gottes umstehen (1. Kön. 6., Ez. 1 u. 10). Ursprünglich waren es vier, entsprechend der Zahl der Winde, sie galten in der älteren Schicht des AT als Fahrzeug Jahwes. Ihnen zur Seite rollten geflügelte Räder (→ Engel, → Hesekielvision). In der ostkirchlichen Liturgie (→ Eucharistie) stellt der Chor die Gott lobsingenden Cherubim dar (Cherubimhymnus). Cherubim sind Wächter der Bundeslade wie des Paradieses. Darstellungen von Cherubim und → Seraphim sind nicht immer zu unterscheiden. (Näheres → Pfau, auch → himmlische und kirchliche Hierarchie).

Daß Jesus lebte, wird nicht mehr bestritten. Seine Existenz als Mensch ist das stärkste Argument der Orthodoxie für Christi Darstellung im Bild. Die Frage, wie sich Christus selbst gesehen hat, ist unter Theologen und Historikern umstritten. Nach den vier Evangelien des NT hat er sich selbst als Gottes Sohn verstanden und als Messias [= Christus = der Gesalbte, → Öl], als Gottes königlichen Beauftragten, für den sich die Heilserwartung nicht in einem diesseitigen, sondern in einem jenseitigen Reich erfüllt. Christus griff damit spätjüdische Vorstellungen, die auch schon bei einigen AT-Propheten angelegt waren, konsequent auf.

Cherubim-Darstellung. Tokali Kilise II, Kappadokien, Ende 10. Jh.

Christos Pantokrator, Kuppelfresko im Athoskloster Xenophontos, nachbyzantinisch.

Christus

IC XP / IHCOYC XPICTOC
JS ChR / Jisoús Christós

»Jesus Christus lebte auf der Erde etwa 33 Jahre. Die schriftlichen Nachrichten und die gesamte kirchliche Überlieferung konzentrieren ihr Interesse auf diesen Zeitraum, insbesondere jedoch auf die letzten drei Jahre, in denen er öffentlich wirkte.« *Dimitrios Wakaros*

Die Aussage des orthodoxen Geistlichen stimmt mit dem historischen Befund überein: Christi Vorläufer (→ Johannes) begann vom Jahre 28 oder 29 an zu taufen, Jesus von Nazareth starb am 7. April 30 oder am 3. April 33.

Christusbilder als Zeugen der Menschwerdung Gottes

»Das Wort des Vaters, das unfaßbar ist durch Beschreiben, hat sich dadurch, daß es Fleisch (Mensch) geworden, selbst umschrieben. Und indem er das (durch Adam) befleckte Menschenbild in seiner Urform wiederherstellte, durchdrang er dieses mit göttlicher Schönheit.« *Kontakion vom Sonntag der Orthodoxie*

Christus bildlich darzustellen, ist nicht nur erlaubt, sondern theologisch geboten: Als das Abbild Gottes hat er es durch seine Menschwerdung zusätzlich auf sich genommen, zum Bild des gefallenen Menschen zu werden. Als

Christus

Christos Achiropiitis auf Mandylion in der postbyzantinischen Klosterkirche von Warlaam Meteora.

Gottessohn das Bild des Menschen annehmend, hat er diesem seine verlorene Gottesebenbildlichkeit wieder zurückgegeben. Christusdarstellungen erhalten Hinweise auf die beiden in Christus vereinten Naturen:

	Jesus als Bild des Menschen	Christus als Bild Gottes
Namensbeischrift	Jesus, Christi Name als Mensch, bedeutet »Gott hilft«	Christos, der Gesalbte Gottes, entspricht dem hebräischen Messias.
Kennzeichnung des →Nimbus	Kreuz im Nimbus (Zeichen des Leidens und Sterbens als Mensch)	Mittelbyzantinisch: eucharistische fünf Punkte in den Kreuzarmen des Nimbus; Spät-Postbyz.: Inschrift in den Kreuzbalken »O on« (= der Seiende, Bezeichnung Gottes selbst)

Die wichtigsten Christusikonen-Typen
Die am häufigsten dargestellte Gestalt kommt vor in Szenen aus dem NT, den NT-Apokryphen (→ Marienzyklus), anstelle Gott-Vaters in alttestamentlichen Szenen, in Szenen aus der mündlichen Überlieferung (→ Heimholung Mariae), in liturgischen Szenen (→ Eucharistie) und Huldigungsbildern (→ Deïsis, → Kaiser).

Die wichtigsten Typen von Einzeldarstellungen auf Tafelbildern wie an herausgehobener Stelle im Kirchen-Innenraum sind:

1. *Christos Achiropiitis* – die nicht mit Händen gemachte Christusikone wird zurückgeführt auf den Abdruck des Gesichtes Christi auf einem Linnen, das er dem Armenierkönig Abgar von Edessa schickte. Dargestellt: Tuch mit Kopf (ohne Hals).
Das Bildnis legt die für Einzeldarstellungen des erwachsenen Christus ab frühbyz. Zeit verbindlichen physiognomischen Merkmale fest:

Christus

a) absolut frontale Kopfstellung (en face)
b) langes gewelltes bräunliches Haar mit Mittelscheitel
c) Stirnlocke
d) vom Haar halb verdeckte Ohrläppchen
e) markante, oft zusammengewachsene Brauen
f) Bart mit einer oder – häufiger – zwei Spitzen
g) Kreuznimbus – der Schnittpunkt der Kreuzarme hinter dem Kopf liegt in der Höhe der Nasenwurzel knapp über den Brauen. (An dieser Stelle liegt bei den indischen Buddhastatuen das Stirnauge – die Urna. Auf tamilisch-südostindischen Statuen vor der Jahrtausendwende hängt sie stirnlockenförmig aus dem Haar herab.)

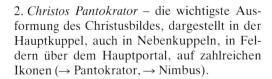

Christos Pantokrator im Hauptportal vom Narthex zum Naos. Klosterkirche von Osios Lukas, Anfang 11. Jh.

Christos als Erzpriester. Zeitgenössische Darstellung im alten Stil. Rhodos.

2. *Christos Pantokrator* – die wichtigste Ausformung des Christusbildes, dargestellt in der Hauptkuppel, auch in Nebenkuppeln, in Feldern über dem Hauptportal, auf zahlreichen Ikonen (→ Pantokrator, → Nimbus).

Der Pantokrator oder Archijerews ist auf allen in Kirchen eingebauten → Ikonostasen rechts von der schönen Pforte, die Gottesmutter links davon dargestellt. (Begrüßung der Christusikone durch den Priester → Proskomidie)

3. *Christos Archijerews* – Christus als Hohepriester. Angetan mit bischöflichen Gewändern, vor allem der Bischofskrone, sitzend auf der Bischofskathedra. Auf bischöflichen Kathedren rechts von der Bilderwand ist gewöhnlich eine Archijerewsikone angebracht. Der Bischof – über eine Abfolge von Handauflegungen, die seine Vorgänger jeweils der nächsten Generation weitergereicht haben, letztlich von Christus selbst eingesetzt – bildet in seinem liturgischen Handeln Christus und sein heilsgeschichtliches Wirken ab (→ Himmelfahrt). Schon das NT *(Hebr. 5, 4–8)* stellt Christus als »*einen Priester in Ewigkeit nach der Ordnung Melchisedek*« (→ Abraham) heraus. Die Liturgie der Ostkirche wird aufgefaßt als Opferhandlung des Hohepriesters Christus. Er ist der opfernde hohe Priester und zugleich das geopferte Lamm.

Christus

Christos Emmanouil im Schlafe. Zeitgenössische Darstellung im Stile des 15. Jh.s, Metropolis, Rhodos.

4. *Christos Emmanouil* – Christus als kindlicher Knabe.
Matth. 1, 23 wird eine Prophezeiung des *Jesaia (7, 14)* zitiert:

»Siehe, eine Jungfrau wird schwanger sein und einen Sohn gebären und sie werden ihn Emmanouil nennen – das heißt verdolmetscht: Gott ist mit uns.«

Die Muttergottes wird grundsätzlich nicht mit einem Kleinkind, sondern mit dem Emmanouil-Knaben (in deutschen Bibeln umschrieben als »Emmanuel«) auf dem Arm dargestellt – einem 6- bis 7jährigen, der mit der Gestik eines Erwachsenen die Rechte zum Segen erhebt und in der Linken eine Schriftrolle hält (→ *Maria*). Allein wird der jugendliche Christus (nach dem 6. Jh.) nur selten dargestellt. Der schlafende Emmanouilknabe, den Kopf auf die Rechte gestützt und in eine rote Decke gehüllt, wird als Anspielung auf Christi Todesschlaf gesehen. Das Bild gibt eine in der Karsamstagliturgie aufgegriffene Prophezeiung Jakobs *(1. Mose 49.9)* wieder:

»Er hat sich gelagert und ist entschlummert wie ein Löwe, wie ein Löwenjunges; wer wird ihn wecken?« *(Athos Protaton, Ende 13. Jh.)*

In späteren Darstellungen sitzt die Gottesmutter neben dem Lager und zieht einen Schleier vom Gesicht des Kindes. Ein Engel zeigt die Leidenswerkzeuge (Meteora Warlaam, Mitte 16. Jh.).

Historische Entwicklung des Christusbildes
Die frühesten, auf Christus hinweisenden Katakombenmalereien, Sarkophagreliefs und -statuen (Ende 2., 3., auch noch 4. Jh.) stellen ihn nicht direkt dar, sondern hüllen ihn gewissermaßen ein in Gleichnisfiguren, den antiken Religionen entnommen, später auch dem AT:

☆ Der gute Hirte: jugendlich und ohne Bart: Trägt ein Lamm auf den Schultern (die von Christus gerettete Seele eines Verstorbenen). Manchmal winden sich Löwen zu seinen Füßen *(»Der gute Hirte läßt sein Leben für seine Schafe« Joh. 10, 12)*. Vom 4. Jh. an werden Hirtenszenen durch Bäume, auch durch Quellen, zu Paradiesgärten ausgebaut (königlicher Hirte zwischen sechs nach ihm blickenden Schafen, Mosaik Galla Placidia, Ravenna, ca. 422). Die früheste Gute-Hirten-Darstellung: Lucina und Kallisto-Katakombe, Rom, vorkonstantinische Sarkophage; Dura Europos, Taufraum.

☆ Der Lehrer und wahre Philosoph in antiker Tracht. Vereinzelte Darstellungen in Katakomben des 3.Jh.s, Anfang 4.Jh.s weiterentwickelt zu »Christus, die Apostel belehrend« und in spätkonstantinischer Zeit zu »Christus als Gesetzgeber«.

☆ Der neue Orpheus, der Sänger mit der Leier. Weil sein Gesang Tote erwecken kann, sieht schon Clemens Alexandrinus in ihm eine Symbolfigur Christi. Orpheus verkörpert Christus als eschatologischen → David.
Orpheus versuchte seine Frau Eurydike aus dem Hades zu befreien – vergebens. Der neue Orpheus Christi fährt in den Hades (→ Ostern) und ihm gelingt es, die Toten zu befreien. Im 3.Jh. ist er wie der gute Hirte von Schafen, im 4. meist von wilden Tieren umgeben (den von Christus beherrschten Dämonen). Der Christus-Krieger, der auf Löwen und Schlangen tritt, ist ein Nachklang des Motivs (S. Callisto-Katakombe, Orpheus Cubiculum).

☆ Der Fischer mit dem Netz. Er fängt die Fische (Seelen) aus dem Meer (→ Meereswunder) und rettet sie so vor dem Untergang (S. Callisto, Sarkophage u. a. in Rom und Ravenna, 3. Jh.).

☆ Schiff mit oder ohne Steuermann (Christus als der neue → Charon im Boot mit den Totenseelen, → Schiff als die Kirche), durch die Wogen gleitend (Broncelampe Museo Archeologico Florenz, Schiffsfresko S. Callisto – ohne Steuermann).

Mit der konstantinischen Friedenszeit (Anfang 4. Jh.) kommen ein- und zweizonige Sarkophage auf. Ein meist bartloser jugendlicher Christus bewirkt mit einem Zauberstab in der Hand auf Einzel- und mehrere Szenen zusammenfassenden Kompositdarstellungen → Wunderheilungen und → Wunderspeisungen oder erweckt → Lazarus. Jetzt wird Christus selbst als Person dargestellt – seine Heilstaten interessieren jedoch mehr als seine Persönlichkeit. Im Laufe des 4. Jh.s kommen – oft untermischt mit präfigurativen AT-Szenen (→ Abraham, → David, → Noah usw.) – die neutestamentlichen szenischen Darstellungen auf, die dann von der Buchmalerei und den Wandmosaiken der Basiliken des 6. Jh.s zu erzählenden Szenenfolgen ausgebaut werden (Sant'Apollinare, Ravenna, Mitte 6. Jh.: Der wundertätige Christus an der linken Wand ist noch bartlos, der an der rechten bärtig).

Zwischen 375 und 450 bildete sich ein völlig neues, für die weitere Entwicklung des Christusbildes maßgebliches Motiv heraus: Christus als der *Beherrscher des Alls* (→ Himmel). Das himmlische Urbild des irdischen → Kaisers thront majestätisch auf der Himmelskugel oder einem Regenbogen und verleiht oder empfängt → Kränze (San Vitale, Ravenna, 400, bartlos; Santa Pudenziana, Rom, mit Bart), vergibt Gesetze oder Schlüssel (Santa Costanza, Rom – einmal bartlos, einmal bärtig), wird von den → Weisen verehrt (Santa Maria Maggiore, Rom, thronender Emmanouilknabe). Zur gleichen Zeit erscheinen die ersten Festtags- und Passionsdarstellungen (Santa Sabina, Rom, 422–432). Christus als *Beherrscher des Alls* verschmilzt mit dem *Himmelfahrtsbild*. Sich herauslösend aus den Wunder- und Festtagsserien, wandert es nach oben ins Gewölbe oder hinauf in die Kuppel. Nach dem Bilderstreit (näheres → Himmelfahrt) verdichtet sich das Motiv zum → *Pantokrator*, in dessen Bild die physiognomischen Elemente des Christuskopfes aus dem → *Mandylion* einfließen.

Das schmale, meist mit dunklen Linien herausgearbeitete Antlitz des mittelbyz. Christus, wird zum Ende der spätbyz. Zeit hin breiter und mit malerischem Hell-Dunkel plastisch durchmodelliert. Auf russischen Ikonen erscheint das Untergesicht kräftig ausgeprägt.

Ciborium / Baldachin
ΤΟ ΚΙΒΩΡΙΟΝ / Ο ΟΥΡΑΝΙCΚΟC
To Kiwórion / O Ouraniskos

Freistehende Aufbauten aus einem kuppelförmigen Gebilde über vier, zum Teil auch acht Stützen, werden in leicht transportabler Form (Stangen und Stoff) Baldachine, in fester Ausführung (Stein, Holz) Ciborien genannt. Beide betonen die Erhabenheit dessen, was sie überwölbend schützen, sind »Heiligenscheine« für verehrte Menschen oder Gottheiten, Objekte oder Orte.

Das Ciborium als Schutzschirm und Auszeichnung
Ehrenvoll ausgezeichnet wurden in vorchristl. wie in byzant. Zeit:

mit Baldachinen	*mit Ciborien*
Herrscherthrone, Tragstühle für Herrscher	Herrscherthrone

Altäre, Tragaltäre bei Prozessionen

Altäre (christl. Altäre gelten als Thronsitz Christi)

Ambone (für Schriftlesungen) bzw. das auf ihnen liegende Evangelienbuch

Gräber mit verehrten Toten. Das Epitaphion (→ Passionszyklus) Christi ist ciborienartig überwölbt

Brunnen

Taufbecken (Piscinen)

große Weihwasserbecken

Überwölbt werden:

☆ Der auf die Eucharistie hinweisende Altar im Tempel von Jerusalem mit seinem scharlachroten → Antiminion (→ Altar, → Marienzyklus).

☆ Der → eucharistische Altar mit Christus als Hohepriester (→ Eucharistie).

☆ Die Muttergottes mit dem Kind als → lebensspendende Quelle, Personifikation der Taufe (ab spätbyz. Zeit.

☆ Der Altar der Blachernenkirche in Konstantinopel, vor dem eine Erscheinung der Muttergottes stattfindet (russische Ikonen ab 15. Jh.).

Gelegentlich finden sich Ciborien auf Sterbeszenen von Heiligen – jedoch nur im Hintergrund. In der Buchmalerei werden einzelne Heilige oder Heilsgeschehnisse in ciborienähnliche Rahmen gefaßt.

Ciborium über dem Webtisch der jugendlichen Maria im Tempel zu Jerusalem. Narthex Chorakirche, Konstantinopel, 1315–1321.

Byzantinische Abbildungen von Ciborien

Auf Wandmalereien, Ikonen und in der Buchmalerei verleiht das abgebildete Ciborium, seltener der Baldachin, Sakramentalobjekten wie Abendmahl, Taufe – gelegentlich auch Heiligen – eine besondere Weihe. Die Häufigkeit der Ciboriendarstellungen nimmt ab mittelbyz. Zeit zu.

Kombinierter Ciborien-Baldachin.

Auf der abgeschnittenen Kuppel eines Ciboriums erhebt sich nochmals ein Vierpfosten-Stoffbaldachin. Das Ciborium ist austauschbar mit dem älteren Baldachin. Narthex Chorakirche, Konstantinopel, 1315–1321.

Die Mosaiken der Chorakirche, die Fresken der Nikolaos Fountoukli in Rhodos und viele russische Ikonen zeigen noch andere kirchenähnliche Gebäude, die mit scharlachroten Stoffen – baldachinähnlichen Ehrenzeichen – überspannt sind. Einige der ornamentalen, mandalaähnlichen Rundformen im Scheitel von Flachkuppeln (Chorakirche), ähneln von unten gesehenen Baldachinen oder Ciborienwölbungen – byz. Entsprechung zur abendländischen Scheinkuppel.

Ciborium / Baldachin

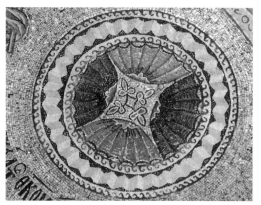

Scheinbaldachinornament, weist den Scheitel der Flachkuppel über den heilsgeschichtlichen Szenen als Himmel aus. Chorakirche, Konstantinopel, 1315–1321.

Das Ciborium als Himmelsmodell

Im alten Ägypten kennzeichneten Baldachine und Ciborien die herausragenden Plätze von Herrschern. Die Erde wurde aufgefaßt als Rechteck mit vier Pfosten, überwölbt vom halbkugeligen Himmel. Die vier Stützenaufbauten waren ein verkleinertes Modell des Alls, in dem der Herrscher als das Zentrum der Welt, als die fünfte Säule und Weltenachse stand.

Vom 4. vorchristl. Jh. an wird der Baldachin griechisch Ouraniskos (Himmelchen) genannt. *Plutarch* über Alexander den Großen:

»Und er sitzt ... unter dem güldenen Ouraniskos auf dem königlichen Thron.«

900 Jahre später (2. Hälfte 6. Jh.) bezeichnet Corippus die Goldkuppel des Thronbaldachins für den römischen Kaiser Justin als Abbild des Himmelsgewölbes. Auf einer Elfenbeintafel (6.–8. Jh.) thront die von den Magiern verehrte Maria mit Kind unter einem mit Sternen übersäten Baldachin. Ende 11. Jh. weist ein Engel mit Flügeln, der die Gottesmutter im Tempel (→ Marienzyklus) speist, in einer Ciborienkuppel diese als Himmel aus (Lektionar Kloster Pantelimonos, Athos). Zu der Zeit schreibt Theodor von Andida in seinem Liturgiekommentar, daß die heiligen Väter deshalb Ciborien als Abbilder des Himmels über Altären gewölbt hätten, weil auf diesen Altären das geschehe, was sich einst in Jerusalem erfüllt habe (der Opfertod Christi), Jerusalem aber als Ort des zentralen Geschehens der Weltgeschichte, Mitte der Erde und zugleich Mitte zwischen Himmel und Erde sei (Ciborium als Mikrokosmos).

In Altpersien und später im hellenistischen Griechenland gab es Baldachine mit nur einer Mittelsäule – also Schirme. In Südostasien werden Götterstatuen und Würdenträger mit ebenfalls als Himmel aufgefaßten Ehrenschirmen geschützt.

Wie die Baldachine für die Ciborien, waren die Schirme in Südostasien Vorbilder für Pagoden und Merus, deren übereinandergestaffelte Dächer Repräsentationen der Himmelssphären sind.

Baptisterien und Weihwasserbrunnen

Architektonische Erweiterungen von Ciborien über Piscinen (Taufbadebecken) sind die nach den vier Himmelsrichtungen orientierten frühchristl. Baptisterien (Ravenna 6. Jh.). Bei ihnen sind die Öffnungen zwischen den tragenden Säulen mit Mauerwerk geschlossen. Ihre oktogonale Anlage findet sich wieder in den meist als achtstützige Steinpavillons ausgebildeten »Fialen« über Weihwasserbecken auf dem Athos.

»Fialien« mit Becken für die Wasserweihe im Athosklosters Iwiron.

Auch die Kuppel der »Fialen« repräsentiert den Himmel, wie die Anweisungen des Malermönches Dionysios vom Athos im Malerhandbuch *(Ermenia)* bestätigen:

»Oben in die Kuppel (hier die »Fialen«) male den Himmel mit Sonne, Mond und Sternen, außerhalb des Himmelskreises eine Glorie mit vielen Engeln. Unten im Kreise male als erste Reihe das, was am Jordan mit dem Vorläufer sich zugetragen hat. Male an der Ostseite die → Taufe Christi und über dem Haupte Christi einen aus dem Himmel hervorgehenden Strahl und in die Spitze des Strahls den Heiligen Geist. Im Strahl, von unten bis oben, die Schrift: Dies ist mein geliebter Sohn, an dem Ich Wohlgefallen habe.« *Matth. 3, 17*

Abgesehen von der → lebensspendenden Quelle, → Johannes dem Täufer und den Propheten, die die Taufe weissagten, werden Ereignisse des AT abgebildet, die sich typologisch auf die Taufe beziehen (2. Mose 2, 1–10; 14, 10–15; 15, 22–26 und 27; 17, 1–7; Jos. 3, 1–17; 2. Kön. 2, 12–15 und 19–22; 5, 8–14).

Daniel
Ο ΠΡΟΦΗΤΗΣ ΔΑΝΙΗΛ
O profítis Daníil

Ein Prophet, der im 6. Jh. v. Chr. unter den Exiljuden in der babylonischen Gefangenschaft gewirkt haben soll. Die Ereignisse um ihn und die Geschichten in den unter seinem Namen laufenden Büchern des AT sind wegen ihrer erzählerischen Farbigkeit populär und werden von frühchristl. Zeit an häufig dargestellt.

Daniel im alttestamentlichen und apokryphen Schrifttum
Das alttestamentliche Buch *Daniel* und die von den Orthodoxen und Katholiken als kanonisch, von den Protestanten als apokryph eingestuften Bücher *Gebet Asarjas, Susanna, Bel und der Drache zu Babel* berichten 300 bis 400 Jahre nach der babylonischen Gefangenschaft über eine Gestalt, die 568 (?) aus Jerusalem ins Exil verschleppt, als Prophet und Traumdeuter am Hofe Nebukadnezars II. gewirkt hat und unter Kyros, zusammen mit seinem Volk, wieder nach Palästina entlassen wurde.

Daniel wird als vierter der großen → Propheten jugendlich bartlos dargestellt.

Der Drache zu Babel als Typos des Höllenrachens
Dem Drachen zu Babel wirft Daniel Fladen aus Pech, Fett und Haaren ins Maul, so daß dieser zerbirst (Bel und der Drache zu Babel 22–26). Auf frühchristl. Sarkophagen versinnbildlicht das Motiv die Seele des Verstorbenen, die auf ihrem Weg zum Jenseits mit den in den Planetensphären lauernden Dämonen zu kämpfen hat. Später entwickelt sich Daniel zum Typos des den Höllenrachen überwindenden Christus (→ Ostern). Gelegentlich kommt die Drachenszene in der spätbyz. Malerei vor.

Daniel in der Löwengrube – Typos der Auferstehung
Aus Wut über die Vernichtung ihres Drachens lassen die Babylonier Daniel in eine Löwengrube werfen. (Bel und der Drache zu Babel 27–41). Doch die Untiere – abgebildet sind bis zu sieben, eine Anspielung auf die sieben dämonischen Wächter der sieben Planetensphären (→ Zahl 7) – umschmeicheln die Knie des Propheten.

Häufige Erweiterung des Motivs: Ein Engel (Michael) trägt den Propheten Habakuk an den Haaren durch die Lüfte herbei, damit er Daniel mit Speisen versorge.

Daniel ist der Gerechte, verfolgt um seines Glaubens willen.

Als Betenden, der erhört und gerettet wird, stellt ihn die Katakombenmalerei (ab 3. Jh. Domitilla) und die frühe Sepulkralplastik in Orantenhaltung dar.

Er ist ebenso Typos von Adam, der die Herrschaft über die Tiere besaß (1. Mose 1, 28) und sie am Ende der Tage wiedergewinnen wird.

Die Kirchenväter verstehen Daniel als die von der Hölle gerettete Seele. Ephräm der Syrer bezeichnet (Nisip 11) seine Geschichte erstmalig als Typos der Auferstehung.

Die Löwengrube wird häufig in der Liturgie erwähnt, besonders in Sterbe- und Taufgebeten als Beispiel der Errettung, ist daher ein verbreitetes Motiv der Wandmalerei von der früh- bis zur postbyz. Epoche.

Die drei Jünglinge im Feuerofen

Jünglinge im Feuerofen, Kloster Panajia Mawrotissa.

»Lobet Hananja, Asarja, Misael den Herrn,
lobsinget und rühmet ihn hoch in Ewigkeit.
Denn er hat uns entrissen der Unterwelt
und aus des Todes Gewalt uns errettet.
Er hat uns geholfen mitten aus der glühenden Lohe
und aus dem Feuer uns erlöst!« *Gesang Asarjas 64*

Die Drei waren von Nebukadnezar einem Feuerofen überantwortet worden, weil sie einem goldenen Götterbild – vielfach trägt es seine Züge – die Anbetung verweigert hatten. Sie stehen im Ofen, über ihnen breitet der Engel des Herrn (Michael) schützend seine Arme aus. Auf spät- und postbyz. Wandmalereien schlagen die Flammen aus dem Ofen und töten die Soldaten des Königs.
In der frühchristl. Sepulkralkunst (Kallistus-Katakombe, 4. Jh.) mahnt das Motiv, Christus anzubeten und nicht dem Kaiser Weihrauch zu opfern, was in der Verfolgungszeit Abfall vom Glauben bedeutete.
Die Kirchenväter beschreiben die Jünglinge als die durch Christus – der rettende Engel ist sein Typos – aus dem Höllenfeuer geretteten Seelen. Auf einem Sarkophag (Rom, Deutsches Archäologisches Institut, 3. Jh.) ist dem Feuerofenmotiv Noah in der Arche, der die Taube ausfliegen läßt, beigefügt: Sieg des Christen über die tödlichen Elemente Feuer und Wasser.
Zugleich sind die drei Jünglinge Präfigurationen der Weisen aus dem Morgenland (→ Anbetung) und Typos der Dreieinigkeit, die sich mit Christus dem Tod unterwarf und die Auferstehung erfuhr.

Feuerofen- und Löwengrubenmotiv werden häufig dem Auferstehungsbild (→ Ostern) zugeordnet und im Hauptschiff der Kirchen dargestellt.
Über ein Feuerofenwunder bei der Bekehrung der Russen berichtet *Konstantinos VII. Porphyrogenetos (Leben Kaiser Basilios I., 867–886)*:

»Als der Erzbischof das Heilige Buch des göttlichen Evangeliums hochhielt und ihnen die Wundertaten im AT erklärte, sprachen die Kiever Russen sogleich: Wenn wir nicht ein ähnliches Wunder sehen, und zwar so eines, wie Du es von den drei Jünglingen im Feuerofen erzähltest, wollen wir Dir nicht voll glauben ... Sie verlangten, daß das Glaubensbuch der Christen ... in den von ihnen entzündeten Scheiterhaufen geworfen werde, wenn es unverbrannt und unversehrt bliebe, würden sie sich zu dem von ihm verkündeten Gott bekehren ... Hierauf wurde das heilige Evangelienbuch in den Feuerofen geworfen. Als nach Ablauf mehrerer Stunden der Ofen gelöscht wurde, fand man das heilige Buch unverletzt ...«

Zur Erinnerung daran hat es im vorrevolutionären Rußland vor Weihnachten Klamaukumzüge von »Feuerofenjünglingen« gegeben.

Susanne im Bade

Susanna wird von zwei alten Richtern, denen sie nicht zu Willen war, des Ehebruchs beschuldigt. Daniel rettet die Frau, indem er die Richter in Widersprüche verwickelt, Symboldarstellungen der Szene – Susanna als Lamm zwischen zwei Wölfen (die Reinheit bedrängt von Sünde) – kommen in der frühchristl. Sepulkralkunst vor (Prätextus-Katakombe, Rom).

Darstellung Christi im Tempel
Η ΥΠΑΠΑΝΤΗ ΤΟΥ ΙΗCΟΥ ΧΡΙCΤΟΥ
I Ipapantí tou Jisou Christoú

Alles erstgeborene Männliche gehörte nach alttestamentlicher Auffassung Gott (2. Mose 13 und 3. Mose 12). In der Zeremonie der Darbringung wurden männliche Kinder »ausgelöst« durch das Opfer eines Lammes oder eines Taubenpaares. Die orthodoxe Kirche sieht in dieser Darbringung einen Typos des Opfertodes Christi und der → Eucharistie.

Das Hochfest der Darbringung

Die Feier der »Begegnung« zwischen dem 40 Tage alten Christus und dem greisen Seher Simeon, in Konstantinopel seit Mitte des 5. Jh.s bekannt, gehört zu den zwölf Hochfesten (→ Festtagskalender). Weil Simeon Christus als Licht bezeichnet hat, wurden in den Liturgien des Ostens früher Kerzenumzüge veranstaltet (vgl. Maria Lichtmeß, Mariä Reinigung am 2. Februar). In Griechenland ist der 2. Februar Ruhetag der Mühlen. Man glaubt, daß sich das Wetter 40 Tage lang nicht verändert. Am Folgetag, Namenstag von Simeon, fassen schwangere Frauen kein Arbeitszeug an. Ihr Kind könnte sonst mit einem Feuermal zur Welt kommen (Simeon lautgleich griech. Malzeichen).

Reinigungsriten für die Wöchnerin

»Und da die Tage ihrer (der Mutter Maria) Reinigung nach dem Gesetz Mose nahten, brachten sie ihn (Jesus) nach Jerusalem, um ihn dem Herrn zu weihen. Denn so steht geschrieben in des Herrn Gesetz: Alles Männliche, was als erstes den Mutterleib öffnet, soll dem Herrn geheiligt werden. Und sie wollten gemäß dem Gesetz des Herrn zwei Turteltauben opfern ... Und da war in Jerusalem Simeon, fromm und voll Gottesfurcht ... und ihm war gekündet worden durch den Heiligen Geist, daß er den Tod nicht sähe, bevor er den Christus, den Herrn, gesehen ... Und da die Eltern das Kind Jesus in den Tempel brachten ... nahm er es auf den Arm, lobte Gott und sprach: Herr, nun läßt Du Deinen Diener in Frieden fahren, wie Du gesagt hast, denn meine Augen haben Dein Heil gesehen. ... ein Licht als Offenbarung für die Völker. ... Und es war eine Prophetin Hanna (Anna) ... eine Witwe von 84 Jahren ... die trat auch hinzu ...« *Luk. 2, 22–40*

Wöchnerin und Kind gelten für Tage bis Wochen nach der Geburt als unrein und von Dämonen besonders bedroht. Sie sind vom Kult ausgeschlossen. Der Brauch war im alten Orient, in Hellas, Rom, auch in der frühchristl. und der frühbyz. Epoche verbreitet. Bei Juden, Griechen und Byzantinern durfte die Wöchnerin 40 Tage kein Heiligtum betreten (→ Beschneidung Christi). Die Wöchnerin war vor der Teilnahme am Kult durch Reinigungsriten aus ihrem besonders durch Dämonen gefährdeten Übergangszustand wieder in den Normalzustand zu überführen. Im heutigen Griechenland stattet die Mutter mit ihrem Kind am 40. Tage nach der Geburt der Kirche ihren ersten Besuch ab (*»Sarantissi«, sie begeht den 40.*).

Die Ablösungsriten im alten Orient

Phönizier wie Kananäer verbrannten für Baal männliche Kinder und Tiere bei lebendigem Leib. Die Punier legten Kinder in die Arme einer Baalstatue, von wo aus sie weiterrollten ins Opferfeuer (vermutlich im Inneren des Molochs). Dies sollte die Fruchtbarkeit der Mutter sicherstellen. Bei den alten Juden wurde das Kindesopfer schon frühzeitig durch ein Tieropfer – das allerdings für jedes Kind – abgelöst *(3. Mose 12)*: ein Lamm und eine Taube oder, wenn die Eltern arm waren, zwei Tauben (Opferung Isaaks → Abraham). Doch fanden die Propheten genug Anlässe, gegen rückfällige Israeliten zu wettern, die dem kananäischen Baal Kinder opferten.

Darstellung im Tempel (Ausschnitt).
Moni Thari, Rhodos, 17. Jh.

Bildmotiv der Darbringung
Das Bildmotiv hat sich im 9. Jh. nach dem Bilderstreit durchgesetzt und bleibt weitgehend unverändert. Das Innere des Tempels in Jerusalem wird bisweilen durch die Außenfassade eines Tempelgebäudes im Hintergrund angedeutet. Ansonsten vertritt der Altar, überwölbt von einem Vier-Säulen-Pavillon (→ Ciborium), das Tempelinnere.
In das Antimision, das meist blutrote Tuch über dem → Altar, ist ein Kreuz eingearbeitet. Ein Buch oder eine Schriftrolle liegt auf dem Altar. Vom Scheitel der Ciborienkuppel hängt eine Ölleuchte herab – die Ölleuchte aus der Kirche des heiligen Grabes in Jerusalem (→ Öl). Links vom Altar steht Maria mit verhüllten → Händen und reicht dem sich ebenfalls mit verhüllten Händen nach vorne neigenden Simeon rechts vom Altar den Christus-Immanouil-Knaben zu (Osios Lukas, Anfang 11. Jh.). Der streckt seine Hände nach dem Greis aus. Manchmal thront Christus in Simeons Armen wie in einem Sessel (Höhlenkirchen in Kappadokien).
Simeon, letzter Priester des AT und zugleich erster des NT, trägt kein Priestergewand. Er ist einer der 70 Weisen, die um 350 v. Chr. das AT aus dem Hebräischen ins Griechische übertrugen. Das Buch auf dem Altar ist die von den Griechen benutzte Septuaginta. Hinter ihm die 84jährige Seherin Anna (Hanna) – vgl. Luk. 2, 40 – nicht zu verwechseln mit Anna, der Mutter Marias, die auch ein rotes Überwurftuch (Maphorion) trägt. Auf späten Darstellungen hat sie nach dem Malerhandbuch *(Ermenia)* eine Schriftrolle in der Hand mit dem Text: »*Dies Kind hat Himmel und Erde erschaffen.*« Hinter Maria trägt Joseph, offen oder verdeckt, zwei Opfertauben, das Auslöseopfer armer Leute.
In erzählenden Bildserien des → Marienzyklus fehlt dieses Motiv. Etwa vom Jahr 1000 an wird es im Hauptschiff im Rahmen des → Festtagskalenders, später auch in der Festtagsreihe der Bilderwand, dargestellt.

**Die Darbringung im Tempel –
typologischer Hinweis auf die Eucharistie**
Die Darbringung Jesu vor dem Altar bildet Isaaks Opferung, Christi Opfertod und gleichzeitig das eucharistische Opfer des Abendmahles vor. Auch die Abendmahlsaltäre in den Darstellungen der göttlichen Liturgie werden von Ciborien überwölbt, sind mit einem scharlachfarbenen Antimision bedeckt, in das oft das gleiche Kreuzeszeichen eingewebt ist wie in das Altartuch über dem Jerusalemer Tempelaltar. Die beiden Tauben vertreten das judenchristl. und das heidenchristl. Gottesvolk, AT und NT.

David
Ο ΠΡΟΦΗΤΗϹ ΔΑΥΙΔ
O profítis Dawíd

König Israels um 1000 v. Chr., ein Psalmendichter, von den Propheten als Prototyp des Messias, von den Christen als Typos Christi gesehen.

**Israels König der Übergangszeit
vom Nomadentum zur Seßhaftigkeit**
David (Namensfest am Sonntag nach Christi Geburt) war um die Jahrtausendwende (v. Chr.) der zweite zum König gesalbte Herrscher Israels. Seine Siege gegen die Philister leiteten die Friedensperiode ein, die es dem jüdischen Volk ermöglichte, seßhaft zu werden. Er macht – 40 Jahre lang herrschend, wie auch sein Sohn Salomon (→ Zahl 40) – Jerusalem, die »Stadt Davids«, zur Hauptstadt und plant den Bau des Tempels (→ Bundeslade), den dann sein Sohn mit Bathseba (→ Salomon) tatsächlich errichtet. Unter den Psalmen, die in der orthodoxen Liturgie gesungen werden, finden sich auch Dichtungen des königlichen Harfenspielers.

**Prototyp des Messias bei den Propheten,
Typos Christi als des »neuen David«**
Die Propheten sahen David als Prototyp des Messias, der am Ende der Zeiten das goldene Zeitalter des Davidischen Königtums erneuern wird. Endzeitliches Heil bedeutet für sie Wiederherstellung des ursprünglichen glücklichen Zustandes. Für die Christen ist David einerseits, über Joseph, der Stammvater Jesu (Matth. 1, 1 und 6, → Wurzel Jesse), als König jedoch Typos des Königs Christus, des »*neuen David*«. Der Ehrenname Jesu »*Sohn Davids*« ist messianisch-eschatologisch zu verstehen, d. h. bezogen auf das Endreich des Gottkönigs.

Der König und Prophet David bereut den Meuchelanschlag auf den Hethiter-Hauptmann Urias. Vor ihm der Prophet Nathan. Moni Thari, Rhodos, 17. Jh.

David in Einzeldarstellungen – zugeordnet Szenen aus dem AT

David – oft zusammen mit Salomon, auch mit anderen Propheten – hat einen runden Vollbart, trägt antike Tracht oder Königsornat. Hält meist ein Schriftblatt: »Herr, wie sind Deine Werke so herrlich, Du hast sie alle mit Weisheit geschaffen«, Ps. 104, 24.

Zugeordnet zu Szenen des NT weist der Text seines Schriftblattes prophetisch auf diese hin:

☆ → Geburt Christi: »*Er wird herabkommen wie Regen auf das Fell (→ Gideons) ...*« Ps. 71, 6 (72, 6).
☆ → Taufe Christi (mit der Allegorie des Flusses Jordan, der vor Christus fließt): »*Es haben Dich die Wasser gesehen, o Gott, sie haben Dich gesehen und fürchten sich ...*«, Ps. 76, 17 (77, 17).
☆ Verklärung: »*Tabor und Hermon werden in Deinem Namen frohlocken ...*«, Ps 88, 13 (89, 13).
☆ → Einzug in Jerusalem: »*Aus dem Munde der Kindlein und Säuglinge hast Du Dir Lob zubereitet ...*«, Ps. 8, 3 (8, 3).
☆ → Passionszyklus: »*Der mit mir Brot ißt, hat gegen mich Hinterlist großgemacht*«, Ps 40, 10 (41, 10).
☆ Verurteilung Christi vor dem Hohen Rat (→ Passionszyklus): »*Es standen gegen mich ungerechte Zeugen auf ...*«, Ps. 34, 13 (35, 13).
☆ Urteil des Pilatus (→ Passionszyklus): »*Warum toben die Heiden ...*«, Ps. 2, 1 (2, 1).
☆ Verspottung Christi (→ Passionszyklus): »*Bei allen meinen Feinden bin ich ein Spott geworden*«, Ps. 30, 14 (31, 13).
☆ → Kreuzigung: »*Sie haben meine Hände und Füße durchbohrt ...*«, Ps. 22, 17 (22, 17).
☆ Grablegung Christi (→ Passionszyklus): »*Wache auf, warum schläfst Du Herr?*« Ps. 43, 24 (44, 24).
☆ Auferstehung Christi (→ Ostern): »*Stehe auf, o Gott! Und es mögen zerstreut werden Deine Feinde*«, Ps. 67, 2 (68, 2).
☆ → Himmelfahrt: »*Gott ist hinaufgestiegen im Jubel und der Herr beim Schall der Trompete*«, Ps. 46, 5 (47, 6).
☆ Mariä Tempelgang (→ Marienzyklus): »*Es werden dem König Jungfrauen zugeführt ...*«, Ps. 44, 15 (44, 15).
☆ → Verkündigung Mariä: »*Höre, Tochter, und schaue und neige Dein Ohr ...*«, Ps. 44, 12 (45, 11).
☆ → Heimholung Mariä (→ Marienzyklus): »*Stehe auf, o Herr zu Deiner Ruhe, Du und die Arche (Lade) Deines Heiligtums*«, Ps. 131, 8 (132, 8).

(Die Psalmstellen werden nach dem griech. AT, der Septuaginta, zitiert, in Klammern Zählung nach dem lateinischen und deutschen NT).

Szenische Darstellungen aus dem Alten Testament

Wie die Psalmverse Davids werden die an den Kirchenwänden dargestellten Ereignisse aus seinem Leben christologisch und mariologisch interpretiert:

1. Der schmächtige Hirtenjunge David besiegt mit seiner Steinschleuder den schwer gerüsteten Riesen Goliath. David verkörpert Christus, der durch seine Auferstehung den Satan besiegt.

Eine Motivvariante in Santa Maria Antiqua, Rom (6. Jh.) – David steht auf dem gefallenen Goliath und trennt ihm mit dessen Schwert das Haupt vom Rumpfe – hat die Darstellung des auf Satan tretenden Christus (→ Ostern) angeregt. (David und Salomon gehören fast immer zu den Gerechten aus dem AT, die der Auferstehende aus der Unterwelt befreit).

2. David umtanzt die → Bundeslade.

3. David macht Jerusalem zur Hauptstadt, indem er die Bundeslade dorthin überführt (typologisch Vorwegnahme der Marienverehrung).

4. Davids Auge fällt auf Bathseba, die sich waschend entblößt. Die Buße des Königs wegen seines Einbruches in eine fremde Ehe und seiner Anordnung, den Gatten der Bethseba zu töten, ist Präfiguration des Mysteriums der Buße (→ Mysterien).
5. Mahnrede des Propheten Nathan und Buße Davids (siehe Punkt 4.).

Der Heilskönig der Endzeit in der frühchristlichen Sepukralkunst

Daviddarstellungen in der altchristl. Sepulchralkunst (Rom, Kallistus-Katakombe 3., Priscilla 4.Jh.) sind so unbestimmt gehalten, daß sie gedeutet werden können als

☆ der endzeitliche David-Messias:

»Und ich will ihnen einen ewigen Hirten erwecken, der sie weiden soll, nämlich meinen Knecht David.«, Ez. 34, 24ff.

☆ Christus als David-Sohn und guter Hirte.
☆ Orpheus, dem die Tiere lauschen.

M.E. sind diese verbreiteten frühchristl. Motive nicht schwer deutbar oder mißverständlich, sondern bewußt mehrdeutig gehalten, spielen gleicherweise auf David, Christus und Orpheus an. Entsprechendes gilt für das Lammträger-Motiv (→ Christus).
Die frühchristl. Bild-Chiffre (David–Christus–Orpheus) wurde als die des wahren Heilsherrschers der des römischen Kaisers gegenübergestellt. Durch Weihrauchopfer für den Kaiser sollten die Christen ihrem Glauben abschwören.

David – Muster eines Herrschers und Vorbild der Standhaftigkeit

Basilios I.(867–886) ist wie David aus kleinen Verhältnissen zu Herrscherwürden gelangt. Laut Konstantinos VII. Porphyrogenetos war an einer Schlafraumdecke im Kaiserpalast ein Mosaik angebracht mit dem Kreuz, umgeben von der kaiserlichen Familie. Beischrift (Gebetstext der Kinder des Basilios):

»Wir danken Dir, Logos Gottes, daß Du unsern Vater aus der Armut Davids erhoben und ihn mit dem Salböl Deines Heiligen Geistes gesalbt hast.«

Für die Muslims ist »Daud« der Große Psalmist, mit dem zusammen die Berge und Vögel das Loblied Allahs singen *(Koran, Sure 38, 17–18)*, aber auch das Beispiel der Standhaftigkeit schlechthin:

»Wie oft hat ein kleiner Haufe einen großen Haufen mit Allahs Hilfe besiegt. Auch Allah ist mit den Standhaften ... Und es erschlug Daud den Goliath.« *Koran, 2. Sure, 250–252.*

Doch auch die Israelis sehen sich selbst als den kleinen David, der eingekreist von einem gewaltigen gegnerischen Potential, sich dennoch behauptet.

Deïsis
Η ΔΕΗCIC
I deïsis

»Fürbittgebet« für die Gemeinde von Maria und Johannes dem Täufer, gerichtet an Christus wird auf jeder Bilderwand an zentraler Stelle dargestellt.

Bild-Chiffre für die Ektenien (Fürbittgebete) der Liturgie

Dreipersonen-Gruppe, aufgeteilt in drei einzelne Ikonen oder zusammengefaßt in einer einzigen: Christus thront als Allherrscher, mitunter von einem Achtzacken-Nimbus umgeben, zwischen der Muttergottes (links, vom Betrachter aus gesehen) und Johannes dem Täufer. In ihrer gebeugten, anbetenden Haltung bilden Maria und Johannes Kreisbogensegmente, die den → Nimbus Christi konzentrisch umspielen.
Die Deïsis (auch in der Umschrift »Deësis« gebräuchlich) ist ein Bildkürzel für das gottesdienstliche Bittgebet (Ektenia), das sich im Rahmen der Fürbitte aller Heiligen an Gott wendet und den liturgierenden Priester wie die mitbetenden Gemeindemitglieder einbezieht.
Maria vertritt das NT, Johannes der Täufer das AT und alle Heiligen. Von den fünf Prosphoren (→ Proskomidie) ist die erste Christus, die zweite der Gottesmutter, die dritte Johannes, Christi Vorläufer und Anführer aller anderen Propheten, Apostel und Heiligen geweiht.

»Zur Ehre und zum Gedächtnis unserer hochgepriesenen ruhmreichen Herrin, der Gottesgebärerin und Immerjungfrau Maria, durch ihre Fürbitte nehme entgegen dies Opfer auf Deinem überhimmli-

Panajia, Fragment der Deïsis, Mosaik auf der Empore der Ajia Sophia, Konstantinopel, vor 1300.

Christus und Johannes der Täufer auf dem Fragment des Deïsis-Mosaiks der Ajia Sophia.

schen Altar ... Zur Ehre und Gedächtnis der allgewaltigen Erzengel ... des verehrten und ruhmreichen Propheten, Vorläufers und Täufers Johannes ... und aller Heiligen, um ihrer Bitten willen schütze uns, o Gott«. *Aus der Chrysostomosliturgie.*

Die Deïsis als zentraler Höhepunkt der Bilderwand

Ab spätbyz. Zeit erscheint die Dreiergruppe auf jeder Bilderwand (→ Ikonostase) in der untersten Bildreihe über der Schönen Pforte. Insbesondere auf russischen Ikonen wird sie erweitert zur Ikonenzeile der fürbittenden Heiligen – Vertretern der Erzengel (Michael und Gabriel), der Apostel (Petrus und Paulus), der Kirchenväterliturgen (Basilios, Chrysostomos, Gregor), der Märtyrer (z. B. Georg und Demetrios) –, eben jenen heiligen Gestalten, die in den Ektenien angesprochen werden. Kurzform der Bildzeile: je 6 Apostel links und rechts. Auch die vier Hauptbilder neben den Portalen der Bilderwand – abgesehen vom Heiligen der Kirche: Muttergottes, Christus, Johannes der Täufer – formen das Deïsis-Motiv.

Historische Entwicklung der Deïsis: Wandbild, Apsisdarstellung, Beziehung des Motivs zum Endgericht

Älteste deïsisähnliche Darstellungen: Wandbild in Santa Maria Antiqua, Rom, Mitte 7. Jh. Apsismosaik Katharinenkloster Sinai (655/666). Die Verklärung Christi wird von Brustbildmedaillons der fürbittenden Gottesmutter und des Täufers flankiert. Ein Tragaltärchen (Harbaville-Elfenbain-Triptichon aus Konstantinopel, Louvre 3247) enthält als Zentrum die Deïsis zwischen Aposteln und Heiligen. Sein Programm bezieht sich auf die Abendmahlsektenie (→ Eucharistie, → Liturgie), entspricht somit weitgehend dem einer Bilderwand. Die beiden Fürbittenden werden auch dem wiederkehrenden Christus auf Wandbildern des Endgerichtes zugeordnet. Frühe Beispiele: Torcello, Ende 12. Jh.; Chorakirche, Konstantinopel, 1315–1321.

Der byz. Kunst ist eine Vorliebe für axialsymmetrische Dreiergruppen eigen (→ Maria zwischen Engeln; → Kaiser; → Verklärung Christi; Gruppe der → Kreuzigung).

Demetrios, der Reiterheilige
Ο ΑΓΙΟΣ ΔΗΜΗΤΡΙΟΣ
O Ajios Dimítrios

Kriegerheiliger, stehend oder zu Pferd, einen Drachen bekämpfend. Weitere Reiterheilige sind → Georg und die beiden Theodore.

Brauchtum um den Demetriustag

Der 26. Oktober, Tag des drachentötenden Reiterheiligen, leitet das Winterhalbjahr ein, der Tag des ihm so ähnlichen Georg (23. April) das Sommerhalbjahr. Beide Heiligen bewachen die für den bäuerlichen Jahreszyklus wichtigen Zeitmarkierungen der Tag- und

Nachtgleiche. Am Demetriostag beginnen die Arbeitskontrakte für den Winter wirksam zu werden, erstmalig wird der junge Wein genossen. Gewöhnlich flackert Ende Oktober noch einmal eine schöne Spätsommerperiode auf – »*das kleine Sommerchen des Heiligen Dimitri*«.

Die Vita des heiligen Demetrios
Der Sohn vornehmer Eltern, um 280 in Thessaloniki geboren, erreichte jung eine hohe Armeeposition, wurde Prokonsul in Achaia (= Peloponnes, die Halbinsel, die übrigens die Göttin Demeter bei der Suche nach ihrer Tochter Kore durchstreifte!). Zum Christentum übergetreten, begann er seine Umgebung zu missionieren. G.G. Valerius Maximilianus ließ den 26jährigen nach Thessaloniki kommen und tötete ihn – nach einer Überlieferung eigenhändig – mit einer Lanze. Der Schwerverletzte wurde gefoltert und schließlich enthauptet. Demetrios ist Stadtpatron von Thessaloniki, seine Gebeine sind beigesetzt in einer Nebenkapelle der frühchristl. fünfschiffigen Demetriosbasilika (Anfang 5.Jh.), errichtet neben einer kleinen, kurz nach seinem Tod 306 gebauten Erinnerungsstätte am Ort seines Martyriums.

Demetrios vollbrachte in seiner Kirche Wunderheilungen und wurde mehrfach als Schutzpatron gegen türkische Angreifer in Anspruch genommen. 1912 mußten die türkischen Besatzungssoldaten an seinem Namenstag aus Thessaloniki abrücken.

Demetrios-Mosaik in einem Gurtbogen der Klosterkirche Osios Lukas, nach 1000.

Darstellungen als Drachentöter
Die verbreitete, nach 1200 aufgekommene Ikone unterscheidet sich von der → Georgs lediglich durch die Beischrift und die rote Farbe seines Pferdes. Da die Drachentötung ursprünglich nicht zur Vita des Heiligen gehörte, scheint es sich um eine Anpassung an das Georgsmotiv zu handeln.

Bilder des stehenden Heiligen, gekleidet in ein kostbares mantelartiges Obergewand (Chlamys), das mit einer Spange zusammengehalten wird, gehen auf Anfang 7.Jh. zurück (Demetrios-Basilika, Thessaloniki):

Mit zum Himmel weisender Rechten (d.i. abgeschwächte → Orantenhaltung) steht Demetrios vor einem Jungen oder zwei Kindern. In mittelbyz. Zeit wird Demetrios in Ritterrüstung anderen Kriegerheiligen zugesellt und in der untersten Zone der Kirchenwände postiert.

Seltener: Der Megalomärtyrer reitet feindliche Herrscher nieder – den Bulgarenzaren Kolojan (dessen Angriff auf Thessaloniki 1207 mit Hilfe des Schutzpatrons abgewehrt wurde); ferner Kaiser Diokletian, Merkurios von Caesarea, den abtrünnigen Kaiser Julian Apostata.

Demetrios und Demeter
Auffällig die Übereinstimmung in der Namensbedeutung von Demetrios und Georg. Georgios ist »*der die Erde Bearbeitende*« (den

mütterlichen Erddrachen tötende), Demetrios *der mit der Erdmutter Verbundene*«. Sein Name bedeutet weniger der zur Demeter (Erdmutter) Gehörige – die Christen haben Demeter scharf abgelehnt –, als der Erdmutter (Erddrachen)-Überwinder. (Der Beiname Apollons, Pythios, stammt von der Pythonschlange, die er getötet hat.) Beide Reiterheilige markieren Winter- und Sommerbeginn, den Abstiegs- und den Rückkehrpunkt der Demetertochter Persephone, die das Winterhalbjahr im Hades verbringt und nur im Sommer die Erde aufsucht (→ Drache, → Georg).

Drache
Ο ΔΡΑΚΩΝ
O drákon

Ungeheuer, bald als phantastische Flügelschlange, bald als Fischungetüm (→ Fisch), bald als Riesenschlange aufgefaßt. Verkörperung des Urozeans, der die Erde umspült. Drákontas ist im griechischen Märchen auch ein Mensch mit Werwolf-Eigenschaften.

Chaos-Ungetüm und Herrscher des Urmeeres
»Drakon« leitet sich von einem griech. Wort für »drohstarren« ab, gemünzt auf den starren Blick des Tieres, vielleicht auch auf das Erstarren bei seinem Anblick. Gilt auch für das AT: Hiob ist der Anblick eines Drachen unerträglich. Dagegen genügt es, die eherne → Schlange nur anzublicken *(3. Mose 20)*, um dem Tod zu entgehen. Was sonst den Tod bringt, der Anblick der Schlange, ermöglicht auch die Rettung.
Der *babylonische* Drache (→ Daniel) repräsentiert, wie der mit dem phönizischen Drachen verwandte *hebräische Leviathan (= Krokodil, Hiob 41, 5 = Meereswesen, Ps. 104; Jes. 27, 1 kennt 2, darunter eine Meeresschlange)*, das die Erde umzingelnde Urmeer, das Urchaos, das den Kosmos gefährdet (psychologisch das ungebändigte Triebleben, das die Vernunft zu überfluten droht). Drachen stehen für die unheilvolle Seite des Chthonischen, des Erdmütterlichen (→ Demetrios; → Georg), die bedrohliche Seite des Weiblichen. Der Psalmist *(104, 25–26)* empfindet ihn dennoch als eingebunden in die göttliche Schöpfungsordnung:

»Da ist das Meer so groß und weit nach allen Seiten, drinnen wimmelt es ohne Zahl von Tieren klein und groß. Dort fahren die Schiffe einher, da ist der Leviathan, den Du geschaffen hast, darin zu spielen.«
Der Verfasser der → *Apokalypse* sieht den Drachen als das absolut widergöttliche Prinzip, dazu bestimmt, unterzugehen:
»Und es kam zum Krieg im Himmel. → Michael und seine Engel kämpften mit dem Drachen ... Und der Drache, der große, die Urschlange, die da heißt Teufel und der Satan, der den gesamten Erdkreis in die Irre geleitet, wurden auf die Erde geschleudert und seine Engel mit ihm.« *Offb. Joh. 12, 7.*

Die Chinesen sehen ihrerseits im Drachen eine wohltätige Macht, Symbol männlicher Potenz und des fruchtbringenden Regens (Regen wird gleichgesetzt mit männlichem Samen, erinnert auch an das Urmeer). Vier große Drachen gelten als die vier Wächter an den Ecken der Welt. Auf dem Dach der chinesischen Tao-, Buddha- oder Kungfu-Tempel sitzen zwei buntschuppige Drachen, die mit einer Perle spielen (dem Donner, der die Muschel befruchtet – Ankündigung des Frühlingsregens und Symbol weiblicher Sexualität). Im Perlenlied der NT-apokryphen Thomasakten (→ Thomas, der Missionar Indiens) vermengen sich ostasiatische und christlich-gnostische Traditionen: Ein Drache im Meer westlich von Ägypten bewacht die edle Perle (das Himmelreich, Matth. 13, 34). Das Herrscherpaar des Himmels im Osten entsendet seinen Sohn, der sein himmlisches Gewand ablegt. In Ägypten gerät er in den Strudel des weltlichen Lebens, vergißt seine Sendung. Durch einen himmlischen Brief wieder zur Besinnung gebracht, schläfert er den Drachen mit seinem Wort ein und gewinnt die Perle. In *konstantinischer Zeit* ist die Haltung gegenüber dem Drachen zwiespältig: Laut Eusebios ließ sich der Kaiser mit seinem Sohn in seinem Palast als Drachentöter darstellen. Der Drache (= Heidentum) stürzt ins Meer. Das erinnert an den rituellen Neujahrsdrachenkampf altorientalischer Könige. Auf Konstantins Triumphbogen (315, Rom) finden sich zwei drachenförmige Feldzeichen – Heilszeichen für die eigene Truppe oder Abschreckung für die Feinde? (Drachenfeldzeichen hatten die Parther – Tuchsäcke, die sich im Wind aufblähten, ähnlich chinesischen Steigdrachen.)

Drache

Zwei Drachen aus der geschnitzten und vergoldeten Umkleidung einer Ikone in der Ortskirche von Kritinia, Rhodos

Byzantinische und postbyzantinische Darstellungen

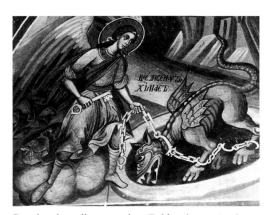

Drachendarstellung aus dem Zyklus der → Apokalypse, postbyzantinisch, Athoskloster Esfigmenou.

»Ich (Christus) sah den Satan wie einen Blitz vom Himmel fallen. Seht, ich habe Euch die Macht gegeben, auf Schlangen und Skorpione zu treten und über alle Gewalt der Feinde; und nichts wird Euch schaden.« *Luk. 10, 18–19.*
Bildmotive mit Drachen:

☆ Der kreuztragende Christus tritt auf einen Drachen / eine Schlange und einen Löwen. Die Märtyrer, die ihrem Vorbild gleich, den Tod nicht scheuten, haben dadurch den Kopf der Schlange / des Drachen zertreten (1. Mose 3.15).
Frühchristl. Motiv (Erzbischöfliche Kapelle, Ravenna, um 500, stark restauriert).

☆ Der babylonische Drache wird von → Daniel besiegt.

☆ Der Erzengel → Michael, die → Reiterheiligen, → Georg und → Demetrios töten den Drachen.

☆ Der Höllenrachen des → Endgerichtes wird als riesiger Kopf eines Drachen abgebildet (ab etwa 1000). Er schluckt einen hinter Christi Richterstuhl hervorquellenden Feuerstrom.

☆ In den postbyz. Darstellungen der → Apokalypse werden der Satansdrachen und große Untiere in Drachengestalt wiedergegeben.

☆ Auf griech. Bilderwänden erhebt sich über einem holzgeschnitzten vergoldeten Drachenpaar (oder über zwei Fischen) das die Bildwand krönende Kreuz. (Es wird von ihnen umspielt, ähnlich wie die Perle zwischen den Drachen auf chinesischen Tempeldächern.) Oft sind die Ikonentäfelchen mit Maria und Johannes, die das Kreuz flankieren (→ Kreuzigung), auf ihren Schwänzen aufgepflanzt. Die Drachen unterhalb von Golgatha symbolisieren die Totenwelt, in die Christus hinabgefahren ist (vereinzelt wird die Totenwelt auf der Osterikone durch einen Drachen repräsentiert). Auch die finsteren Mächte – die Drachen sind vergoldet – gehören zur Schöpfung und werden durch Christi Erlösungstat in die göttliche Neuschöpfung einbezogen.

Drachenkampf als Übergangsritus

Den Chaosdrachen ausschließlich negativ zu sehen bleibt der Apokalyptik mit ihrer Erwartung des baldigen Weltunterganges vorbehalten.

Meist wird der Drache gesehen wie der große Fisch des → Jonas: Ob das Ungeheuer jemanden verschlingt oder ausspeit, in jedem Falle gehorcht es dem Wort Gottes. Das Verschlungenwerden, das Eingehen ins Totenreich oder in die mütterliche Erde bedeutet, sich Kraft zu holen für eine Wiedergeburt. In den verschiedensten Kulturen vollziehen Übergangsriten (→ Totenbräuche) rituell das Sterben und Wiedergeborenwerden nach. Nach Origines wird der Sündigende von der Sünde als einem Jonas-Ungetüm verschlungen. In seinem Bauche steckend muß er beten, damit er wieder ausgespien wird. Nach altorientalischer Vorstellung wurde das alte Jahr von einem Untier verschlungen und konnte nur als neues Jahr wiedergeboren werden, wenn der Mensch diese Erneuerung rituell unterstützte. Der babylonische König vollzog stellvertretend für sein Volk alljährlich zu Neujahr einen rituellen Drachenkampf. (Hintergrund zu → Daniel und dem Drachen zu Babel.)

Einzug in Jerusalem
Η ΕΙϹΟΔΟϹ
I ísodos

Der Einzug Christi, auf einer Eselin reitend, nach Jerusalem zu seinem Leiden und Sterben, wird als eines der zwölf Hochfeste (→ Festtagskalender) des Kirchenjahres begangen.

Festtagsbräuche zum Sonntag der Palmzweige

Das Wochenende vor Ostern, der Samstag des → Lazarus und der Sonntag der *Palmzweige (ta waya)* – beider Ereignisse wird in den Gottesdiensten dieser Tage gedacht – bildet eine Atempause innerhalb der 48tägigen Fastenzeit.

Es ist Vorostern: Die Auferweckung nimmt schon etwas vorweg von der Auferstehung Christi: der feierliche Einzug, bei dem die Volksmenge in Jerusalem Christus zujubelt, weil er Lazarus auferweckt, vermittelt eine Vorahnung von Christi triumphierender Wiederkehr.

Am Palmsonntag darf Fisch gegessen und das letzte Mal vor Ostern Wein getrunken werden. Im kleinasiatischen Kidonia sangen früher die Griechenkinder:

»Waya, waya! Am Palmsonntag essen wir Fisch und Makrelen – und am nächsten Sonntag rote Eier!«

Auf Skyros berühren die Kinder ihre Schafe mit einem Palmzweigkreuz:

»Chronia polla (viele Jahre) – waya, waya, fröhliche Ostern – nächsten Sonntag gibts rote Eier und weißen Weichkäse!«

Im Gottesdienst wird das Kirchenvolk zur Menge, die Christus mit Palmzweigen zujubelt. Innen und außen sind die Gotteshäuser mit Palmzweigen oder Lorbeer und Myrte geschmückt. Nach der Liturgie verteilt der Priester an jeden Teilnehmer einen Myrten- oder Lorbeerzweig und ein kleines Palmblattkreuz, das zur Familienikone gesteckt wird. Mütter segnen damit ihre Kinder, auch als Vorbeugung gegen den → Bösen Blick. Mit dem Waya-Sträußlein werden jungverheiratete Frauen berührt, damit sich bald Nachwuchs einstellt.

Weitere Anzeichen dafür, daß in das christl. Fest auch ältere fruchtbarkeitsbezogene und mutterkultliche Bräuche mit eingeschmolzen worden sind:

☆ Vielerorts finden Frauentänze statt oder Festlichkeiten, die die Frauen unter sich feiern.

☆ Frauen stellen aus Palmzweigen Kreuze, aber auch Sterne sowie Körbchen (Symbol des Mutterleibes) und Monde (Symbol der göttlichen Urmutter) her.

☆ Beim Spiel um die Auferweckung des Lazarus am Samstag wird seine Rolle mancherorts von Mädchen übernommen.

Einzug in Jerusalem

Einzug in Jerusalem. Fresko in der Krypta von Osios Lukas bei Stiri in Phokis, 11. Jh.

Der Einzug Christi in Jerusalem zu seinem Leiden und Sterben wird allsonntäglich in der Liturgie der Gläubigen vor dem Abendmahl (→ Eucharistie) kultisch-rituell durch den Priester nachvollzogen.

Das Festtagsmotiv vom Palmsonntag

»Die Jünger ... brachten die Eselin und das Füllen und legten ihre Kleider darauf und setzten ihn darauf. Aber viele Leute breiteten ihre Kleider aus auf dem Weg, andere hieben Zweige von den Bäumen und streuten sie auf den Weg. Die Leute aber riefen: Hosianna dem Sohne Davids.« *Matth. 21, 6–9*
»Auf die gemeinsame Auferstehung vor Deinem Leiden vertrauend, hast Du den Lazarus auferweckt von den Toten, Christus, Gott. Deshalb tragen auch wir, wie die Knaben, Sinnbilder des Sieges, und rufen Dir, dem Sieger über den Tod, zu: Hosianna in der Höhe, gesegnet sei, der da kommt im Namen des Herrn.« *Liturgie vom Palmsonntag*

Christus reitet, eine Schriftrolle in der Rechten oder segnend die Christusgeste formend, im Damensitz auf einer Eselin, meist von links herkommend, in Richtung auf eine große ummauerte Stadt zu (→ Jerusalem). Vorbild für sein Ziel, den Einzug in die Himmelsstadt (manchmal wird Jerusalem als königliche Jungfrau personifiziert). Links hinter ihm auf spätbyz. Bildern der Ölberg. Eine Gruppe von Jüngern folgt ihm. Meist steht vor oder hinter Christus ein Feigenbaum – der, den Christus verflucht, um ihn verdorren zu lassen *(Mark. 11, 13–14);* wenn jemand hinaufklettert oder Leute darauf sitzen, ist es der des Zachäus:

»Zachäus, ein Oberster der Zöllner ... wollte Jesus sehen ..., konnte aber nicht wegen des vielen Volkes, denn er war klein. Und er lief voraus und stieg auf einen Maulbeerbaum. Und als Jesus die Stelle erreichte, sah er auf, nahm ihn wahr und sagte: Zachäus, steig eilends herunter, denn ich muß heute in Dein Haus einkehren.« *Luk. 19, 1–10*

Das Volk vor den Toren der Stadt trägt Zweige, die Kinder breiten ihre Kleider aus, damit der Esel über sie hinwegschreitet.

Der Brauch des Kleiderausbreitens

Ab mittelbyz. Zeit wird liebevoll ausgemalt (Daphni, Athen, Ende 11. Jh.), wie Kinder ihre oft reich ornamentierten Gewänder (besonders Göreme Elmali, Carikli und Karanlik Kilise) ausziehen und vor die Hufe der Eselin legen. Die altorientalische Sitte, Könige zu ehren – wird im AT 2. Kön. 9, 13 ... erwähnt:

»Da nahmen sie eilends ihre Kleider und legten sie auf die hohen Stufen und bliesen die Posaunen und sagten: Jehu ist König geworden.«

Im apokryphen Nikodemusevangelium läßt der Bote, den Pilatus nach Christus ausschickt, diesen über ein Tuch schreiten, das er stets mit sich führt und nun vor ihm ausrollt. Der Bote hat miterlebt, wie die Volksmenge Christus beim Einzug in Jerusalem als König feiert.

Bei Prozessionen werden – besonders in Rußland – Kleider und Tücher vor den Tragschreinen für die Reliquien ausgebreitet (→ Gewänder). Der Brauch lebt fort im »roten Teppich« für wichtige Staatsbesucher.

Das römische Adventus-Motiv als Vorbild

Römische Adventus-Reliefs – Einzug eines siegreichen Kaisers in eine Stadt – werden als Vorbilder angesehen, allerdings enthalten sie keine Hinweise auf die Sitte des Kleiderausbreitens. Schon um 315 erscheint eine Kurzfassung des Einzugsmotivs auf einem Sarkophag: Ein Mann breitet sein Gewand aus vor einem Reiter auf einem Esel, ein anderer pflückt Zweige von einem Baum.

Auf dem Junius-Bassus-Sarkophag (Rom Vatikan) von 359 verbirgt sich bereits Zachäus hinter dem Feigenbaum. Eine Überwölbung über dem Eselreiter ist mit einer allegorischen Figur des Himmels verbunden, über der Christus zwischen Petrus und Paulus thront: Die Armseligkeit des Einzugs in Jerusalem auf einem Esel steht im Gegensatz zu Christi Triumph im Himmel, weist zugleich vorbildhaft auf diesen hin. In mittelbyz. Zeit wird das Motiv häufig zusammen mit der Auferweckung des Lazarus in den Passionszyklus eingereiht oder in den Festtagszyklus – nach Möglichkeit zusammen mit anderen Darstellungen des Leidens Christi in einer tiefer gelegenen Wandzone.

Eleutherios

Ο ΑΓΙΟΣ ΕΛΕΥΘΕΡΙΟΣ
Ο ΙΕΡΟΜΑΡΤΥΡΑC
O Ajios Eleωthérios o jeromártyras

Der Märtyrer, bartlos mit mittellangem Haar, priesterlicher Kleidung und einem Kreuz in der Hand, stammt aus Illyrien. Mit 15 Jahren Diakon, mit 20 Bischof, erlitt er unter Septimius Severus den Märtyrertod.

Namenstag ist der 15. Dezember. Seine Ikone wird beim Einsetzen der Wehen ins Geburtshaus gebracht.

Die Gebärende klammert sich an einen ihm geweihten Olivenzweig.

Zum Geburtshelfer machte den Heiligen:

☆ die Namensähnlichkeit mit der griechischen Geburtsgöttin *Eileithyia,* einer Tochter der Hera. Auf antiken Münzen und Reliefs hält sie eine Fackel, weil sie die Kinder »ans Licht bringt« (Licht = Leben → Geburt der Gottesmutter).
Die männl. Form der Geburtsgottheit hieß *Eleuthér (Elewthir).*

☆ die volksetymologische Deutbarkeit seines Namens als »der Befreiende«, d.h. derjenige, der das Kind aus dem Leib der Mutter lösen hilft. Binden und Lösen spielen bei Geburten als Gegenzauber gegen Komplikationen eine gewichtige Rolle. In der Antike mußten die Wöchnerinnen die Haare und den Gürtel lösen, die Anwesenden durften Finger und Arme nicht verschränken.

Das Auflösen von Gebundenem sollte etwaige Hemmnisse für die »Ent-Bindung« beseitigen (→ Marina).

Neue Ikone des bischöflichen Märtyrers.

Elias und Elisa

Ο ΠΡΟΦΗΤΗC ΗΛΙΑC ΚΑΙ
Ο ΡΠΟΦΗΤΗC ΕΛΙCCΑΙΕ
O Prophítis Ilías ke o Prophítis Elissäe

Ilias (Elias) ist eine der eindrucksvollsten Prophetengestalten des AT, Elisa sein Schüler und Nachfolger.
Israels König Ahab (8. Jh. v. Chr.) war von Jahwe abgefallen, Elias sagte eine Dürre- und Hungerperiode voraus. Nach längerem Aufenthalt in der Einsamkeit zeigte er durch ein Feuerwunder dem Ahab, wie mächtig Jahwe ist; das Feuer tötete 950 Baal- und Ascherapriester. Schließlich begann es zu regnen und Elias mußte fliehen. Auf einem hohen Berg erschien ihm Jahwe. Nach Ahabs Tod fuhr er in einem feurigen Wagen in den Himmel (Typos → Johannes der Täufer).

Fest und Brauchtum um Elias

Tag des Elias – Patron des Regens, Donners und Blitzes, Heiliger des Landvolkes und Beschützer – vor dem Feuer – ist der 20. Juli. Blitzt und donnert es, dann jagt der Prophet mit seinem feurigen Wagen hinter Drachen oder Teufeln her, schleudert seine Blitze nach ihnen.
Wie die Küsten abgesichert werden durch eine Kette von Nikolauskapellen (→ Nikolaus), so die Bergspitzen durch Eliaskapellen. Die jeweils höchsten Gipfel auf griech. und südslawischen Inseln und Halbinseln heißen Prophitis Elias bzw. Sveti Elia. Es sind Himmelfahrtsberge, Aufstiegstreppen zu Gott: die feurige Auffahrt des Propheten gilt als Präfiguration der → Himmelfahrt Christi. Vor der Eliaskapelle auf dem Taygetos bei Sparta sammeln sich am 20. Juli die Umwohner, um in der Abenddämmerung ein gewaltiges Feuer zu entfachen. Als Opfer wird Weihrauch hineingeworfen. Die Zurückgebliebenen in den umliegenden Dörfern entzünden, sobald sie das Eliasfeuer sehen können, kleinere Feuer aus Reisig, umtanzen sie und springen darüber. Das Wetter des Eliastages zeigt an, wie der kommende Winter ausfallen wird.
Im Tropfen aus der Ölleuchte vor der Familienikone schimmert am Eliastag beim ersten Strahl der Sonne die Zukunft dessen auf, der darin hineinblickt.

Elias und Elisa im Alten Testament

Elias bedeutet »mein Gott ist Jahwe« (nicht »Baal«, nicht »Aschera«, deren von König Ahab begünstigte Kulte der Prophet bekämpft hat). Die wohl rauheste Erscheinung des Prophetentums, erklärter Gegner der Despotie Ahabs, mahnte zum einfachen Leben zurückzukehren, wetterte gegen die despotische Willkür Ahabs. Statt im Tempel, verehrte er Gott, wie es die Vorfahren taten, auf hohen Bergen und in der Wüste, kleidete sich in Felle und Leder. So wird er später für die Christen zum Typos → Johannes des Täufers, den schon die Zeitgenossen als den wiederkehrenden Elias, den endzeitlichen Vorläufer des Messias, ansahen *(»Joh. 1, 21)*. Christus sagt unter Anspielung auf dessen Enthauptung: *»Elia ist gekommen und sie haben mit ihm gemacht, was sie wollten.« Mark. 9, 13.* Elia ist Vorbild der Eremiten und Mönche.

Seine feurige Auffahrt, seine lockere Hand im Umgang mit dem Feuer, das er vom Himmel fallen läßt – Jesus Sirach bezeichnet ihn als einen Propheten wie Feuer – und die Dürreperiode, die er über Israel herbeiflucht, lassen ihn als eine Art von Sonnenheros erscheinen. So gleicht der auffahrende Elias auf frühchristl. Darstellungen dem Helios auf dem Sonnenwagen (→ Himmelfahrt Christi). Die Namensähnlichkeit Ilias – Ilios (= Helios = Sonne) erleichtert die Verschmelzung beider. Nachdem Kaiser → Konstantin Christus die Eigenschaften des Sol invictus (unbesieglicher Sonnengott) zugesprochen hatte, wurde Elias zum Typus des sonnenhaften Christus. Der streitbare Feuerschleuderer übernimmt die markanten Anhöhen, auf denen zuvor der Blitzeschleuderer Zeus verehrt worden war.

Elisa, sein Schüler, dessen Tag der 14. Juni ist, erhält vom feurig auffahrenden Elias dessen Prophetenmantel, der dem schlichten Wundertäter allerdings um einiges zu groß war.

Elias auf Einzeldarstellungen

Allein oder mit anderen Propheten zusammen wird Elias weißhaarig, mit wildem, oft zweigeteiltem Vollbart dargestellt, angetan mit zottigem Fellumhang, in den Händen eine Textrolle: »Es lebe der Herr, der Gott der Gewalten, der Gott Israels«.
Elisa ist kahlköpfig und hat einen langen dünnen Bart (laut *2. Kön. 2, 23–24* haben ihm Kinder *»Kahlkopf komm herauf«* zugerufen, zur

Eliasikone, auf der verschiedene Taten des Propheten und seines Gehilfen Elisa zusammengefaßt werden. Russisch, 18. Jh.

Feuer fällt vom Himmel und verzehrt das Opfer auf dem von Elias errichteten Altar. Wandbild einer Ikone Ende des 17. Jh.s; mit barocken Stileinflüssen.

Strafe wurden sie von Bären gefressen). Ihn schmückt das Schriftband: »*So wahr der Herr lebt und Deine Seele lebt, werde ich Dich nicht verlassen.*« *(2. Kön. 2)*

Szenische Ikonen und Ikonen-Randbilder

Die spät- und postbyz. Elias-Ikonen in den Bergkapellen enthalten szenische Randdarstellungen:

☆ Elias sitzt, das Gesicht in die Hände gestützt, in einer Wüstenhöhle. Ein oder zwei Raben versorgen ihn auf Geheiß Gottes mit Brot (vgl. 1. Kön. 17).

☆ Elias segnet die Gefäße der Witwe (Gott hatte ihn zu ihr und ihrem Sohn geschickt, beide waren am Verhungern): »*Das Mehl im Kad soll nicht verzehrt werden und im Ölkrug soll kein Mangel herrschen, bis auf den Tag, da der Herr es wird regnen lassen auf Erden.*« *(1. Kön. 17, 14)*

☆ Elias erweckt den eben verstorbenen Sohn der Witwe. Der Junge sitzt aufrecht im Bett, emporgezogen vom Propheten. Auf manchen Bildern haucht er ihm auch seinen Atem ein. Seitlich kniet die Witwe. Die Kleidung von Mutter und Kind sind oft in der roten Feuerfarbe des Propheten gehalten *(1. Kön. 17, 17–24).*

☆ Elias stellt sich dem Ahab, der auf einem fürstlich geschmückten Pferd sitzt. Ahab hatte nach ihm gefahndet. Die Notsituation nach drei Jahren Dürre zwingt ihn, auf Elias' Vorschlag einzugehen. *(1. Kön. 18, 17–20)*

☆ Feuer fällt vom Himmel und entflammt das Opfer auf dem für Jahwe errichteten Altar. Der Prophet kniet betend davor. Die Leute Ahabs liegen verstört auf der Erde. Elias hatte vorgeschlagen, daß auch von den Baalpriestern auf dem Berg Karmel ein Opferaltar errichtet würde; die Gottheit, die das Opferfeuer selbst entzündete, sollte Israel beherrschen. Vor Elias standen mehrere Krüge; er hatte den Altar dreimal mit Wasser durchtränken lassen. *(1. Kön. 18, 21–39)*

☆ Elias läßt die Baalpriester von den Soldaten Ahabs festnehmen und enthauptet sie eigenhändig mit dem Schwert *(1. Kön. 18, 22)*. Wolken: Gott hatte das Opfer angenommen und schickt Regen.

☆ Elias schläft auf der Flucht vor Ahabs Frau Isebel in der Wüste unter einem → Baum, wird von einem Engel mit Speise und Trank versorgt (Präfiguration des Abendmahls), wird so gestärkt für die Besteigung des Karmel, auf dem er 40 Tage und Nächte bleiben soll *(1. Kön. 19, 1–8).*

☆ Gott erscheint dem Elias als zartes Säuseln, begleitet von heftigen Winden und Erdbeben. Der Prophet kniet auf einem hohen Berg. Über ihm dichtes, rotfeuriges Gewölk, davor ein Engel *(1. Kön. 19, 9–14)*. Der Text der Gotteserscheinung wird am Tag der → Verklärung Christi, ebenfalls einer Epiphanie, verlesen.

☆ Elias wirft seinen Mantel über Elisa, macht ihn so zum Propheten. Elisa kniet auf einem Acker, bisweilen verbrennt er seinen Zugochsen auf einem Altar mit dem Holz seines Pflugs *(1. Kön. 19, 19–21)*.

☆ Elias steht auf einem hohen Berg, weist zum Himmel und bedroht die von Ahabs Sohn Ahasia ausgesandten Hauptleute mit dem göttlichen Feuer. Oft werden herabfallendes Feuer, kniende und tot daliegende Soldaten abgebildet *(2. Kön. 1, 9–14)*.

☆ Elias teilt, kurz vor seiner Himmelfahrt, mit seinem härenen Mantel das Wasser des Jordan und geht, zusammen mit Elisa, hindurch. 50 Nachkommen des Propheten bleiben in der Ferne zurück *(2. Kön. 2, 1–8)*.

☆ Elias' feurige Auffahrt. In einem Flammenwagen, gezogen von zwei oder vier feurigen Pferden, fährt Elias in den Himmel. Auf älteren Ikonen wird er von ein oder zwei Engeln unterstützt, auf postbyzantinischen, auch auf russischen Ikonen erscheint zuweilen Gottvater in einem umwölkten Himmelssegment. Elisa schaut nach oben und versucht, den Mantel zu ergreifen, den der Entrückte heruntergleiten läßt.

Rabenspeisung wie Auffahrt werden oft als Einzelszenen dargestellt. Russische Ikonen fassen vom 16. Jh. an die Rabenspeisung, die Engelspeisung, die Durchquerung des Jordan, das Erscheinen Gottes und den feurigen Aufstieg zu einem verschachtelten Mehrszenenbild zusammen.

Mose und Elias – Gesetz und Leidenschaft

Das Fellkleid des Propheten, seine wunderwirkende tierische Haut, ist Ausdruck für die Welt der Empfindungen, der bildhaften Visionen, des Überrationalen und Ekstatischen. Der prophetische Zug bildet einen Gegensatz, zugleich eine Ergänzung zur Nüchternheit des Gesetzes und seiner Normen: Bei der → Verklärung Christi, typologisch vorgebildet durch die Gotteserscheinung auf dem Karmel, bekennen sich Mose und Elias als Vertreter der beiden Pole des AT (Gesetzlichkeit und ekstatische Vision) zur Göttlichkeit Christi.

Für das AT ist Elias Sprachrohr des sich in den Naturgewalten entladenden Zornes Gottes, für das griech. Landvolk Schutzpatron gegen das Toben der Elemente.

Emmanuel
→ Christus

Endgericht
Η ΠΑΡΟΥCΙΑ ΤΟΥ ΥΙΟΥ
ΤΟΥ ΑΝΘΡΩΠΟΥ
I Parousía tou Iíou tou anthrópou

Die Wiederkehr Christi ist das Gegenstück zur → Himmelfahrt. So wie er damals den Augen der Sterblichen entschwunden, wird er am Ende der Tage wiederkommen, um die Vergöttlichung der Welt zu vollenden:

»Er sitzt zur Rechten des Vaters und wird wiederkommen in Herrlichkeit, zu richten die Lebendigen und die Toten.« *Nikaeno-konstantinopolitanisches Glaubensbekenntnis, gesprochen in der Liturgie der Gläubigen.*

Wiederkunft und Gericht in der Liturgie der Vorfastenzeit

»Weshalb zitterst Du nicht vor dem schreckerregenden Richtstuhl des Erlösers ... Deine Werke sind da, Dich zu beschuldigen ... Aber ich kenne Dich,

Feurige Auffahrt des Elias, Wandmalerei aus Kastoria, spätbyzantinisch.

Endgericht

Menschenliebender, ich kenne Dein Erbarmen. Guter Hirte, entferne mich nicht von denen, die zu Deiner Rechten stehen, um Deiner Gnade willen.«
Liturgie vom Apokreos-Sonntag

Am letzten, ausgelassen gefeierten Sonntag vor dem großen Fasten (Apokreos, Karnevalszeit) wird in der Liturgie der Wiederkunft Christi (Parousie) gedacht.
Die → Apokalypse des Johannes kommt in der Liturgie nicht vor.

Motiv des Endgerichtes

Unter den Füßen des Richters entspringt ein Feuerstrom, strömt rechts herab (von Christus aus gesehen nach links) und mündet in den Ungeheuerrachen der Hölle (→ Drache) ein. Direkt unter Christus der für ihn bereitgestellte → leere Thron (Etimasia), meist als → Bundeslade, oft umdrängt von Engeln mit Leidenswerkzeugen. Adam und Eva, die Lade flankierend, fallen nieder zur Proskynese.

Die Parousie Christi. Werk Theophanes des Kreters an der Narthex-Ostwand des Klosters Ajios Nikolaos Anapawsas, Meteora, Anfang 16. Jh.

Engel, den Himmel mit Sonne, Mond und den Sternen zusammenrollend. Warlaam, Meteora, postbyzantinisch.

Motiv des triumphierenden Christus

Der triumphierende Christus (Majestas Domini) thront als Weltenrichter auf dem Regenbogen, umgeben von einem kreisförmigen → Nimbus. Der ist erfüllt mit Sternen oder Cherubim oder Flügelrädern *(Ez. 8, 1ff.)*.
Christus breitet die Hände aus, man sieht seine Nägelmale. Flankiert wird er von der fürbittenden Gottesmutter und Johannes dem Täufer (→ Deïsis).

Darunter oder seitlich Michael mit der Seelenwaage und Buchrollen (den aufgezeichneten Taten der Verstorbenen). *»So wäge man mich auf rechter Waage, so wird Gott erfahren meine Unschuld.« (Hiob 31, 6).* Schwarze Teufelsengel umschwirren den Erzengel, um Seelen in den Höllenrachen zu verschleppen. Engel, mit Speeren bewaffnet, wehren sie ab. Das Parousie-Motiv besetzt in der Regel entweder die Westwand (West, Richtung des Abends, des Dunkels und Todes) des Naos (anstelle der

→ Heimholung Mariä) oder die Ostwand des Narthex.
Spät- und postbyz. Parousien werden um Elemente der → Apokalypse erweitert:
Ein Engel, über Christus schwebend, rollt den Himmel mit Sonne, Mond und Sternen schneckenförmig zusammen (Chorakirche, Konstantinopel, 1315/20; Meteorakloster Warlaam, Mitte 16. Jh.; Athoskloster Dionysiou, Anfang 17. Jh.).

»Und die Sonne ward schwarz wie ein härener Sack und der Mond wie Blut, und die Sterne fielen auf die Erde ... Und der Himmel entwich wie ein zusammengerolltes Buch.« *Offbg. Joh. 6, 12–14*

Mohammed griff das Bild auf in der *81. Sure* des Koran:

»Wenn die Sonne zusammengefaltet wird und wenn die Sterne herabfallen und wenn die Berge sich rühren und die hochträchtigen Kamelstuten vernachlässigt werden ... und wenn die Seiten aufgerollt werden und wenn der Himmel weggezogen wird ..., dann wird jede Seele wissen, was sie getan hat.«

Um die Deïsis-Gruppe herum scharen sich die apokalyptischen Ältesten mit ihren weißen Haaren und die Engel. Darüber oder darunter, auf Wolken schwebend, vier Chöre der Seligen.
Unweit der Hölle die Welt der Toten. Sie werden durch Michaels Posaune zum Jüngsten Gericht herausgerufen:

»Und das Meer gab seine Toten wieder und der Tod und das Totenreich geben ihre Toten wieder« *Offb. Joh. 20, 12ff*

Gräber tun sich auf, wilde Tiere würgen Teile der Gefressenen hervor. Die weibliche Allegorie des Meeres *(Thalassa)*, in der Rechten ein untergegangenes Schiff, in der Linken einen Ertrunkenen, thront auf einem Riesenfisch; er ist durch Räder als Gefährt der Meeresgottheit gekennzeichnet.

Ort der Verdammten
Die Darstellung der Verdammten und ihrer Qualen – auf Bildfeldern links unten von Christus aus gesehen – folgt den liebevoll ausgemalten Schilderungen der apokryphen Petrusoffenbarung (1. Hälfte 2. Jh.). Christus zeigt vom Berg der Verklärung aus seinen Jüngern das Paradies und den Strafort. *Vers 21–34:*

»Ich sah aber auch einen anderen Ort, jenen (dem Paradies) gegenüber, ganz in Finsternis getaucht ... Und sowohl die, die dort ihre Strafe erhielten, wie auch die Engel, die die Strafe vollzogen, hatten ein dunkles Gewand an, entsprechend der Luft des Ortes. Und einige waren dort, die waren an der Zunge aufgehängt. Das aber waren die, die den Weg der Gerechtigkeit gelästert hatten und unter ihnen war ein Feuer angezündet ... Es waren aber auch noch andere da, Frauen, die an den Haaren aufgeknüpft waren, hoch über jenem brodelnden Schlamm ...«

(Die kanonischen Schriften des NT enthalten nur wenige spärliche Hinweise auf die Hölle; der Koran erwähnt sie an 175 Stellen.)

Die Darstellung des Paradieses
Dem breit ausgemalten Höllenpfuhl steht eine etwa eine Sechstel der Höllenbeschreibung umfassende farblose Schilderung des Paradieses gegenüber. *Vers 15–20:*

»Und der Herr zeigte mir einen ganz großen Raum außerhalb dieser Welt, glänzend vor Licht, und die Luft dort von Sonnenstrahlen erleuchtet und der Erdboden selbst blühend und erfüllt von Wohlgerüchen und unverwelklichen und gesegnete Frucht tragenden Pflanzen ... So stark aber war der Blütenduft, daß er sogar bis zu uns von dort herübergetragen wurde. Die Bewohner jenes Ortes waren bekleidet mit den Gewändern der lichten Engel.«

Das Paradies (links unten vom Betrachter aus gesehen) ist immer weiß (= Helligkeit), angefüllt mit prachtvollen Pflanzen von einer Mauer umgeben. Drinnen sitzt → Abraham, in seinem Schoße die Seelen der Erlösten, mitunter auch nur die des Lazarus (Gleichnis Luk. 16, 19–31). Ihm gegenüber schmort im Feuerstrom der »reiche Mann«. Neben Abraham thront die Gottesmutter, flankiert von zwei dienenden Engeln. Das Tor bewacht ein → Cherub. Davor als Anführer der Heiligen und Seelen, die ins Paradies drängen, eine halbnackte Gestalt mit einem Kreuz über der Schulter – Gestas, der Schächer, dem Christus am Kreuze versprach: »*Heute noch wirst Du mit mir im Paradiese sein.*«

Entwicklung und Ausbau des Komposit-Bildes
Das wandfüllende Parousie-Bild stellt sich als Motivkomposition dar aus einzelnen, anderen Bildern entnommenen Elementen. Der triumphierende Christus entstammt dem Himmelfahrtsbild und wird später zur Deïsis ausge-

Endgericht

Postbyzantinische Endgerichtsdarstellung. Athoskloster Dionysiou, Anfang 17. Jh.

baut. Der leere Thron wird sowohl als selbständiges Motiv wie in Verbindung mit der Pfingstdarstellung abgebildet. Aus dem Anastasismotiv (→ Ostern) kommen »Adam und Eva«, »der gerechtfertigte Schächer«, vermutlich auch der »Höllenrachen«.

Frühere Gerichtsdarstellungen weisen eine enge Verbindung mit dem Auferstehungsbild auf. In Torcello, Anfang 13. Jh., befindet sich die Endgerichtsdarstellung direkt unter einer groß angelegten Auferstehungsdarstellung mit der Totenwelt im unteren Bildteil. Deutlich belegt das Programm in der Begräbniskapelle (Parekklision) der Chorakirche in Konstantinopel (1315/20) diesen Zusammenhang:
In der Apsis die österliche Hadesfahrt, flankiert von der Auferweckung des Lazarus sowie des Töchterchens des Jaírus (→ Wunderheilungen); im Gewölbe davor wie auch an den Seitenwänden die detailreich ausgebaute Parousie.
Das dominante Osterbild sorgt dafür, daß die Endgerichtsszenerien unter dem Blickpunkt der österlichen Heilsverheißung gesehen werden. (Starke Strömungen der östlichen Kirche – Origines 2., Berdiajew 20. Jh. – erwarten die Gesamterlösung des Kosmos, i apokatastàsis ton panton, einschließlich der Welt des Satanischen als Folge der unermeßlichen Liebe Gottes.)

Grausame Szenen, Schilderung von Höllenqualen, auch Folterungen von Märtyrern kommen erst nach den leidvollen Erfahrungen der lateinischen Besetzung Konstantinopels 1204 und vor allem nach der Eroberung der Stadt durch die Türken (Untergang des Reiches 1453) auf.

Die Westwand der Yilanli Höhlenkirche von Ihlara Kappadokien – Majestas Domini zwischen Engeln über Heiligen, darunter Höllenqualen – wird ins 11. Jh. datiert, was zu früh sein dürfte.

Die detailreichen Parousien (auch auf der westlichen Außenfassade Voronet Rumänien 1550) der Athosklöster sind in apokalyptische Szenen eingebettet.

Engel

Ο ΑΓΓΕΛΟΣ
O ánjelos

Göttlicher Bote und Mittler zwischen Gott und Mensch, ein mehr der unsichtbaren Welt zugehöriges Geistwesen. Wird vom 4. Jh. an mit Flügeln dargestellt. In der Orthodoxie ist Montag der Tag der Engel.

Engel im Alten Testament und im Spätjudentum

»... und siehe da stand ein Mann in einem Linnengewand und hatte einen goldenen Gürtel um seine Hüften. Sein Leib war wie ein Türkis, sein Antlitz wie ein Blitz, seine Augen wie feurige Fackeln, seine Arme und Füße wie helles blinkendes Erz und seine Rede war ein gewaltiges Tönen ... Und ich hörte seine Rede, und indem ich sie hörte, sank ich ohnmächtig auf mein Angesicht zur Erde.« *Dan. 10, 5–9*

Angelos meint, wie das hebr. *mal'ak*, einen Boten mit einer Nachricht Gottes – gelegentlich auch einen Menschen, z.B. → Johannes den Täufer, in der Regel jedoch ein überirdisches Wesen.

Im AT, NT und in der religiösen Literatur des frühen Mittelalters sind Engel flammende Feuerwesen, bei deren Erscheinen die Menschen erzittern. Doch bereits im Spätjudentum und bei Paulus werden Menschen höher eingestuft als Engel. Heilsgeschichtliche Ereignisse erfahren selbst sie nur über die Kirche *(Eph. 3, 9–10; 1 Petr. 1–12)*. In christl. Zeit werden die Engel zunehmend verniedlicht. (→ Teufel als ehemalige Engel, aus freiem Willen von Gott abgefallen.)

Im AT der vorexilischen Zeit (vor 600) war der »Engel des Herrn« (→ Brennender Dornbusch) eine Erscheinungsform Jahwes selbst, gelegentlich als jugendliche Männergestalt, doch ohne Flügel, beschrieben, wegen seines Feuercharakters gefährlich für den, der ihn zu Gesicht bekommt. Andererseits werden Boten-Engel als von Jahwe ausgehende Wesenheiten erlebt.

Die himmlischen Heerscharen dagegen sind ursprünglich personifizierte Gewalten Gottes. Auch die → Cherubim und → Seraphim oder die Flügelräder (Throne) der → Hesekiel Vision sind keine Engelsboten, sondern Hofstaat Gottes. Unter die Engel gerechnet werden sie erst seit dem Spätjudentum.

Die vier exilzeitlichen Tiere (→ Hesekiel Vision) um Gott sind wie die vier Winde die kosmischen Wächter der Himmelsrichtungen. Sie leben fort in den vier Angesichtsengeln nach dem apokryphen Buch Henoch (Kap. 40), die Gott umstehen, zugeteilt den Himmelsrichtungen.

Der Erzengelkatalog Henochs (Kap. 20 u. 40) erwähnt, anstelle der drei Erzengel, des AT insgesamt sieben bis acht; sie erscheinen bisweilen auf byz. Kirchenwänden. Im Spätjudentum nimmt die Zahl der Engel beständig zu.

Das frühchristliche und byzantinische Engelbild

Engel mit verhüllten → Händen als Diakone dienend, Taufe Christi im Jordan. Daphni bei Athen, Ende 11. Jh.

Im 3. und 4. Jh. werden Engel in Bildern der → Verkündigung Mariä, der Jünglinge im Feuerofen (→ Daniel), des Isaakopfers (→ Abraham), der → Taufe Christi, des → Daniel in der Löwengrube, der → Anbetung Christi

Übersicht I: **Erzengel**			
Erzengel	Namens-bedeutung	spätjüdisch (Henoch)	christlich
Uriel	Licht ist Gott	Gesetzt über die Engelheere und die Totenwelt, auch zweiter Angesichtsengel (anstelle von Raphael)	Engel des Friedens, der Gesundheit und Schlaflosigkeit, öffnet beim Weltgericht die Hades-Tore, bringt Verstorbene vor Gottes Richtstuhl
Raphael (AT: Tobias)	Gott hat geheilt	Gesetzt über die Geister der Menschen, zweiter Angesichtsengel und Helfer gegen Krankheiten und Wunden	Engel der Heilung, himmlischer Arzt mit dem heiligen → Öl, zuständig für Wachstum, Flüsse und Fischfang
Raguel	Freund Gottes	Übt Rache für Gott an den ungetreuen Himmelslichtern (Sternen)	Engel der Wahrheit, zuständig für Rinder, Schafe und Ziegen, für gute Reise, er geleitet den Stern der → Weisen nach Jerusalem
→ Michael (AT: Daniel, NT: Jud. 9, Offbg. 12, 7)	Wer wie Gott	Gesetzt über den besten Teil der Menschheit, das Volk Israel, erster Angesichtsengel, barmherzig und langmütig	Ersterschaffener Engel, Führer der himmlischen Heerscharen, Sieger über den Satan, Schutzengel der Verstorbenen
Sariel	Mein Fürst ist Gott	Gesetzt über die Menschengeister, die gegen die Geister sündigen	–
→ Gabriel (AT: Daniel, NT: Luk. 1, 26–38)	Mann Gottes bzw. Gott ist stark	Gesetzt über das Paradies, die Schlangen (Seraphim) und die Cherubim, dritter Angesichtsengel, Herr über alle Kräfte	Mit Michael zusammen Heerführer der Unkörperlichen, Engel der Gerechtigkeit, der himmlische Bote schlechthin, Engel der Gnade
Remiel	Erhöhung Gottes	Gesetzt über die Auferstandenen	–
Phanuel	Angesicht Gottes	Herr der Buße und Hoffnung, erster Angesichtsengel (Henoch 40 anstelle Uriels)	Erzengel der Feuersbrunst

usw. als bartlose, seltener bärtige junge Männer in weißer Kleidung wiedergegeben (Sarkophag von Sarigüzel, 390). Um Engel als die Träger des Regenbogennimbus des zum Himmel auffahrenden Christus glaubhaft in die Höhe entschweben zu lassen, hat man sie mit den Flügeln der Nike, der Zeusbotin, ausgestattet. Früheste Engel mit Flügeln: Santa Pudenziana, Rom, Anfang 4. Jh.; San Ambrogio, Portal Milano; Sarkophag von Sarigüzel, 390). Zur gleichen Zeit tragen fliegende Engel das Christus-Monogramm.

Anfang 5. Jh. kommt der Engelnimbus auf, mit Beginn 6. Jh. die kraftvollen frontal stehenden Wächterengel, Christus oder die Gottesmutter flankierend und schützend, Vorbilder für Michaels- und Gabrielsdarstellungen bis heute. Sie halten Herrschaftsstab und Weltenkugel – kaiserliche Insignien (→ Kaiser) – in Händen. Wenig später hüllen sie sich selbst in kaiserliche Gewänder (Kimesis-Kirche, Iznik, Ende 7. Jh.).

Ab Ende 6. Jh. kommen Engelmedaillons auf. Ikonoklastische Wandornamente (726–842) reduzieren die Engel auf abstrakte Zeichen, vereinbarte Chiffren der Stäbe und Standarten, die sie sonst tragen.

Eine bilderfreundliche Schrift »Gegen Kabalinos« (d. i. Konstantin V., bilderfeindlicher Kaiser 741–775) wendet sich gegen das Argu-

Chiffren für die Standarten- und Herrschaftsstäbe – dargestellt anstelle der Engel, die diese Insignien in den Händen tragen. Barbara Kilise, Göreme, 9. Jh.

ment, Engel dürften ihrer unsichtbaren Geistigkeit halber nicht dargestellt werden:

»Du wendest ein, daß niemand je einen Engel gesehen hat. Doch umgekehrt: Viele haben Engel gesehen. Häufig sah die allerseligste Gottesgebärerin den Engel Gabriel; auch die Salbenträgerinnen da sahen Engel, als sie zum Grabe kamen.«

In den christologischen Auseinandersetzungen des Bilderstreits nimmt die Liturgie immer ausgeprägter eine abbildhafte Symbolik an. Die Folge: Eine unmittelbar nach dem Bilderstreit in Konstantinopel errichtete Kirche (vgl. S. 20) wird ausgemalt mit dem Bild des → Pantokrator, dessen Rolle der liturgierende Priester übernimmt, und mit denen der Erzengel und Engel, zu denen im Kult symbolisch die Diakone – und auch die Gemeindemitglieder – werden:

»Deine Auferstehung, Christus, Erlöser, besingen die Engel; und uns auf der Erde mögest Du würdigen, Dich reinen Herzens zu rühmen.« *Aus der Osterliturgie.*

Ab 11. Jh. werden liturgierende Engel in die Gewänder von Diakonen gekleidet.

Mönche und Nonnen tragen das »Engelkleid«, das alle Körperlichkeit verhüllt. Sie eifern durch Kleidung, auch mit körperverachtender Bedürfnislosigkeit den »körperlosen Mächten« nach:

»... wenn die Siegekrönten auch Erdgeborene waren, strebten sie doch nach dem Range der Engel, verachteten ihren Leib und durch Leiden wurden sie gewürdigt des Ruhmes der Engel.« *Klösterlicher Morgengottesdienst vom Montag der 1. Fastenwoche*

Andererseits stehen Menschen höher als Engel, müssen von ihnen verehrt werden (→ Maria zwischen Engeln), weil die Engel nur Teil an der körperlosen Welt, die Menschen aber einen *sterblichen sichtbaren Körper* und zugleich eine *unsterbliche unsichtbare Seele* haben.

Die Nebenkuppeln der Elmali Kilise (Göreme, 11. Jh.) sind mit Brustbildmedaillons von sechs Erzengeln geschmückt: den Weltenwächtern Michael, Gabriel, Raphael und Uriel, dann Sychael (hilft bei Schüttelfrost und Schmerz) und Phlogothoel (hilft gegen Donner und Hagel).

Übersicht II: **Byzantinische Erzengelnamen**
Abgesehen von den fünf bis sechs bekanntesten Erzengeln tauchen in christlicher Zeit gelegentlich andere Namen auf:
Asuel — Rumiel Authronios — Salathiel (Palermo) Dawid — Saraphuel Jehudiel — Sausim Israel — Setel Malthiel — Suriel und die drei Strafengel Tartaruchos (Qualen Misrael (Carikli Kil.) — der Unterwelt Temeluchos Paniel — (Züchtigungen im Hades) Pantasaran — Sychael Phlogothoel — Xathanael Piel

Vom 11. Jh. an mischen sich auch kleinere Engel in weitere szenische Darstellungen ein, vor allem in Kreuzigung und Auferstehung, in die Heimholung Mariä – und es werden immer mehr. In spätbyz. Zeit kommen neue Szenen mit Engeln auf, die deren liturgische Funktion (→ Liturgie) betonen (→ Eucharistie); die postbyz. Epoche kennt sogar als Engel ausgebildete Allegorien: den *Sieg*, die *Freude* usw. (→ Ostern).

Cherubim und Seraphim

Die sechs- bzw. vierflügeligen Geistwesen werden – nicht streng voneinander unterschieden – vom 6. Jh. an in Syrien, dem Ursprungsland der Engelvorstellung, dargestellt.

Zunächst erscheinen sie auf liturgischen Ehrenfächern (→ Pfau). Anfang des 8. Jh.s werden sie großflächig dargestellt. Nach dem Bil-

derstreit erscheinen Cherubim im Kuppeltambour, in den Eckzwickeln, unter der Kuppel (so die vier gewaltigen Cherubim und den Kuppelpantokrator in der Ajia Sophia, Konstantinopel) und in einer Reihe szenischer Darstellungen (Paradies, Heimholung Mariä, Endgericht).
→ Muttergottes zwischen Engeln
→ himmlische und kirchliche Hierarchie
→ Gabriel
→ Michael
→ Kaiser

Ephräm der Syrer
Ο ΑΓΙΟΣ ΕΦΡΑΙΜ Ο ΣΥΡΟΣ
O ajíos Ephraím o Sýros

Der bedeutendste Kirchenvater Syriens, der im 4. Jh. in Nisibis lebte, Asket und Dichter hochpoetischer Hymnen. Sein Tag ist der 28. Januar.

Leben und Wirken
Zu Ephräms Zeiten waren die wichtigsten Zentren der Christenheit Syrien, Ägypten, Kappadokien und Konstantinopel, alle heute unter muslimischer Herrschaft. Seine Schriften liefern kaum Hinweise auf sein eigenes Leben.
Unter Bischof Vologeses (346–361) war Ephräm bereits als Kirchenlehrer bekannt, unter Bischof Abraham (361) trat er als Berater auf. Das Zwischenspiel der Wiedereinführung des Heidentums durch Kaiser Julian Apostata (361–362) schildert Ephräm in seinen vier Hymnen »Contra Julian«, den wichtigsten Quellen für jene historische Episode. Vermutlich war er Augenzeuge des Todes Julians im Kampf gegen die Perser, die Nisibis eroberten. Mit andern Byzantinern wird Ephräm der Stadt verwiesen, geht nach Edessa, verleiht der dortigen Katechetenschule neue Impulse.

Darstellungen Ephräms
Alter Asket mit dünnem Haar und spärlichem Bart, trägt helle Mönchskapuze, oft ein Schriftblatt haltend: »Mit Lachen vermengte Freimütigkeit hebt die Seele leicht von der Erde.« Spät- und postbyz. Wandmalereien in Klöstern geben sein Sterben wieder. Ausgestreckt daliegend, mit Binden umwickelt, umgeben ihn Mönche und Asketen. Gerasimos reitet auf einem Löwen herbei. Um die Sterbeszene gruppiert sind Stadien aus seinem Leben – er besucht einen Eremiten, versorgt einen Säulenheiligen mit Nahrung, schreibt seine Hymnen, lebt als Einsiedler (Meteoraklöster Ajios Nikolaos Anapawsas (1527) und Warlaam (1627)).

Ephräm der Syrer.

Hymnendichtung
Ephräms Hymnen gehören zu den ersten selbständigen, nicht aus der Bibel (den Psalmen) abgeleiteten Dichtungen der östlichen Liturgie. Seine Fastengebete sind fester Bestandteil der Gottesdienste in der sechswöchigen Fastenzeit vor Ostern. Ephräm hat seine Hymnen den ältesten Hymnendichtungen des gnostisch beeinflußten Bar-Daisan aus Edessa (154–ca. 223) entgegengesetzt. Viele seiner Weihnachtshymnen legt er der Gottesmutter selbst in den Mund:

»Du bist in mir und Du bist außer mir,
Verwirrer Deiner Mutter,
damit ich Dein Bild sehe, jenes äußerliche vor meinen Augen. Dein unsichtbares Bild ist in meinem Geiste geformt. In Deinem sichtbaren Bild erblicke ich Adam, in Deinem Unsichtbaren sehe ich Deinen Vater, der mit Dir vereint ist. So hast Du nun in zwei Bildern Deine Schönheit gezeigt. Es formt Dich das Brot – und der (menschliche) Geist. Und wohne im Brot – und in denen, die es essen: Im sichtbaren (Brot) und im unsichtbaren (Geist) – sehen Dich Deine Kinder, wie die Mutter Dich sieht!«

Ephräm hat als einer der ersten die typologische Interpretation des AT kultiviert: Gestalten und Ereignisse, Naturerscheinungen wie Zahlenverhältnisse werden als → *Schatten* für Christus und die Gottesmutter angesehen.

Etimasie → Leerer Thron

Eucharistie / Abendmahl
ΤΟ ΜΥΣΤΙΚΟ ΔΕΙΠΝΟ
To mistikó dípno

Im »geheimnisvollen Mahl« zeigt sich die mystische Vereinigung des Gläubigen mit allen anderen Gläubigen und mit Gott selbst – das zentrale Ziel des orthodoxen Lebens im Glauben. Die Aufhebung leidvollen Getrenntseins und die Verschmelzung in Liebe wird erst erreicht mit der Wiederkunft Christi, doch jetzt schon vorweggenommen im → Mysterium des Mahles aus Brot und Wein. Die gesamte Liturgie der Ostkirche ist auf diesen Höhepunkt

Christus feiert vor seiner Kreuzigung mit seinen Jüngern das Heilige Abendmahl. Judas, der ihn verraten soll, taucht das Brot in die Schüssel. Klosterkirche Panajia Mawrotissa bei Kastoria, 12. Jh.

ausgerichtet, ist selbst nichts anderes als Vorbereitung und Feier des Abendmahles.
Folgerichtig ist auch die Architektur der Kirchen und ihr gesamtes Bildprogramm in den Dienst der Eucharistie gestellt. Jede Eucharistiefeier ist Vergegenwärtigung des Opfertodes Christi und seiner Auferstehung. Er ist der Opfernde und zugleich das dargebrachte Opfer. Jeder daran Teilnehmende nimmt göttliche Substanz auf und hat so Teil an Gott. Die Teilnehmer bilden, indem sie die gleiche Substanz zu sich nehmen, einen Körper. In den Abendmahlsgaben verkörpert sich Christus selbst, sie sind seine Ikone.
Eucharistie ist ein Schlüsselbegriff für das Verständnis der byz. Kultur, ihrer Riten, Bilder und Symbole.

Mahl und Hochzeit – mystische Vereinigung
Die Vereinigung von Schöpfer, Schöpfung und Geschöpf wird symbolisiert durch das Mahl (→ Brot) und die liebende Vereinigung – im Bilde der Hochzeit von Christus als dem Bräutigam und der Kirche als der Braut:

»So wird ein Mann Vater und Mutter verlassen und wird einer Frau folgen, und beide werden eines (ein Fleisch) sein.« Matth. 19, 5. (→ Maria zwischen Engeln).

Da jede Eheschließung auch die Vereinigung zwischen Christus und seiner Kirche symbolisiert, wird folgerichtig die Hochzeit zu Kanaan, bei der Christus Wasser in Wein verwandelt, als typologisches Vorbild angesehen; für die Vereinigung im Mahl, für die Verschmelzung Gottes mit seiner Kirche im Ehebund.

Der eucharistische Charakter der Liturgie
Die dreiteilige → Liturgie, der sonn- und festtägliche Hauptgottesdienst, besteht in nichts anderem als dem Zelebrieren des → Mysteriums des Heiligen Abendmahls (entspricht der römisch-katholischen Messe):

1. Die → Proskomidie ist die Vorbereitung dieses heiligen Mahles, im Nordteil des Allerheiligsten (Prothesis).
Die vorbereiteten heiligen Gaben sind ein mikrokosmisches, abbildhaftes Modellbild der allumfassenden – kosmischen – Gemeinschaft Gottes mit den Gläubigen.
2. Die Liturgie der Katechumenen stellt das Evangelium (Christus als den Logos) in den Mittelpunkt. Diese »Vorliturgie« war ursprünglich für die noch nicht zum Abendmahl zugelassenen Taufanwärter bzw. für die davon ausgesperrten Büßenden gedacht.
3. Die Liturgie der Gläubigen umfaßt die feierliche Übertragung der Abendmahlselemente (Christus als Lamm Gottes) von der Prothesis durch den Naos zum Altar sowie ihre Austeilung.
Vor- und Hauptliturgie (Übersicht I und II) bilden eine nahtlos miteinander verbundene Einheit.

Eucharistie/Abendmahl

Übersicht I: **Die Liturgie der Katechoumenen des heiligen Johannes Chrysostomos**		
Liturgie	Textinhalt / symbolische Bedeutung	Jeweils zugeordnete Motive (Wandbilder und Buchmalerei)
Einführung		
Priester: Doxologie	»Gepriesen sei das Königreich des Vaters und des Sohnes und des Heiligen Geistes ...«	Vom 11. Jh. an wurden die einzelnen Teile der Liturgie als rituell dramatisierte »Ikonen« der Heilsereignisse gesehen. Damals wurde jedem Teil ein Abschnitt aus dem Leben Jesu zugeordnet. Wie die Gesamtheit der Wandmalerei einer Kirche und gleichzeitig auch die Ikonen der Ikonostasis das gesamte Evangelium darbieten soll, so sollen auch seine Heilsgeschehnisse in der Liturgie wieder aufleben. Folgerichtig lassen sich auch die verschiedenen Ikoneninhalte den verschiedenen Liturgieteilen zuordnen. Die hierzu mitgeteilte Zuordnung folgt zwei Liturgiekommentaren des 11. Jh.s
Diakon und Chor: Große Friedens-Ektenia	Bittlitanei um Frieden für die gesamte Menschheit und ihre jeweils einzeln aufgeführten Gruppierungen	
Dazu der Priester: Stillgebet der ersten Antiphone	(Stillgebete schließen in der Regel mit einer laut gesungenen Lobpreisung Gottes)	
Chor: 1. Antiphone Dazu der Diakon: Stellt sich vor das Christusbild der Bilderwand und ergreift sein Orarion mit drei Fingern der rechten Hand	Während der ersten beiden Antiphonen schaut der Diakon erst auf das Bild Christi an der Ikonostasis und dann auf das Bild der Gottesmutter, um die Gläubigen darauf aufmerksam zu machen, daß ihre Schau über die Abbilder hinweg hingeführt wird zu den Urbildern	
Diakon und Chor: Kleine Ektenia (kurzes Friedensgebet) Dazu der Priester: Stillgebet		
Chor: 2. Antiphone mit anschließendem Hymnus: »Eingeborener Sohn...« (Hymne Kaiser Justinians) Dazu der Diakon: Stellt sich vor das Bild der Gottesmutter	In der 2. Antiphone bedeutende Weissagungen des AT über Christus. Hymnus: »Eingeborener Sohn, Logos Gottes, der Du unsterblich! Du hast es auf Dich genommen, Fleisch zu werden um unseres Heiles willen ...«	
Diakon und Chor: Wiederholung der kleinen Ektenia. Dazu der Priester: Stillgebet zur 3. Antiphone	Seligpreisungen der Bergpredigt nach Matth. 5, 3–12 (Makarismen)	
Chor: 3. Antiphone Dazu der Diakon: Öffnet die Königspforte für den kleinen Einzug		
Der kleine Einzug		
Prozession des Priesters und des Diakons, der das Evangelienbuch trägt, angeführt von zwei Kerzenträgern, manchmal auch Rhipidienträgern (→ Pfau) aus dem Altarraum durch die nördliche Tür der Ikonostas hinaus in das Kirchenschiff. Halt vor der Schönen Pforte	Der kleine Einzug bedeutet die erste Ankunft Christi in der Welt als Logos, repräsentiert durch das Evangelienbuch (Menschwerdung Christi). Bedeutet gleichzeitig den Beginn seiner öffentlichen Tätigkeit als Prediger und sein Offenbarwerden als Gottes Sohn bei der Taufe im Jordan	→ Verkündigung Mariä im Sinne des Beginns der Menschwerdung Christi. → Geburt Christi: »Und das Wort ward Fleisch ...« Joh. 1.14 Taufe Christi im Jordan

(Fortsetzung) Übersicht I: **Die Liturgie der Katechoumenen des heiligen Johannes Chrysostomos**		
Liturgie	Textinhalt / symbolische Bedeutung	Jeweils zugeordnete Motive (Wandbilder und Buchmalerei)
Priester: Gebet um das Geleit durch Engel. Einzug durch die Königspforte und Ablage des Buches auf dem Altar	Wenn ein Bischof die Königstür passiert, kann das auch die Himmelfahrt Christi bedeuten	Himmelfahrt Christi = Übergang aus der sichtbaren Welt (= Gemeinderaum) in die unsichtbare (= Altarraum)
Chor: Troparion oder Kontakion des jeweiligen Fest- oder Gedenktages Dazu der Priester: Stillgebet zum Trisajion	An Samstagen, an denen der Toten gedacht wird, wird das Kontakion »Auch im Grabe liegend bist Du unsterblich ...« gesungen. Das Buch repräsentiert Christus als den Logos, der Altar, auf dem es liegt, das Grab Christi	Die ausgelegte Tagesikone stellt den Heiligen bzw. das Festereignis vor, das in den Troparien oder Kontakien des Tages besungen wird
Chor: Trisajion (dreimal heilig) – dreimal hintereinander gesungene Lobpreisung	Heiliger Gott, heiliger starker, heiliger unsterblicher, erbarme Dich unser	
Gang zum Thron		
Priester und Diakon begeben sich hinter den Altar. Priester: Lobpreist Christus auf dem himmlischen Altar über den Cherubim. Setzt sich auf seinen Priesterstuhl. In Kathedralgottesdiensten nimmt der liturgierende Bischof die Kathedra hinter dem Altar ein, der Priester den Stuhl rechts daneben.	Der Bischof, der die Kathedra besteigt, vollzieht symbolisch die Thronbesteigung Christi im überhimmlischen Allerheiligsten. Gleichzeitg bedeutet diese Zeremonie den Übergang vom alten Bund des Gesetzes zum Gnadenbund des NT	Der → leere Thron Christi (Etimasia, auch → Endgericht) beachten!)
Epistellesung		
Lektor und Chor: Wechselgesang (Prokimenon)	Auf das Tagesereignis oder den Tagesheiligen bezogener Vers, gewöhnlich aus den Psalmen	
Lektor: Lesung aus Briefen des NT oder aus der Apostelgeschichte. Dazu der Diakon: Beräuchert Altar, Altarraum, Ikonostas, den Priester und die Andächtigen	Segnung und Lesung bedeuten die Berufung der Apostel sowie den Auftrag, heilige Schriften zu verfassen	→ Berufung der Jünger, → Evangelisten (in den 4 Eckzwickeln unter der Kuppel)
Lektor und Priester: Austausch des Friedenssegens. Diakon: Ruf zur Aufmerksamkeit: »Weisheit«. Priester: Stillgebet am Altar vor der Evangelienlesung. Reicht dann dem Diakon das Evangelienbuch und segnet ihn	Der das Evangelium verlesende Diakon wird zum Engel, der auf dem Stein vor Christi Grab den Myrrhenträgerinnen das Evangelium verkündet (→ Ostern). Die Lesung selbst stellt Christi Wirken auf Erden dar	Liturgen in Priestergewändern (Apsisrund) halten Textbänder mit den vom Priester am Altar verlesenen Stillgebeten, Propheten mit den in den Gebeten enthaltenen ATlichen Texten

Eucharistie / Abendmahl

(Fortsetzung) **Übersicht I: Die Liturgie der Katechoumenen des heiligen Johannes Chrysostomos**

Liturgie	Textinhalt / symbolische Bedeutung	Jeweils zugeordnete Motive (Wandbilder und Buchmalerei)
Diakon: Evangelienlesung am Pult vor der Bilderwand. Seine Stimme wird immer höher, als Ausdruck der Freude über das Gelesene		Verkündigung von Christi Auferstehung durch die Engel (→ Ostern)
Ausklang bzw. Übergang		
Diakon und Chor: Ektenia für alle Lebenden	Inbrünstiges Gebet für Regierung, Kirche, Priesterschaft, Chor, die Gläubigen, auch für die Feldfrüchte: es symbolisiert die Lehrtätigkeit Christi	Der Kosmos der Menschenwelt ist in der Kirche gegenwärtig: im Kuppeltambour mit dem Gewölbe Apostel und Propheten, in der Apsis Kirchenväter und Priesterheilige, im Kirchenschiff Märtyrer und Kriegerheilige. Ihnen gesellen sich die Gläubigen im Kirchenschiff zu und die Taufanwärter (Katechoumenen), die früher nur die Vorhalle (Narthex) betreten durften
Dazu der Priester: schlägt auf dem Altar das → Antiminsion (→ Altar) auf und spricht ein Stillgebet mit laut gesprochener abschließender Lobpreisung	In dieser Folge dreier Bittlitaneien – kann auch als großes dreiteiliges Bittgebet aufgefaßt werden – wird für den gesamten Kosmos, insbesondere aber für die gesamte Menschheit gebetet: den Katechoumenen möge Gottes Wort offenbar werden	
Diakon und Chor: Ektenia für die Verstorbenen (entfällt an großen Feiertagen)		
Dazu der Priester: Stillgebet		
Diakon und Chor: Ektenia für die Katechoumenen		
Diakon: Entlassung der Katechoumenen »Katechoumenen geht hinaus...«	Die Taufanwärter werden hinausgeschickt. Sie durften früher nicht am Abendmahl teilnehmen	An Kirchenbau und Liturgie sind die Einschränkungen – räumlich und zeitlich –, denen früher die Katechoumenen in ihrer Teilnahme am Gottesdienst unterlagen, abzulesen

Übersicht II: Liturgie der Gläubigen des heiligen Johannes Chrysostomos

Liturgie	Textinhalte / symbolische Bedeutung	Jeweils zugeordnete Motive (Wandbilder und Buchmalerei)
Einführung		
Diakon und Chor: Ektenia für die Gläubigen Dazu der Priester: Erstes Stillgebet der Gläubigen	»Ihr Gläubigen, lasset uns wieder und wieder in Frieden beten zum Herrn.« Priester dankt für die Gnade am heiligen Altar, am irdischen und am unsichtbaren überhimmlischen zugleich, stehen zu dürfen	–
Diakon und Chor: Zweite Ektenia der Gläubigen Dazu Priester: Zweites Stillgebet mit abschließender lauter Lobpreisung	Bittlitanei um den Frieden im gesamten Kosmos. Gebet des Priesters: »...schau auf unsre Bitte und reinige unsre Seelen und Herzen von allem Unrat des Fleisches und des Geistes...«	→ Darstellung Christi im Tempel, in seiner Bedeutung einerseits als Opfer von Brot und Wein durch die Gläubigen, andererseits als des geopferten Christus

(Fortsetzung) Übersicht II: **Liturgie der Gläubigen des heiligen Johannes Chrysostomos**

Liturgie	Textinhalte / symbolische Bedeutung	Jeweils zugeordnete Motive (Wandbilder und Buchmalerei)
Der große Einzug Prozession zur Übertragung der heiligen Gaben vom Rüsttisch in der Prothesis (Nordapsis oder Nordnische im Altarraum) durch die Nordtür der Ikonostas ins Schiff und von da durch die Schöne Pforte zum Altar Öffnung der Schönen Pforte. Diakon: beräuchert mit Weihrauch den Altar, den Altarraum, den Priester, den Chor und die Gläubigen Chor: Cherubimhymnus Dazu der Priester: Priesterliches Einzugs- und Opfer-Stillgebet Priester und Diakon: Dreimaliges cherubinisches Gebet Priester und Diakon: Schreiten zum Rüsttisch. Priester beräuchert die Opfergabe, legt das Aër (→ Altar) auf die Schulter des Diakons und reicht ihm den Diskos mit dem Brot, ergreift den Kelch mit dem Wein. Die Prozession wird von Trägern mit Lichtern und Ehrenfächern (Rhipidien → Pfau) begleitet. Halt vor der Schönen Pforte Diakon: Gebet Priester: Gebet	Der Einzug ist der → Einzug Christi in Jerusalem zu seinem Leiden, seiner Kreuzigung und seiner Auferstehung, der Gang Christi zum Geopfertwerden. Christus selbst handelt durch den Priester. Chor und Gläubige fühlen sich erhoben zum überhimmlischen Altar Gottes, sie wandeln sich, wie der Hymnus sagt, zu Cherubim: »... die wir geheimnisvoll darstellen die Cherubim...« »Die wir die Cherubim geheimnisvoll darstellen und der lebendigmachenden Dreieinigkeit das dreimal heilige Loblied singen: Laßt uns nun ablegen jede irdische Sorge« »Da wir nun an diesem heiligen Geheimnis die Stelle der Cherubim vertreten...« Die Rhipidien weisen ihre Träger und darüber hinaus die Gläubigen als geheimnisvoll in Cherubim Verwandelte aus. Gebete für den Metropoliten, die Priesterschaft und alle Gläubigen	Die »himmlische Liturgie«, als Darstellung der unsichtbaren Liturgie, die parallel zum Ritus in der Kirche oben vor Gottes Thron stattfindet: Cherubim, Seraphim und Engel, in Priestergewändern mit Leuchtern, Rhipidien und Altargeräten schreiten vom Rüsttisch weg auf einen Altar zu. Die vom frühen 14. Jh. an häufige Darstellung gibt direkt den Inhalt des cherubinischen Hymnus wieder, erscheint in der Hauptapsis, der Prothesis oder aber vor allem im Kuppeltambour: Unterhalb des → Pantokrators bewegt sich die Engelsprozession von einem Rüsttisch im Westen zu einem Altar im Ostteil des Tambours
Chor: Cherubimhymnus, zweiter Teil	Der »Herr des Alls« wird »von Engelscharen unsichtbar geleitet«	
Diakon und Priester: Sie durchschreiten die Königspforte. Priester: Stellt Diskos und Kelch auf den Altar, spricht das Gebet der Grablegung und bedeckt dabei die Gaben mit den Tüchern	Das Aufsetzen der Gaben auf den Altar stellt Kreuzabnahme und Grablegung dar. »Der ehrsame Joseph nahm Deinen makellosen Körper herab vom Holze, wickelte ihn in reines Linnen, bedeckte ihn auch mit aromatischen Salben und legte ihn in ein neues Grab«	Kreuzabnahme, Grablegung (dargestellt auch auf dem Antiminsion auf dem Altar (→ Passionszyklus)

(Fortsetzung) **Übersicht II: Liturgie der Gläubigen des heiligen Johannes Chrysostomos**

Liturgie	Textinhalte / symbolische Bedeutung	Jeweils zugeordnete Motive (Wandbilder und Buchmalerei)
Priester: Beräuchert die Gaben auf dem Altar dreimal. Diakon: Schließt Flügel und Vorhang der Schönen Pforte	Bedeutet, daß der Stein vor Christi Grab gerollt wird, damit sein Leichnam nicht geraubt werden kann	Weihrauchschwingende Engel in den Darstellungen der himmlischen Liturgie wie auch der Apostelliturgie
Priester und Diakon: Wechselseitiges Gebet füreinander		
Diakon und Chor: Bitt-Ektenia	Gebet um Errettung. Chor: Herr erbarme Dich	
Priester: Stillgebet der Darbringung mit abschließender lauter Lobpreisung	»Nimm dieses Opfer an und laß den Geist Deiner Gnade in uns wohnen...«	

Friedenskuß

Priester: Küßt die heiligen Gaben, den Rand des Altars und alle mit ihm zelebrierenden Geistlichen	Beispiel für die Liebe zum gesamten Kosmos, zur sichtbaren und unsichtbaren Welt	Die Gläubigen küssen beim Betreten der Kirche die Ikonen (→ Kuß)

Glaubensbekenntnis

Diakon: Küßt das Kreuz auf seinem Orarium und ruft: »Die Türen, die Türen, lasset uns aufmerken in Weisheit«	Früher Aufforderung an die Türhüter, keine Ungläubigen mehr einzulassen, heute die göttliche Weisheit durch die Ohren als die Türen des Menschen einzulassen	Ikone der heiligen Weisheit (→ Sophia)
Ein Vertreter der Gemeinde: Spricht das nikäno-konstantinopolitanische Glaubensbekenntnis. Der Vorhang der Schönen Pforte geht auf. Dazu der Priester: Er bewegt das Aër über dem Altar mit den Gaben	Die Bewegung des Aër wird einerseits als das Erdbeben beim Tode Christi betrachtet, andererseits auch als Wehen des heiligen Geistes	→ Kreuzigung

Die Anaphora

Diakon: Fordert dazu auf, »vor Gott zu stehen«. Befächelt die Gaben mit den Rhipidien. Der Ritus des »Erneuten Vollziehens« ist Höhepunkt der Liturgie	Erneutes Vollziehen: Das historische Kreuzesopfer Christi wird rituell erneut vollzogen – am Altar der Kirche und zugleich vor dem überhimmlischen Altar Gottes	Darstellung der Abendmahlsliturgie (Apostelkommunion): Christus als Priester zwischen zwei Cherubim. Während der gesamten Anaphora wird der Priester von zwei unsichtbaren Cherubim flankiert

Eucharistie/Abendmahl

(Fortsetzung) Übersicht II: Liturgie der Gläubigen des heiligen Johannes Chrysostomos

Liturgie	Textinhalte / symbolische Bedeutung	Jeweils zugeordnete Motive (Wandbilder und Buchmalerei)
Priester und Chor: Laut gesungenes Gebet Priester: Eucharistisches Stillgebet zum Preise Gottes Diakon: Entfernt den Asteriskos (Stern) vom Diskos (→ Altar) und macht das Kreuzeszeichen über den Gaben	»... erheben wir unsere Herzen...« Die Gläubigen steigen rituell empor zum überhimmlischen Thron Gottes (Anaphora!). Sie schauen jetzt geistig die Urbilder der Symbole: In Brot und Wein, die dem Gläubigen gezeigt werden, erblickt er Christus selbst	Auferstehung Christi (→ Ostern): So wie Christus Adam zu sich hochzieht aus dem Grab, zieht er jetzt während der Anaphora die Herzen der Gläubigen hoch hin zu seinem überhimmlischen Altar. Er ist der Todesüberwinder für alle Adamskinder
Chor: »Heilig, heilig, heilig...« Dazu Priester: Stillgebet: die laut gesprochenen Einsetzungsworte. Dazu der Diakon: Weist mit der Rechten, mit der er das Orarion hält, zu den entsprechenden Einsetzungsworten auf Brot und Wein	Durch das Medium des Priesters wiederholt Christus selbst als der Hohepriester mystisch das Abendmahl in der Nacht vor seinem Tode: »Nehmet hin und esset, das ist mein Leib, für euch gebrochen zur Vergebung der Sünden... Trinket alle daraus, das ist mein Blut des neuen Testaments, für euch vergossen zur Vergebung der Sünden«	Christi Abendmahl vor seiner Kreuzigung. Apostelkommunion: Christus – bisweilen im Bischofsgewand – erscheint zweimal an einem mit einem → Ziborium überwölbten Altar. Nach links gewandt, reicht er sechs Aposteln das heilige Brot, nach rechts gewandt, den sechs anderen Wein. Auf den Altären die heiligen Geräte. Als Diakone assistierende Engel halten Rhipidien
Darbringung des Opfers (Anamnese) Diakon: Hält mit überkreuzten Händen Diskos und Kelch hoch. Macht damit das Zeichen des Kreuzes über dem Altar Dazu der Priester: Singt laut: »... bringen wir Dir das Deine von dem Deinen dar...«	Die zum himmlischen Altar hochgehobenen Gaben bedeuten den Opfertod des Lammes Christi, gleichzeitig jedoch auch seine Auferstehung – Christus zieht die Toten aus dem Hades mit sich nach oben. Darüber hinaus stellen die nach oben gehaltenen Gaben auch den zum Himmel auffahrenden Christus dar	→ Taufe Christi im Jordan. Der Heilige Geist kommt auf Christus herab, so wie er im Austausch gegen die Opferung von Brot und Wein auf die Abendmahlselemente herabfährt
Chor: Lobpreis Gottes	»Dir singen wir, Dich preisen wir, Dir danken wir, o Herr, und beten zu Dir, unser Gott«	

Epiklese (Herabrufung)

Priester und Diakon: Gebet mit der Bitte um das Herabsenden des Heiligen Geistes, damit er Brot und Wein in Fleisch und Blut Christi verwandle	Als Gegengabe für das dargebrachte Opfer wird der Heilige Geist herabgerufen. Dies entspricht der Herabkunft des Heiligen Geistes im Austausch gegen den zum Himmel aufgefahrenen Christus	→ Einzug in Jerusalem. Bereitet den Opfertod Christi vor sowie das Herabflehen des Geistes die Opferung Christi in Gestalt von Brot und Wein für die Gläubigen vorbereitet
Diakon: Befächelt die Gaben. Dazu der Priester: Stillgebet	Das Fächeln bedeutet den Einzug des Geistes in die Gaben. Bitte um Gemeinschaft mit dem heiligen Gott	Dreieinigkeit (→ Pfingsten) in Gestalt des Engelbesuches bei Abraham. Die Trinität ist Empfänger und Spender des Opfers zugleich

(Fortsetzung) Übersicht II: **Liturgie der Gläubigen des heiligen Johannes Chrysostomos**		
Liturgie	Textinhalte / symbolische Bedeutung	Jeweils zugeordnete Motive (Wandbilder und Buchmalerei)
Gedächtnis der Heiligen: Priester, unterstützt vom Chor: Gedenket laut – der Gottesmutter (Beräucherung des Altars), – Johannes des Täufers als Anführer der Propheten, – aller Heiligen sowie aller Verstorbenen (auch bestimmter Namen, die von Angehörigen genannt werden), – der Regierung, der Priesterschaft und aller Lebenden (auch mit bestimmten Namen), – der Leidenden und Gefährdeten, der Kranken und Reisenden	Das, was bei der Vorbereitung des Abendmahls (→ Proskomidie) unbemerkt von der Gemeinde geschieht, wird nunmehr im Angesicht der gesamten Abendmahlsgemeinschaft aufgegriffen: Gedacht wird des gesamten Kosmos, darunter der vier Gruppen, die durch die vier Prosphoren (Abendmahlsbrote) repräsentiert werden (die Allheilige, Johannes der Täufer und die Heiligen, die Lebenden und die Toten)	→ Maria zwischen den Engeln in der Apsis: »Du bist würdiger als die Cherubim ...« Johannes der Täufer als Prototyp aller Propheten, Apostel und Heiligen → Konstantin und Helena, als die erste christliche Regierung und Prototyp aller Regierungen (es gibt allerdings auch Regierungen, für die zu beten sich das Gewissen der Priester sträubt)
Spende und Empfang der Eucharistie		
Priester: Spendet Segen Diakon und Chor: Ektenia mit der Bitte, daß der Genuß der Gaben zum Heile gereiche Dazu der Priester: Stillgebet Gemeinde: Vater unser Priester: Spendet Segen Diakon und Chor: Fordert die Gemeinde auf, das Haupt zu beugen Priester: Stillgebet des Hauptbeugens mit abschließendem lautem Lobpreis	»Daß unser, den Menschen liebender Gott, diese (heiligen Gaben) zu sich hinaufnehmen möge, zu seinem heiligen überhimmlischen geistwesenhaften Opferaltar als einen geistigen Blumenduft, und daß er uns als Gegengabe dafür herabsende die göttliche Gnade und das Geschenk des Geiligen Geistes, dafür laßt uns beten ...«	Das geheimnisvolle Abendmahl am Vorabend der Kreuzigung Tempelgang Mariä und Speisung der Gottesmutter durch den Engel (→ Marienzyklus), als Vorbild für die Eucharistie
Diakon: Schließt den Vorhang der Schönen Pforte Priester: Hebt das heilige Brot (das Lamm) hoch und lädt zur Teilnahme am Abendmahl ein Chor: Heiligpreisung, anschließend Kinonikon des Tages bzw. des Tagesheiligen	»Das Heilige den Heiligen« »Einer ist heilig, einer ist Herr, Jesus Christus, zur Herrlichkeit Gottes, des Vaters. Amen«	→ Heimholung Mariä. Wie Christus am Sterbebett der Gottesmutter anwesend ist, so soll er auch jetzt für die Gläubigen gegenwärtig sein
Brechung des Lammes		
Priester: Spricht Stillgebet und bricht das Lamm (das Siegel des Prosphorenbrotes) in vier Teile. Legt sie auf den Diskus in den vier Himmelsrichtungen aus	»Gebrochen und geteilt wird das Lamm Gottes. Das Lamm, das gebrochen, doch unzerteilt bleibt, das gegessen, doch nie aufgezehrt wird, das alle, die es empfangen, heiligt«	O N ⊕ S (ΙC | NI | KA | XC) W

(Fortsetzung) Übersicht II: **Liturgie der Gläubigen des heiligen Johannes Chrysostomos**

Liturgie	Textinhalte / symbolische Bedeutung	Jeweils zugeordnete Motive (Wandbilder und Buchmalerei)
Priester: Legt die gesiegelten Teile des Brotes in den Wein im Kelch Diakon: Gießt warmes Wasser hinzu Priester: Fordert den Diakon auf, das Abendmahl zu nehmen, spendet es sich selbst und dem Diakon	Blut und Wasser entfloß Christi Seitenwunde. Die Wärme des Wassers weist auch auf die Lebenskraft und die verlebendigende Kraft des Blutes Christi hin, wird als Wirkung des Heiligen Geistes, der auf die Gaben herabkam, angesehen	Blut und Wasser, das der Seitenwunde Christi auf den Darstellungen seiner → Kreuzigung entquillt
Priester: Legt die restlichen gesiegelten Brotteile in den Kelch, spricht dann ein Stillgebet Diakon: Öffnet die Königspforte und trägt den hocherhobenen Kelch zum Ambo, fordert die Gläubigen zur Teilnahme am Abendmahl auf Priester: Spricht den Teilnehmern das Abendmahlsgebet vor, das sie nachsprechen, teilt das in Wein getränkte Brot mit dem Löffel aus und spricht zu den einzelnen: »Der Knecht / die Magd ... empfängt den ehrwürdigen und heiligen Leib unseres Gottes und Heilands Jesus Christus zur Vergebung seiner Sünden und zum ewigen Leben« Dazu der Chor: Eucharistischer Gesang	Abendmahlsgebet: »... nimm mich auf in die Gemeinschaft Deines geheimnisvollen Mahles, Sohn Gottes. Nicht will ich Deinen Feinden von Deinem Geheimnis sagen, nicht will ich Dir den Judaskuß geben ..., nicht zur Verdammnis werde mir dieses Heilige ..., sondern zur Reinigung und Heiligung meiner Seele und meines Körpers ...« Der Löffel heißt »Lawis« = Zange, die Zange, mit der ein Engel glühende Kohlen vom himmlischen Altar ergriff, um damit die Lippen des Propheten Jesaia zu reinigen (Vision Jes. 6, 6) Die Einnahme des Abendmahls symbolisiert die Auferstehung	Vision des Heiligen Petrus von Alexandrien. Dem unter Maximilian 311 zum Märtyrertod Verurteilten erscheint im Gefängnis das Christuskind auf dem Altar (als Abendmahlsgabe) mit zerrissenen Kleidern: Der abtrünnige Arius hat die Kleider zerrissen und soll wegen seiner falschen Abendmahlslehre keinesfalls zum Abendmahl zugelassen werden
Priester und Diakon: Kehren nach der Austeilung des Abendmahls zum Altar zurück Diakon: Schüttet die auf dem Diskus zurückgebliebenen Teilchen in den Kelch und betet den Auferstehungshymnus	»Nachdem wir die Auferstehung Christi gesehen haben, laßt uns den heiligen Herrn Jesus anbeten, den allein sündlosen ... O großes Ostern, o heiliges Ostern, Christus ...«	Auferstehung Christi (→ Ostern)
Diakon: Nimmt den Schwamm und wischt sorgfältig die auf dem Diskus verbliebenen Brotreste zusammen, um sie in den Kelch zu geben	Dies symbolisiert die Reinigung der Gläubigen von allen Sünden	
Diakon und Priester: Bringen in einer Prozession die Gaben vom Altar zum Rüsttisch zurück		

Übersicht II: **Liturgie der Gläubigen des heiligen Johannes Chrysostomos**

Liturgie	Textinhalte / symbolische Bedeutung	Jeweils zugeordnete Motive (Wandbilder und Buchmalerei)
Diakon und Chor: Ektenia der Darbringung Dazu der Priester: Stillgebet der Danksagung mit abschließender lauter Lobpreisung. Er faltet dabei das Antiminsion zusammen *Entlassung der Gläubigen*	»... damit der ganze (Lebens)tag heilig ... und sündlos sei ...«	Christus und die Jünger in Gethsemane (→ Passionszyklus). Gemeint ist die Aufforderung (Matth. 26, 40) zu wachen (sündlos zu leben)
Priester: Tritt durch die Schöne Pforte aus dem Altarraum heraus in den Gemeinderaum, betet das »Gebet hinter dem Ambo« Diakon: Steht währenddessen rechts von der Schönen Pforte vor dem Bild Christi, sein Orarium (→ Gewänder) haltend mit gesenktem Haupt	»Laßt uns gehen in Frieden« »Heilige, die die Pracht Deines Hauses lieben, verherrliche Du sie mit Deiner göttlichen Kraft ...«	→ Verklärung Christi: Die Teilnahme am Abendmahl ist ein Vorgeschmack der Vergöttlichung der Welt, so wie die Verklärung ein Vorgeschmack der Vergöttlichung Christi ist
Priester: Geht zum Rüsttisch und betet, teilt dann das Antidoron (→ Brot) aus und segnet die Anwesenden Priester und Chor: Lobpreisung Priester: Reicht den Andächtigen das Kreuz zum Kuß, segnet sie mit dem Kreuz	Gebet am Rüsttisch: »Der Du selbst die Erfüllung des Gesetzes und der Propheten bist, Christus, unser Gott, der Du den ganzen Ratschluß des Vaters erfüllt hast, erfülle mit Freude und Fröhlichkeit unsre Herzen allezeit, jetzt und immerdar und in alle Ewigkeit«	→ Kreuzigung, als Erfüllung des göttlichen Heilswirkens (das Antidoron – nicht konsekrierte Teile des Abendmahlsbrotes – ist eine Segensgabe, die an das altchristliche, im Anschluß an die Eucharistie gefeierte, Liebesmahl erinnert)
Priester: Bitte an den Auferstandenen um Segen für den Patriarchen, Johannes Chrysostomos, die Tagesheiligen Chor: Entlassungsgesang mit gesungenem Vaterunser Troparion und Kontakion des heiligen Johannes Chrysostomos	Troparien des Chrysostomos: »Die einem Flammenzeichen gleich strahlende Anmut Deines Mundes hat den Erdkreis erleuchtet ... Vater Johannes Chrysostomos, bitte das Wort, Christus, unsern Gott, daß unsre Seelen gerettet werden«	Darstellung des →Johannes Chrysostomos hinter dem Altar im Apsisrund (er gilt als Schöpfer der nach ihm benannten Liturgie) Ikone des Tagesheiligen
Die Schöne Pforte wird geschlossen Priester: Spricht die Entlassung aus, legt die heiligen Gewänder ab Diakon: Versorgt die heiligen Gaben, betet die Entlassung	»Nun entläßt Du Deinen Knecht, o Herr, nach Deinen Worten in Frieden, denn meine Augen haben Dein Heil gesehen ...« (Luk. 2, 29–32)	→ Darstellung Christi im Tempel (Luk. 2)

Eucharistie / Abendmahl

Historische Entwicklung eucharistischer Motive

Rechte Seite einer zweiteiligen Apostelkommunion: Christus reicht Paulus den Kelch zu. Kloster Studenica, Serbien, 14. Jh.

☆ Die *frühe Sepulkralkunst* (Katakombenfresken und Sarkophagreliefs des 2.–6. Jh.s) weist durch vorbildhafte Ereignisse, zeichenhaft verkürzt, auf das Abendmahlsgeschehen hin. Die Themen werden dem AT, häufiger noch dem NT entnommen.

NT

☆ *Speisung der 5000* aus fünf Broten und zwei Fischen: Christus, mit einem oder zwischen zwei Aposteln, segnet Brot und Fische   ab 2. Jh.
(→ Wunderspeisungen)

☆ *Hochzeit zu Kanaan:* Christus berührt mit einem Zauberstab 1–7 Krüge, um das Wasser darin in Wein zu verwandeln   ab 2. Jh.
(→ Wunderspeisungen)

Beide Themen werden in mittelbyz. Zeit szenisch immer reichhaltiger ausgebaut.

AT

☆ *Opfer Isaaks:* Symbolisierte zunächst die Rettung Isaaks (als Vorbild für die Rettung des Beigesetzten), später das Abendmahl (Mosaik, San Vitale, Ravenna, Mitte 6. Jh.)   auf Sarkophagen ab 2. Jh.   ab 4. Jh.

☆ *Opfer Abels*
→ Adam und Eva, (Sant'Apollinare in Classe, Ravenna, 520/525)   ab 6. Jh.

☆ *Unblutiges Opfer durch den Priester Melchisedek (1 Mose 14, 18–20)* (Santa Maria Maggiore, Rom, 440; San Vitale, Ravenna)   ab Mitte 5. Jh.

☆ *Mannalese:* Gott versorgt das Volk Israel in der Wüste mit »Himmels-Tau« *(2 Mose 16)*   2. Hälfte 4. Jh. (selten)

☆ Das *Gastmahl Abrahams:*   Anfang 4. Jh.
Abraham bewirtet den in Gestalt dreier Engel erscheinenden dreieinigen Gott.
Alle Motive werden detailreicher ausgemalt, auch in mittel- und spät- byz. Zeit dargestellt.

Das in den Evangelien beschriebene letzte Abendmahl Christi *(Matth. 26. 17–30, Mark. 14, 12–26, Luk. 22, 7–23, Joh. 13, 21–30)* wird erst in *nachkonstantinischer Zeit* dargestellt: Die Jünger umgeben einen runden Tisch. Bei den ältesten Bildern liegen sie noch nach antiker Sitte aufgestützt zu Tische. Christus nimmt die linke Seite ein. Später sitzt er in der Mitte der halbkreis- oder kreisförmigen Tischplatte, die Jünger um ihn. Johannes neigt sich ihm freundschaftlich zu. Auf dem Tisch roter Wein, das Abendmahlslamm, gelegentlich ersetzt durch den → Fisch als Symbol Christi (Kappadokien, früh- und mittelbyz.).

Vierpunktekreuz als Symbol Christi in seiner Erscheinung als eucharistisches Brot. Barbara Kilise, Göreme, Kappadokien, 9. Jh.

Die *Bilderstürmer* (726–842) sahen die Abendmahlselemente als einzig legitimes Abbild Christi an und stellten sie auch an wichtigen Stellen in ihren Kirchen zentral, vor allem in der Kuppel und in der Apsis, dar (→ bilderfeindliche Ornamente).

Auf *mittelbyzantinischen* Bildern des letzten Abendmahls wird Judas – ohne Nimbus, oft häßlich und als einziger in Vollprofil – herausgehoben. Laut Liturgie greift er recht gierig nach den Speisen.

Der Legende nach hat er etwas vom heiligen Abendmahl versteckt und den Feinden Christi gezeigt. Gebäude im Hintergrund deuten den Innenraum an, ein Leuchter mit Flamme die Nachtzeit. (Übrigens: Die frühesten Belege für das Vorkommen der Speisegabel finden sich auf Abendmahlsbildern Kappadokiens (Elmali und Carikli Kilise, Göreme, 12./13. Jh. (?)).

Das dem Gründonnerstag zugeordnete Motiv erscheint als Wandbild im Rahmen des → Passionszyklus, als Ikone in ausgebauten Festtags-Bildreihen der Ikonostase und als selbständige Abbildung über der Schönen Pforte (in neuerer Zeit als Abklatsch des *Abendmahls von Leonardo*).

Ab 1000 kommt mit dem wachsenden Interesse an liturgischen Inhalten die Apostelkommunion in der Form des Wandbildes auf (Kiew, Sophienkathedrale, ca. 1046). Auf Disken für das Brot und in der Miniaturmalerei erscheint das Motiv bereits vom 6. Jh. an: entweder teilt Christus an einem Altar, überwölbt von einem → Ciborium, mit der Rechten das Brot, mit der Linken den Wein aus, oder er reicht in zweifacher Gestalt, mitunter an zwei Ciborienaltären, zu seiner Rechten sechs Apostel, angeführt von Petrus, das Brot, zu seiner Linken den sechs anderen, mit Paulus an der Spitze, den Wein.

Das Motiv findet sich gewöhnlich in einer Zone unterhalb einer Muttergottesdarstellung (Symbol des Abendmahlslöffels) in der Hauptapsiswölbung (Ochrid, Periwleptos-Kirche, 1295; Ajios Nikolaos Fountoukli, Moni Thari und Kimesis Kattawiá Rhodos). Das Abendmahl-Bild besetzt ab 13. Jh. auch die Wölbung selbst, die Gottesmutter in deren Scheitel drängend.

Das Christuskind als Abendmahlsgabe auf dem Diskos. Prothesisnische in der Kirche von Sopoćani, Serbien

Die Liturgie der Kirchenväter – sie zelebrieren die Eucharistie, unterstützt von Engeln, Rhipidien schwenkend – entstand aus dem Bild der Kirchenväter, die in der untersten Zone der Hauptapsis der Reihe nach den Altar umstehen.

Ab 11. Jh. wird ein gemalter Altar (Bulgarien Poljana) zwischen die Väter gesetzt. Verbreitet ist die Kirchenväter-Liturgie im balkanslawischen Raum, mitunter verkürzt zu einer Szene in der Prothesisnische der Nordapsidiole: Zwischen den beiden Liturgieschöpfern → Johannes Chrysostomos und → Basilios liegt Christus als Kleinkind auf dem eucharistischen Teller (Jugoslawien, Sopoćani, nach 1250).

Spätbyzantinisch ist die himmlische Liturgie (ab 14. Jh. Buchmalerei ab 12. Jh.): der große Einzug mit den Gaben als die von Engeln zelebrierte Bischofsliturgie.

Das Thema entfaltet sich in fast allen größeren

Apostelkommunion: links Petrus, dem das Brot gereicht wird, rechts Paulus mit Wein. Kimesis tis Theotókou, Kattawia, Rhodos

Kirchen im Kuppelrund um den → Pantokrator.

Nach der Befreiung Konstantinopels von den Lateinern neigt die byz. Kunst dazu, geistige Wirklichkeiten stärker zu betonen – die unsichtbare Wirklichkeit des Opfers vor dem überhimmlischen Altar Gottes, die sich gleichzeitig mit der sichtbaren Wirklichkeit des liturgischen Geschehens vor dem Altar in der Kirche vollzieht und im Cherubimhymnus geschildert ist, wird im Bilde herausgehoben. Engel tragen die heiligen Gaben zum Altar, hinter dem Christus steht. (Athos, Chilandariou, 17. Jh.; Ajios Nikolaos Anapawsas, Anfang 16. Jh.). Der als Priester amtierende Christus trägt auf spät- und postbyz. Darstellungen häufig ein Bischofsgewand.

In Ausnahmefällen füllt das letzte Abendmahl auch die Apsiswölbung (Athos Stawronikita, um 1546).

Eule
Η ΚΟΥΚΟΥΒΑΓΙΑ
I Koukouwájia

Der Nachtvogel ist, wie schon bei den Ägyptern und Juden, ein Unglücksbote und Todesankünder. Er hängt eng mit → Totenbräuchen zusammen. Sein Bild schützt vor dem → Bösen Blick.

Die Eule in Antike und Frühchristentum
In der Antike gilt die Eule, Attribut der »eulenäugigen« Athene, als Sinnbild der Weisheit. Mit ihren Blicken durchdringt sie die Dunkelheit. Basilios vergleicht den heidnischen Göttervogel mit den heidnischen Wissenschaftlern, die sich um müßige Weltweisheit bemühen, ohne die wahre christl. Erkenntnis zu finden. Der Physiologos (vor 200) sieht die Eule gerade wegen ihrer Unreinheit

als Bild Christi, denn »er hat sich selbst erniedrigt, damit er uns alle rette und wir erhöht würden.«
Andererseits war die Eule schon im alten Kreta ein Unterweltsdämon. Altgriech. und römischer Volksglaube sieht in ihr, ebenso wie der, der Ägypter und Inder, eine Todesankünderin und eine Unheilsbotin.

Neugriechischer Volksglaube – Totenvogel und Amulett
Geläufige Beinamen für das Käuzchen sind »*Totenvogel« (Chropoúli, Thanatopouli), Hexenvogel (Stringopouli), Unglücksvogel (Kakopouli)*. Ein Eulenvogel nachts auf dem Dach bedeutet, daß im Hause jemand sterben muß. So lautet ein frommer Wunsch auf Kephalonía: »Mögen die Käuzchen auf deinem Haus kreischen!« Um drohendes Unheil abzuwehren, rufen die Frauen der Insel beim Anblick eines Eulenvogels dreimal beschwichtigend:

»Der gute Vogel (Kalopouli, anstatt Kakopouli) erscheint und bringt uns gute Nachrichten. Nimm weder Asche von meiner Ecke noch Dreck von meiner Nachbarschaft.«

Dort gelten eine gerade → Zahl von Eulenrufen als Unheilszeichen, eine ungerade als glückbringend. Wer einen Eulenvogel umbringt, ist selbst des Todes.
Wegen ihrer eindrucksvollen großen runden Augen wird Eulen auch unterstellt, daß sie einen mit dem → Bösen Blick verhexen können (Waskania).
Weil man sich gegen Bösen Blick und Unheil am besten mit dem schützt, was das Unheil bringt, waren in Griechenland von altersher Eulenamulette im Gebrauch.

Evangelisten und ihre Symbole
ΟΙ ΕΥΑΓΓΕΛΙCΤΕC
I Evangelistes

Verfasser der vier kanonischen, im NT enthaltenen Evangelien (gute Botschaften, Schilderungen des Lebens Jesu).

Matthäus, Markus, Lukas und Johannes
Als Verfasser der vier in griech. Sprache aufgezeichneten Evangelien gelten:

☆ Matthäus (16. November). Zöllner, einer der zwölf → Apostel, identisch mit Lewi *(Matth. 9, 9)*. Nach der Legende missionierte er erst in Palästina, später am Pontus, in Persien, auch in Äthiopien (starb nach einer koptischen Überlieferung den Märtyrertod).

☆ Markus (25. April). Begleiter des Paulus (1. Reise). Passagen seines Evangeliums sollen auf Mitteilungen des Petrus beruhen, als dessen Dolmetscher er gilt. Nach venezianischen Legenden sei sein Schiff während eines Sturmes in die Lagune, an der Stelle des dort später entstandenen Venedig, verschlagen worden, er habe dort eine Engelsvision gehabt, sei weitergereist nach Alexandrien, habe dort die Bischofstradition begründet und sei anno 62 als Märtyrer gestorben.

828 überführten die Venezianer seine Gebeine in die Lagunenstadt. Seither ist der geflügelte Löwe mit Heiligenschein, die Vorderpranke auf einem Buch aufgestützt mit der Inschrift: »*Pax tibi, Marce Evangelista mea!*« das Hoheitszeichen der Stadt. Der Schatz des Markusdomes enthält eine reiche Sammlung an byz. Kunstschätzen, von Kreuzrittern und Venezianern bei der Plünderung Konstantinopels geraubt.

☆ Lukas (18. Oktober). Arzt und Reisebegleiter des Paulus. Verfaßte auch die Apostelgeschichte. Wegen seiner farbigen Schilderungen des Weihnachtsgeschehens wird er als der erste Porträtist der Muttergottes angesehen (→ Ikonenwunder) und als Maler mit der Staffelei dargestellt. Soll in hohem Alter in Griechenland gestorben sein.

☆ Johannes der Evangelist (6. September), einer der Zwölf, wie sein Bruder Jakobus Fischer. Das NT stellt die beiden zusammen mit Petrus als Christi Lieblingsjünger heraus (→ Kreuzigung). Jesus hat ihm am Kreuz seine Mutter anvertraut, der Legende nach ist er zusammen mit ihr nach Ephesus übergesiedelt. Dem Verfasser dreier Briefe des NT wird zu Unrecht die Urheberschaft an der → Apokalypse angelastet.

Nach Patmos verbannt, soll er sie in einer Höhle seinem Schüler Prochoros diktiert haben (Fresken in den Kirchen von Patmos schildern verschiedene Wundertaten des Johannes). Bisweilen wird sein Tod im hohen Alter nach dem Vorbilde der → Heimholung Mariä angelegt. Von der Kirche nicht übernommene Überlieferungen enthalten die apokryphen Johannesakten: Der Evangelist nennt ein heimlich von ihm angefertigtes Bild wertlos, überredet in einer Herberge eine Wanzenschar, ihn und seine Mitreisenden für eine Nacht in Ruhe zu lassen, legt sich zum Sterben in seinem ausgehobenen Grab nieder.

Die vier Beine des Altars repräsentieren in der Orthodoxie die zu den Aposteln gerechneten Evangelisten.

Die Ursprungsformen der Evangelistensymbole und die vier Himmelsrichtungen

In frühchristl. Zeit werden ihnen vier Flügelwesen aus der → Hesekiel-Vision zugeordnet. Jahwe, menschenähnlich gestaltet, sitzt zwischen und über vierflügeligen Tieren, ausgestattet mit je einem Menschen, einem Löwen-, einem Stier- und einem Adlergesicht. Diese Repräsentanten der vier Himmelsrichtungen treten an anderen Stellen in kanonischen und apokryphen Schriften zum AT als die vier Winde oder die vier Angesichtsengel (→ Engel) auf. Aufgegriffen wird das Bild von *Offbg. Joh. 4, 1–9:* Einer, der auf einem Stuhl im Regenbogen sitzt, ist umgeben von vier augenübersäten Tieren mit sechs Flügeln, die den Evangelistensymbolen bereits ziemlich ähnlich sind.

»Denn man kann nicht zugestehen, daß es mehr oder weniger als vier Evangelien gibt. Da es aber vier Gegenden der Welt, in der wir leben, gibt und vier Winde der vier Himmelsgegenden, da andererseits die Kirche über die ganze Erde ausgebreitet und das Evangelium und der Geist des Lebens die Säule und der Grund der Kirche sind, ist es folgerichtig, daß diese Kirche vier tragende Säulen hat« (Irenaeus, um 180/189).

Die Anschauung, daß die Welt von vier Enden eingegrenzt werde, war es, die dazu führte, daß vier Evangelien kanonisch festgelegt wurden und daß die Evangelisten mit den Flügelwesen der vier Richtungen verschmolzen:

☆ Die Evangelisten wurden als die vier Missionare, die das Evangelium zu den vier Enden der Welt tragen, verstanden.

☆ Origines (2. Jh.) knüpft in seinem Kommentar zum Johannesevangelium an die Vorstellung an, daß die Welt auf vier Säulen ruhe (→ Ciborium):

»Ich glaube, daß, so wie die vier Evangelien die Grundlagen des Glaubens der Kirche sind, und daß wie auf dieser Grundlage das in Christus und Gott befriedete Weltall ruht ... so auch das johannäische Evangelium die Grundlage der anderen Evangelien ist.«

☆ Die schon sehr früh abgebildeten vier Flüsse (→ Berg) unter einem Hügel weisen nicht nur auf das Paradies hin, sondern werden auch als die Evangelien gedeutet. Zugleich sind die Paradiesesflüsse aber auch die die vier Seiten der Welt begrenzenden Gewässer.

»Deine lebensspendende Seite, Christe, die aufsprudelt als Quelle aus Eden, tränkt Deine Kirche, die da ist das geistige Paradies, und die sich dort teilt als wie im Anfang in vier Evangelien, die den Kosmos bewässern, die Schöpfung erfreuen und die Völker getreulich unterweisen, Dein Königtum kniefällig zu verehren.« *Akolouthia der Leiden des Herrn vom »Roten Donnerstag«*

Übersicht: **Evangelistensymbole als Sinnbild Christi**

Evangelist	Symbol	Altchristliche Deutung	Deutung nach Hieronymus (gest. 420)
Matthäus	Mensch	Christus ist Mensch geworden	Das Matthäusevangelium beginnt mit der Menschwerdung Christi
Markus	Löwe	Ist wie ein Löwe auferstanden	Das Markusevangelium beginnt mit Johannes in der Wüste, wo die Löwen hausen
Lukas	Stier	Wurde wie ein Stier geschlachtet	Das Lukasevangelium beginnt mit dem Opferdienst des Priesters Zacharias
Johannes	Adler	Ist wie ein → Adler zum Himmel gefahren	Johannes hat mit der Niederschrift seines Evangeliums einen adlergleichen Höhenflug vollzogen

Evangelistendarstellungen

Evangelist auf einem Eckzwickel (Pendentif) unter dem Kuppelrund.

Die byz. Kunst stellt, im Gegensatz zur frühchristl., die Evangelisten als Personen und nicht mehr als Symboltiere dar. Das Trullanum (691/92) hat am Beispiel der Darstellung des → Lammes kategorisch gefordert, die heiligen Gestalten selbst und nicht ihre Symbole abzubilden.
So verschwinden die Symbole aus der byz. Kunst, tauchen erst wieder unter abendländischem Einfluß in postbyz. Zeit auf.
In Ajios Nikólaos Fountoukli (Rhodos, vermutlich 14. Jh.) sind Stier- und Menschenfigur als Schnitzerei in die Lesepultständer von Matthäus und Lukas eingefügt.

Standardplätze der Evangelisten sind vom 9. Jh. an in Vierstützen-Kreuzkuppelkirchen die vier Eckzwickel, auf denen die Kuppel mit dem Pantokrator ruht.
Sie sitzen mit einem Buch oder einer Schriftrolle vor einem Schreibpult, mit Schreibzeug, Leuchter und Lichtputzschere (Elmali, Karanlik und Carikli Kilise, Göreme, mittelbyz.).
Matthäus ist alt, mit weißem vollem Haar und Bart, Markus jung, mit braunem Haar und gestutztem Bart, Lukas braunhaarig, mit tonsurähnlicher Stirnglatze und Backenbart (in spätbyz. Zeit mit Staffelei und Marienikone). Der weißhaarige, langbärtige Johannes hat oft seinen jugendlichen Schreiber Prochoros bei sich. Unter dem Namen des Prochoros, einem der sieben von der Urgemeinde gewählten »Sozialarbeiter« *(Apg. 6. 5)*, wurde Anfang des 5. Jh.s ein Johannesroman verfaßt, der als Quelle die apokryphen Johannesakten nutzte. Zu der Zeit entstand die Überlieferung von Prochoros als Sekretär des Evangelisten. Auf den abgebildeten Büchern sind meist die Anfangsworte der Evangelien zu erkennen.

Evangelisten-Medaillons aus Goldemail finden sich regelmäßig auf Staurotheken (Reliquienbehälter für Splitter des heiligen Kreuzes) und auf Evangelienbüchern (viele davon im Schatz von San Marco). Um ein Kreuz gruppiert, versinnbildlichen die Evangelistenbilder die vier Paradiesesströme, die vom wahren → Lebensbaum des Kreuzes ausgehen als die vier Enden der Welt.

Historische Entwicklung des Evangelistenmotivs

In einem Fliesenornament (Santa Constanza, Rom, Anfang 4. Jh.) erscheinen die Evangelisten als vier Lämmer, was der Symbolisierung der zwölf Apostel (Sant' Apollinare in Classe, Ravenna, Mitte 6. Jh.) bzw. die des → Petrus und Paulus (Sarkophag, Ravenna, 5. Jh.) entspricht. Die frühestbekannten Darstellungen als Flügelwesen stammen von 340 (Markus und Marcellinus-Katakombe, Rom). Im 5. Jh. tragen sie den Nimbuskranz des → Himmelfahrtschristus (Rom, Santa Sabina, 430) oder sie umschweben in Wolken, wie die vier kosmischen Winde, das Gemmenkreuz über dem von den Aposteln in Menschengestalt flankierten Christus (Santa Pudenziana, Rom, Ende 4. Jh.).

Flügellos sind Stier und Löwe in der Apsis von Osios David (Thessaloniki, Ende 5. Jh.) sowie in San Vitale (Ravenna, Mitte 6. Jh.). Dort sitzen die Evangelisten, nach oben blickend, mit ihren Büchern in der Hand in der Landschaft, über ihnen ihre realistisch gehaltenen Symbole.

Der sog. »Stuhl des heiligen Markus« (Schatz San Marco), ursprünglich ein Kreuzreliquiar aus Alexandrien (6. Jh.), kombiniert ebenfalls Reliefbildnisse der Evangelisten mit den Symbolen, ausgebildet als Sternbilder.

Vom ausgehenden 7. Jh. an werden die symbolischen Flügelwesen in Byzanz von den sich auf ihre Werke konzentrierenden Evangelisten vor dem Schreibpult verdrängt.

Engel übernehmen jetzt ihre Plätze rund um die Regenbogennimben der Himmelfahrt bzw. der Majestas Domini; die Evangelisten jedoch besetzen in mittel- und spätbyz. Zeit die kuppeltragenden Eckzwickel. Durch die Zuordnung der Evangelisten zu entsprechenden funktionellen Partien der Kirchenarchitektur wird das gleiche ausgedrückt, wie durch das frühchristl. Motiv der Symbole, die Christus tragen.

Die Evangelistensymbole umschweben postbyz. Darstellungen von Christus als Erzpriester, als Fresken auf den Steinbilderwänden der Mani (Peloponnes).

Farben
ΤΑ ΧΡΩΜΑΤΑ
Ta chrómata

Die byz. Kultur ist farbenfreudig. Bestimmten Motiven werden festgelegte Farben zugeordnet (s. Kasten). Zwischen dem 4. und dem 15. Jh. ergeben sich erhebliche Änderungen in der Farbcharakteristik, die besonders den in der byz. Kunst bedeutungsvollen Hintergrund betreffen.

Antike Plastizität – byzantinische Farbigkeit
Antiker Götterglaube drückt sich aus in praller Körperlichkeit, östliches spirituelles Christentum in leuchtenden Farben. Mit dem Religionsumschwung Anfang des 4. Jh.s verflachte die monumentale Bildhauerei in Stein zum Relief, auch wurden die Figuren kleiner und verloren ihre hellenistisch-spätantike Bewegtheit. Dafür leuchteten an Gewölben und Wänden sakraler Räume Mosaiken aus farbfrohen Glaswürfeln auf. Zuvor hat es nur Fußbodenmosaiken gegeben – aus Natursteinen, weil Hellenismus und Kaiserzeit die Gedämpftheit heller gebrochener Farben bevorzugte.

Auch für die Architektur wurden vom 4. Jh. an buntere Steinsorten verwendet, z. B. der rötliche, den kaiserlichen Purpurfarben entsprechende Porphyr für die Paläste und Sarkophage der Herrscher. Farbenfreudiger wurden auch die Kleidermoden (was zu Protesten der Kirchenväter gegen den Luxus der farbigen Stoffe führte!).

Der allmähliche Rückzug des körperlich plastischen Bildwerks in die Fläche und das Herausstrahlen von Licht und Farbe aus zweidimensionalen Schöpfungen signalisiert einen Wandel der Geistigkeit.

Zuvor hatte der Mensch in seinen eigenen idealen Eigenschaften das Wirken der Götter verspürt. Ihnen hatte man dann das eigene Ideal schöner Körperlichkeit als Behältnis edler Gesinnung ausgeformt in Stein und Bronze dargebracht – das Göttliche für die Götter.

Die christlich-neuplatonische Gottheit hingegen ist das Licht, dessen Strahlen, dadurch daß sie ins Finstere dringen und sich abschwächen, alles was existiert, erschaffen. Das eigene Selbst ist noch ein schwacher Abglanz dieses Lichts. Das Ziel des malerischen und des damit untrennbar verbundenen architektonischen Abbildens ist es jetzt, das göttliche Licht selbst bildlich zu verwirklichen, nicht zuletzt auch die Strahlenstufen, die noch näher der Gottheit sind, und daher auch noch stärker leuchten als das eigene Selbst. Eindrucksvoll gelungen ist das in den beiden ravennatischen Baptisterien, im Grabmal der Galla Placidia und in der Ajia Sophia in Konstantinopel.

Der Gläubige weiß sich eingebunden in die himmlische und kirchliche Hierarchie. Daß diese innere Einstellung auch eine wesentlich nach innen gewandte ist, drückt sich besonders darin aus, daß auch jetzt Architektur vor allem eine Kunst des Innenraumes ist – und daß das greifbar Faßliche zurücktritt hinter den sich im Flirren der Mosaiksteine auflösenden Erscheinungen, die wie Visionen in den Augen aufstrahlen.

Hier bereitet sich schon das gewaltige Thema der mittel- und spätbyz. Mystik vor – die »Theoria«, die mystische Schau Gottes.

Festgelegte und frei gewählte Farben

☆ Zwischen Frühchristentum und Nachbyzantinik unterliegt das Kolorit einem beachtlichen Wandel.

Christus: Seine Tunika ist zunächst purpurfarben (bläuliches Rot bis rötliches Violett – nicht immer von Rot zu unterscheiden). In San Vitale (6. Jh.) entspricht das hoheitsvolle Blau-Purpur seines Gewandes den Farben der Kaisertracht Justinians und Theodoras.

Der mittelbyz. Himmelfahrts-Christus und vor allem der → Pantokrator trägt ein goldschraffiertes (= Licht) Untergewand und einen blauen (= Himmel) Überwurf. Doch wird Gold auch durch Lichtweiß ersetzt, in Fresken, durch gelblich-bräunliche Töne. Der Christus der → Verklärung ist weiß gewandet, der auf Erden wandelnde purpurfarben oder weiß, jeweils mit blauem Überwurf. Der Auferstehungs-Christus kann goldfarben sein, weiß oder rot. Der Christus Immanouil auf dem Arm der Gottesmutter ist in der Regel goldschraffiert.

Gottesmutter: Zunächst purpurfarben gekleidet, trägt sie später – in mittelbyz. Zeit – ein blaues Untergewand und ein ins Violette spielendes purpurnes Übergewand. Sie kann aber auch blau gekleidet sein, ihr blauer Überwurf zusätzlich gold schraffiert (Apsis Sophienkathedrale, Kiev). In spätbyz. Zeit ist ihre Manteltunika rot, so wie die ihrer Mutter Anna. Nachbyz.-griech. Ikonen stellen sie dar mit blaurotem oder auch weißem Überwurf.

☆ Die Freiheit in der Wahl der Farbe ist dennoch überraschend groß. Liturgische Farben hat die griech. Kirche nie festgelegt, bei den Priestergewändern gibt es lediglich unverbindliche Tendenzen:

☆ Von Ostern bis Himmelfahrt soll die Gewandung weiß oder hell sein, auch bei Bestattungen.

☆ Während des großen vorösterlichen Fastens werden dunkle Töne bevorzugt, meist blau oder violett, auch rot, als Hinweis auf Christi Blut.

☆ Am Karfreitag und bei Bestattungen wird schwarz gewählt.

☆ Die priesterlichen Untergewänder sollen hell sein (→ Gewänder).

Beispiele für ungewöhnliches Kolorit von Fresken:

☆ Barbara Kilise So'anli (Kappadokien) 1006/21: Leuchtend rote Lichtmandorla des Auferstehenden wirkt stark expressiv; gewöhnlich wird sie weiß oder goldfarben gehalten.

☆ Shakli Kilise, Göreme, 11. Jh.: Nur orangefarbene braune (Gewänder, Lippenrot, Holz) und grüne Töne (Gesichter, Gewanddetails, Laub) sind – unterschiedlich stark mit Weiß aufgehellt – auf den hellen Felsenuntergrund aufgetragen; von aparter Wirkung.

Weiß und Gold als Farbe des Lichtes

Farbflächen im Hintergrund bedeuten himmlisches Licht oder Himmel. Im frühen 4. Jh. dient Lichtweiß als Hintergrundfarbe (Mosaik, Santa Constanza, Rom) – noch in Anknüpfung an die Naturfarbe der steinernen Mosaikfußböden.

Im 5. Jh. herrscht dunkelblaues, nächtiges Mosaik vor, aus dem goldene Kreuze und Christogramme sonnenhaft herausleuchten (Galla Placidia, Baptisterium der Orthodoxen, Ravenna).

Vom 6. Jh. setzt sich Goldmosaik als Himmelslicht-Hintergrund durch.

Daneben hielt sich blauer Untergrund (Ajios Dimitrios, Thessaloniki, Mitte 7. Jh.), besonders in einfacheren ländlichen Bauwerken mit Freskomalerei.

Aus mittelbyz. Zeit stammen die großen Goldmosaikkirchen Konstantinopels und Griechenlands, aber auch die bescheideneren mönchischen Höhlenkirchen Kappadokiens mit dunkelblauem Untergrund. In kleineren Kirchen setzte man die Figuren einfach auf den unverputzten Grund – Steinfarbe als Lichtweiß des Hintergrundes.

Für die Anlage von Lichtmandorlen hat man in Kappadokien häufig Weiß anstelle des kostspieligen Goldes benutzt. Im verarmten spätbyz. Reich wurde Goldmosaik (Chora-Kirche, Konstantinopel, 1315–1321) zur Rarität, in Einzelfällen ersetzt durch goldgelbe Freskomalerei (Sopocani, Serbien, Mitte 13. Jh.). Blau wird zur Regel-Hintergrundfarbe – was kaum auffällt, weil Figur und Landschaft, immer detailreicher ausgeführt, den Hintergrund bis nahe an den oberen Rand der Bildfläche zurückdrängen (Mistras). In der spät- und postbyz. Kunst beschränkt sich das Gold auf kleine Flächen, etwa auf einzelne Heiligenscheine in der Wandmalerei, auf tragbare Ikonen und auf die → Ikonostase. Naive griechische Ikonen (19. und 20. Jh.) füllen den Hintergrund mit Landschaft, halten den Himmel blau oder ahmen den Goldton mit Hilfe von Hellbraun nach.

Übersicht: **Frühchristlich-byzantinische Farbpalette**

Farbe	Positive Bedeutung	Negative Bedeutung
Gold	Göttliches Licht, Sonne	Luxus
Silber	Mond (grünliches Silber, ersetzt durch Blaugrün)	–
Weiß	Licht (wie Gold), verklärter Christus (Theophanien), Nimben, Reinheit (Braut), Selige, Heilige (frühchristlich), Priestergewänder der Kirchenväter, Paradies	Leichentücher, Trauerfarbe für Verwandte 1. Grades des Kaisers (nach orientalischem Vorbild)
Schwarz	Selbsterniedrigung (Humilitas) Buße, Abtötung des Fleisches, Weltferne, Entrücktheit (schwarze Madonna)	Finsternis, Trauer, Unglück, Dämonen, Tod, Aufenthaltsort der Toten, Satan und seine Engel, Ort der Strafe
Grau	Asketengewänder, verstorbene Asketen	–
Purpur (teils mehr rötlich, teils mehr violett)	Macht, Gerechtigkeit, Herrschaftsfarbe, für Christus und den Kaiser (zeitweise durfte nur der Kaiser Purpur tragen, Porphyr war ihm vorbehalten), Farbe Marias und ihrer Präfigurationen, eucharistische Farbe von Altartüchern, dem Tuch der Bundeslade, von Baldachinen	Märtyrerblut, Martyrium, Spottgewand Christi (vor der Kreuzigung)
Violett	Bekennertum	Luxus, Hetären
Blau	Himmel, Himmelssehnsucht, Ewigkeit, Wasser	–
Grün	Erde, Pflanzenschmuck im Paradies, Hoffnung auf das Paradies (grünes Lebensbaumkreuz), Auferstehung (der Natur im Frühling, und des Menschen), Erdverbundenheit (Johannes der Täufer, Propheten), Tinte des unmündigen Kaisers oder des Kaiser-Stellvertreters	–
Gelb	Licht (Ersatz für Gold), Heiligenscheine auf Fresken	Farbe der Buße (schmutziges Gelb), Tod, Irrglaube, Heuchelei und Neid (gelbgrün)
Orange	Erde, Licht (Ersatz für Gold)	–
Rot	Herrschaftsfarbe (als Ersatz für Purpur), Heilige, Märtyrer, Liebe (Bräutigam), antikonische Ornamente (Bilderstreit), Tinte des Kaisers, irdische Lebendigkeit (Gewandung Annas)	Blut, Sünde (Gewandung Evas bei der Auferstehung), Feuerstrom der Hölle, Gewalt, Putzsucht, Eitelkeit
Braun	Erde, Demut, Bescheidenheit, Niedrigkeit, Eremitentum, Asketentum, Erdverbundenheit (Johannes der Täufer)	–
Vielfarbigkeit	Göttliche Vollkommenheit (symbolisiert etwa durch vielfarbige Edelsteine auf Evangeliaren und Reliquiaren), Regenbogen als Triumphzeichen (Nimbus), Außenmauer des himmlischen Jerusalem (Apokalypse 21)	–

Festtagskalender
ΤΟ ΔΩΔΕΚΑΟΡΘΟΝ
To dodekaórthon

Die »Zwölferordnung« umfaßt die zwölf Hochfeste des Kirchenjahres und als 13. das Osterfest, das so hoch über den andern steht wie Christus über den zwölf Aposteln (→ Zahl 13).

Unbewegliche und bewegliche Hauptfeste
☆ Unbewegliche Hoch-Feste (vier Marien-, fünf Christusfeste);

☆ → Geburt der Gottesmutter, mariologisch. 8. September
☆ → Kreuzerhöhung, christologisch-kosmologisch, 14. September
☆ → Tempelgang Mariä, mariologisch, 21. November
☆ → Geburt Christi, christologisch. 25. Dezember
☆ → Taufe Christi im Jordan *(Theophania = Gottesoffenbarung)*, christologisch, 6. Januar
☆ → Darstellung im Tempel, christologisch, 2. Februar
☆ → Verkündigung Mariä, mariologisch, 25. März
☆ → Verklärung Christi, christologisch, 6. August
☆ → Heimholung Mariä, mariologisch, 15. August.
☆ Bewegliche, vom Ostertermin abhängige, christologische Feste:
☆ → Einzug in Jerusalem (Palmsonntag), am Sonntag vor Ostern
☆ → Auferstehung Christi (→ Ostern)
☆ → Himmelfahrt Christi, 40 Tage nach Ostern, donnerstags
☆ → Pfingsten, 50 Tage nach Ostern.

Der zeitliche Ablauf innerhalb des beweglichen Festkreises stimmt mit dem zeitlichen Ablauf des Passions- und Ostergeschehens nach den Evangelien überein.

Die Sonntage der Vorfastenzeit und der Fastenzeit
Vom beweglichen Festkreis hängt die Vorfastenzeit mit *Apokreos* (griechischer Fasching) und die Fastenzeit (Passionszeit) ab:

Vier Sonntage der Vorfastenzeit:

Sonntag der Zöllner und Pharisäer
Sonntag des verlorenen Sohnes
Sonntag des Fleischverzichtes (*Apokreos*-Sonntag)
Sonntag des Käseverzichts.

Sechs Fastensonntage (→ Einzug in Jerusalem, → Kreuzigung, → Kreuzerhöhung):

Sonntag der Orthodoxie
Sonntag des Gregor Palamas
Sonntag der Verehrung des heiligen Kreuzes
Sonntag des Gedächtnisses des Johannes Klimakos
Sonntag der ehrwürdigen Maria von Ägypten
Sonntag des Einzugs (Palmsonntag).

Bildzyklen der Hauptfeste
Dargestellt werden die Hauptfeste als Mosaiken oder Fresken im Hauptschiff der Kirchen und zusätzlich als Ikonen in der Festbildreihe der → Ikonostase. Der Zyklus umfaßte im 7. Jh. sieben, im 8. Jh. zehn, ab 11. Jh. zehn, zwölf, 13, 16, 18 oder 19 Feste. Um 1000 war der Zyklus voll ausgebildet (ältestes erhaltenes Beispiel mit zehn Darstellungen: Osios Lukas, Anfang 11. Jh.). In der Auswahl der Feste gibt es beträchtliche Abweichungen. Häufig werden die → Anbetung der Weisen, → Lazarus, → Kreuzigung und der ungläubige → Thomas einbezogen, dafür andere Motive, wie der → Tempelgang Mariae weggelassen. In christologisch orientierten Zyklen wird die → Kreuzerhöhung durch die Kreuzigung ersetzt. Die Festbildprogramme in den Wand- und Gewölbezonen unterliegen einer Spannung:
Sie wollen die Szenen in erzählender Reihenfolge wiedergeben und zugleich das liturgisch-kalendarische Element betonen. Oft zwingt der Platz im Kircheninneren dazu, die Festbildzyklen entweder zu verkürzen oder auszubauen.

Hochfeste zweiter Ordnung
☆ → Beschneidung Christi (taucht selten im Dodekaorthon auf), 1. Januar
☆ Geburt → Johannes des Täufers, 1. Oktober
☆ Fest der Apostelfürsten → Petros und Paulos, 29. Juni
☆ Enthauptung → Johannes des Täufers, 29. August.

Fisch
Ο ΙΧΘΥC
O ichthýs

Wichtigste Zuspeise zum Brot für unbegüterte Menschen. Im Neugriechischen heißt der Fisch »*to psari*«, von altgriechisch »*to opsa-*

rion«, d.h. zubereitete Zukost zum Brot. In frühchristl. Zeit kryptographisches Zeichen für Christus.

Fisch als Kost in Palästina und Griechenland
Fisch war in Palästina die wichtigste Zukost der Armen, auch für Jesus und seine Jünger. Noch nach seiner Auferstehung nimmt er Fisch zu sich *(Luk. 24, 41; Joh. 21, 9–13)*. Fleisch erwähnen die Evangelien nur im Hinblick auf das Osterlamm des Abendmahls (→ Lamm). Für die Griechen der Antike und des Mittelalters war der Fisch das Hauptnahrungsmittel.

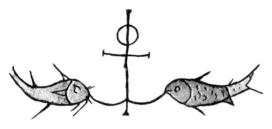

Ritzzeichnung, Katakomben, Rom.

Fische als Sinnbilder der zu rettenden Menschen
Mindestens vier der Apostel waren Fischer. Fischfang ist das Gleichnis für ihre Missionssendung: »... *Ich will Euch zu Menschenfischern machen.*« Matth. 4, 19. Gemeint ist die Rettung der Menschen (= Fische) vor dem Untergang im Chaos (= Meer; → Wunder am Meer, → Taufe Christi, → Noah). Clemens Alexandrinus (2. Jh.):

»Fischer der Sterblichen, die sich retten lassen aus dem Meer der Bosheit ... aus feindlicher Flut.«

Nach Eusebios gehen die Fische zugrunde, wenn sie gefangen werden, die Menschen, wenn sie sich dem Fischfang durch die Apostel entziehen. In seinem Traktat über die Taufe (vor 200) wendet Tertullian die Fischmetapher an:

»Aber wir Fischlein werden gemäß unserm Ichthys, unserm Jesus Christus im Wasser geboren und nicht anders als durch den Aufenthalt im Wasser sind wir gerettet.«

Alle Bilder über den Fischfang und die → Berufung der Jünger spielen auf das Menschenfischermotiv an. Die Fische im Jordan auf Bildern der → Taufe Christi meinen Täuflinge, ebenso wie die auf einem ikonoklastischen Wandbild abgebildeten Fischlein an Angelruten, herabhängend von einem im Wasser aufgepflanzten Gemmenkreuz (Zelve, Kappadokien, → Kreuz).

Fisch – Akrostichon für Christus
Obiges Tertullianzitat ist der früheste bekannte Hinweis auf die Gleichsetzung *Fisch = Christus* – nach vorherrschender Auffassung das Ergebnis eines Buchstabenspieles:

I	Jesoús	Jesus
X	Christós	Christus
Θ	Theoú	Gottes
Y	Jiós	Sohn
C	Sotír	Retter

Der griechische Schriftzug Ichthys – für die verfolgten Christen ab Mitte des 2. Jh.s ein Geheimzeichen – findet sich auch im lateinischen Bereich häufig (Santa Sabina, Rom, 422–432, auf der Schriftrolle des Christus der Theophania; Sant' Apollinare in Classe, Ravenna, 6. Jh. über dem Triumphkreuz in der Apsis; auf dem Fußbodenmosaik der Geburtskirche in Bethlehem, frühjustinianisch; Grab- und Sarkophaginschriften 200–600, auf Türstürzen, Siegeln und Amuletten).

Selten sind Fischsymbol-Zeichnungen (einige Beispiele auf Sarkophagen).

Nachträglich wurden noch zusätzlich bildhafte Bedeutungen in das Akrostichon hineingelegt:

☆ Der Fisch Christus gibt sich als Abendmahlsspeise hin. (Joh. 21, 1–14, *das Fischmahl Christi nach seiner Auferstehung; wundersame Vermehrung der fünf Brote und zwei Fische*).

☆ Christus ist der Fisch im Meer der Bosheit. Das Meer wird dabei einerseits verstanden als die Welt, andererseits als Totenwelt, so daß die Metapher auch die → österliche Hadesfahrt Christi meinen kann.

Im 6. Jh. geht im Sinne der Tendenz, Sinnbilder durch ihre Vorbilder zu vertauschen, die Darstellung des Fischsymbols als Schrift wie als Zeichen zurück. Doch vertritt noch auf mittelbyz. Darstellungen des letzten Abendmahls der eucharistische Fisch das Brot bzw. das Lamm (Karanlik Kilise, Göreme 12. (?) Jh.); Pskow (Pleskau) um 1156, Mirozski Kloster).

Fuß

Relief mit Fischen, 8. oder 9. Jh., eingebaut in einen Kirchenbau aus der 2. Hälfte des 12. Jh.s, Ajia Trias bei Nawplion, Peloponnes.

Der große Fisch als Verkörperung des Chaos im Urmeer

Der Riesenfisch bedeutet das Chaos des die Erde umgebenden Meeres (→ Wunder am Meer):
Ungeheuer des Jonas, in alttestamentlicher wie christlicher Auffassung. Riesenfisch und → Drache sind austauschbar: Oben auf griech. Bilderwänden (→ Ikonostasen) erscheinen unter dem Kreuz als Schnitzereien zwei Drachen oder Fische.

Fuß

O ΠΟΥΣ

O pous

Bestandteil des menschlichen Körpers, der die innigste Berührung mit der Erde hat. Untere Gliedmaße, als schmutzig und niedrig angesehen.

Heilvolle und unheilvolle Erdkontakte über die Füße

Die heilsamen Kräfte, mit denen die Erde besonders im Bezirk eines Heiligtums geladen ist, dringen in den barfuß Gehenden von unten her ein.

Zwecks Vermeidung von kultischen Verunreinigungen darf auch der jüdische Tempel zu Jerusalem nur barfuß mit gewaschenen Füßen betreten werden:

»Und er (Christus) nahm sie (die Jünger) mit hin zum Reinigungsort (im Tempelvorhof) und ging im Tempel umher ... Levi, ein hoher Priester, sagte: Wer hat Dir gestattet, an diesem Reinigungsort herumzulaufen, da weder Du Dich gebadet hast noch Deine Jünger die Füße gewaschen ...« Der Heiland ... sagte: Du also bist rein?« Sagte jener zu ihm: »Ich bin rein, habe ich mich doch im Davidsteich gebadet und bin über die eine Treppe hinuntergegangen und über die andere hinaufgegangen und habe weiße Kleider angezogen.« *Nazaräerevangelium (judenchristlich apokryph) Vers 9*

Der auferstehende Christus tritt mit seinen Füßen auf den gefesselten Hades. Barbara Kilise, So'anli, Kappadokien, Anfang 10. Jh.

Lewi pflegte zwei verschiedene Treppen zu benutzen, um sich nach dem Bad nicht an seinen eigenen unsauberen Fußspuren zu verunreinigen. Schuhe sind grundsätzlich unrein, auch weil sie aus der Haut getöteter Tiere bestehen. Kopten und äthiopische Christen betreten auch heute den Altarraum barfuß, wie es auch → Basilios unter Berufung auf 2. Mose 3, 5 verlangt hat (→ Brennender Dornbusch).

Für Muslims besteht das strikte Gebot, sich die Füße zu waschen, bevor sie ohne Schuhe die Teppiche einer Moschee betreten.

Der Fuß des Herrschers im Nacken des Unterlegenen

Das demonstriert sinnfällig die Überlegenheit des Siegers:

»Du hast ihn zum Herrn gemacht über das Werk Deiner Hände, alles hast Du unter seine Füße getan.« *Ps. 8, 7*

Auf einer Statue in Konstantinopel setzt Kaiser Hadrian seinen Fuß auf den Nacken eines besiegten Barbaren. Bei sportlichen Spielen im Hippodrom trat Justinian II. 705 anläßlich seiner Rückkehr zur Macht auf die Hälse zweier unterworfener Gegenkaiser. Der auferstehende Christus tritt auf den sich unter ihm krümmenden Hades (→ Ostern).

Christus wäscht Petrus die Füße. Goldmosaik Osios Lukas, Phokis, um 1000.

Fußverehrung und Fußwaschung

Jemandem etwas zu Füßen zu legen, sich ihm zu Füßen zu werfen (wie Maria und Martha vor Christus bei der Auferweckung des → Lazarus), bedeutet ihn als Höherrangigen anzuerkennen.

In Südostasien war eine Anrede für den Herrscher *Pada (Fuß)*. Der Sprechende stuft sich als so winzig ein, daß er nur den Fuß des Herrschers vor sich erkennen kann (dem ins Gesicht zu sehen keinesfalls erlaubt war). Ähnlich im AT:
»Wir wollen in seine (Jahwes) Wohnung gehen und anbeten vor seinem Fußschemel« *Ps. 132, 7.* »Der Himmel ist mein Thron und die Erde der Schemel meiner Füße.« Aussage Jahwes Jes. 66, 1
Im Träumen weisen laut altgriechischer Deutung Füße auf Sklaven und Dienerschaft hin. Den Gästen die staubbedeckten Füße zu waschen, war bei Griechen, Römern und Juden eine feste Sitte; die Juden muteten diesen niedrigsten Dienst nur nichtjüdischen Sklaven zu. Die Fußwaschung Christi (→ Passionszyklus) war ein Zeichen äußerster Selbsthingabe. Johannes der Täufer sagte über Christus: *»Ich bin nicht wert, die Riemen seiner Sandalen aufzuschnüren.«*

Fußabdrücke

Fußabdrücke Christi werden in Jerusalem an der Stelle seines Verhöres gezeigt, die letzten Spuren des zum Himmel Auffahrenden auf dem Ölberg. In der kappadokischen Sandalenkirche (Carikli Kilise, Göreme) sollen die Abdrücke der Himmelfahrt im Fußboden nachgeformt worden sein. Riesenhafte Höhlungen auf dem Adams Peak in Sri Lanka gelten als die Fußspuren Buddhas, Shivas, Mohammeds oder Adams.

Dagegen die gnostische Tradition:
»Ich wollte aber oftmals, wenn ich mit ihm (Christus) ging, seine Fußspur auf der Erde sehen, ob sie eigentlich wahrzunehmen sei, denn ich beobachtete, wie er (beim Gehen) sich von der Erde weg erhob. Ich habe niemals eine gesehen« *Johannesakten 93*

Geburt Christi

Η ΓΕΝΕCΙC ΤΟΥ ΧΡΙCΤΟΥ
I Génesis tou Christoú

Die Menschwerdung bedeutet Herabstieg Gottes in die Niederungen der Finsternis. Mit dem Geborenwerden beginnt für Christus die Passion, während der Menschheit das göttliche Licht aufstrahlt. Das byz. Weihnachtsbild ist voller bedeutungsvoller Anspielungen, ein ikonographischer Mikrokosmos für sich selbst.

Das Weihnachtsfest im Osten und im Westen

Weihnachten wurde vom 4. Jh. an in Rom am 25. Dezember, im oströmischen Reich zunächst am 6. Januar gefeiert. Dem Fest der Erscheinung Christi (Epiphanie), ursprünglich nur auf die → Taufe im Jordan bezogen, wurde das Geburtsmotiv angelagert – als Gegengewicht gegen die häretische Lehre, daß Christus erst durch die Taufe die Gottessohnschaft erwarb. Auch gegenüber Sekten, die Christus die menschliche Natur absprachen, war seine Geburt als Mensch zu betonen. Beide gleichzeitig gefeierten Ereignisse gelten dem Anfang des irdischen Auftretens Christi gemäß seiner menschlichen Natur und als früheste Offenbarung seiner Göttlichkeit. Bei Christi Geburt »*dem Fleische nach*« und bei der Taufe leuchtet das göttliche Licht auf – einmal als Stern und einmal als Strahl, in dem wie eine Taube der Heilige Geist auf Christus niederfährt.

Das Hochfest der Geburt Christi (→ Festtagskalender) wird in Griechenland erst seit der Einführung des gregorianischen Kalenders an dem auch im Westen üblichen Weihnachtsdatum (25. Dezember) begangen. Eine halbe Million Anhänger des alten Kalenders feiern ihre Kirchenfeste, wie die Russisch- und Serbisch-Orthodoxen, nach dem julianischen Kalender 13 Tage später.

In Rom war die Feier der alljährlichen Neugeburt der Sonne mit der Geburt Christi als der Sonne des Heils und dem Licht des Lebens verschmolzen. Im Osten war und ist Christi Geburt der Beginn der Neuschöpfung einer in die Finsternis abgeglittenen ersten Schöpfung. Dies kosmische Verständnis beruht auf dem im NT enthaltenen Schöpfungsbericht, einer Zusammenschau der Urschöpfung und ihrer Neuschöpfung durch Christus:
»Im Anfang war das Wort und das Wort war bei Gott und Gott war das Wort ... In ihm war das Leben und das Leben war das Licht der Menschen. Und das Licht schien in der Finsternis und die Finsternis hat es nicht begriffen ... Und das Wort ward Fleisch ...«, *Joh. 1*

Geburt Christi und Liturgie

Den Einzug des göttlichen Wortes in die Welt wiederholt auf symbolische Weise der Priester allsonntäglich in der *Liturgie der Katechoumenen*. Beim »kleinen Einzug« trägt er feierlich das Evangelium durch die Nordtür der Bilderwand heraus und schreitet mit ihm durch die Königspforte ins Allerheiligste. Dies bedeutet zugleich »Geburt des Logos« und Beginn des öffentl. Wirkens Christi nach seiner Taufe.

»Als Säugling geruhst Du Kind zu sein, Du, der Du das Himmelsgewölbe mit Sternen geschmückt und in die Krippe der unvernünftigen Tiere hast Du Dich gebettet, der Du in Deiner Faust zusammenhältst die Enden der Welt.« *Aus der Liturgie des Weihnachtstages*

Die Liturgie gedenkt durch Lesungen aus dem AT und rituell-symbolische Handlungen auch der Erstschöpfung; sie wird erst dadurch vollendet und erneuert, daß der Schöpfer selbst zum Geschöpf wird:

☆ Die schöne Pforte der Bilderwand ist zu Weihnachten weit aufgetan: Die Pforten des Himmels sind geöffnet.
☆ Das Evangelium wird im Hauptschiff der Kirche ausgelegt: Das Wort kam in die Welt – der Logos ist geboren.
☆ In der Mitte der Kirche wird nach der Feier der Eucharistie eine große Kerze angezündet: die neugeborene Christussonne.

Volkstümliches Brauchtum zu Weihnachten
Die orthodoxe Liturgie betont das göttliche Wirken im Heilsgeschehen, der Volksbrauch mehr das *Menschliche* an der Geburt des Heilands.
Am 24., dem letzten Tag des strengen vorweihnachtlichen Fastens, werden traditionsgemäß Trockenfrüchte gegessen. Am 25. nach der Morgenliturgie findet »die Tafel der Muttergottes« statt, ein Festmahl, dessen wichtigster Bestandteil das am Vorabend gebackene süße Christopsomo (Christusbrot) ist.

In Sinope am Schwarzen Meer tischten die pontischen Griechen den Überrest des Christusbrotes der Haus-Ikone auf. In einigen thrakischen Dörfern bereiteten die Hausfrauen neun verschiedene Speisen, stellten sie auf einem kleinen Tisch vor den Haus-Ikonen auf und entzündeten Weihrauch: Die von der Geburt entkräftete Gottesmutter und der kleine Jesus sollten sich stärken.
Hirten und Herdenbesitzer segnen ihre Ställe und Schafpferche mit Weihrauch.
Die zwölf Tage zwischen Weihnachten und dem Theophaniefest bilden die Umbruchperiode vom alten zum neuen Jahr:

»Guten Tag, Ihr hohen Herrn! Was steht denn nun zu Diensten? Des Christus göttliche Geburt, in Eurem Gutshaus zu verkünden. Christus, der ist geboren heute, in Bethlehem, dem Städtchen. Die Himmel jauchzen laut vor Freud' und alle Natur ist fröhlich. Tief in der Höhle kam er zur Welt, in der Futterkrippe der Pferde, der Herr über alle Himmel, und der Schöpfer des Alls. In diesem hoheitsvollen Hause soll das Felsenfundament nicht bersten, und des Hauses hoher Herr, viele Jahre soll er leben.« *Kalín iméran árchontes, Weihnachts-Kalanta.*

An Weihnachten wie auch am 1. und 6. Januar ziehen junge Leute von Haus zu Haus, singen Kalanta (calendae waren in Rom die jeweils ersten Tage der Monate) mit Segenswünschen. Die Hausfrauen revanchieren sich mit Gebäck, Nüssen, Trockenobst und Kleingeld. Ebenfalls nach antikem Brauch wird der Herd kreuzweise mit Wein oder Öl begossen.

Die Menschen schützen sich mit Kerzenlicht und Herdfeuer, das während der zwölf Tage nicht ausgehen darf, vor den *Kallikantzari*, den gespenstischen, Erdhöhlen bewohnenden »*Stiefelwadlern*«.
Das Jahr über versuchen diese Erdgeister, alle Bäume auf Erden mit ihren Äxten zu vernichten. Kurz vor Weihnachten sind sie fast am Ziel, aber da wird Christus geboren und die Bäume schießen erneut in die Höhe. Voller Wut stürmen die Erdgeister auf die Erdoberfläche, trampeln mit ihren Eisenstiefeln darauf herum, dringen nachts durch die Schornsteine in die Häuser und erschrecken die Leute. Die Natur ist in Unordnung, das Wasser hat keine Reinigungs- und Heilkraft mehr, es herrscht Chaos – bis zum 6. Januar, wenn durch die Wasserweihe die Kallikantzari in ihre Erdhöhlen zurückgescheucht werden, sich mit der → Taufe Christi das Licht offenbart und die Welt fürs neue Jahr wiedergeboren wird.

**Das Geburtsmotiv –
Beschreibung und Deutung**

»Heute gebar die Jungfrau den, der schon war, bevor alles andere war, und die Erde bereitet eine Höhle dem Unnahbaren. Die Engel lobpreisen mit den Hirten, die Weisen folgen dem Stern nach, denn für uns ist Gott, der über allen Zeiten ist, als kleines Kindlein geboren worden«, *Liturgie zum Fest von Christi Geburt dem Fleische nach*

Dies Kontakion entspricht, mit Ausnahme des Hinweises auf die Höhle, den Geburtsberichten der Evangelien *(Matth. 1, 5–2, 12 und Luk. 2, 1–21)* und führt auf die knappste Formel gebracht, zum Kern der byz. Weihnachts-

Geburt Christi

Geburt Christi, Goldmosaik in der Südost-Trompe der Klosterkirche von Osios Lukas, nach 1000.

Christi Geburt, Barbara Kilise, So'anli, Kappadokien.

darstellung. Die Gesamtheit ihrer Details symbolisiert das Erlösungswerk Christi einschließlich Tod und Auferstehung. Weil es Menschsein und Göttlichkeit Christi zugleich herausstellt, wird das Geburtsmotiv seit der frühen mittelbyz. Zeit vorzugsweise oben im Gewölbe, das als Zwischenzone zwischen Erde und Himmel anzusehen ist (→ Kirchenbau), angeordnet, in den Kirchen des Acht-Stützen-Systems oft in der Südost-Trompe: Osios Lukas, Anfang 11. Jh.; Daphni bei Athen, Ende 11. Jh.; Nea Moni Chios, 11. Jh.

Historische Entwicklung des Weihnachtsmotivs

Die frühesten, auf Christi Geburt verweisenden Motive finden sich als Reliefs auf Deckel- oder Seitenwänden von Sarkophagen (etwa ab 300).

Weltweit ist die Überzeugung verbreitet, daß der Zustand des Menschen vor dem Eintritt ins Leben vergleichbar sei mit dem nach seinem Tode. Wie der

Verstorbene straff in Binden (→ Lazarus) gewickelt wird, wird auch das Neugeborene so straff gewickelt, daß es sich kaum bewegen kann. Die Geburt auf dem Sarg besagt: Christi Geburt ist Ursache dafür, daß der Verstorbene zu einem jenseitigen Leben wiedergeboren wird. Aus dieser Tradition heraus ist es zu verstehen, wenn auf der weihnachtlichen »Tafel der Muttergottes« auch Speisen für die Toten bereitgestellt werden.

Die frühen Weihnachtsdarstellungen lassen sich in zwei unterschiedliche Motive einteilen:

☆ Das *»Kind in der Krippe«* Motiv (Anfang 4. Jh.): Christus liegt in einem Korb oder einer Futterwanne, flankiert von Ochs und Esel.

(Prophetenwort des AT:
»Ein Ochse kennt seinen Herrn und ein Esel die Worte seines Herrn, aber mein Volk hat nicht begriffen...« Jes. 1, 3.)

Maria und Joseph fehlen noch, doch wird gelegentlich ein Hirte dargestellt. Gregor von Nyssa, Ambrosios von Mailand und Augustinus sehen den unters Joch gepreßten *Ochsen* als Vertreter des Judentums, auf dem das Gesetz Mose lastet, den *Esel* als Symbol des Heidentums an. Beiden Teilen der christlichen Gesamtgemeinde, den *Judenchristen* und den *Heidenchristen*, ist *Christus im Futterkorb* vorgesetzt – ein deutlicher Hinweis auf die → Eucharistie.

Folgerichtig wird später aus Christi Krippe ein eucharistischer, aus Hausteinen gefügter Altar (auf Elfenbeintäfelchen und Pilgerfläschchen, 5. Jh.). Bis heute bedeutet die Weihnachtskrippe zugleich den Grabsarkophag (→ Passionszyklus) Christi, der seinen toten Leib birgt, und den Abendmahlsaltar, auf dem sein Leib als unblutiges Opfer der Gemeinde vorgesetzt wird. Die Krippe verweist auf den Diskos mit der Prosphora, der ebenfalls Christi Krippe und Christi Grab darstellt (→ Proskomidie).

☆ Das *»Anbetungsmotiv«* (Sarkophagreliefs 1. Hälfte 4. Jh.): Die → Weisen aus dem Morgenland beten die Gottesmutter an. Sie sitzt mit dem Kind im Schoß auf einem herrschaftlichen Thron: Die ikonografisch folgenreichste Darstellung befand sich in der Apsis der Geburtskirche in Bethlehem, einer Gründung von Helena, der Mutter → Konstantins (2. Viertel 4. Jh.).

Ab Mitte des 4. Jh.s wurden die beiden Motive miteinander kombiniert. Hirten und Magier erscheinen nun gleichzeitig im Bild und vertreten, ähnlich wie Ochs und Esel, den jüdisch-christlichen und den heidnisch-christlichen Teil des Gottesvolkes. Der → Stern mit seinen acht Zacken, ursprünglich nur ein Leitgestirn für die → Weisen, wandelt sich zum Licht der Epiphanie Gottes. Er strahlt jetzt direkt heraus aus einem Himmelssegment, hinein in die Finsternis dieser Welt *(Joh. 1, 1–8).*

Unheilvolle Dunkelheit wird dargestellt durch die Bildmetapher der Höhle (vom 5. Jh. an) – in Schriften erwähnt – von der Mitte des 2. Jh.s an.

»Und er (Joseph) fand dort eine Höhle und geleitete sie (die hochschwangere Maria) hinein, und er ließ seine Söhne ihr zur Seite und zog aus, um eine hebräische Hebamme in der Nähe von Bethlehem zu suchen.« *Protevangelium des Jak. 18, 1, apokryph*

Auch Justinus der Märtyrer kennt die Höhle (Dialog mit Tryphon 78, Mitte 2. Jh.), der Kirchenvater Epiphanius (2. Hälfte 4. Jh.) zitiert *Luk. 2, 7* und ersetzt dabei das Wort Krippe durch Höhle:

»... Und sie gebar ihren erstgeborenen Sohn, wikkelte ihn in Windeln und legte ihn in eine Höhle.«

Die Liturgie des Weihnachtstages ruft Christus an:

»Der Du in einer Höhle geboren und in eine Futterkrippe gebettet zu unserer Rettung ...«

Abgebildet wird die Höhle auf palästinensischen Pilgerfläschchen vom 5. Jh. an, in Form symbolischer Zeichen als Krippenaltar der Geburtskirche in Bethlehem, der einen Durchblick erlaubt hinab in die als Krypta ausgebildete Geburtshöhle unter der Apsis (nach dem gleichen Prinzip war auch der konstantinische Altar über dem Heiligen Grab angelegt worden (→ Darstellung im Tempel).

Da in Palästina Höhlen als Ställe benutzt wurden, kann die Höhlengeburt eine historische Tatsache gewesen sein. Das Motiv erinnert ebenso an die mythischen Höhlengeburten antiker Gottheiten, z. B. die Geburt des Zeus in einer Höhle des Berges Ida auf Kreta, des Zeussohnes Dionysos durch die Erdmutter Semele – nach anderen Quellen durch Demeter oder Persephone. Mithras, oft gleichgesetzt mit sol invictus (unbesiegbare Sonne), ist am 25. Dezember aus einem Felsen geboren und von Hirten angebetet worden.

Geburt Christi

Die Griechen sehen in den vorchristlichen Mythen über höhlengeborene Gottheiten geheimnisvolle Vorbildungen, die auf das Christuskind in der Höhle hinweisen. Spekulationen über die Historizität treten für die orthodoxe Kirche hinter den theologischen Aspekt der Höhle (= Finsternis = äußerste Gottesferne) zurück. Sie stellt die bildliche Verkörperung der Lehre von der »*Entäußerung« (Kenosis)* dar: Christus hat, indem er in die äußerste Dunkelheit der Höhle hinabstieg, durch seine Geburt als Mensch auf alle Göttlichkeit verzichtet.

Die *Geburtshöhle* weist bereits hin auf die *Hadeshöhle*, die Welt der Toten, in die Christus nach seiner Kreuzigung herabsteigt, um das göttliche Licht hinabzutragen in die äußerste Gottesferne. Von mittelbyz. Zeit an wird die Höhle inmitten einer Felslandschaft (→ Berg) als ovaler Spalt wiedergegeben. Die Gottesmutter lagert auf einem roten ovalen Kissen, in oder vor der dunklen Höhle – tiefenpsychologisch ist die Höhle als Symbol der Gebärmutter und darüber hinaus des weiblichen Prinzips mit seinen lebensspendenden und bedrohlichen (Dunkel!) Aspekten zu verstehen.

Ergänzende Detailmotive

☆ Das Kind wird von zwei Frauen gebadet. Dieses Motiv ist als Szene in der Szene eingefügt – das Christuskind erscheint in der gleichen Darstellung zweimal. Mitunter wird die Verbindung zwischen dem Hauptmotiv und dem Nebenmotiv verstärkt: Die Gottesmutter blickt an Jesus in der Krippe vorbei zu Jesus im Bad, und der Strahl des aus einem den Himmel wiedergebenden Kreissegment herausstrahlenden → Sterns von Bethlehem zielt auf das Kind im Bad (anstatt auf die Krippe). Durch Beischriften werden die beiden stets sehr klein wiedergegebenen dienstbaren Frauen als die Hebammen Zelanu und Salome (→ Marienzyklus) gekennzeichnet.

Eine oder beide treten zunächst in Zusammenhang mit der Überprüfung der Jungfräulichkeit der Gottesmutter auf. Auf Geräten und Miniaturen vom 6. Jh. und auf nachikonoklastischen Wandmalereien vom 9. Jh. an baden die beiden das Kind in einem kelchförmig geformten Becken, das an einen Taufstein erinnert. Neugeborene gelten in frühchristlicher Zeit, wie bei Griechen, Römern und Juden als körperlich und kultisch unrein, sie müssen unbedingt gebadet werden. Das Motiv nimmt zugleich die → Taufe Christi im Jordan vorweg.

Wie die Höhle, ist auch das Meer, repräsentiert durch das Taufbecken, der Ort der Gottesferne, des Todes. Eingetaucht werden bedeutet sterben – aber auch Freiwerden zu einer geistigen Wiedergeburt als Gläubiger. Das Bad symbolisiert Tod und Auferstehung Christi, so wie die Taufe Tod und Auferstehung dessen bedeutet, der den Lebensweg Christi nachvollzieht. Die enge Bindung zwischen Weihnachtsereignis und Taufe Christi wird auf manchen Festtagsbildanordnungen an Kirchenwänden hervorgehoben: Der Stern über den beiden Szenen sendet einen Strahl hin zum Kind in der Krippe, den andern zum Christus im Jordan.

Die Hebamme links neben dem Badebecken hält das Kind oder prüft die Temperatur des Wassers. Rechts steht Salome und schüttet Wasser aus einem *Krug* ins Bad.

Der *Krug* ist ein Zeichen für die Gottesmutter selbst, ihr symbolischer Beiname, weil aus ihr das »Wasser des Lebens« – der Gottessohn, den sie gebiert – hervorgeht. Sie ist die → lebensspendende Quelle; unterhalb von Salome wird gelegentlich ein Brunnen dargestellt.

Geburt Christi, Tokali Kilise, Göreme, Kappadokien, Ende 10. Jh.

☆ Links über der Felsenkuppe, die die Höhle birgt, mehrere Engel, zwei bis zehn –, die mit ehrfürchtig verhüllten → Händen das Neugeborene anbeten oder darauf zeigen. Sie verneigen sich wie die → Weisen. Rechts vom Gipfel drei Verkündigungsengel, teils zur Krippe, teils zu den Hirten unter ihnen gewandt und mit der »Christusgeste« (→ Hände) auf das Kind weisend. Häufiger Textzusatz Luk. 2, 9: »Fürchtet Euch nicht«. Die Beischrift »Haltet ein mit dem Umherschweifen in Feld und Flur« – eine Anspielung auf Luk. 2, 8 (»Und es waren Hirten auf dem Felde, die schweiften umher in Feld und Flur und weideten des nachts ihre Herden«) – haben die Byzantiner m. E. anders verstanden, nämlich: »Haltet ein mit dem Spiel der Hirtenflöte!«. Sie haben agrawlouñtes (= Umherschweifende) als »Hirtenflöte (wilde Flöte) Spielende« interpretiert. Eine Aufforderung, mit dem Flötenspiel inne zu halten, kommt in der Weihnachts-Liturgie vor. Ab 10. Jh. taucht in den Geburtsdarstellungen ein Hirtenjunge auf, der die Flöte spielt oder sie vom Mund absetzt.

In der Nähe der zumeist zwei oder drei Hirten, die sich der Höhle zuwenden, weiden Schafe und Ziegen. In einigen kappadokischen Höhlenkirchen haben die Rücken der Tiere runde rote Flecken, ein Markierungsverfahren, das noch heute in Inneranatolien angewandt wird. Joseph sitzt, das Gesicht in einer Hand vergraben, abgesondert in einer (unteren) Ecke des Motivfeldes.

Häufig redet ein stehender Hirte auf ihn ein. Dessen Wiedergabe im Vollprofil, sonst nur dem Teufel bzw. Judas vorbehalten, legt es nahe, in ihm eine Erscheinungsform des Versuchers zu sehen. Er bläst dem väterlichen Beschützer der Gottesmutter Zweifel an der jungfräulichen Geburt ein:
»Joseph aber, ihr Mann, war rechtschaffen und wollte sie (ihrer Schwangerschaft wegen) nicht bloßstellen. So beabsichtigte er, sie heimlich zu verlassen.« *Matth. 1, 19*

Nach dem Bilderstreit wird das schon weitgehend vervollständigte Motiv zunächst eingereiht in mehr oder minder ausführlich ausgebaute Bildfolgen des → Marienzyklus.
Innerhalb der einzelnen Bildstreifen ist die Szenentrennung lediglich dadurch angedeutet, daß die jeweils am Rande stehenden Figuren einander den Rücken zuwenden. Später werden sie mit den gleichen roten und weißen konturierten Linien unterteilt, die auch die Fußleisten der Zeilen bilden. Nach 1000 bildet sich der → Festtagszyklus heraus, dem das Weihnachtsbild zugeordnet wird. Der Rest des Marienzyklus schrumpft, entfällt ganz oder wird in den Vorhallenbereich abgedrängt.

Geburt der Gottesmutter
ΤΟ ΓΕΝΕΘΛΙΟΝ ΤΗC ΘΕΟΤΟΚΟΥ
To Genéthlion tis Theotókou

Der Überlieferung nach ist Maria das Kind von Joachim und Anna. Ihr Geburtstag gehört zu den zwölf Hochfesten.

Erster Festtag des Kirchenjahres
Das Kirchenjahr beginnt am 1. September, die Mariengeburt ist das erste Hauptfest am 8. September, doch wird es nicht in jedem → Festtagszyklus berücksichtigt. Maria ist gezeugt und geboren wie alle Sterblichen. Das römisch-katholische Dogma, ihre Mutter Anna habe sie bereits »unbefleckt« von Joachim empfangen, wird von der Ostkirche abgelehnt. Da bereits Justinian I. der Mutter Anna eine Kirche erbauen ließ, dürfte das Fest schon Mitte des 6. Jh.s in Konstantinopel bekannt gewesen sein.

Anna, zunächst kinderlos, gebar erst in fortgeschrittenem Alter Maria; sie gehört deswegen zu den Heiligen, die von den Wöchnerinnen angerufen werden. Ihr Typus ist Sara aus dem AT, die dem → Abraham erst mit 100 Jahren Isaak gebar.

Das Motiv der Geburt des Marienkindes
»Joachim und Anna wurden befreit von der Schande der Kinderlosigkeit, und Adam und Eva vom Verwesen im Tode, o Allerreinste, infolge Deiner Geburt. So freuet sich denn auch Dein Volk, erlöst von der Schuld seiner Missetaten und es ruft Dir zu: Die Unfruchtbare gebar die Gottesgebärerin und die Nährerin unseres Lebens ...« *Liturgie des Festes der Mariengeburt*

Maria wird in einem Haus geboren. Wie so oft in der byz. Kunst, deuten bildliche Kurzformeln der Außenfassaden einen Innenraum an. Anna, in ein hellrotes Maphorion gehüllt, liegt oder sitzt auf einem Bett. Das eben geborene Kind hat ihr eine Hebamme abgenommen, um es zu baden. Der Vater Joachim hält sich entweder, nach dem Vorbilde Josephs (→ Geburt Christi) zurück, steht z. B. unter der Tür, fehlt mitunter völlig (Daphni, Athen, Ende 11. Jh.) oder sitzt Anna mit einer Kerze in der Hand gegenüber. Dienerinnen bringen Gefäße. In der Chorakirche (Konstantinopel) sind es die *»Töchter der Hebräer«*. Quelle für die im NT

Geburt der Maria, Goldmosaik im Narthex der Chorakirche, Konstantinopel, 1315–21.

nicht erwähnte Legende von der Mariengeburt ist das apokryphe *Protevangelium des Jakobus* (um 140). Dargestellt wird sie auf Einzelikonen, häufiger auf Wandmalereien innerhalb des → Marienzyklus.

Brauchtum rund um die Geburt
In der Chorakirche werden die »Töchter der Hebräer« (aus dem Protevangelium) als Patinnen aufgefaßt. Nach griechischer Sitte steuern sie zum Fest das Öl für die Myronsalbung (→ Mysterien) bei, eine bringt die Taufkerze oder eine Fackel. Die *Kumpares* (Paten) haben für alles, was zum Tauffest benötigt wird, auch für Taufkleid und Geschenke, zu sorgen. Sie bringen geweihte Kerzen aus der Kirche mit nach Hause. Die leuchten, wenn das Leben beginnt, bei der Geburt, vor der Ikone des Heiligen → *Eleutherios*, und auch wenn es verlöscht, am Totenbett (→ Heimholung Mariä). Im alten Griechenland hatte die Geburtsgöttin *Eileithia* die Fackel getragen, wie auch *Thanatos (Tod)*, der sie jedoch nach unten hielt.
Mitunter macht sich eine Dienerin an »Marias Wiege« zu schaffen. Die Griechen stecken einem Neugeborenen eine Knoblauchzwiebel zwischen die Kissen, der scharfe Geruch vertreibt die Dämonen.
Ikonen der Heiligen Anna gibt es erst seit postbyz. Zeit. Von Marienikonen des Typs Odijitria (→ Maria) unterscheidet sie sich lediglich durch das hellrote Maphorion, und durch die als winzige Erwachsene dargestellte Maria auf ihrem Arm.

Georg, der siegreiche Reiterheilige
Ο ΑΓΙΟΣ ΓΕΩΡΓΙΟΣ ΝΙΚΗΦΟΡΟΣ
O Ajios Jeórjios nikifóros

Drachentöter zu Pferde, Schutzpatron der Landleute und der Krieger, der in Griechenland populärste Heilige. Sein Pendant ist → Demetrios.

Festtag und Volksglaube
Der griechische Bauer hält sich an zwei Jahreszeiten, Sommer und Winter. Die Wendepunkte dazwischen werden von zwei Reiterheiligen markiert. Am Georgstag (23. April) beginnt

mit dem Sommer das ländliche Wirtschaftsjahr, am Tag des → Demetrios (26. Oktober) der Winter. O Ajios Jiorgos ist Schutzpatron der Bauern und Hirten – die Sommerkontrakte für Landarbeiter und Schafhirten gelten von seinem Namenstag an – er schützt auch die Gefangenen, die Armen und die Soldaten.

Einer byz. Legende nach hatte ein Sarazene in Palästina in einer eroberten Kirche, die die Gebeine des Heiligen barg, auf ein Georgsmosaik im Gewölbe geschossen. Dicht vor dem Bild wendete der Pfeil und traf den Schützen mitten ins Herz. Der Mosaik-Georg streckte seine Hand aus, die Sarazenen gerieten in Panik und trampelten sich gegenseitig tot. Die Berichte der Davongekommenen hatten zur Folge, daß sich die Sarazenen einem Georgsheiligtum von nun an nur zitternd und ihn lobpreisend näherten.

Aus Kleinasien vertriebene Griechen berichten, Georg sei oftmals hoch zu Roß als Lichterscheinung aufgetaucht, um von muslimischen Türken bedrängte Christen zu retten. Im alten Rußland hatte man Georg als Schutzpatron gegen die Tataren angerufen. Ein Bild des Heiligen schmückte die Kaiserbanner von mittelbyz. Zeit an, und heute noch die Regimentsflaggen des griech. Heeres.

Georgslegende

In einem See in Lykien (Kleinasien) hauste ein gewaltiger Drache, von den Umwohnern als Gott verehrt. Als Tribut für die allsommerliche Bewässerung der Felder verlangte das Ungetüm jährlich ein Kind zum Fraß. Als die Reihe an die Königstochter Elisabe kam, griff der Heilige aus Lydda in Kappadokien ein, ritt gegen den Drachen an und tötete ihn. Dieser Tat wegen haben sich viele Heiden, darunter auch die Frau des Kaisers Diokletian, zum Christentum bekehrt – Ursache für Georgs Märtyrertod gegen 303. Nach einer anderen Überlieferung wurde er als Soldat seines Christenglaubens wegen gemartert. Seine Standhaftigkeit löste eine Welle von Bekehrungen aus. Nach dieser Version war es die Seele des bereits getöteten und zum Heiligen gewordenen Georg, die gegen den Drachen antrat.

Nach orthodoxer Auffassung leben die Verstorbenen bis zur Wiederkunft Christi in einer ihnen vorbehaltenen Totenwelt. Die Heiligen jedoch werden gleich nach ihrem Tode vergöttlicht und können als Helfer bedrängter Menschen in die Geschehnisse auf der Erde eingreifen.

Relief des Hl. Georg, naive bäuerliche Arbeit aus Andros, 18. Jh.

Darstellung Georgs als Drachentöter

Auf griechischen, serbischen, rumänischen und russischen Ikonen reitet der Heilige, jugendlich bartlos, mit militärisch kurzem Haar, üblicherweise von links her auf einem lichtweißen Roß. Weiß hat die größtmögliche Nähe zum göttlichen Licht (in der griech. Mythologie besiegt der Lichtgott Apollo die Schlange Python). Als Lichterscheinung haben auch die kleinasiatischen Griechen den Heiligen gesehen. Sein Militärmantel, rot, in der Farbe des Märtyrerblutes und des Triumphes, flattert flügelgleich hinter ihm her. Georg rammt dem Drachen unter ihm seine Lanze ins Maul. (Eine frühe Fassung dieses Motivs bringt ein flaches Außenrelief an der Nordwestwand der Kirche von Achtamar, Ostanatolien, 916–921; vom 13. Jh. an wird dieser Darstellungstyp populär. Der ältere – Georg zu Pferde, aber ohne Drachen – ist selten.) Das als Kreuz ausgebildete Lanzenende bedeutet: Georg verdankt seinen Sieg nicht eigener Kraft, sondern der Gottes. Auf postbyz. Ikonen ist rechts als winzige Gestalt Elisabe vor einer Stadtmauer zu sehen. Gelegentlich ragt von der rechten oberen Ecke aus die → Hand Gottes, umgeben von einem mehrstrahligen bläulichen Himmelskreis, ins Bild; öfters hält ein schwebender Engel die Krone des Martyriums über den Heiligen.

Georg als stehender Kriegerheiliger
Zusammen mit den Megalomärtyrern → Demetrios, Theodoros und Merkurios wird Georg bereits vom 9. Jh. an als stehender junger Mann in der Ritterrüstung mit Schild und Lanze in den unteren Bildreihen an Kirchenwänden dargestellt.

Der heilige Georg in Ritterrüstung, Ajios Nikolaos Orphanos, Thessaloniki, Anfang 14. Jh.

Szenische Darstellungen mit Georg
Als eigenständige Wandmalerei oder als Miniaturbilder an den Rändern von Ikonen kommen folgende Szenen häufig vor:

☆ Georg wird gemartert oder getötet (wird gefangengenommen, aufs Rad geflochten, aber von einem Engel befreit, mit glühenden Stiefeln gequält, enthauptet).

☆ Georg tötet den besiegten Drachen, den er gefesselt in eine Stadt führt, mit dem Schwert.

☆ Georg befreit – eine der Wundertaten nach seinem Tode – den *Thermodatis (Teewasser-Einschenker)*. Er prescht durch ein Gewässer. Auf der Kruppe seines Pferdes ein orientalisch gekleideter Junge mit Teekanne oder Pokal in der Hand, er hatte Seeräubern dienen müssen (Nikolaos Phountoukli, Rhodos, 14. Jh.).

☆ Georg tötet hoch zu Roß den Kaiser Diokletian (→ Demetrios).

Religionsgeschichtlicher und psychologischer Hintergrund des Drachenkampfes
Georgs Drachenkampf wird als Sieg des Christentums über das Heidentum, des Guten über das Böse (die Schlange des Paradieses ist der Teufel), des Lichtes über die Nacht angesehen. Hinter dem weitverbreiteten Drachentötermotiv steckt der Kampf der göttlich geordneten Menschenwelt, des Kosmos, gegen das Chaos – letzteres symbolisiert durch das Drachenungeheuer der Unterwelt bzw. des Urozeans. (Germanisch: Siegfriedsage; mesopotamisch: Marduk tötet den Drachen des Herrn der Meere Tiamat und formt dessen Leiche um zur Welt; griech.: Apollon tötet Python, Zeus Typhon, Herakles die Hydra.)

Eine psychologische Interpretation im Jungschen Sinne legt das Nebenmotiv der Jungfrauenbefreiung nahe: Drache als chaotisch-zerstörerische Seite des mütterlichen Prinzips, das den Jugendlichen nicht loslassen und sich entfalten läßt. Erst wenn dessen Einfluß überwunden ist, kann die »Jungfrau erobert werden«. Der Kampf stellt einen Reifeprozeß des Jugendlichen dar, in dem sich dessen Einstellung zur Frau wandelt. O Jeorgios heißt im Alt- wie im Neugriechischen »der Bauer«, wörtlich, »der, der die (mütterliche) Erde bearbeitet«.

Gewänder
ΤΑ ΦΟΡΕΜΑΤΑ / ΟΙ ΣΤΟΛΕΣ
Ta forémata / I stolés

Die Kleidung auf byz. Bildern sagt viel über die aus, die sie tragen. Jedem Einzelteil von Priester- und Herrschergewändern wird eine besondere symbolische Bedeutung zugesprochen.

Kleidung als abgrenzende und kennzeichnende Haut

»Anlegen wollen wir des Fastens leichtes Gewand und ablegen des Rausches dunkles und drückendes Kleid.« Klösterliche Morgenliturgie vom Montag der ersten Fastenwoche

Gewandung, eine zweite, künstlich geschaffene Haut des Menschen, dient

☆ seinem Schutz – vor Kälte, Nässe, Sonne und Austrocknung. Kettenhemd oder Rüstung verhindern Verletzungen durch Stich und Hieb oder Wurfgeschosse.
Kleidung ist Abgrenzung gegen die Umwelt und ihre schädigenden Einwirkungen.

☆ der Kennzeichnung des Standes (Herrscher, Krieger, Priester, Gewerbetreibender) oder der Lebensverhältnisse (unverheiratete Frau, Verheiratete, Witwe). Auch die Übergangszustände werden mit besonderer Kleidung markiert (z.B. durch Tauf-, Hochzeits- oder Trauergewand). Kleidung dient also auch der Abgrenzung der Angehörigen einer Gruppe von den anderen.

☆ dazu, einen Menschen zum Träger besonderer (Amts-)Eigenschaften oder Aufgaben zu machen. Mit magischer Kraft geladene Kleider übertragen diese auf den Träger. Das Mönchs- oder Nonnengewand überdeckt sinnliche Reize, die der Körper ausstrahlt, und schützt zugleich seinen Träger vor den Einwirkungen der Außenwelt. Es soll dem Menschen Unkörperlichkeit verleihen – weshalb das Mönchsgewand auch *»Engelkleid«*, Kleid der *»unkörperlichen Mächte«* (= Engel) genannt wird. Im Frühchristentum, auch bei den Kopten, ist es, der Lichtgestalt der → Engel entsprechend, weiß. Weiß ist auch die Farbe der Unschuld, weswegen Neugetaufte, wie Jungfrauen, weißgewandet sind (→ Farbe).

Priester und Diakone werden erst dadurch zu amtierenden Liturgen, daß sie eine Art von Stola anlegen. Kleidung ist notwendig, um Menschen in einen bestimmten Zustand oder mit bestimmten Aufgaben anderen gegenüber abzugrenzen.

Paulus wählt darum für innere Einstellungen und geistige Zustände das Bild des Kleides: *»... das was verweslich ist, muß sich bekleiden mit Unverweslichkeit, was sterblich ist, mit Unsterblichkeit.« 1. Kor. 15, 53*

☆ *Diejenigen nämlich, die in Christo getauft sind, haben sich mit Christus bekleidet ...« Gal. 3, 27* (auch 2. Kor. 5, 3, Eph. 4, 24; 6, 14, Kol. 3, 10). Kleidung bedeutet den durch Christus verliehenen geistlichen Reichtum, Nacktheit dagegen Armut, Not und hilfloses Ausgesetztsein, auch Sündhaftigkeit. *»... Alles ist nackt für seine (Gottes) Augen.« Hebr. 4, 13*

Von der kultischen Nacktheit der Antike (Gott geweihte Wettkämpfe im »Gymnasion« = Nacktstätte), in der alle inneren und äußeren Grenzen zwischen den Menschen und der Gottheit aufgehoben werden sollten, ist im christlichen Ritus nach dem Vorbild des AT nur die Barfüßigkeit im Altarraum (Kopten, Äthiopier, → Fuß) geblieben.

Priester in liturgischer Gewandung, bekleidet mit Sticharion, Epitrachilion und Phelonion.

Übersicht I: **Priestergewänder**

Gewand	Hypodiakon (dient dem Bischof bei feierlichen Anlässen) und Lektor (liest NT-Texte und trägt Kerzen)	Diakon (unterstützt den Priester in der Liturgie, vermittelt zwischen Gemeinde und Priester, handelt nicht selbständig)	Priester (spendet die → Mysterien – Taufe, Abendmahl, Krankenölung – für die Gemeinde)	Bischof/Metropolit/Patriarch (spendet alle Mysterien für Gemeinde und Priester, auch Priesterweihe!)
Stola	*Orarion* – kreuzförmig über dem Sticharion getragen. Unterdiakone durften nicht zu allen Zeiten eine Stola tragen (Verbot im 4. Jh.). Der Lektor, obwohl ebenfalls mit einer Weihe versehen, darf keine Stola tragen	*Orarion* (= *Binde*). Heller, seidener Zeugstreifen, 8 bis 10 × 250 bis 400 cm, über die linke Schulter gehängt und schärpenartig um Brust und Rücken gewunden	*Epitrachilion* (= *um den Hals Herumlaufendes*). Verstärktes Seidenband, 8 bis 20 × 120 cm, oft kunstvoll bestickt. Unter dem Obergewand getragen und mit dem Gürtel befestigt. Form A: Um den Hals herumgeschlagen mit Rundeinschnitten für den Kopf. Beide Enden fallen parallel nach vorne herab und sind miteinander vernäht. Sieben Kreuze, eines davon im Nacken. Form B: Nur ein Band fällt nach vorne herab. Am oberen Ende Ausschnitt für den Kopf. Drei Kreuze	*Omophorion* (= *über der Schulter Getragenes*). Band, 25 × 350 cm, meist aus weißer Seide. Wird locker um beide Schultern gelegt, und zwar so, daß sich vor der Brust eine Umschlagfalte bildet und vor jeder Schulter ein großes Kreuz zu sehen ist. Ein Ende wird unter der Wickelung über der linken Schulter durchgezogen und fällt vorne herab. Verziert mit mindestens fünf, meist dunklen Kreuzen. Zusätzlich trägt der Bischof das Epitrachilion
Historische Formen (auf Abbildungen)		Ab 860: Schmales Band, lose über die linke Schulter gelegt, vorne und hinter dem Rücken herabfallend	Ab 1000: Weiß, schmäler als heute, Enden hängen bald neben-, bald übereinander. Ab etwa 1300: Heutige Form	Ab 5. Jh.: Vor dem 7. Jh. sind Omophorien schmäler. Oft verdecken sie die Linke, die das Evangelienbuch oder eine Schriftrolle hält. Die Stoffarbe ist immer weiß, die Kreuze sind schwarz
Gewand (liturgische Tunika)	*Sticharion* – entspricht der Diakonstunika, ist aber gegürtet. Heute tragen auch Lektoren ein Sticharion als Untergewand, allerdings ungegürtet	*Sticharion* – Hauptgewand des Diakons, sackartig sich nach unten erweiternd. Die Ärmel sind weit, wird ungegürtet getragen	*Sticharion* – sackartiges, weißes, sich nach unten erweiterndes Gewand mit engen Ärmeln. Dient dem Priester als gegürtetes Untergewand	*Sticharion* – sackartig sich nach unten erweiterndes Gewand mit engen Ärmeln, meist weiß mit einigen roten oder dunklen Vertikalstreifen *(Potami)*, gegürtetes Untergewand
Ärmelstulpen	–	Epimanikia, über die Ärmel geschobene Stoffstulpen	Epimanikia, Stulpen, meist aus dem Stoff des Obergewandes	Epimanikia, Stoffstulpen, meist aus dem Stoff des Obergewandes

Gewänder

(Fortsetzung) Übersicht I: **Priestergewänder**

Gürtel	Zonarion, 9 bis 10×250 bis 300 cm großes Band mit drei Kreuzen	–	Zonarion, Stoffgürtel, ca. 6×100 cm, unterhalb der Brust befestigt	Zonarion, Stoffgürtel, ca. 6×100 cm, unterhalb der Brust befestigt
	Um die Taille gelegt, werden seine beiden Enden nach hinten geführt, hinter dem Rücken gekreuzt, über die Schulter gelegt und nach unten fallend unter dem Gürtelmittelteil festgesteckt	Der Diakon legt unmittelbar vor der Austeilung des Abendmahls sein Orarion so an wie der Hypodiakon seinen Gürtel	*Zonarion des Hypodiakons.*	
Obergewand (Meßgewand)	Hypodiakone tragen kein Obergewand, Lektoren ein knappes Lektoren-Phelonion (Kamision)	–	Phelonion, halbkreisförmig zugeschnittener Überwurf. Im Mittelteil ein Durchschlupf für den Kopf. Auf dem Rücken ein großes, aufgesticktes Kreuz	Sakkos, Obertunika mit weiten Ärmeln. Ursprünglich (12. Jh.) nur vom Patriarchen, später vom Metropoliten bei besonderen Anlässen getragen. Mandyas, Mantelüberwurf für den Aufenthalt im Freien, vorne offen, an Hals und vor den Füßen geschlossen
Historische Formen in älteren Abbildungen	–	–	Ab 9. Jh.: Auf Abbildungen tragen Priester, Bischöfe, Metropoliten und Patriarchen häufig ein einfarbiges Phelonion	Sakkos-Darstellungen sind selten. Meist sind sie mit Kreuzen im Kreis gemustert. Ab 11. Jh. tragen Patriarchen, ab Polystawrion, ein über und über mit Kreuzen bedecktes Phelonion
Liturgische Kopfbedeckung	–	–	*Kamilawki,* übliche schwarze Kopfbedeckung des Priesters	*Mitra,* Bischofskrone auf der Grundlage zweier sich kreuzender gewölbter Bügel (ab 15. oder 16. Jh.)
Insignien	–	–	1. *Stawrion* (Kreuz) 2. *Ewcholojion* (= Hieratikon, Gebetbuch des Priesters) 3. *Epigonation* (Auszeichnung für verdiente Priester), über Eck gestelltes quadratisches Tuch, ca. 50×50 cm, rückwärts versteift, mit einer Schnur rechts am Gürtel getragen	1. *Stawrion* (Brustkreuz) 2. *Panajia* (Muttergottesmedaillon) 3. *Epigonation* (als Auszeichnung) 4. *Paterissa* (= Bischofsstab)

Gewänder

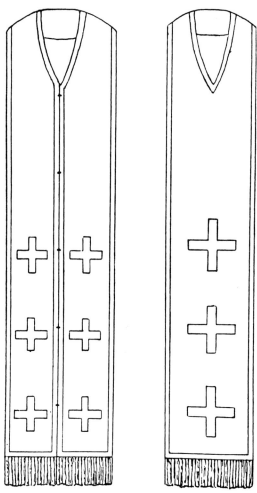

Die beiden Epitrachilion-Typen, die von griechischen Priestern verwendet werden. Armenische Priester halten sich ausschließlich an die rechts abgebildete Form.

Priestergewänder
1. *Die Stolen:*
»Gepriesen sei Gott, der seine Gnade ausgießt über seinen Priester wie kostbares Salböl auf das Haupt, das herabfließt auf den Bart, ja auf den Bart Aarons, das herabfließt auf den Saum seines Gewandes.« *Lobpreis des Priesters, wenn er bei der feierlichen Selbsteinkleidung vor der Liturgie das Epitrachilion anlegt (→ Proskomidie).*

Die verschiedenen Typen von Stolen – aufgekommen 2. Hälfte 4. Jh. – befähigen erst die priesterlichen Würdenträger dazu, den Gottesdienst zu versehen. Das Band wird ihnen bei der Weihe verliehen.
Folgende Gesichtspunkte spielen eine Rolle:

☆ Heiliges wird vor dem Kontakt mit Profanem geschützt. Man ergreift es nur mit verhüllten Händen, läßt es nicht mit der bloßen Erde in Berührung kommen, sondern breitet Stoffe unter ihm aus (→ Einzug in Jerusalem). Die Bischöfe auf mittel- und spätbyz. Bildern halten das Evangelienbuch oder Schriftbänder mit dem Omophorion.

☆ In der zitierten Gebetsformel setzt der Priester das Epitrachilion gleich mit von Gott gespendetem Weiheöl. Der von Gott zum Priester gesalbte Aaron im AT ist Typus des Priesters.

In frühchristl. Zeit hat man über das heilige Kreuz in Jerusalem und über andere Reliquien → Öl laufen lassen (→ Altar). Die Reliquie sollte mit Salböl, wie der Leichnam Christi durch die Myrrheträgerinnen, geehrt werden. Zugleich fing man das Öl wieder auf, das durch die Berührung damit selbst zu einer heilkräftigen Reliquie zweiter Ordnung geworden war. Frühchristl. Kirchen wurden über Märtyrergräbern errichtet oder bargen Reliquien. Direkt darüber stand der Altar. Durch einen Fensterdurchbruch an seiner Vorderseite konnte man Öl auf die Reliquie aufgießen. Wegen der Schwierigkeiten, die flüssige Reliquie zweiter Ordnung wieder aufzufangen, ließ man Bänder, sog. Brandea, m.E. ursprünglich durchtränkt mit Öl – durch die Confessio hinab. Sie sollten sich vollsaugen mit der Kraft des Heiligen – wie die salbgetränkten Binden, mit denen die sterblichen Reste der Märtyrer umwickelt waren.

Wir wissen, daß in Rom die Orarien vor der Priesterweihe auf die Confessio des Petrusgrabes gelegt wurden. Alles spricht dafür, daß die frühesten Priester- und Diakonenstolen geölte Brandea waren, daß sie aus praktischen Gründen das Reliquienöl für die Priesterweihe ersetzten. Das Epitrachilion wies den Priester als den mit Reliquienöl Gesalbten des Herrn aus.

Auch ein anderer Gesalbter Gottes trägt ein stolenähnliches Gewandteil, der oströmische Kaiser. (Übertragung von Heilkraft durch aufgeladene Tücher, → Mariengürtel).

Weitere symbolische Andeutungen der Stolen vom 7. Jh. an:

a) Das *Orarion* der Diakone als das Linnentuch, das die Engel für ihren Dienst brauchen (Deutung des 4. Jh.s), aber auch als Flügelpaar

Die Gottesmutter überreicht als Inhaberin des wundertätigen Gürtels dem Heiligen Nikolaos von Myra das bischöfliche Omophorion, Christus übergibt ihm das Evangelienbuch. Ajios Nikolaos Orphanos, Thessaloniki, Anfang 14. Jh. (auch in Ajios Nikolaos bei Charaki, Rhodos, 17. Jh.).

der Engel (Diakon in der Liturgie als → Engel). Spätbyz. liturgierende Engel tragen oft prachtvolle Diakonengewänder.

b) Das *Epitrachilion* der Priester wird von Pseudogermanos als Halsfessel Christi bezeichnet. Der linke Streifen wird als Rohr gedeutet, das Christus bei seiner Verspottung halten mußte, der rechte als das Kreuz, das er getragen hat. Vom späten Mittelalter an darf der Priester ohne Epitrachilion keine Amtshandlung vornehmen. Im Notfall muß er ein Band oder einen Gürtel segnen und ihn entsprechend umlegen.

c) Das von Bischöfen, Metropoliten und Patriarchen während der Liturgie benutzte *Omophorion* (röm.-kath. Pallium) als Sinnbild des verlorenen Schäfchens (→ Lamm), das der gute Hirte (Bischof in Vertretung Christi) zur Herde zurückbringt. Ursprünglich aus Wolle, hat das Omophorion manchmal anstelle eines Kreuzes ein Lamm aufgestickt. Ein Omophorion zu verleihen bedeutet, jemanden zum Bischof zu ernennen. Seine Rückgabe (z. B. an den Patriarchen) beinhaltet Amtsverzicht.

2. Das Untergewand
»Freuen wird sich meine Seele in dem Herrn, denn er hat mir das Kleid des Heils angezogen und mit dem Gewande der Freude hat er mich bekleidet; wie einem Bräutigam setzte er mir den Kranz auf und mit Schmuck hat er mich geziert wie eine Braut.« *Jes. 61, 10.* Priester und Diakon beim Anlegen des Sticharions (→ Proskomidie).

Heute tragen alle Geweihten, vom Hypodiakon bis zum Patriarchen, das *Sticharion*, ein Untergewand vom Typ Tunika. Bis gegen 1300 trugen Subdiakone und Lektoren an seiner Stelle ein Obergewand.

3. Die Ärmelstulpen
»Deine Rechte verherrliche sich in Kraft; Deine

rechte Hand, Herr, zerschmettere die Feinde; mit der Fülle Deiner Herrlichkeit hast Du die Widersacher zermalmt.« *2. Mose 15, 6–7. Priester und Diakon beim Anlegen der rechten Stulpe.*

»Deine Hände haben mich geschaffen und gebildet, unterweise mich und ich werde Deine Gebote kennen.« *Ps. 119 (118), 73. Priester und Diakon beim Anlegen der linken Stulpe.*

Die sog. *Epimanikia* sind nur in der östlichen Kirche bekannt und etwa ab 1000 in Gebrauch.

4. Gürtel

»Gelobet sei Gott, der mich mit Kraft umgürtet und meinen Weg ohne Tadel macht; meinen Füßen gab er die Schnelligkeit des Hirsches und er erhob mich in die Höhen des Himmels. *Ps. 18 (17), 33–34. Priester beim Anlegen des Gürtels.*

Die *Zoni* oder das *Zonarion* des Priesters gleicht dem röm.-kath. Cingulum. Im AT und in der griech. Antike symbolisiert die vollkommene Kreisform des den Menschen ringartig umgebenden Gürtels Konzentration und Kräftesammeln. Der lederne Gürtel der Propheten (→ Elias; → Johannes der Täufer) überträgt auf sie Kraft und Emotionalität der Tiere.

»Sehet zu, daß Eure Hüften gegürtet sind und eure Lichter brennen!« *Luk. 12, 35.* Gegürtet sein heißt im NT jederzeit aufbruchbereit zu sein: Das Endreich kommt mitten in der Nacht. Für die frühen Mönche war der Gürtel auch Schutzwall gegen die Dämonen, gegen die sexuellen Lüste – ein Gegensatz gegen die Verführungskraft des Gürtels der Aphrodite. Der Gürtel ist für den Körper ein Schutzwall, wie ein Mauerzug für eine Stadt (→ Mariengürtel). Die koptischen Mönche nehmen während der Feier der Eucharistie den Gürtel ab, um sich dem Heiligen völlig zu öffnen.

5. Obergewand

»Deine Priester kleidest Du in das Gewand der Gerechtigkeit und Deine Heiligen jauchzen vor Freude jetzt und immerdar und in Ewigkeit, Amen.« *Priester beim Anlegen des Phelonion.*

Das Phelonion der Griechen, Bulgaren und Russen (vergleichbar mit der röm.-kath. Glockenkasel des Mittelalters) ist hervorgegangen aus einem besonders in der Kaiserzeit (ab 3. Jh. v. Chr.) verbreiteten mantelartigen Überwurf (griechisch: Phaenolis, lateinisch: Paenula) – einem strapazierfähigen, auch von Soldaten getragenen Mantel. Das rund zugeschnittene Tuchstück mit gesäumtem Kopfdurchschlupf war bis Indien verbreitet (graeko-buddhistische Gandara-Buddha-Statuen), wird später zu einem Kleidungsstück der Vornehmen, vom 9. Jh. an liturgisches Gewand.

Das *Polystawrion* – auf Darstellungen (vom 11. Jh. an) getragen von Kirchenvätern und priesterlichen Heiligen, ist ein *Phelonion*, bedeckt mit großen ineinandergreifenden, schwarzen und weißen Kreuzen, Schachbrettkreuzen oder → eucharistischen Kreuzen im Rechteckwinkel (auf Altardecken appliziert = Grab Christi).

Kirchenvater, angetan mit einem als Polystawrion ausgebildeten Phelonion.
Pannaristos-Kirche, Konstantinopel, 1310–20.

Der *Sakkos* (lat. Dalmatik), heute Bischofsgewand, ist im 12. Jh. vom Patriarchen in Konstantinopel aus der Kaisertracht entlehnt worden.
Den *Mandyas*, einen Mantelüberwurf, trägt der Bischof beim Einzug in die Kirche.

6. Kopfbedeckungen

Als liturgische Kopfbedeckung ist lediglich die nachbyz., bei Griechen und Russen übliche

Mitra der Bischöfe, Metropoliten und Patriarchen bekannt. Auf kretischen und anderen späten Ikonen wird diese geschlossene vergoldete Krone von → Christus als Erzpriester getragen.

Amtierende Geistliche sind auf älteren Darstellungen meist barhäuptig; Heilige aus dem Bischofsstand – Bischöfe stammen alle aus dem Mönchsstand und sind unverheiratet – tragen mitunter Mönchskapuzen. Einige römische Päpste aus der Zeit vor der Trennung werden mit spitzer weißer Mütze dargestellt, dem »*Kamelaucium*« oder »*Phrygium*«, früher außerhalb der Kirche bei feierlichen Anlässen getragen.

Schon vor 950 tragen die Patriarchen von Alexandrien eine kreuzverzierte, konisch sich zuspitzende, weiße Kappe. Beide Spitzmützen ähneln den phrygischen Mützen der drei Magier (→ Anbetung der Weisen).

7. Insignien

Häufig dargestellt das *Epigonation*, ein quadratisches Stoffstück, das rechts unter dem Phelonion hervorlugt oder auf dem Sakkos aufliegt. Vom 8. Jh. an wird es – Enchirion genannt – zunächst als reich verziertes, weich in Falten herabfallendes, über Eck gestelltes Tuchquadrat getragen (Gregor von Nyssa, Sophienkathedrale, Kiew, Mitte 12. Jh.; Torcello, 11 Jh.; Monreale, Ende 12. Jh.; San Marco, Venedig, 12. Jh.). Ein Zipfel des Tuches wurde durch den Gürtel hindurchgesteckt. Die Wandlung zum rückseitig versteiften Epigonation setzte im 12. und 13. Jh. ein; heute zeigt es ein Schwert oder Kreuz auf blauem Grund, gilt als Schwert des Geistes Christi.

Die *Marienmedaille (Panajia)* des Bischofs geht letztlich auf das *Enkolpion* zurück, eine kleine Reliquienkapsel, in frühbyz. Zeit von Laien wie von Priestern getragen.

Übersicht II:	**Antike Gewandformen in der byzantinischen Kunst**		
Chiton (griechisch)	Rockartiges, meist ärmelloses Untergewand. Die Seiten vernäht, mit einem Gürtel bauschig zusammengehalten. Lange Chitone wurden bei festlichen Anlässen von Vornehmen, auch von Frauen, getragen, kurze von Handwerkern, Wanderern, Soldaten. Der Chiton chalkeos war ein lederner, mit Erzplättchen beschlagener Waffenrock		geworfen und über der rechten zusammengesteckt oder geknöpft (Zierspange). Die Ecken (mit eingenähten Bleistücken beschwert) zipfelten herab
		Dalmatika (römisch, spätkaiserzeitlich)	Ungegürtetes Obergewand mit weiten Ärmeln – teils T-förmig zugeschnitten, teils sich nach unten verjüngend oder erweiternd. Sonderform einer Obertunika. Mitunter wurde darüber ein Mantel getragen. Höfische Dalmatiken haben oft vorne ein unter dem rechten Unterarm schräg aufgesetztes Besatzstück aus farbigem Stoff. Dieses sog. Tawlion diente, nur lose angenäht, dazu, die Hände zu verhüllen, um Ehrengeschenke vom Herrscher entgegenzunehmen
Himation (griechisch)	Über dem Chiton, seltener der Haut, getragenes, viereckig oder rund zugeschnittenes Tuch – vom linken Arm aus unter dem rechten durchgezogen, mit über die linke Schulter geworfenem Endzipfel. So blieb der Bewegungsspielraum der rechten Hand erhalten. Halbwüchsige und Frauen zogen das Himation gelegentlich über den Kopf		
Chlamys (griechisch-hellenistisch)	Schultermantel, ursprünglich für männliche Jugendliche, Reisende, Reiter und Soldaten, später Bestandteil zeremonieller Trachten. Längsrechteckiges Tuchstück, über die linke Schulter	Lacerna (römisch)	Überwurfmantel, wird vor der Brustmitte mit einer Zierschließe zusammengehalten. Das symmetrisch getragene Kleidungsstück läßt vorne einen Schlitz frei. Beide Hände haben Bewegungsspielraum

(Fortsetzung) Übersicht II: **Antike Gewandformen in der byzantinischen Kunst**	
Divitision	Über einer Tunika getragene Obertunika mit halb- oder dreiviertellangen engen Ärmeln. Ähnelt der längerärmeligen Dalmatika
Maphorion (römisch: Maforte)	Großes quadratisches Tuch, von Frauen als Mantelkopftuch benutzt (etwas größer als die Kopftücher der Türkinnen heute). Meist mit kostbarer Stickerei umbordet. Die unteren, Waden und Knie umspielenden Teile, oft mit Troddeln geschmückt
Paenula (römisch)	Manteltuch mit Kopfdurchschlupf, Vorform des priesterlichen Phelonion
Colobium (römisch, spätkaiserzeitlich)	Sehr lange ärmellose oder kurzärmelige Untertunika. Besteht meist aus zwei, seitlich und oben zusammengenähten länglichen Tüchern mit freigelassenem Durchschlupf für Kopf und Arme (kolowos = verstümmelt, fehlerhaft geschnitten)

Antike Kleidung für Personen des NT und AT
Bis zum Untergang des byz. Reiches folgten die Kleidermoden Traditionen, die in der Antike wurzelten, unterschieden sich jedoch durch lebhaftere Farbigkeit, reicheren ornamentalen Dekor, üppigere Verwendung von edlen Metallen und Steinen (besonders weltliche und geistliche Zeremonialtracht). Biblische Gestalten tragen vom 4. Jh. bis heute schlichte antikische Gewänder.

☆ Christus, die Apostel sowie griech. Philosophen sind mit Chiton und Himation bekleidet. Der Chiton des Pantokrator und das Himation des Christos Emmanouil sind meist goldschraffiert.
Der Christus der Kreuzigung trägt in altchristl. Zeit, mitunter noch bis zum Jahre 1000, ein purpurfarbenes Colobium, später ein einfaches Lendentuch, der Oberkörper bleibt unbekleidet.
Christus bei der Verspottung ist angetan mit einem purpurnen ärmellosen Colobium.

☆ Fast alle Frauengestalten des AT und NT – die Gottesmutter, die Marien am Grab, Eva – tragen einen langen Chiton, darüber das Maphorion. Marias Maphorion ist dunkelblau, purpurn oder in spätbyz. Zeit rot, verziert mit drei goldenen Kreuzsternen (vor der Stirn und über den Schultern).

☆ Prophetengestalten des AT tragen Chiton und Chlamys, Johannes der Täufer wie Elias einen zottigen Mantelüberwurf oder ein Himation über einer Kamelhaartunika.

☆ Jüdische Priester aus dem AT und NT – Melchisedek, Zacharias, der Hohepriester bei der Verurteilung Jesu – tragen Chiton und Lacerna.

☆ Engel haben Chiton, darüber Himation, beides in Weiß, als Diakonierende ab spätbyz. Zeit entsprechend Diakonenkleidung.

☆ Erzengel sind kaiserlich gekleidet: Divitision, darüber Chlamys und gelegentlich Loros. Auf russischen Ikonen tragen sie eine Lacerna über dem Divitision oder Chiton und Himation in kostbarer Ausführung.

☆ Weibliche Allegorien, z. B. die Weisheit und Prophetie sind in Chiton und Himation gekleidet.

Gewandung von Kaisern, Herrschern, Würdenträgern
Die kaiserliche Tracht kommt auch Königen des AT zu (David und Salomon), häufig auch Erzengeln.
In der frühen Zeit (Ravenna, 6. Jh.) tragen Kaiser (Justinian) und weltliche Würdenträger eine Chlamys mit Tawlion über einer langärmligen Tunika (ähnlich dem Divitision). Die Kaiserin Theodora hat – wie ihre Hofdamen – über ihrer Tunika einen purpurnen Überwurfmantel, ähnlich einem Himation, der den gesamten Oberkörper verhüllt. Nur durch die großen Diademe hebt sich das Kaiserpaar von den barhäuptig Umstehenden ab.
Zur mittelbyz. Zeit hin wandelt sich die kaiserliche Tracht stark. Ihre Grundbestandteile: Krone, Divitision und der auffällige Loros (= Riemen, ein breiter Zeremonialschal). Zwischen dem 8. und 10. Jh. ist es ein langer, breiter, mit Edelsteinen besetzer Goldgewebestreifen, um den Hals gelegt und mehrfach in komplizierten Windungen um den Körper gewickelt. Sein Ende liegt über dem linken Un-

terarm. Diese ältere Loros-Form kommt auf Erzengeldarstellungen später noch vor. In der Kaisergewandung setzt sich um 950 eine neue Form durch, die andere orthodoxe Herrscher (von Serbien bis Nubien) übernehmen: Von einem breiten Schlupfkragen hängt der Loros glatt nach unten herab, fast bis zum unteren, die Knöchel verdeckenden Gewandsaum. Ein weiterer breiter Lorosteil ist um die Hüfte geschlungen.

Die Wiedergabe der Kleidung von → Konstantin und Helena paßt sich der jeweils zeitgenössischen Kaisertracht an. Abbildungen Helenas aus dem 10. und 11. Jh. zeigen einen mit dem Loros verbundenen, über das rechte Bein gebreiteten Gewandumschlag, schildartig versteift und verziert mit dem Patriarchenkreuz. Dieses »Thorakion« – genaue Ausführung und Bedeutung sind nicht bekannt – tragen im 11. und 12. Jh. alle Kaiserinnen. (Irene, 1087–1118, Emaille, Schatz San Marco; Theodora, 1042–1050, Diademplatte, Budapest; Eudokia, 11. Jh., Emaille Istambul).

Kostbare Gewebe wurden als so wichtig eingeschätzt, daß viele Werkstätten ausschließlich für den Hof arbeiteten. Der Kaiser hatte das Privileg zu Herstellung, Vertrieb spezieller Stoffe (seit Justinian). Gemalte Zierbänder der Innendekoration von Kirchen (Direkli Kilise, Belisirma, Kappadokien, nach 1000) sind ähnlich ornamentiert wie die Loren von Kaisern und Erzengeln. Stoffmuster werden auch als Hintergrund für Kaiserdarstellungen verwendet. (Yilanli Kilise, Ihlara, Mitte 11. Jh.) Die reichen Fresko- und Mosaikornamente in byz. Kirchen sind Umsetzungen textiler Vorlagen. Vom künstlerischen Eindruck her sorgen die üppigen Muster für eine Auflösung der schweren Steinwände, auch der architektonischen tragenden Teile, in luftige Gewebe- und Teppichwände.

Kriegertracht

Soldatenheilige (→ Demetrios, → Georg) und kämpferische Erzengel (→ Michael) tragen eine kurzärmelige knappe *Tunika*. Nach unten schurzartig gerundet, mit Metallplättchen oder Lederstückchen besetzt, wird sie zum *Panzerhemd*. Darunter ragt eine Untertunika hervor oder schließt sich das altrömische *Cingulum militiae* an, ein gepanzerter Kurzrock, bestehend aus drei übereinanderliegenden Gürteln, beschlagen mit rechteckigen Metallplatten. Die Unterschenkel sind mit Gamaschen oder

Flechtmuster aus Cavusin, häufig verwendetes byzantinisches Textilmuster.

ledernen bzw. metallenen Beinschienen geschützt, die Unterarme oft mit Armschienen. Helme sind selten.

Fast nie fehlt ein knapper chlamysähnlicher Mantel – rot oder auf der Innenseite ornamentiert (besonders bei → Michael). Bewaffnung: Lanze oder Schwert, Rund- oder Ovalschild bzw. in spätbyz. Zeit tropfenförmiger Schild.

Kleidung von Heiligen und Märtyrern

Ihre Gewänder folgen teils antikem Stil, teils der zum Darstellungszeitpunkt üblichen Mode. Wert wird darauf gelegt, den Stand, dem sie in ihrem Leben angehörten, herauszustellen.

Eremiten und Mönche sind in verschiedenartige, stumpf einfarbene – dunkelgelbe, graue, braune – lange Gewänder gehüllt und tragen häufig eine Kapuze. Ein graues Epitrachilion unter dem Obergewand kennzeichnet sie als Priestermönche.

Gideon
Ο ΓΕΔΕΩΝ
O Gedeón

Charismatischer Heerführer der Vorkönigszeit (AT), besiegt die Mideaniter *(Richt. 6–8)*. Forderte von Gott vor einer riskanten Schlacht ein Orakelzeichen: Ein Widderfell soll sich über Nacht voll Tau saugen, während das Erdreich drumherum trocken bleibt. Seltenes spät- und nachbyz. Motiv: Gideon drückt aus einem Fell Wasser heraus, das eine Schale füllt. Tau gilt als befruchtender Same Gottes, daher bildet die Szene typologisch die → Verkündigung Mariä, die damit verbundene Empfängnis Christi, sowie die jungfräuliche Geburt vor.

Granatapfel
ΤΟ ΡΩΙΔΙ
To rhoidi

Eine in östlichen Mittelmeerländern weit verbreitete Baumart, deren Früchte eßbar sind. Frucht- und Wurzelextrakte werden in der Volksmedizin verwendet.

»... Daß wir früh aufstehen zu den Weinbergen, daß wir sehen, ob der Weinstock sprosse und seine Blüten aufgehen, ob die Granatbäume blühen; da will ich Dir meine Liebe geben.« *Hohelied Salomonis 7, 13*

Wegen seiner vielen tiefroten Kerne gilt der Granatapfel als Symbol der Liebe, des Kindersegens, des Reichtums und der Fruchtbarkeit, aber auch als Symbol des Todes, der Unterwelt, der Glückseligkeit der Verstorbenen. Im AT wird er mehrfach in der Liebeslyrik des Hohenliedes erwähnt. Granatapfelförmige Anhängsel zierten im Wechsel mit goldenen Glöckchen den unteren Saum des Priestergewandes Aarons *(2. Mose, 33)*.

Auf antiken Grabreliefs hält oder empfängt häufig der Verstorbene einen Granatapfel, und die Früchte kommen auf Totenmahl-Darstellungen vor. Die in die Unterwelt verschleppte Persephone (→ Demetrios) muß alljährlich für die Winterzeit dahin zurückkehren, weil sie gedankenverloren einige Granatapfelkerne genascht hat. Doch auch bei Hochzeitsbräuchen hat der Granatapfel eine Rolle gespielt. Einen Granatapfel auf den Fußboden zu schmettern, so daß die Kerne nach allen Seiten spritzen, ist ein verbreiteter neugriech. Volksbrauch – zu Neujahr, nach dem Kirchgang oder nach der Hochzeitszeremonie, wenn das Brautpaar erstmalig das Haus betritt: Das soll Kindersegen und Wohlstand sichern. Mitunter wird den Verstorbenen ein Granatapfel in die Hand gedrückt, und die Totenspeise Kollywa muß Granatkerne enthalten (→ Totenbräuche); damit Aussaaten aller Art möglichst reiche Frucht bringen, werden ihnen Granatkerne beigefügt.

Granatapfelornament im Seitenschiffgewölbe der Ajia Sophia, Konstantinopel.

Frühchristl. Autoren werten das Rot der Granatkerne als Bild des Blutes und Leidens Christi, die Vielzahl der Kerne als Bild für die vielen Menschen, die sich als Gläubige innerhalb der Kirche versammeln, auch als Fülle des Lebens, die den Gläubigen dermaleinst in der Gottesstadt zuteil wird. Granatapfelornamente in justinianischen Kirchengewölben spielen als naturtypologische Zeichen auf Christussymbole an – der vierkammrige Granat auf das → Kreuz im Kreis, der achtkammrige (wie das achtstrahlige Spinnennetzornament) auf das Sonnen-Christus-Monogramm im Kreis (Ajia Sophia, Konstantinopel, Seitenschiff- und Emporengewölbe).

Griechische Philosophen und Weise
ΟΙ ΕΛΛΗΝΙΚΟΙ ΦΙΛΟCΟΦΟΙ ΚΑΙ CΟΦΟΙ
I Elliniki philosófi ke sófi

Nach griech. Auffassung haben auch altgriech. Philosophen, ähnlich wie die Propheten und Patriarchen des AT, prophetisch auf Christus hingewiesen. Daher werden u. a. Aristoteles, Platon und Thukydides in Wandmalereien dargestellt.

Das Verhältnis der christlichen Hellenen zur griechischen Antike

Die nordischen Völker haben das Christentum mehr oder weniger zusammen mit der lateinischen Kultur übernommen. Zu den Griechen war es zuvor als rein religiöse Lehre gelangt:

Paulus hatte seine Verkündigung – die in griech. Sprache abgefaßten »Briefe« – bewußt vom kulturellen Umfeld des Judentums abgekoppelt. So konnten die Griechen das Christentum in ihre eigenen kulturellen Traditionen einbauen. Maßgeblich daran mitgearbeitet haben die → Kirchenväter des 4. Jh.s. Folgerichtig ist die heidnische Antike für die griech. Orthodoxie nicht nur eine Periode der Finsternis. Auch sie hat einen Abglanz göttlichen Lichtes (→ Schatten) empfangen.

Griechische Weise in der byzantinischen Kunst

☆ Ο ΑΠΟΛΛΟΝΙΟC / Apollonios von Tyana. Wundertätiger Philosoph aus Kappadokien (1. Jh. n. Chr.), anspruchsloser Pythagoräer und Heliosverehrer, unternahm weite Reisen nach Indien, Babylon, Ägypten. Seine Ablehnung des Tieropfers gilt als Hinweis auf die → Eucharistie.
Darstellung: Greis mit Turban und langem, grauem, gespaltenem Bart.

Text: »Ich verkündige in Dreien einen einzigen hochherrschenden Gott, dessen untilgbares Wort in einer Jungfrau empfangen werden wird. Dieser wird wie ein feuriges Geschoß dahinlaufen, dieser wird die ganze Welt lebendig fangen und dem Vater als Geschenk zuführen.«

☆ Ο ΑΡΙCΤΟΤΕΛΗC / Aristoteles, Philosoph aus Stajira / Chalkidiki (384–322 v. Chr.). Erst Schüler, dann Kritiker Platons. Erzieher Alexanders des Großen. Seine logischen Reflexionen führten zu einer Definition Gottes als *»des sich selbst denkenden Denkens«*. Besonders die *»Quelle der Erkenntnis«* von → Johannes Damaszenus enthält aristotelische Einflüsse.
Darstellung: Greis mit binsenförmig sprießendem Bart.

Text: »Das Entstehen Gottes ist seinem Wesen nach mühelos; denn aus ihm nimmt derselbe Logos Wesen an.«

☆ Ο ΠΛΑΤΩΝ / Platon, Philosoph aus Athen (427–347 v. Chr.). Schüler des Sokrates. Platons Ideenlehre beeinflußte, insbesondere über den christl. Neuplatonismus des Dionysios Areopagita (→ Himmlische und kirchliche Hierarchie) die byzantinische Bildtheologie.
Darstellung: Greis mit breitem Bart.

Text: »Der Alte ist neu und der Neue ist alt; der Vater ist im Sohne, und der Sohn ist im Vater; das Eine verteilt sich in drei, und drei sind eines.«

☆ Ο ΠΛΟΥΤΑΡΧΟC / Plutarch, Philosoph und Historiker aus Chaironea (ca. 50–125 n. Chr.) im byz. Reich gern gelesener Autor.
Darstellung: Greis mit kahlem Kopf und spitzem Bart.

Text: »Über der Höchsten von allem wird nichts anderes gedacht; der Logos ist aus ihr und nicht aus einer anderen, es wird aber gelehrt, daß die Weisheit und der Logos Gottes die Grenzen der Erde umschließen.«

☆ Ο ΦΙΛΩΝ / Philon, Religionsphilosoph jüdischen Glaubens aus Alexandria (13 vor bis 45/50 n. Chr.). Versuchte, hellenistische Philosophie und jüdische Religiosität miteinander zu versöhnen. Bezeichnet den Logos als Mittler zwischen Gott und der Welt. Origines und Clemens Alexandrinus (2. Jh.) haben Anregungen Philons aufgegriffen.
Darstellung: Kahlköpfiger Greis mit langem, gespaltenem Bart.

Text: »Dieser schreitet über den großen Himmel und wirft herüber ein immerstrahlendes Licht und ein unsterbliches Feuer; vor ihm zittern die Himmel, die Erde und das Meer, die Tiefe, die Unterwelt und die Teufel. Er ist aber der Urvater, der Vaterlose, der Allselige.«

☆ Ο ΘΟΥΚΥΔΙΔΗC / Thukydides, Historiker aus Athen (ca. 460–400 v. Chr.), Teilnehmer am peloponnesischen Krieg und ebenso zuverlässiger wie kritischer Geschichtsschreiber: Sein »Peloponnesischer Krieg« (zwischen Athen und Sparta) hat Prokopius, Hofhistoriograph Kaiser Justinians I., beeinflußt.

Darstellung: Grauhaarig, mit dreigespaltenem Bart.

Text: »Gott ist ein geistig Licht, und ihm kommt Lob zu. In seinem Geiste hält er alles, da er eins ist aus allem. Es gibt keinen anderen Gott, nicht einen Engel, nicht die Weisheit, nicht einen Dämon, noch ein anderes Wesen; Er ist allein der Herr und der Schöpfer des Alls, der vollendete Logos, das Fruchtbare aus dem Fruchtbaren; Er hat, kommend über die fruchtbare Natur, Wasser gemacht.«

☆ Ο CΟΛΩΝ / Solon der Athener (ca. 640–561 v. Chr.), Gesetzgeber und Dichter. Ordnete die Gliederung der Bürgerschaft Athens neu. Wurde zu den sieben Weisen gezählt.

Darstellung: Greis mit rund geformtem Bart.

Text: »Wird er einmal über diese vielgestaltige Erde erhoben werden, so wird das Fleisch ohne Makel werden. Als fortgesetztes Ziel wird die Gottheit die Verderbnis unheilbarer Leiden lösen. Und darum wird er zum Tode werden durch das ungläubige Volk. Und er wird auf der Höhe aufgehängt werden, und er wird alles mit Sanftmut leiden, freiwillig tragend.«

☆ Ο ΣΟΦΟΚΛΗΣ/Sophokles, Tragödiendichter aus Athen (ca. 496–406 v. Chr.). Von seinen 130 Dramen sind sieben erhalten, darunter »Antigone«, »König Ödipus« und »Elektra«.
Darstellung: Kahlköpfiger Greis mit fünfzipfeligem Bart.

Text: »Gott ist ohne Anfang und einfach seiner Natur nach, der den Himmel mit der Erde erschaffen hat.«

Nichtgriech. Seher sind Thules, König von Ägypten, und der Syrer Walaam (→ Bileam).

Die Seherin Sibylle
Sibyllen sind ekstatische Seherinnen – vergleichbar der Kassandra. Der Name stammt von Sibylla Herophile, die in einer Höhle im kleinasiatischen Eritrea weissagte (vermutlich 8. Jh). Sie gilt – fälschlich – als Verfasserin der Sibyllinen, antiker Weissagebücher und jüdischer Bücher mit nachträglichen christl. Einschüben (2. Hälfte des 2. Jh.s). Im Abendland sind zunächst acht, später zwölf Sibyllinen als außerbiblische Prophetinnen bekannt, in der byz. Malerei ist nur eine dargestellt: Sie sagte das Kreuz Christi und den Untergang Roms voraus.

Text: »Es wird vom Himmel kommen der König der Ewigkeit, und er wird richten alles Fleisch dieser Welt.«

Hades
Ο ΑΔΗΣ
O ádis

Unterwelt als Aufenthaltsort der Toten und deren Personifikation. Kann den Tod (Thanatos), den → Charos, den Satan vertreten (→ Ostern). Der Hades ist nicht die Hölle.

Der Hades in der Antike
Bei der Dreiteilung der Welt fiel Zeus der Himmel, Poseidon das Meer und Hades, Sohn des Kronos und der Rhea, die Unterwelt zu. Er war zugleich Herr über die Toten und die unterirdischen Schätze (Beiname *Pluton* = »*der Reiche*«).
In der Spätantike wurde auch der – meist als unerfreulich angesehene – Aufenthaltsort der Toten Hades genannt. Erwähnt werden das im Westen gelegene Tor oder Haus des Hades – kosmische Parallelen zum Verständnis des Grabes als Öffnung der Erde und als Aufenthaltsort der Toten.

Der Hades im neugriechischen Volksglauben
»Sagt uns, was wißt ihr Neidischen unten im unteren Kosmos, wo kein Reigentanz stattfindet, wo es keine Freude gibt, wo die Weißen schwarz werden und die Schwarzen noch schwärzer, und wo innerhalb der 40 Tage Gelenke sich von Gelenken trennen. Es fallen aus die blonden Haare, es schwinden die schwarzen Augen, und Trennung erleiden der Rumpf und die Haut.« *Klagelied aus Kephalonia* (→ Totenbräuche, → Zahl 40)

Die gegensätzlichen Vorstellungen, daß die Toten einerseits weit weg in der Unterwelt hausen, andererseits als lebendige Leichname in den Gräbern wohnen, sind im Volksglauben miteinander verquickt. Als personifizierte Gestalt erscheint der Hades nirgendwo mehr (→ Charos).

Der Platz des Hades im orthodoxen Christentum
Nach orthodoxer Auffassung steigen die Verstorbenen in den Hades hinab, hausen dort in einem Zwischenzustand bis zur Wiederkunft Christi; sie ahnen etwas voraus von ewiger Seligkeit oder Abgleiten ins Dunkel. Die Fürbitte der Lebenden kommt den Toten zugute, ohne daß jedoch Leistungen der Lebenden mit Erleichterungen für die Toten »verrechnet« würden. Gott erhört die Gebete aus Gnade. Das Purgatorium (reinigendes Fegefeuer) wird von der Orthodoxie abgelehnt.
Die Heiligen ruhen, nach → Johannes Damaszenus, in der Hand Gottes: »*... Der Tod der Heiligen ist eher ein Schlaf als Tod ...*«, sie können bei Gott Fürbitte für die Lebenden einlegen und aus ihrem Zwischendasein her-

aus durch Wunder auf der Erde eingreifen (→ Georg). Den Herrscher der Unterwelt, auf den Christus bei seiner → Auferstehung (→ Ostern) tritt, wird in Beischriften teils als Hades, teils als → Charos, teils als Satan (→ Teufel) bezeichnet. Das apokryphe Nikodemus-Evangelium nennt die Totenwelt wie ihren Beherrscher Hades.

Hände
TA XEIPIA
Ta chéria

Gesten auf byz. Bildern haben genau festgelegte Bedeutungen. Handhaltungen, die nur vage »Gestimmtheiten« ausdrücken, sind selten.

In den Mittelmeerländern sind Handzeichen, die das gesprochene Wort unterstreichen oder ersetzen, traditionell stärker verbreitet als im Norden. Asiatische Kulturen verfügen über einen reichen »Wortschatz« an religiösen Gesten (Mudras), Gebete, die mit den Fingern ausgeformt werden *(Buddhadarstellungen)*.

Segensgestus Christi
»Wenn du die segnende Hand malst, so verbinde nicht die drei Finger miteinander, sondern verbinde den Daumen und den, der neben dem Mittelfinger ist (Ringfinger), wodurch dann der gerade Finger, der Zeigefinger und die Biegung des Mittelfingers den Namen J S andeuten: Der Zeigefinger bezeichnet das J, der gekrümmte (Mittelfinger) aber, der neben ihm ist, das S (das gekrümmte byz. große Sigma). Der Daumen aber und der Ringfinger, welche kreuzweise miteinander verbunden sind, und die Biegung des kleinen Fingers daneben deuten den Namen Ch S an. Denn die Querstellung des Daumens, der mit dem Ringfinger ist, zeigt den Buchstaben Ch, der kleine Finger, der die krumme Gestalt hat, deutet das S an, wodurch der Name Ch S gebildet wird. Darum wurden durch göttliche Vorsehung vom Weltenschöpfer die Finger der menschlichen Hand in solcher Weise geformt, deren nicht mehr und nicht weniger notwendig sind, um diesen Namen zu künden.« *Ermenia (Malerhandbuch vom Berge Athos)*

Die charakteristische Fingerhaltung der rechten Hand, die die Abkürzung des Namens Jesus Christus formt, kommt bereits auf Mosaiken des 6.Jh.s vor (Metamorphosis Christi, Apsis Katholikon, Sinai, 565/66; San Vitale

Die Rechte des Kuppelpantokrators in Daphni (Ende 11.Jh.) formt die Christusgeste.

und Sant'Apollinare, in Classe, Ravenna, Mitte 6.Jh.). Anfänglich ist die Fingerhaltung nicht immer von der Zweifingergeste (zwei Naturen Christi) klar zu unterscheiden. Ab mittelbyz. Zeit zeigen alle Christusabbildungen deutlich die Christusgeste. Mit ihr vollzieht Christus seine Wunder, mit ihr deutet der Verkündigungsengel auf die Gottesmutter. Sie wird von Heiligen und Propheten, von Geistlichen beim Segnen geformt.

Bekreuzigung
Die orthodoxen Christen bekreuzigen sich dreimal (Trinität), wenn sie an einer Kirche vorbeikommen, wenn sie eine Ikone küssen, auch bei bestimmten Höhepunkten der Liturgie: Die Rechte tippt an die Stirn, schwingt im Bogen nach unten vor die Brust, berührt dann – im Gegensatz zur römisch-katholischen Praxis – erst die rechte und dann die linke Schulter. Die Hand selbst bildet dabei eine Dreiheit aus Daumen, Zeigefinger und Mittelfinger (Trinitätszeichen), während Ring- und kleiner Finger angewinkelt bleiben.

Die Dreifinger-Bekreuzigung wurde 1653 vom russischen Patriarchen Nikon verfügt. Daraufhin spalteten sich die Altgläubigen von der Orthodoxie ab; sie halten an der zuvor üblichen Zweifinger-Bekreuzigung mit gestrecktem Daumen und Mittelfinger fest (Hinweis auf Christi göttliche und menschliche Natur).

Das Verhüllen der Hände

Spätestens um 300 unter Diokletian ist der ursprünglich orientalische Brauch, die Hände mit seinem Gewand, einem besonderen Mantel oder Tuch zu verhüllen, wenn man dem Herrscher etwas zu geben oder etwas von ihm zu empfangen hatte, am römischen Hof eingeführt worden. Die Geste, die auch die Kleidermode (Tawlion an der Dalmatika → Gewänder) beeinflußte, betonte den Abstand zwischen Kaiser und Volk. Den Kaiser mit bloßen Händen zu berühren konnte das Leben kosten. Wie anderes aus dem Kaiserkult, wurden die »verhüllten Hände« in christlichen Huldigungsszenen übernommen – zunächst in die → Anbetung Christi durch die drei Weisen (Sarkophag um 320, Vatikan, Museo Pio Christiano ex Lat 121, 1). Auf mittel- und spätbyz. Bildern verhüllen die diakonierenden Engel ihre Hände (→ Geburt Christi, → Taufe Christi); hier wird angespielt auf die Diakone, die in der Liturgie die Engel verkörpern und die heiligen Gaben mit verhüllten Händen anfassen. (Gleichsetzung des neugeborenen bzw. getauften Christus mit den Abendmahlsgaben, der Engel mit den Diakonen.)

Vergleichbar mit dem Verhüllen der Hände sind

☆ das Verhüllen der Gaben mit Tüchern, dem Aër (→ Proskomidie),
☆ das Ausbreiten des Antiminsion (→ Altar), bevor die Gaben auf den Tisch gestellt werden,
☆ das Ausbreiten von kostbaren Tüchern bei Prozessionen mit Reliquiensarkophagen (→ Einzug in Jerusalem). Das Heilige darf nicht in Berührung kommen mit dem Profanen – der Haut des Menschen oder der nackten Erdoberfläche.

Auf spät- und postbyz. Bildern der → Heimholung Mariä schlägt ein Engel einem Frevler die Hände ab. Dieser hatte versucht, das Totenlager der Gottesmutter dadurch zu entweihen, daß er es mit bloßen Händen anfaßte.

Wangenstütze als Geste der Trauer

Johannes der Evangelist unter dem Kreuz, stützt die rechte Wange seines geneigten Kopfes mit der rechten Handfläche ab – eine Geste intensiver Trauer. Die trauernde Gottesmutter zieht ihr Gewand zusammen, als ob sie fröstelte (→ Hand Gottes, → Oranten).

Hand Gottes
ΤΟ ΧΕΙΡΙ ΤΟΥ ΘΕΟΥ
To chéri tou Theoú

Verkörpert das Wirken Gottes. In seiner Gestalt als Vater und Schöpfer darf Gott selbst nicht abgebildet werden.

Gottes Hand im Alten und Neuen Testament

»O Herr, sende Deine Hand herab aus der Höhe Deiner himmlischen Wohnung und stärke mich zu diesem mir bevorstehenden Dienst, auf daß ich ungerichtet vor Deinem furchtbaren Thron stehe, und das unblutige Opfer darbringen möge.« *Priester vor der Schönen Pforte bei der Vorbereitung auf die Einkleidung für die Liturgie.*

Im AT ist die starke Hand Gottes bildhafter Ausdruck seines machtvollen Wirkens. Die Ekstase der Propheten wird durch Gottes Hand verursacht: »*Da seine Hand über mich kam...*« Jes. 8, 1, »*... da fiel die Hand Gottes auf mich.*« Ez. 8, 1

Im NT versteht Christus sein eigenes Wirken als Fingerzeig Gottes:

»So ich aber durch Gottes Finger die Teufel austreibe, so kommt das Reich Gottes ja zu euch!« *Luk. 11, 20*

Der Finger hat die Welt gemacht:

»Wenn ich sehe, die Himmel Deiner Finger Werke, den Mond und die Sterne, die Du bereitet hast ...« *Ps. 8, 4*

und der die Gesetzestafeln beschrieben:

»... gab er (Gott) ihm (Mose) zwei Tafeln des Zeugnisses: die waren steinern und beschrieben mit dem Finger Gottes.« *2. Mose 31, 18*

Darstellungen der Hand Gottes

Auf spätjüdischen (Dura Europos, Syrien, ca. 245 n. Chr.), frühchristl. und byz. Darstellungen vertritt die Hand Gottes den undarstellbaren Gott selbst. Bereits auf den ersten christl. Münzen reicht die Hand Gottes Kaiser Konstantin den Siegeskranz oder streckt sich ihm bei seiner Apotheose (→ Himmelfahrt) aus dem Himmel entgegen. Auf Elfenbeintafeln um 400 greift die Hand nach der Rechten des zum Himmel auffahrenden Christus oder verwehrt dem → Abraham seinen Sohn zu opfern (auch auf Sarkophagen, Mosaik, San Vitale, Ravenna, Mitte 6. Jh.). Im 4. und 5. Jh. ist die

Hand Gottes, die Christusgeste formend, mit Taube. Postbyzantinisches Relief (1798) an der Hauptkirche von Aeropolis, innere Mani, Peloponnes.

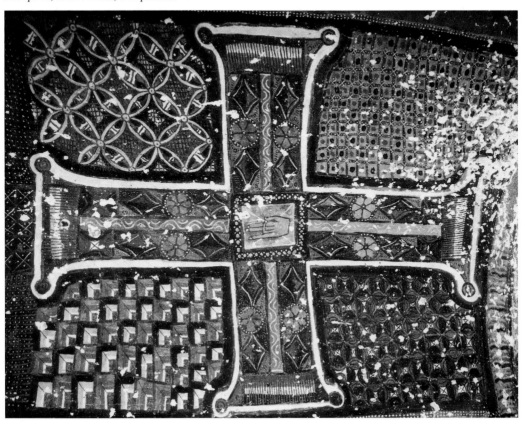

Hand Gottes, Fresko in der Kokar Kilise, Ihlara, Kappadokien, 9. Jh.

Hand als Repräsentation Gottes austauschbar mit dem Engel des Herrn. Vom 6. Jh. an erscheint Gottes Hand über der → Taube Christi, bei der → Verklärung (Apsis, Sant'Apollinare in Classe, Ravenna, 6. Jh.), später auch in → Verkündigung und der → Kreuzigung. Jetzt nimmt sie die Form der Christusgeste an.

Den Texten des AT entsprechend wird Gottes Hand abgebildet bei der Übergabe der Gesetzestafel an Mose (Sarkophage 4. und 5. Jh.), bei der → Hesekielvision (Güllüder, Kirche zu den drei Kreuzen). In spät- und postbyz. Zeit erscheint die hinweisende Hand Gottes innerhalb eines als Kreissegment ausgebildeten Himmels in der rechten oberen Ecke von Ikonen. Ein mittelbyz. Sondermotiv ist die groß aufgefaßte, die Christusgeste vollziehende Hand vor einem Kreuz inmitten eines Sternenhimmels (Osios Lukas, Anfang 11. Jh., Yilanli Kilise, Ihlara).

Hase
Ο ΛΑΓΟΣ
O lagós

Symboltier mit mehrschichtiger Bedeutung, verbunden mit dem Mond, dem Ablauf der Zeit, der Vergänglichkeit. Hat auch zu tun mit Fruchtbarkeit, Sinnlichkeit, Lüsternheit und Luxus.

Hase – Mond – Zeit
Dunkle Flecken im Mond (Mare) werden u. a. in Europa, Indien, China und Altmexiko als Hase (bzw. als Kaninchen) gesehen. Seiner Verbindung zum Mond und seines schnellen Laufes wegen wird der Hase zum Sinnbild der vergänglichen Zeiten. Die eilt dahin und läuft sich tot, wie der Hase im Märchen vom Swinegel – ein Motiv, das schon auf griech. Vasen (5. Jh. v. Chr.) den »Wettlauf« zwischen Sonnen- und Mondjahr beschreibt (→ Ostern). Hasen auf altchristl. Sarkophagen sind ein »memento mori«. Ihr reicher Kindersegen macht die Hasen zum Symbol der Fruchtbarkeit. Aus traditioneller bäuerlicher Sicht sind Tod und Fruchtbarkeit, Winter und Sommer, Saat und Ernte nur zwei verschiedene Seiten einer Medaille.

Hasen im Weinlaub trinken aus der Mondschale. Relief aus Konya (Ikonium), Inneranatolien, ca. 8. Jh., Archäologisches Museum Istanbul.

Hasen in Verbindung mit Weinlaub in Tierfriesen auf byz. Bildern (Göreme, Eustachios-Kirche, Mitte 12. Jh.; Höhle Nähe Aufstieg zu Göreme Shakli Kilise; Außenrelief Achtamar, 1. Viertel 10. Jh.) geben immer noch Rätsel auf. Aufschlüsse liefert die Interpretation eines Reliefs, das in der ostanatolischen Stadt Konya aufgefunden wurde – vermutlich aus dem Umfeld des → Ikonoklasmus.

Deutungsschicht 1: Zwei Hasen trinken aus einer Mondsichelschale: In Mittelamerika wie in Südostasien wird der Viertelmond als Becher für heiliges Wasser (Tirtha, das getrunken wird) angesehen. In Griechenland war die Mondgöttin Selene die Tauspenderin, in Indien der Mond der Becher des Göttertrankes Soma. Die Weinstöcke hinter den Hasen weisen auf den Inhalt des Mondbechers hin – den Wein der → Eucharistie. Auf dem Kopf unter ihnen sprießt eine Ähre heraus durch die Mondschale hindurch – Sinnbild des eucharistischen Brotes, das als neuer → Lebensbaum Erde und Unterirdisches mit dem Himmel verbindet.

»Die jungfräuliche Erde gebar Adam, das Haupt der Erde. Die Jungfrau gebar heute Adam (den zweiten Adam Christus), das Haupt des Himmels.« *Ephräm der Syrer, Proph. XIII, 14*

Der Kopf ist als Verstorbener zu verstehen, der aufersteht wie das Weizenkorn:

»Es sei denn, daß das Weizenkorn ... erstirbt, so bringet es viele Frucht.« *Joh. 12, 24*

Er repräsentiert zugleich den neuen Adam, der begraben wurde und auferstand, und den alten, der durch Christus der Auferstehung teilhaftig wird.

Das Symbolbild bringt das Mysterium des Abendmahls mit einem Gestirn zusammen – was gut in eine Zeit paßt, die Christus mit der Sonne, die Apostel mit den Monaten und die Taufe mit Jahresanfang und Sonnenwende (→ Taufe Christi) in Beziehung setzt. Da das Abendmahl im Dunkeln stattfindet, liegt es nahe, dieses Mysterium dem Mond zuzuordnen (die Muttergottes, dem → Mond verbunden, gewinnt nach der Überwindung des Ikonoklasmus große Bedeutung für die Eucharistie).

Deutungsschicht 2: Die aufsprießende Ähre wirkt schon von der äußeren Form her phallisch, sie schießt aus einem männlichen Kopf hervor und zielt direkt auf die Mondsichel. Der Mond, in Asien wie in Griechenland weiblichen Geschlechtes, steht in Beziehung zur weiblichen Sexualität. Hasen sind Sinnbilder der Sinnlichkeit. In der Antike war ihr Fleisch ein Aphrodisiakum. Der Wein ist Christi Blut. Blut gilt in nahezu allen Religionen als Konzentrat gefährlicher weiblicher Kraft (→ Darstellung Christi im Tempel). Irenäus weist in seiner Schrift *»Gegen die Häresien«* (2. Jh.) mit Abscheu auf eine gnostische Sekte hin, die ein Abendmahl mit Sperma und Menstruationsblut feiert. Extreme Praxis einer extremen Sekte! Subtiler kommt die Zuordnung des Abendmahlsblutes in den Kaisermosaiken in San Vitale, Ravenna, Mitte 6. Jh., zum Ausdruck: Theodora spendet einen kostbaren Abendmahlskelch, Justinian einen Diskos für das Brot.

Deutungsschicht 3: Der Hase als Fruchtbarkeitssymbol spielt mit der aufkeimenden Ähre an auf die zyklische Wiederkehr von Saat und Ernte, Tod und Wiedergeburt.

Hasenbilder mit oder ohne Weinranken weisen auf die Verknüpfung der Eucharistie mit der Astralebene, der Vegetation und der Auferstehung hin.

Lagos – Logos – lagnos
Wegen seiner Namensähnlichkeit – Lagos – soll der Hase auch als Hinweis auf das göttliche Wort Christus – Logos – zu verstehen sein.

Der negativen Bewertung des Hasen als »wollüstig« durch einige Kirchenväter liegt m. E. eine volksetymologische Ableitung von »lagnos« – wollüstig, geil – zugrunde.

Heidenchristliche Kirche
Η ΕΚΚΛΗCΙΑ ΤΩΝ ΕΘΝΩΝ
Ekklisía ton ethnón

Frühchristlich-allegorische Frauengestalt, vertritt die heidenchristliche Gemeinde, dem Paulus zugeordnet (→ Peter und Paul, → Kranz). Im Westen entwickelte sich daraus die Personifikation der Ekklesia (Kirche). Gegenstück ist die Allegorie der judenchristlichen Gemeinde, dem Petrus zugeordnet, Vorbild für die westliche Personifikation der Synagoge (Santa Sabina, Rom, Anfang 5. Jh.; Santa Pudenziana, Ende 4. Jh.).

Heilige
ΟΙ ΑΓΙΟΙ
I Ájii

Im Gnadenzustand Verstorbene, die im Lichte Gottes leben. Wie die Gottesmutter können sie von Menschen gebeten werden, Fürbitte bei Gott einzulegen. Manche Heilige greifen bei Notlagen in die Menschenwelt ein, vollbringen Wunder (→ Georg).

Kalender der Heiligen (Minolojion)
Der 1. Fastensonntag, Sonntag der Orthodoxie (→ Bild), ist Gedenktag der Heiligen. Das Minolojion weist aus, daß jedem Tag im Jahr mehrere männliche oder weibliche Heilige zugeordnet sind. Kirchen feiern den Tag ihres Namenspatrones mit einem Fest (Panijiri). Seine Ikone wird ausgelegt, sein Name im Gottesdienst genannt. Für alle Orthodoxen ist der Tag ihres Namensheiligen ihr größtes persönliches Jahresfest.

Heilige – Vermittler zwischen Gottes- und Menschenwelt
Die Kirche umfaßt die Lebenden und die Verstorbenen (→ Hades). Die Heiligen, auch sie sündige Menschen, hat Gott aus Gnade schon in ihrem Leben der göttlichen Natur teilhaftig

werden lassen. Wie im geweihten Wasser (→ Taufe Christi) wird in ihnen der vergöttlichte Zustand vorweggenommen.

Als verbindende Zwischenglieder zwischen der göttlichen und der menschlichen Welt sind sie in mittel- und spätbyzantinischen Kirchen an den Wänden aufgereiht – umgeben die Lebenden, die den untersten Rang in der (→ himmlischen Hierarchie einnehmen, dem die Heiligen einst selbst angehörten. Die Heiligen gliedern Zeit und Raum – Kirchenjahr und Kircheninneres.

Die Bilder der Heiligen
Die byz. Heiligen haben eindeutige Namensbeischriften, nur selten Attribute. Ihre → Gewänder sind eine Identifizierungshilfe. Im Kirchenschiff, den Gläubigen zunächst, werden die Märtyrer und Bekenner mit dem Kreuz in der Hand abgebildet, sowie die Kriegerheiligen (→ Demetrios, → Georg). Priesterheilige besetzen das Allerheiligste. Die großen Kirchenväter und Liturgen umgeben in der Apsis den Altar.

Apostel, Evangelisten und Propheten stehen über ihnen, sind als Weissagende oder Zeugen des Heilsgeschehens in die Gewölbezone zwischen die Bilder der Heilsereignisse des NT entrückt.

»Herr unser Gott, Du hast erschaffen den Menschen nach Deinem Bilde und Gleichnis. Nachdem er entweiht worden ist, durch die Ungehorsamkeit des Ersterschaffenen (Adam), hat Du es (das Bild) erneuert durch das Menschwerden Deines Christus, der annahm die Gestalt eines Knechtes und seiner Erscheinung nach erfunden wurde als ein Mensch. So hast Du zurückgeführt Deine Heiligen zur ursprünglichen Würde und indem wir Dein Abbild fromm verehren, ehren wir die Heiligen, die Dir Bild und Gleichnis sind. «*Stillgebet bei der Weihe einer Heiligenikone.*

Im Kloster Warlaam, Meteora (1548 und 66) tragen alle Heiligen (Märtyrer, Eremiten, Krieger) das Antlitz Christi: Von seiner Bestimmung her ist der Mensch als Gottes Bild gedacht *(1. Mose 1, 27)* und in der künftigen vergöttlichten Welt wird er zum Bild des fleischgewordenen Gottes.

Die Versammlung aller Heiligen um Christus, in der Mitte Konstantin und Helena mit dem wahren Kreuz, naive Ikone. Kykladeninsel Andros, 20. Jh.

Heimholung Mariä
Η ΚΟΙΜΗCΙC ΤΗC ΘΕΟΤΟΚΟΥ
I kímisis tis Theotókou

Tod der Muttergottes im Kreise der Apostel. Christus holt ihre Seele in den Himmel.
Der Festtag liegt am Ende des Kirchenjahres, die bildliche Darstellung der Heimholung Mariä findet sich am äußersten Ende des Kirchenschiffes an der Westwand (austauschbar gegen das → Endgericht).

Fest der »Entschlafung Mariä« und Volksbrauchtum
»Auferstehe, Herr, zu Deiner Ruhe, Du und die Lade Deines Heiligtums.« *Ps. 131, 8 (132, 8).*

Die → Bundeslade ist Typus der Gottesmutter → Maria, der Vers gilt daher als prophetischer Hinweis auf ihre Heimholung.
Das größte Marienfest und letzte Hochfest (→ Festtagskalender) im am 1. September begin-

nenden Kirchenjahr (im Westen bezeichnet als »Marientod«, »Mariä Heimgang« oder »Himmelfahrt Mariä«), wird seit Anfang des 7. Jh.s in Konstantinopel am 15. August gefeiert.

1821 am 25. März, dem Tag der → Verkündigung Mariä – hatte der Metropolit Jermanos von Patras als Signal für den Beginn der griech. Volkserhebung gegen die Osmanenherrschaft das Lawaron aufgerichtet (eine Altardecke, bestickt mit der Heimholung Mariä, heute in einem Kloster bei Kalawrita). Am 15. August des gleichen Jahres wurde auf Tinos (Kykladen) eine wundertätige Marien-Ikone aufgefunden.

Beide Jahrestage werden in Griechenland, besonders in Tinos, festlich begangen. Die Marine entsendet ein Schiff zur Insel.

Die Pilgerscharen auf Tinos

☆ feiern ein religiöses und zugleich nationales Fest. Die Gottesmutter ist Schutzheilige Griechenlands, das Fest der Verkündigung Mariä heute Nationalfeiertag.

☆ erhoffen vom Gnadenbild der Gottesmutter Heilung ihrer Leiden und Gebrechen oder wollen ein Gelübde einlösen. Vor allem Frauen laufen am 15. August in Tinos barfuß vom Hafen zur Kirche oder steigen die Treppe nach oben auf Knien hoch. Die Pilger drängen sich um die »nicht von Händen gemachte« Ikone (→ Ikonenwunder), um sie zu küssen, ihr eine Weihegabe (ex voto) anzuhängen (Weihegabe, Nachbildung einer Person oder eines erkrankten Gliedes in Silber oder Goldblech). Kranke verbringen die Nacht vor dem 15. in der Kirche (→ Kosmas und Damian). Am Morgen nach der Liturgie trägt der Bischof, gefolgt von Honoratioren und Marinesoldaten, die Ikone in einer feierlichen Prozession rund um den Ort.
Kranke Pilger legen sich vor der Ikone auf den Weg, damit sie über sie hinweggetragen werde.

Auf Paros findet in der Ekatontapyiani-Kirche eine ähnliche Zeremonie statt. Mancherorts wird auch die Bahre der Gottesmutter, über und über mit Blumen bedeckt, durch die Straßen getragen (Elassona, Insel Patmos, Kassiopi auf Korfu) – unverkennbar eine Übernahme der Zeremonie um den Epitaphios am Karfreitag (Grablegung Christi, → Passionszyklus).

Der Kern des Heimholungs-Motives
Die Gottesmutter ist gerade verstorben, liegt ausgestreckt – ihr Kopf meist nach rechts gewandt – auf einer Liege. Um sie herum die 12 Apostel, die Marias Wunsche entsprechend, durch die Luft aus allen Teilen der Welt zu

Heimholung der Gottesmutter, Kloster Panajia Mawrotissa bei Kastoria.

ihrem Totenbett getragen wurden – je nach Überlieferung in Jerusalem oder Ephesus.
Hinter ihr steht Christus in einer Mandorla, im Arm ihre Seele in der Gestalt eines straff gewickelten kleinen Kindes.

Die Wiedergabe der toten Seele als Wickelkind knüpft an die uralte Gleichsetzung von Toten, die auch gewickelt werden, und Ungeborenen an (Krippe = Wiege – Altar, → Geburt Christi). Die byz. Tradition setzt den Tod Marias voraus, im Gegensatz zum römisch-katholischen Dogma der leiblichen Aufnahme Marias in den Himmel.

Maßgebend für das Bildmotiv sind auf älteren syrischen Vorlagen aufbauende Predigttexte der Kirchenväter des 7. und 8. Jh.s (Modestus von Jerusalem, Homilien des Johannes von Thessaloniki, Andreas von Kreta, Germanos von Konstantinopel, Johannes Damaszenus).

Der theologische Hintergrund: Maria war das Werkzeug der Menschwerdung Gottes – und sie ist auch der erste Mensch, bei dessen Tod deren Bedeutung für die Menschen sichtbar wird – die Vergöttlichung des Menschen nach seinem Tod. Als sündiger Mensch kann sie nicht selbst zum Himmel auffahren wie Christus; ihr Sohn holt sie heim.

Entstehung und weitere Ausgestaltung der Heimholung
Ob ein Relieffragment aus dem 6. Jh. (Bolnis-Kapanakci-Basilika, Georgien) gegenüber der Himmelfahrt Christi das älteste Bild der Heimholung Mariä darstellt, ist umstritten. Die Überlieferung verbreitet sich um 600, das Bildmotiv erscheint um 900, unmittelbar nach dem Ende des Bilderstreites. Auf einem Fresko in einer winzigen Höhlenkirche (A'aci Alti

Kilise, Ihlara, 10. Jh.) greift Christi Hand nach dem geöffneten Mund der liegenden, nach links blickenden Gottesmutter und entnimmt ihm die Seele, die sie gerade aushaucht. (Vorstellung vom Lebensodem als Träger der Seele; »Atem« ist verwandt mit dem Sanskrit-Wort »Atman« = Hauch, Seele.)

Vom 10. bis 12. Jh. reicht Christus Marias Seele mit temperamentvollem Armschwung (Göreme, Shakli Kilise, 11. Jh.) einem der beiden Engel zu, die über ihm schweben und sie mit verhüllten → Händen in Empfang nehmen (Matorana, Palermo, 1143; Elfenbeinevangeliar Otto III., Ende 10. Jh.).

Das Motiv wird jetzt häufig neben oder gegenüber der → Himmelfahrt Christi angeordnet.

Aus der Apostelschar um die mit gekreuzten Armen – Geste des Betenden, Haltung des Verstorbenen (→ Totenbräuche) – lang ausgestreckte Gottesmutter heben sich heraus: Petrus, mit weißem, gekräuseltem Bart, die Wange auf die rechte Hand aufstützend, meist links vom Lager; Paulus mit schwarzem Bart und Halbglatze, neigt sich über Marias Füße; Johannes, als gealterter Mann mit weißem Bart, sitzt hinter Maria und hält sein Gesicht an ihre Wange (wie der jugendliche Johannes auf Abendmahlsbildern an die Christi).

Ab dem 13. Jh. hält Christus die Marienseele in beiden verhüllten Händen oder in der Armbeuge, kann auch die Rechte zur Christusgeste erheben (Sopocani, 1265, Serbien, Panajia Mawrotissa bei Kastoria).

Ab spätbyz. Zeit umgibt ihn eine mehrschalige Mandorla, angefüllt mit Engeln, oft bekrönt mit einem → Cherubim. Die Seelenfigur wie die Engel werden durch ihre weiß-blasse Erscheinung als Angehörige der Welt des Unsichtbaren charakterisiert (Chora-Kirche, Konstantinopel, 1315–1321, Festbildikonen an Bilderwänden).

Oft ist eine Sterbekerze (→ Geburt Mariä) abgebildet, und Petrus schwingt am Totenbett das Weihrauchfaß (→ Totenbräuche). Der Duftrauch soll der Seele den Weg nach oben bahnen.

Klagefrauen ziehen ins Bild mit ein, Kirchenväter versammeln sich in priesterlichen Gewändern um das Sterbelager: Basilius, Gregor der Theologe, Johannes Chrysostomos, auch Johannes Damaszenus. Spät- und postbyz.

Fresken quellen über vor Figuren: Christus wird von der Mandorla des → brennenden Dornbusches umgeben, mitunter angefüllt mit roten Cherubim. Maria ist nach westlichem Vorbild als winzige Erwachsene ausgebildet, manchmal mit Flügelchen (Totenseelen als Vögel, → Adler, → Pfau). Zusätzlich wird direkt über dem Kopf Christi eine thronende Mutter Gottes im Kreisnimbus ähnlich dem des Himmelfahrtsnimbus Christi von zwei Engeln nach oben zur Paradiesespforte getragen (Kloster Warlaam, Meteora, 1548). Engel tragen auf Wolkenteppichen die Apostel »aus den vier Ecken der Erde« (Liturgie Abendgottesdienst) herbei.

»Die Hand der Uneingeweihten soll in keiner Weise berühren die beseelte Lade Gottes ...«. *Liturgie des Festes Mariä Tempelgang.*

Vor dem Sterbelager kauert mit ausgestreckten Händen der Fanatiker Athonius: Das winzige Figürchen will die Allheilige entweihen. Ein Engel zückt sein Schwert oder hat dem Frevler bereits die Hände abgehackt, die sich noch an das Lager klammern. Fürbittend hebt die Liegende ihre Rechte, um Athonius zu heilen und zu bekehren (→ Hände; → Bundeslade als Typus Marias nach *2. Sam. 6, 6–7*).

Hesekiel-Vision
ΤΑ ΟΡΑΜΑΤΑ ΤΟΥ ΠΡΟΦΗΤΗ ΙΕΖΕΚΙΗΛ
Ta orámata tou Profíti Jesekiíl

Bedeutender → Prophet, sagte im babylonischen Exil den Untergang Israels voraus. Die Schilderung seiner Gottesschau (Buch Hesekiel des AT), seine endzeitlichen Prophezeiungen hatten erhebliche Auswirkungen auf die jüdische und christl. → apokalyptische Literatur sowie auf byz. Darstellungen von Gottesvisionen.

Prophet des Exils im AT
Gegen 608 wird Jojakim vom Ägypterkönig Necho als König über Israel eingesetzt. Er unterwirft sich 605 Nebukadnezar II., der Necho geschlagen, fällt dann wieder von den Babyloniern ab. Deshalb entführt Nebukadnezar 597 Jojakim und die gesamte Oberschicht, auch Hesekiel, nach Babylon. Der Vasallenkönig

Nebukadnezars, Zedekia, konspiriert mit Ägypten *(Ez. 17, 15)*. 589–87 belagern die Babylonier Jerusalem, zerstören Stadt und Tempel, führen die Bevölkerung in die babylonische Gefangenschaft. 538 nimmt der Perserkönig Kyros (Kores) Babylon ein und läßt die Juden heimkehren.

Hesekiel schaut nach Jojakims Entführung und vor der Babylonischen Gefangenschaft Visionen der göttlichen Herrlichkeit *(Ez. 1)*. Zunächst verkündet er in ekstatischen Zuständen (»... *da fiel die Hand des Herrn auf mich*«, *Ez. 8, 1*) (→ Hand Gottes) seinen bereits im Exil weilenden Landsleuten den Untergang Rest-Israels als Strafe für die Vereunreinigung des Tempels durch fremde Götterbilder und Kulte. Mit einem Ziegelstein als Modell für Jerusalem spielt er die Belagerung und Eroberung der Stadt durch. Nach dem Fall *(Ez. 33, 2)* weissagt er die Wiederkehr Davids als des gerechten Königs, ein neues → Jerusalem und einen neuen → Tempel, in dem Gott weilt.

Der Verfasser der Offenbarung Johanni (→ Apokalypse) übernimmt die Bildsprache Hesekiels, meint jedoch die Himmelsstadt – kein irdisches Reich.

Hesekiels Gottesschau als Vision des Kosmos

Die Himmelsvisionen *(Ez. 1, 4–28; 10, 1–21)* schildern eine menschengestaltete Lichterscheinung auf einem Thron in einem Regenbogennimbus. Um sie herum vier → Cherubim als Tetramorphen mit je vier Gesichtern – menschen-, löwen-, stier- und adlerförmig – sowie vier Flügeln. Ihnen zugeordnet ein System aus vier ineinander geschachtelten Rädern – wie die Cherubim übersät mit Augen, zwischen denen es blitzt und donnert.

Die Tetramorphen sind die vier Weltenrichtungen. (Die Institution der vier Tetrarchen – der vier Herrscher in den griechischen Kaiserreichen des Orients und im römischen Reich zur Zeit Diokletians – gründen sich auf vergleichbare kosmologische Vorstellungen.)
Sie bilden zugleich den bronzenen Thronwagen Jahwes, der über den Himmel rollend den Donner erzeugt. Die Augen sind Sterne (→ Pfau), die vier Gesichter beziehen sich auf Sternbilder.
Hesekiels Visionen sind beeinflußt von der Ausstattung des salomonischen Tempels: Als Thronsitz Jahwes gilt die mit Cherubim geschmückte Bundeslade. Zehn eherne vierrädrige Kesselwagen, geschmückt mit Löwen-, Stier- und Cherubimmotiven *(1. Kön. 7, 27–35)*, lieferten künstlichen Donner zur Beschwörung von Regen. Jahwe schickt Regen oder versagt ihn.

Das Visionsbild und seine Verknüpfung mit der Himmelfahrt Christi

Ausschnitt aus der Hesekielvision. Fresko auf der Flachkuppel der Höhlenkirche zu den drei Kreuzen in Gülüdere, Kappadokien. Wahrscheinlich vor dem Bilderstreit entstanden.

Dargestellt wird die Hesekiel-Vision vom 5. Jh. an als knappe Zusammenfassung der → Himmelfahrt Christi mit seiner Wiederkehr (Türen, Santa Sabina, Rom, ca. 430). Die vier Tiere werden jedoch entsprechend ihrer Abwandlung nach der Apokalypse als je ein geflügelter Stier, Löwe, Adler und Mensch ausgeformt, von vornherein gleichgesetzt mit den → Evangelisten, deren vier Schriften das Evangelium zu den vier Enden der Welt hin verbreiten. In der Apsis von Osios David (Thessaloniki, Ende 5. Jh.) erscheint Christus auf dem Regenbogen, umgeben von den vier Evangelistensymbolen über den vier Wassern des Paradieses, flankiert von Hesekiel und Habakuk. Bis zum Bilderstreit (8. Jh.) wurde das Motiv häufig in Apsiden (Karabas Kilise, Kappadokien) und Deckenwölbungen (Güllüdere, Kirche zu den drei Kreuzen: Tetramorphen mit Sonne und Mond um ein Kreuz) dargestellt. Einige ikonoklastische Symbole lassen sich als Anspielung sowohl auf die Himmelfahrt, wie die Hesekielvision auffassen (→ Bilderfeindliche Ornamente). Danach wird das

Himmel

Gottvater mit dem Kreuznimbus Christi erscheint am Ende der Tage. Das Viereck bezeichnet den Kosmos mit seinen vier Enden. Athoskloster Xeropotamou.

Motiv aufgesogen von der Himmelfahrt Christi, dem Christus → Pantokrator, auch vom → Endgericht (ab 12. Jh.).

In der nachbyz. Wiederkunft Christi (Majestas Domini) werden Elemente der Visionen Hesekiels, → Jesajas, → Daniels und der Johannesapokalypse zusammengefaßt (Athosklöster).

Apsisbild Moni Thari auf Rhodos (1506): der triumphierende Christus hat bereits den bis dahin → leeren Thron besetzt. Ihn umgibt eine Kosmos-Raute, hinter der vier Wesen hervorblicken, selbst wieder eingefaßt in zwei blaue Strahlen aussendende Kreise. Flankiert wird die Erscheinung links von Hesekiel und der Gottesmutter, rechts von Jesaia und Johannes dem Täufer.

Himmel
O OYPANOC
O ouranós

Unsichtbarer Herrschaftsbereich Gottes, Aufenthaltsort der Seligen nach der Wiederkunft Christi, symbolisch wiedergegeben durch Kreis (als die vollkommene Form), Kuppel, Baldachin, Zelt oder Paradiesesgarten.

Kreis – Kugel – Halbkugel

Ein komplettes Stichkappengewölbe mit musivischer Kreuzessonne und Sternen (Galla Placidia, Ravenna, ca. 422) oder ein Kreis mitten in einer Apsiswölbung (San Apollinare in

Classe, Ravenna, 549) ist Darstellung des Himmels. Die frühchristl. Kränze mit Christusmonogramm, Kreuz oder Lamm sind, wie die engelgetragenen Kreisnimben der → Himmelfahrt, der Regenbogennimbus des Pantokrators zeichenhaft verkürzte Hinweise auf ihn – siehe die Scheiteldarstellung im Presbyterienkreuzgewölbe von San Vitale (Ravenna, vor 547): Das Lamm vor Sternenhintergrund im Blütenkreis, gehalten von den vier Engeln der Himmelsrichtungen.

In mittelbyz. Zeit deuten Halbkreise oben im Bild, von denen Strahlen ausgehen, den Himmel an, auf spät- und postbyz. Ikonen Viertelkreissegmente in der rechten oberen Bildecke, in denen die Hand Gottes, Christus oder auch Gottvater erscheint.

In der byz. Architektur repräsentiert die Hauptkuppel den Himmel. Eine Kugel kann den Himmel (Apsiswölbung San Vitale, 6. Jh.) oder den → Kosmos meinen.

Himmelssegment im Scheitel einer Trompe der Klosterkirche Daphni, Ende 11. Jh.

Baldachin und Zelt als Himmel

Baldachin und → Ciborium sind Bildzeichen des Himmels. Baldachinartig ist auch das Tuch, das die seltene frühchristl. männliche Allegorie des Himmels über ihrem Kopf ausspannt. Darüber thront Christus (Sarkophag des Junius Bassus, Vatikan, 359; Buchmalerei) – ein richtiges Himmelszelt:

»Macht euch Freunde mit dem ungerechten Mammon, damit sie, wenn es euch schlecht geht, euch aufnehmen in die *ewigen Zelte.*« Luk. 16, 10

Im Baptisterium der Orthodoxen (Ravenna, 5. Jh.) stehen die Apostel (= Sternbilder) unter hochgerafften, am Scheitelreifen befestigten Stoffen des Himmelszeltes (Erinnerung an die Stiftshütte für die → Bundeslade des AT). Die üppigen Textildekore auf früh- und mittelbyz. Mosaiken und Fresken verwandeln Gewölbe und Decken der Architektur in Bahnen des Himmelszeltes.

Das Paradies

Gleichbedeutend mit dem Himmel ist das Paradies, frühchristl. als Hügel mit vier Wasserquellen (1. Mose 2), oft direkt unter einer Himmelskugel oder einem Himmelsnimbus, oder in Form von Palmen unter üppiger Vegetation (San Vitale) dargestellt, mittelbyz. als lichtweißer Garten mit Pflanzen (→ Endgericht), als → Abrahams Schoß oder als himmlisches → Jerusalem.

Zusammengerollter Himmel. Motiv aus der Apokalypse des Johannes. Chorakirche, Konstantinopel, 1315–1321.

Himmelfahrt Christi

Η ΑΝΑΛΕΙΨΙC ΤΟΥ ΧΡΙCΤΟΥ
I análipsis tou Christoú

»Emporhebung« Christi durch Engel in den Himmel. Wichtiges Motiv, angeordnet in hochgelegenen Teilen der Kirchenräume, häufig mit Visionsdarstellungen oder denen der Wiederkunft Christi verschmolzen.

Das Himmelfahrtsfest und sein Brauchtum

Nach seiner Auferstehung »*ließ er (Christus) sich sehen unter ihnen (den Jüngern) 40 Tage lang und redete vom Reiche Gottes*« *Apg. 1, 3*.
Das Hochfest (→ Festtagskalender) wird am Donnerstag 40 Tage (→ Zahl 40) nach Ostern gefeiert. In apostolischer Zeit hatte das Urfest der Christenheit, Ostern, auch Himmelfahrt und Pfingsten mit eingeschlossen: die vollendete Auferstehung. Im 3. Jh. kam ein eigenes Pfingstfest auf, von dem sich im 4. Jh. das Himmelfahrtsfest abspaltete. Der Brauch der Griechen, zu Himmelfahrt erstmals im Jahr im Meer zu baden, erinnert an die gemeinsame Feier von Himmelfahrt und Pfingsten und den dabei verlesenen Evangelientext: »*Wer an mich glaubt ... von dessen Leib werden Ströme des lebendigen Wassers fließen!*« *Joh. 7, 38*
Die Häuser der Küstenregionen werden mit Seewasser besprizt, in den Bergen segnen die Papades die Herden. Himmelfahrt ist auch der Tag der Hirten und Herdenbesitzer.

Das Himmelfahrtsmotiv in der Gewölbezone und der Kuppel

»*Er (Christus) führte sie (die Jünger) in Richtung Bethanien (auf den Ölberg), hob die Hände auf und segnete sie. Und während er sie segnete, geschah es, daß er von ihnen schied und in den Himmel auffuhr.*« *Luk. 24, 50–51*

Im oberen Bereich des zweiteiligen Motives wird eine Kreisaureole von vier (oder zwei) Engeln nach oben getragen. Der darin als Weltenherrscher thronende Christus hat die Rechte segnend erhoben, hält in der Linken die Schriftrolle. So wird er am Ende der Tage als Weltenrichter wiederkommen:

»*... da standen bei ihnen (den Aposteln) zwei weißgekleidete Männer und sagten: ... dieser Jesus, aufgehoben von euch weg in den Himmel, der wird wiederkehren auf die gleiche Weise, wie ihr ihn gesehen habt, in den Himmel fahren.*« *Apg. 1, 10–11*

In der Mitte des unteren Teils steht frontal zum Betrachter gewandt, in souveräner Ruhe mit erhobenen → Händen (→ Oranten) Maria als Repräsentantin der Kirche zwischen zwei weißgekleideten Engeln.
Links und rechts von ihr je sechs Apostel, die, im Gegensatz zu ihr, mit ekstatischer Gestik zum Himmel aufblicken. Die Festtagsliturgie regt die Gläubigen an, sich in die Lage der Jünger zu versetzen:

»*Kommt, laßt uns aufrecht stehen, die Augen und Gedanken, die Blicke und Gefühle erheben ... als wenn wir auf dem Ölberg stünden und den auf Wolken getragenen Erlöser schauten.*«

Olivenbäume vertreten den Ölberg (El Nazar, Göreme, Ende 10. Jh.; Cavusin, 964; Ajia Sophia, Thessaloniki, ca. 1000), symbolisieren zugleich den offenen Zugang zum Himmel (→ Baum, → Berg, → Himmelsleiter).

Die obere himmlische und die untere irdische Motivhälfte werden auch räumlich getrennt, auf zwei Ikonen aufgeteilt oder an unterschiedlichen, jedoch übereinander gelegenen Stellen dargestellt: Christus in der Kuppel bzw. im Gewölbe, die Zurückbleibenden im Kuppeltambour bzw. an der Hochwand. So wird im Himmelfahrtsbild – zugleich Bild der Wiederkunft Christi (→ Endgericht) – die Spannung betont zwischen der Jenseitigkeit Gottes und seiner Vereinigung mit der Welt. Dem Motiv wird bis zum 11. Jh. eine Vorzugsstelle reserviert: Apsis, Hauptkuppel, Nebenkuppel, Hochwand über der Apsis, Gewölbe, höchster Teil der Naos-Rückwand. Ab dem 12. Jh. nimmt der → Pantokrator – zu verstehen als bildliche Kurzformel des Himmelfahrts-/Wiederkunftsmotivs – die Hauptkuppel in Anspruch.

Entwicklung und Ausgestaltung des Himmelfahrtsmotivs

Zur Vorgeschichte und zum Umfeld des Himmelfahrtsbildes zu zählende Darstellungen sind:

☆ die Kaiserapotheose (Consecratio)
☆ das engelgetragene Siegeskreuz (Tropaion) auf Sarkophagen (→ Kreuz)
☆ die feurige Auffahrt des → Elias
☆ die → Hesekielvision
☆ die → Orantin.

Himmelfahrt Christi

Himmelfahrtsdarstellung aus der Höhlenkirche vom Taubenschlag in Cavusin, Kappadokien.

42 v. Chr. läßt Augustus, anknüpfend an den Kult um Alexander den Großen, den ermordeten Julius Caesar durch Senatsakt (Consecratio) für göttlich (divus) erklären. Für seine eigene Verbrennung schreibt er vor, einen Adler – Verkörperung seiner Seele – vom Scheiterhaufen auffliegen zu lassen. Hauptsymbole auf den Kaisergedenkmünzen sind von nun an Scheiterhaufen, → Adler (für Kaiserinnen → Pfau), von Genien gehaltene Ehrenkränze, an den Sonnenwagen erinnernde Zwei- oder Viergespanne (Vergöttlichung des Herrschers als Gestirn). Auf der letzten vom römischen Senat ausgegebenen Consecrationsmünze fährt Konstantin, der Elemente des Sonnenkultes ins Christentum einbrachte, auf dem Sonnenwagen zum → Himmel hoch, aus dem sich ihm die → Hand Gottes (früheste Darstellung!) entgegenstreckt.

Die Sonnenwagenvorstellung wirkte sich auf die jüdische (Synagoge Dura Europos, 3. Jh.) wie die christliche Wiedergabe der Himmelfahrt Elias aus. Als Typus für die Himmelfahrt Christi hat sie ihrerseits deren Darstellung beeinflußt.

Die Reidersche Tafel sieht Auferstehung und Himmelfahrt als Einheit:

Christus vom Grabe her kommend, schreitet direkt über eine Flanke des Ölberges hinauf nach oben. Aus den Wolken heraus ergreift die Hand Gottes seine Rechte. Darunter kauern zwei Jünger, rechts am Grab Wächter.
Drei Frauen, darunter (ohne Spezereien) wenden sich dem – noch flügellosen – Engel zu, der ihnen seine Rechte segnend entgegenstreckt. Hinter ihm die konstantinische Grabkapelle über dem Heiligen Grab (2. Viertel 4. Jh.). Die Tür ist verschlossen, wie das Grab, aus dem der Auferstehende entwich. Aus der Kapelle wächst der → Lebensbaum – Zeichen des offenen Zugangs zum Himmel. Die früchtepflückenden Seelenvögel in den Zweigen sind die Raben, die Elias Nahrung bringen (1. Kön. 17, 6).

Drei Anspielungen auf die Himmelfahrt enthalten die Holzreliefs von Santa Sabina (Rom, 430, ostmittelmeerische Künstler):

☆ Auf einem Feld im unteren Teil fährt Elia auf dem Feuerwagen nach rechts oben. Ein über ihm schwebender Engel zieht den an einem Stab hängenden Propheten kraftvoll Richtung Himmel.

☆ In einem Feld links darüber wird Christus auf einer Anhöhe von zwei über ihm schwebenden Engeln buchstäblich »nach oben gezerrt«. Vier Jünger, darunter, kauern erschrocken oder gestikulieren ekstatisch.

☆ Auf dem Felde rechts daneben, direkt über der Eliasdarstellung, triumphiert Christus in einem Kreisnimbus stehend. Die ihn umgebenden vier Flügelgestalten sind als → Evangelisten wie als apokalyptische Tetramorphen (→ Hesekiel-Vision) zu sehen (Kombination von Auffahrt und Wiederkunft).

Elfenbeinrelief, sog. Reidersche Tafel, mutmaßlich Milano, um 400, jetzt in München, faßt Auferstehung und Himmelfahrt zusammen.

Unter dem Kreisnimbus als Himmel Gottes der irdische Himmel mit Sonne und Mond über einer Orantin – zugleich Allegorie der Kirche und der Muttergottes. Petrus und Paulus (?) halten über sie einen Kranz mit dem Triumphkreuz, irdisches Symbol (→ Kreuz) für den hoch über ihm im Himmel schwebenden triumphierenden Christus (Kombination von Symbol und Bild des Symbolisierten).

Nahe steht dem Relief das koptische Apsisfresko von Babit (5. oder 7. Jh.; Koptisches Museum Kairo). Im 150 Jahre später voll entwickelten byz. Motiv sind die Inhalte der drei Himmelfahrtsdarstellungen miteinander verschmolzen: Christus bewegt sich nicht mehr selbständig oder von Engeln gezogen nach oben. Dem Evangelientext entsprechend wird seine Mandorla von vier Engeln »aufgehoben« (Kästchen Sancta Sanctorum, Rom, 6. Jh.), mitunter auch noch von den Tetramorphen der → Hesekielvision (Rabula-Evangeliar, 586).

Bereits auf dem Relief des Prinzensarkophags (Konstantinopel, um 400) tragen vier Engel die Lichtgloriole des darin thronenden Christus. Das bis zum Bilderstreit häufige Motiv eines von vier Engeln getragenen Kranzes oder Kreises (Bildchiffre für Himmel) um das Kreuz, das Christusmonogramm, das Lamm oder eine Christusbüste, ist zeichenhafter Hinweis auf den zum Himmel fahrenden und wiederkehrenden Heiland (Erzbischöfliche Kapelle, Ravenna, um 500; Lamm im Kranz in San Vitale, um 550).

Christusmonogramm im Kranz, von zwei Engeln gehalten, Triumphzeichen Christi und Anspielung auf die Himmelfahrt Christi und in seiner Nachfolge des bestatteten Verstorbenen. Sarkophag, Archäologisches Museum Istanbul, 4. Jh.

Daß Christusmonogramme, in der Aureole oder im Kranz von zwei Engeln getragen, die gleiche Bedeutung haben, wird nahegelegt

☆ durch frühe mittelbyz. Himmelfahrtsbilder mit nur zwei Engeln,

☆ durch einen koptischen Grabstein (5. Jh., jetzt in Recklinghausen): zwei Engel ziehen eine Christusbüste mit einem Kreuzsymbol vor der Brust am Haupthaar nach oben (wie Habakuk den → Daniel).

Zeichenhaft verkürzte Wiedergabe des triumphierend auffahrenden Christus in der Barbara Kilise, Göreme, Kappadokien.

Bilderfeindliche Christen des 8. und 9. Jh.s (Ikonoklasten) reduzierten das seit dem 6./7. Jh. voll entwickelte Himmelfahrtsmotiv zu einem schlichten Zeichen: Ein eucharistisches Kreuz im Kreis repräsentiert den Christus triumphans, einfache Standartenzeichnungen die ihn tragenden Engel (Barbara Kilise; → Bilderfeindliche Ornamente).

Christus triumphans zum Himmel fahrend vor seinem Monogramm, A'aci Alti Kilise, Ihlara, Kappadokien, 10. Jh. oder früher?

Der naive Himmelfahrtschristus in der Kuppel der A'aci Alti Kilise (Kappadokien) ist mit einem groben, an ikonoklastische Zeichen erinnernden Christusmonogramm unterlegt (→ Bilderfeindliche Ornamente).

Vom 9./10. Jh. an kristallisiert sich aus dem Himmelfahrtsmotiv in der Hauptkuppel die → Pantokratordarstellung heraus.

Himmelsleiter

Η ΚΛΙΜΑΞ ΤΟΥ ΠΑΡΑΔΕΙCΟΥ
I klímax tou paradísou

Zugang zum Himmel für aufsteigende Menschen oder für herabsteigende Himmelswesen, in Visionen geschaut, symbolisch dargestellt oder als Allegorien in religiöser Literatur beschrieben. Himmelsleitern sind auch → Berge und Bäume (→ Lebensbaum).

Archetypisches Oben und Unten

Die universelle Vorstellung, daß das Göttliche immer oben in unerreichbarer Höhe zu suchen ist, hat das Bedürfnis geweckt, eine Verbindung zwischen Himmel und Erde herzustellen, auf der die Menschen nach oben (Mose auf dem Sinai, Christus auf dem Berg der Verklärung) oder die göttlichen Wesenheiten nach unten gelangen können, um den Menschen zu erscheinen. Ein Erscheinungsort ist stets heilig – eine *Himmelspforte*. Natürliche »Himmelsleitern« sind → Berge und Bäume (→ Lebensbaum). Künstliche Berge mit Himmelsleiterfunktion sind die Pyramiden Ägyptens und die Zikkurat-Türme Babylons (→ Turmbau zu Babel).

Die Schamanen Zentralasiens und Nordamerikas nutzen rituell oder ekstatisch Berg, Baum oder Vogelflug, um in eine andere Welt vorzudringen.

Die Jakobsleiter und ihre Symbolik

»Und Jesus ... sagt zu ihm: Amen, amen, ich sage Euch, ab sofort werdet Ihr den Himmel sehen aufgetan und die Engel Gottes herauf- und herabsteigen über den Menschensohn (wie über eine Leiter)« *Joh. 1, 51.*

»Wenn die heilige Pforte sich auftut, und der Vorhang zur Seite geschoben wird, dann stell Dir vor, daß sich der Himmel öffnet und Engel emporsteigen.« *Johannes Chrysostomos*

Himmelsleiter

1. Mose 27, 11–22 berichtet über eine Vision des Enkels von Abraham:

»Und er nahm einen Stein an dem Ort und legte ihn an sein Kopfende und legte sich dort schlafen. Und ihm träumte: Siehe, eine Leiter stand auf der Erde, die rührte mit der Spitze an den Himmel, und siehe, die Engel Gottes stiegen herauf und herab. Und obenan stand der Herr ... Als Jakob aus dem Schlaf erwachte ... fürchtete er sich und sagte zu sich selbst: Wie heilig ist diese Stätte. Das hier ist nichts anderes als das Haus Gottes, hier ist die Pforte des Himmels ... Nahm den Stein, den er an sein Kopfende gelegt, richtete ihn auf als Malzeichen und goß → Öl darauf. Und er nannte die Stätte Beth-el (Haus Gottes).«

Jede orthodoxe Kirche ist Pforte des Himmels. Ihr Grundstein als der Stein Jakobs, auf den sich die Himmelsleiter stützt, wird bei der Grundsteinlegung vom Priester mit Öl geweiht (→ Kirchenbau).

Vom Frühchristentum an gilt die Jakobsleiter als Typus der Himmelfahrt Christi. Auf der Reiderschen Tafel (→ Himmelfahrt) klettert Christus regelrecht in den Himmel. Bei Jakobs Traum liegt das Gewicht eher auf dem Herabsteigen göttlicher Kräfte. In Goethes Faust wirkt das Bild nach: »... *wie Himmelskräfte auf- und niedersteigen und sich die goldnen Eimer reichen* ...«

Dargestellt wird die Leiter zusammen mit Jakobs Engelkampf. Gottvater an der Himmelspforte ist meist ersetzt durch die Gottesmutter (Chorakirche, Konstantinopel, 1315/21), als der Himmel und Erde verbindenden Pforte und Leiter zugleich:

»Sei gegrüßet (Maria), himmlische Leiter, über die herabsteigt Gott! Sei gegrüßet, Brücke in der andern Richtung zum Himmel für die, die von der Erde sind!« *Akathistos Hymnos* (→ Maria).

Die Paradiesesleiter für die Mönche, Trapeza (Speisesaal) eines Athosklosters.

Johannes Klimakos. Chorakirche, Konstantinopel, 1315–1321.

Die Mönchsleiter des Johannes Klimakos

Der Abt des Katharinenklosters auf dem Sinai, Johannes Klimakos (7. Jh.), beschreibt in einer Erbauungsschrift für Mönche eine 30stufige, nach oben führende Himmelsleiter.
Ikone des 12. Jh.s (Sinai): 24 Mönche steigen von der linken unteren Ecke nach rechts oben, wo in einem Himmelssegment Christus die Arme nach ihnen ausstreckt. Engel in der linken oberen Ecke neigen sich ihnen mit verhüllten Händen zu. Schwarze Engel versuchen sie mit Fangleinen, Zangen, Pfeilen zu Fall zu bringen. Sechs Mönche klammern sich mit den Füßen an der Leiter fest. Einer ist schon abgestürzt, aus dem Rachen eines schwarzen Riesenkopfes ragen seine Beine. Einem Mönch ganz oben reicht Christus ein Tuch hin. Ohne Christi Hilfe schafft niemand den Aufstieg.
Spät- und postbyz. Wandmalereien in klösterlichen Speisesälen wie auf Athos, erweitern das Motiv um die Andeutung eines Klosters, aus dem Mönche heraus- und zur Leiter hintreten. Der Höllenrachen entspricht dem Drachenkopf des → Endgerichts. Engelscharen greifen ein, halten erschöpfte Mönche am Gewandzipfel fest. Christus ergreift den obersten mit der Rechten, setzt ihm einen Kranz auf den Kopf oder hält ein Spruchband:

»Kommet her zu mir alle, die ihr mühselig und beladen, ich will Euch erquicken!« Matth. 11, 18

Bildbeischrift laut Malerhandbuch (Ermenia):

»... da Du die Engelchöre hast als Schutz, so kannst der bösen Geister Schar Du heil passieren; hast erst des Himmels Pforte Du erreicht, empfängst Du aus des Retters Hand der Tugend Kranz.«

Johannes Klimakos hat die spätantike kosmische Vorstellung, daß die Totenseelen über die sieben von den dämonischen Archonten beherrschten Planetensphären hinaus in die Seligkeit klettern, ins Ethische umgedacht.

Himmlische und kirchliche Hierarchie

Η ΤΗΣ ΟΥΡΑΝΙΑΣ /
ΕΚΚΛΗΣΙΑΣ ΙΕΡΑΡΧΙΑ

I tis ouranías / ekklisías ierarchía

Neuplatonisch beeinflußte ontologisch-kosmologische Vorstellung, sieht die unsichtbare und die sichtbare Welt aufgebaut aus abgestuften Rangordnungen. Ursprung dieser Ordnungen ist die göttliche Lichtausstrahlung, die sich herabsinkend von Stufe zu Stufe immer mehr abschwächt. Die Ranghöhe einer Ordnung hängt von ihrer Nähe zum göttlichen Ursprung ab.

Die pseudodionysischen Schriften über die himmlische und kirchliche Hierarchie

Um 500 hat ein syrischer Autor unter dem Namen des im NT erwähnten Dionysios Areopagita (Gedenktag 3. Oktober) Schriften *»Über die himmlische und die kirchliche Hierarchie«* verfaßt. Eine grandiose Zusammenschau christl. und *neuplatonischer* Vorstellungen hat als ganzheitliches Weltbild die orthodoxe Geistigkeit, Kultur und Kunst entscheidend geprägt. Die katholische Kirche hat den »Pseudodionys« immer geschätzt (Bernhard von Clairvaux, †1153, Hildegard von Bingen, †1179), der Protestantismus ihn völlig verkannt – Luther: »Fabeln«, »Hirngespinste«, »Truggeschichten«.

Die areopagitische Sicht des Kosmos

Gott ist seinem Wesen nach unbegreifbar und unbeschreibbar. Sein überströmender Überfluß ergießt sich wie Sonnenlicht. Aus den übergeflossenen *Emanationen* besteht alles, was existiert. Die aus dem Urgott als das Licht Christus entströmende und von oben nach unten entsprechend der Entfernung vom göttlichen Urquell abgestufte Heilsordnung umfaßt eine obere in drei mal drei Ordnungen untergliederte Hierarchie der Unsichtbaren und Unkörperlichen (Engel) und eine untere sichtbare Hierarchie der Kirche. Darunter noch eine Hierarchie des Gesetzes des AT, die ihren Zweck erfüllt hat und von Dionys nur knapp gestreift wird (→ Schatten).

Die Darstellungen der Hierarchien auf dem Athos

»Die Chöre der heiligen Engel sind nach dem heiligen Dionys, dem Areopagiten, neun, welche in drei Ordnungen zerfallen. Die erste Ordnung: Throne, Cherubim, Seraphim.
Die Throne werden wie feurige Räder dargestellt, welche ringsum Flügel haben. Mitten in den Flügeln haben sie Augen; sie sind miteinander verschlungen und werden wie ein königlicher Thron dargestellt.

Übersicht: **Der Stufenbau der Hierarchien in der areopagitischen Mystik**			
Christus als hervorquellendes göttliches Licht			
Himmlische Hierarchie (unsichtbar, geistige Schau, immaterielle Kenntnis Gottes)	1. Ordnung (Kol. 1, 16)	1. Throne 2. Cherubim 3. Seraphim	Die drei Gruppen der reinen, beschauenden und vollendeten Engel werden von Gott selbst erleuchtet. Singen das Trisajion (→ Eucharistie)
	2. Ordnung (Eph. 1, 21; 1. Kor. 15, 25; Röm. 8, 38)	4. Herrschaften 5. Gewalten 6. Mächte	werden erleuchtet von der ersten Engelordnung
	3. Ordnung (Röm. 8, 38)	7. Fürstentümer 8. Erzengel 9. Engel	werden erleuchtet von der zweiten Engelordnung und erleuchten die erste Ordnung der kirchlichen Hierarchie
Kirchliche Hierarchie (sichtbar, geistig-sinnlich, angewiesen auf sinnlich einsehbare Bilder der geistigen Wirklichkeit)	1. Ordnung Drei → Mysterien	1. Myronsalbung 2. Eucharistie 3. Taufe	Vollendung Erleuchtung Reinigung
	2. Ordnung Mysterienspendende Kirche	4. Bischöfe 5. Priester 6. Diakone	vollenden erleuchten reinigen
	3. Ordnung Hörende Kirche	7. Mönche 8. Gemeindemitglieder 9. Unvollkommene wie Büßer, Katechoumenen	werden vollendet werden erleuchtet werden gereinigt
Hierarchie des Gesetzes (Alttestamentliche, jetzt überholte Welt)	Obere Ordnung	Geistige Kultur der Eingeweihten vor dem Zelt der Bundeslade	
	Untere Ordnung	Dunkle Bilder (→ Schatten) der Wahrheit, weit entfernt von den Urbildern	
Die Bezeichnungen Throne, Herrschaften, Gewalten, Mächte, Fürstentümer werden von Paulus im Hinblick teils auf Engel, teils auf dämonische Mächte (Astrologie) benutzt			

Die Cherubim haben einen Kopf mit zwei Flügeln, die Seraphim sechs Flügel, wovon zwei das Angesicht und die zwei anderen die Füße bedecken, und mit den zwei anderen fliegen sie und tragen in den Händen einen Ehrenfächer mit dieser Schrift: Heilig, heilig, heilig usw. (Eucharistie). So sah sie der Prophet Isaias (Kap 6, 3).
Die zweite Ordnung, welche Regierungen genannt wird: Herrschaften, Kräfte, Mächte. Sie tragen Sticharien (→ Gewänder) bis zu den Füßen, sie sind umgürtet und haben goldgrüne Orarien. In der Rechten haben sie einen goldenen Bandstreifen, in der Linken aber ein Siegel.
Die dritte Ordnung: Fürstentümer, Erzengel, Engel … Sie tragen Kriegergewänder und sind mit goldenen Gürteln umgürtet, und in den Händen halten sie Lanzen mit Äxten und Spieße …« *Malerhandbuch (Ermenia)*

Abgebildet in spätbyz. Gewölbekuppeln wird die himmlische Hierarchie – die kirchliche ist in der Priesterschaft – in der Gemeinde und in den → Mysterien gegenwärtig.

Eine erweiterte Fassung der kirchlichen Hierarchie zeigt Christus in einem sechsstrahligen Stern, umsäumt von der Schrift: »Die ganze Geisterwelt möge den Herrn loben, lobet ihn in der Höhe, Dir dem Gotte gebührt ein Lobgesang.« In der Rechten hält

Übersicht II: **Das areopagitische System in der abbildenden Architektur**

	Mittelbyz. Kreuzkuppel-kirchen (Naos)	Ajia Sophia, Konstantinopel, 6. Jh.	Baptisterium der Orthodoxen, Ravenna, um 450
Christus als göttliche Lichtquelle	Pantokrator hell beleuchtet (Helligkeit nimmt nach unten hin ab!)	Hauptkuppel mit Kreuz, hell durch Fenster beleuchtet	→ Taufe Christi auf Goldgrund (Theophania!)
Abstufungen nach unten	Gewölbezone: Erscheinungen der Göttlichkeit Christi (Theophanien). Wandzonen oben: Menschliches Wirken Jesu (Passion). Wandzonen halbhoch: Heilige, Märtyrer. Unten im Schiff: Gemeinde	Hauptkuppel ruht auf zwei Halbkuppeln, die wieder auf drei (bzw. zwei) kleineren Halbkuppeln aufliegen *(Kuppelkaskade)*	Goldornament auf blauem Grund wird nach unten hin sparsamer, räumliche Realität, erst als Relief und später in Form von Nischenbildungen, an den acht Seiten des Oktagons nimmt nach unten hin zu

Himmlische Hierarchie. Die neun Engelchöre sind allerdings in Kreissektoren um Christus herum angeordnet, nicht in konzentrischen Kreisen. Athoskloster Mega Lawra.

Christi ein aufgeschlagenes Buch *Joh. 18, 36:* »*Mein Reich ist nicht von dieser Welt.*«

Der Stern, hinter dem die vier Evangelistensymbole hervorlugen, sitzt in einem Kreisgebilde mit Sonne, Mond und den zwölf Tierkreiszeichen. Die davon ausgehenden Achtstrahlen-Zacken formen Nischen für die Engelchöre (Dochiariou, Athos, ca. 1568). Außen gruppieren sich verstorbene Repräsentanten der kirchlichen Hierarchie: Erzväter, Propheten, Apostel, Bischöfe, Märtyrer, rechtgläubige Könige, Märtyrerinnen, gottgeweihte Frauen.

Die neun Engelchöre kommen in spät- (Venedig, San Marco) und nachbyz. Zeit vor (Athos): Sie entfalten sich jedoch nicht konzentrisch, sondern gruppieren sich um den triumphierenden Christus – auf dem Athos häufig auf acht verringert.

Die überzeugendste Darstellung der himmlischen und kirchlichen Hierarchie verkörpert sich in der Architektur des byz. Kultraumes in Verbindung mit dem Bildprogramm (s. Kasten).

Auf dem Höhepunkt der Feier der Auferstehung Christi (→ Ostern) wird der mystische Kosmos des Areopagiten rituell umgesetzt: Der Priester gibt das Kerzenlicht weiter an den Vordersten in der Kirche, und, von da aus wird es weitergegeben nach hinten, bis die Kirche von Licht durchflutet ist.

Hirsch
Ο ΕΛΑΦΟC
O élaphos

Als Schlangentöter Bild Christi, der den Satan besiegt, als dürstendes Tier Symbol des Gläubigen, den es nach lebensspendendem Wasser verlangt.

Hirsch und Schlange

»Der Physiologus sagt vom Hirsch, daß er der Schlange Feind ist. Wenn die Schlange vor dem Hirschen in die Spalten der Erde flüchtet, kommt der Hirsch und füllt seinen Mund mit Quellwasser, speit es in die Erdritzen und schwemmt die Schlange heraus, zertritt sie und bringt sie um ... Der Herr kam und verfolgte die geistliche Schlange mit himmlischem Wasser, er hatte sich verborgen in den innersten Tiefen der Erde, der Teufel. Und der goß aus seiner Seite Blut und Wasser. Er machte zunichte alle unter uns verborgene teuflische Gewalt durch das Bad der Wiedergeburt.«

Die Aussage des Physiologus (Schrift des 2. Jh.s) basiert auf der Behauptung Plinius d. Ä. (gest. 79 n. Chr.), der Hirsch töte Schlangen; auch auf Ps. 42, 2 als Hinweis auf Taufe und Eucharistie gedeutet.

»Wie der Hirsch schreit nach frischem Wasser, so schreit meine Seele, Gott, zu Dir.«

Auf Rhodos – mit dem Wahrzeichen Hirsch und Hindin – glaubt man, die Insel wäre früher von Schlangen verseucht gewesen, Hirsche hätten sie alle mit ihren Geweihen umgebracht.

Hirsch und Wasser

Von Leoparden angesprungener Hirsch, Palastfußboden, Konstantinopel, 6. Jh.

Wassertrinkende Hirsche verkörpern in frühchristl. Memorienbauten und Baptisterien (Ravenna, Galla Placidia, Anfang 5. Jh.; Salona, Baptisterium, 5. Jh.) die nach Gott und der Taufe dürstenden Seele, Hirsche und Weintrauben den Schrei nach eucharistischen Gaben. In mittelbyz. Zeit erscheint das Seelen- und Taufsymbol in Tierfriesen (Achtamar 916–21). (In China ist der Hirsch ein Bild für Trockenheit und Dürre!)

Hölle
→ Endgericht

Hochzeit
Hochzeit zu Kanaa → Wunderspeisungen

Ikone
→ Bild; → Ikonostase

Ikonenabdeckung
ΤΟ ΕΝΔΥΜΑ
To éndyma

Schützende »Einhüllung« der Ikone; Silber- oder Goldblechabdeckung mit einer getriebenen Reliefnachbildung des Motivs. Gesicht, auch Hände oft ausgespart. Näheres → Kuß.

Ikonenweihe
→ Kuß

Ikonenwunder
ΤΑ ΘΑΥΜΑΤΑ ΤΩΝ ΕΙΚΟΝΩΝ
Ta tháwmata ton ikónon

Übernatürliche Ereignisse in Verbindung mit Ikonen – wunderbare Entstehung, Heilungen, Hilfe gegen Bedrohungen. Verursacht werden die Wunder von den Urbildern derer, die auf den Kultbildern dargestellt sind.

Acheripíita – nicht von Händen gemachte Ikonen

»Das Abbild seines allreinen Bildes bewirkte Er (Christus) nicht von Menschenhand geschaffen – indem er ein Tuch auf sein allheiliges Antlitz legte. Er übersandte dieses Abbild dem Fürsten von Edessa und heilte ihn damit von der Krankheit.« *Aus dem ersten Gebet bei der Weihe einer Christusikone*

Bedeutende wundertätige Ikonen, darunter die Urikonen Christi und der Gottesmutter, gelten als nicht von menschlichen Händen gemacht. Das Abgartuch (→ Mandylion) ist die bekannteste Christus-Urikone. Früheste Hinweise auf *eine Christus-Acheripíita* stammen von 560 und 574: Das Bild, aufgefunden von einer Heidin in Kamulia, Kappadokien, »stellte zwei Kopien von sich selbst her und tat viele Wunder«. Aus dem 8. und 9. Jh. sind *Marien-Achiropíita* bekannt. Später wird die Urikone der Muttergottes auf den Evangelisten → Lukas zurückgeführt. Auch Engel haben Ikonen gemalt, z. B. die Georgsikone im Athoskloster Zographou. Auf einem Feld aufgefunden wurde 1821 das Gnadenbild von Tinos (→ Heimholung Mariä).

Tricheroúsa – Panajia mit drei Händen

Die Tricheroúsa von Chilandariou (Athos) gilt als Werk des Evangelisten Lukas bzw. als Kopie danach. Sie gehörte → Johannes Damaszenus (ca. 670–750). Der Kalif hatte ihm damals auf Betreiben Leos III. seine Rechte abschlagen lassen, damit er keine Streitschriften gegen die Bilderstürmer mehr verfassen könne. Die Allheilige der Ikone heftete ihm die abgeschlagene Hand wieder an.
Aus Dankbarkeit stiftete ihr Johannes Damaszenus eine Silberhand, die an der Ikone angebracht wurde.
Die dritte Hand der Ikone Panajia Tripiti (Äghion) ist die Hand, mit der sie beim Bau der Kirche mitgeholfen hat.

Ikonen, die verschwinden und wiederkehren

Zahllos sind die Legenden über Ikonen, die sich ihren derzeitigen Aufenthaltsort selbst ausgesucht haben. Während des Bilderstreites verletzte ein Soldat Leos III. in Konstantinopel mit einem Säbelhieb die Panajia auf einer Ikone. Blut floß aus ihren Wangen. Zu Tode erschrocken zog sich der Missetäter als Mönch auf den Athos zurück. Dort fand er die Ikone, noch immer blutend, am Strand. Sie war von der Hauptstadt aus übers Meer zum Athos geschwemmt worden. Zitternd trug er sie zur Kirche des Athosortes Karies. Dort hörte das Bluten auf (Ikone »Axion Esti« im Protaton, Karies). Die »Portaitissa«, Iwiron, wurde im Bilderstreit von einem Gläubigen bei Nikäa dem Meer übergeben und erreichte schwimmend den Athos. Die Ikone des Tsambiko-Klosters (Rhodos) ist von alleine aus Zypern entschwunden und in Rhodos wieder aufgetaucht.

Ikonen als Abwehrschilder und Wunderwaffen

Im byz. Heer wurden Ikonen, besonders die Panajia Odijitria (Weggeleiterin → Maria), als Paladion (Schutzschild) mitgeführt.
626 belagerten die Awaren Konstantinopel. Am Vorabend vor dem Sturmangriff sang die Bevölkerung vor einer Marienikone aus Wachs in der Ajia Sophia einen 24strophigen Marienhymnus und wiederholte ihn, ohne sich zu setzen, die ganze Nacht hindurch. *Akathistos Hymnos: der, bei dem man sich nicht setzt.* Im Morgengrauen zog der Patriarch mit der Ikone in einer Prozession hinauf auf die Stadtmauer und richtete sie gegen die anstürmenden Awaren. Plötzlich schossen Blitze und Flammen aus dem Bild heraus und brachten die Angreifer in Verwirrung. Die Byzantiner konnten sie vertreiben.
Alexios III. aus Trapezunt (1330–90) schenkte die Ikone dem Heiligen Dionys (heute in dem vom Heiligen gegründeten Kloster Dionysiou, Athos).

Als einst islamische Piraten sich der Insel Folegandros näherten, nahm der Papas die Marienikone aus der Kimisiskirche, postierte sich an der Steilküste und richtete sie auf das erste Schiff: es ging sofort unter. So versenkte er Schiff um Schiff.
Die Gottesmutterikone Phowera Prostasia hüllte das Athoskloster Koutloumousiou bei einem Sturmangriff osmanischer Soldaten in dichten Nebel. Die Osmanen verirrten sich und konnten das Kloster nicht mehr finden.

Ikonoklasmus

→ bilderfeindliche Ornamente; → Kreuz

Ikonostase

ΤΟ ΤΕΜΠΛΟΝ
To témplon

Trennwand zwischen Gemeinderaum und Allerheiligstem, früher aus Stein, heute meist aus oft vergoldetem Holz. Mit ein bis drei Türen und Ikonen als Fenster in die unsichtbare Welt.

Grenze und Verbindung zwischen der sichtbaren und der unsichtbaren Welt

»Nicht um sie zu vergöttlichen, haben wir sie (die Christusikone) gemacht, sondern damit die dem Bild erwiesene Ehre zu seinem Urbild emporsteige, um ehrfurchtsvoll Deiner Majestät vorgelegt zu werden« *Aus dem 1. Gebet für die Weihe einer Christusikone*

Die ein- bis dreitürige Bilderwand wird im Griechischen als Templon bezeichnet. Ikonostasion ist der Ständer, auf dem im Gemeinderaum Festtagsikonen ausgelegt werden.

Ikonostase

Das Templon verhüllt das Allerheiligste, spiegelt aber zugleich in seinen Ikonen die gesamte vergöttlichte Welt, ermöglicht somit die Anschauung dessen, was das vergöttlichte Auge schauen wird. Das Templon ist eine durchlässige Wand zwischen der geistigen unsichtbaren Welt, symbolisiert durch den Altarraum, und der dinglichen Welt (dem Gemeinderaum).

Zur Zeit des AT war die göttliche Wirklichkeit verhüllt – der Vorhang des Tempels zugezogen –, nur schattenhaft (→ Schatten) in Symbolen zu erahnen. In der vergöttlichten Welt nach der Wiederkunft Christi haben die Gläubigen ungehinderten Zugang zu Gott, um ihn zu schauen. Gegenwärtig ist die Welt des Göttlichen noch nicht unmittelbar zu betreten, doch über seine Spiegelungen – die Ikonen – von ferne zu schauen.

Die Verehrung vor dem Abbild – Gebete in Worten, in Küssen, Opfer von Weihrauch – geht aufs Abbild über (→ Deïsis).

Aufbau der Bilderwand (Zeichnung S. 166)

Grundschema einer griechischen Bilderwand.

A. Letztes Abendmahl
B. Vorhang mit Christus als Hohepriester, in der Hand einen Abendmahlskelch, oder mit einer anderen eucharistischen Szene
C., D. Der Verkündigungsengel vor Maria
E., F., G., H. Die vier Evangelisten oder vier liturgische Väter

I. Schöne Pforte (kirchenslavisch: Königspforte)
II. und III. Nord- und Südtür (in kleineren Kirchen ist die Südtür entbehrlich); auf den Vorhängen Erzengel oder Diakone

IV. und V. → Deïsis – Christus zwischen der fürbittenden Muttergottes und dem fürbittenden Johannes dem Täufer – beide auf je einem Drachen oder Walfisch stehend.
1. Christusikone
2. Marienikone
3. Ikone Johannes des Täufers
4. Ikone des Heiligen, dem die Kirche geweiht ist
a)–n) Zwölf Ikonen des → Festtagszyklus, zusätzlich 13. Auferstehungsikone (→ Ostern) oder zwölf Ikonen einschließlich Auferstehungsikone. Die Festbildreihe ist je nach Platz oder theologischer Absicht stark verkürzt oder ausgeweitet.

Russische Bilderwände sind hoch, griechische breit

Griech. Bilderwände enthalten nicht so viele Ikonen-Ränge übereinander wie russische. Meist erhebt sich über der Festbildreihe sofort das Kreuz mit der Deïsis, während die Russen die Deïsis durch die zwölf Apostel zu einer Bilderreihe erweitern und zusätzliche Bildränge mit den Propheten, den Patriarchen, und oft noch russischen Heiligen aufsetzen. In großen griech. Kirchen wird das Templon verbreitert: so die Ikonostase der Athanasios-Basilika in Dimotikon (Thrakien) aus zwölf Gliedern mit zwölf Hauptbildern (unter denen – eine Seltenheit! – Szenen aus dem Heiligen Land; → Jerusalem); Festbildreihe erweitert auf 25 Ikonen. Patriarchatskirche Fanari, Konstantinopel (17. Jh.) – Templon mit drei Festtagsbildreihen übereinander mit über 70 Ikonen.
In kleinen Kirchen haben Bilderwände meist nur eine Tür, allenfalls zwei Hauptbilder (Christus und Maria), drei bis vier Festtagsikonen.

Historische Entwicklung der Abtrennung des Allerheiligsten vom Gemeinderaum

Die Abgrenzung des Altarraumes gegenüber dem Naos setzte, laut Eusebios (339–40) im 4. Jh. ein. Es galt das reliquiensüchtige Volk vom → Altar abzuhalten. Die niederen Chorschranken und Vorhänge spielten schon eine Rolle im Ritus, wurden – im Hinblick auf den Jerusalemer Tempelvorhang – symbolisch gedeutet.

Steintemplon aus Kappadokien.

Einfache Formen von Chorbrüstungen, auch übermannshohe Chorabschlüsse aus Stein mit einem Durchgang in der Mitte aus dem 9. bis 12. Jh. haben sich in Kappadokien erhalten. Vorbildlich für die Weiterentwicklung waren die mit Silberblech verkleideten Chorschranken in der Ajia Sophia – nach Paulus Silentarios (562) geschmückt mit dem Bild Christi zwischen Engeln, Darstellungen der Propheten und Apostel. Die Liturgie war im 7. bis 8. Jh. weitgehend ausgebildet; wegen ihrer Bedeutung innerhalb des Ritus muß sich die Ikonostase zu der Zeit allgemein durchgesetzt haben.

In Rußland, wo die Kirchenbauten bereits ab der 2. Hälfte des 12. Jh.s zum turmartigen Höhenwachstum tendierten, entwickelten sich im 14. Jh., beeinflußt durch Theophanes den Griechen und seinen Schüler Rubliev, die typisch russischen Hoch-Ikonostasen, eine Parallelentwicklung zum gotischen Flügelaltar (Anfang 13. Jh.).

Während es im Westen die Chorschranken, über die man hinwegblicken konnte, zuließen, daß der Hochaltar selbst zum wichtigsten Bildträger wurde, übernahm im Osten diese Funktion die Bilderwand.

Eine Besonderheit stellen die nachbyz. mit Fresken (anstatt mit Tafelbildern) geschmückten steinernen Bilderwände in der Mani (Peloponnes) und auf Ägina dar.

Bilderwand einer Kirche auf Chios.

Isaak

Erzvater, Sohn → Abrahams, Vater Jakobs.

Jakob

Erzvater, Sohn Isaaks, Enkel → Abrahams.
→ Himmelsleiter.

Jerusalem

ΤΑ ΙΕΡΟϹΟΛΥΜΑ
Ta Jerosolyma

Hauptstadt des Volkes Israel, Ort des Tempels und des Königspalastes (Stadt Davids). Heilige Stadt für Juden, Christen und Muslims. Das himmlische Jerusalem der Christen ist Bild des Himmelreiches.

Heilige Stadt der Juden

Von David um 1000 v. Chr. den Philistern abgenommen, zur Hauptstadt des Großreiches Juda – Israel gemacht, wurde Jerusalem von Salomo um 975 durch den Bau des →Tempels und des Königspalastes aufgewertet.

Die Stadt Davids – nach dem AT auf dem Berg Morija gelegen, wo → Abraham Isaak opfern wollte – ist bis heute der Orientierungspunkt der jüdischen Religiosität. Zum Passahfest wünscht man sich: »Nächstes Jahr in Jerusalem.«

Dereinst wird der endzeitliche David als Messias von dort aus die Welt beherrschen. Das nach der ersten Zerstörung 578 von Hesekiel in der babylonischen Gefangenschaft visionär geschaute neue Jerusalem (→ Hesekiel-Vision), erwartet in weltlich aufgefaßter Heilszukunft, trug mit seinen dreimal vier Toren, entsprechend den zwölf Stämmen Israels, als Grundrißquadrat die Züge eines kosmografischen Modells. Die Weltbeschreibung des Buches *Henoch (Kap. 34 u. 36,* 2. Jh. v. Chr., in der äthiopischen Bibel enthalten) spricht von drei Toren an den Enden der Welt im Westen, Norden, Süden und Osten; das Allerheiligste im Tempel hatte eine quadratische Grundfläche.

Heilige Stadt der Christen

Während die Judenchristen an Jerusalem und am Kult im Tempel bis zu seiner Zerstörung im Jahre 70 festhielten, wandten sich die Heidenchristen noch vor Entstehung des NT einer vergeistigten Heilsstätte zu:

»Und er (der Engel) führte mich auf einen hohen Berg und zeigte mir die große Stadt, das heilige Jerusalem, herniederfahren aus dem Himmel von Gott ... Und sie hatte eine große und hohe Mauer und zwölf Tore und auf den Toren zwölf Engel, und Namen darauf geschrieben, nämlich der zwölf Geschlechter der Kinder Israels. Vom Morgen drei Tore, von Mitternacht drei Tore, von Mittag drei Tore, vom Abend drei Tore ... und die Stadt liegt viereckig und ihre Länge ist so groß wie ihre Breite« *Offbg. Joh. 21, 10 ff.*

»... Nicht nämlich haben wir hier eine Stadt, die uns bleibt, sondern die zukünftige suchen wir.« *Hebr. 13, 14*

Anfang 4. Jh. wurde mit dem römischen Reich Jerusalem christlich. → Konstantin ließ an den wichtigsten heilsgeschichtlichen Erinnerungsstätten Kirchen errichten, deren Bildmotive maßgeblich wurden für die byz. Kunst. 451 wurde Jerusalem Sitz eines Patriarchen.

Nach der islamischen Eroberung Anfang 7. Jh. blieb Jerusalem ein wichtiges Pilgerziel. Nachdem der Fehlschlag der Kreuzzüge die röm.-kath. Welt dazu zwang, sich mit dem Verlust des irdischen Jerusalem abzufinden, schuf man in den Chören der gotischen Kathedralen sinnbildliche Darstellungen des himmlischen Jerusalem.

Die leuchtenden Farbglasfenster der Chöre erschienen als die edelsteingeschmückten Grundsteine der Stadt nach Offbg. Joh. 21, 19–21.

Heilige Stadt der Muslims

Mohammed wurde vom Ort des Allerheiligsten des Tempels in Jerusalem auf dem Himmelspferd Burak in den Himmel entrückt, um von Allah den Koran zu empfangen. Wenig später, 637, eroberte der Kalif Omar die Stadt. Um 700 wurde der muslimische »*Felsendom*« an der Stelle des Tempelallerheiligsten errichtet.

Abbildungen und Bildzeichen für Jerusalem

Bereits auf Elfenbeintafeln des 4. Jh.s steht ein Teil der Stadt – der konstantinische Kuppelbau über dem heiligen Grab – für das Ganze. In Santa Pudenziana, Rom (4. Jh.) bildet das irdische Jerusalem mit dem kreuzüberragten Golgatha in der Mitte, Typus der Himmelsstadt, den Hintergrund einer Anbetung Christi. Auf dem Triumphbogen von Santa Maria Maggiore (Rom, 1. Hälfte 5. Jh.) steht Jerusalem (= Ursprungsort der Judenkirche) auf der rechten Seite, gegenüber Bethlehem, aus dem die Weisen (= Vorboten der Heidenkirche) heraustreten.

Bildkürzel des heiligen Grabes erscheinen auf Pilgerfläschchen des 6. Jh.s (→ Öl).

Kurzzeichen für Jerusalem, Fresko in Osios Lukas, bei Stiri in Phokis.

In mittel- und spätbyz. Zeit wird Jerusalem von einem Mauerring umgeben. Allegorische Darstellungen – Frau unter Torbogen mit Beischrift Jerusalem – kommen vom 9. bis 11. Jh. vor. Jerusalem bildet eine »Kulisse« für ein heilsgeschichtliches Geschehnis (z. B. → Einzug in Jerusalem). Als Fresken erscheinen vom 12. Jh. an Bildkürzel in Ziermedaillons der Ornamentik (Osios Lukas). Modernere Drucke mit den wichtigsten Pilgerstätten der Stadt finden sich überall in griechischen Kirchen und Haushalten (Umsetzungen davon in Malerei z. B. unterste Templonzone: Athanasioskirche Dimotikon).

Kronleuchter als Himmlisches Jerusalem

Die Kronleuchter in der Mitte des Naos gelten als Planetenbahnen (→ Kirchengebäude), werden zugleich als »himmlisches Jerusalem« gedeutet – besonders wenn sie mit zwölf torähnlich geformten Kleinikonen der Apostel geschmückt sind.

Jesaias

Ο ΠΡΟΦΗΤΗC ΗCΑΙΑC
O profítis Isaías

Bedeutender Prophet, nach dem das erste prophetische Buch des AT benannt. Seine Vision Gottes wird von der orthodoxen Kirche aufgefaßt als Typus der Erscheinung Gottes in der Eucharistie und in der Liturgie rituell nachvollzogen.

Jesaias

Druck mit den wichtigsten Pilgerstätten Jerusalems und der weiteren Umgebung.

Martyrium des Jesaias

Erster der vier großen Propheten (sein Tag ist der 9. Mai), lebte in der 2. Hälfte des 8. Jh.s in Jerusalem unter den Königen Ahas, Hiskia und Manasse. Über seinen Tod berichtet die jüdisch-apokryphe Schrift »*Das Martyrium des Jesaia*«.

»Der Prophet Jesaia ist an einen Baum gebunden. Zwei Soldaten zersägen ihn mit einer Baumsäge. Und der König Manasse sitzt ihm gegenüber auf einem Throne. Viele Hebräer sind neben ihm. Ringsherum stehen Götzenbilder und Altäre.« *Malerhandbuch (Ermenia)*

Eucharistische Deutung der Berufungsvision

Dargestellt wird sie in spät- und postbyz. Zeit in Nebenkuppeln oder auf Schildbogen. Die Malerhandschrift vom Berge Athos beschreibt die Darstellung der Berufung:

»Ein Haus, in ihm viele Wolken und Licht. In der Mitte sitzt Christus auf einem hohen und erhabenen Throne wie ein König, mit der Rechten segnet er, mit der Linken hält er ein Blatt und sagt: Wen werde ich senden und wer wird gehen zu diesem Volke? (Jes 4, 5). Um ihn herum sechsflügelige Cherubim, welche rufen und sprechen: Heilig, heilig, heilig ist der Herre Zabaoth, die ganze Erde ist voll Herrlichkeit. Auf der rechten Seite der Ikone der Prophet Isaias, allein, zitternd. Es heißt in einem Blatte: O, ich unglücklicher, da ich, ein Mensch seiend, und unreine Lippen habend, den König, den Herrn Zebaoth gesehen habe mit meinen Augen. (Jes. 4, 7) Vor ihm hält ein Engel mit seiner Rechten eine kohletragende Zange und bringt sie zu seinem Munde. Mit der Linken hält er ein Blatt, auf dem steht: Siehe, dies hat Deine Lippen berührt und nimmt hinweg Deine Übertretungen, und reinigt Deine Sünden. – Auf der linken Seite der Ikone steht (nochmals) der Prophet Isaias, mit Furcht, und (man) liest in einem Blatte: »Siehe, hier bin ich, sende mich.« (Jes. 4, 3)

Die Vision wird jedesmal während des großen Einzugs der → eucharistischen Gaben neu vergegenwärtigt, sobald der Chor den Cherubim-Hymnus anstimmt und sich dabei geistig in die Schar der Cherubim wandelt. Der Abendmahlslöffel (→ Altar) wird zur Zange mit glühender Kohle, die die Lippen der Empfangenden reinigt (Lawis als Beiname der Gottesmutter → Maria).

Einzeldarstellungen des Jesaias und ihre Zuordnungen

Jesaias aus der Prophetenreihe in der Kuppel der Pammakaristoskirche, Konstantinopel 14. Jh.

Ab spätbyz. Zeit hält Jesaia häufig als Attribut die Kohlezange in Händen. Wegen seiner Weissagung: »*Siehe eine Jungfrau wird schwanger werden und wird einen Sohn gebären, den wird sie heißen Emmanuel.*« (*Jes. 7, 14*) wird der Prophet bereits in die älteste Mariendarstellung in der Priszilla-Katakombe (Rom, 3. Jh.) einbezogen. In mittelbyz. Zeit steht er dicht bei der → *Geburt Christi*, wird auch den Hirten zugestellt. Seinen Platz unter der → *Wurzel Jesse* verdankt er *Jes. 11, 1–2*: »*Und es wird eine Rute aufgehen von dem Stamm Isais* ...«

Spät- und postbyz. Attribut Jesaias ist die Kohlenzange.

Johannes Chrysostomos
Ο ΑΓΙΟΣ ΙΩΑΝΝΗΣ Ο ΧΡΥΣΟΣΤΟΜΟΣ
O ajios Joánnis o Chrysostomos

Bedeutender Kirchenvater, sehr beredsam (»Goldmund«) und liebevoll. Seinen Namen trägt die meistbenutzte der beiden griech. Liturgien.

Leben des Johannes Chrysostomos
Geboren zwischen 344 und 345 in Antiochien (sein Tag ist der 13. November). Erhielt eine Ausbildung als Rhetoriker, zog sich 372 als Einsiedler in die Wüste zurück, war dann Presbyter in Antiochien, wurde 398 zum Patriarchen von Konstantinopel berufen. Mitreißende Predigten und große Herzensgüte trugen ihm die Freundschaft der Bevölkerung und die Feindschaft einflußreicher Höflinge, besonders die der Kaiserin Eudoxia, ein. Zu der Zeit stritten sich die Theologen um die Lehre des Origines von der *Apokatastasis Panton*, der *Gesamterlösung der Welt* einschließlich des Satans. Theophilos, der Patriarch von Alexandrien, verfolgte seit 399 die Originisten. Chrysostomos war Anhänger der antiochenischen Schule (→ Basilios; Gregor von Nyssa) – sie verfocht die sympathischen Gedanken des Origines. Als er 50 aus Alexandrien geflohene originistische Mönche aufnahm, kam 403 Theophilos nach Konstantinopel und erreichte auf einer Synode die Absetzung des Patriarchen (404). Eine empörte Menschenmenge ließ die erste Ajia Sophia von 360 in Flammen aufgehen und erzwang die Rückkehr des Chrysostomos auf den Patriarchenstuhl. Wenig später schickte ihn Kaiser Arkadios endgültig in die Verbannung. Er starb 407 in Comana am Pontus. Nach seiner vollen Rehabilitierung wurden seine Gebeine 438 feierlich nach Konstantinopel überführt (Gedenktag der 27. Januar).

Nachwirkungen des Chrysostomos
»Wer fromm ist und Gott liebt, genieße dieses gute und glänzende Fest ... Hat einer gearbeitet von der ersten Stunde an, nehme er heute seinen gerechten

Lohn entgegen. Kam einer nach der dritten Stunde, feiere er mit nach Herzenslust. Erscheint einer nach der sechsten Stunde, sollen ihn keine Zweifel quälen: Er wird nicht zu Schaden kommen. Wenn einer sich verspätet bis zur neunten, soll er ohne Zögern dazukommen. Erschien aber einer erst in der elften, habe er keine Angst wegen der Verspätung; der Herr nämlich ist großmütig, er nimmt den Letzten an, wie den Ersten ... Kommet alle in der Freude unsres Herrn ...« *Osterpredigt des Johannes Chrysostomos zum Abschluß der Osterliturgie*

Die anrührende Osterpredigt ist wahrscheinlich das einzige authentische Stück des Chrysostomos innerhalb der nach ihm benannten Liturgie – wichtig für die orthodoxe wie für einige orientalischen Kirchen. Sein reichhaltiger schriftlicher Nachlaß besteht aus Predigten und Bibelexegesen. Bei ihm finden wir (PG 62, 29) das früheste Zeugnis für die Gleichsetzung des Altarraums mit dem Himmel (→ Himmelsleiter, → Pfau).

Johannes Chrysostomos in bischöflichem Ornat, Goldmosaik, Osios Lukas, um 1000.

Johannes Chrysostomos im Bilde

Abbildungen des Heiligen betonen asketische Züge: spitzen Mund, hohe Stirn mit Schläfenlocken, Stirnglatze, bräunlichen, kurzen, bisweilen schütteren Bart. Trägt ein Bischofsgewand – bis in mittelbyz. Zeit ein helles Phelonion, später das Polystawrion (→ Gewänder) mit viereckigem Halsausschnitt und locker geschlungenem Omophorion. Man findet ihn in Seitennischen, dicht unter dem Gewölbe (frühbyz.) oder in der unteren Zone des Apsisrundes (ab mittelbyz. Zeit) mit anderen Liturgen und Kirchenvätern den Altar umstehend (→ Basilios, → Eucharistie, → Heimholung Mariä).

Johannes Damaszenus
Ο ΙΩΑΝΝΗΣ Ο ΔΑΜΑCΚΗΝΟC
O Joánnis o Damaskinós

Bedeutendster Verteidiger der Ikonen und ihrer Ehrung während des Bilderstreites (Ikonoklasmus, 8./9. Jh.), Verfasser einer bis heute gültigen orthodoxen Glaubenslehre, hat die Theologie des Bildes entscheidend geprägt.

Leben des Johannes Damaszenus

Der von der Ostkirche als der letzte ihrer Kirchenväter und der größte ihrer Kirchenlehrer bezeichnete Johannes Damaszenus (4. Dezember) wird um 676 im sarazenisch beherrschten Damaskus geboren. Der Vater Sergios Mansur, vornehmer Abkunft, Christ und dennoch in hoher Stellung am Hofe des Kalifen Abdul Malek tätig, nutzt Vermögen und Einfluß, um von sarazenischen Piraten versklavte Christen freizukaufen. Einer davon, der Mönch Kosmas, unterrichtete Johannes und seinen Adoptivbruder in Rhetorik, Dialektik, Philosophie, Theologie, Naturgeschichte, Astronomie und Musik. Johannes wollte Mönch werden, wurde aber vom Kalifen genötigt, ein Regierungsamt anzunehmen. In mehreren aufsehenerregenden Schriften wandte er sich gegen die bilderstürmischen Edikte des byz. Kaisers Leon III. von 726 und 730.

Leon ließ einen Brief mit gefälschter Unterschrift des Damaszeners anfertigen: danach hätte der ihm angeboten, Damaskus den Byzantinern auszuliefern. Die Fälschung sandte der Kaiser dem Kalifen und erreichte, daß der »verfluchte Günstling der Sarazenen, verräterische Bildanbeter« und »Verfälscher Christi« in Ungnade fiel. Wenig später rehabilitiert, zog er sich in das Sabas-Kloster bei Jerusalem zurück, widmete sich der Schriftstellerei und

Charakterisierung des Damaszeners auf Abbildungen

Johannes Damaszenus in der Heimholung Mariä, Chorakirche, Konstantinopel, 1315–1321.

der Neuordnung der Liturgie. Zwischen 753 und 787 verstorben.
Als Greis mit gespaltenem Bart wird der Damaszener häufig in das Kirchenvätergefolge von → Basilios und → Chrysostomos in der untersten Zone des Apsisrunds eingereiht. Text auf Schriftrolle: »*Nimm unser Abendgebet an!*« Als Verfasser dreier Homilien über die → Heimholung Mariä wird er den mit den Aposteln das Totenbett der Gottesmutter umringenden Liturgen und Kirchenväter zugesellt.

Wichtige Schriften
Zu den Werken des auch Chrysorhoas (Goldfluß) genannten gehören:

☆ Zwölf Festtags-*Homilien (Predigten)*.
☆ Das Sammelwerk »*Quelle der Erkenntnis*« *(Piji Gnóseos)*. Die 1000 Kapitel des 3. Teils »*Genaue Darlegung des orthodoxen Glaubens*« sind bis zum heutigen Tag die Grundlage der orthodoxen Dogmatik.
☆ *Drei Briefe für die Bilder:* »*Verteidigende (apologetische) Worte gegen die die heiligen Ikonen Durcheinanderwerfenden*« (Diawallontas = Teufel). 728–730 entstanden, Grundlage der Bildertheologie.
☆ Liturgische Hymnen und Troparien für die Liturgie.
☆ »*Warlaam und Joasafat*« (Barlaam et Joasaph), erbaulicher, in Indien spielender Roman, nimmt Elemente der indischen Buddhalegenden auf und deutet sie christlich-dogmatisch; von großer Wirkung im Mittelalter.

Joasafat soll von Boddhisattva abgeleitet sein).

Johannes der Theologe
→ *Apokalypse,* → *Apostel,* → *Evangelisten*

Johannes der Täufer
Ο ΙΩΑΝΝΗΣ Ο ΠΡΟΔΡΟΜΟΣ
O Joánnis o pródromos

Prophetengestalt des NT, Vorläufer (= Prodromos) Christi, taufte Christus, bevor dieser sein öffentliches Wirken begann. Angesehen als wiedergekehrter Prophet → Elias.

Johannes, der Vorläufer im Neuen Testament
»So hat es angefangen mit der frohen Botschaft von Jesus Christus als dem Sohn Gottes! Wie die Propheten geschrieben haben: Siehe, ich lasse meinen Engel (Boten!) vor Dir (Christus) hergehen, der Deinen Weg vor Dir bereitet. Und: Die Stimme eines laut Schreienden in der Wüste bereitet den Weg des Herrn vor, sorgt dafür, daß Dein Pfad gut begehbar ist – so war nun Johannes in der Wüste, taufte und kündete die Taufe (als Ausdruck) des Sinneswandels (Buße) zur Vergebung der Sünden... Johannes aber war gehüllt in Kamelhaar mit einem ledernen Gürtel um die Hüfte und nährte sich von Heuschrecken und wildem Honig.« *Mark. 1, 1–6*

Nach spätjüdischer Vorstellung sollte ein Vorläufer, der wiederkehrende → Elias, den erwarteten Messias ankündigen. Johannes wirkte etwa 27/28 n. Chr. als asketischer Prediger, spendete die Taufe, um die Sündigen vor Bestrafung beim Hereinbrechen der Endzeit zu retten. Joh. 1, 29 zufolge hat er auf Christus hingewiesen: »*Siehe, das ist Gottes* → *Lamm, das der Welt Sünde trägt.*« Die → Taufe Christi durch Johannes ist der Beginn des öffentlichen Wirkens Jesu. Um 29/30 nahm Herodes Antipas Johannes gefangen. Der hatte sein Verhältnis mit Herodias, der Frau seines Bruders, getadelt. Salome, Herodias Tochter, führte dem Herodes anläßlich eines Gelages zu seinem Geburtstag einen Bauchtanz vor. Hellauf begeistert davon, stellte er ihr einen Wunsch frei. Sie ließ sich Johannes' Kopf auf dem sprichwörtlich gewordenen silbernen Tablett präsentieren.

So hat man sich den Tanz der Salome vorzustellen. Bei Hochzeitsfeiern muslimisch-makedonischer Einwanderer in Inneranatolien feuern noch heute einzelne Zigeunerinnen mit Handzimbeln Männergruppen zum Bauchtanz heraus. Spätrömisches Relief, Argos, Museum.

Festtage und Brauchtum um Johannes

Am Namenstag (7. Januar), dem Tag nach der Taufe Christi, bespritzen sich die Leute in thrakischen Dörfern gegenseitig mit Wasser, bis sie völlig durchweicht sind. In ostrumelischen Gegenden, z. B. in Achialos, wurden früher die neuverheirateten Männer unter Musikbegleitung zum Strand gebracht und ins Wasser geworfen. Der Geburtstag des Täufers (24. Juni – im Westen Johannistag) fällt mit der Sommersonnenwende zusammen (Ende der Periode der sich verlängernden Tage), wie der Geburtstag Christi mit der Wintersonnenwende (die Tage werden wieder länger): Johannes beendet die Ära des AT, → Christus leitet die des NT ein. Von frühchristl. Zeit an, als man biblische Gestalten und Ereignisse mit den Gestirnen gleichsetzte (→ Apostel), wurde die Umkehr der Sonne (in südlichere Bahnen) als Symbol der Aufforderung des Johannes zur Buße gesehen.

In Nenita auf Chios sammeln sich die Leute nach dem Kirchgang auf den Dreschplätzen (Alonia) und imitieren in einem Tanz die Rückwendung der Sonne. Johannisfeuer, auch in Griechenland üblich, sind Sinnbilder der Sonne. Der Sprung darüber bedeutete in der Antike Entsühnung durch die reinigende Kraft des Feuers – Johannes entsühnte durch Eintauchen ins Wasser.

Die Ereignisse nach Johannes Geburt (apokryphes Protevangelium des Jakobus) werden in Bildfolgen des → Marienzyklus, seltener auf Nebenbildern seiner Ikone dargestellt: Flucht der Mutter Elisabeth mit dem Kind vor Herodes in einen Berg, Ermordung des Vaters Zacharias im Tempel. Am Tag der Enthauptung (29. August) versuchen die Kyprioten am Himmel ein Gebilde in Form des Johanneshauptes auf der Silberschale vor der aufgehenden Sonne zu beobachten. Die Griechen meinen, daß das Schwert den Körper des Johannes so zum Erzittern gebracht habe, daß dadurch alle mit Zittern verbundenen Krankheiten – Fieber, Schüttelfrost, Malaria – entstanden seien. Dagegen kann nur der Verursacher, *Johannes »der Fiebrige«*, helfen. Erkrankte geloben, ihm am 29. August Öl, Kerzen, einen Hahn oder eine Ziege zu opfern.

Um eine antike Säule in der Kirche »des Johannes von der Säule«, Athen, wickeln Fieberkranke eine rote Schnur, mit der sie ihre eigene Körperlänge ausgemessen haben. Das *»Körpermaß«* – eine entsprechend zugeschnittene Schnur – repräsentiert den Menschen selbst. Mit Ausnahme des metrischen Systems sind alle Maße von Körperteilen – Fuß, Elle, Spanne – abzuleiten. Sich abzumessen ist ein verbreitetes sympathetisches Heilverfahren.

Am Gedenktag der Hinrichtung müssen schwarze Trauben, Feigen, Beeren gemieden werden – des Täufers Blut hat sie dunkel gefärbt *(Johannisbeeren!)*. In Chios wird dann kein Messer angefaßt, das Brot wird gebrochen.

Die Ikone des Vorläufers

Johannes in der Wüste. Fresko in der Shakli Kilise bei Göreme, Kappadokien.

»Wie werden wir Dich nennen, o Prophet? Einen Engel, einen Apostel oder einen Märtyrer? Einen Engel, denn Du lebtest als körperloses Leben, einen Apostel, denn Du lehrtest die Völker, einen Märtyrer, denn Dein Haupt wurde für Christus abgeschlagen« *Esperinos (Abendgottesdienst) 29. August*

Für die Ostkirche ist Johannes nach Maria der größte Mensch, nach Wladimir Losky auch *»der Gipfel der Heiligkeit im alten Bund«* und Urbild der altchristl. Eremiten und Märtyrers. Auf griech. → Ikonostasen – nicht immer auf russischen – ist seine Ikone rechts neben der Christi angebracht.

Johannes wird meist in Halbfigur mit langem, sehr schmalem Gesicht, breiter Nase, langem, zerzaustem Haar und einer Haarsträhne vor dem Mittelscheitel dargestellt, mit zottigem Bart, haarigem Fellüberwurf oder blutrotem Mantel, eine Schale (eucharistischer Diskos) mit seinem Kopf in der Hand haltend (mit Heiligenschein, postbyz. auch Kreuznimbus). Sein Martyrium ist als Präfiguration des Opfertodes Christi sowie des Abendmahles zu verstehen. Auffällig sind seine großen, dunklen, seit dem 13. Jh. üblichen Flügel: Markus nennt ihn »Angelos«, was sowohl *Bote* wie *Engel* bedeutet. Zudem ist Johannes Vorläufer der Eremiten und Mönche, die ein weltabgewandtes, »engelgleiches« Leben führen. Auf manchen Ikonen steht der Geflügelte ganzfigurig inmitten einer bräunlichen gebirgigen Wüstenlandschaft, flankiert vom Diskos und einem Busch, dem *»die Axt und die Wurzel gelegt ist«* (→ Taufe Christi). Die Rechte vollzieht die Christusgeste, die Linke hält ein Schriftband.

Szenische Darstellungen

Oben auf jeder Bilderwand bildet »der Vorläufer« (Vertreter des AT) zusammen mit Maria (Kirche bzw. NT) die Fürbitt-Gruppe der → Deïsis. Auf frühchristl. Sarkophagen erscheint er, verstärkt ab 5. Jh., innerhalb der → Taufe Christi (Motiv im Kuppelscheitel von Baptisterien). Seine Berufung durch einen Engel in der Wüste, sein Leben als Asket erscheint in Eremitenkirchen (Shakli Kilise, Göreme, 11. Jh.). Als Vorläufer Christi selbst im Hades, wo er den Verstorbenen predigt, hat er einen festen Platz im Auferstehungsbild (→ Ostern). Ikonen und Fresken mit seinem Martyrium sind meist postbyzantinisch.

Jonas
Ο ΠΡΟΦΗΤΗC ΙΩΝΑC
O prophítis Jonás

Von Jahwe zum Prophetenamt berufene Gestalt des AT wird auf der Flucht vor dieser Aufgabe von einem Seeungeheuer verschlungen, nach drei Tagen wieder ausgespien. Im NT wird das Ereignis als typologisches Vorbild von Tod und Auferstehung Christi gewertet, daher häufige Darstellung in der frühchristl. Sepulkralkunst.

Berufung des Jonas und Prophetenamt im AT

Das ins 3. Jh. v. Chr. datierte Buch Jonas (AT) berichtet über den im 8. Jh. im Nordreich lebenden → Propheten. Jonas flieht auf einem Schiff vor dem Auftrag Gottes, der Stadt Ninive den Untergang zu verkünden. In Seenot geraten, ermitteln die Schiffsleute mit dem Los den, dem sein Gott so zürnt – Jonas. Er selbst ermuntert sie, ihn ins Meer zu werfen – und der Sturm verstummt:

»Aber der Herr bestimmte einen großen Fisch Jonas zu verschlingen. Und Jonas war im Leib des Fisches drei Tage und drei Nächte. Und Jonas betete zum Herrn, seinem Gott im Leib des Fisches. Und sprach:
Ich rief zu dem Herrn in meiner Angst und er antwortete mir, ich schrie aus dem Bauch der Hölle, und Du hörtest meine Stimme ...« *Jona 2, 1–3*

Vom Untier an den Strand gespien, begab sich Jonas nach Ninive. Als die Bewohner hörten, daß ihre Stadt in 40 Tagen untergehen solle, taten sie Buße in Sack und Asche, so daß Gott *»seinen Entschluß bereute«*. Jonas ärgerte sich maßlos über die Verschonung Ninives. Daher ließ Gott in einer Nacht einen gewaltigen Flaschenkürbis-Strauch (laut griechischem AT) aufwachsen, und Jonas streckte sich in dessen Schatten aus. Doch ein »Wurm« stach den Strauch, Ostwind fegte die abgestorbenen Reste hinweg. Auf die Beschwerde des Propheten hin belehrte ihn Gott, daß es doch viel schlimmer gewesen wäre, eine ganze Stadt mit 120000 Menschen und vielen Tieren zu vernichten.

Frühchristliche und byzantinische Darstellungen

Sarkophag, Vatikan Museo Pio Christo ex Lat. Nr. 119, 290–300 n. Chr.

Jonasdarstellungen sind die häufigsten Motive in der frühchristl. Sepulkralkunst. 60 Katakombenmalereien (früheste Lucinagruft um 220) und 90 Sarkophage sind allein aus Rom und Ostia bekannt: Meereswurf oder Jonas wird dem Ungeheuer ins Maul geschoben, das Ausspeien und die Ruhe unter dem Kürbisstrauch – einzeln als Bildserie oder zu einer Kompositdarstellung zusammengezogen. Jonas ist jung, bartlos und nackt, der Fisch ein mythisches Seeungeheuer mit Raubtierzähnen und Drachenleib.

»Denn so wie Jona drei Tage und drei Nächte in des großen Fisches (des Kitos) Bauch, also wird des Menschen Sohn drei Tage und drei Nächte mitten in der Erde sein.« *Matth. 12, 40*

Das Verschlingungsmotiv ist Präfiguration des Todes und der Auferstehung Christi, des Sterbens und Erlöstwerdens der Gläubigen. Andere typologische Bildkürzel werden beigesellt – die Auferweckung des → Lazarus, → Noah in der Arche, die Taube (hebräisch Jonah = Taube!) entsendend. Des Jonas Verweilen im Meer, die Sintflut selbst sind Präfigurationen der → Taufe.

»Eingefangen, aber nicht festgehalten wurde im Inneren des Ungeheuers Jonas: Dein Vorbild trug er, des Leidenden und dem Grab Übergebenen, indem er aus dem Schlafraum im Tier heraussprang.« *6. Ode der Liturgie des großen Freitag*

In mittel- bis postbyz. Zeit beliebt ist die Ausspei-Szene: Jonas steigt Kopf voraus in voller Kleidung aus dem Kitos-Rachen (Athos Dochiariou 1586). Als Einzeldarstellung unter den → Propheten ist Jonas alt, bärtig, kahlköpfig; er hat im Fischbauch die Haare verloren.

Die Flaschenkürbisbaum-Szene – in der frühen Sepulkralkunst groß und auffällig gestaltet, oft durch bukolische Hirtenmotive (Paradies!) erweitert – steht für die ewige Ruhe des in Gott Verstorbenen.

Joseph von Ägypten
Ο ΙΩCΗΦ ΑΠΟ ΤΟΝ ΑΙΓΥΠΤΟ
O Josíf apo ton Egypto

Joseph, Sohn Jakobs, Urenkel → Abrahams, ist seiner Leiden wegen Typus Christi. Seiner Schönheit wegen, die Potiphars Frau reizte, ist er für den islamischen Mystiker Maulana Dschelaleddin Rumi Vorbild Allahs als des idealen Geliebten.
Die orthodoxe Liturgie nennt ihn als Vorbild der Standhaftigkeit gegenüber Verlockungen der Welt.
Eine Flachkuppel in der Vorhalle von San Marco (Venedig, 12. Jh.) greift in einer Folge konzentrisch umlaufender, ineinander ver-

zahnter Szenen die Josephsmotive aus der Tradition der frühbyz. Bibelillustration auf:

☆ Joseph träumt, daß sich seine elf Brüder als Sterne bzw. Getreidegarben vor ihm verneigen.
☆ Seine aufgebrachten Brüder verkaufen ihn über Sklavenhändler nach Ägypten.
☆ Im Palast des Pharao hält ihn das Weib des Potiphar am Mantel fest. Er sucht das Weite.
☆ Durch falsche Beschuldigungen ins Gefängnis geraten, deutet er den Traum eines mitgefangenen Mundschenks und den eines Bäckers.
☆ Der Pharao läßt Joseph auf Veranlassung des Mundschenks rufen, damit er ihm seine Träume von den sieben fetten und den sieben mageren Kühen, den sieben vollen und den sieben armseligen Garben kläre *(sieben fette und sieben magere Jahre!)*.
☆ Der Pharao setzt Joseph als Statthalter ein, schenkt ihm einen goldenen Wagen.
☆ Josephs Brüder kommen, um während der Hungerperiode Getreide zu erbitten, erkennen ihn aber nicht.
☆ Joseph läßt im Gepäck des Jüngsten einen Silberbecher verstecken. Er gibt sich ihnen zu erkennen.
☆ Sein Vater Jakob zieht nach Ägypten.
☆ Jakob segnet seine beiden Enkel.

Josua
O IECOYC
O Iesoús

»Die Heiden besiegend, brachte Josua die Sonne zum Stehen; Du hast sie verborgen als Du niederwarfst den Fürsten der Finsternis.« *Liturgie vom Karfreitag.*
Nachfolger des Moses, in griech. Schreibweise namensgleich mit Jesus, führt die Hebräer über den Jordan ins gelobte Land – deshalb Typus Christi.
Als Greis mit abgerundetem Bart trägt er Kriegerrüstung und Krone und hält ein Szepter. Szenische Darstellungen in mittel- und spätbyz. Illustrationen des Oktateuchs (= Zusammenfassung der ersten acht Bücher des AT).

Judenchristliche Kirche
Η ΕΚΚΛΗCΙΑ ΤΩΝ ΕΚ ΤΩΝ ΙΟΥΔΑΙΩΝ
I Ekklisía ton ek ton Judäon

Frühchristl. weibliche Allegorie (Mosaik, Santa Sabina, Rom) steht für die judenchristl. Gemeinde, ist dem Petrus zugeordnet (→ Peter und Paul, → Kranz). Im Westen wurde daraus die verschleierte Figur der Personifikation der Synagoge.

Kaiser
O AYTOKPATΩP
O awtokrátor

Herrscher, verstand sich als der Statthalter Gottes, wird im Laufe der byz. Geschichte mehr und mehr zu einem verkleinerten Abbild des Kosmokrators Christus. Die Hofhaltung Christi stellte man sich als kosmische Übersteigerung des Hofzeremoniells im kaiserlichen Palast vor. Von Konstantin an tragen Kaiser und Kaiserinnen einen Nimbus.

Der Kaiser als Abbild und als Vasall des Allherrschers
Im späten römischen Kaisertum galten verstorbene Kaiser als Götter. Bei der Verchristlichung der Reichsidee hat Konstantin die Stellung des Kaisers herabgestuft, sich selbst den Aposteln zugeordnet. Das byz. Herrschertum wurde nach und nach zur Ikone göttlicher Herrschaft.

Gleichzeitig fühlte sich der Kaiser als erster Diener Christi.
Die byz. Ausprägung des Christentums lediglich als Disziplinierungsideologie für die Untertanen anzusehen hieße, die byz.-neuplatonisch gefärbte, aufs Jenseits gerichtete Geistigkeit der damaligen Zeit mit der Elle unseres materialistischen Zeitgeistes zu messen. Der Weltenherrscher hat den irdischen Herren Autorität verliehen, ihnen zugleich Grenzen gesetzt. Die byz. Herrscherdarstellungen sprechen eine deutliche Sprache:

☆ Kaiserdarstellungen in Kirchen sind selten, häufiger nur in der Ajia Sophia in Konstantinopel.
☆ Der Abbildungsmaßstab des Kaisers ist stets kleiner als der des Weltenherrschers.
☆ Die Stellung des Kaiserpaares zu Christus ist deutlich untergeordnet. Kaiser und Kaiserin flankieren Christus, nicht wie Maria und Johannes in

der Deïsis ihm, sondern nahezu frontal dem Betrachter zugewandt.

☆ Kaiser werden grundsätzlich nur an zweitrangiger Stelle dargestellt (in San Vitale, Ravenna, an den Seitenwänden des Presbyteriums; in der Ajia Sophia auf der Galerie; Ausnahme: zwei Lünetten über Hauptportalen der Ajia Sophia).

Kaiser Leon VI. (886–912) in Proskynese vor Christus. Ajia Sophia, Konstantinopel.

☆ Die Selbstdemütigung eines Kaisers ist über der Kaisertür vor der inneren Vorhalle zur Ajia Sophia im Mosaik verewigt: Leon VI. fleht Christus in Proskynese um Vergebung für seine Tetragamie an – den von der Orthodoxie verbotenen Abschluß einer Viertehe. Er ging sie ein, um seinen mit einer Geliebten gezeugten Sohn als Thronerben zu legalisieren. (Andere Deutung für den Knienden: Basilios I., 867–886, Leons Vorgänger, tut Buße für die Mitbeteiligung am Mord an Michael III.).

☆ Auf Elfenbeintafeln – z.B. des 10.Jh.s – setzt Christus dem Kaiser bzw. Kaiserpaar die Krone aufs Haupt.

☆ Mehrere alternde Kaiser beschlossen ihr Leben als Mönche. In spätbyz. Zeit wird oft ein und dieselbe Kaisergestalt nebeneinander in vollem Ornat und als büßender Mönch dargestellt.

☆ Kaiser und Kaiserinnen werden stets nur in ihrer Funktion abgebildet
a) als Stifter. Sie bieten Christus ein Kirchenmodell, Gold oder eine Stiftungsurkunde dar, auch kostbares Abendmahlsgerät (San Vitale) – entrichten ihm ihren Tribut, so wie die von ihnen abhängigen Potentaten ihnen Tribut entrichten;
b) als Vertreter Christi in kaiserliches Purpur gekleidet. Sie verstehen sich als lebendige Ikone, hinweisend auf das große Urbild Christus.

Bilder zeitgenössischer Kaiser in der Ajia Sophia

Die kaiserliche Kirche Ajia Sophia ist besonders reich an Kaiserbildern. Heute noch zu sehen sind, außer Leon VI., auf der Empore ein weiterer Kaiser und zwei Kaiserpaare. Vermutlich war ein drittes Paar der großen fragmentarisch erhaltenen Deïsis (Mitte Süd) zugeordnet. Die Brüder Fossati hatten bei ihren Restaurierungsarbeiten 1847–49 eine unter dem osmanischen Verputz verborgene Darstellung Johannes II. Palaiologos vorübergehend freigelegt. Kaiser und Kaiserinnen trugen ihre eigenen Kostüme, Kronen und Insignien (keine Reichskleinodien, wie im Heiligen Römischen Reich Deutscher Nation). Sie konnten Insignien verschenken – so als Zeichen besonderer Huld oder aber als Zeichen der Begnadigung das von ihnen getragene Enkolpion. Dennoch haben sie Krone und Insignien als ihnen von Christus oder der Gottesmutter verliehen aufgefaßt (Christus setzt Konstantin VII. 913–959 die Krone aufs Haupt, Elfenbein, Moskau). Vor Betreten des Hauptschiffes der Ajia Sophia mußte der Kaiser Krone und Schwert in der »Vorhalle der Krieger« ablegen. Kaiser, in spätbyz. Zeit auch andere hohe Würdenträger, halten als Vasallen Christi Geschenke in Händen – Kirchenmodelle, Geld für Stiftungen, Stiftungsurkunden.

☆ Zoe mit der Stiftungsurkunde und Konstantin IX. mit der Geldbörse *(Apokombion)* flankieren Christus.

Kaiserin Zoe und ihr Gatte Konstantin IX. Empore Ajia Sophia, Konstantinopel, 1028/39 und nach 1043.

Zoes liebliches Gesicht verrät nicht, daß sie, Jungfrau bis zum 50. Lebensjahr, drei Ehemänner und eine ungeklärte Zahl von Liebhabern verschliß und zu der Zeit 65jährig war. Bei der Veränderung der ersten Fassung (1028–1039), bei der das Gesicht ihres ersten Gatten in das ihres dritten umretuschiert wurde (nach 1042), hat man vermutlich an ihrem Kopf nicht viel verändert. Doch werden ihr große politische Führungskraft und frauliche Schönheit bis ins hohe Alter nachgesagt. Ihre Stiftungsurkunde bezieht sich auf ein Georgskloster innerhalb der Stadt.

☆ Johannes II. und Irini – mit Apokombion bzw. Stiftungsurkunde – flankieren die Gottesmutter mit dem Immanouilknaben.
Kaloyannis (der gute Hannes) mit dem *Kamelawkion* auf dem Kopf, zeichnete sich durch Güte aus. Zusammen mit seiner mildtätigen ungarischen Frau stiftete er das Pantokratorkloster (um 1220, auf einer Anhöhe neben dem Atatürk-Boulevard gelegen). Stereotype Darstellungsweise mit portraithaften Elementen.

☆ An einer abgelegenen Stelle der Nordempore hält Kaiser Alexander (912–913) die *Akakia* und die *Sphaira*.
Das Bild entstand innerhalb der 13 Monate zwischen seiner Krönung und seinem weinseligen Tod; es zeigt ihn mit Y-förmig geschlungenem *Loros* (→ Gewänder).

Darstellungen historischer Kaiser in der Ajia Sophia

An herausragender Stelle in der Vorraum-Lünette hinter dem Südportal ein Mosaik (890–920): Konstantin (rechts), Gründer Konstantinopels, gestorben 337, überreicht der Gottesmutter ein Modell der Stadt, Justinian (links), Erbauer der Ajia Sophia, gestorben 565, ein Modell der Kirche.

Die Gottesmutter selbst ist die schöne Tür, die »Orea porta« – so wird diese Tür, so wird auch die Mittelpforte der Bilderwand genannt: durch sie kommt das göttliche Heil in die Welt. Präfiguriert wird Maria durch den Tempel zu Jerusalem, den die Ajia Sophia ersetzt. Maria ist gleichzeitig Repräsentantin der christl. Kirche.
So thront die Muttergottes in der Apsis und so muß ihr Bild als Vorankündigung dessen, was den Gläubigen in der Kirche erwartet, über dem Hauptportal aufscheinen.

Von allen Kaiserpaaren am häufigsten abgebildet wird Konstantin und Helena.

Entwicklung des byzantinischen Kaiserbildes

Konstantin selbst hat sich noch im antikem Stil als Statue darstellen lassen (Kopf einer Kolossalstatue, Palazzo dei Conservatori, Rom), auf Münzen als römischer Imperator.
Letzter erhaltene Statuenkopf ist eine Porphyrplastik auf der Außengalerie von San Marco in Venedig – wahrscheinlich Justinian I. (Mitte 6. Jh.).
Nachrichten über Statuen reichen bis gegen 800 (Konstantin IV., Irene). Nach dem Bilderstreit des 8./9. Jh.s gab es nur noch flächige Kaiserdarstellungen.

Konstantin ließ sich auch als Drachentöter abbilden (→ Drache), er schaffte das Opfer vor der Kaiserstatue ab. Kaiser und Kaiserinnen werden selbst zu Opfernden, die dem Weltenherrscher Christus ihren Tribut darbringen. Frühestes Beispiel: Justinian I. und Theodora (San Vitale, Ravenna, Mitte 6. Jh.; → Hase).

Ursprünglich nur mit ornamentalem Goldmosaik ausgestattet, ist die Ajia Sophia bis zum Ende des Bilderstreites bildlos geblieben. Das Mosaik über der Schönen Pforte mit Konstantin und Justinian als eines der ersten Kaiserbilder in der Ajia Sophia angebracht, entstand wenig später als Vorbild aller weiteren Darstellungen kaiserlicher Stifter.

Bezeichnend für die byz. Denkungsart: Historischen Gestalten wurden die Züge lebender Herrscher – z. B. Konstantins VII. – verliehen (König Abgar von Edessa auf einer Ikone des Katharinenklosters auf dem Sinai). Auch Erzengel tragen kaiserliche Gewänder und Insignien (→ Engel; → Gewänder).

Kaiserin Zoe (Ausschnitt). Mosaik. Ajia Sophia, Konstantinopel.

Übersicht: **Kaiserliche Insignien**

I. Kaiserliche Kostüme

a) sog. Triumphalkostüm (früh- bis spätbyz.)
- *Loros:* breite, edelsteinbesetzte, um den Körper gewickelte oder gehängte (Y-Loros) Stola. Ab frühbyz. Zeit anstelle eines toga-ähnlichen Gewandstückes getragen (→ Gewänder, → Konstantin).
- Tunika (→ Gewänder) mit reicher Verzierung.
- *Dibetesion* ab spätbyz. Zeit *Sakkos:* eine Abart der antiken und frühchristl. Dalmatika (der spätbyz. Sakkos verdeckt auf Bildern die Tunika).
- Kaiserliche Schuhe: purpurfarbene verzierte Stiefeletten.
- Krondiadem und entsprechende Insignien.

b) Sog. militärisches Friedenskostüm (früh- und mittelbyz.).
- Tunika – bis zum 7. Jh. knielang, dann knöchellang (sog. *Skaramangion*).
- *Zoni:* Gürtel zum *Skaramangion*.
- Purpur-Chlamys: Umhang (→ Gewänder), zusammengehalten über der rechten Schulter von einer Fibel. Ab Ende 4. Jh. (ihre Annahme zusammen mit Krone und Purpurstiefeln bezeichnet den Beginn der Herrschaft eines Kaisers).
- Hosen *(Tsouwia).*
- Schuhe *(Tsankia).*
- Kronendiadem und entsprechende Insignien.

c) Kriegskostüm (frühbyz. später nur vereinzelt dargestellt)
- Purpur-*Chlamys* (Feldherrnmantel).
- goldener Panzer: ausgeführt als Muskelpanzer mit muskelstützenden Schienen (Paradepanzer) oder als Schuppenpanzer, aus dem sassanidischen Persien des 3. Jh.s stammend. Beide später mit einem Gorgonaion (abschreckende Fratze) versehen.
- Helm mit Diadem.
- Stiefel.
- Kampfinsignien: Schwert, Lanze, Schild.

II. Kaiserliche Insignien
- Krone: In der Antike Lorbeerkranznachbildung in Gold, in spätrömischer Zeit (Galienus 260–268), vor allem seit Konstantin, Diadem mit Bindung hinter dem Kopf.
Schlichtes Banddiadem (konstantinische Zeit): mit Edelsteinen und Perlen besetztes Diadem bzw. perlengesäumtes Diadem mit Stirnjuwel (konstantinische bis frühbyz. Zeit).

(Fortsetzung) Übersicht: **Kaiserliche Insignien**
- Krone (Fortsetzung): Plattendiadem (aus beweglichen Einzelplatten): Ende 5. bis Anfang 7. Jh.
- Diademreif: sog. *Stemma,* Reif mit Perlensaum, perlgerahmtem Stirnjuwel, Perlschnur-Pendilien, die hinter dem Ohr herabfallen (ab 2. Hälfte 4. Jh.).
Kronenartige kaiserliche Helme, geschmückt mit einem Pfauenfederbusch: in Abbildungen zwischen 313 (konstantinische Münzprägung) und 1050/60 (Gunthertuch, Bamberg) faßbar.
Kamelawkion (persisch »das zum Kopf gehörige«), Kombination Kronenhaube mit Diadem, erwähnt Anfang 7. Jh., in mittel- und spätbyz. Zeit häufig dargestellt.
- Szepter: In konstantinischer Zeit übliches Adlerszepter wurde vom 5. Jh. an vom Kreuzszepter abgelöst (lateinisches Kreuz über seinem oberen Ende, ab 7. Jh. gelegentlich mit zwei Balken), nach 1025 – vom *Lawaron* zurückgedrängt – nur noch auf Münzen. Einfache Stabszepter sind selten, lange waren während der gesamten byz. Epoche, kurze nur im 4. Jh. üblich.
- *Lawaron* (Labarum): Mit dem Christusmonogramm (→ Kreuz) verzierte Kaiserstandarte (Gunthertuch, Bamberg 1050/60), hervorgegangen aus dem Christusmonogramm, das die Truppen Konstantins 312 auf ihren Schildern anbrachten. Bei der Ausrufung des Freiheitskampfes 1821 wurde eine Altardecke als Lawaron aufgerichtet (→ Heimholung Mariae).
- *Sphaira:* Reichsapfelähnliche Kugel, die der Herrscher in der Linken hält, wird auch als *Polos (Himmelskugel)* bezeichnet, in der Literatur als Symbol des Himmels wie der Erde beschrieben. Nachweisbar auf Kaiserbildern zwischen dem 5. und dem Ende des 12. Jh.s in drei verschiedenen Formen:
a) mit Ornamentik, die sie als Himmelskugel ausweist,
b) mit einer kleinen Statue der Siegesgöttin (Viktoria, konstantinisch),
c) mit Kreuz (ab 5. Jh.).
Die Kugel, die wohl nicht nur, wie vermutet, auf Abbildungen existiert hat, findet sich häufig als Erzengelsphaira, in mittelbyz. Zeit mit der auf die → Proskomidie (→ Brot, → Eucharistie) hinweisenden Aufschrift
IC XP NI KA
Jesous Christos Nika. Dies weist die Kugel als kosmisches Symbol aus (kosmologischer Charakter der Proskomidie).

(Fortsetzung) Übersicht: **Kaiserliche Insignien**

– *Mappa/Akakia:* Ursprünglich war die Mappa, ein Tuch oder locker gefülltes Stoffsäckchen, Signaltuch zur Eröffnung von Spielen, vom 4. Jh. an. Insignie des Kaisers (auch von Konsuln). Nach dem Bilderstreit (Michael III.) gewandelt zu einem mit einem Tuch umwickelten buchrollenähnlichen, mit Staub gefüllten Beutel (Kaiser Alexander, Ajia Sophia, Konstantinopel 912), der »Akakia«; soll auf die Demut des Kaisers und seine Sterblichkeit hinweisen.
– *Enkolpion* (Pectorale): großes Schmuckstück mit eingelegter Reliquie, an einer Kette vor der Brust getragen, meist kreuzförmig, einen Splitter des heiligen Kreuzes bergend (tragbare Stawrothek).
– Schwert *(Spathi)* und Schild *(Skoudarion):* Vom Gefolge des Kaisers ihm vorausgetragen, stellten in der frühbyz. Zeit wichtige Kaiserinsignien dar. Bis 602 war die Schilderhebung zusammen mit der Kettenkrönung *(Torques)* durch das Heer vor der Krönung durch den Patriarchen Bestandteil des kaiserlichen Krönungszeremoniells – Erinnerung an Wahl, Schilderhebung und Akklamation des Kaisers durch das Heer (Julian 360, Valentinian 364).
– Lanze: Spätestens seit dem 5. Jh. kaiserliche Insignie. Auf Darstellungen überreicht die Gottesmutter dem Kaiser (Leon IV., Elfenbein, Berlin) Lanze und Sphaira, oder Engel verleihen ihm Lanze und Krone (Cod. Gr. 17, Bibl. Maz. Venedig).

Die Reichsinsignie bedeutete vermutlich die heilige Lanze, mit der Christi Seite durchbohrt worden ist und bezog sich auf die → Eucharistie (→ Proskomidie), wie Sphaira und Standarte mit dem Dreimal-Heilig.

Kirchengebäude

Η ΕΚΚΛΗΣΙΑ
I ekklisía

Schauplatz des in der byz. → Liturgie immer wieder neu heraufbeschworenen heilsgeschichtlichen Dramas. Kirchengebäude und Kirchenjahr – heiliger Raum und heilige Zeit – bilden dadurch, daß der Kirchenraum (ab 1000) zum Träger der Bilder des → Festtagszyklus geworden ist (→ Kirchenjahr), eine unauflösliche Einheit.

Abbildender Charakter der Kreuzkuppelkirche

Das orthodoxe Kirchengebäude hat darstellenden Charakter. Als räumliche Ikone verbildlicht sie wie die zweidimensionale Ikone das, was sie darstellt, nicht auf illusionistische, sondern auf symbolische Weise.
Symbolische Deutungen durch verschiedene orthodoxe Autoren:

1. Die Kreuzkuppelkirche ist der *Kosmos* – das Kuppelrund der Himmel, das Quadrat des Naos (Schiff) die Erde.
Der Fußboden (Ajia Sophia: gemaserter Marmorboden; Kirchen in Rhodos; an Wellen erinnernde Zackenmuster aus schwarzen und weißen Kieseln) versinnbildlicht die Unterwelt: der Urozean, auf dem die Kirche als Arche schwimmt. Laut lokaler Überlieferung bestehen die Hauptportale der Ajia Sophia aus dem Holz der Arche Noah. Im Innenraum entfalten sich die Bilderwelten, Emanationen der von Christus → Pantokrator als Lichtquelle abgestrahlten Lichtstrahlen (→ Himmlische und kirchliche Hierarchie). Nach Maximus dem Bekenner (Konstantinopel) gibt die Kreuzkuppelkirche den aus unsichtbaren und sichtbaren Wesenheiten zusammengesetzten Kosmos wieder, indem sie eingeteilt ist in das – den amtierenden Priestern vorbehaltene – Allerheiligste hinter der Bilderwand und das Kirchenschiff, das allen Gläubigen offensteht.
2. Da die Kreuzkuppelkirche selbst die Versöhnung zwischen Himmel und Erde bewirkt (wie Christus), ist sie Darstellung der himmlischen Kirche als des *mystischen Leibes Christi*.
3. Die mögliche Unterteilung in Allerheiligstes und Schiff bedeutet die *zwei Naturen Christi*, der gleichzeitig wahrer unsichtbarer Gott und wahrer sichtbarer Mensch ist (Simeon von Thessaloniki).
Die Zweiteilung weist auch auf den Menschen hin, bestehend aus der unsichtbaren Seele und dem sichtbaren Leib (Simeon von Thessaloniki).
4. Die Zweiteilung weist auf die *Trinität* hin, weil diese ihrem Wesen nach *(Ousia)* unzugänglich, ihrer Wirkung nach aber erkennbar ist.
5. Altarraum und Schiff stehen im gleichen Verhältnis zueinander wie *Himmel und Erde* –

was auch für die Beziehung zwischen Kuppelrund und Naos-Quadrat gilt.

6. Die mögliche Unterteilung in drei Teile – Vorhalle, Schiff und Allerheiligstes – repräsentiert die drei Teile des *Tempels zu Jerusalem* (auch die Unterteilung der Stiftshütte) in seiner neuerschaffenen himmlischen Form *(Hebr. 9 → Schatten)*.

7. Die Dreiteilung wird ebenso als Hinweis auf die Dreifaltigkeit verstanden wie auf die drei Engelordnungen der *himmlischen Hierarchie:*

»... Der göttliche Tempel (ist) ... ein Bild dessen, was auf Erden, was im Himmel und was über dem Himmel ist, der Narthex ist ein Abbild dessen, was auf Erden ist, das Schiff des Himmels; das aber, was über dem Himmel ist, verkörpert der allerheiligste Altarraum.« *Simeon von Thessaloniki*

8. Die Kirche entspricht der *Dreiteilung des Gottesvolkes* in Priester, denen das Allerheiligste offensteht, in getaufte Gläubige, denen das Hauptschiff zugänglich ist und in Ungetaufte, die Katechumenen, die den Taufunterricht in der Vorhalle erhalten.

9. Die Kirche nimmt das künftige *Reich Gottes* vorweg und ist nach Johannes Damaszenus Bild des kommenden Guten.

Deutungen der Ausstattungsdetails einer Kirche

Grundstein, der bei der Einweihung gesalbt wird:

1. Jakobs Opfertisch, Fußpunkt der → Himmelsleiter, Ort, wo das vom Himmel ausgehende Göttliche auf die Erde hinabsteigt.
2. Christus als der Eckstein, auf dem die Kirche ruht.
3. Jungfrau Maria, die der Grundstein, Ort der Vereinigung Gottes mit den Menschen ist.

Fußboden aus Marmor mit Maserungen (den sog. Strömen):

1. Fluß Jordan.
2. Unterwelt (Urozean), die durch die → Taufe Christi vergöttlicht ist.
Die Kirche ist die → Arche, die auf dem Unheilsmeer schwimmt.

Altar:

1. Grab Christi.
2. Krippe Christi.

Pfeiler der Kirche:

Hierarchen, Märtyrer, Asketen (zwei mal sechs Pfeiler oder Säulen: Apostel).

Leuchter:

Sterne.

Zentraler Kronleuchter:

Planetenbahnen, Tierkreiszeichen, Apostel.

Solea, Stufe zwischen Schiff und Allerheiligstem:

Feuriger Fluß (1. Kor. 3, 12–15), der die Werke der Menschen prüft.

Ambon für die Schriftverlesung:

Stein, der von Christi Grab gewälzt, auf dem der Engel saß und die frohe Botschaft der Auferstehung verkündete (der Diakon auf dem Ambon wird bei der Verlesung des Evangeliums zum Engel).

Bilderwand (Templon):

Trennwand zwischen der sichtbaren und der unsichtbaren Welt (→ Ikonostase; → Schatten).

KIRCHENBAUSYSTEM

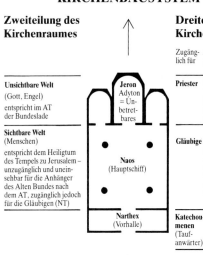

Pamakaristoskirche Fetije Dschami, Konstantinopel, 1310–1320.

Kirchengebäude

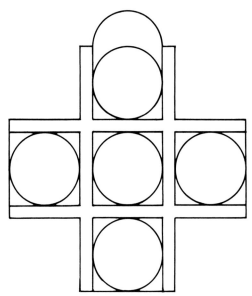

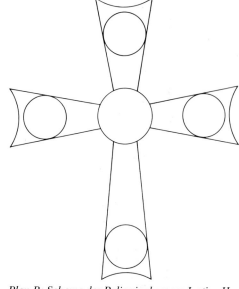

Plan A: Grundschema einer Fünf-Kuppel-Kreuzkuppelkirche (z. B. untergegangene Apostelkirche, Konstantinopel, 6. Jh.; San Marco, Venedig, 11. Jh.).

Plan B: Schema des Reliquienkreuzes Justins II., 6. Jh. Der Vergleich mit dem Grundriß der Kreuzkuppelkirche (links) verdeutlicht die Ähnlichkeiten in der Anordnung der Kreisfelder.

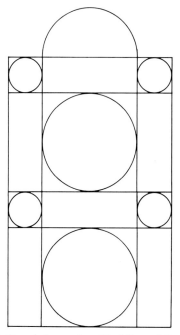

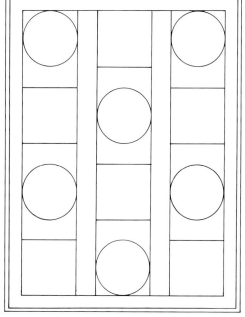

Plan C: Grundschema einer Fünf-Kuppel-Kreuzkuppelkirche mit zusätzlicher Kuppel über der Vorhalle (z. B. Ajios Theodoros – jetzt Kilise Cami – in Konstantinopel, 12. Jh.). Der Grundriß ist mit dem Schema des Tragaltärchens (rechts) zu vergleichen!

Plan D: Rechter Flügel eines Zweiflügel-Tragaltärchens (Diptychon) aus dem Athoskloster Chilandariou (zweite Hälfte 13. Jh.). Die Quadrat- und Kreisflächen enthalten Emaille-Darstellungen. (Der linke Flügel ist nach dem gleichen, allerdings auf dem Kopf stehenden Schema angelegt.)

Weitere Darstellungsfunktionen der Kreuzkuppelkirche

☆ Orthodoxe Kirchen sind geostet, weisen mit dem Chor auf die aufgehende Sonne hin, die Christus als das Licht der Welt symbolisiert, und mit der äußeren Vorhalle auf den Westen, deutbar als Reich der Finsternis.

»Weil nun Gott ein geistig Licht und Christus in den Schriften Sonne der Gerechtigkeit und (Sonnen-)Aufgang genannt hat, darum ist ihm der Aufgang zur Anbetung geweiht. ... Und dann sagt auch die Schrift (1. Mose 2, 8): Und Gott der Herr pflanzte ein Paradies gegen Morgen und setzte den Menschen hinein, den er gebildet – und nach der Übertretung vertrieb er ihn und siedelte ihn gegenüber an ... am Untergang nämlich. Auf der Suche nach dem alten Vaterland (im Osten) und dorthin schauend, beten wir Gott an. Auch das mosaische Zelt (Sitftshütte) hatte den Vorhang und den Sühnealtar gen Aufgang ... Auch in dem berühmten Tempel Salamos war die Pforte des Herrn gen Aufgang gelegen!« *Johannes Damaszenus in seiner Glaubenslehre*

Das Gebäude ermöglicht dem Menschen die Orientierung im Raum. Die Kreuzarme weisen in alle vier Himmelsrichtungen.

☆ In der Kreuzkuppelkirche kommt das männliche und das weibliche Prinzip in seiner Dualität wie in seiner Verbundenheit zum Ausdruck – als Pantokrator und als Gottesgebärerin, welche die beiden architektonischen hochrangigen Plätze im Kircheninneren besetzen (→ Pantokrator; → Maria).

☆ Die Bilderwand umspielt das Problem der Trennung und Vereinigung – trennt und vereinigt gleichzeitig die sichtbare und die unsichtbare Welt (→ Ikonostase).

Die Abgrenzung des menschlichen Selbst gegen die Umwelt und die Durchlässigkeit dieser Abgrenzung – die es überhaupt erst ermöglicht, mit der Umgebungswelt Verbindung aufzunehmen – ist ein Kardinalproblem der Persönlichkeitsentwicklung. Für den Menschen ist eine völlige Abkapselung ebensowenig heilsam wie ein völliges Verfließen mit der Umwelt. Eine Trennwand ist ebenso nötig wie deren Durchlässigkeit. Schiff und Allerheiligstes bilden symbolisch das menschliche Bewußtsein – Innenwelt und Außenwelt – mit dem sie verbindenden Wahrnehmungsvermögen – ab; letzteres repräsentiert durch die Bilderwand. Im Gegensatz zur westlichen Kultur wird nicht die Außenwelt, sondern die Innenwelt als das Bedeutendste angesehen – die Bewertung ist umgestülpt, was sich bei räumlichen Darstellungen in der umgekehrten Perspektive (das Gottnahe groß, das Gottentfernte klein) spiegelt.

Auffällig die Ähnlichkeit mancher Kirchengrundrisse mit → Kreuzsymbolen und Gliederungen von Stawrotheken bzw. Evangeliaren.

Kirchenjahr
ΤΟ ΕΟΡΤΟΛΟΓΙΚΟ ΕΤΟΣ
To eortolojikó étos

Beginnt im September mit dem Hauptfest der → Geburt Mariä und endet im August mit der → Heimholung Mariä; besteht aus zahlreichen unbeweglichen Festen und den beweglichen des Passions-, Oster-, Pfingstzyklus (→ Festtagskalender).

Gliederung der Zeit durch das Kirchenjahr

Mit seinen Festen verbindet es die einzelnen Phasen des göttlichen Wirkens mit dem alltäglichen Leben, mit den Gestirnen, mit der Zeit, es gliedert und heiligt sie, macht ihre beunruhigende Unendlichkeit überschaubar. Ganz ähnlich verbindet der → Kirchenbau an heilsgeschichtlich bedeutsamen Stätten die Heilsgeschichte selbst mit dem täglichen Leben. Kirchenbauten sind heilige Landmarken, die die beunruhigende Ausdehnung des Raumes gliedern und seinen bewohnbaren Teil abstecken (→ Elias). Die Festtagsbilder verknüpfen – auf die Liturgie bezogen – heilige Zeit und heiligen Raum zu einer Einheit.

Die wichtigsten Festtage wurden in der 1. Hälfte des 4. Jh.s unter → Konstantin in der Hauptstadt eingeführt. Gleichzeitig haben er und seine Mutter die wichtigsten heilsgeschichtlichen Stätten im Heiligen Land mit Kirchenbauten markiert, deren Form und Ausstattung die kirchliche Kunst des byz. Reiches prägen sollten. Mit Sinn für die Notwendigkeit eines neuen Orientierungssystems hatten Konstantin und Helena damals, als die antike Religiosität sich auflöste, das christl. Leben an einen orientierenden Rahmen in Zeit und Raum gebunden, den Grundstein zu einem System gelegt, das über 1100 Jahre den Bestand des Reiches sicherte.

Rituelle Erneuerung heilsgeschichtlicher Ereignisse

Die Gottesdienste erinnern nicht an längst Vergangenes, sondern verlebendigen im jährlichen Zyklus dramatisch die heilsgeschichtlichen Ereignisse – die Ankunft Christi in der Welt, sein Leiden, Opfer, seine Auferstehung und Auffahrt. All dies wird jedes Jahr, in weniger ausgeprägter Form jeden Sonntag, durch symbolische Handlungen im Gottesdienst aus ferner Vergangenheit in das Jetzt zurückgerufen und vom Gläubigen als Gegenwart miterlebt. Ein Vorgeschmack der Ewigkeit wird im Drama der Liturgie in die Gegenwart vorgezogen – so wie das Kircheninnere während der → Liturgie zu einem bereits vorab vergöttlichten Teil der Welt wird.

Die Jahrestage der Heiligen werden im Minolojion aufgezählt. Osios Lukas, nach 1000.

Bäuerliches und liturgisches Jahr

Das zyklische Kirchenjahr mit seinen wiederkehrenden Festen entspricht der Denkweise und Erfahrung des bäuerlichen Menschen, der es so erlebt wie den ständig sich wiederholenden Zyklus von Saat und Ernte, Werden und Vergehen. Die griech. Bauern und die aus dem Bauernstande hervorgegangenen Papades haben ihr mit dem Wachstum der Pflanzen und Früchte und der Aufzucht von Tieren eng zusammenhängendes Brauchtum an die Festtag-Gottesdienste angeknüpft und so das landwirtschaftliche mit dem Kirchenjahr verzahnt. Saat und Ernte weisen hin auf Tod und Auferstehung, wie Tod und Auferstehung auf Saat und Ernte. Die Tendenzen dazu sind im NT angelegt. Christus und seine Jünger entstammen einem bäuerlichen Umfeld.

Sonnen- und Mondjahr

Das Kirchenjahr hängt mit seinen beweglichen Festen am Sonnen-, mit seinen unbeweglichen (über → Ostern) zugleich am Mondjahr. Jeder Tag – in den Klöstern werden, soweit möglich, dreizehn traditionelle, Tag und Nacht gliedernde Gottesdienste abgehalten – wird durch Tagesheilige und heilsgeschichtliche Ereignisse aus beiden Zyklen bestimmt, und da sich der bewegliche Zyklus von Jahr zu Jahr verschiebt, ändert sich auch jedes Jahr die Kombination von Tagesheiligen bzw. Heilsereignissen.

☆ Die Gedenkanlässe des feststehenden Kalenders für das ganze Jahr sind im Minolojion verzeichnet, das auch im Jeratikon, dem Handbuch des Priesters, enthalten ist.

☆ Die von Ostern abhängigen Gedenkanlässe sind für die Fasten- und Osterzeit im *Triodion* – für die Fastenzeit im *Fastentriodion,* für Ostern bis Pfingsten im *Blumentriodion* enthalten. Im Anschluß an Pfingsten bilden je acht Sonntage eine Einheit, die die acht Wochen vor und nach Ostern spiegelt, sich ständig wiederholend bis zur nächsten Fastenzeit. Jede Woche innerhalb der Achtheit steht unter einem andern liturgischen Ton. Die dem Achterrhythmus folgenden Gottesdienstanweisungen stehen im Achtton-Buch »*Ochtóichos*« (*Triodion* und *Ochtoichos* gehören in die Hand des Kantors).

Ein aktueller Jahresweiser (Imerolojion) wird in griech. Sprache von der Metropolie in Bonn herausgegeben (erhältlich in griech. Ortsgemeinden).

Die Wochentage als Gedenktage

Sonntag:	Tag des Herrn, der Auferstehung Christi
Montag:	Tag der körperlosen Mächte (Engel)
Dienstag:	Tag des Vorläufers (Johannes der Täufer)
Mittwoch:	Tag des Kreuzes (und Gedächtnis des Verrates)

Donnerstag: Tag der Apostel, des Heiligen Nikolaus und der Kirchenväter
Freitag: Tag des Kreuzes
Samstag: Tag der übrigen Heiligen und der Verstorbenen.

Kirchenväter

ΟΙ ΠΑΤΕΡΕC ΤΗC ΕΚΚΛΗCΙΑC
I patéres tis Ekklisías

Geistliche Lehrer haben die Liturgie geschaffen, die orthodoxe Dogmatik formuliert oder mitgestaltet. Sie gehören zwei verschiedenen geistigen Strömungen, den Schulen von Antiochia und Alexandria, an.

Theologie, Christologie und Anthropologie der Kirchenväter

Zu ihrem Kern werden drei (Antiochener) oder vier (drei Antiochener, ein Alexandriner) aus der 2. Hälfte des 4. Jh.s gerechnet. Den erweiterten Kreis schließt im 8. Jh. → Johannes Damaszenus ab; er hat die Überlieferungen der Antiochener in seiner Glaubenslehre zusammengefaßt.

Im christologischen Streit um die Lehre von den zwei Naturen Christi stehen Antiochener und Alexandriner in einem dogmatischen und auch menschlichen Gegensatz zueinander. Die großherzigen Antiochener heben die menschliche Natur Christi hervor, die aggressiveren verbissenen Alexandriner betonen einseitig seine Göttlichkeit.

Weitere Entwicklungen: Ab 428 spaltet sich von der antiochenischen Richtung die nestorianisch-persische Kirche ab (Maria hat Christus, nicht Gott, geboren), nach 451 von der alexandrinischen die monophysitische Kirche der Kopten und Armenier (Christus hat nur eine göttliche Natur).

Die Orthodoxen bekannten sich auf dem Konzil zu Calcedon (451) zu dem einen Christus, vollkommener Gott und vollkommener Mensch, d. h. zu seinen zwei Naturen, die weder miteinander vermischt noch völlig voneinander getrennt sind. Inzwischen haben sich die Gegensätze zwischen der orthodoxen und den orientalischen Kirchen verschliffen. Sie behandeln sich heute gegenseitig nicht mehr als Häretiker.

Die Christologie der Kirchenväter ist Basis ihrer Lehre vom Menschen (Anthropologie). Das Vereinigtsein des Menschensohns mit Gott gilt als Vorbild für die Bestimmung des Menschen, sich mystisch mit Gott zu vereinigen. Die Vermenschlichung Gottes ermöglicht die Vergöttlichung des Menschen.

Übersicht: **Kirchenväter der Orthodoxie**

Dreiergruppe (30. Januar)
– → Basilius der Große, Kappadokien, gest. 379
– Gregor der Theologe (von Nazianz), Kappadokien, gest. 389
– → Johannes Chrysostomos, Antiochia, gest. 407
Alle aus dem Patriarchat von Antiochia

Vierergruppe
– Basilius
– Gregor der Theologe
– Johannes Chrysostomos
– Athanasius, Patriarch von Alexandrien, gest. 373
oder
– Kyrillos von Alexandrien, gest. 444

Zum erweiterten Kreis gehören
– Gregor von Nyssa, Kappadokien, gest. 395
– Sabas, Kappadokien, gest. 532
– → Ephräm der Syrer, gest. 377
– Kyrillos von Jerusalem, gest. 386
– → Johannes Damaszenus, gest. ca. 750
– Papst Sylvester, Rom 314–335

Lebensbeschreibungen von Kirchenvätern

☆ Gregor der Theologe, Freund des → Basilius, Priester bei Nazianz, Inneranatolien, 380–383 Patriarch von Konstantinopel. Zieht sich enttäuscht von den Intrigen der Hauptstadt nach Kappadokien zurück, widmet sich der Hymnendichtung. Bedeutender Redner und Schriftsteller. Verfaßte eine Schrift über die Dreieinigkeit, mit Basilius zusammen die *Philokalia* (Blütenlese aus Origines).

☆ Gregor von Nyssa, Inneranatolien. Bruder des → Basilios, mit ihm und Gregor von Nazianz zu den drei großen Kappadokiern gerechnet. Vertrat seinen antiochenischen Standpunkt (zeitweise durch Kaiser Valens verfolgt) auf dem Konzil von Konstantinopel 381 und der Synode von 394. Verfaßte tiefsinnige theologische Schriften. Dargestellt mit bräunlichem, eckig-breitem Bart.

☆ Athanasios, ab 328 Metropolit von Alexandrien. Heftiger Gegner der Arianer. Deswegen von Kaiser Konstantios verfolgt, mußte insgesamt fünfmal fliehen. Von großem Einfluß für Einsiedlerwesen und Mönchtum seine Lebensbeschreibung des Antonios, des Begründers des Eremitentums.

☆ Kyrill, Patriarch von Alexandrien, gest. 444. Setzte auf dem Konzil von Ephesus mit Klauen und Zähnen die Verurteilung des Nestorios durch. Es ging um Anerkennung Marias als Gottesgebärerin (Nestorios: *Christotokos;* Kyrill: *Theotokos*). Dargestellt mit der typischen kreuzverzierten Kopfbedeckung des alexandrinischen Patriarchen (→ Gewänder).

☆ Kyrill von Jerusalem, Verfasser wichtiger Katechesen über die Mysterien des Christentums, bedeutender Vertreter der liturgischen Mystik.

☆ Sawas (Sabas). Geb. in Kappadokien, gründete nach ihm benanntes Kloster bei Bethlehem. Hatte zuletzt die Oberaufsicht über sieben Einsiedlerverbände, über das gesamte Mönchtum Palästinas.

☆ Papst Sylvester, im Osten verehrt, weil er Kaiser Konstantin vom Aussatz befreit und getauft haben soll. Trägt die päpstliche *Kamilawka* (→ Gewänder).

Kirchenväter im Apsisrund um den Altar. Ajios Nikolaos Orphanos, Thessaloniki, Anfang 14. Jh.

Die Kirchenväter um den Altar in der unteren Zone des Apsisrundes

In der altchristl. Basilika saß die Priesterschaft auf abgestuften Sitzbankreihen – dem Synthronon – im Apsishalbrund um den Altar. Ihren Platz nimmt von der Mitte der mittelbyz. Zeit an die nunmehr bildlich dargestellte Gruppe der Kirchenväter ein. Sie umsteht in der untersten Zone des Apsiszylinders den Altar. (Zuvor – im 9. und 10. Jh., z.T. auch später – waren die Kirchenväter in hochgelegenen Wandnischen unter dem Gewölbe nahe dem Allerheiligsten untergebracht worden.)

Die Kirchenväter treten auch als Zweier- oder Sechsergruppe, meist aber als Vierergruppe auf – links jedoch nach rechts gewandt vor einem schmalen Mittelfenster Chrysostomos vor Athanasios, rechts nach links blickend Basilios vor seinem Bruder. In großen Apsiden ist die Gruppe vergrößert (bis zu zwei Vierergruppen). Vom 9. Jh. an tragen die Kirchenväter das mit Kreuzen übersäte Phelonion (Polystawrion; → Gewänder). Die Dreiergruppe erscheint auch, frontal dem Betrachter zugewandt, auf Ikonen. Ab spätbyz. Zeit werden die Kirchenväter in folgende szenische Darstellungen eingebunden: → Heimholung Mariä, Kirchenväterkommunion (→ Eucharistie), Tod einzelner Kirchenväter (Ephräm, Chrysostomos) inmitten ihrer Anhänger und Freunde.

Konstantin und Helena
Ο ΚΩΝCΤΑΝΤΙΝΟC ΚΑΙ Η ΕΛΕΝΗ
O Konstantínos kei Eléni

Römischer Kaiser (306–337) mit Kaiserinmutter. Konstantin beendete die Christenverfolgung, führte das Christentum als Staatsreligion ein und erhob 328 Konstantinopel zur Hauptstadt des römischen Reiches. Das Mutter- und Sohn-Paar – Vorbild christlichen Herrschertums – wird in der griechischen, russischen und armenischen Kirche als heilig verehrt.

Namenstag und Brauchtum um Konstantin und Helena

In den Konstantinskirchen finden am 21. Mai Feste (Panijiria) mit Prozessionen statt. Vor den Kirchen wird getanzt, gegessen und getrunken.

In Kosti/Thrakien und einigen Orten Makedoniens finden die *Anastenária* – Feuertänze – statt: Mitglieder der Bruderschaft der *Anastenarites* tanzen auf einem Platz bei der Konstantinsquelle nahe Kosti mit bloßen Füßen, in den Händen Konstantinsikonen oder ein Evangelienbuch, über glühender Holzkohle – angeregt von einer Trommel, einer einsaitigen Fidel und einem thrakischen Dudelsack. Die von Konstantin besessenen Trancetänzer befragen die Konstantinsikone und geben Prophezeiungen von sich. Am 1. Abend des achttägigen Festes wird ein vom Priester ausgewählter schwarzer dreijähriger Stier geopfert, sein rohes Fleisch und seine Haut, aus der Sandalen gemacht werden, erhalten die Dorfbewohner. Die ursprünglich im heute türkischen Ostthrakien beheimatete Sitte wird als Christianisierung eines Dionysosritus betrachtet. Strabo erwähnt die *Kapnowatä* (Rauchgänger) bei den gedischen Thrakern.

Leben und Wirken Konstantins

Konstantin, 306 nach dem Tode seines Vaters von den Truppen in Britannien zum Mitkaiser ausgerufen, Verehrer des *sol invictus (unbesiegliche Sonne)*, verwaltete als einer von vier Herrschern den Reichsteil Gallien und Britannien.

An der noch von Diokletian eingeleiteten Christenverfolgung, 311 durch den Duldungsakt des ranghöchsten Augustus endgültig beendet, beteiligt er sich nicht. 312 schlägt Konstantin bei Rom an der Milvischen Brücke Maxentius, bis dahin Herrscher über Italien und Afrika. Nach der Eusebius zugeschriebenen *Vita Konstantins* ist dem Kaiser vor der Schlacht über der Sonne ein Lichtkreuz erschienen mit der Inschrift: »Touto Nika« (Mit diesem Siege!). Nach Laktanz hat Konstantin aufgrund eines Traums seinen Soldaten ein Christusmonogramm auf ihren Schilden anbringen lassen. Konstantin wendet sich dem Christentum zu, läßt sich selbst als *sol invictus* darstellen (Münzen, Statuen). Im Christusmonogramm verschmelzen Kreuz- und Sonnensymbol. 321 führt er den Sonntag (dies solis) als Feiertag ein. Das sog. *Lawaron*, eine Standarte mit Christusmonogramm, setzte er 324 in Adrianopel (Edirne) ein bei seinem Sieg über den letzten Konkurrenten Licinius, den Beherrscher des Ostens. Nunmehr Alleinherrscher, verlegt er seine Residenz nach Byzanz und weiht die Stadt 328 zum »neuen Rom« (Konstantinopel). Als sakrale Mitte der Stadt gilt die Porphyrsäule mit einer Kolossalstatue Konstantins als Helios. Bereits 325 ließ er das Erste Ökumenische Konzil nach Nikäa einberufen, spricht sich gegen Arius aus (Christus der erstgeschaffene Mensch, nicht der erstgeborene Sohn). Nachdem Konstantin 326 seine Frau Fausta und seinen ältesten Sohn Crispus aus nicht näher bekannten Gründen hat hinrichten lassen, tritt seine Mutter Helena in den Vordergrund – spürt Reliquien auf, gründet zahlreiche Kirchen. Erst kurz vor seinem Tode läßt sich Konstantin taufen (337). Bestattet wird er in einem Mausoleum, verbunden mit der von ihm gegründeten Apostelkirche, zwischen je sechs Gedenkstelen für die Apostel zu beiden Seiten des Sarkophages: er will teilhaben an den Gebeten zu Ehren der Apostel. Noch heute lautet Konstantins Beiname *Isapostolos (Apostelgleicher)*. Helena starb ein Jahr vor ihm und ist in Rom im Helenamausoleum (Tor' Dignattara) bestattet, Vorbild für die konstantinische Apostelkirche und die Grabkirche in Jerusalem. Konstantin XI. Palaiologos hieß der letzte byz. Kaiser, der am 29.5.1453 vor der Stadt im Kampf gegen die Türken fiel.

Darstellungen von Konstantin und Helena

Das Kaiserpaar mit dem heiligen Kreuz.
Osios Lukas, bei Stiri in Phokis, nach 1000.

Kaiser und Kaiserinmutter erscheinen einzeln an Pilastern mit dem Kreuz oder einer Schriftrolle in der Hand, ab Ende des Bilderstreites meist zu zweit, zwischen sich das wahre Kreuz Christi, das Helena bei einer Pilgerfahrt nach Palästina gefunden. Die Tracht der Kaiserin enthält einen schildartigen Aufsatz (Thorakion) – einen lederversteiften Teil ihres *Loros* (→ Kaiser) mit dem Bild des heiligen Kreuzes. Das nicht völlig enträtselte Bekleidungsdetail tragen auch Kaiserinnen des 10. und 11. Jh.s.

In Konstantinopel, Rom und Alexandrien hat Konstantin Kirchen für Märtyrer – Heroen des Christentums – gegründet, in Palästina zusammen mit Helena die Stätten der Theophanien mit christlichen Kultbauten markiert: die Geburtskirche in Bethlehem (→ Geburt Christi), die Eleonakirche an der Stätte der → Himmelfahrt auf dem Ölberg, Basilika für die Trinität im Hain zu Mamre (→ Pfingsten), Auferstehungskirche mit Grabgedenkstätte (335). Ein Kreuz am Jordan an der Stelle der → Taufe Christi hat er vermutlich errichtet. Die mit diesen Stätten verbundenen Ereignisse (→ Kirchenjahr) sind bereits in konstantinischer Zeit in der Hauptstadt festlich begangen worden.

Über der schönen Pforte der Ajia Sophia ist er zusammen mit Justinian als Stifter, der Christus huldigt, wiedergegeben (→ Kaiser). In den Bruderschaftsräumen der Anastenarites in Kosti soll es mit Glöckchen behängte Ikonen geben, die Konstantin und Helena als Tanzende zeigen.

Kosmas und Damian, die Silberverächter
ΟΙ ΑΝΑΡΓΥΡΟΙ ΚΟCΜΑC ΚΑΙ ΔΑΜΙΑΝΟC
I anárjiri Kómas ke Damianós

Zwei Brüder aus Ägea in Kilikien (Kleinasien), die als Ärzte ihre Patienten unentgeltlich behandelten. Da das auch im 3. Jh. ungewöhnlich war, bekehrten sie viele zum Christentum. Damian mußte sich einmal gegenüber seinem Bruder verantworten: Er hatte drei Eier von einer geheilten Frau angenommen, um sie nicht zu kränken. Da das Minolojion (→ Kirchenjahr) für sie zwei Gedenktage – den 1. Juli und den 1. November – enthält, wird angenommen, es hätte zwei Ärztepaare gleichen Namens gegeben. Der doppelte Gedenktag kommt wohl dadurch zustande, daß die beiden an unterschiedlichen Tagen unter Diokletian den Märtyrertod erlitten. Die beiden *Anarjiri, die das Silber ablehnen,* werden auf Ikonen und an Kirchenwänden jugendlich und vornehm gekleidet wiedergegeben, mit zartem Flaumbart, Salbenbüchse und einem Löffel in der Hand. Auf einigen Ikonen – Ärzte-Ikonen sind ein wichtiges häusliches Hilfsmittel gegen Krankheiten aller Art – wird ihnen der Märtyrerarzt Panteleïmon zugeordnet. Ihr Kult hat sich vom 6. Jh. an ausgebreitet, nachdem sie dem erkrankten Kaiser Justinian im Traum erschienen und ihn von einer Krankheit geheilt hatten. Traumkonsultationen, oft in drei Nächten hintereinander, sind keine Seltenheit. Noch heute übernachten Erkrankte in Kirchen von Kosmas und Damian oder anderen heiligen Ärzten, um zu gesunden oder entsprechende Traumanweisungen zu erhalten (Antike: Heilschlaf Kranker in Tempeln des Asklipios).

Kosmos
Ο ΚΟCΜΟC
O kósmos

Das wohlgeordnete All. Die Geistigkeit der Orthodoxie ist kosmisch orientiert, auf das All hin, das einst vergöttlicht werden wird. Die Heilsgeschichte wird gesamtkosmisch aufgefaßt – Sonne, Mond und Sterne sind in die Ereignisse um Geburt, Tod und Auferstehung Gottes einbezogen. Die Geistigkeit der Westkirchen ist demgegenüber eschatologisch, auf den Ablauf der Zeit hin ausgerichtet.

Kosmos – unterschiedliche und widersprüchliche Wortbedeutungen

☆ Kosmos – die irdische und in Schuld verstrickte Welt, im Gegensatz zu Gott stehend. Im NT bei Matthäus, Markus und Lukas.

☆ Kosmos – ehemals in Finsternis versunkene Welt, die durch Christus besiegt ist und sich in einen vergöttlichten Kosmos verwandelt. Johannes und Paulus betonen die Aufnahme des Kosmos ins Reich Gottes, die Theologie des 5. und 6. Jh.s, seine Umwandlung in eine göttliche Welt. (Wandel in der Ausdrucksweise, von einer hebräischen Begrifflichkeit, die vom Gegensatzpaar *Himmel und Erde* ausgeht, hin zu dem für die griechisch sprechende Welt verständlicheren Begriff *Weltall*).

☆ Kosmos als eine der drei verschiedenen Welten – dem *unteren Kosmos (Totenwelt), mittleren Kosmos (Menschenwelt)* und dem *oberen Kosmos (Welt Gottes).*

☆ Kosmos wird noch gebraucht in der Bedeutung von *Schmuck* und *Ordnung* (ursprünglich der geordneten Menschenwelt, der von Menschen bewohnbaren Welt, im Gegensatz zum Chaos), auch als *Menschheit,* im Neugriechischen als »die Leute«.

Allegorische Darstellungen des Kosmos

Als alter König mit Krone und zwölf Schriftrollen, Repräsentationen aller Reiche dieser Welt (→ Zahl 12), erscheint der Kosmos auf Bildern von → Pfingsten: als Gruppe von zwölf Königen – bei Platzmangel weniger – bei der → Versuchung Christi; Nachwirkung der alten jüdischen Vorstellung der Welt als Quadrat mit vier mal drei Toren, der Gesamtrepräsentation der auserwählten Menschheit durch die zwölf Stämme Israels.

Symbolmodelle des Kosmos

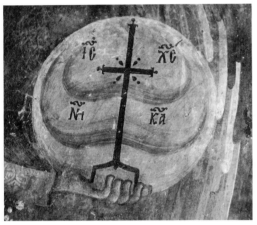

Sphaira des Erzengels Michael. Ajios Nikolaos Orphanos, Thessaloniki, Anfang 14. Jh.

Zu den Kosmossymbolen gehören:

1. Das *Kreuz* selbst – vor allem in seiner Form als Kreuz im Kreis – mit seinen vier in die Haupthimmelsrichtungen weisenden Balken. Die ostorientierte Kreuzkuppelkirche ist ein kosmografisches Modell (→ Kirchenbau; → Himmlische und kirchliche Hierarchie; → Evangelisten).
2. Die zum Abendmahl vorbereiteten Gaben, die in der → *Proskomidie* von Priester und Diakon als ein Modell der vergöttlichten Welt aufgebaut werden. Der Stempel auf dem Abendmahlsbrot *Jesus Christos Nika* erscheint auf dem Kosmosmodell, das die Erzengel in Händen halten, der *Sphaira* (→ Eucharistie).
3. Der → *Mariengürtel* umschließt den Leib der Panajia, als Schutzgürtel die Mauer Konstantinopels und den gesamten Erdkreis, symbolisiert die Umgrenzungen des Alls (auch Maria Platytera, → Maria, die Allheilige).
4. Die *heilige Stadt*, ein aus dem AT überkommenes Weltbildsymbol (→ Jerusalem; → Tempel).

Mikrokosmos – Makrokosmos – Entsprechung

Die wichtigsten orthodoxen Riten stellen eine Vereinigung des Menschen mit dem Kosmos her – die Wasserweihe (→ Taufe Christi), die → Eucharistie. Verschieden große Kosmosmodelle sind ineinander verschachtelt – das Kosmosmodell Proskomidie innerhalb des Kosmosmodells Kirche, umgriffen vom göttlichen Kosmos. Das Bestreben, Verbindung zwischen dem Einzelmenschen und dem Kosmos zu schaffen, drückt sich im Verstirnen historischer heilsgeschichtlicher Persönlichkeiten aus, in der Gleichsetzung Christi mit der Sonne, der Apostel mit den Tierkreiszeichen. Die großen Ektenien im Gottesdienst beziehen in ihre Fürbitte den gesamten Kosmos ein (→ Deïsis).

Kranz

Ο СТЕΦΑΝΟΣ
O stéphanos

Reifen aus Blättern oder Blüten, natürlich oder in Gold nachgebildet, getragen als Schmuck, Zeichen der Gottgeweihtheit, verliehen als Siegestrophäe oder Tribut; der Goldkranz ist Vorläufer des Kronenreifens!

Wettkampfzeit der kaiserzeitlichen Antike

Die römischen Kaiser und ihre christl. Nachfolger bestanden darauf, zur Sanierung der Staatskasse als Geschenk von auswärtigen Gesandtschaften, von Tributpflichtigen, von Städten und Gebieten des Imperiums bei Jubiläen Kränze aus reinem Gold (aurum coronarium) entgegenzunehmen.

Kränze aus Zweigen oder Blumen – Lorbeer stand nur den vergöttlichten Kaisern zu – wurden als Schmuck bei Festen, als Zeichen der Gottgeweihtheit bei Opferzeremonien getragen. Opfertiere wurden bekränzt, wie in Griechenland heute noch zu festlichen Anlässen geschlachtete Tiere. Vor allem galt der Kranz als die Siegestrophäe bei sportlichen Wettkämpfen – mit denen dann Paulus die Mühen des Christenlebens vergleicht:

»... Die in den Schranken laufen, die laufen alle, aber nur einer erhält das Kleinod ... Wer da kämpft, enthält sich aller Dinge, jene damit sie einen vergänglichen Kranz empfangen, wir aber einen unvergänglichen ...« *1. Kor. 4, 24–25.* »Ich habe einen guten Kampf gekämpft ..., jetzt ist mir zugeteilt der Kranz der Gerechtigkeit, den mir an jenem Tag der Herr, der gerechte Kampfrichter, geben wird.« *2. Tim. 4, 7–8* (auch *1. Petr. 5, 4; Offbg. Joh. 2, 10*).

Der Kranz als Kreis, Zeichen der Vollkommenheit, in Beziehung gesetzt zum Himmelsrund, wird Sinnbild des errungenen himmlischen Heils (→ Himmelfahrt Christi).

Kranz als Tribut und Ehrengabe im frühen Christentum

Ein Magier überreicht dem Christuskind einen Goldkranz als Tribut. Sarkophag um 320, Vatikan Museo Pio Christiano, ex Lat. 121, 1

Ab konstantinischer Zeit überreichen die Weisen aus dem Morgenland dem Christkind einen Goldkranz – wie einem Kaiser als Tribut. Die ersten Darstellungen tauchen auf Sarkophagen (vatikanische des 4., ravennatische des 5. Jh.s) auf; daher ist auch an eine Anspielung auf den Ehrenkranz des in Christo Verstorbenen zu denken. In Santa Pudenziana (Rom 384–399) reichen die Allegorien der Juden- und der Heidenkirche dem Christus-Kosmokrator den Kranz zu, auf ravennatischen Sarkophagen des 5. Jh.s bringen → Petrus und Paulus das Kranzgold mit verhüllten → Händen dar.

Kranzförmige Krone des Lebens als Lohn der Heiligen

Die musivischen Apostelreigen in Ravenna (Baptisterium der Orthodoxen, Mitte 5., Baptisterium der Arianer, Ende 5. Jh.) empfangen ihren Goldkranz des Lebens wie die Märtyrer und Jungfrauen in Sant'Apollinare Nuovo (nach 500) von Christus; möglicherweise reichen sie ihn nach dem Vorbild der 24 Ältesten der Offenbarung 4, 4 und 10 ihm als dem allein würdigen wieder zurück. In San Vitale (548) verleiht Christus den Kranz an den heiligen Vitalis. Nach dem 12./13. Jh. strecken die Hand Gottes oder Engel Märtyrern, entschlafenen Heiligen, auch der Gottesmutter Kranz oder Krone aus dem → Himmel entgegen.

Kranz- und diademgesäumte Symbole und Bilder

Umkränzte Symbole Christi – Monogramm, Kreuz, Lamm – treten unter Konstantin im 2. Viertel des 4. Jh.s zunächst auf Sarkophagen auf. Ab 5. Jh. schwebt der himmelfahrende Christus selbst in einem von apokalyptischen Tieren oder Engeln getragenen Kranz nach oben (Rom, Santa Sabina, ca. 432, → Himmelfahrt). Auf einem Relief darunter halten Petrus und Paulus einen Kreuzkranz über Maria (als der Kirche). Die Rahmungen der runden Taufmedaillons in den Baptisterien Ravennas sind Goldreifen – im Baptisterium der Arianer mit kaiserlichen Goldlorbeerblättern verziert.

Der Himmelsreif in der Apsis Sant'Apollinare in Classe (Mitte 6. Jh.) trägt die gleiche Juwelenzier wie die Golddiademe zeitgenössischer Herrscher (→ Kaiser).

Die mit Symbolen oder mit dem himmelfahrenden Christus besetzten Kränze werden von zwei oder vier Engeln (oder Evangelistensymbolen) getragen. (In der Kaiserzeit hielten engelähnlich geflügelte Viktorien dem Kaiser einen Kranz hin). In San Vitale zeichnet sich trotz üppiger Verwendung des Kronenkranzes im Dekor deutlich die im 6. Jh. einsetzende Verdrängung des Goldkranzes durch den → Nimbus (Kranz aus Licht) unter dem Einfluß der areopagetischen Lichtmystik (→ Himmlische und kirchliche Hierarchie) ab.

Der Dornenkranz (o stephanos ex akanthon) wird auf frühchristl. Sarkophagen vor allem als Triumphkranz Christi aufgefaßt.

Die Dornenkrone auf frühchristlichen Sarkophagen

»... Jesus sehen wir durch das Leiden des Todes gekrönt mit Preis und Ehre ...« *Hebr. 2, 9*

Auf einem Sarkophag (um 340, Lateran) bekränzt ein Soldat den leidenden Christus mit Lorbeer anstatt mit Dornen. Vom 11. Jh. an kommt die Dornenkrone auf szenischen Darstellungen vor (Christi Gefangenführung, Elmali Kilise, Göreme, 12. (?) Jh.) oder als Zubehör des Kreuzes bei der Kreuzerhöhung bzw. Kreuzanbetung (Hochzeitskranz, → Wunderspeisungen).

Kreuzdarstellung in der Prothesisnische der Ajia Irini bei Malona, Rhodos.

Kreuz

Ο СΤΑΩΡΟС
O stawros

Marter- und Hinrichtungsinstrument für Verurteilte ohne römisches Bürgerrecht, als Todesgerüst Christi Symbol des Christentums, kann Christus selbst repräsentieren. Auf vielfache Weise zeichenhaft dargestellt, nimmt es zahlreiche Nebenbedeutungen an, wird auch kosmologisch interpretiert.

Bedeutungsvielfalt des Kreuzeszeichens in den Kirchen des Ostens

Besondere Kreuzgedenktage:

☆ Mittwoch und Freitag jeder Woche.
☆ Großer Freitag (Karfreitag → Kreuzigung).
☆ Anbetung des Kreuzes (Proskinisis) am dritten Fastensonntag der Passionszeit.
☆ Kreuzprozession (Proodos) am 1. August.
☆ → Kreuzerhöhung (Hochfest).

Das einfache Kreuz ohne Korpus (Darstellungen des Gekreuzigten → Kreuzigung) ist Bild des historischen Kreuzes (gefunden von Konstantin und Helena), theologisches Heilszeichen für die Überwindung des Todes durch das Instrument des Todes selbst – »Christ ist erstanden von den Toten, den Tod mit dem Tode zertretend ...« (→ Ostern) – und es unterliegt darüber hinaus einer Vielzahl von Deutungen.

Johannes Damaszenus zählt in seinem »Abschnitt vom Kreuz« auf:

☆ (Geistiges) Zeichen auf der Stirn, an dem die Christen kenntlich sind, so wie die Juden an der Beschneidung.
☆ Schild gegen Teufel und Dämonen.
☆ Waffe gegen den Teufel.
☆ Siegel, das den Christen verschließt, damit der Böse nicht in ihn eindringe.
☆ Halt und Stütze der Schwachen.
☆ Hirtenstab, an dem sich die Schafe (Christen) orientieren.
☆ Anführer derjenigen, die sich zum Christentum bekehren.
☆ Symbol Christi selbst.
☆ Baum (Holz), durch den das Leben in die Welt kommt –, Gegenstück zu jenem Paradiesesbaum, der den Tod brachte.
☆ Ordnender Halt des gesamten Weltalls.

Das Kreuz als Kosmogramm und Lebensbaum

Kosmogramm

Die vier Ecken der Welt, an denen sich die vier Winde (Griechenland, Judentum) oder die vier Weltenwächter (Indien, China) aufhalten, ergeben miteinander verbunden ein Kreuz.
Auch wenn die vier Endpunkte und die Mitte dazwischen durch Punkte markiert werden, entsteht eine kreuzähnliche Figur, die man ge-

Kreuz

legentlich in der anikonischen Kunst Kappadokiens findet:

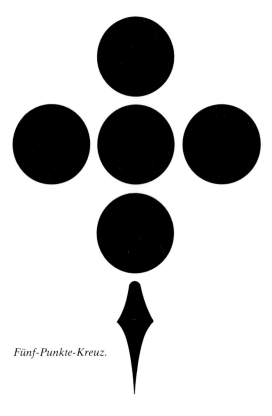

Fünf-Punkte-Kreuz.

Die Welt zu erschaffen bedeutet, das Weltterritorium kreuzweise abzustecken – Wächtergottheiten kreuzförmig aufzustellen (Südostasien), das All kreuzweise abzufahren (Afrika, Dogon). Die Ägypter und afrikanische Stämme sehen die Welt als Himmelsgewölbe, das über vier Pfeilern und einer Mittelsäule gespannt ist (→ Ciborium). Das römische Castrum mit seinen sich kreuzenden, von Süd nach Nord und von Ost nach West verlaufenden Straßen gilt als Abbild des Kosmos (Kreuze im Kreis werden als Weltensymbole empfunden. Kim Namura, Psychologin, sieht das Innenbild eines Fünf-Punkte-Kreuzes im Bewußtsein als Ausgangsbasis für den Erwerb der Raumerfahrung durch den Menschen an (→ Zahl 4 und 5)).

Die östlichen Kirchen betrachten Christi Opfer am Kreuz als kosmisches Geschehen: »*Gott wurde Mensch und hat damit die Menschenwelt vergottet.*« (Ganz im Gegensatz zum Protestantismus, dem es um individuelle Erlösung geht; Luther: »Wie bekomme ich einen gnädigen Gott?«)

Konsequenterweise betonen sie die kosmische Bedeutung des Kreuzes:

☆ Bevorzugt dargestellt wird das griech. Kreuz – oft im Kreis – mit vier gleichlangen Armen – die vollkommenste Form des Kosmoszeichens.

Die Kreuzkuppelkirche selbst ist ein Kosmosmodell (→ Kirchenbau, → Kosmos).

☆ Apokryphe Apostelgeschichten, später beschreiben die Kirchenväter das Kreuz als die Grundstruktur des Kosmos:

»Was es aber wirklich ist (das Kreuz), an und für sich betrachtet und auf uns bezogen, es ist das, was alle Dinge in Grenzen hält …«. *Johannesakten (apokryph), frühe 2. Hälfte 2. Jh.*

»Denn vierfach unterteilt sind die Stücke des Kreuzes, so daß jedes auf die vier Teile der Welt gerichtet ist.« *Basilius der Große, im 4. Jh. (PG 30, 557)*

»Was ist die Eigenart des Kreuzes anderes, als die Quadratform der Welt?« *Hieronymus, gest. 420 (PL 30, 638)*

»Nichts ohne dieses Zeichen kann in der Welt bestehen oder ein Ganzes bilden.« *Justinus der Märtyrer, gest. 165*

Lebensbaum

Wie das horizontal angelegte Kreuzmodell wird auch das senkrecht aufgestellte Kreuz kosmologisch verstanden als Verbindung zwischen Himmel und Erde. Die Deutung des vertikalen Kreuzbalkens als Symbol des von oben nach unten wirkenden Gottes und des Horizontalbalkens als das des menschlichen Wirkens taucht (vor 200) in den *apokryphen Petrusakten* auf. Der gekreuzigte Petrus spricht *(Vers 38)*:

»Was ist Christus denn (anderes), denn das Wort, (der) Schall Gottes? So das Wort ist dieses gerade senkrecht aufgerichtete Holz, an dem ich gekreuzigt bin; Schall aber ist der Querbalken, die Menschennatur (darstellend); der Nagel aber, der an dem geraden Holz den Querbalken in der Mitte zusammenhält, das ist die Bekehrung und Umkehr des Menschen.«

In den *Johannesakten (Vers 99)* heißt es:

»Das Kreuz ist es also, das das All durch das Wort (den Logos) befestigt …«.

Noch deutlicher wird *Johannes Damaszenus* in seiner *Glaubenslehre*:

»Macht aber ist das Wort vom Kreuz, entweder weil uns die Macht Gottes, als das Siegeszeichen über den Tod, dadurch offenbar wird, oder weil, wie die vier Enden des Kreuzes durch das mittlere Zentrum gehalten und verbunden sind, so durch die Macht

Übersicht I:

a) Alttestamentliche typologische Vorbilder des Kreuzes (nach *Johannes Damaszenus*)

- Baum des Lebens *(1. Mose 2 u. 3)*.
- Die überkreuzten Hände Jakobs beim Segnen seines Sohnes *(1. Mose 48, 14)*.
- Moses' Stab, mit dem er eine Kreuzbewegung machte, um das Rote Meer zu teilen *(2. Mose 14, 16)* und
- ein weiteres Mal, damit sich das Meer über dem Heer des Pharao schließe *(14, 26)*.
- Stab Gottes, den Mose hochhielt, um den Sieg Israels über die Amalekiter zu gewährleisten *(2. Mose 17, 9–11)* (→ Oranten).
- Der Baum, der, in bitteres Wasser getan, es zu Süßwasser wandelt *(1. Mose 15, 25)*.
- Der Stab Mose, der den Felsen spaltet, so daß Wasser heraussprudelt *(2. Mose 17, 8)*.
- Der blühende Stab Arons, mit dem Gott ihn als Priester erwählte *(2. Mose 17, 17–23)*.
- Die eherne Schlange, die Mose an einem Stab hochhielt, und die alle durch Schlangenbisse Verletzten heilte, die darauf sahen *(2. Mose 21, 9)*.
- Der Ausspruch Mose *(5. Mose 28, 66)*: »Sehet Euer Leben (schwebend) aufgehängt vor Euren Augen.«
- Der Ausspruch *Jesaias (65, 2)*: »Ich reckte meine Hände aus den ganzen Tag zu einem ungehorsamen Volk ...«

b) Natürliche Kreuzessymbole

- Segelmast.
- Achtstrahliges Spinnennetz (Christusmonogramm).
- Achtkammriger Granatapfelquerschnitt (Christusmonogramm).
- Flugbild der Vögel (Tertullian und andere).
- Mensch mit ausgebreiteten Armen (→ Oranten).
- Kreuz aus Nasen- und Augenlinie im menschlichen Gesicht (Justinus, der Apologet, Mitte 2. Jh.; einzelne Symbolfiguren in der anikonischen Kunst Kappadokiens).
- Buchstabe T, im hebräischen Alphabet der letzte: Taw (das Gotteszeichen).

Gottes, die Höhe und Tiefe, Länge und Breite, das heißt, alle sichtbare und unsichtbare Schöpfung zusammengehalten wird.«

In dieser Funktion wird das Kreuz zum Baum des Lebens im Paradies (→ Lebensbaum):

»Du bist Gottes Mutter, das geheimnisvolle Paradies, welches unbearbeitet hat hervorsprießen lassen Christus, durch den des Kreuzes lebenbringender Baum auf Erden gepflanzt worden ist.« *Liturgie vom Sonntag der Kreuzerrichtung*

Die Passionsliturgie vergleicht die Kreuzigung mit der Schöpfung:

»Dich, der Du die gesamte Erde hast aufgehängt zwischen den Wassern (den unterirdischen und den oberirdischen), schauend aufgehängt über der Schädelstätte, wurde die Schöpfung von starkem Lichte geblendet.« *Liturgie vom Roten Donnerstag.* »Deine lebensspendende Seite (Seitenwunde Christi), Herr, die aufsprudelt als Quelle Edens, tränkt Deine Kirche, Christus, als dem vernünftigen Paradiese, und sie (die Quelle) verteilt sich von dort in die Quellursprünge der vier Evangelien, den Kosmos bewässernd, die Schöpfung erfreuend und die Völker getreulich unterrichtend Dein Königtum zu verehren.« *Akolouthia vom Roten Donnerstag abends*

Frühchristliche und byzantinische Kreuzeszeichen

1. Griechisches Kreuz

Die häufigste Kreuzesdarstellung des christl. Ostens, auch in Ornamenten. Bevorzugte Grundrißform mittel- und spätbyz. Kirchen. Das Sich-Bekreuzigen mit dem griech. Kreuz (→ Hände) war bereits um 150 üblich. Die Offenbarung erwähnt das Versiegeln, das Schlagen eines kleinen Kreuzeszeichens vor der Stirn.

Vorbild im AT ist das Schutzzeichen, das Hesekiel auf Anweisung Gottes in Form des Zeichens »Taw« auf die Stirn ausgewählter Männer machen sollte *(Hes. 9, 4)*. Das Lammblutzeichen, das die Juden beim Auszug aus Ägypten über die Türen ihrer

Häuser schrieben, um den Todesengel abzuhalten *(1. Mose 12, 13–22)*, wird als Taw gedeutet. Im alten Orient z. B. bei Babyloniern und Hethitern war das Kreuz Symbol des Sonnengottes. Hesekiels Taw war vermutlich ein Gotteszeichen.

Alle Griechen erhalten bei der Taufe ein goldenes griech. Kreuz, das sie niemals ablegen. Die aus felsigem Grund herausgehauene Georgskirche in Lalibela, Äthiopien (13. Jh.?), hat die Form eines griech. Kreuzes.

2. Lateinisches Kreuz und Taukreuz (Antoniuskreuz)

Das im Westen verbreitete lateinische Kreuz, Basisgrundriß abendländischer Kirchen, kommt in nachbyz. Zeit auf Gräbern, Gedenkmälern und als Anhänger vor. Das Antoniuskreuz dient in frühchristl. Zeit zur Darstellung des Schächerkreuzes.

3. Radkreuz

Griech. Kreuz in nimbusähnlicher Scheibe. In frühchristl. Zeit auch im Lorbeerkranz (als Triumphzeichen über Maria-Ekklesia, Santa Sabina, Rom, ca. 432). Wird sehr häufig im Dekor verwandt. Deutungen: Sieg des Kreuzes über den Kosmos, Kreuz im Siegeskranz bzw. Nimbus.

4. Andreaskreuz

Nach der Legende Hinrichtungskreuz des Apostels Andreas. Im Osten, auch im Nimbuskreis, in Ornamenten verbreitet. Als Kreuz im Quadrat auf Prosphorenstempeln der orientalischen Christen (→ Brot, → Proskomidie). Mitunter zur Darstellung des Schächerkreuzes (→ Kreuzigung) verwendet.

5. Petruskreuz

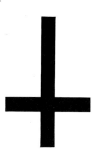

Kreuz des Petrus, der seinem Wunsch gemäß kopfüber gekreuzigt wurde *(apokryphe Petrusakten)*. Nur in Verbindung mit seinem Martyrium dargestellt.

6. Gabelkreuz

Kreuz für die Schächer in frühchristl. und byz. Darstellungen. Im Westen auch Lebensbaumkreuz.

7. Staurogramm

Verbindung des Rho (griech. R) mit einem aufrecht gestellten Chi (griech. CH) zum Monogramm Chr (Christus). Ab 200 bekannt.

8. Christogramme

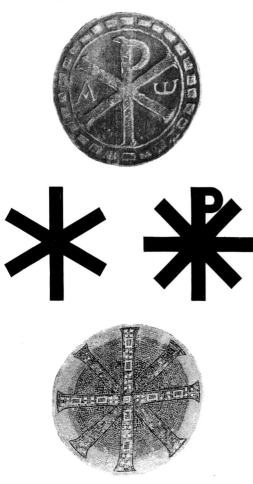

9. Kreuz mit geschweiften Enden und Gemmenkreuz

Ab frühkonstantinischer Zeit (ca. 313) kommen die vorher unbekannten Christusmonogramme auf – als Kombination des Kreuzes, des Sonnenzeichens und der Anfangsbuchstaben Christi. Das Christogramm wird von → Konstantin als Siegeszeichen und Standarte (Lawaron) verwendet (→ Kaiser); im 4. und 5. Jh. ist es häufig umkränzt oder auf einer Scheibe dargestellt, gegen Ende des 4. Jh.s mit geschweiften Monogrammenden. Ab dem 6. Jh. wird die achtstrahlige Form ohne Rho-Schleife bevorzugt, auch ins Ornamentale umgesetzte achtstrahlige Naturformen (→ Granatapfel). In mittelbyz. Zeit bilden die Sonnenkreuze Schlußpunkte für Ornamentstreifen, die sich im Scheitel von Gewölben kreuzen. Das Achtstrahl-Gestirn läßt sich auch als Stern von Bethlehem verstehen. Das Monogramm im Kreis ist häufig von Alpha und Omega flankiert (→ ABC).

Ab 2. Hälfte 4. Jh. breiten sich die geschweiften Formen des gold- und des edelsteinverzierten Kreuzes aus (Santa Pudenziana Apsis, Rom, Ende 4. Jh.; Sant'Apollinare in Classe, Ravenna, Mitte 6. Jh.). Im Schnittpunkt der Arme ein Christuskopf, später auch ein Kaiserporträt. Griechisch geschweifte Kreuze im Rad mit diagonal davon ausgehenden Strahlen erinnern an das Sonnenkreuz.
Das Symbol gibt das von Konstantin und Helena aufgefundene Heilige Kreuz in Jerusalem wieder, spielt auf dessen Gold- und Edelsteinfassung an.
Auch die Staurotheken – Reliquienbehälter in Kreuzesform oder mit Kreuzdekor – für die Kreuzessplitter waren aus Edelmetall, reich mit Gemmen verziert.

Kreuz

Die Bilderstürmer ersetzten bildliche Darstellungen in den Apsiden und Kuppeln durch das geschweifte bzw. Gemmenkreuz (Konstantinopel, Ajia Sophia; Thessaloniki, Ajia Sophia; erhaltenes Schweifenden-Kreuz, Konstantinopel, Ajia Irini, Apsis, 8. Jh.?). Die Bilderfreunde ersetzten nach ihrem Sieg 842 die Gemmenkreuze an den architektonischen Hauptpunkten durch Darstellungen der Mutter Gottes, der Himmelfahrt und des Pantokrator. Die Kunst des 9. bis 15. Jh.s kennt ebenfalls mit Gemmen verzierte Kreuzessymbole, das typische geschweifte Gemmenkreuz verschwindet von der 2. Hälfte des 9. Jh.s an. Das »wahre Kreuz aus Jerusalem« erhält die Form des Patriarchenkreuzes.

Das Kreuz im → Nimbus Christi ist ab Ende 4. Jh.s bis in spätbyz. Zeit das Gemmenkreuz.

10. Kreuz mit verbreiterten Enden (Tatzenkreuz)

11. Malteserkreuz oder lateinisches Kreuz mit acht Punkten (Tropfenkreuz), Gabelkreuz

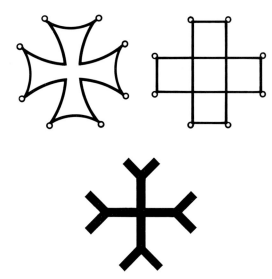

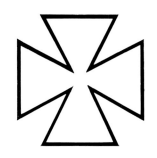

Häufig zunächst auf Pilgerampullen aus Palästina (6. Jh. → Öl), dann in anikonisch ornamentierten Kirchen Kappadokiens (ikonoklastisch, westsyrisch-jakobitisch → bilderfeindliche Kunst) und in Achtamar (armenisch, 10. Jh.). Die ältesten bekannten Gabelkreuze – besser Zweigkreuze – sind auf koptischen Geweben (4. Jh.) erhalten. Deutung: Die vier Äste sind die → Evangelisten, die acht Zweige bzw. später Punkte die restlichen acht → Apostel. Die Übergangsstufe vom Gabel-Zweig-Kreuz zum Kreuz mit acht Punkten bilden m. E. aus Edelsteinen gelegte Kreuze auf Bucheinbänden und Reliquiaren, bei denen die Zweige durch Juwelen dargestellt werden.

In bildlos ornamentierten Kirchen (ikonoklastische und armenische Kirchen Kappadokiens, 8. bis 10. Jh.) viel verwendete Abwandlung des griech. Kreuzes, auch im Scheitel von Kuppeln. Vermutlich abgeleitet aus dem geschweiften Kreuz, in seiner gespaltenen Form aus dem Gemmenkreuz.

In spätbyz. Zeit verkümmern die Punkte zu bloßen dekorativen Anhängseln.

☆ Das Gabelkreuz stellt eine Kombination des wahren Kreuzes Christi als Juwelenkreuz mit dem achtstrahligen Christusmonogramm dar.

☆ Die acht Punkte könnten ursprünglich Ösen für Kreuzumspannungen (Glockenspielkreuze Absatz 26) gewesen sein.

12. Eucharistisches Kreuz im Kreis, eucharistische fünf Punkte

Vier Kreise, Punkte, auch Quadrate zwischen den Kreuzarmen oder um einen Mittelpunkt symbolisieren (ab ca. 800, vielleicht schon 700) die fünf Prosphoren des Abendmahls (→ Eucharistie). Das Kreuz steht für das erste → Brot als das »Lamm« selbst, die Punkte für die vier restlichen Brote (zum Gedächtnis der Gottesmutter, der Heiligen, der Lebenden und der Verstorbenen). Da aus den fünf Broten in der → Proskomidie ein Kosmogramm aufgebaut wird, weist das Zeichen, wenn es vom Kreis (Diskos als Erdkreis) umgeben, auch auf den Sieg des Kreuzes Christi als Ursprung der Eucharistie über den Erdkreis hin:

☆ Vier Punkte um das Kreuz herum erscheinen auf Abbildungen des eucharistischen Brotes (Apostelkommunion, Ajia Sophia Ochrid 11. Jh.) als Chiffre für die Silben »Jesus Christus siegt: »IC XP NI KA

☆ Auf byz. Prosphorenstempeln sind seit 800 die vier Silben »Jesus Christus siege« mit eucharistischer Bedeutung üblich; erstmalig auf Brotstempeln in Zypern um 600.

☆ Um ein Reliefkreuz im Kreis sind vier kleine Kreise gruppiert, die Prosphorenbroten gleichen (Kappadokien, Güllüdere, Kirche zu den drei Kreuzen Anfang 8. Jh.).

☆ Vier Abendmahlsbrote umgeben ein Kreuz (Fresko) in einer Prothesisnische (Kappadokien, Ihlara, Yilanli Kilise, Mitte 11. Jh.).

☆ Vier Abendmahlsbrote auf einem gemalten Antiminsiontuch umgeben einen Kreis mit dem Kopf Christi als dem eucharistischen Lamm. Malereien über Prothesisnische (Shakli Kilise, Göreme, Kappadokien, 11. Jh.; ähnlich: Antiminsion in Prothesisnische, Barbara Kilise, So'anli, ca. 1006).

☆ Die Punkte im Kreuz sind auch auf Decken über dem eucharistischen Altar appliziert, umgeben von den vier Winkeln, die das Heilige Grab bedeuten (→ Altar, Homilien des Chrysostomos, Athen, Nationalbibliothek, Codex 211).

Eine ornamentale Fünf-Punktegruppe kommt als Hinweis auf die fünf Prosphoren häufig vor:

a) in den Kreuzarmen des → Nimbus Christi (fünf Edelsteine); b) als Variante der drei Sterne auf dem Maphorion der Gottesmutter (fünf kreuzartig angeordnete Goldpunkte, zwischen 1000 und 1400); c) als Dekor bei Kreuzigungsdarstellungen (Fußbrett am Kreuz, Shakli Kilise, Göreme, 11. Jh.); d) auf Evangelienbüchern und Staurotheken (Gruppen von fünf Edelsteinen).

Die byz. Proskomidie hat ihre heutige Form etwa im Jahre 700 erhalten. Zeitlich stimmt das mit dem Aufkommen der Zeichen überein. Möglicherweise sind die vier Punkte zugleich als die vier Evangelien aufzufassen, die in allen vier Teilen der Welt verbreitet werden. Frühe koptische Kreuzkreise mit Punkten auf Geweben, datiert Ende 4. Jh., sind ebenfalls kosmologisch zu verstehen als die vier Evangelien und als die vier Teile bzw. Enden der Welt, in die die frühchristl., byz. und koptischen Prosphoren zerteilt werden.

13. Liegende Kreuze mit Punkten im Quadrat:

Kreuz

In den orientalischen Kirchen verwendeter Ornamentbaustein. Kleinste Einheit für die Aufteilung der Prosphoren in viele Einzelstücke – bei den Kopten in zwölf (= Apostel, die vier inneren Stücke entsprechen den Evangelisten), bei den Äthiopiern in 13 (Christus und zwölf Apostel). Ein Tonstempel mit fünf Quadraten (entsprechend den fünf Broten der → Wunderspeisung) wurde in Kulb, Nordsudan (9. bis 11. Jh.) gefunden.

Die liegenden Kreuze bezeichnen jedes Stück als Christus selbst (Kreuz und gleichzeitig Buchstabe Chi), die vier Punkte weisen auf Christi in vier Teile gebrochenen Körper hin (→ Bilderfeindl. Kunst). In Kappadokien sind die Grade von Kuppeln (wahrscheinlich westsyrisch-jakobitischer Kirchen) mit diesem Zeichen ornamentiert. In der Kuppel erscheint also Christus in seiner eucharistischen Gestalt.

14. Sog. Jerusalemer Kreuz

meist Büsten: der Mittelkreis Christus (oder einen Kaiser), die Außenkreise, die vier Evangelisten oder Heilige. Auf der Rückseite einer mittelbyz. Staurothek (Konstantinopel um 1000, im Schatz von San Marco Nr. 75) sind die Kreise als Prosphoren ausgebildet und die vier eucharistischen Silben *Jesus Christus siege* zwischen die Kreuzarme verteilt. Bei späteren Altarkreuzen werden diese Tropfen selbst und rechteckige oder trapezförmige Flächen auf den Kreuzarmen zu Bildträgern für Festtags-Bilddarstellungen in Goldemaille (Athos Ajiou Pawlou, 1. Hälfte 13. Jh.). Auf Wandmalereien ist das Tropfenkreuz selten.

16. Dreizinken-Gabelkreuz

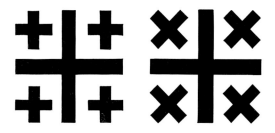

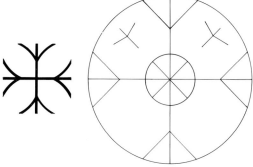

Das Kreuz, umgeben von vier Andreaskreuzen auf byz. Prosphorenstempeln vor 700, sowie auf nestorianischen Stempeln. Außerdem besteht das Lamm-Mittelteil des koptischen Kurban (Opfer = Prosphora) aus einem Kreuz im Quadrat mit vier liegenden Kreuzen zwischen den Armen. Eucharistische Bedeutung.

15. Tropfenkreuz

Kreuz mit fünf Kreisen im Schnittpunkt und an den Enden der Kreuzarme, kommt als Altarkreuz und Kreuzdekor auf Evangeliaren und Staurotheken vor. Die Kreise enthalten

Häufig in der anikonischen Kunst Kappadokiens. Die zwölf Spitzen des → lebensbaumähnlichen Ornamentes bedeuten die zwölf Apostel. Ein Dreizinken-Gabelkreuz mit zusätzlichen Andreaskreuzen trägt ein undatierter westsyrisch-jakobitischer Prosphorenstempel (Ägypten). Die Siegel moderner westsyrischer Prosphoren sind ähnlich. Auf eucharisti-

sche Siegel anspielende rote Zeichnungen finden sich in Kirchen von Göreme (Medaillonkirche; Yilanli Kilise).
17. Patriarchenkreuz ohne und mit Fußbrett

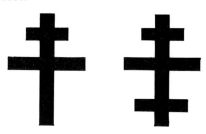

Das Kreuz mit Titulus (→ Kreuzigung), gelegentlich auch mit Fußbrett, wird nach dem Bilderstreit zum »wahren Kreuz«, gehalten von → Konstantin und Helena, als Applikation auf der Tracht der Kaiserin zuweilen mit eucharistischen vier Quadraten zwischen den Kreuzarmen. Setzt sich Anfang 10. Jh. gegenüber dem gewöhnlichen Juwelenkreuz durch, auch auf Evangeliaren und Staurotheken (Limburger Staurothek von 965).
18. Sog. russisches Kreuz

Das Fußbrett Christi ist schräg angeordnet, weist vom Gekreuzigten aus gesehen nach rechts oben zum Schächer, der mit ins Paradies eingeht. Bei den Russen steht das Kreuz siegreich über dem Halbmond und das Fußbrett gilt auch als Waage, die den Islam als zu leicht befindet, das Christentum triumphieren läßt. Ohne Halbmond bereits vom 10. Jh. an in Byzanz bekannt (El Nazar, Göreme; Ajiou Nikolaou Orphanou, Thessaloniki, Anfang 14. Jh.).
19. Widerkreuz
Gibt Titulus, Fußbrett und die zwei Handbretter, auf die nach frühen Darstellungen (Santa Sabina, Rom, ca. 432) die Hände Christi aufgenagelt wurden, in schematisierter Form wie-

der. Kann in grober Ausführung auch Vereinfachung des Dreizinken-Gabelkreuzes (→ Kreuz 16) sein (Yilanli Kilise, Ihlara, Mitte 11. Jh.).
20. Kruckenkreuz

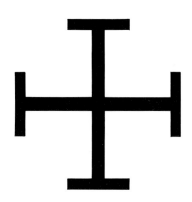

In Kappadokien als flüchtig gemaltes Zeichen zu finden, Vereinfachung des Gabelschweifkreuzes (Absatz 11).
21. Lebensbaumkreuz

Das baumartige oder grün bemalte Kreuz knüpft an die Lebensbaumsymbolik an (Kreuz = Paradiesesbaum). Aus Kreuzen auf Staurotheken und Sarkophagen sprießen unten Triebe heraus und winden sich im Bogen nach links und rechts oben (Marmorschranken Sant' Apollinare Nuovo, Ravenna, 6. Jh.). Aus ikonoklastischen Decken-Gewölbekreuzen wachsen unten Weinranken heraus, die das Kreuz in ornamentales Zweigwerk einspinnen – Hinweis auf die Eucharistie und das Verhältnis zwischen Christus und seinen Anhängern. »Ich bin der Weinstock, ihr seid die Reben.« *Joh. 15, 5*

22. Menschenfischerkreuz

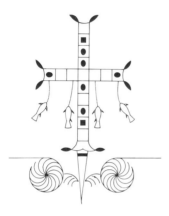

Vom Querbalken des Kreuzes hängen Angelruten mit Fischen herab. Die Fische sind die Gläubigen, die der Seelenfischer Christus zu ihrem eigenen Heile fängt (→ Fisch). An einer frühen Darstellung in der Domitilla Katakombe hängen zwei Fische an den Haken zweier Angelschnüre (ähnelt Ankerkreuz). Ikonoklastisch ist ein Menschenfischerkreuz des 8. Jh.s mit Gemmen, in Meereswogen stehend – Wiedergabe eines Vortragekreuzes mit angehängten Fischlein, zur Wasserweihe verwendet.

23. Vortrage- und Einsteckkreuze

Die spitz zulaufenden Stäbe unter Kreuzen – häufig in bildlos ornamentierten Kirchen Kappadokiens – werfen Deutungsprobleme auf:

☆ Haltegriffe, um die Kreuze als Standarten zu tragen?
☆ Erdspieße, um die Kreuze einzustecken? (Auf einer syrischen Silberschale, Leningrad, Eremitage, 2. Hälfte 6. Jh., steckt ein engelflankiertes Gemmenkreuz in einer winzigen Kugel, die durch Sterne als Himmel gekennzeichnet wird.)
☆ Kreuz als Waffe zu verstehen, mit der Christus Tod und Teufel durchbohrt? (Auf Auferstehungsbildern hält Christus eine Lanze mit kleinem Kreuzknauf; → Ostern.)

24. Astralkreuzsymbole

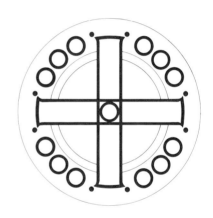

a) Apostel-Tierkreis. Die Enden eines Kreuzes mit einem Christussymbol im Schnittpunkt ragen über den Erdkreis hinaus in den Himmel mit zwölf blütenähnlichen Gestirnen – den zwölf → Aposteln, die als Repräsentanten der Tierkreiszeichen die Christussonne umgeben (Kirche zu den drei Kreuzen, Güllüdere, Kappadokien, 8. Jh.) – eine zeichenhafte Vereinfachung der Apostelkreise in den Kuppeln der ravennatischen Baptisterien.

b) Planetensphärenkreuz. Im Kuppelraum einer Höhlenkirche in Kappadokien (Kizil Cukur, Üzümlü Kilise, frühikonoklastisch?) ragen Kreuzarme aus einer rötlichen Sonnenscheibe hervor, durchstoßen die sieben konzentrisch darum herumliegenden Planetensphären. Äußerster Kreis von den Apostelgestirnen besetzt, den Rest der Kuppel erfüllt ein → Pfauenaugenornament, in dem die Allheilige zwischen Engeln thront. Nach antiker und frühchristl. Vorstellung mußten die Seelen der Verstorbenen, die sieben Planetensphären durchwandern. Das Kreuz Christi macht deren dämonische Herrscher unschädlich. Im anschließenden Längsraum weist ein Weinranken-Gemmenkreuz an der Decke den eucharistischen Pfad zum Himmel.

25. Das Henkelkreuz (Ankh)

Kreuz der Kopten, auch im Frühchristentum und bei den Byzantinern bekannt, abgeleitet von der ägyptischen Hieroglyphe Ankh (= Leben). Die Kopten sehen den Henkel oben als Kopf, schufen Christusbilder mit einem Christuskopf oder -brustbild und darunter einem Kreuz als Körper. Pilgerflaschen Palästinas (5. und 6. Jh.) stellen eine Christusbüste über dem Kreuz dar. Der Gekreuzigte selbst wird – zunächst nur in Palästina – stehend mit rechtwinklig ausgebreitetem Arm als eine zum Kreuze geronnene menschliche Figur abgebildet.

26. Kreuz mit Umspannung für Glocken

Koptische, nubische und äthiopische Kreuze werden mit Schnüren, an denen Glocken hängen, umspannt, als Glockenrasseln verwendet. Einige Kreuze aus der bildlosen Kunst Kappadokiens lassen deutlich Umspannungen erkennen. In den Seitenschiffgewölben der Ajia Sophia in Konstantinopel schimmern unter Goldmosaikornamenten umspannte und geschweifte Kreuze hervor.

27. Regenkreuz

Von rotfigurigen Kreuzen, u. a. in der Medaillonkirche (um 850), Göreme, gehen Streifen nach unten aus.
Interpretationsmöglichkeiten:
Wasser der → Taufe und/oder Wasserweihe (→ Wunder am Meer). Die Kirche enthält Gräber (Taufe als Absterben) und unter dem Eingang eine in den Boden eingelassene (Tauf?)-Tonne.
Eucharistisches Blut aus der Seitenwunde Christi.
→ Öl, das über das »wahre Kreuz aus Jerusalem« gegossen, von den Gläubigen aufgefangen wurde.

28. Geisterkreuz

Einfaches Kreuz mit heiliger Lanze und Ysopschwamm (in ausgearbeiteter Form meist über dem → leeren Thron dargestellt), wird als Holzkreuz vor Klosterpforten (Athos, Iwiron) oder gemalt am Eingang der Kirche (Meteora Roussanou) angebracht. Überhäuft mit unterschiedlichen Buchstabenkombinationen zur Dämonenabschreckung, darunter immer die Kurzform (→ Proskomidie) für *Jesous Christos nika* und – mit Bezug auf den Schädel Adams, der Basis des Kreuzes – Τ Κ Π Γ *(Touto kránion parádissos jégone, »Dieser Schädel wurde zum Paradies«)*. Barbarakirche, So'anli (1006): ein Kreuz über dem Eingang mit der auch dem Athoskreuz eigenen Inschrift: Φ Χ Φ Π = *Phos Christou Phane Pasin (Licht Christi scheine allen).*

29. Armenisches Kreuz
Malteserkreuz im Kreis, in der anikonischen Kunst Kappadokiens häufig, kommt auch in der armenischen Kunst des 10. Jh.s vor (Ritzung auf Kapitell in der Klosterkirche d'Haghpat, ähnlich ein Reliefkreuz in Achtamar).

Übersicht II: **Historische Entwicklung des Kreuzeszeichens und der Kreuzigung**		
Periode	**Darstellung**	**Bedeutung**
Frühchristentum, bis 313	Kreuzeszeichen mit der Hand über Stirn oder Körper geschlagen, vereinzelte Darstellung einfacher Kreuze	Kreuz als Siegel im Sinne einer Bestätigung, daß Gott einen Menschen erwählt hat; Kreuzeszeichen als Symbol Christi
Frühkonstantinisch, ab 313 bis zum 6. Jh.	Häufige Darstellung des Christusmonogramms bzw. Sonnenkreuzes	Kreuz als sonnenhaftes Siegeszeichen, Lichtsymbolik, Kreuz ist kaiserliche Standarte (Lawaron)
2. Hälfte 4. Jh. bis zum Bilderstreit (mit Nachwirkungen bis zum 10. Jh.)	Goldkreuz mit geschweiften Enden und Gemmenkreuz, gibt das in Jerusalem aufgefundene wahre Kreuz wieder; früheste Darstellung der Kreuzigung (ca. 432): Christus steht aufrecht und hat die Augen geöffnet	Triumphales Kreuz als heilende Reliquie, als Pilgerziel, als Spender von Sekundärreliquien (Öl); der Gekreuzigte als göttlicher Todesüberwinder
(Gelegentlich bereits in vorikonoklastischer Zeit) 726–787 und 813–842	Das Kreuz, insbesondere das Gemmenkreuz, verdrängt bei den Ikonoklasten alle Bilder. Üppige Kreuzornamentik. In nichtorthodoxen Höhlenkirchen werden abstrakte Kreuzdarstellungen in abstrakten Scheinarchitekturen (rot oder rot und grün) bis ins 11. Jh. hinein dargestellt	Bildliche Darstellungen gelten offiziell (unter dem Einfluß des Islam) als unvereinbar mit der christlichen Religion. Kreuze können aber biblische Gestalten und auch Geschehnisse symbolisch darstellen. In den Kuppeln erscheinen Prosphorensymbole: Christus als das eucharistische Brot
Nach dem Sieg der Bilderfreunde ab Mitte 9. Jh. bis gegen 1000	In Apsiden und Kuppeln wird das Kreuz durch bildliche Darstellungen ersetzt. Das Gemmenkreuz verschwindet, gemmengeschmückte Kreuzornamentik bleibt weiterhin bestehen. Das wahre Kreuz aus Jerusalem wird als Patriarchenkreuz dargestellt. Kreuzigungsszenen: Der eben Verstorbene mit gesenktem Haupt oder Lanzenstichmotiv. Bekleidung Lendenschurz	Das Triumphkreuz verliert seine herausragende Stellung – Altarkreuzen wird noch diese Form verliehen. Bisweilen wird noch in der Apsis anstelle des Kreuzes die Kreuzigung (Tokali Kilise 10. Jh.) dargestellt. Im Rahmen von Bildserien erscheint Christus als der für die Welt Leidende

Übersicht II (Fortsetzung): **Historische Entwicklung des Kreuzeszeichens und der Kreuzigung**		
Periode	**Darstellung**	**Bedeutung**
Ab 1000 bis zum Raubzug der Lateiner (1204 Plünderung Konstantinopels)	Kleine dekorative Kreuzdarstellungen – z. B. das Sonnenkreuz – an architektonisch wichtigen Stellen. Kreuzigungsszenen: Blut und Wasser quellen aus der Seitenwunde	Der liturgisch eucharistische Charakter der Kreuzigung, früher angedeutet, wird stark betont
Ab Ende 13. Jh. bis zur Gegenwart	→ Deïsis, Muttergottes und Johannes der Täufer, anbetend unter dem Kreuz, krönt jede Bilderwand	Intensivierung der Beziehung der Liturgie (Fürbittektenien) zu Kreuzigung und Eucharistie

Kreuzerhöhung über die gesamte Welt

Η ΠΑΝΚΟCΜΙΟC ΥΨΩCΙC ΤΟΥ ΤΙΜΙΟΥ CΤΑCΡΟΥ

I pankósmios ípsosis tou timíou stavroú

Ehrenfest des Kreuzes (14. September), basierend auf der Auffindung des »wahren Kreuzes« durch Helena (→ Konstantin und Helena), betont den kosmischen Charakter des Kreuzsymbols.

Liturgie am Festtag der Kreuzerhöhung

Liturgie und Brauchtum vom Hochfest der *allkosmischen Erhöhung des verehrungswürdigen Kreuzes* dokumentieren die kosmische Ausrichtung des orthodoxen Christentums. Im Morgengottesdienst trägt der Priester auf dem Kopf eine Schale mit einem in Basilikum – in Rußland Kornblumen – gebettetem Kreuz in den Ostteil der Kirche. Während Diakon und Chor 100 Kyrie Eleison singen, beugt er sich langsam, das Kreuz festhaltend, je dreimal nach Osten, Westen, Süden, Norden und nochmals nach Osten.

Neukonstituierung der Vergöttlichung des kreuzförmig nach den Himmelsrichtungen hin angelegten Kosmos (verkleinertes Modell → Kreuzkuppelkirche). Gegen Ende des Gottesdienstes pflanzt der Priester das Kreuz in der Mitte – dem Schnittpunkt der Kreuzarme – auf. Dort bleibt es zur Verehrung durch die Gemeinde bis zur Nachfeier am nächsten Samstag stehen.

Volksbrauchtum am Kreuzestag

Verbunden ist das Kreuzesfest – ein strenger Fastentag, weil Evangelien zum Karfreitag verlesen werden – mit Ernte, Jahreszeiten und Schiffahrt.

Am 14. September beginnt der griech. Winter, Sommergewohnheiten wie der Nachmittagsschlaf oder das späte Abendessen *(Dilino)* werden aufgegeben. Die Seeleute vermeiden es, lange Fahrten anzutreten: *»Am Kreuzestage kreuze deine Segel und binde deine Taue fest«* (Sprichwort). Die Masten der Segelschiffe gelten als Erscheinungsform des → Kreuzes, das → Schiff als Symbol der Kirche. Die Bauern lassen Samen aller Art vom Priester in der Kirche segnen und mit Weihwasser besprengen, um sie ihrem Saatgut beizumengen. Weil sich Christi Leib am Kreuz im Brot verkörpert, steht im Zentrum des Kreuztagsbrauchtums der Sauerteig: der vorjährige muß aufgebraucht sein, der neue wird mit Weihwasser angemacht, zum Fermentieren über Nacht mit geweihtem Basilikum versetzt. 40 Tage darf davon nichts außer Haus abgegeben werden. Die Kreuzerhöhung bedeutet die Neuerschaffung der Heilsordnung eines neuen landwirtschaftlichen Jahres.

Die Kreuzerhöhung im Bild

Die Architekturdetails im Hintergrund deutet die konstantinische Auferstehungskirche (Ciborium mit Öllampe) und das heilige Grab als Abendmahlsaltar an. Helena hatte bei ihrer

Meteora, Moni Warlaam, 1552.

»Ein Tempel und darinnen ein Ambo (Predigtpult), auf demselben der heilige Makarios von Jerusalem, der Patriarch, der das ehrwürdige Kreuz Christi hält. Unter dem Ambo die heilige Helena, die Kaiserin, und mit ihr viele hohe Beamte und eine Menge Volkes, das hierauf schaut und die Hand emporhält« (Malerhandbuch).

Pilgerreise nach Jerusalem kurz vor Ende ihres Lebens (gestorben 336) das Kreuz Christi gefunden und in Jerusalem aufgestellt. Manchmal stützen zwei Diakone den kreuzeshaltenden Priester – Gewicht und Bedeutung des Kreuzes unterstreichend. Neben der Kaiserinmutter steht mitunter → Konstantin.

Häufige Ergänzungen: Nach Johannes Chrysostomos hat Helena in einer Höhle drei Kreuze unter einem Erdhügel auf Golgatha entdeckt. Christi Kreuz war an der Aufschrift (Jesous Nazaräos Wasilews Judäon) zu erkennen, nach anderer Überlieferung daran, daß ein Toter auf einer Bahre am Kreuz vorbeigetragen, lebendig geworden ist.

Rund um den Fundort ist Basilikum gewachsen. Deshalb verteilt der Priester am 14. September Basilikumsträußchen. Das würzig duftende »königliche Grün« (König Christus!) fehlt in keinem griech. Vorgarten. Wegen seiner Beziehung zum Kreuz wird es in manchen Gegenden als Speisewürze gemieden. Ein Sud daraus hilft gegen Bauchkrämpfe und nervöse Magenleiden.

Geschichte des »wahren Kreuzes«
Seit 335 wurde in Jerusalem alljährlich das von Helena aufgefundene Kreuz am 14. September auf einer Anhöhe aufgestellt. 614 findet die feierliche Zeremonie der Aufrichtung erstmals in Konstantinopel mit dem dorthin verbrachten Kreuz statt. 628 erobert Kaiser Heraklios das heilige Kreuz von den Persern zurück, führt es im Triumphzug nach Konstantinopel (anstatt der Erstaufstellung wird auch die feierliche Wiederaufrichtung durch Heraklios dargestellt). Ab 633 verbleibt das Kreuz in Jerusalem. Nach dem Bilderstreit kommt die einfachste Fassung der Kreuzaufrichtung auf: das Kreuz zwischen → Konstantin und Helena. Die voll ausgebildete Auffindungsszene erscheint ab spätbyz. Zeit an Kirchenwänden und auf Ikonen.

Eine frühe symbolische Darstellung der Kreuzauffindung
»Schon ist das Weltall erfüllt mit Splittern vom Kreuzesholz.« Kyrill von Jerusalem meint (374 n. Chr.) damit, daß sich die Kreuzsplitter bei ihrer Ausbreitung geheimnisvoll vermehren und die haltgebende Struktur des Weltalls bilden.

Das sternschnuppenartig aus der Himmelszone herabstoßende Kreuz in der sog. Parousie-Darstellung auf der Holztür von Santa Sabina (Rom, ca. 432) spielt mehrdeutig auf die → Himmelfahrt, die Parousie, und zugleich darauf an, daß Christus seiner Kirche das wahre Kreuz geschenkt. Die Tatsache, daß die Holztüre eine der frühesten Darstellungen der → Kreuzigung enthält, legt diesen Schluß nahe.

Kreuzigung Christi / Karfreitag
Η СΤΑΥΡΟСΙС / Η ΜΕΓΑΛΗ ΠΑΡΑСΚΕΥΗ
I Stávrosis / I Megáli Paraskewí

Hinrichtung Christi, Höhepunkt seiner → Passion. Byz. Kreuzigungsdarstellungen sind als Hinweise auf die → Eucharistie zu verstehen. In der Feier des Abendmahls werden die Pas-

Beweinung Christi. Epitaphios-Tuch, Ajios Phanourios, Rhodos

sion, werden Tod und Auferstehung → Christi immer neu vergegenwärtigt.

Liturgie und Brauchtum vom Karfreitag
»Statt Manna Galle, statt Wasser Essig; anstatt mich zu lieben, habt ihr mich ans Kreuz genagelt.« *Karfreitagsliturgie*

Der »große Freitag« vor Ostern ist der ernsteste Buß- und Fastentag. Strenggläubige nehmen den ganzen Tag über nur drei Schluck mit Ruß vermengten Essig zu sich – Christus ist am Kreuz mit Essig getränkt worden. Vom Abend des Palmsonntag bis in die Osternacht ist singen, musizieren, spielen, Unterhaltung untersagt. Mancherorts schweigen die Glocken. Vom »roten Donnerstag« an ruht, abgesehen von Festvorbereitungen, jegliche Arbeit, viele löschen das Herdfeuer. Die ursprünglich frühmorgens am Freitag gefeierte vierstündige Akolouthia der Leidensstationen des Herrn mit der Lesung von zwölf Abschnitten aus den vier Evangelien über Passion und Kreuzigung ist mittlerweile auf den Donnerstagabend vorverlegt: Nach der sechsten Lesung erscheint der Papas mit dem Kreuz, an dem Christus in Gestalt einer Ikone (Umrißausschnitt seiner Figur) hängt, unter der Nordtür der Bilderwand und pflanzt es dann vor ihr auf. Ein Dornenkranz und Blumenschmuck wird daran befestigt, Kerzen davor entzündet.

»Der angesehene Joseph nahm herunter vom Holz Deinen allerheiligsten Körper, wickelte ihn mit aromatischen Kräutern in ein reines Leinen und bestattete ihn in einem neuen Grab.« *Gesang zu Beginn der Epitaphios-Liturgie vom Karfreitagabend*

Am Karfreitag geht es um die Kreuzabnahme: Während des Morgengottesdienstes in der schwarz ausgekleideten Kirche wird der Papas gewissermaßen zu Joseph von Arimathia, wenn er den Leib des verblichenen Christus vom Kreuz abnimmt, ihn in ein Tuch hüllt und in das Allerheiligste eintritt. Das leere Kreuz wird ihm nachgetragen. Nachmittags dann Vorbereitungen für den abendlichen Grablegungsgottesdienst *(Epitaphios)*: Vor der Bilderwand wird die *Ajia Trapeza*, der ciborienüberwölbte heilige Tisch (→ Altar), aufgestellt; darauf das Leichentuch, in das der Körper des Heilands gehüllt war. Der Papas schreitet aus dem Allerheiligsten heraus, das Epitaphiostuch mit der aufgestickten Beweinung Christi, den toten Leib repräsentierend, hoch über seinen Kopf gebreitet.

Es folgt eine Prozession – Kinder, Kirchendiener mit Kerzen und dem Kreuz, Psalmodisten umschreiten dreimal den heiligen Tisch. Dann vollzieht der Priester die Grablegung, breitet das Epitaphiostuch auf dem Tisch aus, legt das aufgeschlagene Evangelium darauf. Frauen der Gemeinde übernehmen symbolisch die Liebesdienste, die die Frauen am Grabe der sterblichen Hülle des Heilands erwiesen; sie schmücken den Epitaphiosschrein mit weißen und violetten, mancherorts roten Blüten, bis er unter einem Blumenmeer versinkt. Später halten Pfadfinder, Schüler, auch Matrosen oder Soldaten wie die Wächter des Pilatus Wache am Grab, in der jetzt völlig unbeleuchteten Kirche.

Den Nachmittag über küssen Gläubige das Epitaphion, jedes seiner vier Ecken, opfern Rosen- und Limonenblütenblätter – kriechen auch reumütig »unter dem Grab Christi« hindurch.

»Myrrheträgerinnen kommen mit Myrrhe und bringen sie Dir Christus, bereitwillig. Eile herbei, alle Schöpfung, mit Grabgesängen begleiten wir den Schöpfer. Als Tote den Lebenden zu salben, eilen wir uns, den Salbenträgerinnen zuzugesellen.«

Sobald im abendlichen Epitaphiosgottesdienst die Myrrhenträgerinnen erwähnt werden, schütten Frauen und Mädchen Schalen mit duftenden Blütenblättern über dem heiligen Grab aus. Bei Einbruch der Dunkelheit ergreifen vier Männer das Epitaphion, formen den Kern einer Kerzenprozession durch den Ort. In den Städten spricht der Priester an allen Plätzen und Straßenkreuzungen ein Gebet, in den Dörfern vor den vielen kleinen Kirchen. Zuletzt wird das Epitaphion zum Friedhof gebracht und über die Gräber hinweggetragen:

»Als Du hinunterstiegst zum Tod, erhelltest Du den Hades mit dem Blitz Deiner Gottheit; und als Du die Toten aus dem unterirdischen Reich erwecktest, da schrien alle Mächte des Himmels: Christus, Lebensspender, unser Gott, Ehre sei Dir!« *Epitaphios-Liturgie*

Zurück zur Kirche: Vor dem Portal halten die Träger das Epitaphion hoch, die Gläubigen gehen der Reihe nach gebückt darunter hindurch, werden zu den Toten in der Unterwelt, die Christus bei seiner Auferstehung mit nach oben nimmt:

»Als man Dich ins Grab legte, weltenformender Christus, wurde des Hades Verankerung erschüttert und die Grüfte der Sterblichen aufgetan.«

Mancherorts zünden junge Männer Feuer an, um die roh gefertigte Puppe des Judas, aufgehängt an einem Galgen, zu verbrennen (ein Totenbaum im Kontrast zum → Kreuz als Lebensbaum!):

»Heute läßt Judas den Lehrer im Stich und empfängt den Teufel. Des Geizes Leidenschaft blendete ihn, er fällt aus dem Lichte, der Verfinsterte.« *Akolouthia des Leidens*

Das Kreuzigungsbild in knapper Form

»Der das All zusammenhält wurde auf das Kreuz erhöht und die ganze Schöpfung klagt, diesen erblickend, wie er nackt auf dem Holze hängt; die Sonne verbarg ihre Strahlen und die Sterne legten ihren Glanz ab, die Erde aber wurde von tiefer Furcht erschüttert, das Meer floh und die Felsen zerrissen; viele Grabmäler aber taten sich auf und die Körper der heiligen Männer erhoben sich. Unten stöhnte der Hades ...« *Epitaphiosliturgie*

Die Kerndarstellung: Christus am Kreuz zwischen Maria (meist links) und Johannes, dem Apostel (rechts) vor einfarbigem blauem oder goldenem Hintergrund (Kloster Daphni, Ende 11. Jh.; Osios Lukas, Anfang 11. Jh.), Marias Rechte weist auf Christus hin, Johannes stützt sein Haupt mit der Rechten ab (Trauergeste; → Hände) oder wischt sich eine Träne aus dem Auge. Häufige Beischrift:

»Siehe, das ist Dein Sohn, siehe, das ist Deine Mutter!« *Joh. 19, 26*

Beide ziehen mit der Linken ihre Gewänder enger um sich. Auf dem obersten der drei Kreuzquerbalken die Inschrift (Jesus von

Mosaik aus der Vorhalle. Osios Lukas, bei Stiri in Phokis, nach 1000.

Nazareth König der Juden – Selbstaussage Christi im Prozeß) oder aber die Abkürzung IC XP. An das Fußbrett sind – im Gegensatz zu abendländischen Darstellungen ab dem späten Mittelalter – beide Füße jeweils einzeln festgenagelt. Ab mittelbyz. Zeit ist Christus bereits verstorben, sein Haupt gesenkt, die Augen geschlossen. Aus der Seitenwunde kommt ein roter und ein heller Strahl heraus:

»Und einer der Soldaten stach mit seiner Lanze in die Seite, und sofort kam heraus Blut und Wasser« *Joh. 19, 34*

Das wird rituell nachvollzogen, wenn der Priester vor dem Abendmahl, auch schon bei dessen Zurüstung, im Kelch Wein und Wasser vermengt:

»Zwar von der Erde genommen, läßt Du entquellen der Rettung Wein, lebensspendender Weinstock, ich rühme Dein Kreuz und Deine Leiden.« *Epitaphiosliturgie*

Das Blut der Seitenwunde fängt häufig die Panajia (mittelbyz.) mit einem Krug (→ Geburt Christi) auf, das Blut aus den Händen sammeln Engel mit einem Kelch (spät- und postbyz.), das Blut aus Christi Füßen träufelt herab auf den Schädel Adams, oft in einer Höhle (= Totenwelt) am Hügel Golgatha (Schädelstätte), der Basis des Kreuzes.

Christus, der zweite Adam, der das Leben bringt durch seinen Tod, hängt über dem Grabe des ersten Adam, der den Tod in die Welt brachte (→ Ostern). Die rote → Sonne und der blaßblaue → Mond – beide mit Gesichtern

Kreuzigung. Fresko in der Klosterkirche Panajia Mawrotissa bei Kastoria, postbyzantinisch.

als göttliche Wesenheiten wiedergegeben – flankieren das obere Kreuzende, kennzeichnen Christus als Weltenherrscher, wie sie auf Triumphbildern römischer Kaiser deren Herrschaftsanspruch über den Kosmos dokumentierten.

Die Gestirne verloren ihren Schein, als Christus nach *Joh 19, 30* »... *das Haupt neigte und den Geist aufgab*«. Die Schöpfung ist tödlich getroffen, wenn der Schöpfer stirbt. Außerdem: Christus selbst ist »die Sonne der Gerechtigkeit«. Mit ihr stirbt jedes kosmische Licht.

Seine äußerste Verkürzung und Verdichtung erfährt das Kreuzigungsmotiv in der → Deïsis.

Die Kreuzigungsdarstellung in szenisch ausgebauter Form
Auf den episch breiter ausgemalten Kreuzigungen (Shakli Kilise, Göreme, 9. Jh.; El Nazar, Carikli Kilise, Karanlik Kilise; Kastoria, Panajia Mawrotissa; Athos, Esphigmenou) gesellen sich zu Maria die Myrrhenträgerinnen (Auferstehung → Ostern). Hinter Johannes tritt der *Ekatontarchis (Hundertschaftsführer)* Longinos, Befehlshaber des Hinrichtungskommandos, deutet mit Christusgebärde (→ Hände) auf den Verstorbenen: »Dieser Mensch war tatsächlich Gottes Sohn.« *Mk 15, 39*. Ein kleinfiguriger Kriegsknecht links vom Kreuz – Longinus – sticht mit einer Lanze Jesus in die Flanke.

Ein zweiter hält Essigeimer und Stab mit dem essiggetränkten Schwamm. (Der Essig war Wiederbelebungsmittel, sollte die Qualen der Hingerichteten verlängern.) Mitunter ist der Fußbalken gebrochen (Carikli Kilise, Göreme), sind an den Querbalken besondere Bretter für die Hände angebracht (Tokali Kilise, Göreme, Anfang 10. Jh.). Kommen die Schächer am Kreuze dazu, hängt links von Christus, der reuige Gestas (→ Paradies), rechts der unbußfertige Dimos.

Als Hintergrund ist mitunter die Landschaft der Umgebung abgebildet, etwa kappadokische Erdpyramiden (Shakli Kilise, Göreme, 9. Jh.; Carikli Kilise), häufiger architektonische Andeutungen des Tempels von Jerusalem. Apsis von der Tokali Kilise: Ein Riß durchzieht den Tempelvorhang, Hinweis auf Christus als den neuen Tempel, der den alten ablöst. »Der Du den Tempel Gottes zerbrichst und baust ihn neu in drei Tagen, hilf Dir selbst! Bist Du Gottes Sohn, so steige herab vom Kreuz ... Aber Jesus schrie laut und verstarb. Und siehe, der Vorhang des Tempels zerriß in zwei Stücke von oben bis unten hin.« *Matth. 27, 40ff.*

Historische Entwicklung des Kreuzigungsbildes

Unumstrittene Kreuzigungsdarstellungen gibt es seit Anfang des 5. Jh.s, Kreuzsymbole schon vom 3. Jh. an. Konstantin hatte 100 Jahre zuvor den Weg freigemacht, indem er die Kreuzigungsstrafe abschaffte. Bald darauf wurde das »wahre« Kreuz in Jerusalem aufgefunden (→ Konstantin und Helena; → Kreuzaufrichtung).

Eine Glasstreifenaufschmelzung auf einer Glasflasche – Kreuz zwischen Andreaskreuzen – in römischen Katakomben des 4. Jh.s gefunden, wird als Christus zwischen den Schächern gedeutet. Auf dem Holzrelief der Tür von Santa Sabina, Rom (um 432) steht Christus mit offenen Augen zwischen halb so großen Schächern auf der unteren Rahmenleiste vor einer dreiteiligen Architektur mit Spitzgiebeln, alle drei mit Lendenschurz bekleidet, die Unterarme ausgebreitet. Die Hände erscheinen deutlich angenagelt, von den Kreuzen sind jedoch nur kleine Abschnitte unter den Händen, den Füßen, bei den Schächern auch über den Köpfen zu sehen. Nicht das Kreuz hält den Körper, sondern Christus hält das Kreuz. Auf dem ältesten Kreuzigungsbild (Elfenbeinpyxis, um 420, Britisches Museum) tritt das Marterinstrument hinter der straffen, frontal ausgerichteten und selbst als Kreuz in Menschengestalt wirkenden Figur völlig zurück. Links daneben baumelt Judas völlig haltlos an einem Baum.

Ende des 6. Jh.s erscheint der Gekreuzigte als der Weltenherrscher mit sieghaft senkrecht ausgebreiteten Armen, angetan mit dem ärmellosen, bis zu den Füßen stark herabfallenden Colobium (→ Gewänder), bärtig, mit weit geöffneten Augen (Kästchen, Sancta Sanctorum, Rabular Evangeliar). Ab Anfang 8. Jh. geben die Bildergegner Christus nur noch als ornamentales Triumphkreuz wieder.

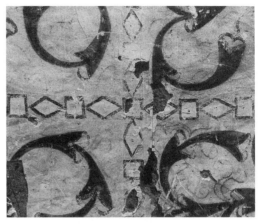

Deckengemälde in der Üzümlü Kilise. Kizil Cukur, 8. Jh.

Unmittelbar nach dem Bilderstreit im 9. Jh. beginnt die siegreiche Partei der Bilderverehrer den leidenden Christus mit geschlossenen Augen, geneigtem Kopf und S-förmig geschwungenem Körper herauszustellen. Der Patriarch Michael I. Kerularios betonte, man höre jetzt damit auf. Die mittelbyz. Darstellungsweise entspricht der nun endgültig durchgesetzten Zwei-Naturen-Lehre, daß nämlich Christus menschliche und göttliche Natur zugleich in sich vereinige.

Das Kreuz hält zwar jetzt den Körper, doch kann man es sich immer noch wegdenken: Der Leichnam hielte sich von selbst als der auf einem Podest erhöhte Christus, ergeben leidend, demnach die Arme segnend ausgebreitet als Gott – oft umschwebt von Engeln. In Byzanz bleiben der bis zur Unkenntlichkeit zermarterte Leib Christi und die abgründige Verzweiflung in seinem Gesicht unbekannt. Anders in der westlichen Kunst, wo in der Spätgotik (Matthias Grünewald) und Frührenaissance die Überbetonung des leidenden Menschen einsetzt – eine theologische Strömung vorbereitend, die nur noch das Historische an Jesus anerkennt.

Kugel

→ Himmel, → Kaiser

Kuß

ΤΟ ΦΙΛΙ / ΤΟ ΦΙΛΗΜΑ
to fíli / to fílima

Ausdruck inniger Zuneigung zu Gott, den Heiligen und den Mitmenschen.

Der Kuß im Gottesdienst

»Liebe den Herrn, Deinen Gott, mit all Deinem Herzen und all Deiner Seele ... und Deinen Nächsten wie dich selbst.« *Matth. 22, 38–40*

In der »großen Woche« ziehen die Menschen am Epitaphios vorbei, um mit dem Epitaphiostuch den Leichnam Christi zu küssen. In der Osternacht, nach dem Ruf *Christus ist auferstanden* und dem Auferstehungsgesang, fallen sich die Menschen in die Arme, küssen einander und drängen sich anschließend wieder um das Epitaphion, um die jetzt dort aufliegende Auferstehungsikone – und mit ihr den auferstandenen Christus selbst – zu küssen. In der allsonntäglichen → Liturgie der Gläubigen küßt der Priester Christus in Gestalt der Abendmahlgeräte und die Menschheit, vertreten durch den mitzelebrierenden Diakon oder weitere Priester auf die Schulter. Bei Begrüßung und Abschied ist unter Griechen und orthodoxen Slaven der Wangenkuß üblich.

Das Küssen der Ikonen und Reliquien

Auf dem Umweg über die Ikonen und Reliquien wird dem Verstorbenen wie dem auferstandenen Christus Verehrung und Zuneigung bekundet. Jeder Ikonenkuß wiederholt den österlichen Kuß, auf bildhaft sinnfällige Art die Liebe zu Gott und zu den Mitmenschen ausdrückend. Die überzeugendste Darstellung der Liebe zwischen Gott und Mensch ist die Marienikone der Panajia Glykophilousa (→ Maria).

Kuß und Ikonenabdeckung

Folge der innigen Liebkosungen: die Ikonen werden schnell abgenützt. Von mittelbyz. Zeit an hat man die viel verehrten wundertätigen Ikonen mit einer Abdeckung aus Silber- oder Goldblech, das in einer getriebenen Reliefarbeit den Bildinhalt nachformt, geschützt.

In Rußland hat sich vom 15./16. Jh. an die Herstellung von Treibreliefabdeckungen zu einem eigenständigen Kunsthandwerk entwickelt (Gilde der Basmanschtschiki).

☆ Die Teilabdeckung (russisch Basma) läßt die Figuren der Heiligen frei.
☆ Die Totalabdeckung (russisch Oklad oder Riza) läßt nur das Inkarnat – Gesicht und Hände – frei.

Bei russischen Ikonen mit Reliefabdeckung hat man vielfach nur noch das Inkarnat gemalt (Dodulomoje Pischmo), bei griech. Ikonen beschränkt man sich auf die Ausschmückung der Heiligenscheine mit Edelmetallblech.

Die edelsteingeschmückten Ikonenabdeckungen erinnern an die kostbaren, oft mit Ikonenmotiven geschmückten Fassungen der Reliquien, auch an Staurotheken (Behälter von Splittern des heiligen Kreuzes, → Kreuzerhöhung, → Konstantin).

Lamm

Ο ΑΜΝΟC / ΤΟ ΑΡΝΙΟΝ
O ámnos / to arníon

Als unschuldiges Opfertier Sinnbild des leidenden Christus – auch gesiegeltes, Christus repräsentierendes Mittelteil der eucharistischen Prosphora!

Das altchristliche und frühchristliche Lamm-Symbol

»Und ich sah, daß aus Juda eine Jungfrau geboren wurde ..., und aus ihr ging ein unbeflecktes Lamm hervor ..., und alle wilden Tiere bestürmten es, und das Lamm besiegte sie und vernichtete sie, daß sie zertreten wurden.« *Die Testamente der zwölf Patriarchen 11, 19, jüdische, christlich überarbeitete apokryphe Schrift, 1. Jh. v. bis 1. Jh. n. Chr.*

Das meistverwendete tiergestaltige Symbol des frühen Christentums, weist hin auf Reinheit (weiße Wolle), Unschuld (als Neugeborenes), Opfer (meist verwendetes Opfertier), Schutzbedürftigkeit (Behütung durch Hirten). Alle diese Bedeutungen sind durch zahlreiche Texte im AT und NT vorgegeben; das Paradoxon des siegreichen Lammes wird lediglich in einem christl. Einschub der *Testamente der zwölf Patriarchen*, und in der *Apokalypse (5, 6; 13, 8)* genannt. Das Lamm kann symbolisieren:

☆ den durch Christus geretteten Gläubigen. Lammträger (frühchristl. Sepulkralkunst, → Christus) sind versinnbildlichte Gebete um die Rettung der Seele des Verstorbenen. Auf einem Mosaik des guten Hirten (Galla Placidia, Ravenna, Anfang 4. Jh.) blicken alle sechs Lämmer zu Christus auf.
☆ die zwölf Apostel. Zwölfergruppen von Lämmern repräsentieren immer Christi Jünger (Apsis, Sant'Apollinare in Classe, Ravenna, 6. Jh.; Triumphbogen 7. Jh.; Dom, Triumphbogen, Parenzo, 6. Jh.).
☆ die drei Lieblingsjünger Petrus, Jakobus und Johannes – wenn drei Lämmer einem Triumphkreuz in der Mandorla zugeordnet sind (→ Verklärung; Sant'Apollinare in Classe, Ravenna, 6. Jh.).
☆ Petrus und Paulus, wenn zwei Lämmer Christus flankieren, der in menschlicher Gestalt oder als drittes, oft mit Nimbus versehenes Lamm erhöht auf einem Paradieshügel über vier Quellen steht. Das Motiv auf Sarkophagen des 5. Jh.s (sog. Sarkophag Konstantius III., Galla Placidia, Ravenna) stellt eine Umsetzung der im ausgehenden 4. Jh. häufig dargestellten Dreiergruppe »Christus bei der Übergabe des Gesetzes an Petrus und Paulus auf dem Paradiesesberg« ins Symbolische dar.
☆ Die vier Evangelisten als Vierergruppen von Lämmern *(traditio legis)* im Nischengewölbe (Santa Costanza, Rom, Mitte 4. Jh.).
☆ Christus selbst. Als sein Typus im AT gilt das Passahlamm, das die Juden vor dem Auszug aus Ägypten schlachteten *(2. Mose 12, 3; 29, 38)*. Das »Lamm Gottes, das der Welt Sünde trägt« *(Joh. 1, 29, 36)* erscheint über dem Paradieshügel mit vier Quellen, einzeln oder zwischen Apostel-Lämmern auf Sarkophagen oder Katakombenfresken vom 4. Jh. an. Das Christuslamm trägt Monogramm- oder Kreuznimbus oder wird von einem großen stehenden Kreuz hinterfangen (Ravennatische Sarkophage, 5. Jh.). Im 5. und 6. Jh. wird es vom Triumphkranz umgeben (im Mosaikgewölbe des Presbyterions von San Vitale; → Himmelfahrt).

Das Lamm zwischen den 24 Ältesten der Apokalypse. Athos, Kloster Esphigmenou, postbyzantinisch.

Abkehr vom Lamm-Symbol in frühbyzantinischer Zeit

»Gebrochen und zerteilt wird das Lamm Gottes, gebrochen, aber nicht geteilt, allezeit gegessen und niemals aufgezehrt, sondern heiligt, die daran teilnehmen.« *Liturgie der Gläubigen nach Johannes Chrysostomos*

Das gestempelte Stück des Abendmahlsbrotes, das in den Leib Christi verwandelt wird, heißt »Lamm« (→ Proskomidie). Die bildliche Wiedergabe Christi in der Form eines Lammes ist ab Ende des 7. Jh.s verpönt:

»Auf einigen Darstellungen der hochzuverehrenden Ikonen wird ein Lamm gezeigt, auf das des Vorläufers (des Täufers) Finger weist, was für ein Sinnbild der Gnade gehalten wird, genauso, wie das Lamm des Gesetzes (das Passahlamm des AT) darstellt das wirkliche Lamm, nämlich Christus, unsern Gott. Wiewohl wir zwar die alten → Schatten und Bilder als der Kirche überlieferte Sinnbilder und Andeutungen der Wahrheit mit Liebe annehmen, ziehen wir jedoch die Gnade und Wahrheit selbst (ihren Symbolen) vor, indem wir sie als Erfüllung des Gesetzes (des AT) anerkennen. Damit also wenigstens im Bilde diese Erfüllung allen Augen vorgestellt werde, verordnen wir, daß von nun an auf den Ikonen statt des ehemaligen Lammes, das Lamm, das die Sünde der Welt auf sich nimmt, nämlich Christus, unser Gott, in menschlicher Gestalt wiedergegeben werde.« *Regel 82, beschlossen vom Trullanischen Konzil (691–692)*

Diese Verordnung drückte eine generelle Abkehr von der sinnbildlichen Darstellung aus, die abgesehen vom Lamm, auch die Tiersymbole der → Evangelisten oder die → Taube des Heiligen Geistes betraf. Tiersymbole sollten nur noch dort erscheinen, wo sie in der Schrift ausdrücklich erwähnt werden (→ Taufe Christi). Weiterhin zulässig war es, Christus als eucharistisches Lamm im Opfer Abels (San Vitale, 6. Jh., Sant'Apollinare in Classe, 7. Jh., Ravenna) darzustellen. In nachbyz. Zeit erscheint das apokalyptische Lamm aus den Visionen des Johannes (→ Apokalypse).

Seit dem 17. Jh. wird unter der Einwirkung westlicher Kunstrichtungen das Darstellungsverbot von Tiersymbolen nicht mehr konsequent befolgt.

Lazarus

Ο ΛΑΖΑΡΟΣ

O Lazaros

Freund Christi, verstorben und von Christus auferweckt. Das Ereignis zusammen mit dem Einzug nach Jerusalem am Wochenende vor Ostern gefeiert, wird als Hinweis auf Christi Auferstehung angesehen.

Brauchtum um den Lazarussamstag

Die Auferweckung des Lazarus, früher als eigenes Hochfest (→ Festtagskalender) begangen, ist heute mit dem Palmsonntag (→ Einzug in Jerusalem) eng verbunden. Man feiert die »Vorauferstehung«, weil die Auferweckung des Lazarus bildhaft die Auferstehung Christi vorwegnimmt, so wie der Einzug in Jerusalem den Triumph Christi »auf dem Throne im Himmel sitzend, wie auf dem Füllen auf Erden« *(Festtagsliturgie)*. Im apokryphen Nikodemusevangelium schilt Hades, als der auferstandene Christus in die Totenwelt vordringt, den Satan:

»Vor kurzem hatte ich einen Toten mit Namen Lazarus verschlungen, und bald darauf hat ihn einer von den Lebenden (Christus) allein durch das Wort gewaltsam aus meinem Inneren heraufgezogen. Ich glaube, daß das der gewesen ... Wenn wir den hier aufnehmen, so fürchte ich, daß wir auch wegen der übrigen (Toten, die noch im Hades sind) in Gefahr geraten. Bei allen, die ich bisher verschlungen habe, beobachte ich, daß sie unruhig sind, und ich habe Schmerzen im Bauch. Mir scheint, der Lazarus, der mir da unlängst entrissen wurde, ist kein gutes Vorzeichen.«

Umzug des Lazaros: Junge mit weißem langem Hemd und Palmwedel, umgeben von einer Mädchenschar, am Samstag vor Palmsonntag in Embonas, Rhodos.

Die Dorfjugend zieht herum, zeigt ein Auferweckungsbild vor und singt dazu »Lazarakia«. In Innergriechenland, Makedonien und Thrakien weisen 10- bis 12jährige Mädchen einen hölzernen Waschstampfer, geschmückt mit farbigen Tüchern, als den »Lazarus« vor, worin manche ein phallisches Symbol, angeregt durch hellenistische Frühlingsriten, um Adonis sehen. In Rhodos begleiten Mädchengruppen einen Lazarus-Jungen. In Zypern ziehen Jungen von Haus zu Haus und führen die Auferweckung als Singspiel vor: Ein Junge legt sich reglos nieder und wird mit gelben Blüten zugedeckt – ähnlich wie das Epitaphion mit gelben und violetten (→ Kreuzigung). Beim Ruf »Lazarus, komm heraus!« taucht er aus dem Blumengrab auf.

Auferweckung des Lazarus. Moderne Darstellung im spätbyzantinischen Stil. Alte Metropolis, Rhodos.

Das Lazarus-Motiv

»Da sagte ihnen Jesus frei heraus: Lazarus ist gestorben ... Nun wollen wir zu ihm ziehen. Da sprach Thomas zu den Jüngern: Laßt uns mitziehen, um mit ihm zu sterben. Maria, als sie dorthin kam, wo Jesus war, fiel zu seinen Füßen und sprach zu ihm: Herr, wärest Du hier gewesen – mein Bruder wäre nicht gestorben. Und Jesus gingen die Augen über ... da wurde Jesus nochmals inwendig zornig und ging zum Grabe. Es war eine Gruft und darüber ein Stein. Jesus sprach: Hebt den Stein ab. Doch Maria, die Schwester des Toten, sagte: Herr, er stinkt schon, denn er ist vier Tage gelegen. Da hoben sie den Stein ab ... da rief er (Jesus) mit lauter Stimme: Lazarus, komm heraus. Und der Verstorbene kam heraus, gebunden mit Grabtüchern an Füßen und Händen, verhüllt mit einem Schweißtuch. Jesus sagte zu ihnen: Löst ihn und laßt ihn gehen.« *Joh. 11, 14ff.*

Der zeitlich ausgedehnte Ablauf des Geschehens wird in einem Bilde »vergleichzeitlicht«. Hinter Christus steht (oft) der vorlaute, bartlose Thomas oder der bärtige Petrus. Maria und Martha werfen sich vor Christus zu Boden (Proskynese). Christus, als das göttliche Wort mit der Schriftrolle in der Linken, vollzieht mit der segnenden Rechten den Christusgestus (→ Hände). Über den Frauen erhebt sich der felsige Grabhügel mit einem Tor, oft gesäumt mit einer kunstvollen Zierleiste. Im dunklen, höhlenartigen Inneren (Anspielung auf die Totenwelt) steht aufrecht der in Leinenbinden eingeflochtene Lazarus (Ausdruck der Unbeweglichkeit: stramm gewickelt sind Tote und Kleinkinder; → Geburt Christi). Mitunter steht Lazarus auch in einer Grube. Ein Helfer hat den Grabdeckel – gleicht einem Sarkophagdeckel – abgehoben, ein anderer macht sich daran, mit der Linken Lazarus' Binden aufzuwickeln, mit der Rechten hält er sich die Nase zu oder preßt ein Stück Kleidung vors Gesicht, drastischer Hinweis auf die Verwesung: Lazarus lag vier Tage im Grab, entsprechend der → Zahl 4, Zahl des Irdischen und Menschlichen. Christus selbst erstand nach drei Tagen, entsprechend der → Zahl 3, Zahl des Göttlichen. Laut Johannes hat bereits Christus die Auferweckung als Hinweis auf seine eigene Auferstehung und auf die der von ihm Erlösten verstanden:

»... Martha: Ich weiß wohl, daß er in der Auferstehung am jüngsten Tag auferstehen wird! ... Jesus: Ich bin die Auferstehung und das Leben. Wer an mich glaubt, der wird leben, ob er gleich stürbe!«

In der Wandmalerei ist die Auferweckung das letzte Bild des Wunderzyklus Christi, und das erste des Passionszyklus. Infolge der liturgischen Verflochtenheit der Themen werden die Auferweckung und der Einzug gerne nebeneinander angeordnet. Als Tafelbild kommt das Bild häufig in der Festbildreihe der Bilderwand vor.

Das Lazarusmotiv in der frühchristlichen Sepulkralkunst

Die Auferweckung ist vermutlich das allererste NT-liche Motiv in der frühchristl. Sepulkralkunst. Bereits auf Katakomben-Sarkophagen des 2. Jh.s wird der segnende Christus dem in Tücher gewickelten Lazarus gegenübergestellt, und zwar als Hinweis auf die → Auferstehung Christi, die selbst vor dem 4. Jh. nicht vorkommt. Auf einem Relieffragment (Konstantinopel, Archäologisches Museum) beschwört ein lebhaft, fast tänzerisch ausschreitender Christus, die Rechte ausgestreckt, in der Linken eine Art von Zauberstab haltend, die »Lazaruspuppe«, die, wie damals üblich, unter einer Art Ädikula steht (4.Jh.). Maria und Martha geraten schon ab 4.Jh. ins Lazarusmotiv, das bereits vom Ende des 6.Jh.s an voll ausgebildet ist.

Auferweckung des Lazarus – Ausschnitt aus einem frühchristlichen Sarkophag (Ende 4. bis Anfang 5.Jh.) im Archäologischen Museum Istanbul.

Lebensbaum (Holz des Lebens)
ΤΟ ΞΥΛΟΝ ΤΗΣ ΖΩΗΣ
To Xýlon tis soís

Sinnbild des Lebens, als → Himmelsleiter Verbindungsweg zwischen Himmel und Erde, wie der → Berg Mittelpunkt und Achse der Welt. Die Bedeutungsvielfalt, die mit dem Lebensbaum verbunden ist, ist auf das Kreuz als das eigentliche Holz des Lebens übertragen worden.

Baum als Himmelsleiter der Jäger und Hirtenvölker
Bäume dienen als Leitern zum Hochklettern, Zufluchtsorte bei Gefahren, Schattenschirme und Spender von Früchten. Für die Jägerkulturen Asiens und Nordamerikas waren Berge wie Bäume, oder auch wie Flügel, Aufstiegs- und Abstiegsmittel, um von der Ebene der Menschenwelt auf eine andere darüber- oder darunterliegende hinüberzuwechseln. Meister darin, ekstatisch oder rituell, über den Steigbaum die Etagen der dreistufigen Welt zu wechseln, die Seelen der Verstorbenen zu führen, Hilfsgeister nach oben oder unten zu entsenden, sind die Schamanen. (Schamanistische Vorstellungen sind in Gesamtasien, in Europa, dem nördlichen Amerika und Australien verbreitet.) Bei den altorientalischen Pflanzenkulturen steigen Gottheiten über den Himmelsleiterbaum herab.

Altes Testament – Jahwe erscheint im Schatten der Bäume
Im AT erscheint Jahwe unter Bäumen – dem Abraham im Hain More (1. Mose 12, 6–7) und im Hain Mamre (Engelbesuch → Pfingsten) unter Steineichen. Moses sieht den Engel des Herrn im → brennenden Dornbusch. Jahwe zu David:

»Und wenn Du das Rauschen über den Wipfeln der Maulbeerbäume streichen hörst, dann beeile Dich, denn der Herr ist ausgezogen vor Dir her, um das Heer der Philister zu schlagen.«

Der Baum als kosmographisches Modell
Der durch die drei Welten aufsteigende Baum ist selbst auch Weltenmodell (→ Kosmos). Große Reiche und deren Herrscher identifizieren sich mit dem Kosmos. Nebukadnezar träumte:

»… Es stand ein überaus hoher Baum mitten in meinem Land. Groß und mächtig wurde er und reichte bis in den Himmel, und er breitete sich aus bis ans Ende der ganzen Erde. Seine Äste waren schön und trugen viele Früchte, davon alles zu essen hatte. Alle Tiere auf dem Felde fanden Schatten unter ihm, und die Vögel unter dem Himmel saßen auf seinen Ästen …«. *Dan. 4, 7–9*

Vor allem repräsentieren die beiden Paradiesesbäume, der Baum des Lebens (die Leiter zum Leben) und der Baum der Erkenntnis (die Leiter nach unten zum Tode), zwei gegensätzliche Aspekte des Weltenbaumes. Nach christl. Auffassung steht der Baum des Lebens auf einem → Berg bzw. einer Hochebene, dem Paradies, und unter ihm entspringt der Wasserstrom, der sich in vier Flüsse, die die ganze Welt umfließen, aufteilt.

Bäume in antiken Grabgärten

Den Griechen galten verschiedene Baumarten bestimmten Gottheiten als heilig – der Lorbeer dem Apollo, der Weinstock dem Dionysos, die Eiche dem Zeus. Gotteserscheinungen spielten sich vorzugsweise unter den entsprechenden Bäumen ab – an ihrem Fuße wurden Wein und Öl gespendet, Tieropfer dargebracht, Lichter aufgestellt. Als später Steintempel mit Bäumen nachgebildeten Säulen (die jonische Säule entspricht der Dattelpalme) aufkamen, hat man dennoch im Tempelbereich angelegte Baumgärten erhalten, so der Athena geweihte Olivenhaine auf der Akropolis und in Lindos.

Die Bäume der antiken Grabgärten, die in frühchristl. Zeit als vegetabilische Reliefs auf Sarkophagen fortleben, können sich überlagernde Bedeutungen haben:

☆ Der Baum dient als Himmels- bzw. Hadesleiter für Verstorbene.
☆ Er symbolisiert in der Antike die Gärten der Seligen, bei den Christen das Paradies.
☆ Immergrünes steht für das ewige Leben, der Weinstock für das Blut Christi und für die Kirche, Palmen für den Triumph des Kreuzes.
☆ Zypressen und andere spitz zulaufende Bäume (im islamischen Bosnien z. B. Pappeln) sind phallische Siegeszeichen der Zeugungskraft über den Tod.

Das christliche Lebensbaumkreuz

In der Sarkophagkunst vom 4. Jh. an und später in der Wandmalerei wird das Lebensbaumkreuz (von dem frische Triebe, oft Weinreben ausgehen) als Bringer des Lebens gesehen im Gegensatz zum todbringenden Paradiesbaum:

»Durch das Holz verlor Adam seine Heimat im Paradies. Durch das Holz bekam der Schächer seine Heimat im Paradies. Denn jener verletzte (den Apfel schmeckend) das Gebot des Schöpfers, der Mitgekreuzigte aber bekannte Gott, den verborgenen. Gedenke auch unser, Erlöser, in Deinem Königreich.« *Liturgie vom großen Freitag*

In byz. Darstellungen tauchen »Himmelsleiterbäume« in Verbindung mit himmlischen Erscheinungen auf: Anna, der Mutter Marias, wird die Geburt des Kindes (→ Marienzyklus)

Lebensbaumkreuz in der Yilanli Kilise Ihlara, Kappadokien.

unter einem Lorbeerbaum verkündet. Bei der Himmelfahrt Christi stehen die Apostel unter Ölbäumen. In einem neugriech. Volksmärchen aus der Parnaßgegend schläft Alexander der Große unter einem Baum am Meer ein und erwacht vor der Insel der Seligen.

»... Und da, wo sich Christus hinstellte ... wuchs ein goldener Baum, und da, wo er erschien, ein goldenes Zypreßchen, in der Mitte hatte es das Kreuz, auf der Spitze das Evangelium und im Gezweig die Engel, Erzengel, und unten an seinem Würzelchen eine kristallene Quelle, da steigt das Rebhuhn hinein, zu netzen seine Füße, um zu besprühen (mit geweihtem Wasser) unsern Hausherrn, der viele Jahre leben soll.« *Kalanta, Heischelied, zum Neuen Jahr*

Wird in der Jahresumbruchzeit das Oberste zu unterst gekehrt, damit aus dem Chaos die Ordnung eines neuen Jahres wiedergeboren werden kann, dann beschwört man den Baum aus der Kalanta als Himmelsleiter. Die göttlichen Kräfte sollen herabgelockt, die zerstörerischen (Kalikanzeri, → Geburt Christi) von der Erde vertrieben werden.

In Sinope am Pontus hat man am Heiligen Abend einen großen Olivenzweig (Olive ist der Baum der

Lebensspendende Quelle

Gottesmutter) mit Trockenobst und Apfelsinen geschmückt und ihn auf dem Weihnachtsbrot aufgepflanzt. In ganz Griechenland wird zwölf Tage lang vom Weihnachtsabend an im Herd ein dicker Block aus wilden Birnen- oder Kirschbaumholz in Glut gehalten. Für *Ephräm den Syrer* (4.Jh.) ist Christus selbst der Neujahrs-, Lebens- und Weltenbaum: »Der erste Tag, der Ursprung und Anfang (Schöpfungstag) gleicht einer Wurzel, die alles heraussprießen läßt. Viel rühmenswerter noch als er ist der (Geburtstag) unseres Erlösers, der (baumgleich) in den Erdkreis gepflanzt ist. Sein Tod nämlich ist wie die Wurzel im Erdreich und seine Auferstehung wie das Haupt (die Krone), die in den Himmel (reicht). Nach allen Himmelsrichtungen (erstrecken sich) seine Worte, gleichsam seine Zweige – und sein Leib ist wie Frucht für die, die ihn essen.« (→ Stern, → Zahl 6).

Der Lebensbaum ist das beliebteste Motiv der griech. volkstümlichen Stickerei.

Lebensspendende Quelle
Η ΖΩΟΔΟΧΟC ΠΗΓΗ
I Zoodóchos pijí

Die Gottesmutter, dargestellt als Brunnen. Aus ihr kam Christus – Verkörperung des heilenden Wassers (Weihwasser, Taufe).

Quellen mit heiligem Wasser
Ajiasma (das Geheiligte) heißt das Besprengen mit Weihwasser, wie auch das aus Quellen vor oder in Kirchen stammende Wasser, benützt als Heilmittel gegen Krankheiten. Namen von Kirchen mit heiligem Wasser sind »Brunnen der Allheiligen«, »Goldquelle«, »Lebensspendende Quelle«.

Darstellungen der Muttergottes als Quelle
Auf Tafelbildern ragt der Oberkörper der Gottesmutter, Christus Immanouil haltend, ins rote Maphorion gekleidet, aus einem vierteilig-kleeblattförmigen Taufbeckenkelch hervor. Der Kelchfuß steht in einem kleeblattförmig oder quadratisch ummauerten Wasserbecken. Aus dem oberen Kelchteil fließen vier Wasserstrahlen aus vier Löwenkopfwasserspeiern – die Ströme des Paradieses (→ Lebensbaum; 1. Mose 2, 10–14) – in das untere Becken. Könige, Bischöfe und Volk, Repräsentanten der Menschheit, drängen sich darum, schöpfen daraus, tauchen darin ein, Kran-

Einfaches Brunnenrelief im Kloster Zoodóchos Pijí bei Batsi, Andros.

I Zoodochos Piji – die lebensspendende Quelle. Kirche der Panajia, Lindos, 1779

Leerer Thron, von dem aus die Ausgießung des Heiligen Geistes erfolgt. Osios Lukas, nach 1000.

ke werden geheilt. Das lebensspendende Wasser spielt auf Taufe, Weihwasser, Wasserweihe an, ist zugleich Metapher Christi selbst.
Das Motiv geht zurück auf das *Ajíasma* des von Leo I. (457–474) errichteten Heilbades bei der Wlachernenkirche in Konstantinopel (spärliche Reste in der Nähe des Golden Horn am nördlichen Ende der Landmauer): Quellwasser rann aus den erhobenen Händen eines marmornen Muttergottes-Bildes in ein Becken. Erstmals erscheint das Motiv auf spätbyz. Wandmalereien in Mistra, verbreitet sich auf Fresken und Tafelbildern in postbyz. Zeit, nachdem das Heiligtum in Konstantinopel zu verfallen begann (ab 1453). Auf späten Ikonen halten zwei Engel eine Krone über Maria. Zu Bildzeichen verkürzte Ritzungen oder Flachreliefs finden sich direkt über einigen Ajíasma-Brunnen (Kloster Zoodóchos Pijí bei Batsi, Andros).
Wundertätige Ikonen der Gottesmutter sind von darüber gehängten Perlenschnüren und anderen Weihgaben (Tamata) fast zugedeckt (lebensspendendes Wasser im Märchen; → Teufel).

Leerer Thron (bereitstehender Thron)
H ETOIMACIA
I etimasía

Herrschersitz, bereitgestellt für den am Ende der Tage wiederkehrenden (= Parousie) und die Weltherrschaft antretenden Christus: dargestellt als → Altar oder → Bundeslade.

Der leere Stuhl als Repräsentation des Herrschers
Hochstehende Personen unterstrichen im alten Orient wie im spätrömischen Reich ihre Stellung dadurch, daß sie sich auf einen ihnen vorbehaltenen Stuhl setzten. Je höher der Rang, desto höher der Sitz. Ein Podest sorgte dafür, daß der Kopf des Sitzenden die vor ihm Stehenden überragte. Die Thronsitze orientalischer Herrscher wie später auch römischer

Kaiser konnten nur über einen ein- oder mehrstufigen Fußschemel erklommen werden. Im AT ist der Thronsitz Jahwes der »hohe und erhabene Stuhl« *(Jes. 6, 1* sowie *Hes. 1, 26; Dan. 7, 9).* Jesus nennt den Himmel Gottes Stuhl und die Erde seiner Füße Schemel *(Matth. 5, 34 u. 35).* Die byz. Liturgie hebt den »überhimmlischen Thron Gottes« hervor.

Der Sitz eines Regenten vertritt als bildhafte Bezeichnung das Herrschertum selbst – »der heilige Stuhl«, Persiens »Pfauenthron«. Leere Throne wurden in Gerichtssälen für den römischen Kaiser bereitgehalten, für einen Gott, der die Menschen besucht, hat es sie in Babylon (→ Turmbau zu Babel), in Altkreta, Kleinasien und Griechenland (Thron Apollos in Amyklai) gegeben. Die → Bundeslade im Allerheiligsten des salomonischen Tempels war der Sitz, auf dem Jahwe unsichtbar thronte.

»Auf daß das Ende unseres Lebens christlich schmerzlos, ohne Schaden und friedlich sei, und wir dereinst vor dem furchtbaren Richterstuhl Christi eine gute Rechenschaft zu geben vermögen, laßt uns den Herrn bitten.« *Liturgie der Gläubigen*

Der Etimasie-Stuhl wird teils als Thron, teils als Bundeslade wiedergegeben, in jedem Fall mit Fußschemel. Obenauf liegt in Vertretung Christi – als Logos – das aufgeschlagene Evangelium über einem antiminsionähnlichen Tuch (→ Altar; → Eucharistie).

Bildliche Darstellungen der Etimasie
Ab der Jahrtausendwende kommt die Etimasie vor
1. als Zentrum des Endgerichtes, angeordnet unmittelbar unter dem zur zweiten Wiederkunft von Engeln im Nimbus herbeigetragenen Christus. Dargestellt ist – verehrt von Adam und Eva – der Thron (Athosklöster) oder die Bundeslade (Chorakirche, Konstantinopel, 1315–1321) mit zwei Cherubim (entsprechen den zwei Ehrenfächern auf dem Altar) oder der Altar mit Kreuz, Leidenswerkzeugen und Abendmahlsbrot (entsprechen der bei der → Proskomidie verwendeten heiligen Lanze und dem Schwamm). Der Abendmahlsaltar in der Apsis und der leere Thron sind ein und dasselbe Symbol – die Eucharistie nimmt die endgültige Wiederkehr Christi vorweg. Auf dem Altar kann die Taube des Heiligen Geistes sitzen.
2. Allein für sich, als Bildkürzel der endzeitlichen Wiederkunft Christi und zugleich der Eucharistie.
3. Als Zentrum der Ausgießung des Heiligen Geistes über die → Apostel zu → Pfingsten. Auf dem Thron über dem Evangelium sitzt die Taube des Heiligen Geistes, von der die Flammenzungen ausgehen.

In Bischofskirchen steht hinter dem Altar der »obere« – nämlich himmlische – Thron (i áno káthedra). Nimmt der Bischof während des »kleinen Einzuges« (→ Liturgie) darauf Platz, stellt er symbolisch die Einnahme des Thrones durch Christus dar.

Vorformen der Etimasie-Darstellung
Die früheste bekannte Vorform des leeren Thrones findet sich auf dem Triumphbogen in Santa Maria Maggiore (Rom, um 537/540). Im Baptisterium der Arianer in Ravenna (um 500) schreiten die die Taufszene umgebenden Apostel auf einen Thron mit dem Gemmenkreuz zu. (In frühchristl. Zeit hat das Kreuz oft Christus selbst repräsentiert. Daher ist der Kreuzthron auch Bildkürzel des kaiserlich thronenden Christus – mit Gemmenkreuz zwischen vier Evangelistensymbolen in Santa Pudenziana, Rom, vor 400.) Im Baptisterium der Orthodoxen (Ravenna, Mitte 5. Jh.) umgibt die apostelumwandelte Taufszene in der Kuppel ein Ring musivischer Scheinnischen (in Pavillons des Paradiesgartens) mit abwechselnd vier Thronen, besetzt mit je einem kleinen Kreuz und darunter dem eucharistischen Brot in Form eines kleinen Fünfkreis- → Kreuzes, und vier Altären mit aufgeschlagenem Evangelium – Bild der durch Christus als Wort (vier Evangelien) und als eucharistische Gabe beherrschten vier Enden der Welt (→ Evangelisten; → Kosmos; → Zahl 4).

Liturgie / Gottesdienst
Η ΘΕΙΑ ΛΕΙΤΟΥΡΓΙΑ
I thía litourjía

Auf die → Eucharistie als Zentrum hin ausgerichteter dreiteiliger Gottesdienst. Dramatische Vergegenwärtigung der Heilsereignisse des Neuen Testaments und der künftigen Vergöttlichung der Welt. Die Teilnehmer werden in die symbolisch dargestellten Heilsereignisse als Mitwirkende und Miterlebende einbezogen (Aufbau und Ablauf → Proskomidie, → Eucharistie).

**Liturgie = Proskomidie +
Liturgie der Katechumenen +
Liturgie der Gläubigen**
In Gemeindekirchen findet »der göttliche Dienst« an allen Sonn- und Festtagen morgens

gegen 9 Uhr statt – nur am Heiligabend, Epiphanias, dem »Roten Donnerstag« und dem »Großen Freitag« sowie der Feier der Osternacht als → eucharistische Abendgottesdienste. In Klöstern wird nach Möglichkeit die Liturgie, neben anderen Stundenandachten, täglich abgehalten. Die göttliche Liturgie, der die meisten Weihehandlungen an- oder eingegliedert wird, umfaßt:

☆ *Die Proskomidie:* Vorbereitung der Abendmahlselemente durch Priester und Diakon im Nordteil des Allerheiligsten; bereits anwesende Gemeindeglieder können sie hören, nicht sehen.

Voraus geht der Ritus des → Gewänder-Anlegens, für alle sichtbar vor der Bilderwand.

☆ *Die Liturgie der Katechumenen:* Ursprünglich für Taufanwärter und Büßende, die mit dem Worte belehrt, vor Beginn der Eucharistie die Kirche verlassen mußten. Im Mittelpunkt das göttliche Wort: Der Einzug des Priesters und Diakons mit dem Evangelienbuch zum Altar symbolisiert das Erscheinen des göttlichen Logos als Mensch auf der Erde, auch den Beginn der öffentlichen Predigttätigkeit Christi.

Heute verfließen Liturgie der Katechumenen und Liturgie der Gläubigen zu einem einheitlichen Bestandteil des Gottesdienstes (Ablauf → Eucharistie).

☆ *Die Liturgie der Gläubigen:* Der große Einzug – die Übertragung der eucharistischen Gaben vom Nordteil des Allerheiligsten über das Schiff durch die Schöne Pforte zum Altar – symbolisiert den Gang Christi zu seinem Leiden und Sterben (→ Einzug in Jerusalem). Die Verteilung des Abendmahls versinnbildlicht Christi Tod und Auferstehung (Ablauf → Eucharistie).

Die Liturgien nach Chrysostomos, Basilios und Gregor

Die Liturgien bestehen aus festen Textblöcken und gemäß den Anlässen des Kirchenjahres wechselnden Lobpreisungen – Kontakia, Troparia, Prokimena (→ Kirchenjahr). Die orthodoxe Standard-Liturgie, benannt nach → Johannes Chrysostomos, entstand in Konstantinopel. Zehnmal im Jahr – Weihnacht, Basiliustag/Neujahr, Epiphanias, den Sonntagen der Fastenzeit (außer Palmsonntag), am »Roten Donnerstag« und am »Großen Freitag« (Karfreitag) – wird statt dessen die von → Basilios dem Großen verfaßte Klosterliturgie Kappadokiens gefeiert.

Die Liturgie der vorgeweihten Gaben – vermutlich von Papst Gregor während seines mehrjährigen Aufenthaltes als päpstlicher Legat in Konstantinopel verfaßt – wird mittwochs und freitags in der großen Fastenzeit (→ Passionszyklus) und am Montag bis Mittwoch der Karwoche gefeiert: Wort-Gottesdienst und Abendmahl mit am vorausgegangenen Sonntag vorgeweihten Gaben. Der Trauercharakter dieser Tage läßt keine Weihung der Abendmahlselemente zu. Die auf den Apostel Jakobus zurückgeführte Jakobusliturgie wird lediglich in Jerusalem, am Tag des Apostels und am Sonntag nach Weihnachten begangen.

In der Liturgie fließen Text, kultisches Handeln, der Kirchenraum und sein Bildprogramm, die Ikonen und der Gesang zu einem alle Sinne ansprechenden kultischen Gesamtkunstwerk zusammen.

Die Ablehnung aller Musikinstrumente für den gottesdienstlichen Gebrauch hat zu einem hohen Niveau des Chorgesanges beigetragen. Der polyphone Gesang der Russen hat von der italienischen Oper starke Impulse erhalten. Komplexer und musikalisch anspruchsvoller ist der einstimmige byz. Gesang. Seine komplizierten Tonarten sorgen für eine ungewöhnliche Tonalität.

Der Charakter der orthodoxen Liturgie

Klosterkirche von Dochiariou, Athos.

Die Liturgie ist

1. eucharistisch-sakramental

Die göttliche Liturgie, auch die Stundenandachten kreisen um das Zentrum der Abendmahlsfeier.

2. abbildend und vergegenwärtigend

Die Riten stellen Höhen und Schwerpunkte der heilsgeschichtlichen Ereignisse symbolisch dar. Das Erscheinen Christi in der Welt, sein Leiden und Auferstehen werden auf geheimnisvolle Weise in der Gegenwart erneut vollbracht.

3. dramatisch

Liturgie bedeutet heiliges Spiel der Heilsgeschichte, in dem Christus der eigentlich Handelnde ist. Er verkörpert sich als Opfer, als das Lamm (in den Opfergaben) und gleichzeitig als der Hohepriester, der das Opfer darbringt (im Priester). Dieser fühlt sich lediglich als das Werkzeug für das Handeln Gottes. Die Gläubigen selbst verwandeln sich je nach Anlaß in die Apostel (→ Himmelfahrt), in die trauernden Frauen am Grabe (→ Kreuzigung, → Passionszyklus), in den Chor der Engel, Erzengel und Cherubim.

4. dogmenhaltig

Die orthodoxe Lehre wird weniger durch Reden als durch anschauliches rituelles Tun innerhalb der Liturgie verbreitet:

☆ die Trinitätslehre: Gott ist in sich ein Wesen und äußert sich dennoch in dreien, als Vater, Sohn und Heiliger Geist. Die wesentlichen Gesänge werden dreimal gesungen, der Altar dreimal umrundet, das Segenszeichen dreimal geschlagen.

☆ die Zwei-Naturen-Lehre: Christus ist gleichzeitig wahrer Gott und wahrer Mensch. Die Poesie der liturgischen Gesänge lebt von dieser Paradoxie:

»Der Du das Erdenrund festhältst und festgehalten wirst vom Grab, laß Dich herbei, das Menschliche loszulösen von seinem Sturz in den Hades und uns in Unsterblichkeit zu verlebendigen, als unsterblicher Gott.«

5. mystisch-geheimnisvoll

Der Papas bringt das Opfer dar – zugleich am Altar der sichtbaren Kirche und am »überhimmlischen, unsichtbaren Altar« Gottes (→ Altar; → Jesaias; → Eucharistie).

6. allvereinigend

Die Eucharistie nimmt die Verschmelzung des Gläubigen mit Gott und der gesamten vergöttlichten Welt vorweg. *Gott wurde Mensch, damit der Mensch Gott werde.*

7. kosmisch

Die liturgischen Gebete umschließen die gesamte Welt, alle Lebenden und Toten, das Sichtbare und Unsichtbare (→ Deïsis; → Proskomidie; → Kosmos; → Brot; → Taufe Christi).

8. volkstümlich

Die kirchliche Liturgie und das volkstümliche Festtreiben mit Brotverteilung, Gastmählern, Tanz und Gesang verzahnen sich in Griechenland derart, daß die Nahtstellen kaum auszumachen sind.

Volkstümliches Brauchtum hat die Liturgie bereichert, liturgische Bedeutungen haben volkstümliches Brauchtum überlagert. Unter der Glasglocke der 400 Jahre langen türkischen Fremdherrschaft haben sich kirchlicher Kult und bäuerlich-symbolisches Brauchtum gegenseitig gestützt und durchdrungen.

9. schichtenübergreifend

Die Teilnahme an der Liturgie, die zur Identifizierung mit den heiligen Gestalten und zum Miterleben der Ereignisse auffordert, macht Freude. Die mit dem Festtagskalender wechselnde Dramatik ergibt eine Spannung, die den Bauer oder Fischer ebenso fasziniert wie den Intellektuellen. Die reichhaltige Symbolik kann jeder für sich, entsprechend seinen Fähigkeiten, erschließen.

Übersicht:	**Wichtige liturgische Begriffe**
Doxologie	Lobpreis Gottes, vom Priester gesungen, beginnt mit dem Wort *Doxa* = »Ehre« ...
Ektenie	Bittgebet (Litanei). Der Diakon fordert zum Gebet für die Lebendigen, die Toten, die Regierung, die Priesterschaft, für den Frieden usw. auf. Der Chor antwortet mit »Kyrie eleison« (Herr erbarme Dich). Zum Abschluß spricht der Diakon eine Lobpreisung, in die die Gottesmutter, als Personifikation der Fürbitte (→ Deïsis), eingeschlossen wird
Antiphonon	Psalmodie, vom Chor gesungen. Es sind Bibeltexte: Psalmen oder Prophetenworte aus dem AT, Seligpreisungen aus der Bergpredigt des NT (Makarismen)

(Fortsetzung) Übersicht: **Wichtige liturgische Begriffe**	
Stillgebet	Gebet, das der Priester leise während des Antiphonongesanges am Altar vollzieht. Endet oft mit einem laut vom Priester gesungenen, allgemein gehaltenen Lobpreis (doxa patri)
Hymnos	Psalmähnliche Lobpreisdichtung (Ode) aus frühbyz. Zeit
Kontakion, Troparion	Dichtungen, vom Chor gesungen, beziehen sich auf das Festereignis des Tages bzw. den Heiligen des Tages, stellen das liturgische Gegenstück dar zu den Ikonen des Tages, aufgelegt rechts hinter dem Eingang im Kirchenschiff auf einem Pult (an bestimmten Festtagen vor der Bilderwand). Der Chor übernimmt, wie der des antiken Dramas, die Rolle von Beobachtern der Ereignisse, spricht die Empfindungen von Teilnehmern aus – der Jünger, der Myrrhenträgerinnen, Christi selbst, der Gottesmutter. Die Kontakien fassen das Gedenkereignis des Tages kurz zusammen
Prokimenon	Psalmvers des Tages vor der Epistellesung. Wechselgesang zwischen Lektor und Chor
Trisajion	»Dreimalheilig« (Sanktus): Lobgesang des Chores, begleitet von einem Stillgebet des Priesters, gesungen unmittelbar nach dem kleinen Einzug: »Heiliger Gott, heiliger starker, heiliger unsterblicher, erbarme Dich unser ...«
Cherubimhymnus	Lobgesang des Chores – gemeinsam mit dem Chor der Cherubim um Gottes Thron – während des »großen Einzugs« (Cherubimeinzug)
Anaphora	Wichtigster eucharistischer Liturgieteil zwischen Glaubensbekenntnis und Austeilung des Abendmahles, umfaßt – Danksagung – Anamnese (vergegenwärtigendes Erinnern) des historischen Abendmahls, in dessen Verlauf

(Fortsetzung) Übersicht: **Wichtige liturgische Begriffe**	
	die Einsetzungsworte gesprochen wurden (»Nehmet hin und esset ..., nehmet hin und trinket ...«). Bedeutet die Darbringung des Opfers (Christus als das Lamm) an Gott
	– Epiklese, Bitte um den Heiligen Geist, der als Gegengabe für die Darbringung des Opfers Brot und Wein in Leib und Blut Christi wandeln möge

Löwe

O ΛΕΩΝ

O léon

»Wie ein Löwe, Retter, entschläfst Du nach dem Fleische, wie das Löwenjunge erhebt sich der Tote, ablegend des Fleisches Alterung.« *Aus der Osterliturgie*

Der *Physiologos* (2. Jh.) erwähnt unter Berufung auf *1. Mose 49, 9*, daß die Löwin ihr Junges tot gebiert und drei Tage bewacht, bis der Löwenvater kommt, es anbläst und so zum Leben erweckt. Auf Wandmalereien und Reliefs vertritt der hauchende Löwe Gott, der den Junglöwen Christus auferweckt. Schon im NT ist der Löwe einerseits Symbol Christi – »Es siegte der Löwe aus Juda« *Offbg. Joh. 5, 5* –, aber auch des Satans *(2. Tir. 4, 17, 1. Petr. 5, 8)*.

Venezianischer Löwe aus Nawplion. Die zahlreichen Löwen an der Burgmauer der Stadt und der Feste Palamidi forderten die dort unter König Otto 1833 gelandeten Bayern dazu heraus, einen bayerischen Löwen aus einem Felsen der Vorstadt Pronia herauszumeißeln.

»Die Zeit mangelte mir, um zu erzählen über Gideon und Barak und Simson und Jephtat und David und Samuel und den Propheten, die mittels Gottvertrauen Königtümer überwunden ..., die Rachen der Löwen verstopft haben.« *Hebr. 11, 32–33*

Die Löwenkämpfer des AT sind im NT Typus Christi, der den Satanslöwen erlegt – dargestellt wird meist Simson. → Daniel in der Löwengrube knüpft an die altorientalischen Vorstellungen vom König als Herrscher über die wilden Tiere an. Salomons Thron der Weisheit war von zwei Löwen flankiert; byz. Throndarstellungen greifen das auf, vermehren die Anzahl der Löwen auf zwölf – die zwölf Stämme Israels vertretend (Christus auf Löwen und Drachen tretend; → Drache).

Sonstige Löwendarstellungen: Der Eremit Jerasimos (lateinisch Hieronymus) entfernt einen Stachel aus der Pfote eines Löwen (Nikolaos Orphanos, Thessaloniki, Anfang 14. Jh.). Bei der Bestattung der heiligen Maria Ägyptika in der Wüste hilft ein Löwe. Der Flügellöwe ist Zeichen des → Evangelisten Markus und Stadtwappen Venedigs. Das Löwenrelief an einer Felswand in einer Vorstadt von Nauplion stammt von den Bayern – Erinnerung an die Landung Ottos, Sohn Ludwig I. von Bayern, des ersten Königs der Hellenen nach den Freiheitskriegen (1834).

Lukas, der Evangelist
→ Apostel, → Evangelisten, → Bild, → NT

Märtyrer und Martyrium
ΟΙ ΜΑΡΤΥΡΕC ΚΑΙ ΤΑ ΜΑΡΤΥΡΙΑ ΤΩΝ
I mártires ke ta martíria ton

Verfolgte und Blutzeugen um ihres Glaubens willen. Wurden nach Abschluß der Verfolgungszeit – nach 311 – zu Vorbildern der Eremiten und Asketen.

Bekenner und Märtyrer als Nachvollziehende des Leidens Christi
Der Großteil der ostkirchlichen → Heiligen sind *Bekenner* (verfolgt, aber nicht umgebracht) und *Blutzeugen* – Opfer

☆ der römisch-kaiserzeitlichen Christenverfolgungen – mit Unterbrechungen bis 311/312.

☆ von im NT erwähnten Bluttaten, z. B. → Johannes der Täufer, sein Vater Zacharias (5. September; → Marienzyklus).

☆ von Verfolgungen durch ausländische nicht-christl. Potentaten.

☆ von Auseinandersetzungen mit abweichenden christl. Strömungen, vor allem mit den Bilderstürmern (der *Bekenner* Theophanes dokumentierte in einer Weltchronik die erste Phase des Bilderstreites).

Das Märtyrertum, als Nachvollzug des Kreuzestodes Christi verstanden, hat Kult und Kunst der Kirche, in deren Zentrum ohnehin schon der leidende und sterbende Gottmensch steht, entscheidend geprägt.

Märtyrer, ein Kreuz in der Hand. Chorakirche, Konstantinopel, 1315–1321.

Bedeutung des Märtyrerkultes nach dem Ende der kaiserzeitlichen Verfolgungen
Während der Verfolgungszeit standen die Christen und die Welt in einem klaren Gegensatz zueinander. Die Herrscher waren Statthalter des Satans. Unter → Konstantin wurden die bislang verfolgten Christen immer mehr in die Welt integriert. Es galt, neue Wege zu suchen, ihr zu entfliehen – notfalls bis in die Wüste. Das versuchten zunächst in Ägypten die Begründer des Anachoretentums – (erster Einsiedler war Antonios, vermutlich noch vor 300) – und des Mönchtums (Pachomios, ca. 312). Zur gleichen Zeit begann man, unterstützt von staatlicher Seite, die heilige Zeit des

→ Kirchenjahres und den heiligen Raum der Kirche (→ Kirchengebäude) mit dem Blut der Märtyrer zu verbinden.

☆ Zeit: Jeder Tag des Jahres ist dem Gedenken eines oder mehrerer Märtyrer, Bekenner, Eremiten gewidmet.

☆ Raum: Die nach 300 aufkommenden oberirdischen Märtyrergräber, Martyrien (Gedenkkapellen ohne Grab) und Baptisterien (Taufe als Durchgang durch den Tod → Taufe Christi) bildeten mit ihrem turmartig aufragenden Mittelraum und den vier Kreuzarmen die Kreuzform, aus der sich die byz. Kreuzkuppelkirche (aber auch die Form der mittelalterlichen abendländischen Kirchen) herausentwickelte. Jeder orthodoxe oder katholische → Altar ist symbolisch auch als Grab zu verstehen.

Märtyrerbilder ziehen in die Kirchen ab Anfang 6. Jh. ein – als Medaillons (Ravenna, Erzbischöfliche Kapelle, ca. 560), als Prozessionen heiliger Frauen und Männer (Ravenna, Sant'Apollinare Nuovo, Mitte 6. Jh.). In mittelbyz. Zeit übersäen Märtyrerdarstellungen Gewölbegurtbogen und Pfeiler, in spätbyz. die tiefergelegenen Wandteile des Naos und der Vorhallen. Märtyrer (→ Heilige) halten ein Kreuz in Händen. Sie sind kenntlich an Namensbeischriften (→ ABC). Leidensszenen finden sich, symbolisch verfremdet, in frühchristl. Zeit (Laurentios, dem Feuerroß zuschreitend, Galla Placidia, Ravenna, ca. 422). In nachbyz. Zeit füllen drastische Marterszenen – abgehauene nimbierte Köpfe rollen durchs Bild – die Vorhallen der Kirchen (Meteora, Athos, serbische, bulgarische und rumänische Klöster).

Im Westen, der Nachtseite des kosmographischen Modelles (→ Kirchengebäude) breiten sich die Schattenseiten aus – Grausamkeiten an Märtyrern, auch die Qualen der Verdammten (→ Endgericht). In der Häufung grausiger Bilder spiegelt sich die Situation der orthodoxen Christen – Verfolgung und Unterdrückung durch lateinische und muslimische Eroberer.

Mandylion / Heiliger Ziegel

ΤΟ ΜΑΝΔΥΛΙΟΝ ΚΑΙ ΤΟ ΚΕΡΑΜΕΙΟΝ
To mandýlion ke to keramión

Tuch und Ziegelstein mit dem Abbild Christi, Urtyp der nicht mit Händen gemachten Ikonen (→ Ikonenwunder).

Das nicht mit Händen gemachte Bild Christi des armenischen Königs Abgar von Edessa

Das Mandylion, ein großes Taschentuch mit dem Gesichtsabdruck Christi, hat Christus der Überlieferung zufolge mit einem Antwortschreiben an den armenischen König Abgar von Edessa gesandt (→ Gewänder, → Christus). Es hat während einer Belagerung Edessas durch die Perser seine Echtheit und Wunderwirksamkeit durch Übertragung des Christuskopfabdruckes auf einen Ziegel (keramión) erwiesen. 944 wurden Brief, Mandylion und Keramion nach Konstantinopel überführt, 1204 haben es die Lateiner geraubt. Aufbewahrt in der Sainte Chapelle in Paris, ist es während der Französischen Revolution verschollen.

Schweißtuch der Veronika

Im Westen hat das Abgartuch (Christuskopf ohne Dornenkrone) die Veronika-Legende des 11. Jh.s angeregt: Veronika hat ihr Tuch dem kreuztragenden Christus auf der Via dolorosa gereicht. Darin hatte sich sein Antlitz mit der Dornenkrone abgebildet. Ihr Name ist eine Personifizierung von »Vera Ikon« (wahres Bild).

Keramión, Fresko in einer Kirche in Kastoria.

Als Wandmalerei kommt das Mandylion seit dem 11.–12. Jh. vor, ab spätbyz. Zeit wird es, wie das Keramion, im untersten Rand des Kuppeltambours oder im Schildbogen über der Hauptapsis dargestellt.

Mandylion. Ajios Nikolaos Orphanos, Thessaloniki, Anfang 14. Jh.

Das eucharistische Velum – Ursprung des Mandylion Wandbildes

In Kappadokien (Shakli Kilise, Göreme, 11. Jh.; Barbara Kilise, So'anli, Anfang 11. Jh.) finden sich stark zerstörte Darstellungen über Prothesisnischen: Gemaltes Tuch mit Christuskopf zwischen vier Broten oder Weingefäßen. Christus selbst ist also als das Lamm, das fünfte eucharistische → Brot wiedergegeben. Diese Darstellung des eucharistischen Velum (Unterlagetuch für die Gaben auf dem Antiminsion des → Altars); bzw. die Interpretation des Abgartuches als Velum ist eine Antwort auf die These der Bilderfeinde, das eucharistische Brot sei das einzige legitime Bild Christi.

Maria, die Allheilige
Η ΠΑΝΑΓΙΑ
I Panajía

Mutter Christi, hat in der orthodoxen Kirche vielfältige, auch eucharistische, symbolische Bedeutung. Am häufigsten auf Ikonen dargestellte heilige Gestalt. Bilderwände enthalten neben der Ikone Christi und Johannes des Täufers eine Ikone der »Hausherrin« – links neben der schönen Pforte, auf der Frauenseite der Kirche. Marien- und Christusikonen werden vor der Einkleidung zum Gottesdienst (→ Proskomidie) vom Priester begrüßt.

Muttergottes als Behältnis der eucharistischen Gaben

Gegenüber dem männlichen Gott wird die Menschheit vertreten durch eine Frau, die vorbildhaft als Erste Zutritt zu der den Gläubigen verheißenen Welt hat (→ Heimholung Mariae). Christus hat seinen menschlichen Leib aus ihr geformt. Weil dieser Leib gleichzeitig der als Brot und Wein genossene eucharistische Leib ist und Maria ihn in sich getragen hat (Platytera), gilt sie als Miturheberin der Eucharistie – bildlich als Löffel (→ Altar), der das in Wein getauchte Brot in sich birgt (→ Bundeslade). Ihr allein ist die zweite der fünf Abendmahlsprosphoren (→ Brot, → Proskomidie) geweiht.

In der spätbyz., an eucharistischen Riten besonders interessierten Epoche schlägt das Dunkelblau ihres Maphorions um in das Purpur bzw. Rot des eucharistischen Blutes. Gleichzeitig beginnt man in der Apsiswölbung direkt unter dem Bilde der Mutter Gottes die Aposteleucharistie darzustellen.

Die drei Sterne auf ihrem Mantelkopftuch (→ Zahl 3) sind m.E. aus dem eucharistischen Fünf-Punkte-Kreuz (→ Kreuz) hervorgegangen – sie weisen darauf hin, daß die Mutter, die den Gott gebar, Jungfrau geblieben ist

☆ vor der Geburt
☆ während der Geburt
☆ und nach der Geburt.

Jungfrau, Mutter und Braut

Die Mutter ist zugleich Braut Christi, als die ihm angelobte Personifikation seiner Kirche. Maria umfaßt alle Möglichkeiten des Weiblichen, das in ihr verklärt wird (→ Maria zwischen Engeln). Bildprogramm und Architektur der Kreuzkuppelkirche stellen in der Marienapsis und in der Christuskuppel gleichzeitig Gegensatz und Vereinigung des männlichen und des weiblichen Prinzips dar, vorausweisend auf die endzeitliche mystische Vereinigung Christi und seiner Braut, der Kirche.

Die Entstehung der Marienverehrung im Osten

Die Marienverehrung hat sich von Syrien aus westwärts verbreitet, was ihre Kleidung, das syrische Mantelkopftuch, das Maphorion, verrät. Von der frühen Kirche wurde die Abwertung Marias zur bloßen Menschenmutter bekämpft: 431 auf dem Konzil zu Ephesus siegte Kyrillos, Metropolit von Jerusalem, mit seiner Benennung »*Theotokos*« (*Gottesgebärerin*) über Arius, der ihr nur den Namen *Christusgebärerin* zubilligen wollte. Doch galt es auch, Bestrebungen abzuwehren, aus Maria eine Göttin zu machen: Orientalisch-christl. Strömungen bekannten sich zu einer Dreieinigkeit von *Vater, Sohn und Mutter Maria*. So abwegig ist die Gleichsetzung Maria – Heiliger Geist nicht: Im Hebräischen und Aramäischen (der Sprache Jesu) ist »ruach« (= Geist) weiblich.
Im Koran klingt die Einschätzung Marias als dritte göttliche Person nach:

»Und sie (Maria), die ihren Schoß keusch hielt, und in die wir bliesen von unserem Geiste, und die wir nebst ihrem Sohne zu einem Zeichen machten für die Welt.« *21. Sure, Vers 91 (auch 23. Sure, Vers 52)*

Auch die Darstellung Marias als »Thron der Weisheit« (S. 228) erinnert an die gnostisch-christl. Tradition: Nach Paulus wird die Weisheit Gott durch den Geist offenbar (1. Kor. 2, 6–10).

Wechselwirkung zwischen Theotokien (Marienhymnen) und Ikonen

Abgesehen von Darstellungen in Szenen des → Marienzyklus entstanden in Byzanz und in Rußland einige hundert Marienbildtypen, alles Abwandlungen weniger Grundformen. Die Theotokia haben Anregungen aus Ikonen aufgegriffen, auch auf die bildliche Darstellung zurückgewirkt.

In Kirchenräumen findet sich die Panajía

☆ in der Wölbung der Hauptapsis, der zweitwichtigsten Stelle der Kirchenarchitektur (nur die Bildtypen Wlacherniotissa bis Periwleptos) meist zwischen zwei Engeln (→ Maria zwischen Engeln),
☆ im Portaltympanon,
☆ in Nebenapsiden und Konchen,
☆ in (spätbyz. Nebenkuppeln, umgeben von Engeln oder Vorvätern.

Alle wichtigen Marienwandbilder haben ihren Beinamen abgeleitet von einer Besonderheit der Ikone selbst *(Tricherousa = Dreihändige,* → Ikonenwunder), vom Aufenthaltsort der Ikone *(Panajia skiadeni in Moni Skiadi,* Rhodos), von einem mit dem Bild zusammenhängenden Wunder oder sonstigem Ereignis (→ Ikonenwunder), von einer Vorbildikone in einer anderen Kirche (Wandbild *Panajia Skiadiotíssa, Allheilige von Skiadi,* in Ajios Jíorgios o wardas, Apolakkia, Rhodos).

Haupttypen von Marienikonen

Mariendarstellungen in bedeutenden Kirchen, besonders denen von Konstantinopel und dem Heiligen Land, waren die Vorbilder für die bedeutendsten Ikonentypen. Die Namenszuweisungen folgen den griechisch-orthodoxen Benennungen. Bezeichnungen in der kunstgeschichtlichen und theologischen Literatur des Westens weichen davon mitunter ab.

1. *Panajia Wlacherniotissa (Allheilige aus der* Apsis *der Wlachernenkirche* in Konstantinopel): Frontal stehend, ohne Kind, mit zum Gebet erhobenen Händen (→ Oranten) vor einfarbigem Grund. Schon die Orantin der Holz-

---

Übersicht: **Beinamen der Gottesmutter**

Die aufgeführten Namen kommen als Bestandteile von Figurenbeschriftungen, von Kirchen- oder Klosternamen vor. In Hymnen wird darüber hinaus eine Vielzahl spezieller Anredeformen gebraucht – z. B. *Nímphi anímphewti,* »ungefreite Braut«, oder *Apirógamos,* »der Ehe Unerfahrene«

Panajía	Allerheilige
Theotókos	Gottesgebärerin
Aíparthénos	Immerjungfrau
Eleoúsa	Barmherzige
Odijítria	Weggeleiterin
Gorgoypékoos	Schnellerhörende
Períwleptos	Bewunderte
Kyría ton angélon	Herrin der Engel
Pantánassa	Allherrschende
Panachróntos	Allunbefleckte
Ypsilótera ton ouranón	Höhere als die Himmel
Platytéra ton ouranón	Umfassendere als die Himmel
Zoodóchos pijí	Lebensspendende Quelle
Glykophiloúsa	Zärtlich Küssende
Galaktotrophoúsa	Mit Milch Nährende
Phowerá Prostasía	Beschützende, die Furcht erzeugt
Amartólon Sotíría	Rettung der Sünder
Paramythía ton Thliwoménon	Trost der Betrübten
Pánton Chará	Freude aller
Portaïtíssa	Pförtnerin
Tricheroúsa	Dreihändige
Pammakáristos	Allselige
Elpís ton Píston	Hoffnung der Vertrauenden (Gläubigen)

Typologische Hinweise auf die Gottesmutter in Zitaten von Vorvätern und Propheten

Gestalt des AT	*Typos für die Gottesmutter*
Jakob	→ Himmelsleiter
Moses	→ brennender Dornbusch
Aaron	blühender Stab (Marienzyklus)
→ Gideon	nasses Fell
→ David	→ Bundeslade
→ Salomon	Lager des Königs
→ Jesaias	Zange für Feuerkohle (= eucharistischer Löffel)
→ Jeremias	Jungfrau
→ Hesekiel	Tor Gottes
→ Daniel	geistiger Berg, von dem ein Stein gerissen wird
Habakuk	dicht bewachsener schattiger Berg
Zacharias	siebenflammiger Leuchter

tür in Santa Sabina (Rom, ca. 432) bedeutet, im Gegensatz zu den noch unbestimmten Orantinnen der früheren Sepulkralkunst, die Gottesmutter. In späteren Bildern der → Himmelfahrt Christi erscheint Maria im Orantengestus. In der Wlachernenkirche (Bau um 450, Entstehungszeit des Apsisbildes unbekannt) ist aus der Orantin endgültig die fürbittende Gottesmutter, Vorläuferin der Maria der → Deïsis, geworden. Die Muttergottes als Fürbittende herauszustellen, hatte im 5. Jh. auch den Sinn, Bestrebungen abzuwehren, sie anzubeten oder, wie die Sekte der *Philmarioniten*, als Göttin zu verehren. Das Wlacherniotissa-Motiv wurde übernommen als Relief (Nord-Fassade San Marco, Venedig), in Goldemaille (zwei Bucheinbände im Schatz San Marco, Beresford-Hope-Kreuz, vor 1000, im Victoria und Albert Museum, London), in Apsiden (Murano bei Venedig, 14. Jh.; Periblewtos-Kirche, Ochrid, 1295, Peĉkaja Patriarchia Peĉ, Mitte 13. Jh.). Ab 1000 wird die Orantengeste mehr und mehr zurückgenommen: die erhobenen Arme sinken – bis die Handflächen nach vorne offen vor der Brust stehen.

Die Nikopiía zwischen Johannes II. Komnenos und Irene. Empore der Ajia Sophia, um 1120.

2. *Panajía Nikopiía (die Siegbringende):* steht frontal, fast axialsymmetrisch mit dem Kind vor der Brust vor einfarbigem Grund. Die Hände fassen den Christus Emmanouil ganz vorsichtig. Er hält – auf allen Marienikonentypen – als der *Logos (das mitteilende Wort Gottes)* in seiner Rechten die Schriftrolle. Die Nikopiía geht auf das Apsismotiv in der Marienkirche zu Bethlehem zurück. Benannt ist sie jedoch nach einer im Kaiserpalast Konstantinopels aufbewahrten und auf Feldzügen mitgeführten Ikone (→ Ikonenwunder, Akathistos Hymnos). Nach der Vertreibung der Perser und Awaren vor den Mauern Konstantinopels,626, wird die Marienkrone zum Garanten und Zeichen des Sieges (wie zuvor das konstantinische Lawaron). Deshalb erscheint auf der Kaiserempore der Ajia Sophia die Nikopiia zwischen Johannes II. Komnenos und Irene, deshalb gibt der Patriarch Germanos von Patras 1821 das Signal zum Freiheitskampf mit einer Marienstandarte (→Kaiser, →Heimholung Mariä). Darstellungen auf Elfenbeintafeln des 10. und 11. Jh.s zusammen mit flankierenden Engeln und in Apsiden (San Marco, Venedig, 12. Jh., Ajios Dimitrios, Mistra, 13. Jh.: die überlange Maria auf einem Erdkreissegment durchwächst Unterwelt, Welt und Sternenhimmel.)

3. *Panajía Káthedra tis ajías Sophías (Thron der heiligen Weisheit):* Frontal sitzt die Gottesmutter mit dem Emmanuelknaben auf dem Schoß auf einem mit dem kaiserlichen Ovalkissen bedeckten Thron. Dessen Perl- und Juwelenornamentik erinnert an die Verzierungen der Kaiserdiademe. Maria selbst verkörpert den Thron der heiligen Weisheit (→Sophia), der Thron »Salomos« (AT) ist ein Typos von ihr. Nach *1. Kön. 10, 18–20* hat er eine runde Lehne, ist von zwei Löwen flankiert und steht auf sechs Stufen (Santa Sabina, Rom, ca. 432: Anbetungsszene mit Maria über sechsstufigem Podest). Nach *Konstantin Porphyrogenetos* (6. Jh.) stand im Kaiserpalast von Konstantinopel ein Thron Salomos (Vorbild des Kaiserstuhls im Dom zu Aachen). Die kirchlichen und gottesdienstlichen Einrichtungen, von denen der Kaiser seine Legitimation bezog, hatten ihre weltliche Entsprechung im Kaiserkult: Christus thronte auf seiner Mutter als dem Weisheitsthron und der Kaiser als weltlicher Repräsentant Christi regierte von Salomons Thron aus. Die *Panajia Kathedra* in der Apsis der Ajia Sophia entstand wohl vor dem Bilderstreit, wurde dann durch ein Kreuz ersetzt und 867 wieder erneuert. Als Vorbereitung auf die Apsis thront im Tympanon über der Innenpforte des Haupteinganges (Südwest) die Allheilige zwischen Konstantin und Justinian. (Weitere Apsisdarstellungen: Ajia Sophia, Thessaloniki, 11. Jh., Osios Lukas, ca. 1000). Der Bildtyp, bereits im 7. Jh. auf Zypern verbreitet (→Maria zwischen Engeln),

Die Allheilige des Thrones der heiligen Weisheit in der Kirche zur heiligen Weisheit. Konstantinopel, 867.

Platytera. Fresko in der Apsiswölbung einer Kirche in Kastoria, postbyzantinisch.

heißt in Rußland »*Muttergottes von Zypern*«. Früheste Darstellung der zwischen den Engeln Thronenden auf einer Goldmünze (Ende 6. Jh., jetzt in Washington).
(Weißes Tuch → Mariengürtel)

4. *Panajía Platytera (die Allheilige Umfangreichere*, entsprechend der liturgischen Marienhymne »*Umfangreicher als der Himmel ist Dein Schoß*«):

»Und während er (Christus) wohnt im Schoße seiner Mutter, wohnten in seinem Schoße alle Geschöpfe ...
Während der 30 Jahre, die er weilte auf Erden, wer nur lenkte da all die Geschöpfe?

Seine Macht hat jene (Maria) umfangen, die ihn umfing.
Denn zöge sich zurück seine Macht, so stürzte das All in sich zusammen ...
Denn während er am Kreuze hing, erweckte er Tote zum Leben.
Hat das sein Körper getan oder sein unsichtbarer Wille?
So auch hat, während er ganz und gar (körperhaft) wohnte im Leib seiner Mutter, sein unsichtbarer (körperloser) Wille das All versorgt.«
Zugeschrieben → *Ephräm dem Syrer*.

Vor der Brust der als Orantin ganz- oder halbfigurig stehenden, seltener sitzenden, Allheiligen eine Nimbusscheibe *(Clipeus = Schild)* mit der Halbfigur des ebenfalls frontal wiedergegebenen Emmanuelknaben. Maria ist häufig von einem weiteren großen Nimbus umschrieben. Der nach dem Vorbild römischer Reliefs von Verstorbenen und Ahnen frei vor ihr schwebende Clipeus löst das Problem, sie gleichzeitig mit Kind und als Betende mit erhobenen Händen darzustellen. Erstmalig auf einer Pilgerflasche des 5. Jh.s (vermutlich Wiedergabe einer palästinensischen Monumentaldarstellung → Öl) abgebildet, nimmt das Motiv rasch eine tiefere theologische Bedeutung an: Maria trägt den Herrn des Kosmos in sich, wird zu Gottes Bundeslade, Zelt, Wagen, Tempel und zur sichtbaren Kirche – als → Kirchengebäude wie auch als Gemeinde –, die den unsichtbaren Christus in ihrem Mutterleib enthält; vergleiche das Weihnachtslied: »*Den aller Weltkreis nie beschloß (umschließen kann), der liegt jetzt in Marien Schoß.*«

229

Die slavische Bezeichnung für die *Platytera Znamenie (Muttergottes des Zeichens)* basiert auf *Jes. 7, 14* (in *Matth. 1, 23* zitiert):

»Darum wird der Herr selbst euch geben *ein* Zeichen: Siehe, eine Jungfrau wird eine Leibesfrucht empfangen und einen Sohn gebären, den werden sie Emmanuel heißen.«

Wird das Medaillon von einem feuerroten → Cherubim getragen, unterstreicht das die eucharistische Symbolik der Platytera als Abendmahlslöffel (→ Altar, *Jes. 6, 1–7*). Bisweilen ist der Emmanuel ohne Clipeus freischwebend vor die Orantin gesetzt (Katakombe Cimiterio Maggiore, Rom, Anfang 4. Jh.; Palaiachóra, Aighina, Apsis, 14. Jh.; Athos Koutloumousiou, kretisch, Mitte 16. Jh.).

5. *Panajía Chalkopratía (aus der Chalkopratiakirche,* Konstantinopel, *stammend* oder *Ajiosorítissa*, nach dem *Sorós*, dem Schrein mit ihren Kleidern neben der Kirche): Halbfigur im Halbprofil ohne Kind. Die Rechte ist etwas angehoben, die Linke befindet sich in Brusthöhe. Aus der späteren Form der *Wlachiotíssa*, die mit verhaltener Fürbittgeste sich zur Seite wendet und ihre Gestik noch zurücknimmt (11. Jh.), entsteht der Typus der Chalkopratia. Angeblich schon im 6. Jh. bekannt, ist er ab dem 11. Jh. nachzuweisen. Die Chalkopratias ist die Übergangsform zwischen der fürbittenden Orans und der Fürbittenden in der → Deïsis.

In der Variante der Paraklitis (Bittenden) zieht Maria mit der Linken ihr Manteltuch zusammen – Ausschnitt aus der → Kreuzigung, siehe Ikone 14. Jh., Meteora, Moni Metamorphoseos.

6. *Panajia Odojitria (die Weggeleiterin,* Preisname aus einem *Theotikon*), berühmte Ikone vom Kloster *Odígon,* Konstantinopel: Stehend oder als Halbfigur hält die Gottesmutter den Emmanouilknaben in der linken Armbeuge, weist mit der Rechten auf ihn als »den Weg, die Wahrheit und das Leben«. *(Joh. 14, 6)* Das Kind, die Logosrolle in der Linken, erhebt die Rechte zum Segensgestus. Bei Ikonen bis zum 12. Jh. nimmt Maria eine frontale Haltung ein, blickt durch den Betrachter hindurch. Das Kind sieht traumverloren in die Ferne. Später wendet sie sich – unter dem Einfluß der Eleoúsa-Ikonen – mehr und mehr dem Kinde zu,

Odojítria aus der Vorhalle von Osios Lukas, um 1009.

blickt mit geneigtem Kopf besinnlich nach unten. Mutter und Kind schauen sich niemals an, blicken immer aus dem Bild heraus. Die Odijitria (mit Varianten) ist der verbreitetste Marienikonentyp. Die Urikone im Odigon-Kloster wurde seit mittelbyz. Zeit dem Apostel Lukas zugeschrieben. In Antiochien entstanden, im 5. Jh. nach Konstantinopel gekommen, wurde die »Weggeleiterin« im Kriege dem byz. Heer als Schutzschild vorangetragen. Bei der Wiederaufstellung der heiligen → Bilder nach dem Bilderstreit als erste Ikone aufgestellt, hat man sie 1204 vor den Lateinern verstecken können. 1453 zerstörten die Janitscharen nach der Eroberung der Stadt, was ihnen an Ikonen in die Hände fiel. Die Urikone teilte nach dem Historiker Dukas das Schicksal des Mantels Christi:

»Einer dieser Gottlosen schwang seinen Krummsäbel und mit seinen unreinen Fingern teilte er das Bild mit dem daranhängenden Schmuck in vier Teile. Alsbald wurden sie verlost, und nachdem sie auch die übrigen Geräte geraubt hatten, zogen sie davon.«

Je eine getreue Nachbildung der Ur-Odijitria wird in den Athosklöstern Xenophontos und Grigoriou *(Odijítria Pantanassa)* aufbewahrt.

7. *Panajia Periwleptos (die Bewunderte)*: Bildliche Zwischenlösung zwischen dem hieratischen *Odijitria*-Typ und den »humanen Ikonen« der *Eleousa* (früheste Darstellung in der Periwleptos-Kirche, Ochrid, ca. 1295; Periwleptos-Kirche, Mistra, Mitte 14. Jh.).

8. *Panajia Dexiakratousa (die mit der Rechten – das Kind – haltende)*: Spät- und nachbyz. seitenverkehrte *Odijítria*, stehend, halbfigurig, gelegentlich auch sitzend. Weniger hieratisch steif; Mutter und Kind können Blickkontakt haben. (Chorakirche, Konstantinopel, 1315–1320; Ajia Agathí, Rhodos, linke Apsisdiole; Ikone Tricherousa, Athos Chilandariou, 14. Jh.).

Eleousa. Tokali Kilise, Kappadokien, Ende 10. Jh.

9. *Panajia Eleousa (die Erbarmende)*: Halbfigurige Gottesmutter, drückt das Kind mit der Rechten oder Linken fest an sich, neigt den Kopf zu ihm hin. Auf älteren Bildern blickt sie mehr zum Betrachter hin, auf jüngeren auf das Kind, das sich mit beiden Händen an ihrem Hals festklammert. Die älteste Eleousa (Ende 10. Jh.) schmückt eine Nische der Tokali Kilise, Göreme.
Die berühmteste Eleousa ist die »Muttergottes von Wladimir«, aus Konstantinopel, um 1000 (Tretjakow-Galerie in Moskau). Vom 16. Jh. an verdichten russische Eleousa-Ikonen das Motiv auf die Wiedergabe der beiden groß aufgefaßten, eng aneinandergeschmiegten Köpfe und auf die streichelnden Hände der Gottesmutter.

10. *Panajia Glykophiloúsa (die Süßküssende)*: Die Mutter drückt das Kind, das nach ihrer Wange greift, fest an sich und küßt es, im Ausdruck noch inniger als die Eleousa. Soweit bekannt, sind die erhaltenen Glykophilousa-Ikonen alle nachbyzantinisch. Vorläufer des Motives sind angeblich nicht mehr erhaltene Mariendarstellungen des christl. Orients.

11. *Panajia Pelagonitissa (die Pelagonische = die aus Bitolij, Makedonien, stammende)*: Sehr bewegte Abart der *Glykophiloúsa*. Die Haltung von Mutter und Kind ist unwirklich verdreht: Sie erhebt den Blick zum Betrachter, küßt das Kind, hält sein rechtes Bein mit der Linken fest. Ihre Rechte ist erhoben, wie die der Odijítrija. Das Kind, in Rückenansicht, dreht den Kopf angestrengt um, blickt den Betrachter intensiv an. Der Reiz des in Makedonien vom Maler Makarios (Anfang 14. Jh.) geschaffenen Bildes liegt im Kontrast zwischen dem hieratisch strengen Blick zum Betrachter und dem zärtlichen Verhältnis von Mutter und Kind, in Verbindung mit einer übersteigerten eckigen Körpersprache.
Das Motiv soll als antibogumilische (Gegner der Bilder und Marienverehrung) Propaganda konzipiert worden sein. (Ikonen: Žyža, Mazedonien, Sinai, Katharinenkloster, Athos Dochariou).

12. *Panajia Galaktotrophoúsa (die mit Milch nährende)*: Die in hieratischer Stellung in sich versunkene Gottesmutter – mit reichverziertem königlichem Maphorion und einer Königskrone – neigt nur wenig den Kopf und faßt mit der Rechten ihre aus dem Kleid geschlüpfte Brust und drückt sie dem saugenden Emmanouil entgegen. Der stützt die Brust mit der Linken ab. In den oberen Ecken der Ikone je ein Engel mit einem Tuch über den Händen. Die spärlichen byz. Galaktotrophousa-Bilder (Athos Grigoriou, ab Mitte 15. Jh.) wurden angeregt durch koptische Ikonen. In Ägypten ist das Motiv vom 6. Jh. an nachgewiesen; Vorbild war *die den Harpokrates nährende Isis* (Fresko von Karganis, 3. Jh.).

13. *Panajia tou pathous (Allheilige des Leidens)*: Das Kind sitzt auf einer Hand der Gottesmutter, die es mit der anderen umfaßt, den Kopf neigt, traurig in sich versunken. Wie Insekten umschweben die beiden zwei winzige Engel mit den Leidenswerkzeugen. Der linke

Maria, die Allheilige

hält Kreuz und Dornenkrone in verhüllten Händen, der rechte Lanze und Schwamm. Das Kind mit Logosrolle, die Linke erschrocken nach Gewand oder Hand der Mutter ausstreckend, sieht zum Kreuz hin. Der slavisch »*strasnaja*« genannte Typ erscheint zuerst auf serbischen Fresken (Lesnovo und Konce, 14. Jh.). Ab 1500 griechische und russische Tafelbilder.
14. *Panajía Zoodóchos Pijí* (→ Lebensspendende Quelle)

Spät- und postbyzantinische Bildumsetzungen von Marienhymnen
Vom 14. Jh. an werden Theotokien in Vorhallen und Verbindungstrakten von Klöstern in breiter Ausschmückung verbildlicht:

☆ *Axion esti* (→ Akklamation):
»Wahrhaft würdig ist es, Dich, Gottesgebärerin, selig zu preisen. Die ewig selige und fleckenlos Reine und Mutter unseres Gottes. Du bist geehrter als die Cherubim und unvergleichlich herrlicher als die Seraphim, die Du unversehrt hast Gott, den Logos, geboren, in Wahrheit Gottesgebärerin, wir preisen Dich.« *Marienhymnus vor der Eucharistie aus der* → *Liturgie der Gläubigen.*
Maria im Medaillon – z. B. im Scheitel einer Nebenkuppel umgeben von stehenden Engeln in den Gewölberippen oder im Tambour. Diese halten Blätter mit den Worten des Hymnus (Chorakirche, Konstantinopel, 1315–1320; Athoskirchen). »Axion esti« ist eine auf die Antike zurückgehende Akklamation.
☆ »*Epi se cháre*...«: »Über Dich freue sich, Gnadenreiche, all die Schöpfung und der Engel Heer... Sei gegrüßt, Ruhm der Engel... göttlicher Tempel... Thron des Herrn... Paradies der Zärtlichkeit... Du des Lebens Holz. Sei gegrüßt, Du Sitz und Du Thron des mächtigen Königs..., die Du erfüllst der Propheten Verheißungen... Du nie verstummender Mund der Apostel... Du Ruhm der Priester und Du Altar der Bischöfe...« Hymnus der in der → Liturgie der Basilius an bestimmten Festtagen anstatt des »Axion esti« gesungen wird.
Die Allheilige mit Christus thront über dem Himmel mit Sonne und Mond, umgeben von Vertretern der Engel, Propheten, Apostel, Bischöfe, Märtyrer, Einsiedler, heiligen Könige, Nonnen, die Textblätter halten. Darunter das

→ Paradies mit → Abraham und dem gerechten Schächer (Athoskirchen, postbyz.).
☆ *Prophitä se*...«
Propheten haben Dich verkündet: Die Gottesmutter, z. B. im Scheitel einer Nebenkuppel, ist umgeben von Propheten und Vorboten mit Schriftbändern. Die Texte geben ein, die typologischen Weissagungen der Propheten zusammenfassendes Theotokion wieder (Pamakaristos, 14. Jh., Chorakirche, Konstantinopel, 1315–1321, Athosklöster).

»*Die Kraft des Höchsten überschatte dann zur Empfängnis die, die von keiner Ehe wußte*...« Illustration des Delta-Verses (4. Vers) des Akathistos-Hymnos. Kirche der Panajía, Lindos, 1779.

☆ *Akathistos-Hymnus, der »nicht im Sitzen« gesungen wird*): An den Abenden der ersten fünf Freitage der großen Fastenzeit wird in den *Chäretismi (Gruß-Gottesdiensten)* der Hymnus vor ihrer Ikone gesungen. Zur Erinnerung daran, daß die Odijítria-Ikone 626 die Konstantinopel belagernden Awaren in die Flucht geschlagen (→ Ikonenwunder), wird während der Andacht eine Marienikone vom Papas, gefolgt von einer feierlichen Prozession, aus dem Allerheiligsten heraus durch die schöne Pforte hindurch in den Gemeinderaum getragen und auf einem Ständer links neben der Bilderwand, *auf der Frauenseite,* zur Verehrung ausgestellt. Die Verse 1–12 des → Akathistos-Hymnos schildern die *Ereignisse* von der → Verkündigung Mariä bis zur Darbringung im Tempel, die Verse 13–24 verherrlichen abwechselnd den Gottessohn und seine Mutter (→ ABC).

Großangelegtere Serien und Kompositbilder in Vorhallen und Schiffen ab 14. Jh. (Nikolaos Orphanos, Thessaloniki, Anfang 14. Jh.; Jugoslawien, Decani, Mitte 14. Jh.; nachbyz.: Athos Chilandariou, Lawra; Rhodos Lindos, Panajiakirche, 1779; Nebenbilder an Marienikonen).

Maria zwischen Engeln in der Apsiswölbung

Η ΘΕΟΤΟΚΟC Η ΚΥΡΙΑ ΤΩΝ ΑΓΓΕΛΩΝ

I Theotókos i kyría ton angélon

Wichtigstes Motiv für Apsiswölbungen ab mittelbyz. Zeit. Die Verehrung Marias knüpft an ein altes jüdisches Motiv an: Auf Gottes Geheiß sollten sich die Erzengel vor dem neuerschaffenen Adam verneigen.

Die Apsiswölbung als Ort der Gottesmutter

Die Halbkuppel der Apsis kommt der höher gelegenen Kuppel (→ Himmel; → Kirchengebäude) im Rang fast gleich, ist Höhepunkt des Allerheiligsten, der, oberhalb der Bilderwand gelegen, vom Eintretenden eingesehen werden kann. Vom 9./10. Jh. an ist die Apsis von der Gottesmutter mit dem Emmanuelknaben besetzt (nur selten ist sie allein, noch seltener tritt der Pantokrator an ihre Stelle). Fast immer wird sie von zwei Erzengeln flankiert, Michael und Gabriel stehen seitlich der Wölbung (Ajia Sophia, Konstantinopel, Ende 9. Jh.; Daphni, Athen, Ende 11. Jh.), oder sie verneigen sich, in die Apsis einbezogen, tief vor der Gottesmutter.

Kuppel und Apsiswölbung sind architektonisch und als Abbildungsträger die entscheidenden Spannungspole, sie repräsentieren Himmel und Erde, die Eins werden in der Eucharisti.

Übersicht: **Verhältnis Kuppel–Apsis**

	Kuppel	*Apsiswölbung*
Von der Architektur gewiesene Richtung	Blickrichtung vertikal nach oben, gen Himmel	Blickrichtung horizontal nach Osten, zum Paradies
Darstellung ab mittelbyz. Zeit	Christus Pantokrator	Gottesgebärerin
Kosmologie	Himmel göttliche Welt	Erde Gemeinde, Menschenwelt
Symbolik	männliches Prinzip Bräutigam Inhalt	weibliches Prinzip Braut Behältnis
eucharistische Bedeutung	eucharistische Gaben Brot Fleisch	Löffel zur Verteilung des Abendmahls Wein Blut

Hauptapsis Ajios Nikolaos Orphanos, Thessaloniki, 14. Jh.

Die Verneigung der Engel vor dem neuen Adam und der neuen Eva

»Würdig ist es wahrhaftig, Dich, die Gottesmutter, glückselig zu preisen ... Mutter unseres Gottes, sie, die erhabener ist als die Cherubim und unvergleichlich herrlicher als die Seraphim ...«

Maria ist als heilbringende neue Eva Vertreterin des Menschengeschlechts. Die Verneigung der Engel vor dem Menschen (auf der Bernwardssäule in Hildesheim neigt sich Michael vor Adam) ist ein vorchristl. Motiv.

»Ich (Satan) bin gegen Dich (Adam) voller Feindschaft, Neid und Bitternis, denn Deinetwegen wurde ich aus meiner Herrlichkeit vertrieben, die ich im Himmel besaß mitten unter den Engeln ... Als Du nach dem Bilde Gottes erschaffen wurdest, brachte Dich Michael herbei und gebot uns, Dich in Gegenwart Gottes zu ehren. Und Gott der Herr sprach: Hier seht ihr Adam! Nach unserm Bilde und Gleichnis habe ich ihn erschaffen. Michael aber rief allen Engeln zu: Ehret Gottes Ebenbild, wie Gott das geboten hat. Und als erster neigte er sich vor ihm dann rief er mich: Ehre das Ebenbild Gottes! Ich antwortete: Ich werde nicht einen ehren, der unter mir steht und jünger ist als ich. Ich bin der Älteste in der Schöpfung; bevor er erschaffen war, war ich erschaffen worden. Es ist an ihm, mich zu ehren: ... Wenn er (Gott) mir zürnt, werde ich über den Sternen thronen und dem Allerhöchsten gleich sein. Da entzog uns Gott unsere Herrlichkeit.« *Das Leben von Adam und Eva, apokryphes Buch (1. vorchristl. Jh.).*

Aus Wut darüber hatte der Satan (→ Teufel) Eva im Paradies verführt. Die Engel in der Apsis verneigen sich vor dem Christus Emmanuel als dem neuen Adam (»Und es sollen ihn alle Engel Gottes anbeten ...« *Hebr. 1, 6*) und der Gottesmutter als der neuen Eva. Durch die alte Eva kam die Sünde, die die Ebenbildlichkeit des Menschen mit Gott aufhob, in die Welt, durch die neue Eva wurde die Ebenbildlichkeit wieder hergestellt.

Mariengürtel
Η ΖΩΝΗ ΤΗC ΠΑΝΑΓΙΑC
I zóni tis Panajías

In Konstantinopel aufbewahrte Gürtelreliquie. Der Apostel Thomas, der die → Heimholung Mariä ebenso bezweifelte wie zuvor die Auferstehung Christi, wurde aus seinem Missionsgebiet Indien zum Ölberg entrückt. Dort erschien ihm die Gottesmutter und überließ ihm ihren Gürtel (nach Pseudojoseph von Arimathia).

Der Mariengürtel – Schutzwall für Konstantinopel
Um 560/570 befindet sich die Gürtelreliquie (Feiertag 31. August) in Konstantinopel, ab 8. Jh. in der Wlachernenkirche (Palastkomplex der Wlachernen in der Nordwestecke zwischen Land- und Seemauer; Apsisdarstellung: Wlacherniotissa, → Maria). Dort lagerten bereits im *Soros*, dem heiligen *Schrein*, die anderen Kleidungsstücke der Gottesmutter, dort sprudelte auch die → *lebensspendende Quelle*.

Die Gürtelreliquie (Gürtel als Schutz vor Dämonen, → Gewänder) wirkte als Heiltum auf mehreren Ebenen; sie bewahrte vor Krankheiten, heilte, schützte, an strategisch exponierter Stelle aufbewahrt, als magischer Wall die Kirche, den Palastbezirk und die Stadt, galt sogar als Schutzwall für die Welt. Zóni heißt alt- und neugriechisch sowohl Gürtel wie Erdgürtel (als Erdkreisumgrenzung). Die Gottesmutter – Gegenbild zur Aphrodite mit ihrem verführerischen Gürtel – ist als Platytera (→ Maria) umfassender als der Erdkreis, kann ihn mit ihrem Gürtel umfangen.

Gottesmutter vom Typ Thron der Weisheit mit Gürteltuch in der Hand. Thessaloniki, Ajia Sophia, Ende 9. Jh.

Gürtel und Gürteltuch im Bild
Die thronende oder stehende Panajia hält auf Apsisdarstellungen in ihrer Linken, mit der sie das Kind stützt, eine weiße Stoffbinde (Ajia Sophia, Thessaloniki, Ende 9. Jh.; Monreale Basilika, Ende 12. Jh.; Ajia Sophia, Konstantinopel, Apsis 876, Nikopiia der Galerie, Anfang 12. Jh.). Die byz. Überlieferung von der Übergabe an Thomas – um 1300 vom Abend-

land aufgegriffen – schildert den Gürtel als Schärpe. Dennoch meint die Binde kaum den Gürtel selbst, sondern ein Gürteltuch. Auf Fresken (Mitte 10. bis Ende 12. Jh.) der Kathedrale von Faras (christl. Nubien) halten Maria und Erzbischöfe helle und relativ kurze Binden in Händen. (Die Forschung bezeichnet sie als Manipeln – liturgische Tuchstreifen römisch-katholischer und armenischer Priester, bei Byzantinern und Kopten nicht üblich, hervorgegangen aus Ziertaschentüchern.) Ein streifenförmiges weißes Tuch benutzt die Allheilige, um ihre Tränen unterm Kreuz (Daphni, Athen, 11. Jh.) und bei der Grablegung (Serbien, Mileševa, Anfang 13. Jh.) zu trocknen.

Auf Goldemailbildern (Einband, San Marco, um 1000, Limburger Staurothek, Mitte 10. Jh.) trägt es Maria am goldenen bzw. blauen Gürtel.

Zu verstehen ist das weiße Tuch als Symbol der körperlichen Unversehrtheit der »Immerjungfrau«.

Daß Taschentücher (weil sie sich mit der körperlichen Substanz einer heiligen Persönlichkeit vollsaugen) und Gürtel besonders wirksam Heilkraft übertragen, kommt im Hinblick auf Paulus im NT zum Ausdruck: »Man legte sogar die Schweißtücher und Schurzgurte, die er getragen hatte, den Erkrankten auf, und die Krankheiten verließen sie, die üblen Geister fuhren aus ihnen heraus.« *Apg. 19, 12*

Marienzyklus
ΤΑ ΓΕΓΟΝΟΤΑ ΤΗΣ ΠΑΝΑΓΙΑΣ
Ta jegonóta tis Panajías

Kindheit Mariä und Christi, von der Vorgeschichte der Geburt Marias bis zum Tempelbesuch der Heiligen Familie in Jerusalem als geschlossener Bilderzyklus dargestellt.

Die Schilderungen im apokryphen Protevangelium des Jakobus
Spärliche Mitteilungen in den Kanonischen Evangelien Matth. 1, 18–2, 23, Luk. 1, 5–2, 40, werden vom apokryphen Protevangelium des Jakobus nach der Mitte des 2. Jh.s aufgegriffen und liebevoll ausgeschmückt. Das bis heute beliebte Erbauungsbuch nennt als seinen Verfasser Jakobus, der als Christus' älterer Halbbruder, Sohn Josephs aus erster Ehe, gilt. Der Inhalt, der auch die Jugendgeschichte → Johannes des Täufers umfaßt, ist sowohl in liturgische Texte wie in die religiöse Kunst eingeflossen. Einzelmotive stammen aus Überlieferungen, die im 8./9. Jh. in ein lateinisches Kindheitsevangelium einmünden (Pseudo-Matthäus).

Der Marienzyklus im Hauptschiff und in der Vorhalle
Unmittelbar nach dem Bilderstreit (9. und 10. Jh.) finden sich in den Tonnengewölben von Hauptschiffen (Tokali I, Göreme, Anfang 10. Jh.) zwei bis zehn Motive aus dem Marienleben, fortgesetzt durch die Wunder Christi, sowie den → Passions- und Auferstehungszyklus.

Mit der Herausbildung des Festtagskalenders um 1000 verbleiben nur die Motive der mariologischen Hauptfeste (→ Mariengeburt, Tempelgang, auch → Geburt Christi, zusätzlich → Heimholung) im Hauptschiff. Die anderen Szenen werden, wie Christi Wundertaten, in die Vorhalle abgedrängt (Daphni, Athen, Ende 11. Jh.; Chorakirche, Konstantinopel, 1315–1320).

Der Engel verheißt Anna die Geburt der Maria. Chorakirche, Konstantinopel, 1315–1321.

Beispiel Chorakirche: Marienzyklus als Bildserie
Der umfangreiche spätbyz. Bildzyklus in Konstantinopel umfaßt folgende Szenen (Zitate aus dem Protevangelium):

☆ Der Hohepriester Zacharias, nachmals Vater des Täufers, weist das Opfer Joachims am »großen

Tag des Herrn« wegen der Kinderlosigkeit des betagten Paares zurück. Joachim begibt sich in die Wüste, um zu beten.

☆ Anna wähnt ihren Mann umgekommen: »Klagen will ich über mein Witwenlos, klagen will ich über meine Kinderlosigkeit.«

☆ Joachim meditiert inmitten seiner Herden 40 Tage und 40 Nächte: »Ich will nicht herabsteigen weder zur Speise noch zum Tranke.«

☆ Anna singt in ihrem Garten unter dem Lorbeerbaum mit dem Schwalbennest ein Trauerlied: »Wehe mir; wem darf ich mich vergleichen, nicht darf ich mich vergleichen den Vögeln unter dem Himmeln, denn auch die Vögel unter dem Himmel pflanzen sich vor Dir, Herr, fort...« Ein Engel des Herrn trat herzu und sprach zu ihr: »Anna, Anna, erhört hat der Herr deine Bitte. Du sollst empfangen und gebären, und dein Same soll in aller Welt genannt werden.« Anna gelobt, ihr Kind Gott darzubringen.

☆ Joachim, dem ebenfalls ein Engel die Geburt verheißt, begibt sich nach Hause. Anna geht ihm entgegen. (Ihre zärtliche Begegnung an der Haustür wird als Zeugung Marias verstanden.)

☆ → Geburt Mariä.

Die sieben Schritte der Maria. Eine Allegorie des Himmels hält das Kind. Chorakirche, Konstantinopel.

☆ Bereits mit sechs Monaten kann das Marienkind – eine winzige Erwachsene – sieben Schritte auf seine Mutter zugehen (bedeutet: Maria kann die sieben Planetensphären durchmessen. Die das Kind haltende Helferin mit Nimbus-Gewandschwung ist die Allegorie des Himmels). Anna richtet für das Kind in ihrem Haus einen heiligen Bezirk ein: »*So wahr der Herr, mein Gott, lebt, du sollst nicht auf der Erde einhergehen, bis ich dich in den Tempel Gottes geben werde.*«

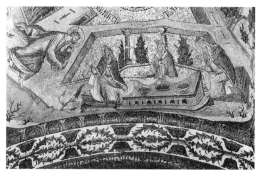

Erster Geburtstag Mariens. Chorakirche, Konstantinopel, 1315–1321.

☆ Joachim lädt zum einjährigen Geburtstag Mariens Hohepriester und Schriftgelehrte zum Mahle ein. Sie segnen Maria.

☆ Die Eltern liebkosen die inzwischen zwei Jahre alte Maria, beschließen, sie erst als dreijährige in den Tempel zu geben, damit sie nicht an Heimweh leide.

☆ Die Dreijährige wird von den »*Töchtern der Hebräer*« mit Fackeln zum Tempel geleitet.

☆ → Tempelgang Mariä. Der Hohepriester Zacharias nimmt Maria entgegen und bringt sie im Tempel unter.

☆ Engelspeisung: »*Und Maria war im Tempel wie eine pickende Taube und bekam ihre Nahrung aus Engelshand.*«

☆ Unterweisung Mariä im Tempel (Mosaik völlig zerstört).

☆ Zacharias übergibt sieben unbefleckten Jungfrauen Wolle, damit sie den Tempelvorhang weben. Maria als die achte (→ Zahl 8) erhält scharlachrote Wolle (→ Kreuzigung).

Die purpurne Wolle symbolisiert Fleisch und Blut der Jungfrau, aus der sich das göttliche Kind sein »*Kleid* – nämlich seinen menschlichen Körper – *webt*«:

»Wie aus Faden in Meerpurpur getaucht, bildete sich das geistige Purpurgewand, das Emmanouil Körper (Fleisch) drinnen in Deinem Schoße gewebt. Darum verehren wir Dich als Gottesmutter in Wahrheit.« *Andreas von Kreta, 9. Ode, gesungen in den Spätabendgottesdiensten der Fastenzeit*

☆ Die Zwölfjährige muß den Tempel verlassen, ihr Menstruationsblut würde ihn verunreinigen. Auf Geheiß eines Engels ruft Zacharias alle Witwer des Landes zusammen, sammelt ihre Stäbe ein, betet darüber und wartet auf ein Zeichen des Herrn.

☆ »Der Stab Aarons sproßte und das trockene Holz brachte Frucht. Sein Symbol fand heute die Erklärung. Es ist der jungfräuliche Schoß, der gebar.« *Ephräm dem Syrer zugeschrieben.*
☆ Joseph erhält als letzter seinen Stab zurück. Dem Mosaik nach schlägt er grün aus, wie der Stab Aarons *(4. Mose 17, 16–25)*. Nach dem Protevangelium kommt eine → Taube (Vogel der Muttergottes) aus dem Stab heraus und setzt sich auf Josephs Haupt.
☆ Joseph weigert sich unter Hinweis auf sein Alter, Maria zu sich zu nehmen. Zacharias erklärt ihm, es sei Gottes Willen, daß er über die Jungfräulichkeit Marias wache.
☆ Beim Wasserschöpfen am Brunnen (Symbol Marias, → *Lebensspendende Quelle*) hört Maria die Stimme eines Engels. Dieser »Vorverkündigung« folgt die → *Verkündigung Mariä* durch Gabriel, während sie die rote Wolle des Tempelvorhangs verspinnt (Festtagsbild im Hauptschiff).
☆ Joseph verläßt Maria, um seine Bauten auszuführen (er ist lange von zu Hause weg, kommt daher als Vater für Christus nicht in Frage).
☆ Die Sechzehnjährige, im dritten Monat schwanger, besucht die ebenfalls schwangere Elisabeth. Das Kind in deren Leib, der spätere Johannes der Täufer, hüpft vor Freude und grüßt Maria (fehlt in der Chorakirche).
☆ Bei seiner Rückkehr macht Joseph Maria Vorwürfe wegen ihrer Schwangerschaft. Sie beteuert ihre Unschuld, er wird unsicher, will sie verlassen.
☆ Ein Engel zu Joseph im Traum: *»Hab keine Angst wegen dieses Mädchens, denn was in ihr ist, das ist vom Heiligen Geist.«*
☆ Angeklagt von einem Schriftgelehrten, müssen sich Maria und Joseph vor dem Hohen Priester verantworten. Zacharias läßt sie einzeln nacheinander vom Fluchwasser trinken und schickt sie in die Berge (Gottesurteil). Beide kommen unversehrt zurück, er nimmt keine Verurteilung vor (fehlt in der Chorakirche).
☆ Maria und Joseph brechen zur Volkszählung nach Bethlehem auf. Jakobus, Sohn Josephs, führt Marias Esel.
☆ Maria und Joseph lassen sich von römischen Beamten in Volkszählungslisten eintragen.
☆ → Geburt Christi.
☆ Herodes empfängt die Weisen aus dem Morgenlande (→ Anbetung), bittet sie, ihm Bescheid zu geben, sobald sie den »*Neugeborenen König der Juden*« gefunden haben.
☆ Herodes befürchtet einen neuen Thronanwärter, berät sich mit Schriftgelehrten.
☆ Erneute Traumwarnung durch einen Engel. Die Heilige Familie flieht nach Ägypten (oft allegorisch als schöne Frau dargestellt).

Die schwangere Gottesmutter trinkt das Fluchwasser. Tokali Kilise II bei Göreme, Kappadokien, Ende 10. Jh.

Die Götzenbilder auf der Mauer einer Stadt stürzen herab, als sich Christus nähert. (Motiv aus der Liturgie, im Pseudo-Matthäus, nicht im Protevangelium, enthalten.)
☆ Herodes läßt die Kinder von Bethlehem ermorden (Hinweis auf die Leiden des unschuldigen Christus).
☆ Mütter raufen sich die Haare, stimmen Klagegesänge an (wie die weinenden Myrrhenträgerinnen bei der Grablegung: → Passionszyklus).
»Auf dem Gebirge hat man einen Schrei gehört, viel Klagens, Weinens und Heulens. Rahel beweint ihre Kinder und sie will sich nicht trösten lassen, denn es war aus mit ihnen.« *Matth. 2, 18* (fehlt im Protevangelium).
☆ Elisabeth flieht vor den Schergen des Herodes mit dem neugeborenen Johannes ins Gebirge. Ein Berg tut sich als Versteck vor ihr auf.
☆ Der Vater, Zacharias, wird im Allerheiligsten des Tempels ermordet. (Zacharias' Tod bildet den Tod Christi vor.) Als sein Nachfolger wird der greise Simeon (→ Darstellung Christi im Tempel) gewählt. Mit dem Zachariasmord schließt das Protevangelium ab (fehlt in der Chorakirche).
☆ Die Heilige Familie kommt aus Ägypten nach Nazareth zurück.
☆ Maria und Joseph besuchen mit dem kleinen Jesus das Passahfest in Jerusalem.

In der Chorakirche schließt sich die Versuchung und ein Zyklus der Wundertaten Christi an. In jüngerer Zeit wird der Marienzyklus (bis zur Verkündigung) zusammengefaßt mit der → Heimholung Mariä (Jeníseos Theotókou Panagoudos, Thessaloniki, Westempore, modern im alten Stil).

Marina
Η ΑΓΙΑ ΜΑΡΙΝΑ
I ajía Marína

Großmärtyrerin (Gedenktag 17. Juli), im Westen als Margaretha von Antiochien bekannt, ihrer Schönheit wegen vom Stadtpräfekten Olybrius geliebt. Er drängte sie zum Abfall vom Christentum, um sie zu heiraten; weil sie standhaft blieb, ließ er sie martern und enthaupten. Der Legende aus dem 7. Jh. zufolge suchte sie im Gefängnis ein Drache heim. Sie schlug das Kreuz über ihn, und er verschied. Nach einer anderen Version hatte der Drache sie schon verschlungen, da schlug sie in seinem Bauch das Kreuz, und er zerbarst.

Moderne Ikone der Megalomärtyrerin Marina.

Marina hat das Maphorion über den Kopf gezogen, trägt in der Rechten ein Handkreuz, die Linke hat sie betend erhoben (Tokali I, Göreme, Ende 10. Jh.; Ikone Sinai, 11. Jh.). Seit dem 16. Jh. trägt sie ein Prachtgewand, schlägt einen kleinen schwarzen geflügelten Teufel mit einem Hammer oder führt ihn gefesselt davon.

Die Heilige schützt vor Pocken (Athen) und vor lästigen Insekten. Am Marinatag segnet der Priester die Häuser mit heiligem Wasser, um das Ungeziefer abzuhalten. Die Landleute suchen ihre Wein- und Obstgärten auf; bringen die ersten Trauben- oder Feigenopfer in der Kirche dar. Mancherorts werden zum erstenmal an diesem Tage Trauben geschnitten oder Feigen gepflückt.

In Demati, Epirus, wird nach dem Gottesdienst auf Kosten der Gemeinde ein Ochse geopfert, sein Fleisch in 32 Teile geschnitten und an 32 Familien (vermutlich mit Gründervorfahren) des Dorfes verteilt. Marina achtet streng darauf, daß ihr Gedenktag gefeiert wird. Einen Priester in Arkadien, der am 17. Juli Weizen drosch, hat auf der Stelle die Erde verschlungen mitsamt seinem Pferd. Der Heiligen sind Züge einer Land- und Erdgottheit eigen.

Markus
→ Apostel, → Evangelisten, → NT

Matthäus
→ Apostel, → Evangelisten, → NT

Melchisedek, König von Salem
→ Abraham

Michael, der Erzengel
Ο ΑΡΧΑΓΓΕΛΟΣ ΜΙΧΑΗΛ
O archángelos Michaíl

Erzengel (→ Engel), Anführer der himmlischen Heerscharen, Gegenspieler des → Teufels, Seelengeleiter, Todesengel.

Festtag und Brauchtum
Gedenktag des Erzengels und *Archistrategen*, zusammen mit Gabriel und allen »*körperlosen Kräften*« (→ Engel) ist der 8. November (auch 6. September und 26. März). In einigen thrakischen Dörfern darf man am Vorabend seine Schuhe nicht draußen stehen lassen. Michael – wie im Spätjudentum Todesengel, Verkörpe-

rung des Todes selbst – soll nicht an Leute erinnert werden, die er zu holen vergessen hat. In Kotyora am Pontus haben die alten Frauen, denen auch die Totenklage obliegt (→ Charos), am 8. November ein Fest für Gabriel und Michael gegeben, damit sie ihnen einen sanften Tod bescheren. Michael ist Schutzpatron gegen den → Bösen Blick.

Medaillons mit Michael, Gabriel, der Gottesmutter und Johannes dem Täufer. Osios, Lukas, nach 1000.

Bildmotive

»Lasset uns entreißen den Geist allem, was zum verderblichen Wesen zählt, damit unsere irdischen Lippen vermöchten voller Furcht zu singen, den Lobgesang an die körperlosen Kräfte, die wie Feuer sind, wie Flamme, wie Licht.« *Aus der Liturgie am Tag des heiligen Michael*

Michael, »Wer wie Gott«, galt schon im Spätjudentum als der erste der Erzengel. Erstgeschaffener aller Geschöpfe (manchmal auch als Zweitgeschaffener nach *Sathanael* → Maria zwischen Engeln, → Teufel). Für Juden und Christen ist er oberster Kriegsherr Gottes, der *Sathanael* in den Abgrund gestürzt hat. Immer wieder ringt er den Widersacher Gottes (→ Teufel) nieder.

Drachentöter:
Auf vielen Ikonen vom 17. Jh. an sticht Michael, hoch auf flammenfarbigem Pflügelroß, Dreizackenlanze und apokalyptische Posaune in der Rechten, Evangeliar und Rauchfaß in der Linken, den großen Drachen (= *Sathanael* = Paradiesesschlange) nieder:

»Michael und seine Engel stritten mit dem Drachen, und der Drache stritt mit seinen Engeln.« *Apokalypse 12, 7–9*

Michael, stehend in Rüstung:
Gewöhnlich erscheint er, in ganzer oder halber Figur frontal, breit dastehend mit ausgebreiteten tiefbraunen Flügeln; er trägt Kriegertracht oder die Gewandung des Diakons, die den Engel symbolisiert; → Anbetung Christi, → Kirchengebäude. Die Rechte hält ein gezücktes Schwert oder den Stab, den die Silentarii, Ordnungsbeamte am Kaiserhof, getragen haben. Stäbe sind Zeichen von Macht und magischer Kraft (Zauberstab), als Dreizack betonen sie die Macht der Trinität. Die Linke umfaßt eine Kugel: auf Erzengelelfenbeinen des 5. Jh.s, bisweilen sternenübersät, in blauer Farbe auf frühen mittelbyz. Fresken (Elmali und Carikli Kilise, Göreme) meint sie den vergöttlichten Kosmos. Ab mittelbyz. Zeit mit der Aufschrift »Jesus Christus Nika« (Abendmahlssiegel → Proskomidie, → Brot, → Kosmos) verkörpert sie zugleich die → eucharistischen Gaben und den Kosmos (Erzengel als eucharistische Standartenträger → Bilderfeindliche Ornamente). Gelegentlich weisen Pfauenfederflügel Michael als Schutzmacht der Eucharistie aus (→ Pfau).
Die Haare des *Archistrategen* sind oft zusammengebunden – die Bandenden schweben deutlich sichtbar in der Luft –, damit die Ohren freiliegen, Zeichen geistigen Hörens auf das Wort Gottes. Zusammen mit Gabriel, flankiert Michael die Panajia (→ Maria zwischen Engeln).

Michael in Szenen aus dem AT:
Michael erscheint in allen Szenen, in denen in der Schrift ein einzelner Engel genannt wird, vertreibt Adam und Eva aus dem Paradies, hindert Abraham daran, Isaak zu opfern, schützt die Drei im Feuerofen (→ Daniel), holt Habakuk an den Haaren herbei in die Löwengrube, tritt der Eselin → Bileams in den Weg.

Befreier Konstantinopels:
Michael bekämpft Perser und Awaren, die die Stadt belagern (626; → Akathistos Hymnos; → Maria).

Der Erzengel an der Seelenwaage:
Als Todesengel und Seelengeleiter wägt er auf Darstellungen des → Endgerichtes die Taten und Untaten der Verstorbenen ab. Auf späten Ikonen (Rhodos, Symi) steht er auf dem Körper eines Toten, in der erhobenen Rechten eine winzige Seelenfigur.
Michael ist auch der Drachentöter der → Apokalypse.

Basilios I. und Michael:
Nach dem Bilderstreit hat Bailios I. (867–886) in Konstantinopel die nicht mehr erhaltene Nea (Neue Kirche) mit zahlreichen Engeldarstellungen (→ Engel) errichten lassen, sie Michael und Elias geweiht – Sühne für seine Beteiligung am Mord an seinem Vorgänger und Gönner namens Michael III.

Mond
Η СЕΛΗΝΗ / ΤΟ ΕΓΓΑΡΙ
I selíni / to fengári

In den meisten Kulturen weibliches Gestirn, wird in Byzanz mit der Gottesmutter identifiziert wie Christus mit der männlichen Sonne.

Der weibliche Charakter des Mondes
Nach antiker und byz. Auffassung ist »Frau Mond« erdnächster der um die Erde kreisenden Planeten. Die Übereinstimmung des Phasenwechsels mit den Perioden der Frau gehört zu den frühest wahrgenommenen Beziehungen zwischen Mensch und Kosmos. Der Mond wird zugeordnet der Frau, dem Gebären, dem Blut, dem Wein und der Eucharistie (→ Hase), dem Wasser, der Feuchtigkeit, der linken Seite und der Gottesmutter.

Maria als Mond und Maria über dem Mond
»Furchtbar wird mein Innerstes zerrissen, o Logos, da ich Dein ungerechtes Hingeschlachtetwerden sehe, sprach weinend die Allreine ...
Du sinkst unter der Erde, Sonne der Gerechtigkeit, Erlöser, und der Mond, der Dich geboren hat, verfinstert sich vor Trauer, beraubt Deines Anblickes.«
Liturgie des großen Freitags

Die Madonna über der Mondsichel ist für die römischen Katholiken Zeichen des Sieges der unbefleckten Jungfrau (Immaculata) über die lasterhaften weiblichen Triebe. Der Mond verkörpert die sexuellen Aspekte der Erbsünde. Die Orthodoxen haben bei der Gleichsetzung heiliger Gestalten mit Gestirnen (→ Apostel) Maria dem Mond zugeordnet. Mondhaft vor gestirntem dunklem Himmel strahlt sie aus Apsiden herab (Nikolaos Orphanos, Thessaloniki, Anfang 14. Jh.). Das Malerhandbuch vom Athos nennt den Bildzyklus über die 24 Verse des Akathistos-Hymnus die »24 Häuser« der »Gottesmutter« – Entsprechungen zu den astrologischen Mondhäusern. (Mondstationen als Sterngruppen, die der Mond im Laufe des Jahres scheinbar passiert, wie die Sonne die Tierkreiszeichen.)

Sonne und Mond über der Kreuzigung

Mond und Sonne über der Kreuzigung. Kirche zum Taubenschlag. Cavusin nahe Göreme, Kappadokien.

Sonne und Mond auf römischen Münzen weisen den Kaiser, auf Kreuzigungsszenen Christus als Kosmokrator aus. Meist haben die Gestirne Gesichter, in der Antike Gottheiten, gelten die Gestirne seit dem Frühchristentum als dämonische Mächte.

Die Sonne verliert beim Tode Christi nach Lukas 23, 45 ihren Schein. Auf beide Gestirne beziehen sich mehrere Endzeitprophezeiungen aus dem AT und NT:

»Sonne und Mond werden sich verfinstern und die Sterne werden ihren Schein zurückhalten.« *Joh. 4, 15 (auch Matth. 27, 29; Mark. 13, 24)*

Das greift die Karfreitagsliturgie auf:

»Sonne und Mond – als sie sich verfinsterten, o Heiland, verbildlichten sie treue Diener, die sich in schwarze Gewänder hüllten.«

Die Kreuzigung, selbst kosmisches Geschehen, bildet sich auf der Ebene der Gestirne ab: der sterbende Christus als sich verfinsternde Sonne, die Trauer der Allheiligen als Verfinsterung des Mondes.

Moses
Ο ΜΩΫCHC
O Moïsís

Moses (Mose), der zur Zeit Ramses II. das Volk Israel aus der ägyptischen Knechtschaft ins Land Kanaan führte und am Berg Sinai den Bund zwischen Gott und dem »auserwählten Volk« schließen half – durch Überbringung der Gesetzestafel –, ist eine der stärksten Persönlichkeiten des AT.
Er repräsentiert auf Darstellungen der → Verklärung Christi die Thora (die fünf Bücher Mose), den Gesetzesteil des AT (nach *3. Mose 27, 34* gab Jahwe auf dem Sinai Mose das jüdische Gesetz). 40 Jahre irrten die Kinder Israel in der Wüste umher – typologisch als menschliche Lebensspanne verstanden, die dem Einzug ins »gelobte Land« als dem Paradies vorausgeht (→ Zahl 40, Spanne eines Menschenalters). Moses selbst hat vom Berg Nebo aus Kanaan geschaut, ist aber nicht hineingelangt. Als Einzeldarstellung trägt Moses graues oder braunes kurzes Haar, einen kurzen Bart, ist manchmal angetan mit Priestergewand und Bischofskrone, in der Hand die Gesetzestafel. Er kann auch ein Schriftblatt halten:

»Frohlocket, ihr Himmel über ihn und anbeten sollen ihn alle Engel.«

Auf Verklärungsikonen ist er meist jung und bartlos dargestellt.

Moses unter den Propheten in der Kuppel der Pammakaristos Kirche. Fetiye Dschami, Konstantinopel, 14. Jh.

Verschiedene Szenen seines Lebens werden typologisch gedeutet als Hinweise auf

☆ die Taufe (→ Ciborium)
☆ das Abendmahl: Mose feiert das Passahfest, Mannaspeisung in der Wüste.
☆ die Kreuzigung: Erhöhung der ehernen Schlange.
☆ das Kreuzeszeichen (→ Kreuz)
☆ die Gottesmutter (→ Brennender Dornbusch)
☆ die → Geburt Christi: Der kleine Moses – im auf dem Nil treibenden Schilfkörbchen – wird von der Tochter des Pharao gefunden.
☆ die Errettung der Toten aus dem Hades: die Befreiung aus Ägypten.

Einzelne, oft durch Gegenüberstellungen mit Szenen des NT deutlich typologisch interpretierte Ereignisse um Moses finden sich auf frühen Sarkophagen (2.–4. Jh.), ein Bilderzyklus in Santa Maria Maggiore (Rom, vor 440), einzelne Wunderszenen an der Holztür von Santa Sabina (ca. 432). Häufiger werden Moses-Szenen – das Malerhandbuch Ermenia erwähnt 25 – wieder in spät- und nachbyz. Zeit.

Mysterien (sieben Sakramente)
ΤΑ ΕΦΤΑ ΜΥΣΤΗΡΙΑ
Ta eftá mistíria

»Die Geheimnisse«, von priesterlichen Amtsträgern gespendete Heilszuwendungen, die göttliche Gnade vermitteln. Sie bewirken im Vorgriff auf den Zustand der Seligkeit im Paradies die Vereinigung des Gläubigen mit Gott, wie auch die mit den anderen Gläubigen. Entsprechend der Siebenzahl der Sakramente in der römisch-katholischen Kirche kennt die Orthodoxie sieben Mysterien, außerdem zusätzliche sakramentale Heilsgaben (Spender und Empfänger der Mysterien → Himmlische und kirchliche Hierarchie).

Die Heilsmittel

1. Die → *Taufe,* unwiederholbares Mysterium, ist Bad der Neugeburt als Gotteskind durch den Heiligen Geist, als dramatisches Bild des Sterbens durch Ertrinken und wieder Geborenwerden. Sie ist ein Einführungsritus – Übergang von Heiden- zum Christentum (→ Taufe Christi, → Darstellung im Tempel, → lebensspendende Quelle), ist Tür in die Kirche und ins Gottesreich.
Die Zeremonie findet frühestens 40 Tage nach der Geburt im Vorraum der Kirche oder an einem Gewässer statt. Nach vorbereitenden Gebeten entsagen die Taufpaten gen Westen, der Richtung der Finsternis gewandt, stellvertretend für das Kind dem Satan. Der Täufling wird nackt in die Hände des Papas oder Bischofs gegeben, der es dreimal in geheiligtes Wasser untertaucht und dazu spricht:

»Der Knecht / die Magd Gottes wird getauft im Namen des Vaters (erstes Untertauchen) und des Sohnes (zweites Untertauchen) und des Heiligen Geistes (drittes Untertauchen).«

Weihwassergaben gelten als Auffrischung der Taufe.
2. Die *Myronsalbung* wird ebenfalls nur einmal, unmittelbar im Anschluß an die Taufe gespendet. Der Priester salbt mit dem aus 40 aromatischen Hölzern bereiteten Myron kreuzförmig die Stirn, die Augen, die Nasenflügel, den Mund, die Ohren, die Brust, die Hände und Füße des Täuflings, spricht: *»Siegel der Gabe des Heiligen Geistes.«* Das dem Körper aufgesalbte Kreuz ist bestätigende Unterschrift (Siegel) Gottes, daß dem Täufling die Gabe des Heiligen Geistes verliehen wird. Im Anschluß daran hüllen die Paten ihr Patenkind in neue weiße, von ihnen gestiftete Kleider.

Der Gläubige wendet sich an Christus, repräsentiert durch die Christusikone. Andros, Kykladen.

3. Die *Buße* umfaßt Beichte und Sündenvergebung. Der Gläubige beichtet seine Sünden Christus, der vertreten ist durch eine Christusikone sowie durch den Priester. Zur Sündenvergebung legt der sein Epitrachelion (→ Gewänder) auf das Haupt des Knienden, fleht Gott um Barmherzigkeit für ihn an. Die anschließende Lossprechung gilt für alle Verfehlungen. Die Buße hat eine der Taufe vergleichbare Wirkung.
4. Die heilige → *Eucharistie* als *»Heiligstes des Heiligen«* das Zentrum orthodoxen kultischen

Lebens wie Brauchtums. Der Mensch wird Teil dessen, was er in sich aufnimmt. (Näheres: → Brot, → Abendmahl.)

5. Die *Trauung* verbindet die Ehepartner *nach Matth. 19, 4* zu einer Einheit:

»Darum wird der Mann Vater und Mutter verlassen und seiner Frau anhängen, und die zwei werden ein Leib sein.« Matth. 19, 4–6

Die Verbindung zweier Menschen gilt als Vorbild für die Kirche – Gnadeneinheit aller Gläubigen miteinander und mit Christus. Im Verlobungsritus vor der Trauung legt der Diakon den goldenen Ring des Bräutigams und den silbernen der Braut zur Segnung auf den Altar. Durch dreimaliges Bekreuzigen mit dem entsprechenden Ring segnet der Priester Bräutigam und Braut, steckt ihnen ihre Ringe wieder an: die beiden tauschen sie dann aus. Zur Trauung selbst werden die Brautleute mit Kerzen zu einem altarähnlichen, mit Evangelienbuch und Kreuz geschmückten Tisch im vorderen Kirchenschiff geleitet: Ansprache, Erklärung der Ehewilligen, Gebete, dann wird über die zu Vermählenden je ein kronenförmiger Kranz gehalten. Priester: *»Es wird vermählt der Magd Gottes Y der Knecht Gottes X im Namen des Vaters und des Sohnes und des Heiligen Geistes.«* Und dann dreimal: *»Herr, unser Gott, kröne sie mit Ruhm und Ehre.«* Gebete, der Priester segnet einen Becher Wein, aus dem beide dreimal gemeinsam trinken. Bevor die Kränze abgenommen werden, umrunden die Neugetrauten dreimal den Tisch. Rituelle Elemente der Trauungszeremonie enthalten verschiedene Formen der Priesterweihe. Geistliche dürfen nur vor der Weihe heiraten, zum Bischof werden nur Ledige geweiht (→ Hochzeit zu Kanaa).

6. Die *Priesterweihe* vermittelt die Übertragung der Geistesgabe der priesterlichen Gewalt. Durch Handauflegen wird sie in ununterbrochener Folge von Christus, seine Jünger und die Bischöfe der Väterzeit auf die jeweils amtierenden Bischöfe übermittelt. Lektoren (lesen aus der Schrift und tragen Leuchter), Hypodiakone (Unterdiakone), Diakone (untergeordnet unter einem amtierenden Priester), Priester (Geistliche, die selbständig das Abendmahl und die anderen Mysterien mit Ausnahme der Priesterweihe spenden können) werden von einem Bischof geweiht; angehende Bischöfe können nur von (mindestens) drei praktizierenden Bischöfen geweiht werden. Allein der Bischof ist im Vollbesitz des priesterlichen Amtes, nur er kann die apostolische priesterliche Macht weitergeben. Die Zeremonie des Handauflegens wird an Diakonen, Priestern und Bischöfen während der Liturgie im Altarraum vollzogen. Alle Initianten erhalten dabei die Insignien ihrer neuen Würde (→ Gewänder).

7. Die *Krankensalbung* ist ein geistliches Heilverfahren. In der Antike und im Mittelalter wurde → Öl als äußerlich angewandte Medizin benützt. Als Mysterium hilft die Salbung dem Sterbenden zum Leben im Paradies; es heilt den Erkrankten und läßt den seelisch Leidenden gesunden. (Die Krankensalbung ist ein universelles Heilverfahren – nicht nur »letzte Ölung«.) Die Zeremonie soll möglichst von sieben Priestern siebenmal hintereinander in der Kirche, notfalls im Hause des Kranken, vollzogen werden. Bereitgestellt werden Kreuz, Evangelienbuch, eine Schüssel mit Weizenkörnern (Symbol des ewigen Lebens → Brot), Öl-Gefäß, Öl und Wein, sieben Stäbchen umwickelt mit Watte, sieben Kerzen, Weihrauch. Nach einleitenden Gebeten gießt der erste Priester Öl und Wein in ein Gefäß – damit reinigt der barmherzige Samariter die Wunden des unter die Wegelagerer Gefallenen *(Luk. 10, 34)* – und spricht ein Weihegebet. Danach Hymnengesang zu Ehren von Christus, des Apostels Jakobus *(Jak. 5, 14* wird die Krankensalbung erwähnt), des Nikolaus, des Demetrios, der Ärzteheiligen Panteleimonos, → Kosmas und Damian, der Gottesmutter und Johannes des Evangelisten. Bei der abschließenden siebenten Salbung legt der Priester das Evangelienbuch, als die starke → Hand Gottes, auf das Haupt des Kranken und bittet um Sündenvergebung (Ölung am »roten Donnerstag« → Passionszyklus).

Sakramentale Heilsgaben
Weihehandlungen, denen die Orthodoxen fast die gleiche Bedeutung beimessen wie den sieben Mysterien. Wichtig sind
☆ die Wasserweihe (→ Taufe Christi, → Ciborium).

Mystik

☆ das Antidoron, bei der Zurüstung des Abendmahls übriggebliebenes → Brot, das nach Abschluß der Liturgie verteilt wird (→ Eucharistie, → Proskomidie).
☆ Ewlojía (Eulogia-Segengaben, → Brot).

Übersicht: **Die Mysterien als göttliche Gegenwelt zum irdischen Dasein**

Mysterien	*Lebensbereich*	*Übergangsmarkierungen*
Taufe	Geburt	vom Nichtsein zum Sein
Myronsalbung	geistige Entwicklung (Erziehung)	–
Buße	leidvolles Erleben	–
Abendmahl	Nahrung, aber auch Liebe	–
Hochzeit	Gemeinschaft, Liebe	vom jugendlichen Unverheirateten zum Erwachsenen
Chrismaölung	Krankheit und Tod	Von der Krankheit zur Gesundheit, vom Leben über den Tod zur Auferstehung
Priesterweihe	–	vom Uneingeweihten zum Gottgeweihten

Sechs Mysterien beziehen sich auf die grundlegenden Situationen des menschlichen Lebens, ersetzen Bedürfnisse und Ausdrucksformen des sichtbaren menschlichen Lebens durch Formen eines geistigen unsichtbaren Lebens.
Die vier wichtigsten Übergangssituationen im menschlichen Leben: Eintritt ins Leben, Heirat, Weihe und Austritt aus dem Leben sind krisenhafte, als gefährlich empfundene Situationen des Einzelnen. Sie werden von Gemeinde und Kirche mitgetragen.

Mystik
Ο ΜΥCΤΙΚΙCΜΟC
O mystikismós

Ziel orthodoxen Glaubens – Vereinigung von Mensch und Gott (→ Himmlische und kirchliche Hierarchie). Die Verschmelzung wird erreicht

☆ durch Vergöttlichung des Menschen bei der Wiederkunft Christi,
☆ rituell in der → Eucharistie. Das Drama der Liturgie nimmt symbolhaft die Verschmelzung zwischen Gottheit und Menschheit vorweg.
☆ in der mystischen Versenkung, praktiziert vom Mönchtum des Ostens.

Die zwei Hauptströmungen der Mystik setzen sich unterschiedliche Ziele:

☆ Völliges Aufgehen des Menschen in Gott bis zum Verlust der eigenen Identität. Islamische Strömungen: Mevlana Djelaleddin Rumi (1207–1273), Gründer eines Derwischordens in Konya; Hamsa Fansuri, malaiischer Sufi.
☆ Theoria, Schau Gottes. Der orthodoxe Gläubige will dereinst, andeutungsweise schon jetzt, Gott als das unerschaffene Licht vom Berge Tabor (→ Verklärung) schauen. Gottesschau setzt eigene Vergottung und zugleich eigene Identität gegenüber Gott voraus. Das Bildprogramm der byz. Kirchen will dem Gläubigen symbolisch eine »Vorschau« des unerschaffenen Lichtes bieten.

Nikolaus
Ο ΑΓΙΟC ΝΙΚΟΛΑΟC
O ajíos Nikólaos

Bischof von Myra, einer der beliebtesten Heiligen Griechenlands und Rußlands, Schutzpatron der Schiffahrt, hat im Osten keinen Bezug zum Weihnachtsbrauchtum.

Leben und Legende des heiligen Nikolaus
Vor 290 in Lykien in Kleinasien geboren, verteilte Nikolaus nach dem Tode seiner Eltern das ererbte Vermögen an die Armen. Pilgerte zu Schiff nach Jerusalem. Als Bischof von Myra (am Phinike Körfezi im Südwesten von Antalya) in Lykien setzte er sich für die Armen ein: Den zum Verkauf ins Bordell bestimmten Töchtern eines Verarmten warf er drei Säckchen mit Gold als Aussteuer für eine Heirat ins Schlafzimmer. In der letzten Christenverfolgung unter Diokletian und Maximian im Gefängnis, rettete er drei zum Tode Verurteilte. Kämpfte auf dem Konzil zu Nikäa 325 gegen die Arianer (→ Basilius), verstarb um 350.

Die byz. Prinzessin Theophano, ab 972 Gemahlin des deutschen Kaisers Otto II., führte die Nikolausverehrung in Mitteleuropa ein. Sein Grab in Antalya wurde durch Seeräuber ausgeraubt, die Gebeine gelangten unter dubiosen Umständen 1084 nach Bari, Unteritalien.

Abbildungen von Nikolaus im Bischofsornat

Goldmosaik. Osios Lukas bei Stiri in Phokis, nach 1000.

Nikolaus trägt Bischofsornat (→ Gewänder), hat einen gepflegten, gerundeten weißen Bart, Stirnglatze oder rundum kahlen Kopf. Auffällig sein mit großen Kreuzen besetztes Omophorion. Er erscheint als Einzelfigur in Apsidiolenwölbungen (Athen, Daphni, Ende 11. Jh.), oft unter den → Kirchenvätern und Liturgen in der untersten Zone der Hauptapsiswand, in spätbyz. Zeit oft mit Schriftband: *Der Du uns mit diesen gemeinschaftlichen Gaben wohlmeinend beschenkt hast ...* Beliebtes Motiv: Überreichung der bischöflichen Insignien (der Überlieferung nach im Gefängnis). Aus den Wolken heraus überreicht ihm von der einen Seite her Christus das Evangelienbuch, von der anderen Seite her die Allheilige das Omophorion (Nikolaos Orphanos, Thessaloniki, Anfang 14. Jh.; Charaki Ajios Nikolaos, Rhodos, 17. Jh.). Zahlreiche Szenen aus seiner Legende in der Vorhalle von Nikolaos Orphanos, Thessaloniki.

Nikolaus als Schutzpatron der Seeleute und der See-Schiffahrt

Bei der Überfahrt nach Jerusalem brachte Nikolaus den Sturm zum Schweigen, rettete so einen über Bord gegangenen Seemann (Sturmstillung Christi → Wunder am Meer). Der Heilige wird besonders von Fischern und Schiffern verehrt. Dem Volksglauben nach

Stillung des Sturmes durch Nikolaos. Ajios Nikolaos Orphanos, Thessaloniki, Anfang 14. Jh.

trieft sein Bart vor Wasser, seine Kleidung ist feucht, ständig ist er damit beschäftigt, in Seenot geratene Schiffe über Wasser zu halten. Ihm sind Kapellen auf Molen (z. B. in Ägina) oder an vorspringenden Kaps geweiht (Gegenstück → Elias).

Der Nikolaustag (6. Dezember) markiert den Zeitpunkt, an dem die heftigen Winterstürme einsetzen. Kein Schiff sticht ohne Nikolausikone in See. Sie soll vor Sturm schützen.

Eine Spende von Kollywa (→ Totenbräuche), geweiht am Nikolaustag, und die Worte: »Heiliger Nikolaus, halt ein mit Deinem Sturm!« garantieren eine Wiederholung seines Sturmstillungswunders. Günstiger Wind kommt auf, wenn etwas Kollywa gespendet und die Nikolausikone an einem Strick ins Meer gelassen wird.

Die Zueignung der Totenspeise Kollywa kennzeichnet seine Herrschaft über das Meer als Totenwelt (→ Taufe Christi). Nikolaus hat Poseidon abgelöst, ist zugleich als Steuermann des Lebens Gegenspieler zum Steuermann des Todes → Charon. Neugriech. Abschiedsgruß im Hafen:

»Der heilige Nikolaus setze sich an dein Steuerruder.« In Seenot geloben Kapitäne ihm Votivgaben – Modelle ihrer Schiffe aus Holz, Silber- oder Goldblech oder Bilder ihrer Errettung. Die gesamte Mannschaft geleitet das »Ex voto« barfüßig in die Kirche und hängt es während einer Andacht zu den andern Votivgaben, die die Nikolausikone bereits überdecken.

Schon Jason hatte seine Argo – Urtyp des griech. Schiffes – im Original dem Heiligtum des Poseidon auf dem Isthmus von Korinth geopfert.

In der Antike wurden dem Meeresgott komplette – auch erbeutete – Schiffe, Schiffsteile und Schiffsmodelle geweiht.

Nimbus

Ο ΦΩΤΟΣΤΕΦΑΝΟΣ
O Photostephanos

Heiligenschein, vom 7. Jh. an obligatorisches Merkmal auszeichnenden Charakters für alle heiligen Wesenheiten.

Sonnenhafter Lichtkranz der Herrscher

Der »Kranz aus Licht« geht auf den Strahlennimbus zurück, der spätestens seit 300 die Köpfe von Lichtgottheiten umgab: Helios (Volutenkrater im Landesmuseum Karlsruhe, 350–300); Mithras (Relief vom Nimrud Dag, ca. 50 v. Chr.), Sonnengott von Palmyra (Altarstein, Rom Kapitolinisches Museum, 1. Jh.). Auch in Gestirne verwandelten heroischen Gestalten, sogar gewöhnlichen Verstorbenen wurde der Strahlennimbus zugestanden.

Im sog. Haus des Apoll, Pompeji (ca. 65–70 n. Chr.) sind alle Gestirngötter nimbiert. Römische Kaiser wurden nach ihrem Tode zu Gestirngöttern (→ Himmelfahrt). Zunächst hatten einige von ihnen auf kleinasiatischen Münzen einen Nimbus. In der Apsis des Kaiserkultraumes im Ammontempel von Luxor (Ägypten, um 300 v. Chr.) tragen ihn die Tetrarchen Diokletian, Maximinian, Galerius und Constantius Clorus, Konstantins Vater (→ Konstantin). Von Konstantin an, Verehrer der Sonne und des Kreuzes, sind fast alle byz. Kaiser, armenische, balkanslawische und russische Herrscher auf Wandbildern, Goldemail- und Elfenbeindarstellungen nimbiert – auch Büßende (Leon der VI., Portaltympanon Ajia Sophia; → Kaiser).

Einfacher Nimbus auf christlichen Darstellungen

Vom Ende des 2. Jh.s an trägt Christus gelegentlich einen Nimbus (Katakombenmalerei). Im 6. Jh. finden sich einige wenige Christusdarstellungen ohne Nimbus. Der Schein kann allerdings durch architektonische, den Kopf umrahmende Details, z. B. Muschelknochen, ersetzt sein. In der Regel treten Christus von der Friedenszeit (311) an, später die Engel, dann die Gottesmutter, schließlich die Apostel, Heiligen und Propheten mit Nimbus auf.

Byz. Nimben sind alle flächig und meist goldbelegt, perspektivische Nimben, wie im Westen seit Giotto bekannt, fehlen. Vereinzelte viereckige Nimben (Ajios Dimitrios, Thessaloniki, Mitte 7. Jh.) wurden vermutlich noch lebenden Personen zugeteilt. Allegorische engelhafte Figuren von der postbyz. Zeit an haben einen Acht-Zackenstern-Nimbus (→ Ostern).

Der Kreuznimbus Christi

Verschmelzung von Kranz und Kreuz
Christi Heiligenschein (fast ausschließlich nur seiner; → Engelbesuch → Pfingsten) ist immer

ein Kreuznimbus. In frühchristl. Zeit verschmolz der Kranz mit Christusmonogramm oder Kreuz – zunächst als Triumphzeichen über seinem Kopf schwebend – mit seinem Heiligenschein. Nimben des 4. Jh.s, auch jüngere, enthalten das Monogramm (San Lorenzo, Milano, 355–397; Auferstandener, Santa Sabina, Rom, 432; ravennatische Sarkophage des 5. und 6. Jh.s). In justinianischer Zeit (6. Jh.) hat sich für Christus der Nimbus mit dem Gemmenkreuz – als dem wahren, von → Konstantin und Helena aufgefundenen → Kreuz (→ Kreuzerhöhung) – durchgesetzt. Vor und im Bilderstreit kann das Gemmenkreuz Christus selbst vertreten.

Nimbus mit Fünf-Punkte-Kreuz

Christus mit dem Fünf-Juwelen-Kreuznimbus. Elmali Kilise, Göreme, Kappadokien.

Ab mittelbyz. Zeit konkurriert das schlichte, grafisch umrissene Kreuz im Nimbus mit einer Sonderform des Gemmenkreuzes: in jedem Kreuzarm fünf Juwelen als Punkte, als Rhomben, oder vier Punkte um einen zentralen Rhombus oder Kreis.
Die Punkte weisen in der für Symbole typischen Mehrdeutigkeit auf Eucharistie und Kosmos hin:

☆ fünf eucharistische Prosphorenbrote entsprechen den fünf → Broten der Speisung der 5000 (→ Proskomidie; → Wunderspeisungen).

☆ fünf eucharistisch verstandene Wunden Christi am Kreuz.

☆ fünf Punkte markieren die Ausdehnung der Welt – Osten, Süden, Westen, Norden und die Mitte (→ Kosmos; → Kirchengebäude; → Kreuz).

☆ Christus umgeben von den vier → Evangelisten: seit Irenäus (2. Hälfte 2. Jh.) kosmologisch als die vier Winde, das Evangelium in die vier Ecken der Welt tragend, interpretiert.

Die fünf Christus als Abendmahlsgabe (→ Bilderfeindliche Ornamente) und Kosmokrator kennzeichnenden Punkte sind Nachbildungen von Edelsteingruppen auf Staurotheken und Evangelien, nach dem Vorbild des Behältnisses des wahren Kreuzes. Die Fünf-Juwelen-Symbolik erscheint auch auf der gemmengeschmückten Fassung des Evangeliars (Daphni, Athen, Ende 11. Jh.) in den Händen des Pantokrators (→ Mandylion).

Die göttlichen Buchstaben im Nimbus
Von spätbyz. Zeit an werden anstelle der Gemmen die drei Buchstaben O ΩN *O On (der Seiende)* auf die drei sichtbaren Kreuzarme verteilt – die griech. Fassung des Gottesnamens Jahwe: *Ich bin der ich bin*. Gott ist der wirklich unvergänglich *Seiende*. Der Mensch vermag von sich aus nur begrenzte Zeit zu »existieren«.
Das Kreuz im Nimbus weist auf die menschliche Natur Christi, die drei Buchstaben auf seine göttliche Natur hin.
(Das griechischsprachige AT gibt die beiden Selbstaussagen Jahwes *2. Mose 3, 14* mit »O On« wieder.)

Noah
O NΩE
O Nóe

Erzvater des AT, von Gott aufgefordert, die Arche zu bauen, wurde mit seiner Familie vor der Sintflut gerettet, hat zum Dank einen Altar gebaut und geopfert. Gott schloß mit ihm einen Bund (1. Mose 6, 9–9, 29).

Typologie um die Sintflut und Noahs Opfer
»Du meine Seele allein hast geöffnet deines Gottes Zorneskatarakt, hast überflutet alles Fleisch wie ein

Land, die Werke und das Leben und bliebest der Heilsarche ferne.« *Bußgebet am Mittwoch der 1. Fastenwoche*

Als typologisches Vorbild für Errettung und Überwindung des Todes (= Sintflut) findet sich Noah bereits in der Katakombenmalerei, auf seiner Arche stehend, mit erhobenen Händen betend oder die Taube aussendend. Der Urozean des Chaos (→ Wunder am Meer), Ort des Todes, umschließt und bedroht die bewohnbare Erde. Die Taufe ist Durchgang durch den Tod, die Sintflut wird zu ihrem Typus (→ Ciborium; → Taufe Christi).

Das Opfer Noahs, sein Weinanbau gelten als Hinweis auf die Eucharistie.

Szenen mit Noah und seiner Familie

Ereignisse um Noah werden dargestellt in der früh- und mittelbyz. Buchmalerei, in einigen in Italien gelegenen mittelbyz. Kirchen (Mosaiken) und in spät- und nachbyz. Freskodarstellungen:

☆ Gott fordert Noah auf, die Arche zu bauen; dieser schaut nach oben, auf einen Lichtstrahl mit der Inschrift: »Bau dir eine Arche, viereckig aus Holz. Siehe, ich werde eine Flut kommen lassen.«

☆ Noah fertigt mit Hilfe seiner Söhne die Arche an. Die Todgeweihten schlemmen und prassen, verspotten Noah. Tiere ziehen paarweise in die Arche (→ Typus der Kirche) ein.

☆ Auf der ansteigenden Flut schwimmen Leichen. Die Arche hat sich auf einer Bergspitze festgefahren. Noah läßt durch eine Dachluke die Taube ausfliegen – Vorbild, für die Geistestaube, die bei der → Taufe Christi herabfährt.

☆ Noah opfert auf einem Berg, die Arche steht auf trockenem Land. Die Tiere kommen heraus. Auf einem Altar liegen Schafe, Vögel und andere reine Tiere, Noah und alle um ihn recken die Arme zum Himmel – Hinweis auf den Bund des AT zwischen Gott und Abraham, die Einsetzung des neuen Bundes zwischen Gott und seiner Gemeinde.

☆ Noah pflanzt den Weinstock – Hinweis auf Christus (»Ich bin der Weinstock, ihr seid die Reben.« *Joh. 15, 5*), auf den Abendmahlswein.

☆ Während Noah vom Weine berauscht schlummert, verrutscht sein Gewand. Sein Sohn Ham, weist belustigt seine Brüder Sem und Japhet auf des Vaters Blöße hin. Typos der Verspottung Christi *(1. Mose 9, 20–27).*

Öl vom Olivenbaum

ΤΟ ΕΛΑΙΟΛΑΔΟΝ
To Eläóladon

Oliven- und Feigenbaum sind die ältesten Kulturbäume Griechenlands und Palästinas. Olivenhaine bestimmen das Landschaftsbild, wirken sich auf das Mikroklima aus. Der Wohlstand Altkretas beruhte auf Olivenölexport nach Ägypten. Öl diente zur Nahrung, Beleuchtung, Salbung und Heilung.

Die Olive als Baum des Friedens

Olivenbäume tragen erst nach dem 7. Lebensjahr, Olivenkulturen gedeihen nur in befriedeten Gebieten (Eindringlinge pflegten Quellen zu verstopfen und Bäume abzuhacken). Deshalb wurden Ölzweig und Ölbaum zum Symbol des Friedens: Die friedliebende Athene war die Schutzherrin der attischen Olivenkulturen. Für die christl. Griechen ist die Olive der Baum der Muttergottes (→ Geburt Christi).

Dem → Noah in der Arche brachte die ausgesandte Taube einen Olivenzweig (1. Mose 8, 11) als Zeichen, daß die Sintflutwasser gefallen, und als Friedensangebot Gottes, der mit Noah seinen ersten Bund schließen wollte.

Vielseitige Anwendung von Olivenöl

Olivenöl war in der Antike hochwertiges Nahrungs- und Würzmittel, Brennstoff für die Lampen, Weichappretur für Stoffe, Heilmittel und – mit aromatischen Kräutern versetzt – Balsam für die Körperpflege. In Griechenland rieb man sich anläßlich von Gastmählern mit duftendem Öl ein. In Palästina wurden Gäste durch eine Ölmassage geehrt:

»Du (Gott) bereitest vor mit einem Tisch im Angesicht meiner Feinde. Du salbest mein Haupt mit Öl und schenkest mir voll ein.« Ps. 23

Letzter Liebesdienst für die Toten war die Einbalsamierung mit Myrrhenöl. Der Herrscher Israels wurde durch eine Ölsalbung, nach jüdischem Verständnis von Jahwe selbst vollzogen, zum heiligen König. Christos – »der Gesalbte« – ist die griech. Übersetzung des Hebräischen »Maschiah« *(Messias).* Auch die byz. Kaiser ließen sich, nachweislich vom

13. Jh. an, unmittelbar vor der Krönung vom Patriarchen salben.

Die östlichen Kirchen benutzten Öl als medizinisches Heilmittel, bei der Krankenölung und der Myronsalbung (→ Mysterien).

Als Heil- und Heilsmittel begehrt ist das Öl in den Leuchten vor den Ikonen oder Reliquien großer Heiliger (Ölschicht über Wasser in einem Glasbecher, der Docht schwimmt an einem Korkstückchen befestigt darin). An den Namensfesten u. a. der Ärzteheiligen (→ Panteleimon, → Kosmas und Damian) setzen die Gläubigen alles daran, nach dem Gottesdienst an das Öl heranzukommen. Etwas vom guten Ruf des heiligen Lampenöls ist auf die Kerzen übergegangen, die aus den Gottesdiensten mit nach Hause gebracht und als Heilmittel verwendet werden.

Öl und Reliquien

Besonders beliebt als Heilmittel von altchristl. Zeit an bis heute ist Reliquienöl. Splitter von Märtyrergebeinen, vom Kreuz Christi standen nicht unbegrenzt zur Verfügung; wurden ersetzt durch einfacher zu beschaffende Ewlojies *(Segensmittel)* – Erde und Wasser von den heiligen Stätten Palästinas, besonders von

☆ Öl, das in den Lampen der Kirchen brannte, die von → Konstantin und Helena an heilsgeschichtlichen bedeutungsvollen Orten errichtet worden waren. (Besonders wichtig: Öl, auch die Lichtflamme vom Heiligen Grab.)

☆ Öl, das mit dem in der Grabeskirche aufbewahrten Heiligen Kreuz in Berührung gekommen war.

☆ Öl, das aus Heiligengebeinen und Kreuzreliquiaren tropfte:

»Als heilbringende Quellen verlieh uns der Herr Christus die Reliquien der Heiligen, die auf mannigfache Weise die Segnungen ausströmen, ein duftendes Öl ergießen.« *Johannes Damaszenus, Glaubenslehre 4, 15*

Die Rolle der Pilgerfläschchen für Öl für die Verbreitung christlicher Kunstmotive

Vom 6. Jh. bis Anfang 7. Jh. (islamische Eroberung) hat sich in Palästina eine Industrie zur Herstellung von Pilgerampullen für heiliges Öl herausgebildet: zwischen 4 und 8,5 cm hohe, flache, feldflaschenförmige Ampullen

Pilgerfläschchen für Öl aus Palästina, 6. Jh.

aus Blei-Zinn-Legierung, auch aus Ton, aus Silber, seltener aus Gold. Bekannt sind 22 komplette und 25 fragmentarisch erhaltene Blei-Zinn-Ampullen. Sie wurden als Amulette (als eine Art von Enkolpion) um den Hals getragen, auch vor die Schlafstatt gehängt und dem Besitzer schließlich ins Grab mitgegeben. Der Inhalt ist, nach einer häufigen Umschrift auf der Frontseite, »Öl vom Holze des Lebens von den heiligen Stätten Christi«. Die Verwendung als Grabbeigabe erklärt sich aus dem apokryphen Nikodemusevangelium (5./6. Jh.), Kap. 19: Der sterbende Adam hat seinen Sohn Seth ausgesandt, am Tor des Paradieses von den Engeln lebensrettendes Öl vom Baum der Barmherzigkeit zu erbitten. Seth wurde auf das Kommen Christi vertröstet. Das Heilsöl fließt aus dem Kreuz als dem neuen → Lebensbaum.

Eine weitere übliche Umschrift »Ewlojia (Segensgabe) des Herrn von den heiligen Stätten« erinnert an das Ewlojia-Brot. Die → Brote, auch Prosphoren (→ Proskomidie) erhalten einen Stempelaufdruck, beide Seiten der Fläschchen wurden mit symbolischen Bildkürzeln und Inschriften überprägt.

Die Ampullen waren – neben Pilgermedaillons (Amuletten), Münzen, tönernen Öllämpchen – die wichtigsten, nach einem Vervielfachungsverfahren hergestellten Bildträger. Ihre Motive: Die auf eine Kurzform reduzierten Kirchen über den heiligen Stätten und dessen bedeutendster Bildschmuck (→ Altar; → Kreuz).

Mit den zurückkehrenden Pilgern verbreiteten sich die Ampullen über die gesamte christl. Welt, beeinflußten ihre Motive die religiöse Ikonographie.

Auf den Darstellungen des Heiligen Grabes und der Geburtskirche, auf den Ampullen selbst wie auf Buch- und Wandmalereien, erscheinen überbetont groß Öllampen und das Heilige Kreuz selbst – die wichtigsten Quellen für das Heilsöl in den Fläschchen.

Oranten

ΟΙ ΠΡΟCΕΥΧΟΝΤΕC

I proséwchontes

Darstellungen von Betenden mit erhobenen Händen und nach vorne gewandten Handflächen, frontal von vorne gesehen. Gebetsgestus der Gottesmutter.

Die Gebetshaltung mit erhobenen Händen

In der schon im NT und vorher bezeugten eindrucksvollen Gebetshaltung öffnet sich der Mensch für die herabströmende Gnade Gottes.

Die Geste wird auf frühchristl. Sepulkralbildern von den Seelen Verstorbener vollzogen, kommt auch noch auf frühbyzant. Mosaiken vor (Sant'Apollinare in Classe, Ravenna, Apsis 6. Jh.). Bis in spätbyz. Zeit wendet → Maria sie als Repräsentantin der betenden Kirche an (Sophien-Kathedrale, Kiew, 11. Jh.), in Szenen der → Himmelfahrt und von → Pfingsten. Der Gestus, in frühchristl. Zeit unter Gläubigen verbreitet, ermöglicht überzeugend die Darstellung eines aus tiefer Not zum Himmel schreienden Menschen – → Noah in der Arche, → Daniel in der Löwengrube. Das Ausgreifen des Oranten zum Himmel will den Tod überwinden: Klagefrauen strecken auf Bildern (→ Passionszyklus) ihre Arme ekstatisch hoch, sehen Orantinnen gleich.

Die Kirchenväter begriffen die Haltung als Nachahmung der Haltung Christi am Kreuz:

»Wir aber heben nicht nur unsre Hände hoch, sondern breiten sie auch aus, indem wir so die Leiden unseres Herrn nachbilden und beten, bekennen wir Christus.« *Tertullian*

Apollinaris Orantenhaltung (Ravenna, Sant' Apollinare in Classe) vollzieht ganz deutlich die Geste des Gekreuzigtwerdens, abgestimmt auf das Kreuz, das über ihm erscheint. Wie bei der Kiewer Muttergottes sind die Hände gespreizt, zeigen die zehn Finger – den Zahlenwert für das hebräische Joch (= *Hand*) und des griech. *Jota* – Anfangsbuchstaben des Namens Jesu (→ Zahl 10).

Apollinaris vollzieht m. E. die eucharistische Gebetsgeste des Priesters.

Eucharistische Orantenhaltung und Bedeutung des Aufrechtstehens

»Ich wünsche nun, daß die Männer allerorts beten, indem sie heilige Hände hochhalten, ohne Zorn und Zweifel.« *1. Tim 2, 8*

Der Priester vollzieht in der Liturgie häufig den Orantengestus. Den → eucharistischen Charakter verdeutlicht er, indem er unmittelbar vor dem großen Einzug den Diakon auffordert, den heiligen Diskos mit dem Abendmahlsbrot zu ergreifen: »Hebet eure Hände auf zum Heiligtum und lobet den Herrn« Ps. 134 (133). Die Gläubigen werden zu Beginn der Abendmahlsliturgie aufgefordert: *»Lasset uns aufrecht stehn!« »Lasset uns schön stehn!«*

Heilige in Orantenhaltung. Eustatioskirche, Göreme, Kappadokien.

In der Zeit zwischen Ostern und Pfingsten, an allen Sonntagen als den Gedenktagen der Auferstehung, beugt kein orthodoxer Christ die Knie.
Das Aufrechtstehen symbolisiert die Auferstehung. Die Orantenhaltung, auch im Judentum des AT und im griechischen Altertum durchaus üblich, hat sich als Prototyp der aufrechten Haltung im frühen Christentum gegenüber der Proskynese, dem Sichniederwerfen vor dem Herrscher, durchgesetzt.

Sich niederzuwerfen wie im alten Orient oder im Islam (= Unterwerfung), dokumentiert den Rechtszustand der Knechtschaft, aufrecht zu stehen vor Gott den der Gotteskindschaft.

Ornamente
TA KOCMHMATA
Ta kosmímata

Die Architektur der Antike betont den plastischen Eigenwert jeder Einzelheit. Architekturdetails, Oberflächenbearbeitungen (Kanneluren der Säulen) zielen darauf ab, durch das Spiel von Licht und Schatten die Körperlichkeit der Bauelemente, ihre jeweilige tragende oder haltende Funktion (Tektonik) zu unterstreichen.

Flechtbandornament aus der Klosterkirche zu Osios Lukas bei Stiri in Phokis.

Die byz. Ornamentik – aus verschiedenfarbigen Steinlagen und Flachreliefs im Außenbau, aus Fresko, Mosaik, aus Naturmaserungen und poliertem Stein im Inneren – verschleiert Härten und Kanten an den Nahtstellen zwischen den Bauteilen selbst da, wo sie architektonische Formen gliedert. In justinianischer Zeit (6. Jh.) füllen Ornamente die Wände und Gewölbe von Kirchen. Heilsgeschichtliche Geschehnisse und Personen sind darin hineinverwoben. Die Erdenschwere der tragenden Teile wird durch das darübergebreitete Dekorgespinst verhüllt und aufgehoben. Die frühikonoklastischen, teppichartigen Gewölbe-Überkleidungen lassen den schwer lastenden Fels der Höhlenkirchen leicht und luftig erscheinen. In mittel- und spätbyz. Zeit überkleiden breite, später schmalere Ornamentbordüren die Nahtstellen zwischen den Architekturdetails und rahmen die Bildfelder.
Die musivischen oder gemalten Ornamente erinnern an kostbare Stoffdecken, an Gewänder, an Stolen, an Wandteppiche, an Vorhänge und Bahnen von Prunkzelten. Es sind Gewebe, die aus Gründen vereinfachter Herstellung meist ein- oder zweiachsig symmetrisch angelegt sind.
Diese musivischen und gemalten Stoffe lassen sich als bildliche Ergänzung des Altarvorhangs, aus dem später die Bilderwand wurde (→ Ikonostase) und als Stoffverkleidung der unteren Apsiswände verstehen. Gemalte Imitationen frei fallender Vorhänge sind häufig.
Die Band- und Flechtornamente betonen das Element der Bindung und Verbindung der Ornamentfiguren untereinander. Darin spiegelt sich das Bedürfnis nach *Eingebundensein* in die vergöttlichte Umwelt, was auf mystische

Flechtbandmuster aus Tokali I, Göreme, Ende 10. Jh.

Weise in der → *Eucharistie* vollzogen wird. In Kappadokien werden *ganze Ornamentfelder aus eucharistischen Zeichen* aufgebaut. Die Vorliebe für Schlaufen, auch für Knotenmuster, erinnert an den Bindezauber: Liebeszauber, Abwehr von Dämonen (→ *Eleutherios*).

Ostern / Auferstehung
ΤΟ ΠΑΣΧΑ / Η ΑΝΑΣΤΑΣΙΣ
To Páscha / I Anástasis

Feier der Auferstehung, nach Gregor von Nazianz »Fest der Feste«. Wie Christus als der Dreizehnte über den zwölf Aposteln steht (→ Zahl 13), so Ostern über den zwölf Hochfesten (Dodekaorthon → Festtagskalender).

Datum des Osterfestes
Am Ostertermin hängt der gesamte bewegliche Festtagsteil des Kirchenjahres – 48 Tage vor und 50 Tage nach Ostern –, der sich mit ihm um insgesamt 28 Tage (einen Mondzyklus) vom Frühjahrsbeginn an, hin und her verschiebt. Seit dem Konzil von Nikäa 325 feiern alle größeren christl. Kirchen Ostern am 1. Sonntag, der dem 1. Frühjahrsvollmond (nach dem 21. März) folgt.

Der orthodoxe Ostertermin fällt selten mit dem westlichen zusammen, liegt meist ein bis zwei (bis zu sechs) Wochen später, weil nicht nach dem im Westen im 16. Jh. eingeführten gregorianischen Kalender, sondern nach Julius Caesars julianischem berechnet. Da er in 400 Jahren drei Schalttage mehr hat, verschiebt sich der kalendarische Frühlingsbeginn immer mehr in den Sommer hinein (Differenz z. Z. 13 Tage).

In den Ostmittelmeerländern wurde Ostern ursprünglich an einem festen Termin gefeiert. Im Sinne der frühchristl. Gleichsetzung heilsgeschichtlicher und astraler Vorgänge (→ Apostel; → Mond) hatte der bewegliche Termin den Vorzug, das Fest zugleich ans Sonnenjahr (julianisch 365,25 Tage, gregorianisch 365,2425) und ans Mondjahr (354 Nächte) anzubinden.

Osterliturgie und Osterbräuche
Bezeichnenderweise wurde früher die Auferstehung zur Zeit des Sonnenaufganges gefeiert. Heute beginnt der Ostergottesdienst am Samstagabend, die Ausrufung der Auferstehung erfolgt um Mitternacht griech. Zeit. Die Gläubigen sind in neuen Kleidern, zumindest mit neuen Schuhen, in die reich mit Lorbeer und Myrthe geschmückte Kirche gekommen, weiße Kerzen in Händen. Vor Mitternacht herrscht verhaltene Trauer: Die Schöne Pforte ist verschlossen, der Chorgesang klingt dumpf, das Licht ist gedämpft. Vor dem entscheidenden Augenblick erlischt es völlig. Der Chorgesang schlägt in Tonhöhe und Rhythmik um, Erregung packt die Menge – Stimmengewirr. Der Priester tritt, in Vertretung des Auferstandenen, durch die Schöne Pforte, eine brennende Kerze in der Hand:

»Eilet herzu, nehmet das Licht vom Licht, für das es keinen Abend gibt, und ehret Christus, der auferstanden von den Toten!«

Die zunächst Stehenden entzünden ihre Kerzen an der des Priesters, reichen die Flamme weiter. Eine anschwellende Flut von Lichtern breitet sich aus vom Osten bis in den äußersten Westen der Kirche, und bis hin zu denen, die draußen stehen vor der überfüllten Kirche.
In die hell erleuchtete Kirche hinein ruft der Priester *Christós anésti*, die Gläubigen fallen in den Hymnus ein:

Χριστὸς ἀνέστη ἐκ νεκρῶν,
θανάτῳ θάνατον πατήσας,
καὶ τοῖς ἐν τοῖς μνήμασι ζωὴν χαρισάμενος.

»Christ ist erstanden von den Toten,
den Tod mit dem Tode zertretend
und denen in den Gräbern das Leben schenkend.«

Das Lied wirkt wie ein Signal: Der Priester führt eine Prozession von Lichter- und Fahnenträgern nach draußen, die Menschen fallen einander um den Hals, küssen sich auf beide Wangen: *Christós anésti – alithós anésti* (er ist wahrhaftig auferstanden). Aller Groll, der sich ein Jahr lang aufgestaut hat, ist vergeben. Man schlägt die mitgebrachten roten Eier aneinander und ißt sie – froh, daß das strenge Fasten zu Ende ist. Währenddessen singt der Chor lobpreisende Hymnen, immer wieder das Triumphlied. Die Gläubigen singen mit, schwingen im Rhythmus ihre Kerzen, Böllerschüsse übertönen das Geläut der Glocken und das Heulen der Schiffssirenen. Die Auferstehungsikone liegt auf einer Festtribüne vor der Kirche oder vor der Bilderwand. Die Menschen stehen Schlange, um sie mit Küssen (→

Kuß) zu überdecken. Vor Abschluß des Gottesdienstes wird sie um die Kirche herumgetragen. Die meisten eilen nach Hause, um nach der langen Fastenzeit gut zu essen: meist eine bekömmliche Ostersuppe aus Lamminnereien, die *Majeritsa*.

aus der Totenwelt – entflammen die Frauen am Sonntagabend Öllämpchen auf den Gräbern; sie opfern Weihrauch, legen mancherorts rote Eier, Brot und Käse (die sich später die Kinder und die Armen nehmen dürfen) auf den Gräbern nieder.

Awghouli – Osterbrot aus Archangelos, Rhodos.

Frauen bringen – in diesem Falle in der Woche vor Ostern – die Ikone der Panajia von Skiadi, die einen Tag lang in der Kirche von Embonas verehrt worden war, nach Ajios Isidoros, Rhodos.

Den ganzen Weg über wird darauf geachtet, daß die Kerzenflamme nicht erlischt, man will die Lichter vor der Hausikone neu entzünden. Vielerorts wird auch das Herdfeuer am großen Freitag gelöscht und am Osterlicht neu entzündet. Die Pilger, die Ostern im Heiligen Land verbracht haben, bringen von der Leuchte am Heiligen Grab das Osterlicht mit (→ Öl). Wenn sie kurz nach Ostern in Piräus ankommen, warten dort Papades und Gläubige, um etwas vom Licht von den heiligen Stätten zu übernehmen für die Leuchte in der Kirche oder vor der Hausikone.

Die Osterfeiern halten mit gutem Essen – das Osterlamm gehört dazu – Wein und Ouzo, griech. Musik und Reigentänzen die ganze Osterwoche an.

Für die Toten, die mit Christus auferstanden sind – bis Pfingsten haben ihre Seelen Urlaub

Jeder Ort hat eigene Osterbräuche: In Chora auf Folegandros finden die Passions- und Ostergottesdienste in der Ortskirche statt. Am frühen Ostermorgen folgt eine kurze Andacht in der Kimesiskirche am Berghang oberhalb des Ortes. Zwei Burschen bringen die wundertätige Ikone der Panajia Odigitria herab auf die Platia. Alle Dorfbewohner küssen die Ikone und gehen dann einzeln gebückt unter ihr hindurch. Es formt sich eine Prozession mit einem Weihrauchfaßträger, der Ikone, dem Papas, der wie Christus beim → Einzug in Jerusalem auf einem Esel reitet, psalmodierenden Frauen, schließlich der gesamten Dorfbevölkerung. Die Ikone wird in jede Kirche und in jedes einzelne Haus des Dorfes getragen, der Priester spricht seinen Segen. Jede Familie hat einen geschmückten Tisch mit Süßigkeiten, Ostereiern, Wein, Bier und Raki (Schnaps) aufgebaut. Keiner der Begleiter darf weiterziehen, ohne gegessen und getrunken zu haben. Am Ostermontag zieht die Prozession zum Nachbardorf, auch dort besucht die Ikone jedes Haus. Am Osterdienstag werden einige Landsitze und der kleine Fischerort Karawi Stasis besucht, die Ikone auf jedes einzelne Schiff gebracht. Mit einem Boot fährt sie zu den Fischgründen, die gesegnet werden. Bei ihrer Rückkehr in das Lokal des Fischerortes erklingt Musik, es wird getanzt. Am Spätnachmittag kehrt sie in ihre Kirche zurück. Der ganze Mikrokosmos der winzigen Insel bis hin zu den Abgründen im Meere ist mit dem Segen vom Himmel durchtränkt.

Österliche Umgänge der Marienikone gibt es auch andernorts, z. B. auf Kalymnos, in Eleousa und Kattawia auf Rhodos.

Die drei österlichen Motive im Hauptschiff und in der Festbildreihe der Bilderwand

Anastasis – Christi Auffahrt aus der Unterwelt, Osios Lukas, nach 1000.

1. *Christi Auffahrt aus der Unterwelt* ist das weitaus wichtigste byz. Ostermotiv, setzt die Worte der Liturgie in Farben und Formen um. Es zeigt nicht die Auferstehung aus dem Grab, sondern das Eindringen Christi in die Unterwelt und den Beginn seiner Auffahrt nach oben. Er hat den Herrn des Todes besiegt, Pforten und Fesseln gesprengt, die verstorbenen Urväter befreit:

»Und der Tod ist vergangen und Adam frohlockt, o Gebieter, und Eva, jetzt von den Fesseln befreit, freut sich und ruft: Du bist es Christus, der allen die Auferstehung schenkt.« *Kontakion der Auferstehung, Sonntagsliturgie*
»Du stiegst bis in die tiefste Erde hinab und zerbrachst die ewigen Riegel, die die Gequälten festhalten, o Christus, und nach drei Tagen, wie Jonas aus dem Ungeheuer, stiegst Du heraus aus dem Grabe.« *6. Ode der Osternachtliturgie*
»Christus stieg allein hinab zum Kampf gegen den Hades, und er kam wieder herauf nach oben und nahm mit sich eine Fülle an Siegesbeute.« *Osterliturgie*

Die westliche Bezeichnung des Motivs *Höllenfahrt Christi* oder *Christus in der Vorhölle* ist unzutreffend. Gemeint ist nicht der Ort der Verdammten, sondern der *Hades* als »Wartesaal der Verstorbenen«. Die älteste, nicht voll entwickelte Fassung (Ciboriensäule, San Marco, Venedig) wird dem 4. oder 5. Jh. zugeschrieben. Ausgereift ist die Darstellung auf einem Kreuzreliquiar des 7. Jh.s (Metropolitan Museum, New York): Christus hält in der Rechten den Kreuzesstab als Siegespanier. Oft rammt er ihn dem Herrscher des Totenreiches, der sich unter seinen Füßen befindet, in den Leib. Die andere Hand reicht er dem weißbärtigen Urvater Adam, um ihn aus der Hadestiefe oder einem Sarkophag emporzuziehen (Daphni, Athen, Ende 11. Jh.). Auf manchen Darstellungen reißt Christus Adam zu sich empor (Osios, Lukas, Anfang 11. Jh.), ein Zipfel von Christi Obergewand flattert wie ein Flügel in der Luft. Die Urmutter Eva, stets in einem roten (Erdverbundenheit, Sünde, → *Farbe*) Obergewand, erhebt sich, streckt Christus ihre verhüllten → *Hände* entgegen. Später (Chorakirche, Konstantinopel, 1315–1321) ergreift Christus schwungvoll mit der Rechten die Rechte Adams, mit der Linken die Rechte Evas (links ist noch heute in den Kirchen die Frauenseite).

Unter den auferweckten Urvätern, die im AT auf Christi Auferstehung hingewiesen haben, finden sich auf frühen figurenärmeren Bildern → *David* und → *Salomon* im königlichen Ornat, später kommt Johannes der Täufer dazu. Von mittelbyz. Zeit an erscheint meist rechts eine Gruppe von Propheten (mit → *Moses* und → *Jesaia*). In spätbyz. Zeit werden ihnen häufig Repräsentanten des NT, z. B. sechs Apostel ohne Heiligenschein – die Apostel lebten noch, als sich die Auferstehung ereignete – gegenübergestellt (Chorakirche, Konstantinopel). Auf frühen mittelbyz. Fresken erheben sich am unteren Bildrand viele winzig kleine Tote aus Gräbern (Höhlenkirchen in Kappadokien). Auf Fresken und Ikonen ist Christus ab 10./11. Jh. von einer ovalen, kreis- oder mandelförmigen Mandorla umgeben, sie kann lichthaltig hell sein, auch rot gesäumt und mit Lichtstrahlen durchkreuzt (Andreaskreuz; Barbara Kilise, So'anli, Anfang 11. Jh.). Spätere Mandorlen bestehen aus drei oder mehreren konzentrischen hellen und mit Sternen gefüllten Schalen:

»Als Du hinabstiegst zum Tode, Du, das unsterbliche Leben, erhelltest Du den Hades mit dem Blitz Deiner Gottheit.« *Liturgie des großen Freitag*

Christus steht als Sieger auf dem Körper oder Hals einer halbnackten Figur mit weißen Haaren und Bart (→ Fuß). Letzterer, häufig gefesselt, ist der Herr der Unterwelt, von Beischriften bezeichnet als Satan (→ Teufel) oder Hades; er hält sich, wie geblendet von der Lichtmandorla, die Augen zu. Die Pforten der Unterwelt sind aufgesprengt: geborsten sind Eisenketten und Schlösser, zwei Torflügel aus den Angeln gehoben und kreuzförmig übereinandergelegt. (In Mani, Südpeloponnes, werden bei Bestattungen zwei Tragstangen für den Sarkophag über Kreuz in die Erde gesteckt, wie die aufgesprengten Türflügel des Hades.) Die Unterwelt erscheint oft von Felsen eingefaßt, wie ein Grab. Ab spätbyz. Zeit ist die gesamte Szene eingebettet in eine Höhle innerhalb einer Berglandschaft (Chorakirche, griechische und russische Ikonen): die weihnachtliche Geburtshöhle nimmt symbolisch Christi Abstieg in die Totenwelt vorweg.

Das bis ins 15. Jh. hindurch »engelfrei« gebliebene Anastasismotiv – niemand hat die Auferstehung gesehen, auch nicht die Engel – kann sich in postbyz. Zeit der Tendenz, biblische Hauptereignisse mit Engeln anzureichern, nicht entziehen: Engel fesseln den Satan, flankieren die Kreuz- und Marterwerkzeuge, halten die Mandorla. Kleine Engelchen helfen den Verstorbenen aus den Gräbern. Als ihre Gegenspieler bevölkern winzige verschreckte Teufelchen die Unterwelt. Über der Erde mit ihrer Hadeshöhle stehen engelähnliche geflügelte Wesen mit achtzackigem → Nimbus – gekennzeichnet als Allegorien der »Unzerstörbarkeit«, des »Sieges«, des »Jubels«, der »Freude« – alles Ausdrücke aus der Osterliturgie (Meteora, Warlaam, Mitte 16. Jh.). Die Allegorien befächeln das Auferstehungsereignis mit Rhipidien (Ehrenfächer, → Pfau), wie der Diakon zu Beginn der Anaphora, dem Höhepunkt der → Eucharistie, die heiligen Gaben befächelt. Die Anaphora bedeutet symbolisch die Auferstehung: wie Christus Adam und Eva aus der Totenwelt heraufzieht, so zieht er die Gläubigen in diesen feierlichen Ritus zu sich empor zum himmlischen Altar Gottes.

Im NT wird die Auffahrt aus dem Hades angedeutet:

»... ist er (Christus) hingegangen und hat gepredigt den Seelen in Gewahrsam«, *1. Petr. 3, 19.*
»Ich (Christus) war tot und siehe ich lebe von Ewigkeit zu Ewigkeit und habe den Schlüssel des Hades und des Todes«, *Apokalypse 1, 18.*

Quelle des Bildmotives ist das apokryphe *Nikodemusevangelium*. Die kurz vor Christi Tod in den Hades gelangten und dort von ihm auferweckten Söhne des Sehers Simon (→ Darstellung Christi) berichten: Plötzlich erschien ein starkes Licht, Abraham und Jesaia sagten, daß dies das von ihnen prophezeite Licht wäre. Johannes der Täufer teilte mit, daß er anläßlich der Taufe im Jordan beauftragt worden sei, die Toten zu ermahnen, vor der Herabkunft Christi ihre Sünden zu bereuen. Adam berichtete, daß Engel seinem Sohn Seth die Erlösung der Menschen vom Tode verheißen. Der Satan wandte sich an den Hades:

»Du Allesfresser und Unersättlicher, höre meine Worte!« *(20, 1)*

Christus hat durch seine Totenerweckungen dem Hades Opfer entzogen, deshalb habe er, der Satan, für Christi Kreuzestod gesorgt. Käme er jetzt herab, solle ihn der Hades fesseln. Doch der Hades:

»Deswegen beschwöre ich Dich bei Deinem und meinem Wohlergehen. Bring ihn nur nicht hierher. Denn ich glaube, daß er nur deswegen hier erscheint, um alle Toten auferstehen zu lassen.« *(20, 3)*

Plötzlich eine Donnerstimme:

»Hebt hoch Eure Tore, Ihr Herrscher, und erhebt Euch, ewige Tore.« *(21, 2)*

Hades schickt den Satan Christus entgegen. Doch David und Jesaia fordern unter Hinweis auf ihre Prophezeiungen, die Tore der Unterwelt aufzutun:

»Da ertönte wieder die Stimme und sprach: Hebt hoch die Tore ... und alsbald wurden die ehernen Tore zerbrochen und die eisernen Ringe zerschmettert. Die gefesselt waren, wurden ihrer Fesseln ledig ... Und es zog ein der König der Herrlichkeit in Menschengestalt und alle Finsternis erstrahlte im Licht.« *(21, 3)*
»Daraufhin faßte der König der Herrlichkeit den Satan, den Obersatrapen, beim Schopf und übergab ihn den Engeln und sprach: Fesselt dem mit Eisen die Hände und Füße, den Hals und den Mund.« *(22, 2)*

Und Hades ergriff den Satan:

»Beelzebub, Erbe des Feuers und der Pein, ... warum ausgerechnet mußtest Du es so einrichten, daß der König der Herrlichkeit gekreuzigt wird und uns (der Macht) entkleidet hat? ... Kein einziger Toter ist uns geblieben, sondern alles, was Du durch das Holz der Erkenntnis (den Paradiesesbaum) gewonnen hast, das hast Du alles durch das Holz des Kreuzes verloren.« Während aber der Hades so zu Satan sprach, streckte der König der Herrlichkeit seine Rechte aus und erweckte Adam, den Ahnherrn. Dann wandte er sich zu den übrigen und sprach: »Her zu mir alle, die ihr durch das Holz, von dem dieser gekostet, zu Tode gekommen seid. Denn siehe, ich will euch durch das Holz des Kreuzes wiederauferstehen lassen.« *(23–24, 1)*

Christus zieht alle mit sich empor ins Paradies, wo der zu seiner Rechten gekreuzigte Schächer auf sie wartet. Die Auferweckten werden der Obhut des Erzengels Michael anvertraut.

Vielerorts wird nach der Auferstehungsfeier (anderswo nach der Epitaphiosprozession) das Eindringen Christi in den Hades vom Priester als Christus und vom Kirchendiener als Teufel nachgespielt. Der Papas mit der Kerze in der Hand ruft von außen vor der verschlossenen Kirchentür:
»Hebt hoch die Tore Ihr Herrscher, seid aufgetan Ihr ewigen Tore ... Der König der Ehre wird einziehen.« Der Kirchendiener: »Wer ist der König der Ehre?« Papas: »Der Herr der Herrscher – es ist der König der Ehre.«
Dann tritt der Papas mit seinem Fuß kraftvoll gegen das Kirchentor, daß die Türflügel aufspringen – wobei schon mal Glasscheiben zu Bruche gehen.

2. *Die Frauen am leeren Grab*, ein etwas weniger häufig dargestelltes Motiv, ersetzt oder ergänzt die Anastasis:

»Die, welche vorauseilen mit Maria der Morgendämmerung, finden den Stein vom Grabe weggerollt und hören den Engel: Den, der im unsichtbaren Licht ist, was sucht ihr ihn wie einen Menschen unter den Toten? Schaut die Begräbnisbinden! Lauft und verkündigt der Welt, daß der Herr sich erhob, tötend den Tod!« *Osterliturgie, 4. Ton*

Die verschiedenen Evangelien *(Mark. 16, 1–8; Matth. 28, 1–8; Luk. 23, 255–24, 6; Joh. 22, 1–18)* sprechen bald von zwei, bald von mehreren Frauen, bald nur von Maria Magdalena am leeren Grab, nennen etwa einen oder zwei Engel. Entsprechend unterschiedlich wird die Szene dargestellt, bis zu sieben Myrrhenträgerinnen treten auf: Maria Magdalena, Salome, Johanna, die Lazarusschwestern Maria und Martha, Maria Kleopha, Susanna.
Zwei Frauen, symmetrisch das leere Grab flankierend, künden auf Sarkophagreliefs des

Die Myrrhenträgerinnen am leeren Grab.
Ajia Anastasia, Jennadi, Rhodos, um 1700, westlich beeinflußt.

4. Jh.s von der Hoffnung, der Bestattete werde auferstehen.
Die mittelbyz. Darstellungen folgen gern dem Markusevangelium, weil dieses zu Beginn der Osterliturgie verlesen wird: Von links her blicken die beiden salbentragenden Marien erstaunt auf das offene Grab mit den abgestreiften, aber nicht aufgewickelten Totenbinden. Rechts auf einem Stein sitzt ein Engel, deutet auf die Binden und verkündet die Auferstehung. Seine Rolle übernimmt in der Liturgie der Diakon, wenn er vom Ambo aus (Symbol des Steines der Verkündigung) einen Abschnitt aus einem Evangelium verliest.
Seitlich hinter dem Grab kauern zwei oder drei winzige schlaftrunkene Wächter. Auf spät- bis nachbyz. Ikonen und Fresken umgeben drei oder mehr Frauen, mitunter zwei Engel, einen Sarg vor einer Grabhöhle in einer Gebirgslandschaft. (Rhodos, Moni Thari, 1620; serbische Wandmalereien des 13. u. 14. Jh.s, russische Ikonen). Die Dreizahl der Marien spielt auf die drei Magier an (→ Geburt Christi, → Proskomidie).

»Kommt, eilt, wie die Magier beten wir an und bringen Myrrhe dar zum Geschenk, dem, der nicht mehr in Windeln, sondern ins Grabtuch gewickelt ist.« *Osterliturgie*

Die Auferstehung geschah am Tag nach dem Sabbat, dem 7. Tag der Woche. Die ersten Christen nannten den Auferstehungstag den 8. Tag. (Sonntag = griechisch Kyriaki, der Herrentag; im Russischen Woskressenie, die Auferstehung.) In 7 Tagen wurde die Welt erschaffen. Erst die Ergänzung der Schöpfung durch die Auferstehung am 8. Tag macht sie vollkommen (→ Zahl 8).

Auferstehung Christi, westlicher Stil. Ajia Anastasia, Jennadi, Rhodos, um 1700.

3. Christus, der mit der Kreuzesfahne – auf neueren griech. Ikonen in den Landesfarben Weiß und Blau – in der Hand aus dem von schlafenden oder geblendeten Wächtern behüteten Grabsarkophag emporschwebt, ersetzt gelegentlich die Hadesfahrt-Darstellung – (Rhodos Jennadi, Ajia Anastasia, um 1700). Im Westen wird die von den Evangelien nicht geschilderte Szene vom 10. Jh. an dargestellt. Als die westliche Malerei einen bestimmenden Einfluß auf die christl. Kunst Griechenlands und Rußlands gewann (ab 17. Jh.), erschien das Motiv in der Ikonenmalerei.

Der Westen, seit der Renaissance auf die Wiedergabe historischer Fakten fixiert, will die Auferstehung an ihrem historischen Ort und zu ihrer historischen Zeit darstellen, wie sie ein Augenzeuge hätte gesehen haben müssen.

Der östlichen Kirche geht es dagegen um die symbolische Darstellung der Auferstehung Christi als Zeichen für die Vergöttlichung des Kosmos. Mit Christus durchdringt das Göttliche die gesamte Welt bis hinab ins Chaos der Unterwelt.

Hinweise auf die Auferstehung im AT und NT

Die auf die Anastasis bezogenen, in der Liturgie erwähnten Geschehnisse des AT, finden sich vereinzelt als Wandmalereien – meist in der Nähe des Anastasisbildes:

☆ → Jonas im Walfisch,
☆ Jünglinge im Feuerofen (→ Daniel),
☆ Josua bringt die Sonne zum Stehen.

Nahe der Anastasisdarstellung werden oft auch die Propheten → Jesaias, → Hesekiel und → Habakuk, die die Auferstehung voraussagten, dargestellt.

Die Geburt Christi aus Maria, der Jungfrau, gilt als »Vorausbild« der Auferstehung:

»Die Verschlußsiegel unverletzt lassend, Christus, erhobst Du Dich aus dem Grab, der Du das Schloß der Jungfräulichkeit nicht verletztest bei Deiner Geburt und der Du uns die Tore des Paradieses auftatest.« *Osterliturgie, 6. Ode.*

Wie das Weihnachtsereignis Christi Tod und Auferstehung enthält, so Tod und Auferstehung auch Weihnachten.

Panteleimon
Ο ΑΓΙΟΣ ΠΑΝΤΕΛΕΗΜΩΝ
O ajios Panteleïmon

Großmärtyrer aus Nikomedia (heute Ismit, knapp 100 km östlich von Konstantinopel). Leibarzt des Kaisers Maximian, von Kollegen wegen seines Christentums angeklagt, am 27. 7. 304 grausam gemartert und enthauptet; der 27. Juli ist sein Gedenktag.

»Und da er ihn sah, tat es ihm leid, und er ging zu ihm hin, verband ihm seine Wunden und goß darein Öl und Wein.« *Luk. 10, 34*

»Ist jemand krank, der rufe zu sich die ältesten der Gemeinde, lasse sie beten für ihn und ihn salben mit Öl im Namen des Herrn.« *Brief des Jakobus 5, 14*

Pantokrator

Ο ΠΑΝΤΟΚΡΑΤΩΡ
O Pantokrator

Christus als Allherrscher, wichtigster Typ der Christusikonen, dargestellt in der Hauptkuppel und als Großikone (alternativ zu Christus als Erzpriester) auf der → Ikonostase.

Das Pantokratorbild in der Architektur der Kreuzkuppelkirche

842 Ende des Bilderstreits; 881 wird in Konstantinopel die von Basilius I. gestiftete Nea – die neue Kirche – eingeweiht. Ihre Hauptkuppel beherrscht der »*Allherrscher*« Christus – ein gewaltiges Brustbild-Medaillon in Goldmosaik. In der Ajia Sophia wurde zwölf Jahre vorher (oder 110 Jahre später?) das seit 562 die Kuppel zierende Gemmenkreuz durch einen Pantokrator mit einem Bildrund-Durchmesser von 11,60 m und einer Kopflänge von 6,44 m ersetzt. Ein neues theologisches Programm: Die Nea sollte Modellbild des durch die Menschwerdung Christi verklärten Kosmos sein. Gott wurde durch ihn abbildbar, dadurch ist der Mensch vergöttlicht worden.

Von nun an beherrscht der Allherrscher alle Hauptkuppeln, beeinflußt die architektonische Konstruktion der Kirchen.

Ab 1000 n. Chr. werden vor allem in Griechenland neben den schon üblichen kleinen Kreuzkuppelkirchen im Vierstützensystem (Kuppeldurchmesser bis zu 4 m) Achtstützensysteme errichtet, mit weitem Kuppelraum, über vier Ecktrompen.

(Osios Lukas, um 1000; Chios, Nea Moni, 1. Hälfte 11. Jh., Nachfolgertypen auf Chios; Panajia Nikodemou, Athen, 1044; Daphni, Ende 11. Jh.; Ajia Sophia, Monemwasia, 12. Jh.; Mistra, Ajii Theodori, 13. Jh.)

Das von armenisch beeinflußten, inzwischen untergegangenen Bauten der Hauptstadt beeinflußte System gestattet es, den Kuppeldurchmesser mit dem Pantokrator bei gleichen Abmessungen des Hauptraumes aufs 2½fache zu vergrößern.

Beispiel Kuppelpantokrator in Daphni bei Athen

Die Abmessungen des Kuppelpantokrators entsprechen denen des Pantokrators in der Ajia Sophia. Mit seinen gigantischen Ausma-

Der heilige Arzt Panteleimon. Osios Lukas, nach 1000.

Panteleimon erscheint auf seinen zahlreichen Ikonen und an Kirchenwänden (Osios Lukas, Anfang 11. Jh.) als junger, bartloser Mann mit krausem Haar, vornehm gekleidet, in der Linken eine Büchse oder ein Kästchen mit Medizin, in der Rechten einen langen Löffel, ähnlich dem, mit dem das Abendmahl verteilt wird (→ Altar). Der Volksmund sagt über den Schutzpatron der Invaliden: »*Alle Blinden und Lahmen gehen zum Heiligen Panteleimon.*« Im Westen einer der 14 Nothelfer, zählt er im Osten zu den *Anajiri* (den »*Geldverächtern*«), steht auf Ikonen zwischen → *Kosmas und Damian*.

Alle drei werden anläßlich der Ölweihe (→ Mysterien) um Fürbitte für die Gläubigen gebeten.

Im Kloster Panachrontou auf Andros postieren die Mönche am Namenstag des Panteleimon einen Wächter neben den vor der Schädelreliquie brennenden Öllampen. Die Gläubigen sind darauf aus, nach der Andacht das Öl als Heilmittel zu entnehmen (→ Paraskewi, 26. August).

ßen muß er in der winzigen Klosterkirche wesentlich eindrucksvoller wirken als sein Vorbild, das sich in der überwältigenden Weite des Kirchenraumes verlor.

Kuppelpantokrator in der Klosterkirche von Daphni bei Athen, Ende 11. Jh.

Das Pantokratorbild wird in mehrfacher Hinsicht als höchstrangig herausgehoben; es

☆ ist die am höchsten angeodnete Ikone,
☆ nimmt das Kuppelrund als die architektonisch bedeutendste Stelle im → Kirchengebäude ein (Kuppel = Himmel),
☆ übertrifft im Abbildungsmaßstab alle anderen Motive bei weitem,
☆ ist durch den Fensterkranz im Tambour weitaus am hellsten beleuchtet,
☆ wirkt dadurch am farbigsten,
☆ ist als einzige herausgehoben durch eine mehrfach konzentrische Kreisumgrenzung – Regenbogen, gegebenenfalls Kreise von Engeln, Fenster-Prophetenkranz im Tambour, und kreisförmig umlaufendes Gesims unterhalb des Tambours,
☆ ist künstlerisch besonders sorgfältig durchgestaltet.

Kuppelpantokrator und Apsis-Panajia

Zweitwichtigste Stelle – architektonisch und vom Motiv her – ist die Apsiswölbung mit der Panajia (→ Maria zwischen Engeln). Beide Blickpunkte stehen in einer Spannung zueinander: Der Pantokrator markiert das Blickziel der Vertikalen (göttlich-himmlischen Richtung), die Allheilige das Blickziel der Horizontalen (menschlich-erdgebundenen) Richtung. Die Kirche repräsentiert die Durchdringung des Göttlichen und Menschlichen, des Himmels und der Erde. Die Gottesmutter, Identifikationsfigur für die Menschen, ist ihnen nahe und bereits vom Eingang her zu sehen. Der Pantokrator ist dagegen nur vom Naos aus sichtbar.

Als Vorbereitung auf das, was den Eintretenden im Inneren erwartet, wird er zusätzlich in der Lünette über der Eingangspforte zum Naos dargestellt (Osios Lukas, Anfang 11. Jh.; Chorakirche, Konstantinopel, 1315–1321).

In Ausnahmefällen besetzt er die Apsiswölbung (Elmali Kilise, Göreme, 12. Jh.), vor allem in den nichtüberkuppelten Kirchen Siziliens (Cephalou, Mitte 12. Jh.; Monreale, Ende 12. Jh.) in postbyz. Tonnenkirchen auf Rhodos, ist das Motiv ausgebaut zur → Deïsis.

Darstellungstypus Pantokrator

»Welcher ist das Ebenbild des unsichtbaren Gottes, der Erstgeborene vor allen, die geschaffen wurden. Denn durch ihn, Christus, ist alles geschaffen, was im Himmel und auf Erden ist.« *Kol. 1, 16*

Die Liturgie bezeichnet ausschließlich Gottvater als Pantokrator. In Abbildungen tritt an die Stelle des nicht darstellbaren Gottes Christus als Ebenbild und Ikone Gottes; das gilt auch für Gotteserscheinungen im AT, z. B. die Schöpfungsszenen in Monreale). Die äußeren Merkmale basieren auf der nicht mit Händen gemachten Christusikone (→ Mandylion, → Ikonenwunder): frontal ausgerichtetes Gesicht, dunkelbraunes langes, mittelgescheiteltes Haar mit Stirnlocke, halbverdeckte Ohrläppchen, gespaltener oder in einer Spitze auslaufender (Rumänien!) Bart, schön geschwungene zusammengewachsene Brauen, Kreuznimbus (→ Nimbus). Im 12. und 13. Jh. (Konstantinopel, Balkan, Kappadokien) schwimmen die kleinen, mitunter stechenden Pupillen frei im Weiß der Augen – Andeutung eines besonderen Bewußtseinszustandes (mystische Versenkung).

Christus – das Licht, die eucharistische Gabe

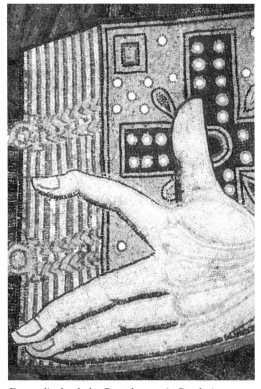

Evangelienbuch des Pantokrators in Daphni.

Die vom Gemmenkreuz-Nimbus her bekannte Symbolik wiederholt sich auf dem Deckel des geschlossenen Evangelienbuches in der Linken (Christus als das Brot des Lebens zwischen den restlichen vier Prosphoren: → Brot, → Proskomidie).
Der bevorzugte Text des geöffneten Buches:

»Ich bin das Licht des Kosmos. Wer mir nachfolgt, wird nicht im Finstern wandeln, sondern das Licht des Lebens haben.« *Joh. 8, 12* (Osios Lukas, Cephalou)

Der Textanfang »Ich bin« wird in spätbyz. Zeit als O ON (»der Seiende«, Selbstaussage Gottes) in den → Nimbus übernommen.
Der Pantokrator hat Sonnencharakter. Gott ist Licht (→ Himmlische und kirchliche Hierarchie; → Kreuz). Die Muslims überdeckten den Pantokrator in der Ajia Sophia mit dem Lichtvers (Sure 24, Vers 35) des Koran:

»Gott ist das Licht der Himmel und der Erde. Sein Licht gleicht einer Nische mit einer Lampe. Die Lampe ist in einem Glas. Das Glas ist gleichsam ein glitzernder Stern – angezündet von einem gesegneten Baum, einem Ölbaum, weder vom Osten noch vom Westen, dessen Öl beinahe leuchtet, auch unberührt von Feuer. Licht über Licht.«

Die unter der Kuppel hängenden Lampen bilden die arabischen Schriftzeichen des Verses nach.
Weitere mögliche Texte in Darstellungen des Buches: Joh. 6, 51; 10, 9; 10, 30 und 14, 9 – in Kappadokien häufig Joh. 20, 19: »Friede sei mit Euch.«
Es ist zugleich Evangeliar des Priesters und Buch des wiederkehrenden Weltenrichters (→ Himmelfahrt Christi; → Endgericht). Die Rechte des mit einem goldschraffierten Chiton und blauen Himation (→ Gewänder) bekleideten Pantokrators formt die Christusgeste (→ Hände).

Pantokrator-Ikonen
Christus ist halbfigurig oder sitzt in ganzer Figur über einem purpurfarbenen ovalen Kissen auf einem Thron (→ Leerer Thron), die Füße auf einem Schemel aufgestützt.
Ab spätbyz. Zeit ist er oft von Achtzackennimbus (→ Zahl 8, → Brennender Dornbusch), angefüllt mit Engeln oder Cherubim, auch mit Evangelistensymbolen, umgeben. Maria und der Täufer, kleinfigurig in den oberen Ecken, können (Rumänien!) das Motiv zur → Deïsis erweitern.

Paraskewi
Η ΑΓΙΑ ΠΑΡΑΣΚΕΥΗ
I ajía Paraskewí

Die Heilige wurde an einem Freitag im 2. oder 3. Jh. in Ikonium (heute Konya) geboren; sie erhielt den Namen des Leidenstages Christi (= *Vorbereitung*), slawisch *Piatniza*. Nach dem Tod ihrer Eltern verteilte sie ihr Erbvermögen, zog nach Rom, verkündigte das Evangelium, wurde gemartert und enthauptet. Am 26. Juli, einen Tag vor Panteleimon, sammeln sich Volksmassen vor ihren über das Land verstreuten Kapellen; oft mit angebauter Küche: Nach dem Gottesdienst wird ein gemeinsames Mahl eingenommen.

Tamata (Votivgaben aus Silberblech) werden vor den Ikonen der Gottesmutter und bestimmter Heiliger aufgehängt. Der Paraskewi werden vor allem Augen-Tamata als Weihegaben dargebracht.

Augenvotivgabe, an Paraskewi-Ikone gehängt.

In Griechenland trägt Paraskewi gewöhnlich Nonnenkleidung, in der Rechten das Holzkreuz der Märtyrerin, in der Linken ein Tablett mit Augen. Wie Panteleimon heilt sie Augenkrankheiten, die als Folge der Sündhaftigkeit gelten (→ Wunderheilungen Christi). Ihre Ikonen sind stets überhäuft mit Tamata (Silberblechen) mit eingeprägten Augenreliefs, gespendet von Heilungssuchenden. Die russische Piatniza (28. Oktober) ist dagegen Schutzheilige der Frauenarbeit und des Markthandels (Freitag war Markttag), trägt auf älteren Ikonen über einem blauen Kleid den roten Mantel des Martyriums und das weiße Kopftuch der Jungfräulichkeit, wird auch von Engeln gekrönt mit dem Siegeskranz der Märtyrerin, der zugleich Brautkrone der Braut Christi ist. Kann ein Spruchband mit dem Glaubensbekenntnis halten.

Passions- und Nachosterzyklus:
Lazarustag bis Pfingsten
ΤΑ ΑΓΙΑ ΠΑΘΗ ΤΟΥ ΧΡΙΣΤΟΥ
Ta ajía páthi toú Christoú

Rund um das Osterfest häufen sich Gedenktage, deren Anlässe auf Fresken und Ikonen dargestellt werden. Die »große Woche« entspricht der Karwoche im Westen.

Liturgie und Brauchtum in der großen Woche
Täglich finden mindestens zwei Gottesdienste statt. Ehemalige Morgengottesdienste haben sich auf den Abend des Vortages und Abendgottesdienste auf den Morgen vorverlagert: Heute werden die heilsgeschichtlichen Ereignisse des nächsten Tages in der Liturgie schon am Vorabend aufgegriffen.

☆ Die große Woche beginnt mit dem großen Fasten und der großen Stille (→ Kreuzigung) am Abend des *Palmsonntags* (→ Einzug in Jerusalem, → Lazarus). Der Papas trägt den »Bräutigam«, eine Christusikone, in das Schiff und legt sie vor der Bilderwand aus.

☆ Am *großen Montag* und an den beiden folgenden Tagen wird die → Liturgie der (am Palmsonntag) vorgeweihten Gaben gefeiert. Der Ernst der Stunde läßt eine komplette eucharistische Feier, die bereits symbolisch die

Auferstehung beinhaltet, nicht zu. Die Kirchenbesucher küssen erst die ausgelegte Christusikone, dann die Ikone Christi rechts am Templon, dann die seiner Mutter und der übrigen Heiligen.

Die Mädchen nehmen am Montag ihre Webereien vom Webstuhl, die Frauen beginnen die Häuser zu renovieren, zu weißen und für Ostern auf Hochglanz herzurichten.

☆ »Herr, die ich vielen Sünden verfallen bin, ich fühlte Deine Göttlichkeit und übernahm die Pflicht einer Myronträgerin, die wehklagend Dir wohlriechende Salben vor Deiner Grablegung überbringt. Weh mir, sagte ich, daß Nacht um mich ist, die Leidenschaft der Zügellosigkeit, eine dunkle als auch mondlose Liebe zur Sünde ... Abküssen werde ich Deine unbefleckten Füße, abtrocknen werde ich sie aber mit meines Hauptes Locken.« *Troparion der Kassiani*

☆ Im Abendgottesdienst des *großen Dienstags* kommt die Sünderin Maria Magdalena in einem 20minütigen Hymnus, gedichtet von der Nonne Kassiani (geb. um 810) zu Wort. Auch Prostituierte besuchen diesen Gottesdienst, manch eine hat sich schon inmitten der Menschenmenge zu Füßen des jetzt vor der Bilderwand aufgepflanzten Kreuzes geworfen und es mit bitteren Tränen benetzt, wie Maria Magdalena die Füße Christi.

☆ Am *Mittwoch* findet nach der Liturgie der vorgeweihten Gaben die Chrysamölung statt (→ Öl, → Mysterien). Die Papades machen auch Hausbesuche, um das Sakrament zu spenden. An Seeleute, Gastarbeiter, Reisende werden Wattebäuschchen mit heiligem Öl – Liebespfand und Medizin – verschickt. (Am folgenden Tag wird in Patriarchatskirchen und einigen Metropolitankirchen die Weihe des neuen Chrysamöles vollzogen.) Die Feier des mystischen Abendmahles steht bevor, die Ikone des Dornengekrönten wird im Abendgottesdienst gegen die Abendmahlsikone ausgetauscht. Mancherorts bringen die Gläubigen Mehl und Eier in die Kirche, damit sie dort geweiht werden.

☆ Der *Donnerstag* (Fußwaschung, → Fuß) ist »der rote«: Zu den Ostervorbereitungen gehört das Rotfärben der Eier. Das erstgefärbte Ei der Allheiligen schützt Kinder vor dem → Bösen Blick. Während der Morgenliturgie, die des letzten Abendmahles gedenkt, nehmen ungewöhnlich viele Kinder und Erwachsene am eucharistischen Mahl teil.

Im Zentrum des Abendgottesdienstes steht bereits die Kreuzigung:

In zwölf Abschnitte, die zwölf Stationen, aufgeteilt, werden alle Passionsschilderungen aus den vier Evangelien verlesen. Die Kirche ist mit schwarzen, scharlachfarbenen und weißen Tüchern geschmückt, die Papades tragen schwarze Gewänder und silberne Kreuze. Nach der fünften Lesung stellt der Priester ein Kreuz in die Mitte der Kirche über einem erhöhten Platz auf – Golgatha.

Vor 1000 wurden fast nur die → Kreuzigung, später in den tiefer gelegenen Wandzonen der Kirchen oder in einer Unterkirche (Osios Lukas, Anfang 11. Jh.) auch andere Passionsereignisse dargestellt – sichtbarer Ausdruck der Erniedrigung, die Christus auf sich genommen. Alle Passionsdarstellungen geben den Inhalt der zwölf Lesungen und der begleitenden Hymnen wieder.

Von der Mittagszeit an sammeln sich Frauen und Mädchen in der Kirche, um das Epitaphion zu schmücken, werden selbst zu Trauernden, die den Tod Christi beweinen, halten Nachtwache und singen Trauergesänge für Christus – so wie sie auch *Mirologia* (Totenlieder) für ihre Angehörigen singen.

☆ Der *große Freitag* ist der Tag der Grablegung Christi und seines Vordringens in den Hades, symbolisiert durch den Epitaphios-Umzug (→ Kreuzigung).

☆ Die Morgenliturgie des *großen Samstags* vermittelt eine Vorahnung der Osterfreude. der Papas agiert betont laut und umtriebig, um die Dämonen und Teufel, die Christus am Auferstehen hindern, zu vertreiben. Die Jugend unterstützt ihn: In der Kirche klappern Blechdosen, knallen Knallerbsen, draußen klingen die Glocken, die die Woche hindurch geschwiegen haben, dröhnen Böllerschüsse. Altes Geschirr wird aus den Fenstern geworfen, scheppert auf die Dorfstraßen. Nach der Liturgie zieht der Papas von Haus zu Haus, um die Osterlämmer zu segnen. Nach dem Vorbild der Kinder Israel, die Türpfosten und -sturz mit dem Blut des Passahlammes bemalten *(2. Mose 12)*, zeichnet man vielerorts *drei Kreuze mit Lammblut* in die Wand. Die Leute besuchen den Friedhof, entzünden Lichter an den Gräbern ihrer Angehörigen, bringen ihnen Kollywa und *Eulogia*-Brot (→ Totenbräuche, → Brot). Etwa eine Stunde vor Mitternacht beginnt der in die Auferstehungsfeier einmündende Gottesdienst (→ Ostern).

Darstellungen des Passionszyklus

☆ Auferstehung des → Lazarus.
☆ → Einzug in Jerusalem.
☆ Judas läßt sich *(Matth. 26, 14–16)* mit Geld bestechen:

»Ein Haus und in ihm sitzen Hannas und Kaiphas auf Thronen und die Schriftgelehrten und Pharisäer um sie herum. Vor ihnen eine Kiste, und einer zählt Goldstücke daraus. Judas ist vor der Kiste und hält seine Hände nach den Geldstücken ausgestreckt, und Hannas zeigt sie ihm.« Malerhandbuch (Ermenia)

Seltene Darstellung, erst ab spätbyz. Zeit üblich.
☆ → Fußwaschung.
☆ Das mystische Abendmahl (→ Eucharistie, → Mysterien).
☆ Christus bittet auf den Knien (Gebet im Garten Gethsemane nach *Matth. 26, 36–44*). Seine Lieblingsjünger Petrus, Jakobus und Johannes schlafen. Er betet dreimal:

»*Mein Vater, ist's möglich, so gehe dieser Kelch an mir vorbei ...*«

Ein Engel vor ihm reicht ihm im Flug einen Kelch zu, nach dem AT ein Symbol des Zornes Gottes *(Jes. 51, 17)*. Seit postbyz. Zeit unter abendländischem Einfluß dargestellt.
☆ Judas verrät Christus *(Matth. 26, 47–56; Joh. 18, 2–11)*:
Inmitten seiner Jünger Christus, die Rechte segnend erhoben (Christusgeste → Hände), in der Linken die Schriftrolle. Hinter ihnen eine Wand von Lanzenspitzen. Judas, manchmal bärtiger Finsterling, manchmal bartloser schöner Jüngling, schiebt sich von hinten heran, greift nach Christus, um ihn zu küssen:

»*Welchen ich küssen werde, der ist's, den greifet.*«

Im Vordergrund schneidet Petrus mit einem Kurzschwert dem Malchus, Knecht des Hohen Priesters, ein Ohr ab. Christus wird es wieder anheften. Links neben Christus oft eine reichgekleidete Gestalt mit Dolch – wohl der Hohepriester (Carikli und Karanlik Kilise, Göre-

Judaskuß. Fresko Ajia Anastasia, Jennadi, Rhodos, westlich beeinflußt.

me). Judas, auf Christus zuschreitend, um ihn zu küssen, kommt schon auf frühen Sarkophagen (um 400) vor, in Verbindung mit der Gefangennahme auf frühbyz. Mosaiken (Ravenna, Sant'Apollinare Nuovo, Anfang 6. Jh.).

Gefangenführung Christi. Elmali Kilise, Kappadokien.

☆ Gefangenführung:
Christus, in Weiß gekleidet, wird »*wie ein (weißes Oster)lamm zur Schlachtbank*« geführt, einen Strick um den Hals, gehalten von einem

Kriegsknecht, hält die Schriftrolle und vollzieht die Christusgeste (Elmali Kilise, Göreme, 12.? Jh.).

Der Hohepriester Kaiphas zerreißt sein Gewand, Ausschnitt aus einem Fresko. Ajios Nikolaos Orphanos, Thessaloniki, Anfang 14. Jh.

☆ Christus verantwortet sich vor Hannas und Kaiphas:
Kaiphas steht hinter einem Tisch, zieht mit beiden Händen seine Kleider auseinander, daß die Brust freiliegt, blickt auf den seitlich – meist von links her – von Wächtern hereingeführten Christus. Architekturdetails im Hintergrund deuten Innenraum an. Hannas, auch ein graubärtiger Alter, steht oder sitzt, blickt auf Christus, zeigt mit der Hand auf Kaiphas:

»Ich beschwöre Dich bei dem lebendigen Gott, daß Du uns sagst, ob Du bist Christus, der Sohn Gottes. Jesus sprach zu ihm: Du sagst es ... Da zerriß der Hohepriester seine Kleider und sprach: Er hat Gott gelästert, was bedürfen wir weiterer Zeugnisse ...«

Das Kleiderzerreißen zeigt als Zerkratzen der äußeren Haut ein sich Verletztfühlen vor Zorn oder Trauer an. Klagende zerkratzen sich und raufen die Kleider (→ Totenbräuche) – häufiges Motiv auf spätbyz. Fresken (Kirchen in Serbien, Kastoria, Thessaloniki Nikolaos Orphanos).

☆ Dreimalige Verleugnung Christi nach der Ermenia:

»Unter dem Palast des Hannas, wo Christus gerichtet wird, steht Petrus in einer Ecke, vor ihm ein Mädchen, welches die Hände gegen ihn ausstreckt. Man sieht Feuer, zwei Soldaten wärmen sich und fragen den Petrus. Petrus erscheint ein anderes Mal an der Tür des Palastes und hält voller Furcht seine Hände ausgestreckt, und ein Mädchen zeigt ihm Christus. Über ihm an einem Fenster kräht ein Hahn. Petrus weint.«

In der Liturgie des *großen Donnerstags* identifiziert sich der Gläubige mit Petrus:

»Zum dritten Mal – verleugnend, erinnerte Petrus sofort Dein Wort. Doch er brachte Dir dar Tränen der Reue. O Gott, erbarme Dich meiner und rette mich.«

☆ Christus vor dem jugendlichen Pilatus in römischer Rüstung, mit Purpurumhang, auf einem thronartigen Sessel:
Christus gefesselt, von Soldaten festgehalten; Schriftgelehrte und Pharisäer deuten auf ihn. Architektonische Details – das Gerichtsgebäude. Spätbyz., häufiger in nachbyz. Zeit.

☆ Tod des Judas:

»Als Judas, der ihn verraten hatte, sah, daß er zu Tode verdammt war, empfand er Reue und brachte die 30 Silberstücke wieder zurück zu den Hohenpriestern und Ältesten. Er sprach: Ich habe Unrecht getan, daß ich unschuldig Blut verraten habe. Sie sprachen: Was geht das uns an. Sieh zu, wie Du damit fertig wirst. Und er warf die Silberlinge in den Tempel, machte sich davon und erhängte sich.« *Matth. 27, 3–8*

Der Disput des Judas und sein Freitod werden ab spätbyz. Zeit als separate Szenen nebeneinandergestellt. Der sich Erhängende, seit dem 4. Jh. der (Näheres →) Kreuzigung als Kontrast gegenübergestellt, wird am großen Freitag in Form einer Strohpuppe von Jugendlichen verbrannt.

☆ Christus vor Herodes:

»Ein Palast und Herodes, ein Greis mit rundem Bart, sitzt auf einem Thron, in königlichen Gewändern, hinter ihm Soldaten, vor ihm Christus, und zwei Soldaten ziehen ihm ein weißes Kleid an. Hinter ihm eine Menge Juden.« Malerhandbuch *Ermenia*

Ab spätbyz. Zeit in ausführlichen Passionszyklen.

☆ Handwäsche des Pilatus:
»Ich bin unschuldig am Blut dieses Gerechten, sehet Ihr zu!« *Matth. 27, 24*

Pilatus in römischer Rüstung auf einem Hokker, taucht seine Hände in eine Schüssel, in die ein Diener Wasser schüttet. Sein Gesicht ist abgewandt von Jesus. Der steht gefesselt zwischen römischen Soldaten. Häufiges Motiv an Kirchenwänden ab 14. Jh.

Verspottung Christi. Nachbyz. Fresko im naiven Stil der Mani. Johannes-Prodromos-Kirche, Areopolis, Innere Mani, Peloponnes.

☆ Die Verspottung:
Christus steht frontal in der Mitte, barfuß oder mit Sandalen, in langem ärmellosem Purpurgewand (Collobium → Gewänder), blickt schicksalsergeben nach vorn, die Rechte erhoben oder vor das Herz gehalten, in der Linken ein überlanges Schilfrohr – Persiflage auf den Herrscherstab. Die Dornenkrone, verkürzt zu einem von vorne gesehenen Strich, ist auf sein vom Kreuznimbus hinterfangenes Haupt gedrückt. Die Volksmenge macht einen Höllenlärm mit Pauken, Zimbeln und Blasinstrumenten (Form eines Elefantenzahns).

Ein Signalhorn, das Schofar, wurde im alten Israel zur Proklamation des Königs benutzt. Mitunter knien römische Wächter mit höhnischem Ausdruck hinter Schildern nieder, Halbstarke führen Spottänze auf. Die ironische Königsproklamation Christi ist ein Gegenbild zu seinem Vortriumph (→ Einzugs in Jerusalem) und zum Triumph bei → Himmelfahrt und Wiederkunft.

Häufig dargestellt auf spätbyz. Zyklen (Nikolaos Orphanos, Thessaloniki, Anfang 14. Jh.; Staro Nagaročino, Makedonien, 1317–1318). Das westliche Motiv des »Schmerzensmannes« wird im Osten ab 17. Jh. übernommen (häufig in der Prothesisnische).

☆ Die Kreuztragung:
Im Westen beliebtes, mit den Veronikaszenen verbundenes Motiv (→ Mandylion) – kommt gelegentlich in postbyz. Zyklen vor, wird im Malerhandbuch Ermenia erwähnt. Frühchristl. Sarkophage geben die Kreuztragung als Triumphzug wieder (Vatikan, ex Lat. 171, 2. Hälfte 4. Jh.): Der Gefangengeführte trägt erhobenen Hauptes das Siegeskreuz, Vorbild für die Kreuzeslanze der Auffahrt Christi (→ Ostern). Darüber schwebt ein Kranz.

Christus besteigt freiwillig das Kreuz. Ajios Nikolaos Orphanos, Thessaloniki, Anfang 14. Jh.

☆ Kreuzbesteigung:
Alle Evangelisten beschränken sich in ihrem Kreuzigungsbericht auf die dürren Worte »*Sie kreuzigten ihn*«. Daß die Hände festgenagelt wurden, geht aus einer Bemerkung des → Thomas, *Joh. 20, 25*, hervor. Die *Ermenia* beschreibt die Kreuzigung historisierend:

»... ein auf dem Boden liegendes Kreuz und auf ihm Christus ausgestreckt ...«

Die Darstellungen – ab 14. Jh. – stützen sich jedoch auf die theologischen Aussagen der Liturgie:

»Herr, als Du das Kreuz bestiegest, wurde die Schöpfung von Furcht und Schrecken befallen.«

Christus steigt von sich aus wachen Blickes auf Leiterstufen zum bereits errichteten Kreuz empor. Ein Knecht auf einer Stehleiter hängt sich über den rechten Kreuzbalken und packt seinen rechten Arm – stützt Christus eher, als daß er ihn festhält.

Ein zweiter packt den rechten Arm und hält in der Linken Hammer und Nägel. Die Freiwilligkeit der Kreuzbesteigung wird betont wie in der Liturgie (Donnerstag):

»... Du wolltest leiden und errettetest uns als Menschenfreund.«
»Das All litt mit dem Schöpfer des Alls, als Du freiwillig für uns duldetest ...«

☆ → Kreuzigung.

☆ Joseph von Arimathia bittet sich Christi Leichnam aus:

»Ein Palast und in ihm sitzt Pilatus auf einem Thron und hinter ihm steht ein Soldat, der das Schwert in der Scheide hält. Vor Pilatus hält Joseph, ein gebückter Greis, seine Hände gegen ihn ausgestreckt. Und der Hauptmann zwischen Joseph und Pilatus spricht zu Pilatus. Malerhandbuch *(Ermenia)*

☆ Kreuzabnahme:
Joseph von Arimathia steht auf einer Leiter (oder vor einem niedrigen Kreuz), hält den leblos heruntergleitenden, bizarr geknickten Körper Christi mit beiden Händen, reicht ihn der Gottesmutter. Sie umfaßt den Körper liebevoll, küßt die rechte Wange. Ein Helfer macht sich mit einer Zange an den noch festgenagelten Füßen zu schaffen. Der Jünger Johannes birgt sein Gesicht in der Rechten oder ergreift eine Hand Christi, streift mit seiner Wange darüber. (Ausdruckstarke Wiedergabe innerseelischer Vorgänge – besonders auf Fresken im slawischen Balkan.) (Nerezi bei Skopje, Makedonien, 1164; Aquilea, Anfang 13. Jh.; Mistra, Periwleptos, um 1350.) Die Gottesmutter kann auch den Leichnam in ihren Armen halten; *eine Myrrhenträgerin* liebkost die Rechte des Toten – Zwischenlösung zwischen Kreuzabnahme und Beweinung (Mileševa, Serbien, etwa um 1235).

Die Übergänge zwischen dem Motiv der Beweinung (Wandmalerei seit 11. Jh.) und dem der Grablegung (seit 9. Jh.) sind fließend.

Grablegung aus der Unterkirche von Osios Lukas, Anfang 11. Jh.

☆ Beweinung:
Christus liegt auf einem Stein, deutlich als Abendmahlsaltar (→ Proskomidie) zu erkennen. Im Hintergrund zumeist das Kreuz. Maria hinter dem Altar preßt ihr Gesicht an das Gesicht des Toten. Der ergraute Joseph von Arimathia küßt ihm die Füße, Johannes liebkost seine linke Hand. Auf eine Leiter am Kreuz stützt sich der dunkelbärtige Nikodemus. Zu den Seiten zwei klagende Frauen mit zerrauften Kleidern, manchmal sogar barhäuptig mit wirrem Haar (Elassona). Maria Magdalena reckt beide Hände zum Himmel (→ Oranten). Über der Szene schweben weinende Engel, ihre Hände mit Tüchern verhüllt. Die Beweinung ist auf die liturgisch wichtigen Epitaphiostücher aufgestickt.

☆ Grablegung:
Felsengelände mit Grab. Joseph hält den in Totenbinden eingewickelten Leichnam am Kopfende, Nikodemus an den Füßen. Maria steht bei ihnen.
Interessant die Kombination von Beweinung und Grablegung, zusammengefaßt mit der Engelverkündigung, in der Unterkirche von Osios Lukas: Christus liegt auf einem erhöhten Altar, durch eine Tür in der Vorderwand als Grab gekennzeichnet. Ein Andreaskreuz mit vier Punkten darauf weist auf die Vorbereitung der → Eucharistie hin (→ Proskomidie, → Brot).
Das Fresko betont die liturgisch-sakramentale Bedeutung des Geschehens:
Die Grablegung ist aufgestickt auf jedes Antiminsion – als Unterlage unentbehrlich für die eucharistischen Gaben (→ Altar).

Darstellungen für die Nachosterzeit

☆ Aufstieg Christi aus dem Hades: Eröffnet den Zyklus des österlichen Triumphes Christi.
☆ Die Myrrhenträgerinnen am leeren Grab (→ Ostern).
☆ Christus erscheint den Myrrhenträgerinnen: Christus mit segnenden Händen in der Bildmitte, Nagelwunden sind zu sehen. Zwei Frauen fallen anbetend zu Boden, links Maria Magdalena umfängt mit verhüllten → Händen seinen rechten Fuß, rechts eine andere Myrrhenträgerin. Beliebtes spätbyz. Motiv (Nikolaos Orphanos, Thessaloniki, Anfang 14. Jh.; Kirchen in Kastoria).
☆ Petrus und Johannes am Grabe: Petrus bückt sich, berührt die Schweißtücher. Johannes schaut von außen ins Grab. Neben ihm weinend Maria Magdalena.
☆ Christus vor Maria Magdalena: Beim Grab mit zwei weißgekleideten Engeln erscheint Christus der Maria Magdalena, sie will seine Füße berühren (Anspielung auf die Salbung). Beischrift: »*Maria, rühre mich nicht an.*«
☆ Erscheinung in Emmaus: Christus sitzt zwischen Lukas und Kleophas am Tisch, hält ein Brot, segnet es. Die beiden erkennen ihn.
☆ Der essende Auferstandene: Christus zeigt den Jüngern, daß er als leiblich Auferstandener essen kann. Petrus reicht ihm eine Schüssel mit Fisch und eine Honigscheibe. Christus segnet die Speisen mit der Rechten und nimmt mit der Linken davon.
☆ Der ungläubige → Thomas.
☆ Am Meer von Tiberias: Christus steht am Ufer (→ Meereswunder). Auf Wasserwellen schwimmen Schiffe. → Apostel ziehen Netze voller Fische ein. Petrus schwimmt im Meer auf Christus zu. Dahinter Grillgeräte mit glühender Holzkohle unter einem Rost mit → Fischen (Tokali II, Göreme, Ende 10. Jh.).
☆ Drei Fragen an Petrus: Am Seeufer ein Schiff, davor die ausgestiegenen Apostel. Christus schaut auf Petrus. Beischrift: »*Simon, Jonas Sohn, liebst du mich?*«
☆ Auf einem Berg in Galiläa: Christus steht segnend in der Bildmitte auf einem → Berggipfel (Matth. 28, 16), rechts ein schlanker Baum, zu beiden Seiten verneigen sich sechs symmetrisch angeordnete Jünger, sie strecken ihm ihre Hände entgegen. Die Szene wird vorzugsweise, mit der Himmelfahrtsdarstellung kombiniert, in der Gewölbezone wiedergegeben (Cavusin Kilise, 2. Hälfte 6. Jh.).
☆ → Himmelfahrt.
☆ → Pfingsten.

Patriarchen und Patriarchate
ΟΙ ΠΑΤΡΙΑΡΧΕΣ ΚΑΙ ΤΑ ΠΑΤΡΙΑΡΧΙΑ
I patriárches ke ta Patriarchía

Die geistlichen Leiter der selbständigen orthodoxen Kirchen.

Die vier alten und die drei jüngeren Patriarchate

325 legte das erste ökumenische Konzil zu Nikäa drei Metropolien – Rom, Alexandrien und Antiochien – fest. 381 nannte das Konzil von Konstantinopel Rom, Konstantinopel, Alexandrien und Jerusalem. Vom 5. bis 6. Jh. an wurden die Amtsinhaber als Patriarchen bezeichnet, abgeleitet von den Erzvätern des AT → Abraham, Isaak, Jakob und dessen 12 Söhnen. 1235 schuf eine Synode das bulgarische Patriarchat, 1375 entstand das serbische, nach dem Fall Konstantinopels wurde 1589 unter Zustimmung des ökumenischen Patriarchen das Moskauer Patriarchat eingerichtet.

Die einzelnen Patriarchate

Rom: Der Papst hatte einen Ehrenvorrang unter den Patriarchen, schied durch die Kirchenspaltung von 1054 aus der Reihe der *autokephalen (selbständigen)* orthodoxen Kirchen aus.

Konstantinopel: Das Patriarchat verblieb nach der osmanischen Eroberung in der Stadt. Seine Jurisdiktion erstreckt sich heute über die Griechen in Konstantinopel, deren Zahl in den letzten Jahren stark abgesunken ist, über die Inseln des Marmarameeres, über Kreta, den Dodekans und den Heiligen Berg Athos. Der ökumenische Patriarch hat einen Ehrenvorrang unter den Patriarchen, residiert unter bescheidenen Verhältnissen im Stadtteil Phanari. Die Patriarchatskirche ist eine schlichte Basilika des 17. Jh.s.

Alexandrien: Ursprünglich Sitz einer bedeutenden theologischen Schule (→ Kirchenväter). Der »Papst und Patriarch« verlor um 848 an Gewicht: Der größte Teil der christlichen Ägypter nahm das monophysitische Bekenntnis an. 638 wurde das Land arabisch. Das koptische Patriarchat, das neben dem orthodoxen besteht, betreute auch die nubische und die äthiopische Kirche (bis 1959).

Antiochien (Antakia): Die Stadt mit der ersten heidenchristlichen Gemeinde *(Apg. 11, 26),* fiel 541 an die Perser, 634 an die Araber, 969 zurück an die Byzantiner, 1098 an die Franken, die im 12. Jh. die byz. Oberhoheit anerkannten, 1268 wieder an die Araber, 1516 ans Osmanische Reich. Der Sitz des Patriarchates ist z. Z., wie der des westsyrisch-jakobitischen Patriarchen von Antiochien, Damaskus. Im 4. und 5. Jh. hatte die antiochenische Schule große Theologen (→ Kirchenväter) hervorgebracht.

Die antiochenisch-malerische Tradition hat auf die kappadokische Kunst, auf Klosterkirchen in Griechenland (Osios Lukas) eingewirkt: Flächig angelegte Figuren mit grafischer Umrißzeichnung vor einfarbigem Untergrund, Neigung zur Abstraktion und zur Vereinfachung des Themas, dynamisch-expressive Bewegungen. Der naive Stil steht im Gegensatz zu klassischen Tendenzen in der Kunst der Hauptstadt.

Jerusalem: Die Stadt wurde 614 Beute der Perser, 628 von den Byzantinern zurückerobert, 637 arabisch und 1076 seldschukisch. Die Kreuzritter setzten (1099–1187) einen römisch-katholischen Patriarchen ein. Die Stätten des heilsgeschichtlichen Geschehens haben auch nach der islamischen Machtübernahme eine starke Anziehungskraft auf Pilger ausgeübt.

Moskau: Einflußreichstes unter den jüngeren Patriarchaten. Seit 1448 wählte die russische Kirche ihren Metropoliten selbst (Autokephalie). Nachdem Konstantinopel, als das zweite Rom, 1453 in die Hand der Ungläubigen gefallen, verstand sich Moskau als Erbe von Byzanz und als »drittes Rom«. Iwan III. heiratete 1472 die Nichte des letzten byz. Kaisers. 1589 wurde die Metropolie von Moskau Patriarchat. Die Idee vom »dritten Rom« hat auf die russische Geistigkeit und Politik entscheidend eingewirkt.

In Rumänien wurde 1925 ein Patriarchat ausgerufen.

Andere autokephale Gemeinschaften ohne Patriarchatsrang: Griech. Kirche (geleitet von einer Bischofssynode), Kirche Zyperns, Sinai-Kloster, Kirchen Georgiens, Albaniens, Polens, Finnlands, Estlands, Lettlands, der Tschechoslowakei, Chinas und Ugandas.

Pelikan

ΤΟ ΠΕΛΕΚΑΝ

To pelekán

»Wie der Pelikan hast Du Deine zerstochene Seite, Logos, Deine sterbenden Kinder wiederbelebend, als lebensspendende Quellen träufeln lassen.« *Epitaphiosliturgie vom Abend des großen Freitag*

Der Physiologos (ca. 200 n. Chr.) erläutert:
»... Sie (die Paradiesesschlange = der Teufel) bläst den Pelikanjungen (Menschen) ihr Gift zu, und sie sterben sofort ... Mit seinen Flügeln schlägt er (Pelikan = Christus) seine Seiten, und das Blut fließt heraus und ... tropft ... auf seine Kinder, und sie werden zum Leben erweckt.«

Der Pelikan kommt in gemalten Tierfriesen, als Architekturrelief, als Hochrelief im vergoldetem Holz von Bilderwänden vor.

Perle
Ο ΜΑΡΓΑΡΙΤΗΣ/ΤΟ ΜΑΡΓΑΡΙΤΑΡΙ
O Margarítis/To Margaritári

Im NT Gleichnis des Himmelreiches: *Matth. 7, 6; 13, 45* (Näheres → Drache).

Peter und Paul
Ο ΠΕΤΡΟΣ ΚΑΙ Ο ΠΑΥΛΟΣ
O Pétros ke o Páwlos

Die zwei herausragendsten Apostel repräsentieren als Vertreter der judenchristl. und der heidenchristl. Gemeinden die Gesamtheit der Kirche.

Petrus im Neuen Testament und in der frühen Überlieferung
Simon *Petrus* (= *Fels*, aramäisch *kepha*), Fischer aus Bethsaida, schloß sich mit seinem Bruder Andreas Jesus an (→ Berufung). Der heilt die Schwiegermutter des Petrus. Im NT ist Petrus der am häufigsten – 70mal – erwähnte Jünger. Christus vor seiner ersten Leidensankündigung:

»Ich will dir des Himmelreiches Schlüssel übergeben. Alles, was du auf Erden bindest, soll auch im Himmel gebunden sein, was du auf Erden lösest, soll auch im Himmel gelöst sein.« *Matth. 16, 17–19*

Petrus verleugnet Christus nach dessen Gefangennahme dreimal (→ Passionszyklus).
Der Überlieferung nach missionierte Petrus in Rom, erlitt unter Nero zwischen 64 und 67 den Tod – gemäß Christi Prophezeiung am Kreuz:

»Wenn du aber alt wirst, wirst du deine Hände ausstrecken, und ein anderer wird dich gürten und führen, wohin du nicht willst.« *Joh. 21, 18* (→ Orantengestus als Kreuzigungshaltung)

Die apokryphen *Petrusakten* schildern seine Kreuzigung mit dem Kopf nach unten, er erläutert sie selbst den Umstehenden als kompliziertes Sinnbild. Der erste der beiden Petrusbriefe im NT gilt als authentisch.

Paulus im Neuen Testament und in der frühen Überlieferung
Teppichweber aus Tarsos (Südostküste Kleinasiens) verfolgte, als Saulus, die Christen. Durch eine Christusvision bei Damaskus bekehrt, widmete er sich als erster der systematischen Missionierung der Nichtjuden, gründete auf drei Mittelmeerreisen (48–60) zahlreiche Ortsgemeinden. Später zu den zwölf Aposteln – anstelle des abgefallenen Judas – gerechnet, setzt sich Paulus gegenüber der Jerusalemer Urgemeinde (Jakobus und Petrus), vehement dafür ein, daß die Christen aus der Heidenschaft nicht mehr die jüdischen Gesetze übernehmen müssen *(Röm. 3, 28)*. In Jerusalem gefangengesetzt, wird er als römischer Bürger nach Rom verbracht, nach den apokryphen *Paulusakten* auf den persönlichen Befehl Neros hin enthauptet (64 oder 66/67).

14 Sendschreiben des Paulus, zum Teil in Rom verfaßt, bilden den ältesten Teil des NT. Paulus meint mit Evangelium die mündliche, vor allem von ihm selbst vermittelte Heilsbotschaft *(Gal. 1, 8)*. Die Theologie des Diasporajuden hat griechisch gefärbte kosmologische Züge, seine Frömmigkeit wird aus ekstatischen Visionen und mystischer Schau gespeist – Züge dieser Religiosität wirken in der orthodoxen Tradition fort.

Am 30. Juni wird aller → Apostel gedacht, am Vortag allein Peters und Pauls. In Athen zelebriert der Erzbischof den Abendgottesdienst auf dem Areopag, wo Paulus am Altar des unbekannten Gottes den Athenern sagte: »*Nun verkündige ich euch den, dem ihr unwissend Gottesdienst darbringt.*« *Apg. 17, 23*

Darstellungen der Apostelfürsten
»Ich sah eine große Zahl Bildnisse des Heilands, wie auch des Petrus und des Paulus, die sich bis in unsere Zeit erhalten haben.« *Der Bildergegner Eusebios von Caesarea, 265–340, Geschichte der Kirche VII, 18*

Als einzige Apostel werden beide physiognomisch deutlich charakterisiert, Petrus mit rundem Kopf, grauem Kraushaar und krausem

Die Apostelfürsten Petros und Pawlos, Osios Lukas bei Stiri in Phokis, nach 1000.

Bart, Paulus mit länglichem Gesicht, schwarzem, spitzem, aber vollem Bart, mit Halbglatze und Stirnlocke – schon eine Medaille aus dem 2. oder 3. Jh. (im Vatikan) zeigt diese Merkmale. Es ist nicht auszuschließen, daß in Rom schon zu Lebzeiten Porträts von ihnen entstanden sind.

Verbreitete frühchristl. und frühbyz. Motive:

☆ Übergabe des Gesetzes (traditio legis). Christus als eschatologischer Weltenherrscher auf dem Paradiesesberg – mit vier Quellen – stehend, überreicht Petrus rechts die Rolle des Gesetzes des Moses, links Paulus.
(Früheste Darstellung, vermutlich nach dem Vorbild der Apsis von Alt-Sankt-Peter: Santa Costanza, Rom, Mitte 4. Jh.; Sarkophage Rom, Ravenna, 4. bis Ende 5. Jh.). Selten: Paulus links erhält die Rolle, Petrus rechts trägt ein Kreuz (Sarkophag, Sant'Apollinare in Classe, Ravenna, Mitte 5. Jh.).
Der Apostel, der die Rolle mit verhüllten Händen empfängt, wird – in Anlehnung an den römischen Kaiserkult – Beauftragter Christi. Die Traditio an Petrus dokumentiert den Anspruch des römischen Metropoliten, die an Paulus im byz. Ravenna, die Gegenpropaganda aus Konstantinopel.

☆ In Lämmergestalt flankieren die Apostelfürsten das eschatologische Lamm auf dem Paradiesberg (symbolische Variante zur traditio legis: Sarkophag, Galla Placidia, Ravenna, 5. Jh.).

☆ Die Schlüsselübergabe an Petrus. Christus thront auf der Weltenkugel, übergibt Petrus zur Linken den Schlüssel:
»*Und ich werde dir die Schlüssel des Himmelreiches geben ...*« Matth. 16, 19 (Mosaik, Rom, Santa Costanza, Mitte 4. Jh.)

☆ Petrus (rechts) und Paulus (links) treten auf Apostelanbetungen – entweder Christi selbst, seines Kreuzes oder des leeren Thrones – als Anführer der Apostel auf, sind Repräsentanten der judenchristl. und der heidenchristl. Kirche (im Apsismosaik, Santa Pudentiana, Rom, Ende 4. Jh., bekrönt die Allegorie der Judenkirche Petrus, die der Heidenkirche

Paulus; Baptisterium der Orthodoxen, Ravenna, Mitte 5. Jh.; der Arianer Ende 5. Jh.).
Petrus und Paulus repräsentieren als Kurzformel die zwölf Apostel bzw. die Gesamtkirche (Santa Sabina, Rom, Anfang 5. Jh.).
Aus der Apostelanbetung wird in mittelbyz. Zeit dann die Apostelkommunion (→ Eucharistie). Auf byz. Einzeldarstellungen trägt Paulus ein Bündel mit seinen Briefen, Petrus eine Schriftrolle oder ein Schriftband (»Petrus, Apostel Jesu Christi«), niemals einen Schlüssel.
Spät- und postbyz.: Begegnung von Petrus und Paulus: Sie umarmen und küssen sich. Am Schluß dreier seiner Briefe schreibt Paulus: »Grüßet euch untereinander mit dem heiligen → Kuß!«
Petrus ist in vielen Szenen aus dem Leben Jesu (→ Verklärung, Berufung) erkennbar herausgehoben, in der → Heimholung Mariä schwingt er das Weihrauchfaß.

Pfau
Ο ΤΑΩC
O taós

Prunkvogel, der Hera/Juno heilig, heimisch in Indien, gelangt im 5. Jh. über das Heraheiligtum auf Samos nach Athen. Als vielschichtiger symbolischer Bedeutungsträger repräsentiert er in christlicher Zeit ewiges Leben, den Himmel und die Cherubim der → Eucharistie.

Seelenvogel und Vogel des ewigen Lebens
Seelen gewöhnlicher Verstorbener sind vogelähnlich (→ Taube), die der römischen Herrscher Göttervögel. Bei der feierlichen Einäscherung repräsentierten der → Adler des Jupiter die Seele des Kaisers, der Pfau der Juno, die der Augusta. Frühchristl. ornamentale Pfauen, oft in Verbindung mit Palmen oder Weinranken, symbolisieren die Seelen der zum ewigen Leben Aufgefahrenen und das ewige Leben selbst (Sarkophage, 5./6. Jh.; Mosaiken, Baptisterium der Orthodoxen, Mitte 5. Jh., San Vitale, Ravenna, Mitte 6. Jh.).

Pfauenaugen als Sterne des Himmels
An diese Bedeutung lagert sich die Symbolik »himmlische Herrlichkeit« an – angeregt von der altorientalischen Gleichsetzung des augen-geschmückten Pfauenfederrades mit dem sternenübersäten Himmelsgewölbe. Der tausendäugige indische Himmelsgott Indra sitzt auf dem Pfauenthron, Vorbild für den Sitz der Mogulherrscher (1739 nach Persien gelangt).
Die Tetramorphen und Räder der → Hesekielvision *(Hes. 8, 1ff.)* im AT sind übersprenkelt mit Sternenaugen. Christus auf einem gen Himmel schwebenden Thron trägt einen Überwurfmantel mit Augenornamentik (Faras, Nubien, Mitte 12. Jh., Nationalmuseum Warschau). In der Apsis einer kappadokischen Höhlenkirche (Üzümlü Kilise, Kizil Cukur, 8. Jh. oder früher) thront → Maria zwischen Engeln unterm Sternenkreuz vor Pfauenfeder-Hintergrund in der Bedeutung Sternenhimmel (→ Mond).

Pfauenaugen in einem Federornament umgeben ein Astralkreuz in der Kuppel und die Gottesmutter zwischen Engeln in der Apsiswölbung der Üzümlü Kilise in Kizil Cukur bei Göreme (vor- oder frühikonoklastisch). Die Pfauenfedern vertreten den Himmel, ihre Augen die Sterne.

Pfauenfederfächer als Symbole der Cherubim
Pfauenfederfächer waren in Griechenland üblich und im kaiserzeitlichen Rom und spielten wohl eine wichtige Rolle auch im byz. Hofzeremoniell. Liturgisch als Ehrenfächer verwendet, hat man sie ab frühchristlicher Zeit m. E. als Cherubim aufgefaßt (→ Engel; → Liturgie) bzw. als deren Flügel. Vom 6. Jh. an kamen zunächst im Ostmittelmeerraum mit Cheruben geschmückte Edelmetallfächer auf, Vorläufer der bis heute üblichen Rhipidien (→ Altar).

Bereits Ende des 4. Jh.s haben nachweislich Diakone, dienende Engel symbolisierend, die heiligen Gaben mit Pfauenfederfächern bewedelt. *Pseudodionys* (→ Himmlische und kirchliche Hierarchie) setzt Ende des 5. Jh.s die zwei im Kult verwendeten Rhipidien den zwei mal sechs Flügeln der Cherubim gleich.

Die Pfauenfederfächer wurden, wie heute die Rhipidien, bei der → Proskomidie und der Übertragung der → eucharistischen Gaben vom Rüsttisch zum Altar verwendet. Der beim »großen Einzug« gesungene Cherubimhymnus besagt, daß die Prozessionsteilnehmer selbst auf geheimnisvolle Weise die Cherubim verkörpern.

Pfau mit Weintrauben, eucharistisches Symbol. Frühbyzantinisches Relief, Argos, Museum.

Die Pfauenpaare in Verbindung mit Weinranken ab 4./5. Jh. auf Sarkophagen (in Santa Costanza, Rom, 4. Jh. und Sant'Apollinare in Classe, Ravenna, 5. Jh.), Marmorschranken (mit Weingefäß in Sant'Apollinare Nuovo, 6. Jh.) und Mosaiken (Baptisterium der Orthodoxen, Mitte 5. Jh.) symbolisieren die zwei liturgischen Fächer, die im eucharistischen Gottesdienst zu sternaugenübersäten Cherubim vor dem überhimmlischen Thron Gottes werden. (Zwei Cherubim flankierten die → Bundeslade als Thron Gottes im Tempel zu Jerusalem).

Cherubimdarstellungen treten später auf, verdrängen zwischen dem 6. und 8. Jh. ihre Symbole (→ Lamm und → Schatten). Erzengelflügel aus eucharistischen Pfauenfedern kommen in Nubien zwischen dem Anfang des 8. und Ende des 10. Jh.s in Faras vor, in Griechenland im 14./15. Jh. (Archangelos Ajiou Joannou, Rhodos).

Pfingsten
Η ΠΕΝΤΕΚΟΣΤΗ
I Pentekostí

Letztes Fest des beweglichen Teiles des Kirchenjahres, Feier der Ausgießung des Heiligen Geistes.

Festtage und Brauchtum

Der »*50. Tag nach Ostern*« schließt mit einem zweitägigen Hochfest (→ Festtagskalender) die nachösterliche Zeit der Freude ab. Laut *Apg. 2, 1* hat sich die Ausgießung des Heiligen Geistes in Jerusalem am jüdischen Pfingstfest, einem alten Erntedankfest, ereignet. Die Kirche der Apostel feierte Himmelfahrt und Ausgießung zu Ostern. Im 3. Jh. entstand ein selbständiges Fest, von dem sich im 4. Jh. die → Himmelfahrt Christi abspaltete. Kirchen und Häuser werden mit Blüten, Zweigen und Kränzen geschmückt, die Gläubigen kommen mit Sträußen zum Gottesdienst.

Der 1. Festtag ist der *Sonntag des Kniens*: Zwischen Ostern und Pfingsten knien die Griechen im Gottesdienst nicht nieder; sie stehen zur Erinnerung an die Auferstehung »aufrecht da« (→ Oranten). Am Ende der Freudenzeit wird bei drei Gebeten gekniet, eines davon eine Fürbitte für die Toten: Die Seelen, von Christus an Ostern aus der Totenwelt befreit, müssen am Psychosawato (Samstag vor Pfingsten) zurückkehren (→ Totenbräuche).

Der Sonntag der Dreieinigkeit und der Engelbesuch in Mamre

Die drei Engel zu Besuch bei Abraham im Hain Mamre, Typus der Heiligen Dreifaltigkeit. Carikli Kilise, Göreme, mittelbyzantinisch.

»Wie es einem Menschen zu schauen möglich ist, schautest du, seliger Abraham, die Heilige Dreifaltigkeit und hast sie bewirtet wie einen engen Freund.« *Liturgie vom Sonntag der Patriarchen*

Am Pfingstsonntag wird eine auf die Dreieinigkeit hinweisende Ikone zur Verehrung ausgestellt. Die im *1. Mose 18* geschilderte Bewirtung der drei Männer unter Steineichen (Hain Mamre) durch Abraham – auch vom AT als Gotteserscheinung verstanden – gilt als verhüllte Selbstdarstellung der Dreieinigkeit. Knappe Fassung: Drei Engel um einen Tisch herumsitzend unter einem Baum (→ Himmelsleiter; → Lebensbaum). Links Gott Vater, in der Mitte Christus, rechts der Heilige Geist. Das Aufgetischte, darunter ein Kalbskopf, ist typologisches Vorbild der → Eucharistie. Daher findet sich das Motiv häufig im Altarraum, in oder vor der Prothesis-Nische (→ Proskomidie). Auf detailreich ausgebauten Darstellungen bringen Abraham und Sara Speisen dar oder knien anbetend nieder. Mitunter führt ein Knecht ein Kälbchen zur Schlachtbank *(1. Mose 18, 7)*.

Ein Mosaik um 400 (Santa Maria Maggiore, Rom) zeigt übereinander die Begrüßung der drei Männer und ihre Bewirtung: Die drei jugendlichen, lockigen und hellgewandeten Gestalten mit Nimbus, noch ohne Flügel, sind gleich groß, Ausdruck der Gleichrangigkeit der göttlichen Erscheinungen. In der Ankunftsszene steht der Mittlere in einer Mandorla – wohl Hinweis auf Christi → Verklärung. Im unteren Bildteil erhebt Abraham seine Rechte zu Sara mit der christologischen Zwei-Naturen-Geste (→ Hände). Sara links im Bilde vor der Tür einer Hütte bäckt drei Brote.

Ein vor 550 entstandenes Mosaik (linke Presbyterienlünette, San Vitale, Ravenna) faßt die im Hause lauschende Sara, die Bewirtung der drei Männer und die Opferung Isaaks zusammen (Betonung des → eucharistischen Moments). Auffällig der großwüchsige Baum, auf dem Tisch die drei kreuzgekerbten → Brote (panis quadratus → Brot).

Die ab mittelbyz. Zeit stets geflügelten Engel tragen mitunter einen Kreuznimbus (Carikli Kilise, Göreme, 12. Jh.?, Ikonen → Nimbus).

Auf der bekannten Ikone von Adrei Rublow (1422, Tretjakow Galerie Moskau) – in Rußland wie in Griechenland häufig nachempfunden – schließen sich die drei Engel zu einer Kreiskomposition zusammen. Veranschaulichung der Vollkommenheit und Einheit der göttlichen Personen.

Postbyz. Ikonen zeigen das in der Orthodoxie eigentlich verpönte westliche Trinitätsschema – Gottvater als Greis, Jesuskind und Taube.

Montag des Heiligen Geistes, Bild der Ausgießung

Ausgießung des Heiligen Geistes im Apsisgewölbe von Osios Lukas, nach 1000.

»Und an Pfingsten waren sie alle beisammen. Da begann es zu brausen vom Himmel als wäre es ein gewaltiger Wind und erfüllte das Haus ... Und es erschienen ihnen Zungen, zerteilt wie von Feuer, und es setzte sich auf jeden von ihnen. Sie aber wurden voll des Heiligen Geistes und fingen an zu sprechen mit anderen Zungen.« *Apg. 2, 1–4*

Die Ikone mit der Darstellung des eigentlichen Pfingstgeschehens wird am Pfingstmontag ausgelegt. Von mittelbyz. Zeit an findet sich die Ausgießung an Tonnenwölbungen oder in Nebenkuppeln: Vom Himmelskreis, der auch den → leeren Thron mit der Taube des Heiligen Geists enthalten kann, gehen zwölf Strahlen aus. Zwölf Feuerzungen tropfen auf die um das Kuppelrund herum verteilten Apostel herab.

Auf Ikonen, Miniaturen und ebenen Wandflächen umsitzen die Zwölf eine dunkle Nische mit einer gekrönten könglich gekleideten Figur, der Allegorie des → Kosmos). Sie hält in einem Tuch zwölf Schriftrollen – die Verkündigungen der Apostel : *»Gehet hin in alle Welt und lehret alle Völker ...« Matth. 28, 19*
Architektonische Details im Hintergrund deuten einen Innenraum an. Unter den Jüngern häufig die Muttergottes in Orantenhaltung, auf einem Bild des 6. Jh.s (Rabula Kodex) zwischen den stehenden Jüngern, mit Feuerzungen überflammt, unter einer herabstoßenden Taube: Stellvertretend für den aufgefahrenen Christus – auf vielen Ikonen bleibt der oberste Platz zwischen den Jüngern für ihn frei – kommt der verheißene Geist herab. (Auf antiken und frühchristl. Grabstätten gab es einen leeren Platz – für die Seele des Toten bei der Totenbewirtung.)
Pfingsten wird in der Liturgie als Gegenereignis zur Sprachverwirrung (→ Turmbau zu Babel) gefeiert:

»Als er herabfuhr und die Sprachen verwirrte, trennte der Höchste die Völker voneinander. Als er die Feuerzungen verteilte, berief er alle zur Einheit, und einstimmig verherrlichen wir den Allheiligen Geist.« *Aus der Pfingstliturgie*

Propheten
ΟΙ ΠΡΟΦΗΤΕΣ
I prophítes

Ekstatische Visionäre des AT schauen oder hören Gott, der über sie, dem Volk Israel, seinen Willen – in der jeweils aktuellen politischen Situation – kundtut. Sie erleben Visionen zukünftiger apokalyptischer Ereignisse, verheißen den Jahweanhängern eine paradiesische Endzeit. Mit Vehemenz bekämpfen sie Fremdkulte (Baal, Ashera), trösten die nach Babylon in die Gefangenschaft weggeführte Gemeinde.
Zu den Gesetzesbüchern des AT stehen die prophetischen (→ Verklärung Christi; → Elias) im Spannungsverhältnis von visionärer Gotteserfahrung zu Gesetzestreue, von Emotionalität zu Begrifflichkeit.

Die Propheten als Hinweisende auf Heilsereignisse

Die orthodoxe Frömmigkeit und Kunst wertet die Propheten als Hinweisende auf die Heilsgeschichte des NT:

☆ Ihre Worte werden auf Christus oder die Gottesmutter bezogen: *Jes. 7, 24*

»Siehe, eine Jungfrau wird empfangen und einen Sohn gebären, und sie werden seinen Namen Jesus nennen.«

Mit diesem Text auf einem Schriftblatt wird → Jesaia der → Geburt Christi zugeordnet.

☆ Ihre Taten gelten als typologische Präfigurationen, so die Auffahrt des → Elias für die → Himmelfahrt Christi.

☆ Die Propheten selbst sind Prototypen für → Johannes den Täufer (Elias) oder für → Christus.

Der Hinweischarakter der Propheten auf *Christus* (= *Messias* bzw. *Maschiach* = der von den Propheten geweissagte endzeitliche *»Gesalbte Gottes«*) kommt zum Ausdruck in der Anordnung von – je nach Anzahl der Fenster oder Rippen – 12 oder 16 Propheten im Kuppeltambour der Hauptkuppel oder einer Nebenkuppel über der Vorhalle, gruppiert um den → *Pantokrator*. Ab mittelbyz. Zeit verdrängen sie die ursprünglich dort angeordneten Apostel, in spätbyz. Zeit schiebt sich zwischen sie und Christus ein Kreis mit Engeln.

Die Kennzeichnung der Propheten

Die vier großen Schriftpropheten:

☆ → Jesaia (Isaias: sehr betagt, langer Bart; Schriftblatt. *Jes. 1, 2:* »*Höre es Himmel und vernimm es Erde, daß der Herr gesprochen hat: Ich habe Kinder ...*« 9. Mai.

Propheten um Christus Pantokrator. Pammakaristos Kirche, Konstantinopel, Anfang 14. Jh.

☆ Jeremias (Ieremias), Greis, kurzer dünner Bart. *Jer. 1, 5:* »Ehe ich Dich bildete im Mutterleibe, habe ich Dich gekannt...« 1. Mai.

☆ → Hesekiel (Jezekiil). Sehr alt, spitzer Bart. *Hes. 34, 10:* »So spricht der Herr... Ich will meine Schafe fördern...« 23. Juli.

☆ → Daniel (Daniil). Jung, bartlos. *Dan. 2, 44:* »Es wird der König des Himmels ein Königreich aufrichten, das in Ewigkeit nicht zerstört werden wird.« 17. Dezember.

Die zwölf kleinen Schriftpropheten:

☆ Hosea (Osie), Greis, runder Bart. *Hos. 6, 6:* »Ich will Barmherzigkeit und nicht Opfer, und Gotteserkenntnis statt Brandopfer, spricht der Herr.« 17. Oktober.

☆ Joel (Joil), schwarzer, gespaltener Bart. *Joel 3, 16:* »Aus Sion wird es schreien und rufen aus Jerusalem.« 19. Oktober. Erscheint oft neben Pfingstbildern wegen *Joel 3, 1:* »Und danach will ich meinen Geist ausgießen über alles Fleisch...«

☆ Amos (Amos). Greis, grauer Bart: *Amos 5, 18:* »Wehe denen, die nach dem Tage des Herrn verlangen, er wird kommen.« 15. Juni.

☆ Obadja (Abdias). Sehr alt, graubärtig. *Ob. 1, 78:* »An jenem Tag, spricht der Herr, werde ich die Weisen vertilgen...« 19. November.

☆ → Jonas (Jonas). Greis, kahlköpfig. *Jon. 2, 3:* »Ich habe in der Trübsal zum Herrn gerufen und er hat mich erhört.« 21. September.

☆ Micha (Michäas). Sehr alt, spitzer Bart. *Micha, 4, 6:* »An jenem Tag, spricht der Herr, werde ich versammeln die Gebrechlichen und Verstoßenen...« 14. August.

☆ Nahum (Naum). Kurzbärtiger Greis. *Nah. 1, 6:* »Wer wird vor dem Angesicht des Herrn bestehen, wer wird ihm entgegenstehen?« 1. Dezember.

☆ Habakuk (Amwakum). Jung, bartlos. *Hab. 3, 2:* »Herr ich habe auf Deine Stimme gehört und fürchtete mich. Ich bedachte Dein Werk und ich stand.« 2. Dezember (→ Daniel).

»Deine göttliche Entäußerung auf dem Kreuze vorausschauend rief Habakuk ekstatisch aus: Du hast der Herrscher Macht gebrochen, Gütiger, da Du zu denen im Hades als Allmächtiger sprachst.« *Liturgie großer Freitag*

☆ Zephania (Sophonias). Weißhaariger Greis. *Zeph. 2: »Das spricht der Herr: Siehe, ich werde mein Volk erretten aus dem Lande.«* 3. Dezember.

☆ Baruch (Baruh) (Buch von Protestanten als apokryph betrachtet!) Greis mit rundem Bart. *Bar. 2, 16: »Herr, schaue aus Deinem heiligen Hause auf uns und wende Deine Ohren zu uns, und erhöre uns.«*

☆ Sacharia (Zacharias). Dargestellt wird der Hohepriester Zacharias, Vater → Johannes des Täufers, im Priestergewand, mit einer roten Kugel auf der Kopfbedeckung (→ Marienzyklus). Geriet durch Verwechslung mit den gleichnamigen Propheten des AT in diese Gruppe. Der Prophet gilt als Vorverkünder der Geburt Christi: *»Gelobt sei der Herr der Gott Israels, weil er uns heimgesucht hat und sein Volk Israel erlöst.«* 5. September.

☆ Maleachi (Malachias). Graues Haar, grauer runder Bart. *Mal. 1, 11: »Vom Aufgang der Sonne bis zu ihrem Niedergang wird mein Name groß sein.«* 3. Januar.

Der Prophet Haggai (Agäos) – im Westen einer der Zwölf anstelle von Baruch – fehlt in der byz. Kunst. Keine Schriften hinterließen → Elias und Elisas. Zu den Propheten zählen → Moses, die Prophetenfürsten → David und → Salomo sowie → Gideon. Propheten nichtjüdischer Herkunft sind → Bileam und die Sibylle (→ griech. Weise).

Proskomidie

(Zurüstung des Abendmahls)
Η ΠΡΟΣΚΟΜΙΔΗ
I Proskomidí

Zurüstung des Mysteriums des heiligen Abendmahls, ein eigener priesterlicher Gottesdienstteil, geht der zweiteiligen → Liturgie voraus (→ Eucharistie). Die Gaben werden in der Prothesis, der nördlichen Apsidiole oder in einer Nische links in der Hauptapsis von Priester und Diakon rituell vorbereitet, damit sie vor der Austeilung in feierlicher Prozession (großer Einzug) zum Altar verbracht werden können.

Der Priester wird im Gottesdienst zur Ikone Christi, Christus handelt durch ihn. Christus ist zugleich der opfernde Erzpriester und das geopferte Lamm.

Für die Gläubigen bleibt die Proskomidie im Verborgenen. Vor Beginn geben sie am Kerzenstand Zettel ab, mit Namen Lebender und Verstorbener, derer gedacht werden soll.

Opferhandlung: Symbolisierung der Heilsgeschichte und der Vergöttlichung des Kosmos

Die Proskomidie ist

☆ Opferhandlung: sie stellt symbolisch die Schlachtung des → Lammes dar, das geichzeitig Gott dargebracht wird und von Gott kommt, Gott ist.

☆ aktuelle Neubelebung des Heilsgeschehens, Christi Geburt und seine Passion umfassend. Beides wird in den anschließenden zwei Teilen der Liturgie aufgegriffen, das Erscheinen Christi im »kleinen Einzug«, sein Opfertod im »großen«.

☆ Vereinigung des gesamten Kosmos – der Menschen miteinander und mit Gott in der Gestalt des als kosmisches Modell hergerichteten → Brotes und Weines: Vorgriff auf die künftige Vergöttlichung des Menschen (→ Mystik).

Die fünf quadratischen Kreise stellen die fünf Prosphoren dar, die im Verlaufe der Proskomidie zur Vorbereitung der eucharistischen Gaben benutzt werden. Ikonoklastischer Kuppeldekor in einer Höhlenkirche bei Göreme.

Übersicht I: Vorbereitung – Begrüßung der Ikonen und Anlegen der Gewänder

Vorgang	Bemerkungen
Priester und Diakon kommen am Sonntag um 9 Uhr in die Kirche (→ Liturgie)	9 Uhr, die Zeit, in der der Heilige Geist zu Pfingsten auf die Jünger herabkam
Sie machen 3 Verbeugungen vor der schönen Pforte nach Osten zu. Priester: Lobpreis Gottes (Segen)	Priester und Diakon sind noch in Alltagskleidung. Der Priester hat das Epitrachilion (→ Gewänder) umgelegt
Diakon: Bitte um den Heiligen Geist. Dreifaches Kyrie Eleison	Bitte um Reinigung, Vergebung der Sünden, damit Priester und Diakon vor Gott treten können
Diakon: Vater unser Priester: Lobpreisung (Doxologie). Bitte an Gott um Vergebung, an die *Gottesmutter,* das *Tor der Barmherzigkeit* zu öffnen	Priester und Diakon müssen vom Abend des Vortrages an bis zum Abschluß der Liturgie nüchtern bleiben
Priester und Diakon schreiten zu Christi Bild an der Bilderwand rechts von der schönen Pforte, verneigen sich tief, küssen es Der Priester: »Vor Deinem allerreinsten Bilde fallen wir nieder, o Gütiger, bittend um die Vergebung unserer Sünden, Christus, Gott. Denn freiwillig wolltest Du im Fleische das Kreuz besteigen, um die, die Du erschaffen hast, zu erlösen aus der Knechtschaft des Widersachers ...« Sie verneigen sich vor dem Bild der Gottesmutter, küssen es	Bild und Wort sind gleichrangige Verkündigungsmittel. Was dem Bild an Verehrung zuteil wird, geht über auf das Abgebildete – auf Christus und die Gottesmutter. Die Einbeziehung der Bilder in den vorbereitenden Abschnitt des Gottesdienstes drückt aus ☆ die Wichtigkeit der Bilder für den orthodoxen Ritus, ☆ die an erster Stelle christologische und an zweiter mariologische Ausrichtung des Gottesdienstes wie der Bildprogramme der Kirchen (→ Bild) Darstellung der Freiwilligkeit der Kreuzbesteigung (→ Passionszyklus)
Der Priester: »Die Du Quelle des Erbarmens bist, Gottesgebärerin, würdige uns Deines Mitleides ...«	Abbildung Marias als → lebensspendende Quelle
Beide verbeugen sich vor der schönen Pforte. Der Priester: »O Herr, sende Deine Hand herab aus Deiner heiligen Wohnung und stärke mich, daß ich ohne gerichtet zu werden vor Deinem furchtbaren Throne stehe und das unblutige Opfer darbringe.«	Der Altar wird während des Gottesdienstes zum überhimmlischen Altar und Thron Gottes. Der Priester, zu ihm emporgehoben, vollzieht, umgeben von Engeln, seinen Dienst. Er müßte vor der Herrlichkeit Gottes vergehen, wenn dieser selbst ihn nicht stärkte und schützte
Beide verneigen sich, um Vergebung bittend, nach beiden Seiten gegeneinander, zur Gemeinde und zum Altarraum, und beten: »Ich will eingehen in Dein Haus und mich niederwerfen vor Deinem heiligen Tempel in Furcht vor Dir.« Ps. 5, 8–13	Die Verneigungen von Priester und Diakon in alle Richtungen der Windrose unterstreichen den pankosmischen Hintergrund des Ritus. Der Einzelne, die gesamte Menschheit und Gott sollen zu einer großen Gemeinschaft werden
Das Anlegen der liturgischen Gewänder: Priester und Diakon betreten durch die nördliche Tür den Altarraum, verneigen sich dreimal vor dem heiligen Altar, küssen das Evangeliar, den Altar selbst, legen der Reihe nach die liturgischen Gewänder an	Jedes → Gewand hat eine spezielle symbolische Bedeutung. Beim Anlegen wird jeweils ein Zitat aus dem AT (Psalmen) gebetet
Priester und Diakon waschen sich die Hände: »Ich will waschen unter den Unschuldigen meine Hände und umschreiten Deinen Altar ...« Ps. 26 (25), 6–12	Kultische Reinigung der Hände, bevor das *Heiligste des Heiligen,* der Leib Christi, angefaßt wird

Übersicht II (Fortsetzung): **Proskomidie – Darbringung und Zurüstung der Eucharistie**

Handlung	Bemerkungen
Vor dem Tisch der Zurüstung in der Prothesis machen Priester und Diakon drei Verneigungen	Beginn der eigentlichen Zurüstung von Brot und Wein
Priester: »Du hast uns erlöst ... durch Dein kostbares Blut: An das Kreuz genagelt und mit einem Speer durchstochen, hast Du Unsterblichkeit für die Menschen hervorquellen lassen ...«	»Hervorquellen lassen« – Herkunft des Abendmahlsweines, wird durch das Sterben Christi zum Lebenselixier
Der Priester nimmt die erste der fünf Prosphoren mit der Linken, die heilige Lanze in die Rechte. Mit ihr schlägt er das Kreuz dreimal über der Prosphora: »Zum Gedächtnis für unsern Herrn und Gott und Heiland Jesus Christus.« Stößt dann die Lanze von oben in die rechte Seite des Siegels (rechts vom Siegel aus gesehen): »Wie ein Lamm wurde er zur Schlachtbank geführt.« Jes. 53, 7	Prosphoren sind ungesäuerte Weizenbrote, gebakken von der Frau des Priesters, ihm selbst oder von unbescholtenen jungen Mädchen. Die beiden Teile, der untere größere und der obere kleine mit dem Siegel (dem Stempelabdruck) symbolisieren die zwei Naturen Christi, die göttliche und die menschliche. Für die Proskomidie und damit fürs Abendmahl werden fünf Prosphoren benötigt: Christus speiste die 5000 mit fünf Broten (→ Speisewunder), fünf Hauptpunkte hat das → Kreuz sowie der gesamte Kosmos (→ Zahl 5)
Der Priester stößt die Lanze in die linke Seite (vom Lamm aus gesehen): »Und wie ein unschuldiges Lamm verstummt vor seinem Scherer, so tat es seinen Mund nicht auf.« Jes. 53, 7. Stößt sie in den oberen Teil: »In seiner Erniedrigung war sein Gericht aufgehoben.« Jes. 53, 8. Stößt sie dann in den unteren Teil des Siegels: »Wer könnte von seiner Herkunft wissen?« Jes. 53, 8. Der Diakon hält sein Orarion in der Hand, sagt bei jedem Schnitt: »Lasset uns beten.«	Nur das Lamm der ersten Prosphora wird in den Leib Christi verwandelt. Den vier anderen Prosphoren werden Partikel, die Teile der Menschheit verkörpern, entnommen. Die Prosphorenreste – es bleibt eine Menge übrig – bleiben ungeweiht und werden als »*Antidoron*« nach dem eucharistischen Gottesdienst an die Gläubigen verteilt, auch an die, die das Abendmahl nicht empfangen haben (→ Brot). Die Partikel der ersten Prosphore werden später in den Wein gegeben und mit einem Löffel an die Teilnehmer der Eucharistie verteilt
Diakon: »Hebe auf (heraus), Herr!« Der Priester stößt die Lanze von unten in die linke Seite der Prosphora und hebt das Lamm heraus: »Denn sein Leben wird von der Erde hinweggenommen.« Jes. 52, 8. Er legt das Lamm mit dem Siegel nach unten auf den Diskos	Das Herausheben symbolisiert die Geburt Christi aus der Jungfrau, die Ankunft des göttlichen Logos in der Welt. Die zu opfernden Prosphorenpartikelchen werden auf dem Diskos (→ Altar) angeordnet. Er repräsentiert gleichzeitig die Weihnachtskrippe und das Grab Christi (→ Geburt Christi)
Diakon: »Schlachte, Herr!« Der Priester schneidet das Lamm von unten her kreuzweise, entsprechend der Kreuzteilung des Siegels, ohne die Kruste zu verletzen: »Geschlachtet wird das Lamm Gottes, das da trägt die Sünde der Welt.« Joh. 1, 29. Er wendet das Lamm um. Das Siegel zeigt nach oben	Praktisch gesehen, ermöglicht das Vorschneiden später beim Abendmahl die Zerteilung des Lammes in vier Stücke, symbolisch weist es auf das Schlachten des Lammes Christi hin. Die vier Schnitte entsprechen den vier Wunden Christi un Händen und Füßen
Diakon: »Durchbohre, Herr!« Der Priester stößt die Lanze in die rechte Seite des Siegels (vom Lamm aus gesehen): »Einer von den Kriegern öffnete seine Seite mit einer Lanze, und sofort kam Blut und Wasser heraus ...« Joh. 19, 34–35 Der Diakon bringt Wein, vermengt mit etwas Wasser: »Segne die heilige Vereinigung, Herr!« Dann gibt der Diakon die Mischung in den Kelch	Symbolisch wird Christus die fünfte Wunde, der Lanzenstich in die Seite, unmittelbar nach seinem Ableben beigefügt. Auf den meisten Darstellungen der → Kreuzigung quillt ein roter und ein weißer Strahl – Blut und Wasser – aus Christi Seitenwunde

Übersicht II (Fortsetzung): **Proskomidie – Darbringung und Zurüstung der Eucharistie**

Handlung	Bemerkungen
Der Priester entnimmt der zweiten Prosphora ein Dreieck: »Zu Ehren und zum Gedächtnis unserer hochverehrten und ruhmreichen Herrin, der Gottesgebärerin und Immerjungfrau Maria; durch ihre Fürbitte, o Herr, nimm dieses Opfer auf Deinem heiligen Altar an.« Legt das Teilchen auf die vom Lamm aus rechte Seite des Diskos. Aus der dritten Prosphora holt er neun Partikel für die »neun Ordnungen, die die Brücke darstellen zwischen Himmel und Erde«, legt sie gegenüber. Aus der vierten Prosphora werden kleine Krümelchen für die lebende Priesterschaft und alle Lebendigen geholt. Die fünfte Prosphora liefert Gedenkpartikel für die Stifter der Kirche, für alle Verstorbenen: »Und (gedenke, Herr) aller unserer Väter und Brüder, die in Hoffnung der Auferstehung, des ewigen Lebens und der Gemeinschaft mit Dir entschlafen sind ...« Der Priester entnimmt noch einmal der vierten Prosphora ein Stückchen: »Gedenke, Herr, auch meiner Unwürdigkeit und vergib mir alle meine vorsätzlichen und unvorsätzlichen Sünden.«	Das »Lamm« ist, da es ein Kreuz trägt, und wie das Kirchengebäude auf die vier Himmelsrichtungen ausgerichtet wird, gleichzeitig das kreuzförmige Gerüst, das das Weltenall, bestehend aus der sichtbaren und unsichtbaren Welt, symbolisiert durch das Rund des Diskos (Erdkreis), trägt und hält. Das Diskosrund mit dem Siegelkreuz ist ein Kosmogramm: es faßt alles Existierende zusammen – angefangen vom Himmelsherrscher Christus Gott, über die Gottesgebärerin als die Tür, die Gott den Zutritt zur Welt und den Menschen den Zutritt zum Himmel ermöglicht, über den Hierarchien der neun Ordnungen, der unsichtbaren und sichtbaren Kräfte, die abgestuft zwischen Gott und den Einzelnen eingeschaltet sind, bis herab zu jedem einzelnen Menschen, bis hinab in die Totenwelt. Das mikrokosmische Modell aus Brot als dem Leib Christi greift dem endgültigen Zustand der Glückseligkeit vor, da alle Menschen eins sein werden, untereinander und mit Gott
Mit einem Schwammstück (→ Altar) schiebt der Priester die Brotteilchen unterhalb des Lammes zusammen	Die »*Mousa*« ist der Essigschwamm, mit dem Christus am Kreuz getränkt wurde
Beräucherung und Verhüllung: Der Diakon bereitet das Weihrauchfaß vor: »Segne, Herr, den Weihrauch! Laßt uns beten zum Herrn!« Priester: »Weihrauch bringen wir Dir dar, Christus, unser Gott, zum Dufte geistigen Wohlgeruchs, nimm ihn an auf Deinem überhimmlischen Altar und sende dafür herab die Gnade Deines allheiligen Geistes.« Diakon: »Lasset uns beten zum Herrn!«	Weihrauch ist ein Gebet aus duftendem Harz. Die Bitte für den Weihrauch, den Heiligen Geist herabzusenden, erklärt sich aus der symbolischen Deutung: Das Weihrauchfaß ist die Menschheit Christi, das Feuer die Gottheit, der duftende Rauch entspricht dem dem Kommen des Heiligen Geistes vorausgehenden Wohlgeruch (Liturgiekommentar des Patriarchen Germanos, Anfang 8. Jh.)
Der Priester beräuchert den *Asteriskos,* stellt ihn über das Brot und den *Diskos:* »Und der Stern stand über dem Ort, da das Kind war. »Matth. 2, 9. Diakon: »Laßt uns beten zum Herrn.« Der Priester beräuchert das erste Velum, bedeckt damit den *Diskos:* »... umkleidet hat sich der Herr mit Macht und umgürtet, denn festgegründet hat er die Welt, sie wird nicht wanken. Bereitet ist Dein Thron von Anbeginn, von Ewigkeit her bist Du ...« Ps. 93 (92) Diakon: »Laßt uns beten zum Herrn.« Der Priester beräuchert das zweite Velum, bedeckt den Kelch: »Es bedecken die Himmel Deine Tugend, Christus ...« nach Hab. 3, 3. Aufgefordert vom Diakon beräuchert der Priester den Aer, bedeckt damit Diskos und Kelch: »Bedecke uns mit dem Schutz Deiner Flügel ...« Ps. 17 (16), 86	Der *Asteriskos* (*das Sternchen,* → Altar) hat dafür zu sorgen, daß bei der Abdeckung des *Diskos* die Partikelchen nicht durcheinandergeraten. Symbolisch bedeutet er den Stern von Bethlehem über dem Kind in der *Krippe* (= *Siegel;* = *Lamm*), der Diskos repräsentiert *die Krippe.* Die *Vela,* die verschiedenen Tücher, mit denen die Gaben abgedeckt werden, sind gleichzeitig die *Windeln des Christuskindes* und die *Leichentücher Christi.* In Weihnachten ist schon die Passion (→ Geburt Christi) und in der Passion ist Weihnachten enthalten. Das große *Velum* heißt *Aer* – »Atmosphäre«, »Luft«

Übersicht II (Fortsetzung): **Proskomidie – Darbringung und Zurüstung der Eucharistie**	
Handlung	Bemerkungen
Beräucherung des Rüsttisches und Verneigungen davor. Priesterliches Gebet der Darbringung: »Gott, unser Gott, der Du das himmlische Brot, die Nahrung der ganzen Welt, unserm Herrn und Gott Jesus Christus als Heiland, Erlöser und Wohltäter, der uns segnet und heilig macht, gesandt hast, segne selbst diese Darbringung und nimm sie an auf Deinem überhimmlischen Altar.« Weitere Segensformeln. Der Diakon übernimmt das Weihrauchfaß und beräuchert betend und psalmodierend den Rüsttisch, den Altar, die gesamte Kirche, nochmals den Altar und den Priester. Beide stellen sich vor den Altar, bitten um Reinigung. Der Priester küßt das Evangeliar auf dem Altar, der Diakon den Altar. Der Diakon neigt sich vor dem Priester, hält das Orarion mit drei Fingern in die Höhe: »Es ist Zeit, dem Herrn zu dienen! Segne, Gebieter!« Der Priester bekreuzigt den Diakon und betet für ihn	In den Lobgesängen und in dem Darbringungsgebet fällt das Wort »*Erde*« und »*Welt*«, bezogen auf den Diskos und das Brot, auf. Es unterstreicht den kosmologischen Charakter dieser Kulthandlung. Die orthodoxe Kirche rückt, im Gegensatz zur protestantischen, nicht die individuelle Erlösung des Einzelnen in den Vordergrund, sondern die Vergöttlichung des gesamten Kosmos. Der Adressat des Opfers der Proskomidie ist der überhimmlische Altar, vor den der Priester zu treten hat. Das Geschehen vollzieht sich eigentlich in der unsichtbaren Welt der körperlosen Mächte – deshalb wird der Ritus im Adyton, dem für den normalen Sterblichen unzugänglichen Bereich der Kirche, vollzogen
Der Diakon verläßt den Altarraum und stellt sich vor die verschlossene schöne Pforte: »Herr, öffne meine Lippen und meinen Mund, damit wir Deinen Ruhm verkünden!« Die → Liturgie der Katechumenen beginnt	Der Diakon muß das Adyton durch die nördliche Tür verlassen. Die schöne Pforte bleibt bis zum Höhepunkt in der Liturgie der Katechumenen, dem kleinen Einzug, geschlossen

Stempel für die Prosphora, das eucharistische Brot. Auf dem senkrechten Kreuzesarm dreimal übereinander die Abkürzung: »*Jesus Christus siege*«. Links die Buchstabenkombination *MA (Maria)*, rechts neun Dreiecke, die die jeweils neun Ordnungen der → himmlischen und kirchlichen Hierarchie symbolisieren.

Das Siegel (das Stempelmittelstück) der ersten Prosphora wird als Amnos, Christus als das Lamm Gottes, vom Priester mit vier Schnitten herausgelöst und geopfert.

Übersicht II (Fortsetzung): **Proskomidie – Darbringung und Zurüstung der Eucharistie**

Handlung	Bemerkungen
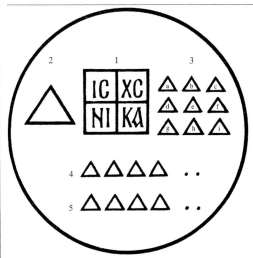 *Diskos als Kosmos mit allen Gliedern der unsichtbaren und der sichtbaren Welt in der Gestalt von Prosphorenstückchen:* *1. Der Leib Christi.* *2. Die Gottesmutter: Dreieckspartikel (Dreieck war im hellenistischen Griechentum Symbol des Weiblichen).*	*3. Die neun Ordnungen der himmlischen und der kirchlichen Hierarchie:* *a) Michael, Gabriel und alle himmlischen unkörperlichen Mächte.* *b) Johannes der Täufer, die Propheten Mose, Aaron, David, Jesaia, die Jünglinge im Feuerofen und alle anderen Propheten.* *c) Petrus, Paulus und die anderen Apostel.* *d) die Kirchenväter, darunter die Liturgen Basilius, Gregor von Nazianz, Johannes Chrysostomos, Athanasios, Kyrill und Nikolaos.* *e) Erzmärtyrer Stephanus und alle Märtyrer und Märtyrerinnen.* *f) Antonius und alle Mönche und Nonnen.* *g) die Wohltäter Kosmas und Damian und alle Uneigennützigen.* *h) Joachim und Anna (Großeltern Christi), die Namensheiligen der Kirche und die Tagesheiligen.* *i) der Patriarch.* *4. Die Priesterschaft, das Land und sein Volk. Alle Lebenden, derer zu gedenken ist.* *5. Stifter der Kirche, Bischof, der den Zelebrierenden geweiht hat, alle Verstorbenen, derer zu gedenken ist.*

Auf die Proskomidie hinweisende Darstellungen und Symbole

☆ Die neun Ordnungen (→ Himmlische und kirchliche Hierarchie) sind im bildlichen Gesamtprogramm der Kirche ab spätbyz. Zeit gegenwärtig.

☆ Das Sphrajisma – das Siegel, das der Priester als Lamm aus der Prosphora heraustrennt – mit dem Kreuz und der Inschrift »Jesus Christus siege« ist als Heilszeichen an Brunnen, an Kreuzmotiven zur Dämonenabwehr in Klöstern, über den Türen von Häusern und von Mühlen angebracht. Erzengel halten eine Kosmoskugel mit diesem Zeichen in der Hand.

☆ Kreuzsymbole mit fünf Punkten oder ein Kreuz mit vier Punkten zwischen den Armen sind als Kosmogramme wie als vereinfachte Prosphorenstempel – die Schrift ist durch Punkte ersetzt – zu verstehen (→ Brot, → Kreuz, → Nimbus).

☆ Abbildungen von Altartüchern mit Broten finden sich in den Prothesisnischen mittelbyz.

Höhlenkirchen Kappadokiens (→ Mandylion). Ein drastisches spätbyz. Bild in einer serbischen Prothesisnische zeigt ein Christuskind, bedeckt mit einem Velum, in einem Diskos als Krippe liegend, befächelt von zwei rhipidientragenden Engeln (Serbien, Studeniza, 1313–1314).

Regenbogen
Η ΙΡΙC / ΤΟ ΔΟΞΑΡΙ
I íris / to doxári

Nimbus mit mehrfarbigem Rand umgibt Christus als Halbfigur (→ Pantokrator) oder in ganzer Figur (→ Endgericht, → Himmelfahrt). Häufig ist in den Kreis ein weiteres Regenbogensegment als Sitz für den Allherrscher gestellt. Über die göttlichen Personen vorbehaltene Lichterscheinung sagt Jahwe:

»Meinen Bogen habe ich gesetzt in die Wolken, der soll das Zeichen sein des Bundes zwischen mir und der Erde.« *1. Mose 9, 13*

Den Regenbogennimbus erwähnt → Hesekiel in seiner Gottesvision, der Apokalyptiker Johannes greift das Bild auf:

»... und der darauf saß, war anzusehen wie der Edelstein Jaspis und Sardonyx; und ein Regenbogen war um den Stuhl herum...« *Offbg. 4, 3*

Christus Pantokrator im Regenbogennimbus. Kreuzkuppelkirche von Daphni bei Athen, Ende 11. Jh.?

Die byz. Regenbogennimben verweisen auf den neuen Bund des NT zwischen Gott und den Menschen, der durch Christus begründet wurde. Seine drei Farben sind Hinweis auf die Trinität.

Die Gesamtheit aller Farben im Regenbogen unterstreicht, wie die Form des Kreises, die göttliche Vollkommenheit. Eine Parallele aus Asien dazu: In Bali wird Siwa, dem höchsten Gott zwischen den vier verschiedenfarbigen Richtungsgottheiten, die Fünffarbigkeit (Pancawarna) des Regenbogens zugeordnet.

Reiterheilige

→ Demetrios, → Georg

Salomon

Ο ΣΟΛΟΜΩΝ
O Solomón

König Israels (970–931), Prophetenfürst wie sein Vater → David; beide herrschten nach dem AT mythische 40 Jahre (→ Zahl 40). Salomon festigte seine Herrschaft in blutigen Auseinandersetzungen um die Nachfolge, sicherte sich gegenüber Ägypten durch Heirat einer Pharaonentochter ab, errichtete den ersten Tempel zu Jerusalem. Berühmt für seine Weisheit: er gilt als Autor der Bücher »Sprüche«, »Prediger« und »Hohes Lied« (im hebräischen AT), der »*Weisheit Salomonis*« (im griech. AT) und der apokryphen *Psalmen Salomonis* (2. bis 1. vorchristliches Jh.).

Braut und Bräutigam in der ausdrucksvollen Liebeslyrik des »Hohen Liedes« gelten den Christen als Typus Christi und Marias bzw. der Kirche. Nach dem AT verfügte Salomon über 700 Frauen und 300 Mätressen.

Der Prophetenfürst Salomon. Elmali Kilise, Göreme, Kappadokien, 12. Jh.?

Die sphinxhafte Königin von Saba, wohl die Herrscherin eines südarabischen Stammes im heutigen Jemen, hatte von der Weisheit Salomons gehört, besuchte Salomon, um ihm Rätsel aufzugeben. Sie brachte ihm Spezereien, Gold und Edelsteine (1. Kön. 10, 2; 2. Chron. 9, 1), gilt als Typus der *Weisen aus dem Morgenland*.

Im Spätjudentum und nach dem Koran glaubte man sie von einem bösen Geist besessen, mit dem Salomon, Herr der Geister, kämpfte (die Königin mit dämonischem Klumpfuß: Fußbodenmosaik im Dom zu Otranto, Apulien, 1163/65). Nach äthiopischer Überlieferung hatte sie von Salomon einen Sohn, Menelek, Gründer der äthiopischen Kaiserdynastie.

Salomon ist Prototyp der *göttlichen Weisheit* (→ *Sophia*), auch Typus *Christi*. Jung und bartlos im Königsornat dargestellt, oft mit David, auch mit Textband: »*Die Weisheit hat sich ihr Haus gebaut.*« *Sprüche 9, 2*

Vereinzelte Szenen:

☆ Als Kind wird er vor seinem auf einem Thron sitzenden Vater David von einem Priester mit Ölhorn gesalbt – Hinweis auf Christus als den »*Gesalbten Gottes«*.

☆ Ein Buch in der Hand, läßt er den → Tempel bauen, Typus der Gottesmutter.

Jüdischen Traditionen folgend, wird der weise »Suleiman« im Koran erwähnt als großer Zauberer, der Herr der Geister und des Windes, als Magier, der die Sprache der Vögel versteht (27. Sure 16ff.; 34. Sure 10ff.).

Schatten

H CKIA
I skiá

Bezeichnung des Typus des verschwommenen mehrdeutigen Vorbildes im AT für neutestamentliche Heilspersonen und Heilsereignisse.

Schattenlosigkeit der byzantinischen Kunst

Auf frühchristl. und byz. Bildern kommen leichte Schattierungen, nie aber ein Schattenwurf vor. Die heiligen, bereits vergöttlichten Wesenheiten strahlen selbst Licht aus (Christus der → Verklärung) oder widerstrahlen das göttliche Licht (→ Himmlische und kirchliche Hierarchie). Böse Mächte werfen keine Schatten, sind selbst welche, erscheinen als gefallene Engel (→ Teufel) lichtlos und schwarz.

Gegensätzliche Bewertung von Schatten im Neuen Testament

Im AT und NT wird der Schatten sowohl negativ wie positiv gewertet: »*Schatten des Todes*« ist gottferne Finsternis (*Matth. 4, 16* wird *Jes. 9, 1* zitiert), der Schatten des Himmelsbaumes (*Mark. 4, 32*) wohltuender Schutz vor der stechenden Sonne – nach dem Vorbild der schattenspendenden Bäume (→ Lebensbaum) im AT (*Jon. 4, 6*). Der Schatten des unsichtbaren Gottes wird wirksam als Schutz oder göttliche Kraft (*Psalm 17, 8; 91, 1; Matth. 17, 5*). Die Kraft Gottes, die die Gottesmutter überschattet, bewirkt die Zeugung des Gottessohnes (*Luk. 1, 35*). Im NT ist unmißverständlich die typologische Deutung von Erscheinungen aus dem AT als verhüllter Hinweis auf Heilsgüter, die erst durch das Auftreten Christi deutlich sichtbar werden, angelegt:

»Das Gesetz nämlich hat einen Schatten der künftigen guten Dinge, nicht aber das wirkliche Bild der Dinge selbst ...« *Hebr. 10, 1* (auch *8, 5; Kol. 2, 17*)

Schatten als Metapher des Vorläufigen

Schatten wird als unvollkommenes Abbild eines Urbildes verstanden. Platons Höhlengleichnis zufolge reichen die menschlichen Sinne lediglich dazu aus, auf einer Höhlenrückwand die Schatten wahrzunehmen, die die im Höhleneingang erscheinenden eigentlichen Dinge, die Ideen, werfen. Die Kirchenväter verstehen unter Schatten verhüllte Andeutungen im AT. Das Verhältnis des Schattens zu dem, was er andeutet, entspricht dem eines Symbols zum Symbolisierten.

»Der Gottesvorvater David tanzte vor der schattenförmigen Bundeslade, doch das heilige Volk Gottes, das Herauskommen der Symbole schauend, wir freuen uns voller Gottesbegeisterung, weil Christus als Allmächtiger auferstanden ist.« Osterliturgie

Die Bundeslade wird, weil sie in Form der Thoratafeln das Allerheiligste enthält, als andeutendes Bild der Gottesmutter mit Gott in sich verstanden. Das Wort »*schattenförmig*« ist durch »*typologisch*« zu ersetzen. → Ephraim der Syrer verwendet die Bezeichnung Typus für bildhaft-symbolische Hinweise aus dem AT wie auch aus der Natur (Biene Typos der Kirche). Vor 200 hat der Physiologus (Alexandrien?) in einer naturkundlichen Abhandlung Tieren, Pflanzen und Steinen (z. B. → Pelikan; → Hirsch) christologischen Hinweischarakter zugesprochen. Doch werden auch episodische Randereignisse des NT als Bilder zentraler Glaubensinhalte und → Mysterien verstanden.

Übersicht: **Die verschiedenen Arten bildlicher Entsprechungen**			
Bezeichnung	Entsprechung	Beispiel	Bemerkungen
Typos (Präfiguration, Schatten)	I Ereignis oder Person des AT ist noch andeutendes, unklares Vorausbild für ein Heilsereignis oder eine Heilsgestalt des NT	→ Jonas im Walfisch ist Typus von Tod und Auferstehung Christi, die Sintflut (→ Noah) der der Taufe	Typologische Deutungen von Ereignissen aus dem AT im Hinblick auf die Taten Christi kommen bereits im NT vor – vor allem bei Matthäus. Ephräm der Syrer spricht von Typus oder Symbol, die griech. Liturgen von Schatten. Die Variante der naturgeschichtlichen Typologie spielt eine große Rolle
	II Objekt aus dem AT (manchmal aus dem NT) ist Abbild eines himmlischen Urbildes	Der Tempel des alten Bundes ist – wie das → Kirchengebäude – ein Abbild des himmlischen Urbildes (Hebr. 9, 24)	
	III Ereignisse der Naturgeschichte – auch legendärer Art – dienen als Präfiguration für heilsgeschichtlich wichtige Tatbestände	Der → Pelikan, der sich die Seite aufreißt, um seine Kinder zu tränken, weist auf Christus hin	
Präfiguration im NT	Bestimmte Episoden der Evangelienberichte werden als mehr oder weniger verhüllte Hinweise auf zentrale Mysterien des Kultes aufgefaßt	Die Hochzeit zu Kanaa mit dem Weinwunder weist hin auf das historische Abendmahl wie auf die → Eucharistie. Die Geburtskrippe aus Stein ist Andeutung auf Christi Grab	Die → Mysterien im allgemeinen und die Eucharistie im besonderen sind das Zentrum des Glaubenslebens. Viele Ereignisse des NT werden als eine Art von Typos der Mysterien verstanden
Rituell-symbolische Entsprechung (Kultsymbol)	Liturgische Handlungen, auch der Kircheninnenraum und seine Ausstattung, verlebendigen und vergegenwärtigen Ereignisse der Heilsgeschichte	Der kleine Einzug in der → Liturgie der Katechumenen aktualisiert das Herabkommen des Logos Gottes als Jesus von Nazareth in die Welt. Der Altar wird während der Liturgie zum überhimmlischen Altar, wie ihn Jesaja geschaut	Das Drama der Liturgie im herausgehobenen Raum der Kirche läßt den Gläubigen vergangene Heilsereignisse und zukünftige Heilserwartungen in der Gegenwart des Kultes erleben
Symbol	Sichtbares Kurzzeichen, das für eine weit darüber hinausgehende unsichtbare Wirklichkeit steht	Das Lamm verkörpert Christus, mehrere Lämmer die Apostel. Das → Kreuz steht für die gesamte Erlösungslehre, den erlösten Kosmos	Nach 700 werden offiziell heilsgeschichtliche Gestalten (theoretisch) nicht mehr symbolisch, nur noch direkt dargestellt (→ Lamm, → Taube)
Symbolzahl, Symbolbuchstabe	Eine → Zahl oder ein Buchstabe (→ ABC) wird als eine Art von symbolischer Abkürzung dessen, was sie bezeichnen, verstanden	Die → Zahl 10 mit dem Buchstabenwert J ist ein Kurzzeichen für Jesus	Zahlen- und Buchstabendeutungen waren in der Antike und im Mittelalter beliebt. Ephraim der Syrer benützt für symbolisch interpretierte Zahlen den Ausdruck »Typos«

Übersicht: **Die verschiedenen Arten bildlicher Entsprechungen**

Bezeichnung	Entsprechung	Beispiel	Bemerkungen
Astronomische Entsprechungen	Objekte und Vorgänge am Himmel werden mit Ereignissen und Gestalten aus dem NT gleichgesetzt	Die Sonne ist ein Symbol Christi, die zwölf Sternbilder symbolisieren die zwölf → Apostel, der Mond die Gottesmutter	Astronomische Symbolik spielt in der frühchristl. Zeit eine wichtige Rolle, durchzieht aber auch die ostkirchliche Liturgie
Vorzeichen im täglichen Leben	Bestimmte Ereignisse weisen auf wichtige Geschehnisse der Zukunft hin	Ein Adler, der Herrscher unter den Vögeln, hat den kleinen Wasili beschattet, ein Hinweis auf seine spätere Kaiserwürde als Basilios I.	Die Byzantiner wußten sich eingebettet in ein festgelegtes Schicksal, dessen große Ereignisse – gute wie böse – sich durch Vorzeichen ankündigten
Antithetische Gegenbilder	Das böse Tun eines oder mehrerer Menschen wird dem Heilshandeln Gottes im bildhaften Vergleich gegenübergestellt	Judas läßt sich vom Glanz des Goldes blenden, für die Gläubigen jedoch erstrahlt Christus als der für die Welt Leidende	Die orthodoxe Liturgie ist weitgehend auf Antithesen aufgebaut – was ihren poetischen Reiz ausmacht
Personifikation	Länder oder Städte werden als Frauengestalten, Meere oder Flüsse als Männer dargestellt	Frühchristl. und später: Der Jordan erscheint als Flußgott. Mittelbyz.: Ägypten, Jerusalem werden als Frauengestalten personifiziert!	Die Personifikationen sind ein schwacher Abglanz der antiken Vorstellung, daß Städte, Länder und Landschaften göttl. Wesen seien, und damit menschengestaltig wie die antiken Götter
Allegorische Personifikation	Abstrakte Begriffe werden als Personen dargestellt	Seit der Frühzeit werden Synagoge und Ekklesia als Frauengestalten abgebildet. In nachbyz. Zeit erscheinen in der Liturgie genannte Gemütsregungen (Freude, Jubel) als engelähnliche Gestalten (→ Ostern)	Die Allegorese von abstrakten Begriffen ist im Gegensatz zum Westen im byz. Raum nicht sehr verbreitet

Schiff

ΤΟ ΚΑΡΑΒΙ / Η ΝΑΥΣ
To karávi / i naws

Seit frühchristl. Zeit Symbol der Kirche, als der *Arche*, die die Gläubigen rettet.
Ursachen dafür sind m. E.:

☆ Die Lautähnlichkeit zwischen »naos« (zentraler Tempelraum) und »naws« (Schiff).
☆ Die Vorstellung des von Christus gesteuerten Schiffes zum Leben, als Gegenbild zum von → Charon gesteuerten Totenschiff.
Segelschiffe sind wegen ihrer kreuzförmigen Takelung im Regelfall Hinweise auf die Kirche.

Schlange

Ο ΟΦΙΣ / ΤΟ ΦΙΔΙ
O ófis / to fídi

Die Reaktion des Menschen auf das Erscheinen von Schlangen ist ähnlich der auf Göttererscheinungen – er zittert vor Furcht (tremendum), er wird fasziniert (fascinosum).

Die Schlange, abstoßend wie sexuell anziehend, wird ihrer Form wegen als Penissymbol gesehen, repräsentiert zugleich verführerische Weiblichkeit (falsche Schlange) – weswegen modische Accessoires mit hohem feminin-erotischem Symbolwert – Schuhe, Gürtel, Handtasche – gerne aus Schlangen- oder Krokodilhaut (→ Drache) gefertigt werden. AT und NT bewerten die Schlange teils negativ, teils positiv.

Ursachen für die zwiespältigen Empfindungen gegenüber der Schlange

☆ Erscheinung und kriechende Fortbewegung. Die Musterzeichnung auf dem Rücken irritiert beim Schlängeln das Auge durch ein moiréeartiges Flimmern – beunruhigend und erregend.

☆ Herkunft auf Erdentiefe oder Wasser – Aufenthaltsorte der Totenseelen. Schlangen – auch andere Reptilien – werden in vielen Kulturen als Ahnen verehrt.

☆ Häutung – gedeutet als Verjüngungsprozeß bzw. Wiedergeburt. Die Schlange besitzt das ewige Leben, hat es dem Menschen entwendet: Im Paradies bringt sie → Adam und Eva mit List darum, im Gilgamesch-Epos stiehlt sie dem Heros Utnapischtim das mühsam errungene Kraut des Lebens. Nach einem Mythenmotiv (verbreitet in Afrika – z. B. Kongo, Sierra Leone – und in Ozeanien), hat sie die vom höchsten Wesen dem Menschen zugedachte Verjüngungs-Wechselhäute entwendet.

☆ Giftigkeit vieler Arten: Sie bringt Tod und – was umbringt, kann auch retten – zugleich Leben. In Spirituosen eingelegte Schlangen dienen in Ostasien als Heilmittel. Asklepios (Äskulap) erscheint als Schlange, der dem Äskulapstab ähnelnde Schlangenstab Moses' heilt die von Schlangen Gebissenen (*4. Mose 21*).

☆ Fähigkeit, mit ihrem Körper die ideale Form des Kreises zu bilden. Als Verkörperung von Urozean und Chaos umringt eine riesige Schlange den Weltkreis (→ Drachen).

☆ Hinabwürgen der Beute, ohne sie zu zerkleinern. Macht sie zur Repräsentantin des Urozeans (Schlange im Jordan in → Taufe Christi), dessen Flut (Sintflut!) den Kosmos zu verschlingen droht.

Die Sicht der Schlange im Alten und Neuen Testament

Positive Wertung im AT:
Aaron beeindruckt den Pharao mit seinem Stab, den er in eine zischende Schlange verwandelt, beschwört damit die verschiedenen Plagen auf Ägypten herab.

Jahwe sendet zur Strafe gegen die murrenden Kinder Israels in der Wüste feurige Schlangen aus *(4. Mose 21)*. → Moses richtet eine Standarte aus einer ehernen Schlange an einem Stab auf (bereits im NT *Joh. 3, 14* als Typus des Gekreuzigten verstanden). Wer von den tödlich Gebissenen darauf blickte, blieb am Leben (→ Drache). Eine eherne Schlange wurde im salomonischen Tempel aufbewahrt, bis sie König Hiskia (719–691) entfernte *(2. Kön. 18, 4)* – Restspuren eines frühisraelitischen Schlangenkultes: Die feurigen Schlangen *Seraphim* (von *Saraf* = *brennen*) heißen genauso wie die himmlischen Flügelwesen (→ Jesaias; *Jes. 6, 2*) um den Thron Gottes.

Negative Wertung:
Die Paradiesesschlange *1. Mose 3* ist das absolut widergöttliche Prinzip, wird in der apokryphen Schrift »*Leben Adams und Evas*« (1. Jh. v. Chr.) als *Satan* bezeichnet.

In einer voralttestamentlichen Phase der jüdischen Religion war das negative Prinzip des Chaos und der Totenwelt, repräsentiert durch Schlange/Drachen, mit dem göttlichen guten Prinzip vereint. Später fiel die Satansschlange aus dem göttlichen All heraus, wurde dadurch zu dem Bösen (der Mythos vom Engelssturz → Teufel).

Im NT erwähnt Jesus selbst die Schlange siebenmal, zweimal im positiven Sinne. In der Apokalypse ist Schlange Beiname des Satansdrachen.

Identität von Schlange und Drache in der byzantinischen Kunst

Die byz. Kunst kennt die eherne Schlange (→ Moses) und die Schlange des Paradieses (nach spätjüdischer Tradition eine Frauengestalt namens Lilith (= Dämonenfrau), in der westlichen Kunst wird die Schlange oft mit Frauenkopf wiedergegeben). Ansonsten wird kein Unterschied zwischen Schlange und → Drache gemacht (→ Apokalypse, → Demetrios, → Georg, → Teufel). Häufig werden Schlangen als Verkörperung von Hölle und Tod auf postbyz. Reliefs in der Mani dargestellt.
Die Türken bezeichnen christliche Höhlenkirchen, in denen ein Reiterheiliger einen Dra-

Postbyzantinische Reliefs mit Schlangen aus der inneren Mani.
Oben: Sündenfall: Adam und Eva vor dem Baum der Erkenntnis mit der Schlange, darüber Gott. Dargestellt ist also sowohl das gute wie das böse Prinzip, zwischen denen der Mensch sich zu entscheiden hat. Nordportal der Hauptkirche von Chimara.
Unten: Linke Seite eines axialsymmetrischen Reliefs, symbolisiert den Himmel (Engel mit Krone) und die Hölle (zweiköpfige Schlangen). Südportal der gleichen Kirche.

chen tötet (Göreme) oder große Würmer Unglückliche zerfressen (Ihlara), als *Yilanli Kilise (= Kirche mit den Schlangen).*

Seraphim
ΤΑ ΣΕΡΑΦΕΙΜ
Ta Seraphím

Sechsflügelwesen um den Thron Gottes, bekannt aus der Berufungsvision des *Jes. (6, 1–8).* In bildlichen Darstellungen nicht immer von → Cherubim zu unterscheiden (→ Engel; → Himmlische und kirchliche Hierarchie; → Jesaias; → Schlange).

Simson
Ο ΣΑΜΨΩΝ
O Sampsón

Der »alttestamentliche Herakles« *(Richt. 13–16),* mythischer Sonnenheros (sein Name wird von *Schemesch = Sonne* abgeleitet), regte Darstellungen des Heros an, der mit bloßen Händen einen → Löwen erwürgt: Simson ist Typus Christi, der den Löwen als Repräsentanten des Teufels oder der Hölle überwindet:

»... Und Euer Widersacher, der Teufel, gehet umher wie ein brüllender Löwe und suchet, welchen er verschlinge.« *1. Petr. 5, 8*

Die Löwentöterszene wird auf die Hadesfahrt Christi (→ Ostern) bezogen.

Weitaus seltener wird dargestellt die Verkündigung der Geburt des Simson an Manue und seine Frau – Typus der → Verkündigung Mariä: vor den beiden knienden Alten steigt der Erzengel Michael in der Flamme eines Brandopfers zum Himmel empor.

Sonne

Christus als Sonne → Kreuz; → Kreuzigung; → Elias; → Hase; → Pantokrator; → Apostel.

Sophia

Η ΣΟΦΙΑ
I Sophía

Ikone mit vier Frauengestalten: die gekrönte Mutter *Sophia (Weisheit)*, ihre Töchter *Glaube (Pistis), Liebe (Agapi), Hoffnung (Elpis)*. Die nach *1. Kor. 13, 13* geformten Allegorien werden im Mittelalter als unter Hadrian hingerichtete Märtyrerinnen – Gedenktag 17. Dezember – angesehen (Minologion Wassilios II., Ende 10. Jh.). Nachbyz. Ikonen (Thessaloniki, Ajios Dimitrios) und Wandmalereien (Athos). Mit *Maria als Thron der Weisheit* (→ Maria) und mit den als *Ajia Sophia* bezeichneten Kirchen hat die Überlieferung nichts zu tun.

Standarte

→ Bilderfeindliche Ornamente; → Heimholung Mariä; → Ikonenwunder.

Stern

Ο ΑΣΤΗΡ / ΤΟ ΑΣΤΡΟΝ
O astír / to ástron

Im AT personenhafte Mächte im Dienst Gottes, genießen keine Verehrung. Im späten Juden- und frühen Christentum wurden Sterne vielfach mit → Engeln gleichgesetzt. Personifizierte Gestirne, Darstellungen orientalischer oder römischer Herrscher zugeordnet, unterstreichen deren Anspruch als Herren des Universums. Das frühe Christentum setzt seine Heilsgestalten und -ereignisse mit Gestirnen und astralen Vorgängen gleich (→ Apostel; → Mond). Der Orientierungswechsel weg von einem Lokalheiligtum (Tempel in Jerusalem) zu den Gestirnen (Christus = Sonne, Engel = Sterne) kennzeichnet den Übergang von einer Stammes-/National- zur Universalreligion.

Bedeutung der Sterne im Neuen Testament

☆ Geburt Christi ist Aufgang des im AT verkündeten Sternes vom Bethlehem.

☆ Mit Christi Tod erlischt die Sonne (→ Kreuzigung).

☆ Die sieben christl. Gemeinden der Apokalypse Johanni sind zugleich die sieben Sterne in der Hand des Engels, sie entsprechen dem aus sieben Planetensphären gebildeten Makrokosmos.

☆ Paulus bezeichnet die als dämonische Kräfte personifizierten Planetenstationen – Throne, Herrschaften, Fürstentümer, Mächte *(Kor. 1, 16)* – als Schöpfungen Gottes (→ Himmlische und kirchliche Hierarchie).

Die Symbolik des Sterns von Bethlehem

Achtstrahliger Kreuzstern. Chorakirche, Konstantinopel, 1315–1321.

»Der lichte Stern erstrahlte plötzlich – gegen seine Natur kleiner als die Sonne – und größer als die Sonne. Er war kleiner als sie – an sichtbarem Licht – und größer als sie – in seiner unsichtbaren Macht, dessentwegen, was er symbolisiert.« *Ephräm der Syrer »De Naviate« VI, 7*

Sechs- und achtstrahlige Sterne auf der → Anbetung der Magier, der → Geburt und → Taufe Christi, als dekorative Formen auf Wänden und in Gewölben, verkörpern Christus selbst (→ Bileam).

☆ Sechsstrahliger Stern: entspricht der verbreitetsten Form des vom Sonnenzeichen abgeleiteten Monogramms Christi (→ Kreuz). Auf einem römischen Katakombenfresko der Anbetung ist der Stern als Christusmonogramm ausgebildet.
Ephräm der Syrer spricht von sechs Richtungen der Welt, d. h. vier Himmelsrichtungen sowie oben und unten. Das legt eine kosmographische Nebenbedeutung des Sechs-Zacken-Sternes nahe.

☆ Achtstrahliger Stern: entspricht dem achtstrahligen Christusmonogramm (= Chi + Rho + Kreuz) und dem achtstrahligen Sonnenkreuz. Symbolik der → Zahl 8: Zahl der Vollkommenheit in Form des achten Himmels über dem Planetensystem, auch des achten Tages, an dem die Sieben-Tage-Schöpfung vollendet war.

Die *Achtheit* ist Symbol der *Taufe* – mit ihr wird Vollkommenheit erreicht. Deshalb erscheint das Achtgestirn bei der Taufe Christi, sind Taufbecken in frühchristl. Baptisterien achteckig. *1. Petr. 3, 20–21* bringt die acht in der Arche Noah überlebenden Menschen in Zusammenhang mit den durch die Taufe geretteten Gläubigen (Achtstern als Kosmogramm: vier Haupt- und vier Nebenhimmelsrichtungen; achtblättriger Lotos Ägyptens und Asiens; → Zahl 8).

Lichtkreuz vor Sternen – Panajia vor Sternen

In den Kuppeln frühchristl. und frühbyz. Grabbauten (Galla Placidia, Ravenna, Mitte 5. Jh.), Baptisterien (Albenga, 5. Jh.), den Apsiswölbungen von Basiliken (Sant'Apollinare in Classe, Ravenna, Mitte 6. Jh.) steht ein leuchtendes Kreuz oder Christusmonogramm vor dem gestirnten Himmel. Die Sterne kennzeichnen Kuppel bzw. Apsiswölbung als Symbol des Himmels, unterstreichen die überragende Bedeutung des sonnenhaften Zeichens Christi (→ Nimbus als kleiner Himmel).
Ein Sternenhimmel hinter der spätbyz. Gottesmutter stellt sie als Verkörperung des → Monds heraus (Fünf-Punkte-Kreuzessterne auf dem Maphorion der Gottesmutter → Maria).

Stifter
Ο ΙΔΡΥΤΗC
O Idrítis

Auftrag- und Geldgeber für den Bau einer Kirche, eines Klosters, einer Ikone, auch für Ausstattungsdetails.

Planung, Auftragsvergabe und Finanzierung von Kirchenbauten

Lebende Personen der Zeitgeschichte werden nur dargestellt als Stifter, als Kaiser bzw. Herrscher in ihrer Funktion als Überbringer einer Stiftung. Bis gegen 1000 kommen auf Stifterbildern ausschließlich Kaiser und Kaiserinnen vor. Später erscheinen (posthume) Darstellungen mönchischer Klostergründer (Osios Lukas, um 1000), ab Mitte des 13. Jh.s auch die fremder Potentaten (slavischer Balkan), unabhängiger Provinzherrscher, reich gewordener Staatsbeamter – sogar christl. Würdenträger in seldschukischen, später in osmanischen Diensten. Die früh- und mittelbyz. Zeit kennt vier Auftraggebergruppen:

☆ Die Kaiser – besonders → Konstantin und Helena, sowie Justinian I. – schufen aus eigenen Mitteln die größten und bedeutendsten Kirchen, gaben selbst die Richtlinien für die Bauausführungen.

☆ Bischöfe regten im regionalen Bereich Kirchenbauten an, entschieden über Konzeption und Detailplanung. Der Kaiser war mit beteiligt (Planungsentwürfe, Geldzuwendungen, Privilegien; die die Bautätigkeit meist erst ermöglichten).

☆ Private Spender – hohe Staatsbeamte und Verwandte des Kaisers – errichteten kleinere Anlagen – familieneigene Klöster mit zugehöriger Kirche. Die Klöster nahmen, mit kaiserlicher Gunst, Sozialaufgaben wahr.

☆ Mönche, die sich in die Einsamkeit zurückzogen, gründeten Mönchsgemeinschaften, errichteten einfache Wohngebäude und Kirchen. Ein kaiserlicher Erlaß war erforderlich, um die Anlage zum Kloster zu erheben und um Spenden sammeln zu können.

Architekten spielten nur bis in die justinianische Zeit hinein eine »namhafte« Rolle – Anthenios von Tralles und Isidor von Milet – z. B. als Erbauer der Ajia Sophia. Später übernahmen die Bischöfe die Bauplanung. Ausführende waren Lohnarbeiter, Fronarbeiter oder – vor allem in der Frühzeit – freiwillig unentgeltlich mitarbeitende Gläubige.

Der Ausführung nach zu urteilen, wurden die zwischen dem 7. und 12. Jh. gegründeten Höhlenkirchen in Kappadokien von den Mönchen und Einsiedlern selbst ausgemalt. Kurz vor der lateinischen Eroberung Konstantinopels und dann ab 1204 gelang es einigen Provinzen, Selbständigkeit zu gewinnen. Die Provinzherrscher ließen sich gerne als Stifter verewigen. Die Bedeutung reich gewordener Staatsbeamte, auf die sich der Kaiser nach der Wiedereroberung der Stadt stützen mußte, ist an deren Stiftungen abzulesen.

Im heutigen Griechenland stiftet die Landbevölkerung einzelne Ikonen oder bescheidene, übers Land verstreute Kapellen und Kirchen oder deren Ausstattung.

Stiftungen als Tribut für Christus

»Der Stifter, der Logothet, der Theodoros, der Metochitis« – Beischrift in der Portallünette der Chorakirche – fällt durch seinen orientalischen *schattenspendenden Turban (Skiadion)* und üppige Kleidung auf. Auf den Knien liegend reicht Theodoros dem thronenden Christus ein Modell seiner Kirche – Huldigung und Tributleistung zugleich. Der *Logothet (Schatzkanzler)* hatte ein Klösterchen ausbauen, die Kirche nach eigenen Vorstellungen mit Goldmosaik ausschmücken, eine *Nebenkirche (Parekklision)* als Grabstätte für sich und seine Angehörigen errichten lassen.

Grabkapellen für Stifter

Bestattungen in einer eigens für diesen Zweck gestifteten Nebenkapelle gehen auf → Konstantin zurück, der seinen eigenen Grabbau architektonisch mit der Apostelkirche verbinden ließ. In spätbyz. Zeit war die Sitte, einen

Theodoros Metochites, Stifter des Mosaikschmuckes der Chorakirche, Konstantinopel, 1315–1321.

Kapellenanbau zu stiften, in »besseren Kreisen« gang und gäbe.

Das Chora-Parekklision setzt die Hoffnung auf ein gnädiges Schicksal nach dem Tode in ein grandioses Bildprogramm um: Das Endgericht, das die Raumdecke dominiert, verliert seinen Schrecken durch die vorbildhafte Auferstehung Christi, der die Toten des AT zu sich hochzieht, wie er den verstorbenen Stifter zum Lichte emporreißen wird.

Tanz

Ο ΧΟΡΟC

O chorós

Wichtiger Bestandteil des eng mit der → Liturgie verbundenen Volksbrauchtumes.

Das NT erwähnt Reigentänze und Musik bei Hochzeitsfeiern, das AT kennt den Tanz vor oder um das Allerheiligste – wie den sprichwörtlichen *Tanz der von Jahwe abgefallenen Kinder Israels um das goldene Kalb.* → *David tanzt (2. Sam. 6, 14)* vor der Bundeslade mit den beiden, inzwischen neu gefertigten Gesetzestafeln einher, sieht dies als Tanz vor Gott an. Die apokryphen *Johannesakten* (ca. Mitte

2. Jh.) berichten (94–96) von einem Reigentanz Christi und seiner Jünger am Vorabend seiner Kreuzigung:

»Er (Christus) hieß uns eine Runde bilden, wobei wir einander an den Händen faßten, er selbst aber in der Mitte stand und sagte: Antwortet mir immer mit Amen! So begann er denn, einen Hymnus anzustimmen und zu sagen: Ehre sei Dir, Vater! Und wir drehten uns im Kreise und antworteten ihm mit Amen. Ehre sei Dir, Logos! Ehre sei Dir, Gnade! Amen! Ehre sei Dir, Geist! Ehre sei Dir, Heiliger! Ehre sei Deiner Herrlichkeit! Amen! Wir loben Dich, Vater, und wir danken Dir, Licht, in dem keinerlei Finsternis wohnt. Amen! ... Die heilge Achtzahl stimmt mit uns Psalmen an. Amen! Die zwölfte Zahl tanzt obenan im Reigen. Amen! Ihnen allen aber ist vergönnt, im Reigen obenan zu tanzen ...«

Der Tanz der Apostel-Sterne um die Christus-Sonne läßt an die sternbildhaft um das göttliche Licht kreisenden Apostel in den ravennatischen Baptisterien (5. Jh.) denken, auch an den im 13. Jh. entstandenen Orden der tanzenden Mevlevi-Derwische (in Kappadokien, dem Entstehungsgebiet der Johannesakten).

Nach dem Protevangelium (7, 3) tanzte die kleine Maria beim Tempelgang: »Und er setzte es auf die dritte Stufe des Altars, und Gott, der Herr, legte Anmut auf das Kind, und es tanzte mit seinen Füßen ...«

Frauen umtanzen einen im Freien aufgestellten Altartisch mit Ewlojia-Brot. Kirche der Panajia Tsambika, Rhodos.

Auf einer Darstellung von Christi Taufe im Jordan im Protaton (Karies, Athos, um 1300) tanzen drei Männer auf einer Brücke einen Reigentanz, in der Klosterkirche von Lesnowo (Serbien), 941–949, zehn junge Männer in einer auf dem Balkan noch heute – z. B. bei der griechischen *Sousta* – üblichen Tanzhaltung: Die Arme werden unter den Armen der Nebenmänner durchgeführt und der jeweils übernächste an die Hand genommen. Das Bild illustriert *Psalm 150,* dessen Text auch in die Schlußgesänge der Auferstehungsliturgie eingearbeitet ist:

»Tanze jetzt und jubiliere, Zion, Du Reine, Gottesgebärerin, freue Dich über die Auferstehung Deines Kindes ... Preist ihn mit dem Klang der Posaune, preist ihn mit Psalmengesängen und Zither ... Preist ihn mit Pauken und Reigentanz, preist ihn mit Saitenspielen ... Ergötze Dich, tanze und jube, Jerusalem, da Du den König Christus aus dem Grabmal hervorgehen siehst ...«

In seiner zu Ostern verlesenen katachetischen Rede ermuntert *Johannes Chrysostomos* zum Tanz:

»Reiche und Arme, tanzt miteinander!
Enthaltsame und Leichtfertige, ehret gleicherweise den Tag. Die Ihr gefastet habt und die Ihr nicht gefastet habt, jubelt heute zusammen.«

An allen Freudenfesten des Kirchenjahres, vor allem bei den *Panijires* zu Ehren des Namenspatrones einer Kirche, werden im Anschluß an den Gottesdienst vor der Kirche griech. Reigentänze getanzt.

Taube / Taubenhaus
Η ΠΕΡΙΣΤΕΡΑ / Ο ΠΕΡΙΣΤΕΡΕΩΝ
I peristerá / o peristereón

Haustier, zur Gewinnung hochwertigen Dunges und als Nahrungsmittel, als Brieftaube zur Nachrichtenübermittlung verwendet. Als Symbol Seelenvogel, Verkörperung von Schönheit, Liebe und Friedfertigkeit. Ostmediterrane Taubenhäuser sind mit bedeutungsvollen Zeichen geschmückt.

»Meine Taube in den Felsenklüften, in den Steinritzen, zeige mir Deine Gestalt, laß mich hören Deine Stimme; denn Deine Stimme ist süß, und Deine Gestalt ist lieblich.« *Hohelied Salomonis*

Bedeutung und Symbolik der Taube
»Sie kleidet sich in ihr Gewand, hüllt sich in ihre Tracht und wird so wie ein Täubchen, wie die Sonne strahlt ihr Angesicht, an Schönheit gleicht dem Mond sie.« *Tanzlied von den jonischen Inseln*

Die Taube ist Vogel der Liebe (zugeordnet der *Ischtar*, der *Aphrodite*, später der *Gottesmutter*. Sie ist auch Seelenvogel: taubengleich entweicht die Seele des Sterbenden ins Jenseits (→ Adler, → Pfau).

Zwei besonders wichtige Funktionen: Sie ist nachrichtenübermittelnde Botin. Die Ägypter und Phönizier, später die Griechen und Römer nahmen Tauben auf Schiffen mit; aus einem Luftlinienabstand bis zu 1000 km finden die Vögel zu ihrem Schlag zurück.

☆ Garantin der Fruchtbarkeit wegen ihrer Verbindung zur Liebe und zur Liebesgöttin, aber auch, weil Taubenmist als Dünger unübertrefflich ist.

Noah schickte nacheinander einen Raben und drei Tauben aus, um sich über das Absinken der Sintflut zu informieren. Die zweite Taube mit dem → Ölzweig ist Urahn aller Friedenstauben. Nach dem Friedensbund mit Gott, der das bäuerliche Jahr mit Sommer-, Wintersaat und Ernte garantierte, wurde Noah zum Prototyp des Landwirtes und Weinbauern. (In den Mythen über den Ursprung des Reisanbaues in Bali bringen die Tauben als Götterbotinnen den Reis zu den Menschen.)

Nach mosaischem Gesetz ist die Taube als Repräsentantin der Unschuld Opfertier nach einer Geburt – im Zusammenhang mit der menschlichen Fruchtbarkeit (→ Darstellung im Tempel, → Beschneidung, → Marienzyklus).

Die Taube des Heiligen Geistes

Die Geisttaube der → Taufe Christi im Jordan steht in der Tradition des Botenvogels – vermittelt zwischen Himmel und Erde, vertritt als weiblicher Vogel – alle vier Evangelien wählen die weibliche Form – den Geist, weil der in der aramäischen Muttersprache Jesu weiblich ist.

Frühchristliche und byzantinische Taubendarstellungen

Noah mit der Taube ist vom 1. Jh. an Typus der Taufe Christi, eines jeden Täuflings. Auf sie weisen auch ornamentale Wassergefäße mit Taubenpaar hin (Santa Costanza, Rom, 4. Jh.; Galla Placidia, Ravenna, Mitte 5. Jh.). In der frühen Sepulkralkunst verkörpern auf Schiffen sitzende Botentauben zugleich die

Taubenpaar flankiert Trauben und Wasserstrom – Hinweise auf Abendmahl und Taufe. Kämperkapitell aus dem 13. Jh. in der Ipopanti-Kirche, Nomitsi, äußere Mani, Peloponnes.

Seelenvögel der Verstorbenen – zurückstrebend vom tobenden Meer der Welt in die himmlische Friedensheimat. Als weiße Tauben erscheinen die zwölf Apostel oder Neugetaufte. In der byz. Kunst ist die Taube, oft mit Heiligenschein, Symbol des Heiligen Geistes, dargestellt bei der → Verkündigung Mariä (der Geist, der Maria überschattet, zeugt Christus), bei der → Taufe Christi, an → Pfingsten, auf dem → leeren Thron.

Übereinstimmende Symbolik der Taubenhausornamente auf den Kykladen und in Kappadokien

Typisches kykladisches Taubenhaus mit Lebensbaum und achtstrahligem Sonnensymbol auf Andros.

Die Einführung von Taubenhäusern auf den Kykladeninseln Andros, Tinos, Siphnos und Milos wird von der Lokaltradition den Venezianern (17. Jh.) zugeschrieben. Dagegen spricht:

☆ Die norditalienischen Taubenhäuser weisen keinerlei Ähnlichkeit mit den Kykladen-Taubenhäusern auf.

☆ Ein Märchen aus Andros bringt die Taubenzucht mit Zypern, der Insel der Aphrodite, in Verbindung und mit der Fruchtbarkeit der Felder (sie bringen den Getreideanbau).

☆ Die bevorzugten Symbole, achtstrahliger Sonnenstern (→ Stern) und Lebensbaum schmücken als Steingefüge die Taubenhäuser der Kykladen, als Malerei die Höhlen-Taubenhäuser Kappadokiens. Die islamische Bevölkerung benutzt alte, zugemauerte Wohnhöhlen und christl. Höhlenkirchen als Taubenhäuser. Den Muslims gilt die Taube als heiliger Vogel, sie hat Mohammed während seiner Flucht *(Hedschra)* beschützt.

Die Symbole sind Teil einer gemeinsamen ostmediterranen Tradition.

Rotfarbige Zeichnung vor einem Taubenhaus in einem Tal bei Göreme, Kappadokien.

Taubenhaus – Aphroditeheiligtum – Arche Noah

Die kykladischen Taubenhäuser weisen Gemeinsamkeiten auf mit dem über einem Phallusstein errichteten – von Münzbildern her bekannten – Hauptschrein der Aphrodite in Paphos auf Zypern:

☆ Schrein wie Taubenhäuser sind, bei quadratischem Grundriß, turmartig kastenförmig angelegt.

☆ Die vier Ecken der Flachbedachungen tragen hörnerartige Aufsätze – vergleichbar den vier Hörner semitischer Altäre, u. a. des Altars im Tempel zu Jerusalem. (Unbestritten weisen die semitische Ischtar und die Schaumgeborene übereinstimmende Züge auf.)

☆ Die Münzbilder zeigen Tauben, die auf dem Heiligtum sitzen. Zudem wurden in Paphos Votivtauben gefunden. (Auch eine mykenische Nachbildung eines gehörnten Kultbaues wird von zwei Tauben flankiert.)

☆ Die Münzen zeigen als Symbole der Aphrodite Sterne (einer ihrer Beinamen: Urania) – leicht als Sonnensymbole mißzuverstehen (die »Sonnen« auf den Taubenhäusern ähneln dem Sonnenmonogramm Christi).

☆ Der Kultbau wurde flankiert von zwei zypressenartigen Bäumen. Bei Festprozessionen durch die Gärten der auch für die Fruchtbarkeit zuständigen Göttin wurden ihr Bäume geweiht. Neben der Sonne erscheinen auf Taubenhäusern Lebensbäume.

Aphrodite ist allumfassend, herrscht über das Meer (»Schaumgeborene«; Wasserbecken mit Fischen auf den Münzen!), über den Himmel (Urania; Sterne) und als die große Mutter auch über die Erde.

Ihr quaderförmiger Schrein symbolisiert die Gesamtheit des Kosmos – wie das kubische Allerheiligste im Tempel zu Jerusalem, wie die Kaaba in Mekka.

Auch die Arche mit dem aus dem Meer »neugeborenen« Noah ist ein der gleichen Vorstellungswelt verpflichtetes Kosmosmodell (Quaderkasten). Noah hat mit Meer, Himmel und Erde zu tun, verfügt über die Taube als die Botin zwischen Himmel und Erde, hat als der Begründer agrarischer Kultur auch mit Fruchtbarkeit zu tun.

Gräber in der Grundform eines Taubenhauses bzw. Aphroditetempel mit je zwei aufgesetzten Seelentauben aus Ton sind auf Kos und Nisyros verbreitet. In der Mani finden sich an Kirchen zahlreiche Reliefs mit Sonnen, Bäumen und Tauben.

Taufe Christi im Jordan

Η ΒΑΠΤΗCΙC ΤΟΥ ΧΡΙCΤΟΥ
I wáptisis tou Christoú

Berufung Christi und Beginn seines Wirkens wird allsonntäglich im »kleinen Einzug« in der Liturgie nachvollzogen: Einsetzung des Mysteriums der Taufe.

Neuerschaffung der Welt zu Jahresbeginn durch die Wasserweihe

»Heute steigt die Gnade des Heiligen Geistes in Gestalt einer Taube auf die Wasser herab. Heute ist die Sonne ohne Untergang aufgegangen, und die Welt ist erhellt vom Lichte des Herrn ... Heute haben sich die Fluten des Jordan in ein Heilmittel verwandelt durch die Gegenwart des Herrn. Heute ist die gesamte Schöpfung eingetaucht in mystische Fluten. Heute werden die Vergehen der Menschen in den Wassern des Jordan hinweggespült. Heute tut sich das Paradies den Menschen auf, und die Sonne der Gerechtigkeit erstrahlt über uns ... Dir gehorcht das Licht, vor Dir entsetzen sich die Abgründe ... Du selbst, Herrscher, heilige auch jetzt dieses Wasser mit Deinem Heiligen Geist. Gib allen, die es berühren, die sich damit benetzen und die davon probieren, Heiligung, Segen, Reinigung und Gesundheit.« *Akolouthia der Wasserweihe*

Das Fest der »*Theophania*«, der Erscheinung des göttlichen Lichtes in seiner Dreiergestalt, oder des »*Photismos*«, der »*Erleuchtung*«, vom 6. Januar bildet

☆ den Abschluß des Weihnachtsfestkreises. Ursprünglich wurde an diesem Tag mit dem Tauffest zusammen die → Geburt Christi gefeiert, die Taufe verstanden als Neugeburt.

☆ den Beginn des Passions- und Osterkreises. Mit der Taufe des etwa 30jährigen Jesus beginnt seine öffentliche Wirksamkeit, die in die Passion einmündet.

Der 6. Januar ist ursprünglich der Abschluß einer auf den Jahresumbruch hin ausgerichteten Periode; Liturgie und Volksbrauchtum begehen ihn auch heute als Neujahrsfest: Zentrum ist eine Wasserweihe, die wegen ihres Bezugs zur Taufe sakramentalen Charakter (→ Mysterien) besitzt.

Am Vorabend nach dem Gottesdienst findet die »erste Segnung« statt.
Der Papas, das Kreuz in der Hand, geht durch das ganze Dorf, besprengt Häuser, Quellen und Felder mit einem in heiliges Wasser getauchten Basilikumzweig. So werden die Kallikanzeri vertrieben. Am 6. Januar folgt, im Anschluß an die Liturgie, die große Wasserweihe: Vom Taufbecken in der Vorhalle der Kirche aus zieht eine Prozession, der Papas an der Spitze, hinaus zum nächsten bedeutenden Gewässer – Meer oder Fluß. Er segnet es mit dem Kreuzeszeichen, wirft das Kreuz hinein, wobei er dreimal spricht: »*Bei Deiner Taufe im Jordan, Herr!*«

Die symbolische Wiederholung der Taufe Christi heiligt alle Gewässer. Wenn das Kreuz im Wasser verschwindet, läuten die Glocken, tuten die Schiffssirenen. Für den Moment, so glauben viele, wird das Meerwasser süß, seine Reinigungskraft verstärkt. Jungen springen ins Wasser. Wer das Kreuz erwischt, zieht mit ihm durch den Ort, wird mit Geschenken überhäuft.

Die Liturgie der *Theophanie* spielt auf die *Schöpfung* und den *Schöpfungsbericht (1. Mose 1, 2)* an, verleiht der Taufe Christi einen kosmischen Rang: sie ist Neuschöpfung der Erde, wird jedes Jahr mit der Wasserweihe wiederholt. In den zwölf Tagen zwischen Weihnachten und der Theophanie toben die Kallikanzeri durch die Gegend, sinkt die Welt zurück in das Chaos des Uranfanges, um dann am 6. Januar wieder neu zu erstehen. Typologisches Vorbild ist die Sintflutgeschichte (→ Noah, → Taube), weshalb die Taube in manchem Taufbild den Ölzweig trägt (Kallikanseri → Geburt Christi).

Das Bild der Taufe Christi – bezogen auf die Wasserweihe

»Zu der Zeit kam Jesus aus Nazareth nach Galiläa und ließ sich von Johannes im Jordan taufen. Und wie er aus dem Wasser stieg, sah er, daß sich der Himmel öffnete und daß der Geist herabkam auf ihn, wie eine Taube. Und eine Stimme erscholl vom Himmel herab und sagte: Du bist mein lieber Sohn, an dem ich Wohlgefallen habe.« *Mark. 1, 9–11, verlesen in der Liturgie am Feste Theophania*

Christus steht entblößt in einem höhlenartig aus einer Felslandschaft ausgesparten Gebilde: Dieses ist einerseits die Geburtshöhle (→ Geburt Christi), andererseits Christi Grab wie auch die Totenwelt (→ Hades, → Urozean), in die er nach der Kreuzigung hinabfährt (→ Ostern). Eine nackte, poseidonähnliche Ge-

Taufe Christi im Jordan. Daphni bei Athen, Ende 11. Jh.

stalt mit Dreizack und Schilfrohr oder Wasserkrug, durch Beischrift als »Jordan« (Symbol des Acheron: über den Jordan gehen = sterben) gekennzeichnet, fällt auf dem Grund des Wassers Jesus zu Füßen oder flieht vor ihm:

»Die Wasser sahen Dich, o Gott, und sie fürchteten sich. Der Jordan wandte sich zurück, als er das Feuer der Gottheit sah, das körperlich zu ihm kam und hinabstieg in sein Bett. Der Jordan wandte sich, als er den Heiligen Geist sah, der taubengestaltig vom Himmel herabkam und über Dir schwebte. Der Jordan machte kehrt, als er den sichtbar gewordenen Unsichtbaren sah, den fleischgewordenen Schöpfer ... Du hast auch die Fluten des Jordan geheiligt, vom Himmel herabsendend Deinen allheiligen Geist, und Du hast die Häupter der Drachen zertreten, die sich darin verbargen.« *Aus der Akolouthia der Wasserweihe*

Auf manchen späten (russischen) Ikonen erscheint der Ozean in Gestalt einer Nixe. In der Gewässerhöhle tummeln sich oft Meerestiere, manchmal flüchtet auch eine feuerspeiende Schlange oder ein → Drache: der Urozean, zugleich die Satansschlange des Paradieses, der Christus den Kopf zertreten wird *(1. Mose 3, 17)*.

Das göttliche Licht, aus dem Himmelssektor herabstrahlend, trifft Christus in dem Augenblick, in dem er durch die Totenwelt hindurchgeht – bildhafter Vorgriff auf seinen Tod und seine Auferstehung. Der Strahl enthält oft die zur Christusgeste geformte → Hand Gottes, oder er teilt sich in drei Strahlen auf.

»Als Du getauft wurdest, Herr, im Jordan, da wurde die Anbetung des dreieinigen Gottes offenbar, denn des Schöpfers Stimme bezeugte Dich und nannte Dich Deinen Sohn, und der Geist in Taubengestalt verkündete das untrügliche Wort.« *Kontakion aus der Liturgie der Theophania*

Der Heilige Geist stößt als → Taube herab (→ Pfingsten, → Lamm), → Johannes der Täufer mit verwildertem Bart und langem Haupthaar, in Felle gehüllt, steht meist zur Linken Christi, seine Rechte ruht auf Christi Haupt – so berührt der Priester den Kopf eines Täuflings. Die orthodoxe Kirche vollzieht die Taufe durch dreimaliges völliges Untertauchen. Ab mittelbyz. Zeit steht Christus bis zum Hals im Wasser, ist später auch völlig von der Wasserhülle umgeben. Bäume hinter Johannes deuten Wildnis an, eine Axt erinnert an seine Bußpredigt:

»Schon ist die Axt den Bäumen an die Wurzel gelegt. Ein Baum, der keine guten Früchte trägt, wird abgehauen und verfault.« *Matth. 3, 10*

Zwei oder mehr dienende Engel stehen mit anbetend verhüllten → Händen (zumeist) am rechten Jordanufer. Mitunter reichen sie Christus kostbar ornamentierte Kleidungsstücke, so wie die Paten die Neugetauften in neue Kleider hüllen (Athen, Daphni, Ende 11. Jh.; Göreme, Elmali Kilise, 12. Jh.). Taufszenen sind vorzugsweise an herausragender Stelle im Gewölbe als der Zwischenzone zwischen Himmel und Erde angebracht, in mittelbyz. Achtstützensystem-Kirchen in einer der vier Trompen, auf denen das Kuppelrund ruht (Chios, Nea Moni; Osios Lukas, Anfang 11. Jh.; Athen, Daphni, Ende 11. Jh.).

Taufe in den Tod – historische Entwicklung des Motivs

»Wißt Ihr nicht, daß wir, die wir in Jesus Christus getauft sind, in seinen Tod getauft sind? So sind wir ja mit ihm begraben durch die Taufe in den Tod, damit wir, genauso wie Christus, auferweckt von den Toten, durch die Herrlichkeit des Vaters auf immer in einem neuen Leben wandeln.« *Röm. 6, 3*

Christen der Frühzeit haben bisweilen ihr Lebensalter vom Zeitpunkt ihrer Taufe an gezählt. In ältesten Taufdarstellungen (Katakomben vor dem 4. Jh.) ist Christus selbst kindlich klein.

Das Taufbecken, zu durchschreitender Ort des Todes, ist

☆ entweder kreuzförmig ausgebildet. Der Täufling steigt in ein Kreuz hinein (Taufdarstellungen 3. Jh.; Taufbecken Ekatontapiliani Paros).
☆ oder achteckig als Hinweis auf die Richtungen des Kosmos. Der Urozean des Chaos soll eingefaßt und gebändigt werden durch die ganzheitliche kosmische Form.

Das »*eherne Meer*« für die rituelle Reinigung der Priester im Tempel zu Jerusalem war ein auf die vier Winde hin ausgerichteter Urozean!).

Vom 4. und 5. Jh. an nehmen die neben den Kirchen errichteten Baptisterien nach dem Vorbild der Heroengräber und Märtyrergedenkstätten die kosmische Achteckform an (→ Stern, → Zahl 8, → Altar). Die Taufdarstellung in Medaillonform selbst besetzt die wichtigste Stelle im Bauwerk – den Kuppelscheitel. Das oft goldgrundige Bild der geistigen Erleuchtung (Photismos) erscheint dort, wo in spätrömischen Kuppelbauten (Pantheon) eine Öffnung für das Tageslicht war. In ravennatischen Baptisterien steht Jesus bis zur Hüfte im noch im Querschnitt wiedergegebenen Wasser, Jordan schaut gelassen zu, hält neue Kleider und Trockentuch bereit (Baptisterium der Orthodoxen, Mitte 6. Jh.). Über Christus die herabstoßende → Taube, mitunter läßt sie das Taufwasser aus ihrem Schnabel herabfließen (Baptisterium der Arianer, Ende 6. Jh. (astronomisch-kalendarische Elemente in den Baptisterien → Apostel).

Ein Kreuz wird dem Motiv zugeordnet – erscheint auf einem → leeren Thron im Apostelreigen um das Tauf-Medaillon (Baptisterium der Arianer), oder als lanzenartiges Juwelenkreuz in der Linken des Täufers (Baptisterium der Orthodoxen – dort auch vier → leere Throne mit Kreuz in der Scheinarchitektur unter dem Medaillon). Das Lanzenkreuz betont den Charakter der Taufe als Passage durch den Tod hindurch, weist auf die Wasserweihe hin.

Roh gemalte Kreuze mit Strichen, die von den Querbalken herunterströmen, in den rot ornamentierten Kirchen Kappadokiens (Göreme, Medaillonkirche, ca. 850; → Bilderfeindliche Ornamente; → Kreuz) stellen m. E. Wasserweihe-Kreuze dar und versinnbildlichen Christus bei der Taufe im Jordan.

Mittelbyz. Taufszenen enthalten oft ein (Anker)-Kreuz auf einer in den Jordan gesetzten Säule (Osios Lukas um 1000; Elmali Kilise, Göreme, 12. Jh.). Nach Pilgerberichten (6.–8. Jh.) stand an der Stelle der Taufe Christi im oder am Jordan ein großes (konstantinisches?) Kreuz. Das mag, von Wasser umspült, Riten und Bräuche der Wasserweihe inspiriert haben.

Tempel
O NAOC
O naós

Wichtigstes Heiligtum des alttestamentlichen Judentums, auf dem Berg Zion, der höchsten Stelle Jerusalems, gelegen. In der christl. Typologese Körper Christ und der Gläubigen, Bild der Gottesmutter (→ Tempelgang Mariä).

Der Tempel in Jerusalem

Der Tempel war das zentrale Heiligtum Israels, die *Gotteswohnung* (= Naos). → Moses hatte um 1250 die beiden Gesetzestafeln, die vom Naturheiligtum am Erscheinungsort Gottes (Sinai) stammten, in der → Bundeslade aufbewahren und für sie eine Stiftshütte (Zelt) herstellen lassen – ein transportables Heiligtum, zweckmäßig für ein nomadisierendes Wüstenvolk. Nach den Wanderjahren kamen die Kinder Israel zur Ruhe und mit ihnen Jahwe, der über den Berg Zion sagt:

»Dies ist meine Ruhe ewiglich, hier will ich wohnen; denn es gefällt mir wohl.« Ps. 132, 14

Auf diesem höchsten Punkt der Stadt, dem heiligen Berg – sein Fels wurzelt in der Urmeertiefe (Tehom) –, baute → Salomon einen festen Tempel aus Zedernholz und Stein (um 950). Der dunkle, golden ausgekleidete Raum des Allerheiligsten im Osten der Anlage war, wie die schwarze Kaaba in Mekka, würfelförmig (1. Kön. 6, 16–20) – Kantenlänge ca. 10 m. Die ideale Form und einige Ausstattungsstücke – u. a. das eherne Meer – kennzeichnen den Tempel als Verkörperung des Kosmos, das Allerheiligste als himmlische Wohnung Gottes (→ Jerusalem; → Kirchengebäude; → Hesekiel). Es barg den cherubengeschmückten Schrein der → Bundeslade, über der Jahwe thront.

Zu drei Jahresfesten sollten im Idealfalle alle Kinder Israel im Tempel zusammenkommen. Damit waren Raum (heiliges Land) und Zeit (kultisches Festjahr) abgesteckt: Gottes Anwesenheit war an einen hieratischen Mittel- und Höhepunkt gebunden und an zyklisch wiederkehrende Zeitpunkte.

Die Zerstörung des salomonischen Tempels durch Nebukadnezar (587 v. Chr.) rief erste Zweifel am Konzept des Tempels als Wohnsitz Gottes hervor: Wo ist Gott, wenn kein Tempel da ist? Doch wird schon Salomon folgendes Gebet bei der Einweihung des Tempels zugeschrieben:

»Siehe, der Himmel und aller Himmel Himmel können Dich nicht fassen, wie soll es denn dies Haus tun, das ich gebaut habe? ... Daß Deine Augen offenstehen über diesem Haus Tag und Nacht, von dem Du gesagt hast: mein Name soll dort sein. O höre das Gebet, das Dein Knecht an diesem Ort vorbringt.«

Hier konkurriert das Konzept *Tempel* als »*Wohnsitz Gottes*« mit dem Konzept »*Tempel als Himmelsleiter*«.

→ Hesekiel (Hes. 40–44) beschreibt die Vision eines neuen Tempels, geschaut im babylonischen Exil. Vom Perserkönig Kyros aus der Gefangenschaft entlassen, errichteten die Juden 520–515 v. Chr. den zweiten Tempel. Sein *Allerheiligstes* war leer, galt als *erfüllt vom Glanze Gottes*. Von Herodes ab 20/19 v. Chr. umgebaut, haben ihn die Römer bei der Niederschlagung des Aufstandes von 66 n. Chr. im Jahre 70 zerstört. Übrig blieb die Klagemauer.

Der Körper Christi als Tempel

Christus wird vorgeworfen, auch bei seinem Prozeß, er habe gesagt, daß er den Tempel niederreißen und in drei Tagen wieder aufbauen wolle *(Matth. 26, 61; 27, 40; Joh. 2, 19–21)*. Die Evangelisten lassen keinen Zweifel daran, daß sich der Ausspruch auf seinen Tod und seine Auferstehung bezieht, *Christus* also die *Behausung Gottes* sei.

Nach *Paulus* ist durch die Herabkunft des Heiligen Geistes, der im Gläubigen Wohnung nimmt, der einzelne, aber auch die Kirche als die Gemeinschaft der Gläubigen im Sinne seines Vorbildes Christus ein Tempel Gottes *(1. Kor. 3, 16; 6, 19; 2. Kor. 16)*. Nach der *Apokalypse (21, 22)* gibt es keinen Tempel im neuen himmlischen Jerusalem »*denn der Herr, der allmächtige Gott, ist der Tempel, und das Lamm.*« Der *Hebräerbrief* bezeichnet den irdischen Tempel als ein Bild des Himmels selbst.

Bildliche Kurzformel des Tempelinneren. Chorakirche, Konstantinopel, 1315–1321.

Byzantinische Bildchiffren für den Tempel

Der byz. Kirchenbau stellt symbolisch den Tempel dar, und mit ihm den gesamten Kosmos. Justinian ruft, als er die neuerbaute Ajia Sophia mit ihren kosmischen 40 Fenstern (→ Zahl 40) betritt, aus: »*Salomon – ich habe Dich übertroffen!*« Das Kirchengebäude ist allerdings weniger fester Wohnsitz Gottes als Himmelsleiter, auf der Gott herabsteigt oder die Gläubigen zum überhimmlischen Altar hinaufholt.

Abgebildet wird der Tempel als rechteckiges Gebäude mit einer Vorhalle, gelegentlich bei der → Kreuzigung. Beim Einzug in Jerusalem überragt er die Stadtmauer. Bei Szenen aus dem NT, die im Tempel stattfinden, deutet ein von einem → Ciborium überwölbter Altar das Allerheiligste an.

Tempelgang Mariä
Ο ΕΝ ΤΩ ΝΑΩ ΕΙCΟΔΟC ΤΗC ΘΕΟΤΟΚΟΥ
O en to naó ísodos tis Theotókou

Übergabe der dreijährigen Maria durch ihre Eltern an den Tempel in Jerusalem. Sie verbleibt darin bis zum zwölften Lebensjahr – geschildert im apokryphen Protevangelium des Jakobus (→ Marienzyklus), Hinweis darauf, daß der Tempel als Typus der Gottesmutter gilt.

Hochfest des Tempelgangs Mariä
Der Einzug der kindlichen Gottesmutter in den Tempel (21. November) wird ab Ende des 7. Jh.s festlich begangen, derzeit Hochfest im → Festtagskalender. Im Malerhandbuch fehlt merkwürdigerweise die Beschreibung dieses Bildes. Im Norden Griechenlands wird der Tag als der der *Panajia Mesosporitissa* (der Halbausgesäten) begangen; an diesem Tag soll mindestens die *Hälfte* des Landes eines Bauern bereits besät worden sein.

Die Tempelgang-Darstellung
»Der reinste Tempel des Erlösers, die ruhmreiche Festhalle und Jungfrau, die heilige Schatzkammer der Herrlichkeit Gottes wird heute eingeführt in das Haus des Herrn, und sie führt mit ein die Gnade im göttlichen Geiste.« *Kontakion vom Tage des Einzuges Mariä in den Tempel*

Das Motiv entstammt dem *Protevangelium des Jakobus,* das die Geschichte des Marienkindes erzählt: Die dreijährige Maria als erwachsene Gottesmutter in verkleinertem »Maßstab« wird von ihren Eltern Joachim und Anna im Tempelvorhof vor dem Zugang zum »*zweiten Schleier des Tempels*« dem Hohenpriester und Propheten Zacharias (Vater Johannes des Täufers) übergeben.

Den zweiten Tempelteil repräsentiert ein → Ciborium über einem Altar mit roter Decke oder ein Ciborieneingang mit rotem Vorhang. Maria sitzt, ein zweites Mal dargestellt, auf der obersten Stufe des Altars – dem Allerheiligsten:

»Maria aber war im Tempel des Herrn, nippte am Essen wie eine Taube und ihre Nahrung empfing sie aus der Hand eines Engels.« *Protevangelium des Jakobus*

Mariä Tempelgang, kombiniert mit Speisung durch einen Engel (Präfiguration der Eucharistie). Panajiakirche Lindos auf Rhodos, postbyzantinisch (1779).

Manchmal befindet sich Marias Sitz auf einem dreistufigen Sockel oben auf dem Tempeleingang. Im Vorhof stehen oder eilen die hilfreichen »*Töchter der Hebräer*« herbei. Um das Kind abzulenken, ihm den Trennungsschmerz von den Eltern zu erleichtern, haben sie es mit Fackeln hergeleitet.

In einer selteneren Fassung des Motivs steigt Maria, von einem Engel gelenkt, die Tempeltreppe hoch, der Priester steht daneben, die Eltern fehlen.

Maria als der neue Tempel im alten Tempel
Hier ist ein theologisches Programm in symbolische Bilder umgesetzt: Wie der alte → Tempel im Allerheiligsten die Bundeslade mit den Gesetzestafeln enthielt, so trägt die Muttergottes gleichsam als der neue Tempel und die neue Bundeslade Christus in sich. Die Heilstat Christi erfüllt das jüdische Gesetz und löst es

ab. Christus tritt an die Stelle der Gesetzestafeln.

Im alten Tempel bereitet sich Maria vor, der neue Tempel zu werden – alter und neuer Bund stehen in einer unauflöslichen Beziehung zueinander. Hier wird sie mitweben am purpurnen Tempelvorhang, der mit dem Tod Christi in zwei Teile zerreißt (→ Kreuzigung), und somit das im AT noch verhüllte Geheimnis Gottes (→ Schatten) bloßlegt und sichtbar macht.

Die drei Teile des Tempels bedeuten nach Origines die drei Bücher Salomonis, zugleich drei Stufen des geistlich-mystischen Lebensweges hin zu Gott:

☆ Vorhof = Sprüche Salomons = *Apáthia, tätiges Leben zur Befreiung von den Leidenschaften.*
☆ Zweiter Tempelteil (zweiter Schleier des Heiligen) = Prediger Salomon = *Physiki Theoria, Erkenntnis Gottes in der Schöpfung.*
☆ Allerheiligstes – Hohelied Salomons = *Theologia, Erkenntnis Christi als des Logos Gottes* (Vereinigung mit Gott).

Die drei Stufen des Altarsockels bzw. des Thrones Mariä weisen auf die Dreieinigkeit hin.

Teufel

Ο ΔΙΑΒΟΛΟC / Ο CATANAC

O diáwolos / o satanás

Verkörperung des Bösen, des widergöttlichen Prinzips. Das Problem, daß Gott, wenn allmächtig, auch das Böse geschaffen haben muß, wird mit dem Mythos vom freiwilligen Abfall eines Engels gelöst.

Finsternis ist weggenommenes Licht

»Satan« (arab. Scheitan) ist das hebräische Wort für »Gegner/Feind«. Teufel geht, wie das islamisch-arabische »Iblis«, auf das griechische »diawolos« zurück: der Durcheinanderwerfer, der Verleumder. Der Titel einer Kampfschrift des → Johannes Damaszenus gewinnt besondere Brisanz dadurch, daß er die Bilderstürmer als »die die heiligen Ikonen Verleumdenden (diawolontas)« bezeichnet. In der byz. Kunst erscheint der Teufel als verhältnismäßig unbedeutende Nebenfigur, entsprechend seiner stiefmütterlichen Behandlung innerhalb der orthodoxen Dogmatik, die im Gegensatz zur Westkirche keine ausgefeilte Satanologie kennt:

»Die Engel sind geistige Mächte zweiter Ordnung, die vom ersten und anfangslosen Licht erleuchtet werden ... Der Engelfürst der untersten Rangklasse, dem von Gott die Bewahrung der Erde übergeben war, ... da er das Licht und die Ehre, die ihm der Schöpfer verliehen, nicht bewahrte ... wurde er böse. Denn das Böse ist nichts anderes als eine Wegnahme des Guten, wie auch die Finsternis nichts anderes als die Wegnahme des Lichtes ist ... zugleich mit ihm aber sich losreißend folgte ihm und fiel mit ihm eine unzählige Menge der ihm untergeordneten Engel. Wiewohl sie von derselben Natur sind, wie die Engel, sind sie böse geworden, indem sie den Willen freiwillig vom Guten zum Bösen hinneigten.« *Johannes Damaszenus, Glaubenslehre*

Der lichtlos Schwarze in szenischen Darstellungen

Teufel aus der Versuchung Christi. Chorakirche, Konstantinopel, 1315–1321.

Ältestes Motiv mit dem Höllenwesen ist das Anastasisbild (→ Ostern), frühestes Beispiel ein Kreuzreliquiar, 7. Jh. (New York, Metropolitan Museum): Der gebundene Unterweltherrscher, rot oder dunkel mit nacktem greisenhaftem Körper, weißem struppigem Bart und Haar, unter den → Füßen Christi wirkt wie ein heruntergekommener antiker Meeresgott. Beischriften: Satan, Diawolos, auch → Hades oder → Charos. Ähnelt eher einem Totengott als einem Höllenfürsten. Das Motiv mit dem siegreichen Christus, der dem Unhold seine Kreuzeslanze in den Bauch bohrt, ist abgeleitet von Christus als dem Herrn über → Drachen und → Schlangen, zeichenhaften Verbildlichungen des Satans. Es läßt sich als Variante des »heroischen Drachentöters« auffassen (→ Demetrios, → Georg).

Erst ab 900, besonders ab spätbyz. Zeit, bevölkern sich die Bilder mit immer mehr lichten, aber auch gefallenen Engeln:

☆ In der verhältnismäßig seltenen → Versuchung Christi (Göreme, Tokali II, Ende 10. Jh.; Konstantinopel, Chorakirche, Anfang 14. Jh.) erscheint der Teufel als gefallener Engel im Vollprofil, schwarz oder dunkelgrau mit Flügeln, gleich einem zerrupften Raben.

☆ Winzige Teufelchen versuchen beim Endgericht die Seelen von der Waage des Erzengels Michael hinweg zum Feuerstrom zu ziehen, in den Höllenrachen (Bild des Drachens und zugleich menschenfressenden Teufels) *(1. Petr. 5, 8)* zu stürzen.

☆ Während schwarze geflügelte Teufelchen die auf der Himmelsleiter nach oben strebenden Mönche zu Fall bringen wollen, stehen kleine Engel den Asketen bei. Mönche (im Engelskleid) verstehen sich als Kämpfer gegen Dämonen.

☆ Bei den Dämonenaustreibungen durch Christus fahren kleine dunkle Teufel heraus aus den Mündern der Besessenen – in einigen Fällen hinein in die Mäuler von Säuen. Zwischen Dämonen und Teufeln wird nicht scharf unterschieden.

Der Engelsturz

»Christus sitzt als König auf dem Thron im Himmel, hält das Evangelium und sagt: Ich sah den Satan wie einen Blitz vom Himmel fallen (Luk. 10, 18). Um ihn herum stehen die Engelchöre mit Furcht. Michael steht in der Mitte und zeigt Christus den anderen Chören, und sagt auf einem Blatt: Laßt uns herrlich stehen, laßt uns stehen mit Furcht, hier laßt uns anbeten Gott, unsern König. Und unter ihnen eine Höhle. In der Mitte derselben eine große Kluft und darüber die Schrift: die Hölle. Die Schlachtreihe des Luzifer hängt vom Himmel herab. Die Engel, welche höher stehen, hängen noch leuchtend, tiefere Engel schwarz, und andere unten erscheinen dunkler, und noch tiefer wieder als halb Teufel und halb Engel; wieder andere vollkommene Teufel sind schwarz und finster.

Und tiefer als alle, mitten in der Hölle, der Teufel Luzifer: finsterer und schrecklicher als alle; auf dem Bauche liegend und nach oben schauend.« *Malerhandbuch (Ermenia)*

Der Engelsturz ist Teil der Erschaffung der Welt, geht der Erschaffung des Menschen voraus. → Johannes Damaszenus und Augustinus setzen ihn der Trennung von Licht und Finsternis gleich.

Der Engelfürst wurde zum Teufel, weil er sich anmaßte, Gott gleich zu sein, und als Schlange verführte er dann Eva und Adam im Paradies, ebenfalls durch das Versprechen: *»Ihr werdet sein wie Gott.«*

Nach *»Leben Adams und Evas«* (Alttestamentliche Apokryphe, 1. Jh. v. Chr.) entwickelte sich die Revolte des Satans aus der Weigerung, sich vor Adam zu verneigen (→ Muttergottes zwischen Engeln). Demgegenüber setzt das ebenfalls apokryphe Buch Henoch den Höllensturz erst nach der Erschaffung des Menschen an.

Der Satan und sein Gefolge fuhren zur Hölle, weil sie die Frauen der Menschen begehrt hatten.

Der neugriechische Teufel als Abkömmling einer Meeres-Gottheit

Züge des Meeresgottes Poseidon, auch des die See befahrenden → Charos hat der Teufel u. a. in einem Märchen aus Zakynthos:

»Ein Fischer zieht in seinem Netz einen riesigen Schlüssel (→ Charos) herauf. Der Teufel erscheint – *»Ich wohne im Hades, wo es ungeheuer große Schätze gibt und die Menschen glücklich sind«* – fordert ihn auf, mit dem Schlüssel zu einer bestimmten Stunde wieder ans Ufer zu kommen. Dort befindet sich plötzlich eine große Tür, der Fischer schließt sie auf, gelangt zum Teufel, der ihn voller Schätze packt, dafür aber seine älteste Tochter heiraten will. Weil die keinen Menschenfuß aufessen will, wird sie vom Teufel in einen Stein verwandelt. Ähnlich geht es der zweiten Tochter. Die dritte jedoch überlistet den Teufel, besprizt ihre Schwestern mit Lebenswasser (Wasserweihe → Taufe Christi), woraufhin die sofort lebendig werden. Alle drei entfliehen dem Meer als dem Ort des Todes.

Im Alt- wie im Neugriechischen und schon bei den Kirchenvätern wird *»awissos«* (= *unergründlich tief*) sowohl für »Meer« als auch für »Unterwelt« gebraucht. Neugriechisch *»kano thalassa«* (= ich mache Meer) bedeutet: *Ich richte ein totales Chaos an.*

Thomas
Ο ΘΩΜΑC
O Thomás

Der Sonntag nach Ostern, der Thomassonntag, ist ein zweiter Höhepunkt der *»weißen«* nachösterlichen mit Gesang, Tanz, Festmenüs gefeierten Wochen. Mit allen von Ostern übriggebliebenen Kerzen werden die Ikonen in den Kirchen beleuchtet. Mit dem Thomastag, zeitweise ein Hochfest – die Ikone der Wundmalberührung findet sich in den Festbildreihen vieler Bilderwände –, ist die arbeitsfreie Osterwoche zu Ende.

Der »ungläubige Thomas« will die Nägelmale Christi berühren. Ajia Anastasia, Jennadi, Rhodos, um 1700, westlich beeinflußt.

»Thomas aber, der Zwölf einer, war nicht bei ihnen, da Jesus gekommen war. Da sagten ihm die anderen Jünger: Wir haben den Herrn gesehen. Doch er ... zu ihnen: Es sei denn, ich sehe die Nägelmale in seinen Händen und legte meine Finger in die Male und meine Hand in seine Seite, anders will ich's nicht glauben. Und über acht Tagen ... kommt Jesus, als die Türen verschlossen waren, und tritt mitten hinein und sagt: Friede sei mit euch. Danach ... zu Thomas: Reiche deine Finger her und siehe meine Hände, und reiche deine Hand her und lege sie in meine Seite, und sei nicht ungläubig, sondern gläubig, Thomas« *Joh. 20, 24–28*

Jesus steht in der Mitte, gerahmt von einer geschlossenen Tür, hebt die Rechte hoch, zieht mit der Linken sein Gewand zur Seite, um seine Speerwunde freizulegen. Nägelmale und Seitenwunde stark betont. Thomas sinkt in die Knie und reckt die Finger seiner Rechten zur Seitenwunde aus. (Osios Lukas, Anfang 11. Jh.; Serbien, Sopoćani, ca. 1265). Manchmal ergreift Christi Rechte des Thomas Hand, um sie zur Wunde zu führen (Fresko, Unterkirche Osios Lukas).

Das Thema kommt in mittelbyz. Zeit auf.

Das weitere Schicksal des Thomas beschreiben die apokryphen Thomasakten: Als versklavter Baumeister kommt er nach Indien und missioniert dort. (Er gilt als Gründer der indischen Gemeinde der Thomaschristen.) Er, der Christi Lanzenwunde berührt hatte, erleidet den Märtyrertod durch den Lanzenstich eines Sonnenpriesters.

Nach einer späteren Quelle hat er aus der Hand der Gottesmutter den → Mariengürtel empfangen.

Thron

→ Leerer Thron; → Thron der Weisheit; → Maria

Totenbräuche

ΤΑ ΝΕΚΡΙΚΑ ΕΘΙΜΑ
Ta nekritá éthima

Bräuche um Sterben, Tod, Begräbnis und Totengedenken sind wie alle Durchgangsriten (rites des passages) – auch um Geburt, Reife, Hochzeit – besonders langlebig; sie gehen in Griechenland, im orthodoxen Jugoslawien und in Rußland zum Teil auf vorchristl., zum Teil vorantike Vorbilder zurück.

Sinn des Totenbrauchtums

Es geht darum:

☆ den Abschiedsschmerz der Dahinscheidenden und der Hinterbliebenen zu mildern.
Gedenkfeste sorgen dafür, daß die Trennung allmählich verläuft und ein abrupter Verlust vermieden wird.

☆ die Verbundenheit zwischen den Lebenden und den Toten zu erhalten. Auf Ständern in der Kirche werden Gedenkkerzen aufgestellt, oben für die Lebenden, unten für die Toten. In den Litaneien (→ Liturgie) wird der Lebenden wie der Toten gedacht.

Bei der → Proskomidie repräsentieren Brotstücke die Toten, die dadurch in das eucharistische Heilsgeschehen eingebunden bleiben.
☆ zu verhindern, daß der Tod noch jemanden von den Hinterbliebenen zu sich holt, bzw. daß der Verstorbene jemanden mit sich zieht.

Sterbebräuche
Der Sterbende erhält die Krankenölung (→ Mysterien). Das Sterbegebet eines Priesters ermöglicht es dem Kranken, seine Seele auszuhauchen. Kurzer Todeskampf deutet auf ein gottgefälliges Leben hin. Wer durch den Todgeweihten Unrecht erlitten, wird ans Sterbelager gebeten, damit er verzeihe, Kleidungsfetzen von bereits Verstorbenen werden verbrannt, und der Dahinscheidende damit beräuchert. Der Totkranke soll in Verbindung mit der mütterlichen Erde kommen: In Zypern wird er auf die Erde gelegt, in Makedonien wird beim Einsargen unter die Leiche ein Kissen mit Erde gesteckt.

Das Bett des Sterbenden wird nach Osten, dem Paradies zu, ausgerichtet, in Lesbos nach Westen, zum Hades hin. So ausgerichtet wird der Verstorbene im Hauptraum des Hauses aufgebahrt.

Bestattungsbräuche
Hat → Charos dem Sterbenden die Seele entrissen oder der persönliche Engel die Seele in Empfang genommen (wie das auf den Bildern der → Heimholung Mariä geschieht), dann drücken ihm die engsten Angehörigen Augen und Mund zu. Die Totenfrau oder der Papas verschließen den Mund mit einem Wachskreuz oder legen eine Kerze darüber: Durch die Öffnung, durch die die Seele entweicht, soll kein Dämon eindringen.

Waschungen mit Wein und lauem Wasser sind üblich. Hände und Füße werden kreuzweise (→ Heimholung Mariä) zusammengelegt oder -gebunden, die Totenkerze zu Füßen des Verstorbenen angezündet, der Raum ständig mit Weihrauch beräuchert.

Mancherorts wird noch heute das Reisegeld – Fährgeld für Charos – in den Mund oder auf die Brust des Leichnams gelegt. Die entwichene Seele, klein und unscheinbar wie eine Baumwollflocke, bleibt drei Tage nach dem Tod bis zum ersten Totenopfer nahe dem Sterbeort. Man hält dort Brot und Wasser für sie bereit. In Kreta ist die Seele bienengestaltig, bleibt 40 Tage am Ort.

Die engsten Verwandten, Mutter, Schwester, Frau des Toten, stimmen die ekstatischen Klagelieder (Mirolojia) an, schlagen sich auf Brust und Schenkel, zerkratzen sich die Wangen, raufen sich das Haar. Erst die Ankunft des Papas, oft am nächsten Tag, beendigt die Klage. Im offenen Sarg wird der Tote zum Totenoffizium in die Kirche getragen. Der Priester bittet in seinem Namen um Vergebung der Sünden; die Gläubigen beten für ihn zusammen mit der Gottesmutter, Johannes dem Täufer und allen Heiligen um Ruhe und Licht im Zwischenzustand und Gnade beim Endgericht. Die Hinterbliebenen verabschieden sich: »*Kommt Brüder, laßt uns dem Toten einen letzten Kuß geben mit Dank gegen Gott.*«

Noch in der Kirche segnet der Papas die *Kollywa*, Totenspeise aus *gekochten Weizenkörnern*, gestoßenen Mandeln und Nüssen, Sesam, Anis, Granatapfelkernen, Honig, mancherorts auch mit Kichererbsen. Zusammen mit Ouso oder Wein wird sie am Grab an das Trauergeleit und den Priester ausgeteilt, etwas davon ins offene Grab geworfen.

Kollywa – für die Toten und die Ernte
Die Totenspeise – in ähnlicher Form bei orthodoxen Balkanslawen und Russen bekannt – wird auch bei Ernten in der Kirche dargebracht.

In der Antike hat man der Demeter, der Herrin über die Toten und die Getreidesamen, die wie die Toten in der Erde liegen, eine Getreidekornspeise geweiht – zugleich als Sühneopfer für die Unterwelt, Nahrung für die Toten, Dank für die Ernte. Christus hat seinen Tod und seine Auferstehung mit der Feldfrucht in Verbindung gebracht: »*Wenn das Getreidekorn nicht in die Erde fällt und stirbt, dann bleibt es für sich allein (ohne sich zu vermehren). Stirbt es aber, dann trägt es viele Frucht.*« Joh. 12, 24 (→ Hase)

Die Kollywaspende an Lebende und Tote hält die Gemeinschaft aller untereinander aufrecht, weil man die gleiche Substanz zu sich nimmt. Davon zu essen bedeutet, den Toten nichts nachzutragen. Fremde, die – zufällig auf einer Beerdigung – sich weigerten, das angebotene Kollywa zu essen, sind schon in kritische Situationen geraten.

Nicht sehr freundlich gemeint ist der Wunsch: »*Auf daß ich deine Kollywa esse.*«

Gräber und Gedenkmale

Nordgriechische Gedenkstele in der Form einer Kreuzkuppelkirche, errichtet für ein Verkehrsopfer.

Moderne griech. Gräber enthalten eine Glasvitrine mit dem Foto des Toten, Öllämpchen und Weihrauchgefäß. In Nordgriechenland sind besonders für Kinder Grabbeigaben – Spielzeug, Parfüm, Schulausrüstung – üblich; sie werden heute nicht mehr in die Grube versenkt, sondern in der Vitrine aufgestellt. Kam jemand durch einen Unfall ums Leben, wird an der betreffenden Stelle ein kleines Kirchenmodell aus Stein oder Blech errichtet.

Trauerbräuche und Erinnerungsfeiern

Die Angehörigen im Sterbehaus dürfen die ersten drei (oder 40) Tage nicht kochen. Entferntere Verwandte versorgen sie. Angehörige, die besonders leiden, fertigen Gedichte über den geliebten Toten an, bringen sie bisweilen als Schrifttafel auf dem Grab an (Kalambaka, Rhodos).

Totengedenken in der Kirche mit Kollywa-Verteilung: am dritten Tag nach dem Tode, am neunten, am 40., nach drei, sechs, neun Monaten, nach einem, zwei und drei Jahren: Der dritte, neunte und 40. Tag wurde im frühen Christentum – heute noch bei den Russen – begangen. Besonders wichtig: die *Sarantaïmera* (→ Zahl 40). Nach der Übergangsperiode von 40 Tagen löst sich die Seele vom häuslichen Bereich und geht in die Totenwelt bzw. in den Zwischenzustand vor dem → Endgericht über. Im Totenkult stehen christl. und vorchristl. Vorstellungen unverbunden nebeneinander. Nach drei, mancherorts nach fünf Jahren werden die Gebeine dem Grab entnommen, in einen Gebeinbehälter verbracht und entweder in einem speziellen Beinhaus oder auf dem Friedhof selbst aufgestellt (z. B. in Kalambaka). Auf dem Athos gilt ein Mönch, dessen exhumierter Leichnam mumifiziert ist, als Sünder: den Frommen nimmt die Erde zurück.

Die Totengedenktage des Kirchenjahres

Jeder Samstag ist ein Totengedenktag. Besondere *Seelensamstage* (Psychosavata, im Slavischen »Samstage der Vorfahren«) sind der vor *Apokreos* (Fleisch-ade-Sonntag, gleichbedeutend mit »carne vale«, Vorfastenzeit, achter Sonntag vor Ostern), die folgenden Samstage und der Samstag vor Pfingsten (mancherorts der Himmelfahrtstag).

Alle Dorfbewohner besuchen die Gräber ihrer Angehörigen, zünden Öllämpchen an, schwingen Weihrauchgefäße und opfern *Kollywa*. Am Karnevals-Samstag öffnet sich der Hades. Es wird ein Schwein geschlachtet (urtümliches Totenopfer für Demeter), beim ersten Bissen, beim ersten Schluck Wein betet man: »*Mein Gott, vergib den Seelen der Toten!*«

In alten Anschauungen, nach denen die Toten 15 Wochen – Apokreos bis Pfingsten – in der Zeit der Aussaat und des Wachstums auf Erden weilen, überlagert sich die christl. Vorstellung, daß die Toten zu Ostern mit dem auferstehenden Christus den Hades verlassen, um zu Pfingsten zurückzukehren. In diesen 50 Tagen werden Bäume und Weinranken nicht geschnitten – die Seelen sitzen darauf, könnten herunterfallen und weinen. Spinnweben im Haus werden nicht entfernt – die Seelen setzen sich gerne hinein.

Turm zu Babel
Ο ΠΥΡΓΟC ΤΗC ΒΑΒΥΛΩNOC
O pírgos tis Wawilónos

Ziegelbau, noch vor 2000 v. Chr. in Babylon errichtet. Der Etemenanki – Grundstein von Himmel und Erde – war eine fünfstufige Pyramide (Grundfläche 92 qm, Höhe 27 m); auf der obersten Plattform ein zweistufiger Bau mit dem leeren Bett des Gottes Marduk. Die fünf bzw. sieben Stufen bedeuten die Sphären der fünf damals bekannten Planeten nebst denen von Sonne und Mond. Im Süden führte eine Treppe herab zum Tieftempel *Sangitta* – Erscheinungstempel, in dem der herabgestiegene Gott an Neujahr im Kultbild sichtbar wurde. Jede babylonische Stadt hatte ihren *Zikkurat*, einen künstlichen Himmelsberg, der als → Himmelsleiter (→ Lebensbaum, Berg) göttlichen Kräften diente.

Nach *1. Mose 11* hatten allerdings die Erbauer vor, den Himmel zu stürmen: »*Lasset uns einen Turm bauen, dessen Spitze bis zum Himmel reicht.*« Der Übermut erzürnte Gott: »*Lasset uns herniederfahren und ihre Sprachen allda verwirren, daß keiner den anderen mehr verstehen kann.*«

Die byz. Fassung des Katastrophenmotivs zeigt einen runden oder quadratischen Turm, stufenförmig bzw. in Spiralform sich nach oben verjüngend, inmitten einer großen Stadt. Bauleute werken an ihm herum. Aus dichten Wolken, um den *Zikkurat* fahren Feuerzungen. Die Sprachverwirrung und der Abbruch des Turmbaus sind das typologische Gegenstück zu → Pfingsten: Die Feuerzungen der Geistausgießung befähigen die Apostel, das Evangelium in einer ekstatischen, allen Völkern verständlichen Sprache zu verkünden.

Typus / Typologie
Typus und Typologie → Schatten; → Ephräm der Syrer.

Verklärung Christi
Η ΜΕΤΑΜΟΡΦΩCIC
I Metamórphosis

Epiphanie der Göttlichkeit Christi als »unerschaffenes Licht« auf dem Berge Tabor, wird von Mystikern in ekstatischem Zustand geschaut.

Das Hochfest der Verklärung und seine Bedeutung
»*Du wurdest verklärt auf dem Berge Christus, Gott, und zeigtest Deinen Jüngern Deine Herrlichkeit, soweit sie diese zu ertragen vermochten ...*« »*Und als Deine Jünger Deine Herrlichkeit sahen, staunten sie; auf daß, wenn sie Dich gekreuzigt sehen, sie das freiwillige Leiden erkennen, der Welt aber verkündigen möchten, daß Du in Wahrheit bist des Vaters Abglanz.*« *Liturgie des Metamorphosisfestes*

Das Hochfest, begangen am 6. August, wird im 9. Jh. nach dem Bilderstreit voll entwickelt; bei den orientalischen Christen hatte es sich bereits im 5. Jh. durchgesetzt. Für die Ostkirche gehört die Metamorphosis – als Theophanie ein Gegenstück zur Taufe – zu den wenigen Ereignissen im Leben Jesu, bei denen seine Göttlichkeit aufscheint.

Darstellung der Verklärung Christi
»*Und nach 6 Tagen nahm Jesus mit sich Petrus und Jakobus und Johannes, dessen Brüder, und führte sie auf einen einsam gelegenen hohen Berg. Und er wurde verwandelt vor ihnen und sein Antlitz strahlte wie die Sonne und seine Kleider wurden leuchtend wie das Licht. Und auf einmal erschien vor ihnen Mose und Elia und sie sprachen mit ihm ... und da überschattete sie eine Lichtwolke und eine Stimme aus der Wolke sagte: Du bist mein geliebter Sohn, den ich hoch schätze! Höret auf ihn! Und wie die Jünger das hörten, fielen sie auf ihre Gesichter und fürchteten sich sehr ...*« *Matth. 17, 1–9*

Christus mit segnender Rechten und Schriftrolle in der Linken steht frontal in einer Lichtmandorla auf einem Berggipfel oder schwebt darüber. Von seinem Lichtnimbus gehen entweder kreuzförmig vier oder sternförmig acht Strahlen aus. Er wird flankiert rechts von → Moses im Halbprofil, bartlos oder kurzbärtig, die Gesetzestafeln oder ein Buch (Thora) haltend, links von → Elias mit grauem zerzaustem Haar, wildem Bart. Auf frühen mittelbyz. Bildern sind die Propheten in die Mandorla einbezogen oder werden von ihrem Außenrand überschnitten. Ab spätbyz. Zeit stehen sie dann außerhalb der Mandorla jeweils für sich auf einem eigenen Gipfel.

Verklärung Christi. Naive Ikone, Insel Andros, Kykladen, 20. Jh.

Stets beschreiben ihre Körper einen Halbkreisbogen, eine Außenschale um die Mandorla formend.

»Sie formten ein Symbol jener (zweiten) Ankunft Christi: Mose wurde der Typus für die Toten und Elias für die Lebenden, die ihm (Christus) entgegenfliegen werden, dann, wenn er kommen wird!«
Ephräm der Syrer

Unterhalb des Gipfels von links nach rechts: Petrus stehend, die Christusgebärde vollziehend, Johannes, erschüttert zu Jesu Füßen herabsinkend, Jakobus, mit abgewendetem Gesicht. Postbyzantinische Dramatik: Die drei stürzen kopfunter zu Boden. Das Licht ist unerträglich, einer hält sich die Augen zu (Meteora, Warlaam, 1627).

Vor 1000 erscheint die Metamorphosis oft an herausragender Stelle, an der Apsisstirnwand oder hoch an der Naos-Rückwand, später meist zusammen mit anderen Festkalenderbildern, die die Göttlichkeit Christi herausstellen (→ Verkündigung Mariä, → Geburt Christi, → Taufe Christi) in der Gewölbezone oder an den Hochwänden des Hauptschiffes. Oft in räumlichem Zusammenhang mit der → Himmelfahrt, seltener mit der → Heimholung Mariä. Alle Festbildreihen der → Ikonostase enthalten eine Verklärungsikone.

Historische Entwicklung des Verklärungsmotives

Die beiden ältesten Verklärungsdarstellungen finden sich in Hauptapsiden des 6. Jh.s:

☆ in Sant'Apollinare in Classe (Ravenna, 549) erscheint über dem Heiligen Apollinaris in der Haltung eines → Oranten ein goldenes Gemmenkreuz mitten in einem überwältigenden Himmelskreis-Nimbus – überzeugendes Symbolzeichen des verklärten Christus. Schrift unterm Kreuz »*Salus Mundi*« – Heil der Welt: Mit dem eucharistischen Kreuz wird sich der Himmelskreis über den Kosmos, ihn vergöttlichend, ausdehnen. Aus einem Wolkenfeld tauchen seitlich Moses (hier links) und Elias (rechts) in Halbfigur auf, aus dem Scheitel heraus weist die Hand Gottes auf den Kreis. Die drei Lieblingsjünger als Lämmer unter dem Kreis in einer Paradieseslandschaft blicken nach oben. Am unteren Apsisrand marschieren alle 12 Apostel als Lämmer auf.

☆ Die Apsis der Kirche des Katharinenklosters, Sinai (565), verzichtet auf Symbolisierung und enthält bereits alle Elemente der nachikonoklastischen orthodoxen Fassungen des Motivs. Christus schwebt in einer längsovalen Strahlenmandorla über den zusammengekauerten Jüngern; seitlich auf festem Untergrund Elias und Moses.

An die Symbolik-Traditionen von Classe hielten sich die Bilderstürmer offenbar: Christus erscheint als eucharistisch-kosmographisches Kreuz zwischen einfachen Steckkreuzen (als Moses und Elias) in kappadokischen Kirchen an den Hochwänden über den Apsiden (→ Bilderfeindliche Ornamente; → Kreuz; → Eucharistie). An entsprechenden Stellen werden in der frühmittelbyz. Zeit die Metamorphosis-Darstellungen angebracht. Die → Himmelfahrt Christi besetzt die Kuppel oder das Gewölbe darüber (Cavusin Kilise, 2. Hälfte 10. Jh.).

Bildzeichen aus drei Kreuzen, das u. a. auf die Metamorphosis hinweist. Barbara Kilise, Göreme, Kappadokien.

Seit 1600 wird die Metamorphosis durch Geschehnisse gerahmt, die sich unmittelbar davor und unmittelbar danach abspielen:

»Hinter dem Berg (links vom Gipfel) ist wieder Christus, er geht hinauf und zeigt auf die Spitze des Berges. Auf der anderen Seite gehen die Apostel wieder hinab und schauen mit Furcht hinter sich.« *Malerhandbuch (Ermenia)*

Das unerschaffene Licht der Mystiker

Apokryphes Hebräer-Evangelium (um 180): Christus offenbarte auf dem Berg, auf dem zuvor seine → Versuchung stattgefunden hatte, seine Göttlichkeit. Origines (ca. 185–253/254) nennt erstmals den Tabor als Berg der Verklärung. Die Liturgie setzt ihn mit dem ewigen Berg Zion, als der Wohnung Gottes, gleich.

Auf mittelbyz. Darstellungen gehen die Strahlungen von Christi Unterbauch aus, wo das Nervenzentrum des Sonnengeflechts (Solarplexus) sitzt! Damals war die mystische Bewegung auf dem Höhepunkt – ihr Ziel die Schau *(Theoria)* des ungeschaffenen Lichtes vom Berge Tabor, ihre Methode die meditative Versenkung. Die Gegner verspotteten die Mystiker als »*Nabelbeschauer*« (Omphaloskopie). Die Konzentration auf den Solarplexus war demnach für die mystische Praxis wichtig. Tabor wird u. a. von hebr. Ṭabor = Nabel, Mitte des Landes (gleichbedeutend mit Ursprung) abgeleitet (→ Berg). Die Hymnendichtung des bedeutendsten Lichtmystikers belegt, daß der Meditierende mit dem Lichte der Metamorphosis Gott selbst schaut:

»Denn zum Erbeben, zum Erbeben, sage ich – nicht läßt es sich gebührend sagen –, bringt uns jenes Licht, das ich erblicke, das der Welt gebricht. Es liebt mich jener, der in dieser Welt nicht ist, und ich inmitten meiner Zelle schaue den, der außerhalb der Welt. Auf meinem Bette sitze ich, und außerhalb der Welt ist mein Verweilen. Den aber schaue ich, der immer ist und dennoch ward geboren.« *Simeon, der neue Theologe (949–1022), 13. Hymne*

Verkündigung Mariä
Ο ΕΥΑΓΓΕΛΙCΜΟC
O Ewangelismós

Voraussage der Geburt Christi durch den Erzengel Gabriel an die angehende Gottesmutter. Das Hochfest am 25. März begehen die Griechen als Nationalfeiertag. In byz. Zeit war eine Marienikone geistliches Schutzschild des Reiches (→ Akathistos-Hymnus; → Maria; → Heimholung Mariä; → Ikonenwunder).

Festtag der Verkündigung und Festtagsbräuche

Das Hochfest der »Frohen Botschaft« an Maria liegt neun Monate vor dem der → Geburt Christi, beinhaltet Verkündigung und Zeugung Christi.

In der Liturgie hebt der Diakon bei jedem Aufruf zum Gebet sein Orarion (→ Gewänder), stellt die noch vom Fluge her geöffneten Flügel Gabriels beim Besuch der Maria dar. Wie die Engel im Fluge soll sich der Gläubige im Gebet zu Gott erheben (Diakon als Engel → Ostern).

Am 25. März 1821 begann der Aufstand gegen die Türkenherrschaft. Der Erzpriester Germanos von Patras hißte als Signal eine Marienstandarte. Im Gottesdienst wird der Verkündigung an Maria, der Errettung der Menschheit und zugleich der Errettung der Heimat von fremder Besatzung gedacht. Am Abend werfen sich junge Leute in die Tracht der *Klephten (Freiheitskämpfer)*, singen Klephtenlieder, tanzen den heroischen *Tsamiko* und andere Volkstänze.

Darstellung der Verkündigung

»Heute ist der Anfang unsrer Erlösung, und es wird offenbar unsere Erlösung von Ewigkeit her! Der Sohn Gottes wird Sohn der Jungfrau werden, und Gabriel bringt die frohe Botschaft der Gnade: So rufen auch wir der Gottesgebärerin zu: Gegrüßt seist Du, Begnadete, der Herr ist mit Dir!« *Liturgie vom 25. März*

Verkündigung. Tokali Kilise bei Göreme, Ende 10. Jh.

Der Chor versetzt sich in die Rolle des Erzengels. Der schreitet auf den Bildern – meist von links her – lebhaft auf Maria zu, die Flügel noch vom Fluge her geöffnet (Diakon!); in der Linken den Herrschaftsstab, formt er mit der Rechten die Christusgeste (→ Hände). Auf frühen Bildern fahren zwei gestreckte Finger wie Pfeile auf die Augen der Gottesmuter zu:

»Der Engelfürst wurde vom Himmel herab geschickt, die Gottesmutter zu grüßen. Dich sich verkörpernd schauend, Christ Herr, geriet er außer sich und hub mit unkörperlicher Stimme an, ihr dröhnend zuzuschreien: Freude mit Dir, aus der die Freude herausstrahlt, Freude mit Dir, durch die das Leid verlischt ... Freude Dir, Leib der göttlichen Verleiblichung ...« *Anfang des Akathistos-Hymnos* (Anfangsworte oft als Beischriften auf der Ikone verwendet).

Maria steht vor einem Thronsitz mit ovalen Kissen oder sitzt sichtlich erschrocken da, manchmal sich abwendend; die Rechte halb abweisend, halb schicksalsergeben erhoben:

»Wie soll das geschehen, wenn ich doch keinen Mann näher kenne?« *Luk. 1, 34*

In ihrer herabgesunkenen linken Hand hält sie eine Spindel mit scharlachroter Wolle für den Vorhang des → Tempels, ihres Typos (→ Tempelgang). Die rote Wolle steht für Fleisch und Blut der Jungfrau, aus der sich Christus formt.

Von einem Himmelssegment in der Mitte des oberen Bildrandes gehen Strahlen – meist drei für die drei Personen Gottes – zu ihrem Kopf hin aus.

Verkündigung und schöne Pforte

Regelmäßig erscheint der *Evangelismos* auf den Flügeln der schönen Pforte – Gabriel links, die Gottesmutter rechts, als der entscheidende Zugang zum Heilsgeschehen, dem *»Anfang der Erlösung«*. Die Gottesmutter ist zudem die *Pforte* für Gott in die Welt und für die Menschen zu Gott.

Eine weitere Ikone der Verkündigung enthält die Festbildreihe (→ Ikonostase). Als Wanddarstellung besetzt das Motiv eine herausragende Stelle im Kirchenschiff, entweder großfigurig die gesamte Ostwand um die Apsis herum (Kirchen in Kastoria), oder eine Ecktrompe unter der Kuppel (Daphni, Athen, Ende 11. Jh.; Osios Lukas, Anfang 11. Jh.). Mitunter werden Engel und Gottesmutter, wie auf der Schönen Pforte, getrennt und auf verschiedene Wandflächen verteilt.

Die Vorverkündigung im Bild

Der Verkündigung ist nach dem Protevangelium eine Vorverkündigung unmittelbar vorausgegangen. Innerhalb des Marienzyklus wird die Verkündigung meist durch die Vorverkündigung ersetzt:

»Und sie nahm den Krug und ging hinaus, um Wasser zu schöpfen. Und siehe, eine Stimme sprach: Sei gegrüßet, und sie blickte sich um nach rechts und links, woher denn diese Stimme käme. Und es überkam sie ein Zittern.« *Protevangelium 11, 1–2*

In der Chorakirche (Konstantinopel, 1315–1321) steht die Gottesmutter neben einem Brunnen und läßt, zutiefst erschrocken, fast ihren Krug fallen. Quelle und Krug (→ Geburt Christi) symbolisieren die Gottesmutter selbst als → lebensspendende Quelle – für Christus als Wasser des Lebens.

Weitere Details des Motivs der »Hauptverkündigung«

Die im Westen obligatorische Taube des Heiligen Geistes kommt gelegentlich vor (Athos, Diptychon Ajiou Pawlou), eine Buchrolle kann die Spindel ersetzen. Mitunter wächst

Vorverkündigung am Brunnen. Chorakirche, Konstantinopel, 1315–1321.

zwischen Gabriel und Maria ein kleiner Baum hoch, er läßt sich als → Wurzel Jesse, zugleich als → Lebensbaum, deuten.

Entwicklung des Verkündigungsmotivs
Als eines der ältesten Motive aus dem NT – (in der Katakombenmalerei ist der Engel ungeflügelt, siehe Rom, Priscilla Katakombe, 2. Jh.) – hat sich das Verkündigungsbild bis in postbyz. Zeit nur wenig verändert.
Das mittelbyz. Bild betont das Hoheitsvolle der Himmelskönigin, oft frontal nach vorne vor ihrem Thronsitz ausgerichtet, wie → Maria zwischen zwei Engeln. Der Hintergrund ist einheitlich blau oder golden (Daphni, Athen, Ende 11. Jh.), sie kann aber auch als die »*Pforte für den Gottessohn*« unter einer einfachen Torbogenarchitektur stehen (Tokali II, Göreme, Ende 10. Jh.; Barbara Kilise, So'anli, Anfang 11. Jh.).
Auf spät- und nachbyz. Bildern ist die Gottesmutter emphatisch bewegt, wendet ihren Kopf dem Engel zu oder hinauf zu den göttlichen Strahlen. Die widersprüchliche Haltung – Oberkörper abgewandt vom Engel, Kopf ihm zugewandt – macht auf pschologisch geschickte Weise ihre widersprüchlichen Empfindungen sichtbar. Der Innenraum wird durch Innen- oder auch Außenarchitekturdetails angedeutet. Auf russischen Ikonen schwebt oft hinter oder über ihr ein → Ciborium – ein darangehängter Schleier ist Symbol ihrer Jungfräulichkeit.

Versuchung Christi
Ο ΠΕΙΡΑΣΜΟΣ ΤΟΥ ΧΡΙΣΤΟΥ
O pirasmós tou Christoú

Den Zyklus der Wundertaten und → Wunderheilungen Christi eröffnet die → Taufe Christi mit der Erscheinung Gottes in dreifacher Gestalt. Häufig folgt ihr die ebenfalls dreifache Versuchung Christi durch den Teufel, Gottes Widersacher. Zu Beginn des Wirkens Jesu möchte der »*Herr dieser Welt*« erreichen, daß Christus seine Oberhoheit anerkennt, am Ende setzt Christus seinen Fuß auf ihn (→ Fuß, → Ostern). Die Auseinandersetzung mit dem Teufel erfährt eine dramatische Steigerung: Erst erweist sich Christus in der Wüste, dem Machtgebiet des Bösen (die Mönche ziehen in die Wüste, um mit den Dämonen zu kämpfen), als unbeeinflußbar, dann nimmt er ihm mit seinen Krankenheilungen ein Territorium nach dem anderen ab, zeigt mit seinen Wundertaten, wem die Elemente gehorchen, um ihn endlich mit seinem Opfertod zu besiegen. Zum Wüstenaufenthalt von 40 (→ Zahl 40) Tagen wurde Christus vom Heiligen Geist veranlaßt, der unmittelbar davor bei der → Taufe auf ihn herabgekommen war. Es ist die Initiation Christi in Amt und Aufgabe (vergleichbar der religionsethnologisch gesehen »schamanischen« Initiation des → Jonas im Fischbauch). Wer Heilung bringen will, muß erst selbst durch die äußerste Gefährdung hindurchgegangen sein.
Die drei Versuchungen nach *Matth. 4, 1–11* und *Luk. 4, 1–13* werden in mittelbyz. – häufiger noch in spätbyz. Zeit zu einer Kompositszene zusammengefaßt: Ein winziger schwarzer »Engel« will Christus, der 40 Tage gefastet hat, veranlassen, aus Steinen Brot zu machen,

Versuchung Christi, Chorakirche, Konstantinopel, 1315–1321.

vom Tempel oder einem Postament davor herabzuschweben, schließlich aus den Händen des Satans die Welt anzunehmen (allegorisch als drei oder sechs Könige dargestellt). Bisweilen vertritt den Tempel ein purpurner Altar (→ Ciborium).

Um Jesus zu verführen, Wunder in seinem Namen zu tun, benutzt der Schwarze Bibelzitate, die Christus ebenfalls mit Zitaten aus dem AT kontert.

Bedeutende Wunder, die Christus später, aber in Gottes Namen, vollzieht, beziehen sich auf die Versuchungssituationen:

☆ Steine zu Brot – Speisung der 5000 (→ Wunderspeisungen).
☆ Vom Tempel herabschweben – → Himmelfahrt Christi.
☆ Über die Welt herrschen – → Verklärung, zweite Wiederkunft Christi.

Alle Versuchungen hatten kosmische Dimensionen: Brot gewährleistet die Gemeinschaft der Menschen und mit Gott, Christus selbst versteht sich als Brot des Lebens. Der Tempel ist Modell des Kosmos, in der letzten Versuchung unverblümt Christus angeboten. Der Lichtlose will erreichen, daß Christus sich anmaßt, wie Adam Gott gleich zu sein, bzw. den Satan als gottgleich anzuerkennen (→ Teufel), er probiert den gleichen Trick aus wie im Paradies, versucht nochmals die Revolte gegen Gott, durch die er seinen Status als Engel verlor.

Drei Bitten des Vaterunser sind direkt auf die Versuchungssituationen bezogen:
»Dein Reich komme«
»Unser täglich Brot gib uns heute«
»Führe uns nicht in Versuchung, sondern erlöse uns von dem Argen (= dem Teufel).«

Weihrauch

→ Altar; → Proskomidie

Weisheit

→ Maria; → Sophia

Welt

→ Himmel; → Kirchengebäude; → Pfingsten; → Versuchung Christi

Wunder am Meer
ΤΑ ΘΑΛΑΣΣΙΑ ΘΑΥΜΑΤΑ
Ta thalássia tháwmata

Elementarwunder Christi, erweisen ihn als Herrn über das menschenfeindliche Chaos.

Meer – Bereich des kosmosfeindlichen Chaos
Wenn Christus die Wogen bändigt – am See Genezareth, aufgefaßt als Meer –, beweist das seine göttliche Herrschaftsmacht über die Elemente. Wie die Wüste mit ihren Dämonen (→ Versuchung Christi) ist das Meer Bereich des Chaos. Es umschließt als Urozean, als der große → Drache den → Kosmos, hält ihn und bedroht ihn auch (→ Taufe Christi; → Noah). Nach dem AT kann nur Gott dem Chaos Einhalt gebieten:

»Eine Grenze hast Du gesetzt, die sie (die Meeresfluten) nicht überschreiten. Sie dürfen die Erde nicht nochmals bedecken!« *Ps. 104, 9*

Meeresfluten sind ein Bild für feindliche Heerscharen:

»Siehe, so wird der Herr über sie kommen lassen starke und viele Wasser des Stroms, nämlich den König von Assyrien und alle seine Herrlichkeit, daß sie über alle Bäche fahren und über alle Ufer gehen, und sie werden einreißen in Juda und wegschwemmen und über die Ufer herlaufen, bis daß sie an den Hals reichen ...« *Jes. 8, 7–8*

Gott kann Sintfluten aller Art herbeiführen, kann aber auch vor ihnen schützen.

Das Motiv der Stillung des Sturmes
Nach *Matth. 8, 23–24, Mark. 4, 35–41* und *Luk. 8, 22–25*: Christus schläft ruhig im Heck eines Schiffes auf wildbewegter See, einem höhlenartigen Kessel inmitten verwegener Berglandschaft. Die Jünger versuchen das Segel zu raffen, zu rudern, das Schiff in der Gewalt zu behalten. Ein nacktes Männlein als Windgott bzw. Windköpfe in den Wolken pusten mit vollen Backen. Petrus weckt Christus – oft ein zweites Mal dargestellt –, der mit ausgestrecktem rechtem Arm und der Christusgeste (→ Hände) den Sturm zum Schweigen bringt: Das Schiff, dessen Takelung das → Kreuz repräsentiert, spielt an auf die Arche → Noah sowie auf das Kirchenschiff, in dem die Gläubigen unbeschadet durch das Chaos-

Stillung des Sturmes. Spätbyzantinische Wandmalerei in der Klosterkirche Panajia Mawrotissa bei Kastoria.

meer hindurchfahren. Die Meereswunderdarstellungen, aufgekommen in der nachikonoklastischen Buchmalerei, werden als Wandmalereien in spätbyz. Zeit und danach bedeutsam.

Das Motiv des Wandelns auf dem Meer
»Meer, mit schrecklichen und wilden Wellen; auf demselben ein Schiff und auf diesem die Apostel voll Furcht. Petrus ist draußen im Meer bis an die Knie eingesunken und streckt die Hände aus. Christus geht auf den Wellen und nimmt ihn bei der Hand.« *Malerhandbuch Ermenia*

Wie Christus auf dem Meere wandelt und Petrus vergeblich versucht, es ihm nachzutun, wird Matth. 14, 20–33 beschrieben. Christi Bemerkung: »*Du Kleingläubiger, warum zweifelst Du?*« stellt hier eine deutliche Beziehung her zwischen der Fähigkeit, nicht im Meer unterzugehen, und dem jeweiligen Bewußtseinszustand. Meer kann Gefährdung der Bewußtseinsstabilität verbildlichen (hebr. Terhom = Erregung, Urflut).

Das Motiv ist in spätbyz. Zeit häufiger, kommt zur Bildchiffre verkürzt auch in frühchristl.

Zeit vor (Dura Europos, Syrien). Das Wandeln eines im religiösen Bewußtsein Fortgeschrittenen auf dem Wasser ist ein den Orthodoxen, Muslims und Buddhisten gemeinsames Erzählmotiv:

Ein Gottesgelehrter findet auf einer Insel einen Einsiedler, der eine Gebetsformel fehlerhaft spricht, belehrt ihn eines Besseren, steigt in ein Boot und fährt weg. Der Einsiedler läuft übers Meer zu seinem Boot hin und bittet ihn, doch die Belehrung zu wiederholen, er habe inzwischen alles vergessen. Der Gelehrte erkennt, daß der Eremit mehr von Gott begriffen hat als er selbst.

Wunderheilungen Christi
ΟΙ ΘΑΥΜΑΤΟΥΡΓΟΙ ΘΕΡΑΠΕΙΕΣ
I thawmatoúrji therapíes

Krankenheilungen machen den Hauptteil von Christi Wundertaten aus. Seine Umgebung hat ihn als den göttlichen Heilenden (»Heiland«) begriffen. Noch am Kreuz wird er deswegen verspottet: »Er hat anderen geholfen, aber kann sich nicht selbst helfen.« *Mark. 15, 3*

Heilungen im Ritus und in der Wandmalerei
»Mein Volk, was habe ich Dir getan, womit habe ich Dich belästigt? Deine Blinden habe ich sehend, Deine Aussätzigen rein gemacht, den auf dem Bette liegenden Mann ließ ich aufstehen. Mein Volk, was habe ich getan, und was hast Du mir vergolten?« *Liturgie des großen Freitags*

Die liturgischen Texte stellen in antithetischer Poesie die Wohltaten Christi den gegen ihn gerichteten Untaten entgegen. Die Wunder gelten als Vorboten für den Einbruch des Gottesreiches in diese Welt, für die Auferweckung der Verstorbenen. Krankheit gehört zum Tod. Heilung richtet sich gegen Hölle, Tod und Teufel. Der Satan zum Hades:

»Der gekreuzigte Christus hat mir viel Böses zugefügt in der oberen Welt, als er mit den Sterblichen wandelte. Denn wo er meine Knechte (die Dämonen) traf, da hat er sie verfolgt, und wieviele Menschen ich auch verkrüppelt, blind gemacht, lahm, aussätzig und dergleichen mehr – er hat sie durch das Wort allein gesunden lassen und viele, die ich fürs Begrabenwerden vorbereitet, die hat er durchs Wort allein wieder lebendig gemacht.« *Apokryphes Nikodemusevangelium 20, 1*

Christus heilt die Schwiegermutter des Petrus. Vorhalle Chorakirche, Konstantinopel, 1315–1321.

Von frühbyz. Zeit bis um 1000 werden auf Wandmalereien die Wundertaten nach dem Vorbild der Buchillustration eingebettet in den Zyklus des Lebenslaufes Christi zwischen → Taufe, → Versuchung mit anschließender → Berufung der Jünger, Hochzeit zu Kanaa (→ Wunderspeisungen) und Auferweckung des → Lazarus, die zum → Passionszyklus überleitet. Nach Herausbildung des → Festtagskalenders werden die Wundertaten wie der → Marienzyklus, in die Vorhalle abgedrängt: Die Wunder verhalten sich als zeichenhafte Vorbilder zur endgültigen Errettung, wie die Vorhalle, die den Gläubigen auf das Innere des Kirchenraums vorbereitet.

Das Malerhandbuch nennt 28 Heilungen. Große Zyklen – Heilungen in der Chorakirche (Konstantinopel, 1315–1321) – bezeugen: Christus als universeller Arzt heilt alle (damals bekannten) Krankheiten. In kleinen Kirchen werden höchstens zwei Heilungen dargestellt. Christus vollzieht immer den Segensgestus (→ Hände), berührt die zu Heilenden.

Darstellung einzelner Heilungen

☆ *Besessene:* Auf Befehl Christi entfliehen winzige schwarze Engel – Dämonen – dem Mund eines sich auf dem Boden Krümmenden.

☆ *Aussätzige:* Christus inmitten der Apostel auf einem Berg hält seine Hand auf den Kopf eines mit Schwären Bedeckten, der kniet vor ihm, spuckt seine Krankheit in Form von Fischschuppen aus. »*Und Jesus rührte ihn an...*« *Matth. 8, 3*. Üblicherweise hatten die Menschen Angst, Aussätzige zu berühren. Fromme Menschen wie Basilius eiferten Christus nach, umarmten und küßten Aussätzige. Aussatz galt als Folge der Sünde, wurde als Sinnbild für sie gebraucht. Die Gesellschaft hat Schwerkranke und Gebrechliche aus der Sozialgemeinschaft entfernt, der Unwirtlichkeit ausgesetzt (aussätzig = ausgesetzt).

☆ *Totenerweckungen:* Der Sohn der Witwe (Jüngling zu Nain, *Luk. 5, 12–14*) liegt, mit Leichentüchern umwickelt, auf einem Bett, von vier Männern vor den Toren einer Stadt abgestellt. Christus hält es mit der Linken, macht mit der Rechten den Segensgestus. Die Witwe kniet vor ihm und rauft sich die Haare.
Das Töchterchen des Jairus sitzt auf einem goldenen Bett, im Hintergrund Andeutung einer Stadt. Christus nimmt es bei der Hand, zieht es hoch. Hinter ihm Petrus, Jakobus und Johannes, seitlich in vornehmer Kleidung die Eltern, die Mutter stützt die Wange *(Mark. 5, 21–24; Luk. 8, 49–56)*

☆ *Die Blutflüssige:* In enger Verbindung mit der Auferweckung des Mädchens steht die Heilung der Frau, die hinter Christus niederfällt und seinen Gewandsaum berührt. Das macht sie gesund. Christus spürte, wie von ihm eine Kraft ausgegangen ist *(Mark. 5, 25–34; Luk. 8, 43–48)*. Menstruationsblut ist im Kult des am stärksten verunreinigende Mittel und magisch gefährlich (→ Darbringung im Tempel).

☆ *Die Krankheit der Schwiegermutter des Petrus:* Christus zieht die kranke alte Frau von ihrem Lager hoch, neben ihm Petrus, hinter ihm oft Jakobus und Johannes.

☆ *Die Besessenen und die Schweine:* Aus den Mündern zweier Männer, die zuckend am Boden liegen, eine Hand nach Christus ausgestreckt, die andere auf die Erde aufgestützt, entweichen schwarze »Engel« (→ Teufel) und dringen in die Mäuler von Schweinen – für Juden unreine Tiere – ein. Die Hirten stürzen davon *(Matth. 8, 28–34; Mark. 5, 1–20)*.

☆ *Gichtbrüchiger:* Zwei Männer decken das Dach eines Hauses ab, lassen an Stricken ein Bett mit einem Bettlägerigen zu Christus hinab. Jesus, von Volk umgeben, segnet ihn. Hinter ihm Jünger. *(Mark. 2, 1–12)*

Heilung der zugleich körperlichen und seelischen Blindheit

Von den zahlreichen im NT geschilderten Blindenheilungen werden abgebildet:

☆ die Heilung zweier, die unter einem Baum sitzen. Christus berührt sie mit seinem Finger – dem »*Finger Gottes*« *(Luk. 11, 20, Matth. 20, 29–34)*.

☆ Christus bestreicht die Augen eines Blinden mit einem Brei aus Erde und seinem Speichel. Der Blinde wäscht seine Augen und wird sehend *(Joh. 9, 1–23)*. Die Neuschaffung des Augenlichtes aus Christi Speichel und aus Erde erinnert an die Erschaffung Adams aus dem Atem Gottes und Erde *(1. Mose 2, 7)*. Die Waschung im Teich Siloach, dargestellt als vierteiliger Brunnen (→ Lebensspendende Quelle → Zahl 4) ist Hinweis auf die Taufe.

Das Blindsein ist Metapher für geistige Blindheit: man erkennt Gott nicht, eine Sünde, die das körperliche Gebrechen auslösen kann. Krankheit wird im Judentum grundsätzlich, auch im NT, in byz. Zeit und teilweise noch heute als Folge eines schuldhaften Verhaltens angesehen. (Eine 1984 durchgeführte Untersuchung an krebskranken Frauen ergab, daß ein Drittel ihre Leiden auf moralisch-sündhaf-

tes Verhalten – »Ich habe als Kind einmal gestohlen«, »Ich habe zu viel Schmerztabletten genommen!« – ansehen.)
Christus heilt mit der Krankheit deren Ursache, vergibt die Sünden.

Wunderspeisungen
ΟΙ ΘΑΥΜΑΤΟΥΡΓΟΙ ΧΟΡΤΑΣΜΟΙ
I thawmatourjí chortasmí

Wunderbare Vermehrungen von Speisen – Brot, Wein, Fisch – Präfigurationen der → Eucharistie. Negatives Gegenbild dazu im NT ist die erste → Versuchung Christi, die der Brotvermehrung.

Darstellungen der Hochzeit zu Kanaa

Die Hochzeit zu Kanaa. Ajios Nikolaos Orphanos, Thessaloniki, Anfang 14. Jh.

Die Hochzeitsgesellschaft zu Kanaa (Joh. 2, 1–11) schart sich um einen langen speisenbedeckten Tisch. Die → Brote sind mit Stempeln als Prosphoren (→ Proskomidie) gekennzeichnet – der Tisch ist der → eucharistische Altar. In der Mitte dahinter die Braut, gekleidet in jungfräulichem Weiß, links der graubärtige Bräutigam. Beide tragen nach orthodoxem Brauch *Stephanomata, Brautkronen* (→ Mysterion); die als Ehrenpreise für die bis zur Hochzeit durchgehaltene Tugendhaftigkeit gelten.

Braut und Bräutigam versinnbildlichen aber auch – wie jedes orthodoxe Paar während der Trauung – die mystische Hochzeit zwischen dem Bräutigam Christus und seiner Braut, der Kirche. Die Vorstellung, daß jede einzelne Seele die Braut Christi sei, hat im 2. Jh. Origines anhand der Liebesgesänge des *»Hohen Liedes Salomonis«* erläutert. Dies begründete die mystische Tradition der Orthodoxie, die auf Vereinigung *(Enosis)* mit Gott und auf Vergottung *(Theosis)* abzielt.

Christus neben dem Bräutigam wendet sich seiner Mutter zu, die ihm ins Ohr flüstert: »Sie haben keinen Wein mehr.« Der prachtvoll gekleidete Kellermeister gegenüber bricht in einen Toast aus (Nikolaos Orphanos, Thessaloniki, Anfang 14. Jh.). Meist unterm Tisch die sechs Krüge, die Christus mit Wasser füllen läßt, um es in Wein zu verwandeln.

Ab spätbyz. Zeit häufig dargestelltes Motiv. In den frühen Kurzfassungen auf Sarkophagen entfällt die Hochzeit (4. Jh.): Christus berührt mit einem Zauberstab die Krüge. Später wurden nach und nach ein Wasser einfüllender Diener, die Gottesmutter und das Brautpaar ins Bild aufgenommen.

Die Speisung der Fünftausend im Bild

Schauplatz der Speisung (Matth. 14, 13–21; Mark. 6, 33–4; Luk. 9, 10–17; Joh. 6, 5–14) ist ein Berggipfel. Ein Apostel reicht Christus einen Korb mit fünf Broten und zwei Fischen. Der nimmt ihn, blickt zum Himmel. Das Volk hat sich in fünf Gruppen – jeweils eine gilt für 1000 Leute – gelagert. Andere Apostel verteilen die Speisen. Zwölf Körbe bleiben übrig, ein Hinweis des NT auf die zwölf Schaubrote, eins für jeden Stamm Israels, im salomonischen Tempel. Den fünf → Broten, die alle sättigten, entsprechen die fünf Prosphoren der → Eucharistie (→ Brot, → Mandylion, → Kreuz, → Zahl Fünf). Der → Fisch ist Namenssymbol Christi. Fische können in Abendmahlsdarstellungen anstelle des Brotes treten. Auf den für die Sepulkralkunst des 4. Jh.s typischen Kurzfassungen berührt Christus mit seinem Zauberstab Körbe zu seinen Füßen, ein oder zwei Apostel reichen ihm Brot und Fische zu.

Sarkophage und Mosaiken des 5. und 6. Jh.s (Sant' Apollinare Nuovo, Ravenna, Anfang 6. Jh.); Christus steht frontal mit segnend ausgebreiteten → Händen da, wie auf frühchristl. Kreuzigungsdarstellungen (→ Oranten), segnet mit der Rechten gestempelte Brote, mit der Linken einen Fisch. Beides halten je zwei Apostel in verhüllten Händen – eindeutig eine Anspielung auf den → eucharistischen Gottesdienst.

Das Malerhandbuch erwähnt zusätzlich eine nachbyz. Variante des Motivs nach *Matth. 15, 29–39* und *Mark. 8, 1–9:*

»Die sieben Brote und wenige Fische sind in einem Korbe. Christus schaut gen Himmel und segnet sie. Die Apostel verteilen sie an die Scharen, indem je zwei einen gefüllten Korb tragen und andere den Inhalt austeilen.«

Wurzel Jesse

H PIZA TOY IECCAI
I ríza tou Jessá

Stammbäume belegen, daß eine bestimmte Sippe direkt von einem Kulturheros oder einem höchsten Wesen abstammt, das bereits im Uranfang existierte. Stammbäume von Herrschern legitimieren deren Herrschaftsanspruch. *Jesu Stammbaum, Luk. 3, 23–38,* führt über Adam direkt zu Gott zurück, *Matth. 1, 1–17* bis zu → Abraham, wobei → David, Sohn des Jesse, erster König Israels und künftiger Heilskönig, besonders herausgestellt wird. Die beiden Genealogien stimmen nicht völlig überein. Alle Darstellungen folgen *Matth. 1,* der am Sonntag vor Weihnachten im Gottesdienst verlesen wird:

»Alle Glieder von Abraham bis auf David sind 14 Glieder. Von David bis auf die babylonische Gefangenschaft sind 14 Glieder. Von der babylonischen Gefangenschaft bis auf Christus sind 14 Glieder.«

Der Text verleiht dem Stammbaum Christi eine kosmisch-astronomische Weihe: Die → Zahl 14 entspricht einer halben Mondphase. Wird die babylonische Gefangenschaft mit dem Neumond gleichgesetzt, so entspricht die Herrschaft Davids wie die Königsherrschaft Christi, des neuen David, zwischen denen genau ein Weltenmonat liegt, dem Weltenvollmond.

»Und es wird eine Rute aufgehen vom Stamme Jesse und ein Zweig aus seiner Wurzel Früchte bringen.« *Jes. 11, 1*

Entsprechend dieser Weissagung wird seit mittelbyz. Zeit der Stammbaum Christi wiedergegeben, wie im Malerhandbuch ausgeführt:

»Der gerechte Jesse schläft. Aus seinem Rücken gehen drei Zweige hervor; zwei sind klein und schlingen sich ineinander, der andere ist groß und steigt nach oben. In ihn sind eingeflochten die Könige der Hebräer von David bis Christus. Zuerst David, die Harfe tragend, dann Salomon, oberhalb des Salomon die anderen Könige nach der Ordnung, Szepter tragend, und auf der Spitze des Zweiges die Geburt Christi. Auf der einen und der anderen Seite sind die → Propheten mit ihren Weissagungen; sie sind in Zweige verschlungen, schauen auf Christus und zeigen auf ihn. Unter den Propheten sind die → griech. Weisen und der Seher → Bileam. Sie halten ihre Spruchbänder und schauen nach oben, auf die Geburt Christi.«

Dem Stammbaum sind verschiedene griechische Weise zugeordnet, z. B. Solon, Sokrates, Homer, Aristoteles, Pythagoras, Galenos und sie Sibylle (Athos, Lawra, 1512; Dochiarion, 1568). Das Blattwerk kann aus Weinlaub bestehen: Christus ist der Weinstock.

In spätbyz. Zeit werden verschiedentlich die Voreltern von Adam bis Jakob (nach Lukas) in Nebenkuppeln um ein Christusmedaillon im Scheitel sowie 16 Könige aus dem Hause David um ein Marienmedaillon herum angeordnet (Chorakirche, Konstantinopel, 1315 bis 1321).

Zahl

O APIΘMOC
O arithmós

Zahlen, auch geometrische Figuren, die sie repräsentieren, sind ein Mittel, die Welt zu beschreiben, zu vermessen und sie zu begreifen, d. h., sie in den eigenen geistigen Besitz einzugliedern. Die Alten benutzten die Zahlen, die für sie mehr waren als nur Meßeinheiten, dazu, Beziehungen zwischen der eigenen Existenz und der großen Welt herzustellen. Sie gliederten ihre Umwelt durch Zahlen, die sie im Kosmos vorfanden. Die Aufstellung eines Kalenders mit 12 Monaten nach den 12 Mondphasen stellte die Übernahme eines periodischen Himmelsereignisses als Gliederungsmittel des Gemeinschaftslebens dar, das in Übereinstimmung mit dem Rhythmus der Natur gebracht werden sollte. Die Einteilung eines Volkes (zumindest theoretisch) in zwölf Stämme (Israel) oder die Besiedlung eines Raumes mit zwölf Städten, bekundete die Absicht, in Harmonie mit der kosmischen Ordnung zu leben.

Die beiden Quellen der frühchristlichen und byzantinischen Zahlensymbolik

☆ Biblische Zahlen: Das AT bevorzugt die 4, 7, 12 und die 40. Im NT werden darüber hinaus verschlüsselte Zahlzeichen genannt *(Joh. 21, 11, → Apokalypse)*, die auf der Gleichsetzung von Buchstaben des hebräischen Alphabets mit Zahlen beruhen (→ Zahl 10, 15).
→ Ephräm der Syrer benutzt in seinen Hymnen eine auf dem Hebräischen basierende Buchstaben-Zahlensymbolik. Meines Erachtens läßt sich eine in frühchristl. Zeit betriebene, auf den hebräischen Zahlen beruhende Geheimsymbolik (→ Zahl 10) bis in die frühbyz. Kunst hinein verfolgen.
☆ Pythagoräische Zahlen: Pythagoras (Samos, 6. Jh. v. Chr.) sah alles Seiende konstituiert durch Zahlen. Für ihn waren sie das eigentlich Seiende – wie später für Platon die Ideen. Kosmos bedeutete für die Pythagoräer ein harmonischer Zusammenklang von Zahlen. Sie entwickelten eine ausgefallene Zahlenspekulation, deren Folgen im mediterranen Volkstum noch heute spürbar sind. Besonders wichtig die Unterscheidung von *ungeraden, männlichen Zahlen* (Zuordnung: rechts, ruhend, Licht, das Gerade, das Gute) und *geraden, weiblichen Zahlen* (Zuordnung: links, Bewegtheit, das Gekrümmte, das Böse).

In der frühchristl. und frühbyz. Kunst gibt es keinen Zahlenwert, keine Anzahl von geometrischen Figuren, von Personen oder Dingen, die man nicht versuchsweise auf ihre symbolische Bedeutung hin abklopfen sollte.

Der Symbolwert der einzelnen Zahlen

Zahl 1: Zahl der unteilbaren Einheit, Grundbaustein aller anderen Zahlen. Gott schuf die Welt am ersten Tag, deshalb ist die Eins Zahl der Schöpfung. In vielen Religionen, auch im Islam, ist sie dargestellt durch den ersten Buchstaben des Alphabetes, wie das hebräische Aleph, die Zahl Gottes, der absoluten Einheit. Das NT geht darüber hinaus, sieht Gott als den Gegensatz: »Ich bin das Alpha und das Omega, Anfang und Ende«, nämlich erster und letzter Buchstabe des griech. Alphabets (→ ABC), zugleich erstes (Alpha = 1) und letztes (Omega = 800; der letzte hebräische Buchstabe Taw = 400, Wortbedeutung »Kreuz«) Zahlzeichen. Gott ist Einheit und Vielheit zugleich.

Dies wird durch die Trinitätslehre betont, die Gott zugleich als Einheit und als Dreiheit (d. h. als den Prototypus der ersten echten Vielheit) sieht und die damit festlegt, daß über Gott keine »ein«-deutige Aussage zu machen ist. Entsprechendes sagt die islamische Vorstellung von den 99 Namen Allahs aus (→ Zahl 99).

Zahl 2: Als Zahl der Zwiespältigkeit, der Polarität, wie der Paarigkeit, eine Zahl mit zweideutiger Wertigkeit. Negativ drückt sie das Zerfallen der Einheit in gegensätzliche Wesenheiten aus, positiv die Ver-*ein*igung zum Paar Mann–Frau als Vorstufe zum endgültigen Aufgehen in Einem. Der Mensch selbst ist *Ein*heit mit Nase, Mund und Nabel – zugleich *paarig* angelegt mit zwei Nasenlöchern, Augen, Ohren, Armen, Beinen und mit zwei unterschiedlich orientierten Gehirnhälften. Überraschend viele byz. Motive spiegeln in ihrem Aufbau die zwie-spältige *Ein*-heitlichkeit der *Axialsymmetrie* des Menschen selbst: Maria zwischen Engeln, Christus zwischen einem Kaiserpaar, die → Deïsis, → Konstantin und Helena. Die Zwei-Naturenlehre selbst folgt der axialsymmetrischen Struktur, betont die Zweiheit der menschlichen wie der göttlichen Natur Christi und zugleich deren Einheit. Auf sie bezieht sich die übliche byz. Zweiersymbolik. Bekreuzigung mit zwei Fingern, Bischofsleuchter mit zwei Kerzen, Prosphora aus zwei Teilen.

Die hebräische Kultur bevorzugt noch strengere Dualitäten: Himmel und Erde für die Gesamtheit der Welt, Gesetz und Propheten für die Gesamtheit der Schriften des AT, Nacht und Tag für die 23 Tagesstunden. Die Poesie der Psalmendichtung besteht darin, daß ein- und derselbe Tatbestand mit 2 verschiedenen einander folgenden Formulierungen wiedergegeben wird. Die byz. Gesänge bekommen dagegen vielfach ihre Farbe durch die antithetische Gegenüberstellung von Gegensätzlichem.

Zahl 3: »*Und daß Gott einer ist oder eine Wesenheit, und daß er in 3 Personen gekannt wird und ist, nämlich Vater, Sohn und Heiliger Geist; und daß der Vater, Sohn und Heiliger Geist durchaus eines sind, ausgenommen des Ungezeugtseins, des Gezeugtseins und des Hervorgehens ...*« Johannes Damaszenus, *Glaubenslehre I, 2*

Drei ist die göttliche Zahl, das erste echte Viele, nicht nur das in ein Paar zerfallene Eine (→ Zahl 1). Das in sich ruhende Eine auf der einen Seite zusammen mit dem Paar auf der andern, dem Sinnbild des Dualen, das unter sich einen Dialog führen kann, ergibt die Drei. Alle Dreiergruppierungen in Byzanz – drei Apsiden, dreimaliges Sich-Bekreuzigen, dreiflammige Bischofsleuchter, dreiteilige liturgische Formeln (dreimal heilig), die drei sichtbaren Arme im Kreuzesnimbus Christi, Dreiergruppen von Personen insbesondere die drei Engel bei Abraham (→ Pfingsten) –, alles das weist schließlich hin auf die Dreieinigkeit Gottes. Die Dreiheit ist eine äußere universelle Gliederung – sowohl des Raumes in der Menschenwelt (indisch: Madya pada = Mittelwelt), Oberwelt und Unterwelt als auch der Zeit in Gegenwart, Vergangenheit und Zukunft. Das kommt auch in der indischen Trinität, die in Shiwa enthalten ist, zum Ausdruck: *Brahma*, der Schöpfer, *Wishnu*, der Erhalter, und *Kala-Rudra*, der Vollender. Auch die Andeutung der *Trinität*, die sich im *NT* findet, ist Repräsentant der Gesamtheit der Zeiten *»Der da ist und der da war und der da kommen wird.« Offbg. 4, 8.* Das Dreieck, im Westen Symbol der Trinität, ist in Byzanz Zeichen der Gottesmutter (→ Maria, → Proskomidie). Die drei trinitarischen Sterne auf ihrem *Maphorion* werden ebenfalls zeitlich gedeutet – Maria blieb Jungfrau vor, während und nach der Geburt Christi.

Unter dem Einfluß der Idee des Trinitarischen haben im christl. Osten wie im Abendland Dreiergruppierungen eine besonders große Bedeutung gewonnen: Märchen und Schauspiele setzen den Helden drei Gefahren aus oder lassen ihn erst im dritten Anlauf sein Ziel erreichen. In Schriftsätzen mit Begründungen werden drei Argumente bevorzugt – in Ost-Asien dagegen vier.

Zahl 4: »Und dann wird er seine Engel aussenden und wird versammeln seine Auserwählten von den vier Winden, von dem Ende der Erde bis zum Ende des Himmels. Mark. 13, 27

Vier ist die Zahl der Welt als des Lebensraums des Menschen oder aber des gesamten Kosmos. Das AT kennt die vier Winde aus den vier Himmelsrichtungen, repräsentiert durch die vier Tiere (→ Hesekiel), durch die vier Angesichtsengel vor Gott oder auch durch vier verschiedenfarbigen Pferde (Sacharias 6ff.). Bei Hesekiel 37, 9 kommt Wind aus den vier Richtungen – es ist ein kosmisch allesumfassender Wind, der den toten Gebeinen Leben einhaucht.

Vier Flüsse umfließen und umgrenzen das Paradies. Vier Hörner, Symbole der Kraft, wie die Winde, hat der Altar (nach altorientalischer Tradition!) im Tempel zu Jerusalem. – Sie sind das Heiligste an ihm. Vier Flüche Bileams wurden viermal in Segen für die Kinder Israel verwandelt *(4. Mose 22–25)*.

In Asien wird der Kosmos durch vier Richtungen bestimmt – Quadrate oder Kreuze sind Symbolbilder der Welt.

Das NT übernimmt die vier Winde bzw. vier Engel als Bild der gesamten Erde *(Matth. 24, 31; Mark. 13, 27; Offbg. 7, 1–2; 9, 14–15; 20, 8)*.

Wichtige byz. Vierer-Einheiten sind u. a.:

☆ Vier Evangelien und vier → Evangelisten, die als Nachfolger der vier Winde die gesamte Welt und die Ausbreitung des Logos in ihr repräsentieren (→ Hesekielvision, → *Dan. 7, 1 ff.*).

☆ Vier Hauptteile, in die in den meisten östlichen Liturgien das Brot als der Leib Christi gebrochen wird.

☆ Vier Punktmarkierungen in den Zwischenräumen zwischen den Kreuzbalken und auf Evangeliaren (Näheres → Kreuz, → Brot).

☆ Vier → Kirchenväter, die die Grundlage der Dogmatik und Liturgie der Orthodoxie gelegt haben.

☆ Vier Quellen, die unter frühchristl. und frühbyz. Kreuzen hervorsprudeln, Symbole des Paradieses und der Welt und gleichzeitig auch der Evangelien (auch → Lebensspendende Quelle, → Kirchengebäude!).

Zahl 5: Zahl der Vollkommenheit, weil sie den fünf Fingern einer Hand entspricht – auch, weil sie sich aus der weiblichen Zahl Zwei und aus der männlichen Gotteszahl Drei zusammensetzt. Mit fünf Kerzen segnet der Bischof einen zweiflammigen und einen dreiflammigen Leuchter in Händen (→ Altar).

Als kosmische Zahl ist Fünf vollkommener als die Vier, weil zu den vier Richtungen die Mitte kommt.

Fünf Säulen repräsentieren im alten Ägypten das Weltenganze (→ Ciborium); fünfsäulig oder fünfhügelig sind in der Regel Altäre afrikanischer Gottheiten. Die Muslims haben diese kosmologische Vorstellung vergeistigt: Die fünf Säulen des Islam sind Glaubensbekenntnis, fünfmaliges Gebet täglich, Almosengeben, Fasten im Ramadan und die Pilgerfahrt nach Mekka. Bei den Mayas in Mittelamerika bedeuten fünf kreuzförmige angeordnete Punkte das Weltenganze, wie in Ostasien (fünf Götter in Farben bilden das Zentrum und die vier Wächter der Welt in Indien und Java, fünf Berge markieren Mitte und Enden des Reiches der Mitte).

Byzantinische Fünfer-Gruppierungen:

☆ fünf Hauptpunkte hat das → Kreuz als Kosmogramm.
☆ fünf Wunden Christi spenden eucharistisches Blut.
☆ fünf Prosphoren werden in der griechisch-orthodoxen Liturgie benutzt (→ Proskomidie), dargestellt durch das Kreuz mit zusätzlich vier Kreisen oder Punkten (→ Wunderspeisungen).

Pythagoras sah die Fünf als Zahl des Menchen (vier Glieder und der Rumpf; fünf Sinne) in seiner Erscheinung als Mikrokosmos, eine Deutung, die er sicherlich vom makrokosmischen Aspekt der Fünf abgeleitet hat.

Fünfer-Symbole können als Schutzzeichen dienen, auch für Verwünschungen herhalten, wie z. B. das Fünfeck bzw. der Fünfstern, das Pentagramm, in Mitteleuropa. Unter den Griechen gilt es als bösartige Beleidigung, jemandem eine Hand mit gespreizten Fingern entgegenzustrecken. – Die Moutza als Abwehrgeste gegen den → Bösen Blick oder Verfluchungen stammt aus Arabien oder Persien.

Zahl 6: Gehört, weil sie der Seitenzahl des Würfels entspricht, zu den vollkommenen Zahlen (→ Tempel), hat mit der Erde (quadratisch oder würfelförmig vorgestellt) und dem Menschen zu tun – in sechs Tagen vollendete Gott die Schöpfung mit der Erschaffung Adams. Ephräm der Syrer sieht die Sechs ebenfalls kosmologisch: Vier Himmelsrichtungen, ergänzt durch unten und oben. Die häufigen frühchristl. sechsstrahligen Sterne (Galla Placidia, Ravenna, Mitte 5. Jh.) spielen auf das Monogramm Christi an, kombiniert aus dem aufrecht stehenden großen I (für Jesus) und einem liegenden Kreuz (= Chi für Christus).

Die Byzantiner reduzieren bisweilen in Bildern aus Platzmangel Zwölfer-Gruppen von Personen auf Sechser-Gruppen. Sechszackensterne, wie der Davidstern, werden auch als zwei einander durchdringenden Dreiecke angesehen, die die Vereinigung aller Gegensätze – des männlichen und des weiblichen Prinzips – bedeuten.

Zahl 7: Zusammengesetzt aus der göttlich geistigen Drei und der erdhaft weltlichen Vier, entspricht sie der Zahl der damals bekannten Planeten (fünf + Sonne und Mond).
In der Spätantike (Mithras-Religion, Gnostiker, frühe Christen) galten sie als die sieben Archonten, die ihre sieben Sphären beherrschten. Die Seele, bei der Geburt über die sieben Hüllen herabgestiegen, mußte nach dem Tod den gefährlichen Aufstieg an den despotischen Archonten vorbei auf sich nehmen. Seelengeleiter war der »gute Hirte«, er trug das Seelen-Lamm durch die gefahrvollen Zonen.
Die sieben Töne der Tonleiter waren den Sphären zugeordnet. Der Christus – Orpheus beherrschte mit den Tönen auch die Archonten. (Sphärenkreuz, Kizil Cukur, Üzümlü Kilise, 8.? Jh.) Das gnostisch beeinflußte Perlenlied in den Thomasakten schildert die Seelenreise (→ Drachen).
Weitere Symbole der Planetensphären: Sieben Zweige der (→) Lebensbäume – auch der Menorah (siebenarmiger Leuchter im Tempel zu Jerusalem) sowie asiatisch schamanische Baumsymbole; sieben Stufen der Zikkurats (→ Turmbau zu Babel); sieben Stufen eines Thrones; sieben rituelle Schritte: Die sieben Schritte der halbjährigen Gottesmutter (→ Marienzyklus), des neugeborenen Buddha nach Norden, versinnbildlichen das Hinausschreiten über die Planetensphären (ähnlich das Hüpfspiel »Himmel und Hölle«).
Als aktivierende (ungerade) Zahl sorgt die Sieben dafür, daß etwas passiert: Siebenmal betet Elias um Regen, dann kommt er *(1. Kön. 18, 43 ff.)*. (Die Sieben als wichtige Zahl im Regenzauber; sieben Farben des Regenbogens). Siebenmal mußte sich Naeman im Jordan waschen, um vom Aussatz frei zu werden

(4. Kön. 5, 14). Vor allem: *In sieben Tagen hat Gott die Welt erschaffen.*
Der Offenbarung zufolge beherrscht die Siebenzahl auch der Welt Ende: sieben Gemeinden, sieben Leuchter, sieben Sterne, sieben Engel, sieben Siegel, sieben Trompeten, sieben Plagen, das Untier mit sieben Hörnern, der Drache mit sieben Häuptern und sieben Kronen. Eine böse Sieben! Aber: sieben Bitten garantieren die Wirksamkeit des wichtigsten christlichen Gebetes – des Vaterunser.
In der orthodoxen Kirche gibt es sieben Gaben des Heiligen Geistes. Priester vollziehen die Krankenölung, die jeweils siebenmal wiederholt wird; sieben Konzile werden als ökumenisch, weltweit verbindlich, anerkannt.

Zahl 8: Sie verkörpert die Vollendung: Am achten Tage der Woche ist Christus auferstanden, hat die Schöpfung vollendet. Deshalb wird am achten Tag nach wichtigen Festen eine Nachfeier (die Oktav) abgehalten. Sieben ist die Zahl des gegenwärtigen Lebens, Acht des kommenden ewigen. Die verdoppelte Vier ist aber auch Zahl der Vollkommenheit des Kosmos. Neben der Vierer- (und Fünfer-) Symbolik wird in Asien das Achter- (und Neuner-)Symbol des Kosmos verwendet – der achtblättrige Lotos. Ein Kreis aus acht Waffen repräsentiert in Bali die acht Wächtergottheiten des Alls. In Athen steht der antike achtseitige Turm der *Winde* mit den acht Reliefs der *Richtungsgottheiten*. Die kosmische Bedeutung der Acht-Zahl ergab sich durch Einschieben von vier Zwischenhimmelsrichtungen zwischen die vier Kardinalpunkte. So entstand ein achtstrahliges, -blättriges oder -eckiges Symbolgebilde, das zwischen Quadrat- und Kreisform in der Bedeutung von Erde (Viereck) und Himmel (Rund) vermittelt und beides umfaßt.
Besonders beliebt war die Acht in frühkonstantinischer Zeit: Das verbreitetste Christus-Sonnenmonogramm war achtstrahlig, erscheint auch als → Stern. Baptisterien und Martyrien erhielten, nach dem Vorbild der die Decke gliedernden Malerei in Katakomben-Cubicula, acht Nischen, waren selbst rund oder achteckig ummantelt. Achteckige Taufbecken weisen hin auf die Taufe (und Bluttaufe = Märtyrertum) als den Weg zur Achtheit – dem ewigen Leben, Verwirklichung räumlicher und zeitlicher Vollkommenheit).
Der feststehende Teil des byz. → Kirchenjahres ist in einen Zyklus von jeweils acht Wochen (Oktoichos) unterteilt (→ Liturgie).

Zahl 9: Als potenzierte Drei ist die Neun eine göttliche Zahl. In Asien wird den acht Himmelsrichtungen als neunte das Zentrum hinzugefügt (dort dienen die Vier, Fünf, Acht wie die Neun als Basis für Kosmogramme). Aber auch die neun Engelchöre des Dionysios Areopogita (→ Himmlische und kirchliche Hierarchie) formen einen vergöttlichten Kosmos.

Zahl 10: Die gut zum Zählen geeigneten zwei mal fünf Finger des Menschen geben der Zehn ihren herausragenden Rang. Das römische Zahlzeichen besteht aus je einer nach oben und nach unten weisenden stilisierten Hand. Daß nach Ephräm dem Syrer die Zehn für Jesus selbst steht, beruht darauf, daß das hebräische Zahlzeichen mit dem Buchstaben Jod identisch ist. Die → Oranten der Katakomben und frühchristl. Mosaiken (Sant'Apollinare in Classe, Ravenna, Mitte 6. Jh.) erheben ihre Hände gespreizt, darin ist – zumal da im Hebräischen Jod = Hand bedeutet – ein ursprünglich geheimes Zeichen für Jesus zu erblicken. Auch das griech. Jota ist Zahlzeichen für Zehn, und die lateinische Ziffer X ist mit dem griech. Chi (Christus) formgleich.

Zahl 12: Zahl des geschlossenen Kreises, der Tierkreiszeichen, der Monate (nach den Mondphasen), der Stunden des Tages wie der Nacht.
AT: Zwölf Stämme umfaßt Israel, zwölf Erzväter waren die Stammväter. Auf zwölf bronzenen Stieren steht das eherne Meer im → Tempel: Je drei blicken in alle Himmelsrichtungen. Je drei Tore haben (nach dem apokryphen Buch Henoch) die vier Seiten der Welt. Für das Judentum des AT ist die Zwölf die zeit- und raumgliedernde Zahl schlechthin.
NT: Zwölf Jünger hat Christus als seinen engsten Kreis – die zwölf Repräsentanten der zwölf Stämme Israels – um sich geschart. Zwölf Körbe Reste bleiben bei der Speisung der 5000 übrig, Anspielung auf die zwölf

Schaubrote im Tempel (→ Wunderspeisungen). Zwölf Sterne trägt die Krone des apokalyptischen Weibes *(Offbg. 12, 1)*. Zwölf Tore und zwölf Grundsteine hat auch das himmlische → Jerusalem *(Offbg. 21, 12)*.
Byzantinische Kirche: Zwölf Kirchenfeste (Dodekaorthon → Festtagskalender) gelten derzeitig als die Hauptfeste, die Ostern flankieren.
Zwölf Propheten heißt das Buch des griech. AT, das die zwölf kleinen, im Gegensatz zu den vier großen Propheten umfaßt. Sie werden als Prototypen der Apostel aufgefaßt. Zwölf Evangelienlesungen bilden die Basis des Passionsgottesdienstes am Abend des großen Donnerstag. Die Zwölf-Zahl weist in jedem Fall – ob zwölf Tauben, zwölf Lämmer oder insbesondere zwölf Sterne – auf die Apostel hin, eine Anordnung von drei mal vier Symboldetails auf das himmlische → Jerusalem.

Kreuzemblem mit vier mal vier Sternen. Ajia Sophia, Thessaloniki, 9. Jh.

Zahl 13: In Byzanz durchaus keine Unglückszahl, bedeutet sie zwölf Apostel und Christus. Deswegen ist z. B. der äthiopische Prosphorenbrotstempel in 13 Felder eingeteilt. 13 ist die Zahl der Hauptfeste einschließlich → Ostern. Die Synode der autokephalen orthodoxen Kirchen Griechenlands besteht aus zwölf Bischöfen und als 13., ihrem Vorsitzenden, dem Erzbischof von Athen und ganz Griechenlands.

Zahl 14: Eine Mondzahl, weil das Gestirn jeweils in 14 Tagen heranwächst und wieder verschwindet, kommt dreimal in der Genealogie Jesu vor (näheres → Wurzel Jesse).

Zahl 15: Die üblichen hebräischen Buchstaben für den Zahlenwert 15 sind JH, die ersten Buchstaben des Gottesnamens Jahwe (Vokale zählen im Hebräischen nicht). Da sie nicht ausgesprochen werden durfte, hat man diesen Buchstabenwert durch 6 + 9 ersetzt. Die 15 geheimnisvollen Punkte, die auf Grabstelen einer frühen judenchristlichen gnostischen Sekte, der Archontiker, auftauchen, spielen vermutlich auf Jahwe an. Die 15 war auch Zahl der Ischtar und die Archontiker verehrten eine Mutter des Lichtes im achten Himmel.

Zahl 16: Vier mal vier ergibt eine vollkommene, auf Erde und Welt bezogene Zahl. Die meisten byz. Kuppelzylinder haben 16 Fenster oder sind in 16 Rippen eingeteilt, zwischen die die 16 Propheten verteilt werden. Die 16 Sterne um ein Kreuzsymbol über der Apsis der Ajia Sophia in Thessaloniki symbolisieren wahrscheinlich ebenfalls die 12 + 4 Propheten des AT. 16 Jahre alt war Maria, als sie Christus gebar (Protevangelium). In mittelbyz. Zeit hat man das Kirchenjahr in 16 Hauptfeste unterteilt. Die üblichen koptischen Prophorensiegel bestehen aus 16 Feldern.

Zahl 24: 24 Älteste, entsprechend den 12 + 12 Stunden des Tages und der Nacht, umgeben nach der Offbg. 4, 4 und 9 den Thron Gottes und des Lammes. Man findet sie häufig auf Athosfresken (→ Apokalypse). 24 Buchstaben hat aber auch das griech. Alphabet (→ ABC; 24 Mondhäuser → Mond).
Da das Alphabet eine Kurzchiffre des Universums oder Gottes als des Logos darstellt, ist es der Garant kosmischer Harmonie. Die 24 Ältesten werden mitunter als Repräsentanten der einzelnen Buchstaben des Alphabetes aufgefaßt. Auf einem koptischen Fresko (Simeonkloster Assuan) folgen die Anfangsbuchstaben ihrer Namensbeischriften dem Alphabet.

Zahl 40: Die sowohl für die Bibel wie für den griech. Volksbrauch mit Abstand bedeutungsvollste Zahl steht einerseits für das Lebensalter des Menschen (Generation, Heiratsalter, Alter der Lebenserfahrung: *Apg. 4, 23),* andererseits für die Dauer von Übergangssituationen (Durchgangsriten, Berufungen zum Propheten) sowohl im Leben des einzelnen Menschen als auch im Sinne eines kosmischen Ereignisses. Einen Zeitraum mit 40 Einheiten zu durchlaufen, bedeutet für den Menschen, aus der Zeit herauszugleiten und die Ewigkeit zu berühren. 4 × 10 ist auch die Kombination der Kosmos- mit der Christuszahl.

AT:

☆ 40 Tage und Nächte stieg die Sintflut durch Dauerregen an (das hebräische Zahlzeichen M für 40 wird *Mem = Wasser* genannt).

☆ 40 Tage war Mose zum Empfang der Gesetzestafeln auf dem Sinai, das erste wie auch das zweite Mal *(2. Mose 24, 18; 5. Mose 10, 10).*

☆ 40 Tage wird Elia von Engeln in der Wüste ernährt.

☆ 40 Jahre wanderte Israel in der Wüste.

☆ 40 Tage mußte Ninive Buße tun.

☆ 40 Jahre regierten Saul sowie die Heilskönige David und Salomon.

NT:

☆ 40 Tage (wie Elia) war Christus nach der Taufe in der Wüste *(Matth. 4, 2; Mark. 1, 19; Luk. 4, 2).*

☆ 40 Tage wandelte Christus nach seiner Auferstehung auf Erden *(Apg. 1, 3).*

☆ Paulus hat von den Juden 5mal in seinem Leben 40 Schläge weniger 1 erhalten *(2. Kor. 11, 24).*

Apokryphen des NT:

☆ 40 Tage und Nächte fastete Joachim in der Wüste.

Byz. Kultur, griech. Brauchtum:

☆ 40 Fenster umkränzen die Kuppel der Ajia Sophia, was ihren kosmographischen Charakter unterstreicht. 40 Abendmahlskelche standen früher auf ihrem Altar (Verteilung der Eucharistie in alle Welt).

☆ 40 Tage dauert das kleine Fasten vor Weihnachten, 48 das große vor Ostern.

☆ 40 Tage nach dem Tod findet das wichtigste Gedenkfest *(Sarantaïmera → Totenbräuche)* statt (bei den Kopten sind 40 Tage der Reinigung nach einem Todesfall erforderlich).

☆ 40 Tage nach dem Fest der → Kreuzerhöhung dürfen noch heute Griechinnen nichts von dem an diesem Festtag bereiteten Sauerteig abgeben.

☆ 40 Tage nach der Geburt sind Wöchnerinnen vom Besuch der Kirche ausgeschlossen.

☆ 40mal werden kranke Menschen und Tiere mit dem Wasser vom »roten Donnerstag« besprüht (→ Passionszyklus).

In der islamischen Religion und der türkischen Volkskultur ist die 40 wichtig, weil im Arabischen für sie der Buchstabe *M,* wie *Mohammed,* verwendet wird.

Zahl 50: Zahl der Heilszeit: Die Hebräer feierten jedes 50. Jahr als Jobeljahr *(Jobel = Signalhorn:* verbalhornt: »Alle *Jubeljahre …«).* Schuldleibeigene wurden frei, das Land brach gelassen. Galt als das große Jahr, das nach sieben mal sieben Sabbatjahren kam, in dem auch die Erde Sabbat feiern sollte (50 als Vollendung der sieben mal sieben, wie → Acht als Vollendung der Sieben). 50 Tage umfaßt die nachösterliche Freudenzeit bis *Pentekoste (= 50-Tage-Fest = Pfingsten).*

Zahl 70/72: 70 bis 72 Anhänger umfaßt der weitere Jüngerkreis um Jesus (→ Apostel). Die westsyrischen Jakobiten symbolisieren diese Jünger durch 72 Punkte ums Kreuzeszeichen herum.

Zahl 99: Cyrill von Jerusalem bezieht das Gleichnis Jesu über das eine verirrte und gefundene Schaf, über das mehr Freude herrscht im Himmel als über die 99 im Pferch verbliebenen *(Matth. 18, 12)* auf die verlorengegangene Menschheit und die bei Gott gebliebenen Engel. Da die Neun *(→ neun Engelchöre)* ohnehin eine »Engelzahl« ist, und → Sterne und → Engel in einem engen Zusammenhang zueinander stehen, lassen sich die 99 Sterne im Kreuzkreis der Apsis von Sant'Apollinare in Classe als Engel verstehen. Die 99 Namen Allahs im Islam, die ihn wie auf einer Kreisschale umschreiben, drücken aus, daß Allah unbeschreibbar ist, haben in dieser Hinsicht den gleichen Hintersinn wie die Lehre von der Trinität (→ Eins). Um aber auf die Sterne in Sant'Apollinare in Classe zurückzukommen: 99, das ist auch der Zahlwert für das in griech. Buchstaben geschriebene AMHN.

Anhang

Anhang

Entzifferungshilfen für Bildbeischriften

(griechisch – deutsch)

ΑΒΓ	Alpha Wita Gamma, → ABC	Ο ΑΣΤΗΡ / ΤΟ ΑΣΤΡΟΝ	→ Stern
Ο ΑΒΡΑΑΜ	→ Abraham	Ο ΑΥΤΟΚΡΑΤωΡ	Selbstherrscher, → Kaiser
Ο ΑΓΓΕΛΟΣ	→ Engel	ΤΑ ΑΧΕΙΡΟΠΟΙΗΤΑ	Nicht mit Händen Gemachtes, → Ikonenwunder
ΟΙ ΑΓΙΟΙ	→ Heilige		
Ο ΑΔΑΜ ΚΑΙ Η ΕΥΑ	→ Adam und Eva	Ο ΒΑΪΦΟΡΟΣ	Palmwedeltragender, → Einzug in Jerusalem
Ο ΑΔΗΣ	→ Hades		
Ο ΑΕΤΟΣ / Ο ΣΤΑΥΡΟΑΕΤΟΣ	→ Adler/Kreuzadler	Ο ΒΑΛΑΑΜ Ο ΠΡΟΦΗΤΗΣ	→ Bileam der Prophet
Ο ΑΚΑΘΙΣΤΟΣ ΥΜΝΟΣ	Hymnus, bei dem man nicht sitzt, → Akathistoshymnos, Maria	Η ΒΑΠΤΙΣΙΣ ΤΟΥ ΧΡΙΣΤΟΥ	→ Taufe Christi
Η ΑΚΑΚΙΑ	»Unschuld«, → Kaiser	Ο ΑΓΙΟΣ ΒΑΣΙΛΕΙΟΣ Ο ΜΕΓΑΣ	Der heilige → Basilios, der Große
Η ΑΚΟΛΟΥΘΙΑ ΤωΝ ΕΙΚΟΝωΝ	Ikonenweihe, → Kuß	Η ΒΑΤΟΣ ΠΟΥ ΔΕΝ ΚΑΙΕΤΑΙ	Dornbusch, der nicht verbrennt, → Brennender Dornbusch
Ο ΜΕΓΑΣ ΑΛΕΞΑΝΔΡΟΣ	Alexander der Große, → Schatten	ΤΟ ΒΗΜΑ	Erhöhter Altarraum, → Kirchenbau
ΤΟ ΑΛΦΑΒΗΤΟΝ	Alphabet, → ABC		
Ο ΑΜΝΟΣ / ΤΟ ΑΡΝΙΟ	Das → Lamm	Η ΒΛΑΧΕΡΝΙωΤΙΣΣΑ	Die (Muttergottes) aus der Wlachernenkirche, → Maria
ΟΙ ΑΝΑΓΥΡΟΙ	Die Silberverächter, → Kosmas und Damian	ΤΟ ΒΟΥΝΟ	Berg
Η ΑΝΑΛΕΙΨΙΣ ΤΟΥ ΧΡΙΣΤΟΥ Η ΑΝΑΣΤΑΣΙΣ	Aufhebung Christi, → Himmelfahrt Christi, Auferstehung, → Ostern	Ο ΓΑΜΟΣ	Hochzeit, → Mysterien, → Wunderspeisungen
ΤΟ ΑΝΤΙΔωΡΟΝ	»Stattdeß«-Gabe, → Brot	ΤΟ ΓΕΔΕωΝ	→ Gideon
ΤΟ ΑΝΤΙΜΗΝΣΙΟ	Altartuch, → Altar	ΤΟ ΓΕΝΕΘΛΙΟΝ ΤΗΣ ΘΕΟΤΟΚΟΥ	→ Geburt der Gottesmutter
Η ΑΠΟΚΑΛΥΨΙΣ	→ Offenbarung, → Apokalypse	Η ΓΕΝΝΗΣΙΣ ΤΟΥ ΧΡΙΣΤΟΥ	→ Geburt Christi
ΤΟ ΑΠΟΚΟΜΒΙΟ	Geldbeutel, → Kaiser		
ΤΑ ΑΠΟΚΡΥΦΑ	Geheimes	Ο ΑΓΙΟΣ ΓΕωΡΓΙΟΣ Ο ΝΙΚΗΦΟΡΟΣ	Der heilige → Georg, der Siegbringende
Ο ΑΠΟΛΛωΝΙΟΣ	Apollonios, → Griechische Philosophen und Weise	Η ΓΛΥΚΟΦΙΛΟΥΣΑ	Süßküssende (Muttergottes), → Maria
Ο ΑΡΙΘΜΟΣ	→ Zahl	ΤΑ ΓΡΑΜΜΑΤΑ	Buchstaben, → ABC
Ο ΑΡΙΣΤΟΤΕΛΗΣ	Aristoteles, → Griechische Philosophen und Weise	Ο ΠΡΟΦΗΤΗΣ ΔΑΝΙΗΛ	→ der Prophet Daniel
Ο ΑΡΤΟΣ	→ Brot (Weißbrot aus Hefeteig)	Ο ΠΡΟΦΗΤΗΣ ΔΑΥΙΔ	→ der Prophet David → David
		Η ΔΕΗΣΙΣ	Fürbitte, → Deïsis
ΤΟ ΑΡΤΟΦΟΡΙΟΝ	Brotträger, → Altar	Ο ΑΓΙΟΣ ΔΗΜΗΤΡΙΟΣ	Der heilige → Demetrios
Ο ΑΡΧΑΓΓΕΛΟΣ	Erzengel, → Engel, → Michael		
		Ο ΔΙΑΒΟΛΟΣ	→ Teufel
ΘΙ ΑΣωΜΑΤΕΣ ΔΥΝΑΜΕΙΣ	Die körperlosen Mächte, → Engel, → himmlische und kirchliche Hierarchie,	Ο ΔΙΣΚΟΣ	Scheibe/Abendmahlsteller (Patene) mit Fuß, → Altar

ΤΟ ΔΟΞΑΡΙ	Regenbogen, → Noah	Ο ΕΥΑΓΓΕΛΙCΜΟC	→ Verkündigung Mariä
ΤΟ ΔΩΔΕΚΑ ΟΡΘΩΝ	Zwölf-Feste-Zyklus, → Festtagskalender	ΟΙ ΕΥΑΓΓΕΛΙCΤΕC	→ Evangelisten
		ΟΙ ΕΦΙΠΠΟΙ ΑΓΙΟΙ	Reiterheilige, → Demetrios, → Georg
ΤΑ ΕΙΚΟΝΟ-ΚΛΑCΤΙΚΑ ΚΑΙ ΤΑ ΜΗ ΕΙΚΟΝΙΚΑ ΚΟCΜΗΜΑΤΑ	→ Bilderfeindliche und bildlose Ornamente	Ο ΕΦΡΑΪΜ Ο CΥΡΟC	→ Ephraim der Syrer
		Η ΖΩΓΡΑΦΙΑ	Malerei
		Η ΖΩΗ	Leben
ΕΙΚΟΝΟΜΑΧΙΑ	Bilderstreit, → Bilderfeindliche und bildlose Ornamente, → Kreuz	Η ΖΩΝΗ ΤΗC ΠΑΝΑΓΙΑC	Gürtel der Allheiligen, → Mariengürtel
		Η ΖΩΟΔΟΧΟC ΠΗΓΗ	→ Lebensspendende Quelle
ΤΟ ΕΙΚΟΝΟCΤΑCΙΟΝ	Ständer für Ikonen, → Ikonostase	Ο ΠΡΟΦΗΤΗC ΗΛΙΑC	Der Prophet → Elias
Η ΕΙΚΩΝ	→ Bild, → Kuß, → Ikonenwunder	Ο ΗΛΙΟC	→ Sonne
Η ΕΙCΟΔΟC ΕΙC ΤΗΝ ΙΕΡΟΥCΑΛΗΜ	→ Einzug in Jerusalem	ΤΑ ΘΑΛΑCCΙΑ ΘΑΥΜΑΤΑ	→ Wunder am Meer
		ΤΟ ΘΑΥΜΑ	→ Wunder
Η ΕΚΚΛΗCΙΑ	Kirche, → Kirchengebäude, → Himmlische und kirchliche Hierarchie	ΤΑ ΘΑΥΜΑΤΑ ΤΩΝ ΕΙΚΟΝΩΝ	→ Ikonenwunder
		ΟΙ ΘΑΥΜΑΤΟΥΡΓΕC ΘΕΡΑΠΕΙΕC	→ Wunderheilungen
Η ΕΚΚΛΗCΙΑ ΕΚ ΤΩΝ ΕΘΝΩΝ / ΙΟΥΔΑΙΩΝ	→ Heidenchristliche, → Judenchristliche Kirche	ΟΙ ΘΑΥΜΑΤΟΥΡΓΟΙ ΧΟΡΤΑCΜΟΙ	→ Wunderspeisungen
Ο ΕΛΑΦΟC	→ Hirsch		
Η ΕΛΕΟΥCΑ	→ Erbarmende (Muttergottes), → Maria	Η ΘΕΙΑ ΛΕΙΤΟΥΡΓΙΑ	Göttliche (himmlische) Liturgie, → Eucharistie
Ο ΑΓΙΟC ΕΛΕΥΘΕΡΙΟC Ο ΙΕΡΟΜΑΡΤΥΡΑC	Heiliger → Eleutherios der Priestermärtyrer	Ο ΘΕΟC	Gott, → Adam und Eva, → Christus
		Η ΘΕΟΤΟΚΟC	Gottesgebärerin, → Maria
Ο ΠΡΟΦΗΤΗC ΕΛΙCCΑΙΕ	Elias der Prophet, → Elias und Elisa	Η ΘΕΟΤΟΚΟC Η ΚΥΡΙΑ ΤΩΝ ΑΓΓΕΛΩΝ	Gottesgebärerin, Herrin der Engel, → Maria zwischen Engeln in der Apsis
Η ΕΛΛΗΝΙΚΗ ΤΕΧΝΗ ΚΑΙ Ο ΕΛΛΗΝΙΚΟC ΠΟΛΙΤΙCΜΟC	→ Griechische Kunst und Kultur		
		Ο ΘΟΥΚΥΔΙΔΗC	Toukydides, → Griechische Philosophen und Weise
ΟΙ ΕΛΛΗΝΙΚΟΙ ΦΙΛΟCΟΦΟΙ ΚΑΙ CΟΦΟΙ	→ Griechische Philosophen und Weise		
		Ο ΘΡΟΝΟC	Thron, → Leerer Thron
		Η ΘΥΜΙΑCΙC	Beräucherung, → Altar, → Eucharistie
Ο ΕΜΜΑΝΟΥΗΛ	Emmanuel, → Christus		
ΤΟ ΕΝΔΥΜΑ ΤΩΝ ΕΙΚΟΝΩΝ	Ikonenabdeckung, → Kuß	ΤΟ ΘΥΜΙΑΤΗΡΙΟΝ	Weihrauchfaß, → Altar
		ΤΟ ΘΥCΙΑCΤΗΡΙΟΝ	Opferstätte, → Altar
ΤΑ ΕΝΔΥΜΑΤΑ / ΤΑ ΑΜΦΙΑ	→ Gewänder	Ο ΘΩΜΑC	→ Thomas
		Ι ΙΑΚΩΒΟC	→ Jakob, → Abraham
ΤΟ ΕΟΡΤΟΛΟΓΙΚΟ ΕΤΟC	→ Kirchenjahr	Η ΙΔΡΥΤΗC	→ Stifter
ΤΟ ΕΠΙΤΡΑΧΗΛΙΟΝ	Das um den Hals Geschlungene, Stola, → Gewänder	Η ΙΕΡΑΡΧΙΑ	Hierarchie, → Himmlische und kirchliche Hierarchie
Η ΕΤΟΙΜΑCΙΑ	Bereitstellung, → Leerer Thron	ΤΑ ΙΕΡΟCΟΛΥΜΑ	→ Jerusalem, → Tempel
ΤΟ ΕΥΑΓΓΕΛΙΟ	Evangelienbuch, → Altar	Ο ΠΡΟΦΗΤΗC ΙΕΖΕΚΙΗΛ	Prophet Hesekiel, → Hesekiel-Vision

Ο ΙΗΣΟΥΣ	→ Josua	ΚΟΣΜΑΣ ΚΑΙ ΔΑΜΙΑΝΟΣ ΟΙ ΑΓΙΟΙ ΑΝΑΡΓΥΡΟΙ	→ Kosmas und Damian, die Silberverächter
Ο ΙΗΣΟΥΣ ΧΡΙΣΤΟΣ	Jesus Christus, → Christus, → Pantokrator		
Η ΙΡΙΣ	→ Regenbogen	ΤΑ ΚΟΣΜΗΜΑΤΑ	→ Ornamente
ΙΣ ΧΡ	Jesus Christus, → Christus, → Pantokrator	Ο ΚΟΣΜΟΣ	Welt, → Kosmos
		Η ΚΟΥΚΟΥΒΑΓΙΑ	→ Eule
ΙΣ ΧΡ ΝΙ ΚΑ	Jesus Christus siege, → Brot, → Engel, → Kaiser, → Proskomidie, → Kreuz	ΚΩΝΣΤΑΝΤΙΝΟΣ ΚΑΙ ΕΛΕΝΗ	→ Konstantin und Helena
		ΤΟ ΛΑΒΑΡΟΝ	Heilsstandarte, → Heimholung Mariä, → Verkündigung Mariä, → Maria
Ο ΙΣΑΑΚ	Isaak, → Abraham		
Ο ΠΡΟΦΗΤΗΣ ΙΣΑΙΑΣ	Prophet, → Jesaias		
Ο ΙΧΘΥΣ	→ Fisch	Ο ΛΑΒΙΣ	Zange (Abendmahlslöffel, → Altar
Ο ΑΓΙΟΣ ΙΩΑΝΝΗΣ Ο ΔΑΜΑΣΚΙΝΟΣ	Der heilige → Johannes Damascenus		
		Ο ΛΑΓΟΣ	→ Hase
Ο ΑΓΙΟΣ ΙΩΑΝΝΗΣ Ο ΘΕΟΛΟΓΟΣ	Der heilige Johannes der Theologe, → Evangelisten	Ο ΛΑΖΑΡΟΣ	→ Lazarus
		Η ΛΕΙΤΟΥΡΓΙΑ	→ Liturgie, → Eucharistie
		Ο ΛΕΩΝ	→ Löwe, → Simson
Ο ΑΓΙΟΣ ΙΩΑΝΝΗΣ Ο ΠΡΟΔΡΟΜΟΣ	Der heilige → Johannes der Täufer	Η ΛΟΓΧΗ	(Heilige) Lanze, →Altar, → Proskomidie
Ο ΑΓΙΟΣ ΙΩΑΝΝΗΣ Ο ΧΡΥΣΟΣΤΟΜΟΣ	Der heilige → Johannes Chrysostomos	Ο ΕΥΑΓΓΕΛΙΣΤΗΣ ΛΟΥΚΑΣ	Evangelist Lukas, → Evangelisten
Ο ΠΡΟΦΗΤΗΣ ΙΩΝΑΣ	Prophet → Jonas		
Ο ΙΩΣΗΦ ΑΠΟ ΤΗΝ ΑΙΓΥΠΤΟ	→ Josef von Ägypten	ΟΙ ΜΑΓΟΙ ΑΠΟ ΤΗΝ ΑΝΑΤΟΛΗ	Magier aus dem Morgenland, → Anbetung Christi
Η ΚΑΙΝΗ ΔΙΑΘΗΚΗ	Neues Testament	ΟΙ ΜΑΘΕΤΑΙ	Die Schüler, → Apostel
ΤΟ ΚΑΚΟ ΜΑΤΙ	→ Böser Blick	ΤΟ ΜΑΝΔΥΛΙΟΝ ΚΑΙ ΤΟ ΚΕΡΑΜΕΙΟΝ	→ Mandylion und (heiliger) Ziegel
ΚΑΛΟΥΝΤΑΙ ΟΙ ΠΡΩΤΟΙ ΜΑΘΗΤΑΙ	Die ersten Jünger werden berufen, → Berufung der Jünger		
		ΤΟ ΜΑΡΓΑΡΙΤΑΡΙ	→ Perle, → Drachen
ΤΟ ΚΑΜΕΛΑΥΚΙΟΝ	Kappe für Würdenträger, → Gewänder, → Kaiser	Η ΑΓΙΑ ΜΑΡΙΝΑ	Heilige → Marina
		Ο ΕΥΑΓΓΕΛΙΣΤΗΣ ΜΑΡΚΟΣ	Evangelist Markus, → Evangelisten
ΤΟ ΚΑΡΑΒΙ	Schiff, → Alttestamentliche Szenen, → Noah, → Kirchenbau		
		ΟΙ ΜΑΡΤΥΡΕΣ ΚΑΙ ΤΑ ΜΑΡΤΥΡΙΑ	→ Märtyrer und Martyrien
ΤΟ ΚΙΒΩΡΙΟΝ	→ Ciborium	Ο ΕΥΑΓΓΕΛΙΣΤΗΣ ΜΑΤΘΑΙΟΣ	Evangelist Matthäus, → Evangelisten
Η ΚΙΒΩΤΟΣ ΤΗΣ ΔΙΑΘΗΚΗΣ	→ Bundeslade, →Tanz, → Tempel		
		ΤΑ ΜΑΤΙΑ	Augen, → Böser Blick
Η ΚΛΙΜΑΞ / ΚΛΙΜΑΚΑ ΤΟΥ ΠΑΡΑΔΕΙΣΟΥ	Paradiesesleiter, → Himmelsleiter	Ο ΜΕΛΧΙΣΕΔΕΚ Ο ΒΑΣΙΛΕΥΣ ΣΑΛΗΜ	→ Melchisedek, König von Salem
		Η ΜΕΤΑΜΟΡΦΩΣΙΣ ΤΟΥ ΧΡΙΣΤΟΥ	→Verklärung Christi
Η ΚΟΙΜΗΣΙΣ ΤΗΣ ΘΕΟΤΟΚΟΥ	Entschlafung der Gottesgebärerin, → Heimholung Mariä		
		Ο ΑΡΧΑΓΓΕΛΟΣ ΜΙΧΑΗΛ	Erzengel → Michael, → Engel
Η ΚΟΛΑΣΙΣ	Hölle, → Auferstehung		
ΤΑ ΚΟΛΛΥΒΑ	Körnerbrei (für Totenkult), →Charos, →Totenbräuche	ΤΑ ΜΟΙΡΟΛΟΓΙΑ	Lieder der Totenklage, →Charos,→Totenbräuche
		Ο ΜΥΣΤΙΚΟΣ ΔΕΙΠΝΟΣ	Mystisches Mahl, → Eucharistie

Ο ΜΥCΤΙΚΙCΜΟC	→ Mystik, → Verklärung Christi	Ο ΑΓΙΟC ΠΑΝΤΕΛΕΙΜѠΝ	Heiliger → Panteleimon
ΤΑ ΕΠΤΑ ΜΥCΤΗΡΙΑ	Sieben → Mysterien	Ο ΠΑΝΤΟΚΡΑΤѠΡ	→ Pantokrator, → Christus
Ο ΜΟΥCΗC	→ Moses	Η ΠΑΡΑΔΕΙCΟC	Paradies (Gartenpark), → Orientierung nach dem Osten
Ο ΝΑΟC	Tempel, → Kirchengebäude	Η ΑΓΙΑ ΠΑΡΑCΚΕΥΗ	Heilige → Paraskewi
Η ΝΑΥC	→ Schiff, → Noah	Η ΠΑΡΟΥCΙΑ ΤΟΥ ΥΙΟΥ ΤΟΥ ΑΝΘΡѠΠΟΥ	Wiederkunft des Menschensohnes, → Endgericht
Η ΕΙC ΤΟΝ ΝΑΟΝ ΕΙCΟΔΟC ΤΗC ΘΕΟΤΟΚΟΥ	→ Tempelgang Mariä, → Marienzyklus	ΤΟ ΠΑCΧΑ	→ Ostern
ΤΑ ΝΕΚΡΙΚΑ ΕΘΙΜΑ	→ Totenbräuche	ΟΙ ΠΑΤΕΡΕC ΤΗC ΕΚΚΛΗCΙΑC	→ Kirchenväter
Ο ΑΓΙΟC ΝΙΚΟΛΑΟC	Heiliger → Nikolaus	ΟΙ ΠΑΤΡΙΑΡΧΕC ΚΑΙ ΤΑ ΠΑΤΡΙΑΡΧΕΙΑ	→ Patriarchen und Patriarchate
Η ΝΙΚΟΠΟΙΗΑ	Die Siegbringende (Muttergottes), → Maria	Ο ΠΕΙΡΑCΜΟC ΤΟΥ ΧΡΙCΤΟΥ	→ Versuchung Christi
Ο ΝΙΠΤΗΡ	Fußwaschung, → Passionszyklus	Ο ΠΕΛΕΚΑΝ	→ Pelikan
Ο ΝѠΕ	→ Noah	Η ΠΕΝΤΗΚΟCΤΗ	→ Pfingsten
ΤΟ ΞΥΛΟΝ ΤΗC ΖѠΗC	Holz des Lebens, → Lebensbaum, → Kreuz	Η ΠΕΡΙCΤΕΡΑ – ΤΟ ΠΕΡΙCΤΕΡΙ / Ο ΠΕΡΙCΤΕΡΙΟΝΑC	→ Taube/Taubenhaus
Η ΟΔΗΓΗΤΡΙΑ	Die Weggeleiterin, → Maria	Η ΠΕΡΙΤΟΜΗ ΤΟΥ ΧΡΙCΤΟΥ	→ Beschneidung Christi
ΤΟ ΟΜΟΦΟΡΙΟΝ	Stola, → Gewänder, → Nikolaus	Ο ΠΕΤΡΟC ΚΑΙ Ο ΠΑΥΛΟC	→ Peter und Paul
ΤΑ ΟΡΑΜΑΤΑ ΤΟΥ ΠΡΟΦΗΤΗ ΙΕΖΕΚΙΗΛ	Vision des Propheten Hesekiel, → Hesekiel-Vision	Ο ΠΛΑΤѠΝ	Platon, → Griechische Philosophen und Weise
ΤΟ ΟΡΟC	→ Berg	Ο ΠΛΟΥΤΑΡΧΟC	Plutarch, → Griechische Philosophen und Weise
Η ΤΗC ΟΥΡΑΝΙΑC ΚΑΙ ΤΗC ΕΚΚΛΗCΙΑC ΙΕΡΑΡΧΙΑ	Himmlische und kirchliche Hierarchie	ΟΙ ΠΡΟCΕΥΧΟΝΤΕC	Anbetende, → Oranten
Ο ΟΥΡΑΝΙCΚΟC	Baldachin, → Ciborium	Η ΠΡΟCΚΟΜΙΔΗ	Zurüstung (der Abendmahlselemente), → Proskomidie
Ο ΟΥΡΑΝΟC	→ Himmel	Η ΠΡΟCΚΥΝΗΕΙC ΤѠΝ ΜΑΓѠΝ	Anbetung der Magier, → Anbetung Christi durch die Weisen aus dem Morgenland
Ο ΟΦΙC	→ Schlange		
ΤΑ ΑΓΙΑ ΠΑΘΗ ΤΟΥ ΧΡΙCΤΟΥ	Die heiligen Leiden Christi, → Passions- und Nachosterzyklus	Η ΠΡΟCΦΟΡΑ	Das Dargebrachte (Abendmahlsbrot), → Brot, → Eucharistie, → Proskomidie
ΟΙ ΤΡΕΙC ΠΑΙΔΕC ΕΝ ΤΗ ΚΑΜΙΝѠ	Die drei Knaben im Feuerofen, → Daniel		
Η ΠΑΛΑΙΑ ΔΙΑΘΗΚΗ	Altes Testament	Η ΠΡΟCΦѠΝΗCΙC	→ Akklamation
Η ΠΑΝΑΓΙΑ	Allheilige, → Maria	ΟΙ ΠΡΟΦΗΤΕC	→ Propheten
Η ΠΑΝΗΓΥΡΙC	Heiligenfest, → Konstantin und Helena	Ο ΠΟΥC	→ Fuß
		Ο ΠΥΡΓΟC ΤΗC ΒΑΒΥΛѠΝΙΑC	→ Turm zu Babel
Η ΠΑΝΚΟCΜΙΟC ΥΨѠCΙC ΤΟΥ ΤΙΜΙΟΥ CΤΑΥΡΟΥ	Die gesamtkosmische Erhöhung des verehrungswürdigen Kreuzes, → Kreuzerhöhung	Η ΡΙΖΑ ΤΟΥ ΙΕCCΑΙ	→ Wurzel Jesse

ΤΟ ΡΙΠΙΔΙ	Liturgischer Ehren-fächer (Flabellum) → Pfau, → Altar	ΠΑΝΑΓΙΑΣ	→ Marienzyklus
		Η ΣΦΑΙΡΑ	Kugel, → Himmel, → Kaiser
ΤΟ ΡΟΪΔΙ	→ Granatapfel	Η ΣΦΡΑΓΙΣ	Siegel, → Brot, → Proskomidie
Ο ΣΑΜΣΟΝ	→ Simson		
Ο ΣΑΤΑΝΑΣ	Satan, → Teufel	ΤΑ ΤΑΜΑΤΑ	Votivgaben, → Nikolaus, → Paraskewi
Η ΣΕΛΗΝΗ	→ Mond, → Hase		
ΤΑ ΣΕΡΑΦΕΙΜ	→ Seraphim, → Engel	Ο ΤΑΟΣ	→ Pfau
Η ΣΗΜΑΙΑ	Standarte, → Bilderfeind-liche und bildlose Kunst, → Kreuz, → Heimholung Mariä	ΤΟ ΤΕΜΠΛΟΝ	Bilderwand, → Ikonostase
		Η ΑΓΙΑ ΤΡΑΠΕΖΑ	Heiliger Tisch, → Altar
		Ο ΤΥΠΟΣ	Vorbildhafter Typus, → Schatten
Η ΣΚΙΑ	→ Schatten		
Ο ΣΟΛΟΜΩΝ	→ Salomon		
Ο ΣΟΛΩΝ	Solon, → Griechische Philosophen und Weise	Η ΥΠΑΠΑΝΤΗ ΤΟΥ ΙΗΣΟΥ ΧΡΙΣΤΟΥ	→ Darbringung Christi (im Tempel)
Η ΣΟΦΙΑ	Weisheit, → Sophia, → Maria	ΤΟ ΦΙΔΙ	→ Schlange
		ΤΟ ΦΙΛΙ / ΤΟ ΠΡΟΣΚΥΝΗΜΑ	→ Kuß
Ο ΣΟΦΟΚΛΗΣ	Sophokles, → Griechische Philosophen und Weise	ΦΩΣ ΧΡΙΣΤΟΥ ΦΑΝΕ ΠΑΣΙΝ	Licht Christi scheine allen, → Kreuz
Η ΣΤΑΜΝΑ	Krug, → Marienzyklus, → Verkündigung Mariä		
Ο ΣΤΑΥΡΟΣ	→ Kreuz	Ο ΦΩΤΟΣΤΕΦΑΝΟΣ	Lichtkranz, → Nimbus
Η ΣΤΑΥΡΩΣΙΣ	Kreuzigung, → Kreuzigung Christi/Karfreitag	Ο ΧΑΡΟΣ / ΧΑΡΟΝΤΑΣ	→ Charos
Ο ΣΤΕΦΑΝΟΣ	→ Kranz	ΤΑ ΧΕΡΙΑ	→ Hände
Ο ΣΤΕΦΑΝΟΣ ΕΞ ΑΚΑΝΘΩΝ	Dornenkrone, → Kranz	ΤΟ ΧΕΡΙ ΤΟΥ ΘΕΟΥ	→ Hand Gottes
ΤΟ ΣΤΕΦΑΝΩΜΑ	Hochzeitskrone, → Mysterien, → Hochzeit zu Kanaan	ΤΑ ΧΕΡΟΥΒΙΜ	→ Cherubim, → Engel, → Pfau
		Ο ΧΟΡΟΣ	→ Tanz
ΣΤΟΙΧΕΙΑ ΑΠΟ ΤΗΝ ΠΑΛΑΙΑ ΔΙΑΘΗΚΗ	→ Alttestamentliche Szenen	ΤΟ ΧΡΙΣΤΟΨΩΜΟ	Christusbrot, → Geburt Christi
ΤΑ ΣΥΜΒΑΝΤΑ ΠΕΡΙΞ ΤΗΣ	Die Geschehnisse um die Allheilige,	Ο ΧΡΙΣΤΟΣ	→ Christus, → Pantokrator
		ΤΑ ΧΡΩΜΑΤΑ	→ Farben

Übersicht: **Die Entwicklung des byzantinischen Reiches** · Historisch-geographischer Umriß

Jahr (n. Chr.)	Herrscher	Ereignis	Ausdehnung des Reiches
323	Konstantin I., 324–337	Konstantin wählt Byzantion als neue Hauptstadt des Reiches aus	Vier Präfekturen: ☆ Osten: Thrakien, Kleinasien, Palästina, Ägypten
330		Die Hauptstadt wird unter dem Namen Konstantinopel eingeweiht. Rom verliert von nun an an Bedeutung	☆ Illyrien: Griechenland mit südlichem und mittlerem Balkan ☆ Italien: Heutiges Italien, Nordbalkan, Dalmatien, Teile Nordafrikas ☆ Gallien: Heutiges Frankreich, Spanien, Mauretanien, Britannien
395	Theodosios, 379–395; Arkadios, 395–408	Tod des Theodosios und Teilung des Reiches in eine Osthälfte – Kerngebiet des byz. Reiches – unter Arkadios und eine Westhälfte unter Honorios	Die byz. Hälfte umfaßt die Präfekturen Osten und Illyrien. Das Westreich Italien und Gallien. Britannien war bereits an die Germanen verlorengegangen
476	Zenon, 474–491	Das gesamte Westreich wird von den Germanen erobert	Auch das Ostreich ist germanischen Einfällen ausgesetzt, kann sich aber halten
493	Anastasios I., 491–518	Beginn der Einfälle der Slawen und Bulgaren	Thrakien, Makedonien und Thessalien von Slaweneinfällen heimgesucht
532	Justinian I., 527–565	Frieden mit Persien	
533		Beginn der Rückeroberung der verlorenen Gebiete. Justinian ist Bauherr der Ajia Sophia, Schöpfer des Corpus Juris Justinianum und Dichter liturgischer Hymnen	Südspanien, Nordafrika, Italien und Nordadria werden zurückerobert. Weitgehend gelungene Wiederherstellung des Gesamtreiches – Ost und West – in den alten Grenzen. Nach Justinians Tod erreicht das byz. Reich nie mehr eine derartige Größe
568	Justin II., 565–578	Langobardeneinfall in Italien	Italien geht bis auf Ravenna, Rom und den Süden verloren
Ende 6. Jh.	Tiberios, 578–582	Awareneinfälle, Perserkrieg	Slawen und Awaren dringen in den Balkan ein
591	Maurikios, 582–602	Friede mit Persien, Vertrag mit den Sassaniden über Armenien	Armenien wird byzantinisch, Slawen dringen bis zum Peloponnes vor
602	Phokas, 602–610	Ermordung des Maurikios. Seine sassanidischen Verbündeten rächen ihn	Die Sassaniden fallen in Kleinasien, Syrien und Palästina ein
614	Heraklios, 610–641	Sassaniden erobern Jerusalem und das Heilige Kreuz	Palästina (614) und Ägypten (619) persisch besetzt
627		Siege gegen die Perser	Rückeroberung von Palästina und Ägypten
629		Wiederaufrichtung des Heiligen Kreuzes in Jerusalem	Spanien wird endgültig aufgegeben
632		Tod Mohammeds	
640		Die Sassaniden endgültig durch die Araber vernichtet	Der ganze Osten – Palästina, Persien, Ägypten – alles fällt dem Arabersturm zum Opfer. Nordafrika geht verloren. In Italien verbleibt nur Ravenna mit einer Landverbindung nach Rom und Küstenstreifen in Sizilien dem byz. Reich
674–678	Konstantin IV. Porphyrogenitos, 668–685	Die Araber belagern Konstantinopel. Die byz. Flotte vertreibt die Muslims	

Übersicht (Fortsetzung): **Die Entwicklung des byzantinischen Reiches** · Historisch-geographischer Umriß

Jahr (n. Chr.)	Herrscher	Ereignis	Ausdehnung des Reiches
8. und 9. Jh.	Ikonoklastische Kaiser	Ende der Kriege mit den Balkanslawen. Missionierung. Verhandlungen und Kämpfe mit den Muslims	In Kleinasien geht das kilikische Bergland verloren, wird Stützpunkt der Araber, die von dort aus Beutezüge tief nach Anatolien hinein unternehmen. Unteritalien und Neapel wieder byzantinisch.
872/875	Basilios I., 867–886	Der Kaiser aus der Makedonen-Dynastie erobert Unteritalien zurück	Gewinne am Euphrat und im Taurus. Zypern vorübergehend befreit
10. Jh.	Makedonische Dynastie	Auseinandersetzung mit Bulgaren und Russen. Gefahr für Konstantinopel	Einfälle der Bulgaren. Rückeroberung Kretas. Vorstöße der Bulgaren nach Thrakien
988	Basilios II., 976–1025	Die Russen des Reiches von Kiew nehmen das byz. Christentum an	Ausweitung des Territoriums nach Osten am Euphrat, in Armenien und Syrien. Gewinne in Unteritalien. Eroberung Bulgariens (einschließlich Makedoniens)
Mitte 11. Jh.	Makedonische Dynastie	Im Westen bedrohen die Normannen, im Osten das aus Innerasien einflutende Turkvolk der Seldschuken das byz. Reich	Die Normannen nehmen Unteritalien und fassen im Balkan Fuß. Die Seldschuken erobern erst Persien, dann Armenien und Kleinasien mit Ausnahme der Westküste
1097	Alexios I. Komnenos, 1081–1118	1. Kreuzzug. Die Kreuzfahrer suchen um Unterstützung nach und versprechen alle eroberten früheren byz. Besitztümer zurückzugeben	Auseinandersetzung mit den Normannen unter Bohemund
1098		Die Kreuzfahrer erobern Antiochia	Sie übergeben Antiochia an den Erzfeind der Byzantiner, Bohemund
1158	Manuel I., 1152–1180	Wiedereroberung von Antiochia	Ungarn von Byzanz abhängig
1204	Isaak II., 1203–1204	Unter Führung Venedigs erobern die Lateiner im sog. 4. Kreuzzug Konstantinopel. Plünderungen und Morde	Das Reich ist unter Lateiner und Venezianer aufgeteilt. Drei selbständig byz. Restterritorien: ☆ Despotat Epiros (Westgriechenland und Südalbanien). ☆ Despotat Nikäa (NW-Kleinasien). ☆ Königreich Trapezunt
1261	Michael VIII. Palaiologos, 1261–1282	Der Despot von Nikäa erobert Konstantinopel und begründet die letzte Kaiserdynastie	Das byz. Reich umfaßt zunächst noch Thrakien und die Hauptstadt, NW-Kleinasien, in der Folge auch Epirus und Teile der Peloponnes
13. Jh.	Dynastie der Palaiologen	Das Seldschukenreich von Rum, das zu einem Stabilisierungsfaktor geworden war, zerfällt	Gewinne der Byzantiner auf dem Peloponnes. Dort entsteht ein selbständiges Despotat unter der Herrschaft eines Palaiologen

Übersicht (Fortsetzung): **Die Entwicklung des byzantinischen Reiches** · Historisch-geographischer Umriß

Jahr (n. Chr.)	Herrscher	Ereignis	Ausdehnung des Reiches
14. Jh.	Dynastie der Palaiologen	Das Emirat von Osman vereinigt unter seiner Vorherrschaft die Turkstämme Kleinasiens	Die Osmanen erobern ein Stück des ehemaligen byz. Reiches nach dem andern. Dem Kaiser verbleibt fast nur noch die Hauptstadt und ihre Umgebung
1365		Das Sultanat wird nach Adrianopel (Edirne) auf europäischen Boden verlagert	
29. 5. 1453	Konstantin IX. Palaiologos	Mehmed I. Fatih erobert Konstantinopel	Das Despotat von Mistra und Trapezunt überleben noch einige Jahre nach dem Ende des byz. Reiches

Die territoriale Ausdehnung des byz. Reiches unterlag in den elf Jahrhunderten seines Bestehens erheblichen Schwankungen. Ganz unabhängig von seiner jeweiligen Größe war der geistig-kulturelle Einfluß des byz. Reiches außerordentlich stark. Weit abgelegene Länder, die ihm niemals direkt angehörten, sind byzantinisch überprägt worden. Mit Rußland und Äthiopien erstreckt sich die byz. Kunst- und Kulturzone vom Polarkreis bis in Äquatornähe. Die abendländischen Menschen des Mittelalters haben byz. Kunstobjekte gesammelt, gekauft, gestohlen, geraubt, bewundert und als Anregungen für eigene Schöpfungen benutzt.

Übersicht: **Kunstgeschichtliche Epochen von der frühchristlichen Zeit bis zur Gegenwart**

Historische Orientierungspunkte		Epoche der Kunstgeschichte	Zeitbestimmungen nach Herrschern und Dynastien	Kurzcharakteristik der Ikonographie
Nach 100	Domitilla-Katakombe, jüngere Katakomben in Rom	Frühchristl. Zeit (Verfolgungszeit)	Römische Kaiserzeit (Spätantike)	Sepulkralkunst – Sarkophage und Katakombenfresken mit antiken, auch ATlichen Darstellungen. Sie weisen mehrdeutig auf die christl. Heilsbotschaft (Auferstehung der Toten) hin
313	Religionsfreiheit für die Christen: Edikt von Milano	Frühchristl. Zeit (Friedenszeit)	Frühkonstantinisch, 307–336	Sepulkralkunst mit mehrdeutigen ATlichen Motiven, oft NTlichen Motiven gegenübergestellt. Übergang zur Kunst um Reliquien, Märtyrergedenkstätten, heilsgeschichtlichen Gedenkstätten (Palästina, Pilgerfläschchen). Wand- und Deckenmosaiken in Kirchen mit Darstellungen des Triumphes Christi und des Kreuzes
325	1. Ökumenisches Konzil Nikäa			
330	Einweihung von Konstantinopel			
395	Ostreich (Konstantinopel) und Westreich (Rom) trennen sich		Spätkonstantinisch	
431	Konzil zu Ephesos			
451	Konzil zu Chalkedon		Zeit der kappadokischen Kirchenväter, 4. und 5. Jh.	
527	Krönung Justinians I.	Frühbyz. Zeit bis 726	Justinianische Epoche, 527–565	Betonung der Kaiserherrschaft Christi, eucharistische Symbolik, erzählende Bildserien aus dem AT und NT in der Buchmalerei, später – insbesondere aus dem NT auch in der Wandmalerei
532 bis 537	Bau der Ajia Sophia			
563	Endgültige Fertigstellung der Ajia Sophia		Übergangsepoche, 565–726	
632	Beginn der arabischen Expansion			
726	Bildverbot durch Leo III.	Zwischenspiel des Ikonoklasmus	Früher Ikonoklasmus, 726–783	Ornamente und Kreuzdarstellungen, die Schwerpunkte der Heilsgeschichte in Beziehung zur Eucharistie symbolisieren
787	Bilderfeindliches Konzil von Nikäa			
842	Tod des letzten bilderfeindlichen Kaisers Theophilos		Später Ikonoklasmus, 813–842, Nachwirkungen bis ca. 900	
843	Wiedereinsetzung der heiligen Bilder	Mittelbyz. Zeit bis 1204	Makedonische Renaissance, 867–1056	Zunächst große Bildzyklen (→ Marienzyklus, → Wunderheilungen, → Wunderspeisungen, → Passionszyklus) an den Kirchenwänden. Ab 1000 immer stärkeres Heraustreten der → Festtagsbilder des Kirchenjahres. Erste Darstellungen der Apostelliturgie
980	Christianisierung der Russen		Komnenische Renaissance, 1081–1118	
1054	Schisma (Bruch zwischen dem Patriarchen (Konstantinopel) und dem Papst			
1071	Seldschukischer Sieg in Ost-Anatolien			

Übersicht (Fortsetzung): **Kunstgeschichtliche Epochen von der frühchristlichen Zeit bis zur Gegenwart**

Historische Orientierungspunkte		Epoche der Kunstgeschichte	Zeitbestimmungen nach Herrschern und Dynastien	Kurzcharakteristik der Ikonographie
1204	Eroberung Konstantinopels durch die Lateiner (sog. 4. Kreuzzug)	Zwischenspiel der lateinischen Eroberung	Lateinerzeit	Zerstörung byzantinischer Kunstwerke, Raub von Reliquien, Büchern und Ikonen. In byz. Randbezirken (Trapezunt) sowie bei den Balkanslawen blüht die byz. Kunst auch in der Lateinerzeit
1261	Wiedereroberung Konstantinopels durch die Byzantiner. Ausbreitung byz. Kunst und Kultur auf dem Balkan	Spätbyz. Zeit bis 1453	Palaiologenzeit, 1261–1453	Erweiterung der Bildprogramme – in kleinerem Maßstab gehaltene, aber dafür um so figurenreichere Darstellungen. Von Bedeutung wird die Apostel- und die himmlische Liturgie als Abbildung des geistigen unsichtbaren Geschehens in der Liturgie
1453	Eroberung Konstantinopels durch die Türken			
Ab 1453	Herrschaft der Sultane	Nach- oder postbyz. Zeit	Tourkokratia (Türkenherrschaft), einzelne Teile Griechenlands unter venezianischer oder genuesischer Herrschaft	Nachleben byz. Traditionen, insbes. in den klösterlichen Wandmalereien des Athos und der Meteoren: Darstellungen apokalyptischer Zyklen und Illustrationen von Hymnen. Wichtig: kretische Schule – Ikonen- und Wandmalerei ab 16. Jh.; im 17. und 18. Jh. Einflüsse italienisch-barocker Ikonographie auf die Ikonenmalerei. Volkstümliche Drucke
1821	Beginn des griech. Freiheitskampfes			
1830	Anerkennung der griech. Souveränität durch den Sultan		Selbständiger griech. Nationalstaat	Vorläufiges Erlöschen der Wandmalerei: Kirchen werden entweder weiß oder neuerdings mit Kopien MAlicher Darstellungen ausgemalt.

Drei Strömungen der Ikonenkunst:

☆ westl. beeinflußter süßlicher Stil (städtische Ikonenmalerei)

☆ Kopien MAlicher Ikonen (städtische Ikonenmalerei)

☆ volkstümliche naive Ikonen in einfacher Darstellung, jedoch ausdrucksvoll und anrührend (ländliche Malerei) |
| 1919 bis 1922 | Befreiungsversuch Konstantinopels, kleinasiatische Expedition, Niederlage der Griechen in Kleinasien, Flüchtlingsströme | | | |
| 1923 | Lausanner Vertrag über den Austausch von Minderheiten zwischen der Türkei und Griechenland | | | |

Die Einteilung in Zeitabschnitte ist lediglich als Hilfsmittel zur Bestimmung und Beschreibung von Zeiträumen zu verstehen

Anhang

Die wichtigsten byzantinischen Monumente

GRIECHENLAND

Griechisches Festland

Das Festland – insgesamt bis dahin byzantinisch – wurde 1204 von den Lateinern aufgeteilt. (Die Inseln Kerkyra und Zakynthos waren bereits im 12. Jh. von den Normannen okkupiert worden.) Unabhängig blieb lediglich – bis 1385/86 – das Despotat Epirus (mit Südalbanien).
Die Provinz Morea – ein Großteil des Peloponnes – wurde 1295 den Lateinern abgerungen (selbständig bis 1460). Die übrigen Gebiete gerieten nach und nach direkt aus den Händen der abendländischen Abenteurer in die der Osmanen. Nach drei- bis vierhundert Jahren Tourkokratia begann 1821 der achtjährige Freiheitskampf. Einige Inseln, der Peloponnes und Südgriechenland bis zur Linie Artha–Volos wurden unabhängig. 1863 trat England die jonischen Inseln an Griechenland ab. Der Norden Griechenlands und Kreta wurden 1912 und 1913 (Balkankriege, erst gegen die Osmanen, dann gegen die Bulgaren), der zuvor italienisch besetzte Dodekanes 1948 griechisch.

Gebiet	Kirche	Entstehungszeit der Malerei
Athen	Klosterkirche bei Daphni (Richtung Eleusina) S. 18, 35, 37, 88, 95, 126, 129, 145, 172, 208, 233, 235, 247, 254, 258 ff., 282, 295, 307 f.	Goldmosaik, vor 1100
	Klosterkirche Kaisariani	Fresken, 17.–18. Jh.
Bei Stiri in Phokis (Nähe Levadia)	Klosterkirche Osios Lukas S. 23, 36, 50, 72, 84, 88, 99, 120, 123, 126, 169, 189, 208 f., 219, 228 ff., 238, 251, 254, 258, 266, 270, 273, 295 f., 301, 307	Goldmosaik, um 1011, Fresken etwas später
Insel Chios	Klosterkirche Nea Moni	Goldmosaik, um 1050
Thessaloniki	Ajios Jiorjios (Georgsrotunde)	Mosaik, vor 400

Gebiet	Kirche	Entstehungszeit der Malerei
Thessaloniki	Osios David S. 117 f., 153	Mosaik, um 500
	Ajios Dimitrios S. 84, 246	Mosaik, vor 650, sowie 11. oder 12. Jh.
	Ajia Sophia S. 156, 198, 228, 233, 319	Goldmosaik, um 885
	Panajia ton Chalkeon	Mosaik, 11. Jh.
	Ajii Apostoli (Apostelkirche)	Mosaik und Fresken, 14. Jh.
	Ajios Nikolaos ton Orphanon S. 23, 41, 132, 137, 188, 201, 225, 232, 240, 254, 264 f., 267 ff., 313	Fresken, 1. Hälfte 14. Jh.
Arta (Epirus)	Kathedrale der Parigoritissa	Fresko, um 1300
Meteora-Klöster bei Kalambaka	Megalo Meteoron S. 54	Fresken, kretische Schule, 16. Jh.
	Warlaam S. 71, 73, 93 f., 99, 150, 152, 206, 255, 305	Fresken, kretische Schule, 1548 und 1566
	Nikolaos Anapawsas S. 33, 40, 93, 99, 113	Fresken, kretische Schule, Anfang 16. Jh.
	Rousanou S. 204	Fresken, 1561
	Ajia Triada	Fresken, 1741
	Ajios Stephanos	Priestergewänder und Altardecken im Museum
Kalambaka	Kirche Panajia Kimesis	Fresken Diakonikon, 12. Jh., alles übrige meist 1576
Kastoria	Ajii Anajiri	Wandmalereien aus dem 11., 12.–13. und 15. Jh.
	Ajios Taxiárchis tis Mitropóleos	Wandmalereien, um 1360
	Ajios Stephanos	13. und 14. Jh.
	Panajía i Koubelídiki S. 92	Fresken, innen 14. Jh., außen 1495
	Ajios Nikólaos tou Kasnitzi	Fresken, 1. Hälfte 13. Jh.

332

Gebiet	Kirche	Entstehungszeit der Malerei
Kastoria	Kloster Panajias Mawriotissas bei Kastoria S. 69, 78, 100, 151f., 310	
	Katholikon	postbyz. Fresken
	Pareklissi Joannou tou Theologou	postbyz. Fresken
Mani	verschiedene Kirchen S. 117, 147, 255, 265, 268, 292	postbyz.
Athos (Klöster des Heiligen Berges)	Megisti Lawra S. 44, 314	Fresken u. a., 1512, 1719, 1814
	Watopédi	Fresken u. a., 1312, 1426, Rest 1819
	Iwiron S. 44, 76, 156, 204	Fresken u. a., 1795, Ikonen aus verschiedenen Epochen
	Chilandariou S. 113, 165, 233	Serbische Fresken, 1621; Ikonen
	Dionysiou S. 44, 86, 94f., 165	Fresken u. a., 1568, 1603, 1652
	Koutloumousiou	Fresken u. a., 1540, 1744
	Xeropotamou S. 44	Fresken u. a., 1783
	Zographou S. 44	Fresken u. a., 1840
	Dochiariou S. 30, 70, 176, 220, 231, 314	Fresken u. a., 1547, 1568, 1676
	Karakallou S. 44	Fresken u. a., 1717, 1750, 1767
	Philotheou S. 44	Fresken u. a., 1747, 1752, 1765
	Esphigmenou S. 32, 213	Fresken erneuert im 18. und 19. Jh.
	Ajiou Pawlou S. 200	Tragekreuz und Diptychon; spätbyz. Fresken, Georgskapelle, 1423
	Stawronikita S. 113	Fresken kretischer Schule, um 1550
	Xenophontos S. 44, 239	Fresken, Mitte 17. Jh.

Gebiet	Kirche	Entstehungszeit der Malerei
Athos	Grigoriou S. 230f.	Fresken, 1779; Ikonen
Athos-Kirche	Protaton, Kirche in Karies S. 73, 165, 291	Fresken, 1282–1328; Vorhalle 16. Jh.
Mystra-Kirchen	Ajios Dimitrios S. 228	Fresken, Ende 13. Jh.
	Brontochion	Fresken, um 1300
	Aphendikou	Fresken, 1312–22
	Periwleptos S. 266	Fresken, Mitte 14. Jh.
	Pantanassa	Fresken, 1428
Kykladeninsel Naxos	Kyriakos-Kapelle	ikonoklastische Malerei, Ende 8. oder Anfang 9. Jh.
Aighina	Kirchen in Paläa Chora S. 231	spätbyz.

Rhodos

Rhodos fiel bei der Reichsteilung 395 an die Osthälfte. 620–622 von Persern, 653–679 von Arabern besetzt. 1028 wird eine venezianische Handelsniederlassung gegründet. Nach mehreren venezianischen, byz. und genuesischen Eroberungen fiel Rhodos 1309 an die Johanniter (Kreuzritterorden) und 1522 an die Türken. 1912 erobern die Italiener den Dodekannes, der 1948 wieder griechisch wird.

Gebiet	Kirche	Entstehungszeit der Malerei
bei Psinthos	Ajia Trias	Fresken, 1407/08
bei Charaki	Ajios Nikolaos S. 137, 254	Fresken, 17. Jh.
	Ajia Agathi	naive späte Fresken
bei Massari	Ajios Jeorjios Lorima	Fresken, vermutlich 14. Jh.
Pylon	Kýra Pylona	Fresken, 16. Jh.
Thari	Moni Thari S. 62, 64, 81, 112, 154, 256	1506 und 1620
Asklipion	Kimisis Theotokou S. 44	naive Fresken, 17. Jh.; Rest 1932

Anhang

Gebiet	Kirche	Entstehungszeit der Malerei
Apolakkia	Ajios Jeorjios o Wardas S. 227	12. Jh.
bei Eleusa	Ajios Nikolaos Fountoukli S. 74, 112, 116	Fresken, um 1400
Paradisi	Ajios Joannis	westlich beeinflußte Fresken, 17. Jh.
Kattavia	Kimesis Theotokou S. 33, 44, 55, 112f.	2. Hälfte 17. Jh.
Lindos	Panajia S. 33, 218, 232f., 298	1779
Jennadi	Ajia Anastasia S. 256f., 263, 301	um 1700

Kreta

Kreta (i Kriti) wurde 527 in den Rang einer oströmischen Provinz erhoben, zwischen 650 und 826 von zahlreichen arabischen Beutezügen heimgesucht, 826 von spanischen Arabern okkupiert. 961 byzantinische Rückeroberung. 1204–09 schlugen sich Genueser und Venezianer um die Insel. Gegen die erfolgreichen Venezianer erhoben sich die Kreter im Laufe der folgenden 150 Jahre insgesamt 14mal. Nach dem Fall Konstantinopels flohen Künstler und Gelehrte ins venezianische Kreta. Ab 1600 Aufblühen des kretischen Stils in der Fresken- und Ikonenmalerei (zwischen 1644 und 1715). Vom 16. Jh. an bekommen die Türken nach und nach ganz Kreta in ihre Hand. 1913 wurde die Insel wieder hellenisch.

Gebiet	Kirche	Entstehungszeit der Malerei
Ort Ajios Nikolaos, Merambello	Ajios Nikolaos	ikonoklastische oder nachikonoklastische Fresken, 9., 10. oder 11. Jh.
bei Chromonastiri Rethymnon	Ajios Eftichos	Fresken, 11. Jh.
	Panajia bei Kera	Fresken 11. und Reste 14. Jh.
Kalamas, Mylopotamos	Ajios Jiorjios	Fresken, 11. Jh.
Myriokephalae, Rethimnon	Panajia	Fresken, Ende 12. Jh.
Kurnas, Apokoronas	Ajios Jiorjios	Fresken, Ende 12. Jh.
bei Serakíra, Selino	Michail Archangelos	Fresken, nach 1150
Arathena, Sfakia	Michail Archangelos	Fresken, um 1500
Kainourio	Kloster Wrondissi	Fresken, 1. Drittel 14. Jh.
bei Kyriakorelia, Apokorones	Ajios Nikolaos	Fresken, 1320–36
bei Kritsa, Merambitto	Panajia Kera	13. und 1. Hälfte 14. Jh.
Apano Wiannos, Monofatsi	Ajia Pelajia	Fresken, 1360
bei Krustos, Merambello	Ajios Joannis Theologos	Fresken, 1347/48
bei Wathi, Kisamos	Michael Archangelos	volkstümliche Fresken, 1. Hälfte 14. Jh.
Pyrghos, Monofatsi	Ajios Jiorjios und Ajios Konstantinos	Fresken, 1314/15
Murní, Ajios Wassilios	Ajios Jiorjios	Fresken, Ende 14. Jh.
Emboros, Monofatsi	Ajios Jiorjios	Fresken, 1436/37
Apano Symi, Monofatsi	Ajios Jiorjios	1453

Zypern

Zypern (Kypros) hat, missioniert von Paulus und Barnabas, bereits im Jahre 45 eine christliche Gemeinde erhalten. Die Kirche der im Jahre 395 dem Ostteil des Reiches zugeschlagenen Insel ist selbständig. Ihre Autokephalie wurde 431 (Konzil von Ephesus) bestätigt. 647 Verwüstung der Hauptstadt Constantia durch die Araber, 653–680 arabische Besetzung.

Dann wechselnde Tributhoheiten, arabische Überfälle, 965 byz. Rückeroberung. 1191 erobert der englische König Richard Löwenherz Zypern und verschachert es an den Tempelorden. Wechselnde lateinische Herrscher, die alle die griechische Kirche unterdrücken.
1571 Eroberung Zyperns durch die Türken. Die griechische Kirche erhält ihr Eigentum zurück. 30000 türkische Soldaten werden angesiedelt. 1754 Anerkennung der Bischöfe als politische Vertreter der zypriotischen Griechen.
Ermordung des autokephalen Erzbischofs und zahlreicher Christen durch die Türken bei Ausbruch des Freiheitskampfes auf dem griechischen Festland 1821. Großbritannien pachtet 1878 Zypern und annektiert es 1914. Die Freiheitskämpfe nach dem Zweiten Weltkrieg führen 1960 zur selbständigen Republik Zypern. Ein Putsch von Anhängern der griechischen Junta löst einen türkischen Überfall aus (und führt gleichzeitig zum Sturz der Junta in Griechenland). Die Türken spalten einen Teil der Insel ab. Es entsteht eine bis heute ungelöste Problemsituation.

Gebiet	Kirche	Entstehungszeit der Malerei
Kiti	Panajia Anjiloklistos	Mosaik, 1. Hälfte 7. Jh.
Asinou	Panajia Phorwiotissa	Fresken, 1333
Lagoudera	Panajia tou Arakou	Fresken, 1192
bei Ktima nahe Paphos	Enklistra-Einsiedelei; drei mit Fresken ausgemalte Höhlen	vor 1200; Restaurierung Anfang 16. Jh.
Kalopanajotis	Johannes-Lampodistis-Kloster	Fresken, 2. Hälfte 15. Jh.
Nikosia	Panajia Chrisaliniotissa	Ikonen, 16. Jh.

Sinai

Das Katharinenkloster wurde 527 von Justinian gegründet. Das damit verbundene Erzbistum blieb orthodox und wurde 1575 als autokephal anerkannt.

Gebiet	Kirche	Entstehungszeit der Malerei
Berg Sinai	Katharinenkloster S. 64, 145, 161, 230, 238, 395	Mosaik von 565/66; zahlreiche Ikonen

TÜRKEI
Konstantinopel (Istanbul)

330 wurde der kleine Ort Byzantion auf einer strategisch günstig gelegenen Landzunge am Bosporus von Konstantin zur Hauptstadt des römischen Reiches erhoben. Die von Theodosius mit einer bis heute noch gut erhaltenen Landmauer und einer Seemauer geschützte Stadt hielt sich bis 1204. Das Kreuzfahrerheer des sogenannten vierten Kreuzzuges raubte, gelenkt durch die Venezianer, Konstantinopel skrupellos aus. Weder Kirchen noch Klöster wurden geschont. Die barbarische Soldateska mordete und brandschatzte, zerstörte sinnlos Kunstwerke. Die orthodoxe Priesterschaft wurde vertrieben, lateinische Priester wurden eingesetzt.
1261 gewann Michael VIII. Palaiologos die Stadt zurück. Sie fiel am 29. Mai 1453 an die Osmanen. Die großen Kirchen wurden in Moscheen umgewandelt, auch die Ajia Sophia. Im Gegensatz zu den Lateinern hatten die Türken nicht versucht, die Orthodoxie zu beseitigen. Allerdings schränkten sie die Rechte der griechischen Kirche ganz erheblich ein. Nach Ausbruch des Freiheitskampfes und in der Folgezeit kam es immer wieder zu Pogromen. 1970 lebten 40000–50000 Griechen in Konstantinopel und auf den Inseln des Marmarameeres. Heute sind es nur noch ca. 5000. Im Stadtteil Phaliron residiert der → Patriarch.

Stadtteil	Kirche	Entstehungszeit der Malerei
Eminönü	Ajia Sophia (Aya Sofia müzezi) S. 38, 83, 117, 142, 167, 178ff., 198, 228f., 234f., 246, 254, 288, 290, 320	Mosaiken: Dekoration 6. Jh.; Apsis 867; Portaltympana zwischen 850–900; Emporendarstellungen zwischen 912 und 1325

Stadtteil	Kirche	Entstehungszeit der Malerei
Atikali	Pammakaristoskirche (Fetiye Dschami) S. 138, 171, 232, 275	Mosaik, 1310–20
	Chorakirche (Kariye Cami) S. 31, 32, 64, 68, 75f., 83, 94f., 118, 130, 142, 160, 219, 224, 232, 235ff., 241, 254, 288, 290, 297, 299, 308, 311f., 314	Mosaik und Fresken, 1315–20
Phanari (Fener)	Panajiotissakloster (Muchliotissa)	Ikonen

Kappadokien

Kappadokia (Ic Anadolu) in der zentralanatolischen Hochebene (ca. 1000 m) umfaßte in byz. Zeit zunächst etwa das Gebiet zwischen den Städten Theodosiopolis (Erzerum), Sebaste (Siwas) und Melitene (Malatya). Hauptstadt und Bischofssitz war Caesarea (Kayseri). Im 4. Jh. Kernland der Christianisierung (→ Kirchenväter) und Ursprungsland des griechischen Mönchtums (»Basilianer«, → Basilios von Caesarea), löste es sich 388 von der Metropolie Antiochia und schloß sich Konstantinopel an (→ Patriarchen). Enge Beziehungen zwischen Kappadokien und der Hauptstadt. 605–11 besetzten die Perser Caesarea. 647 und 726 fielen die Araber ein. Im 8. und Anfang des 9. Jh.s war das einzig Beständige der ständige Herrschaftswechsel zwischen Arabern und Byzantinern. Damals zog sich die Bevölkerung in unwegsame Täler (Göreme, Zelwe, So'anli, Ihlara) zurück, arbeitete komplette mehrstöckige, mit Rollsteinverschlüssen gesicherte unterirdische Städte (Kaymakli, Derinkuyu) aus dem vulkanischen Tuffstein heraus. Wohnbehausungen, Einsiedeleien, ganze Klöster wurden aus Felswänden und Felspyramiden – zugänglich nur über schwierige Kamineinstiege – herausgehauen. Zwischen dem 7. und dem Anfang des 14. Jh.s entstanden dort zahlreiche Höhlenklöster mit teils einfachem, teils kompliziertem Grundriß (Kreuzkuppelkirchen). Etwa 150 Kirchen mit Malereien sind heute bekannt. Die Zeit der Araberstürme war zugleich die Zeit des Bilderstreits (726–842). Mit der Staatsmacht verbündet, inszenierten die Ikonoklasten blutige Verfolgungen der Bilderfreunde. Eine 200 Jahre währende Periode der Ruhe setzte im nun wieder byz. Kappadokien in der Mitte des 9. Jh.s ein. Möglicherweise siedelten sich damals westsyrische, aus den arabischen Gebieten entkommene Jakobiten in Kappadokien an. In dieser Zeit entstanden auch armenische Ansiedlungen.

Zwischen 1067 und 1082 eroberten dann die Seldschuken, die zuvor Persien überrannt hatten, Inneranatolien. Sie nutzten die Städte als Stützpunkte, ließen die Christen auf dem Lande jedoch ziemlich unbehelligt, nahmen sogar Christen als hohe Beamte in ihre Dienste. Bis etwa 1300 entstanden weitere Höhlenklöster. Von da an wurden die Zeiten wieder härter: erst bemächtigten sich die Mongolen, dann die Osmanen Kappadokiens.

In den Landgebieten hielten sich bis zum Ersten Weltkrieg armenische Dörfer (Lausanner Vertrag, sog. Bevölkerungsaustausch) und starke, griechischsprechende Bevölkerungsgruppen.

Die kappadokische christliche Kunst war von jeher, ganz im Gegensatz zur kaiserlichen Kunst der Hauptstadt, volkstümlich und mönchisch, oft einfach und liebenswert naiv.

Gebiet	Kirche	Entstehungszeit der Malerei
Göreme (Museumsgebiet)	Barbara Kilise S. 59ff., 98, 111, 118, 159, 306	anikonischer Dekor, datiert zwischen 800 und 1200, wahrscheinlich 813–900
	Medaillonkapelle S. 29	anikonisch, ca. 850 oder später
	Yilanli Kilise (Onuphrios K) S. 201	11. Jh., vielleicht um 1070
	Grabkapelle Nr. 18	anikonisch, einige Bilder 10. oder 11. Jh.
	Elmali Kilise S. 20, 98, 112, 116, 192, 239, 247, 263, 282, 295f.	Fresken, datiert 11. bis 13. Jh., vielleicht um 1200

Die wichtigsten byzantinischen Monumente

Gebiet	Kirche	Entstehungszeit der Malerei
Göreme	Karanlik Kilise S. 23, 116, 121	Fresken, datiert 11. bis 13. Jh., vielleicht um 1200
	Carikli Kilise S. 23, 52, 112, 116, 124, 239, 273	Fresken, datiert 11. bis 13. Jh., vielleicht um 1200
	Zwei-Gesichter-Kirche S. 59	anikonisch, nach 850
Göreme (nahe Museumsgebiet)	Tokali Kilise I, frühe Phase S. 47, 52, 235, 238, 251, 307	Fresken (Längsschiff) 1. Hälfte 10. Jh.
	Tokali Kilise II, spätere Phase S. 70, 128, 237, 266, 308	Fresken (Apsiden und Querschiff), Ende 10. Jh.
Göreme (außerhalb des Museumsgeländes)	Shakli Kilise (St. Johannes) S. 51f., 118, 148, 152, 175, 199, 211, 226	Fresken auf Felsuntergrund, 11. Jh., vielleicht um 1077
	Eustachios Kilise S. 18, 148	Fresken, datiert zwischen 970 und 1149
	Danielkapelle	Fresken, vermutlich 11. Jh.
	Meryem Ana Kilise (Kiliclar Kushluk?)	Fresken, vermutlich 11. Jh.
	El Nazar S. 156, 201	datiert zwischen Anfang 10. und 12. Jh., vielleicht Ende 10. Jh.
	Kiliclar Kilise	Fresken, um 900
Cavusin	Cavusin Kilise (Taubenschlag) S. 47, 141, 156f., 240, 266, 305	963–969
	Täuferkirche	vorikonoklastisch
Güllüdere (nahe Cavusin)	Kirche zu den drei Kreuzen S. 153, 199, 202	datiert zwischen 7. und Anfang 10. Jh., wahrscheinlich Anfang 8. Jh.
	Kapelle 5 S. 48	frühikonoklastisch, Anfang 8. Jh.
Kizil Cukur	Üzümlü Kilise (Niketaskirche) S. 48, 202, 271, 317	vor- oder frühikonoklastisch
Zelve	Üzümlü Kilise S. 58f.	vor- oder frühikonoklastisch
Zelve	Geyik Kilise Nr. 4 S. 52	unbekannt ikonoklastisch
Ihlara	Kokar Kilise S. 43, 147	naive Fresken, datiert vom Ende 9. bis Ende 11. Jh., wahrscheinlich 9. Jh.
	A'aci Alti Kilise S. 152, 159	naive Fresken, datiert Mitte 10. bis Anfang 11. Jh., wahrscheinlich 10. Jh.
	Sümbüllü Kilise	Fresken, datiert Anfang bis Ende 10. Jh.
	Yilanli Kilise S. 95, 161, 199, 201, 217	Fresken, datiert Ende 10. bis Ende 11. Jh., wahrscheinlich Mitte 11. Jh.
	Egri Tash Kilise	Fresken, Ende 9. Jh.
Belisirma (bei Ihlara)	Direkli Kilise S. 141	976–1025
bei Sinasos (Mustapha Pascha Köy)	Abraham Kilise (Ajios Wassilios) S. 57f.	frühikonoklastisch, zwischen 726 und 780
So'anli	Barbara Kilise S. 123, 126, 204, 226, 254, 308	Fresken, 1006–1021
	Karabas Kilise S. 153	1060/61
	Tokali	anikonisch, Ende 9. Jh. oder später

Weitere in den Stichwörtern erwähnte **Monumente auf türkischem Territorium:**

Gebiet	Kirche	Entstehungszeit der Malerei
Iznik (Nikaia)	Kimesis-Kirche S. 59f.	Ende 7. Jh.
Trapzon (Trapezunt)	Ajia Sophia	ca. 1250–1260
Achtamar, Insel im Vansee (Ostanatolien)	Kreuzkuppelkirche S. 131, 148, 197, 204	Flachreliefs als Außendekor, 915–921, armenischer Stil

* Mutmaßliche Entstehungszeit – teilweise voneinander abweichende Datierungen

ITALIEN

Ravenna. Honorius, der Kaiser des Westreiches, verlagerte 402 seine Residenz (von Rom) nach Ravenna. Dessen Kriegs- und Handelshafen war Classe. 476 wurde es Zentrum des Reiches von Odoaker, 493 Sitz des Ostgotenkönigs Theoderich. 540 ließ Justinian Ravenna durch Belisar besetzen. Stadt und Umland wurden byzantinisches Exarchat. Ihm machten 751 die Langobarden ein Ende.

Gebiet	Kirche	Entstehungszeit der Malerei
Ravenna	Grabmal der Galla Placidia S. 73, 117, 118, 154, 213, 225, 270, 289, 317	Mosaik, vor 450
	Baptisterium der Orthodoxen (San Giovanni in fonte) S. 48, 118, 175, 192, 202, 220, 296	Mosaik, um 450
	Baptisterium der Arianer	Goldmosaik der Gotenzeit, Ende 5. Jh.
	Erzbischöfliche Kapelle S. S. 86, 158, 225	vor 500, Ende 5. Jh.
	Sant'Apollinare Nuovo S. 43, 74, 201, 225, 271, 313	Mosaik der Gotenart, nach 500; byz. Mosaik, nach 555
	San Vitale S. 31, 38, 40, 59, 64, 67, 74, 111, 145 f., 149, 154, 159, 192, 213 f., 271, 273	Goldmosaik, um 550
Classe	Sant'Apollinare S. 31, 40, 58, 59, 67, 111, 116, 121, 145, 154, 192, 197, 213 f., 270 ff., 289, 295, 318, 320	Goldmosaik, um 550 (und Mitte 7. Jh.)

Venedig

Venezia (Venedig) war ursprünglich eine kleine Siedlung in einem unzugänglichen Lagunengebiet, gewann an Bedeutung durch den Zustrom von Flüchtlingen nach dem Langobardeneinfall 568. Zunächst vom byz. Ravenna aus verwaltet, wurde es Anfang des 8. Jh. unter der Leitung eines Dogen selbständig. 828 holte sich Venedig aus Grado die ursprünglich in Alexandrien aufbewahrten Gebeine des Evangelisten Markus. Von nun an fühlten sich die Venezianer beschützt vom geflügelten Markuslöwen, den sie zu ihrem Emblem erhoben (→ Evangelisten).

Durch die Gründung zahlreicher Handelsniederlassungen entwickelte sich Venedig zur führenden Handelsmacht des Mittelmeerraumes. Der Doge Domenico Contarini schuf die heutige Markuskirche (1063–1095) nach dem Vorbild der Apostelkirche in Konstantinopel. 1204 plünderten Venezianer und Kreuzritter Konstantinopel. Byz. Beutestücke bilden den »Löwenanteil« des Schatzes von San Marco.

Die 1204 annektierten griechischen Gebiete mußte Venedig nach 1453 an die Türken abgeben – 1477 Euböa (Ewia) und Lemnos, 1502/1503 Naupaktos, 1540 Nauplia, Monemvasia, 1573 Zypern, 1664 Kreta; 1684–1715 besetzte Venedig den Peloponnes. 1797 beendete Napoleon die Selbständigkeit der Stadtrepublik. Die bis dahin venezianischen jonischen Inseln wurden erst von den Franzosen, dann von den Engländern übernommen.

Gebiet	Kirche	Entstehungszeit der Malerei
Venedig	Duomo di San Marco (Markuskirche) S. 114, 139, 163, 176, 185, 228	Goldmosaik im byz. Stil, ab Anfang 12. Jh. bis Ende 13. Jh.
	Domschatz von San Marco S. 60, 114, 117, 141, 200, 235	Byz. Kleinodien, meist vor 1204 entstanden
Torcello (Insel in der Lagune)	Basilika di Santo Marco S. 83, 139	Goldmosaik, Anfang 12. bis Ende 12. Jh.
Murano (Insel in der Lagune)	San Donato	Goldmosaik, hauptsächlich frühes 14. Jh., Endgericht Westwand, um 1150

Rom

Rom (mit Zentralitalien) hat seit Diokletian seine Bedeutung als kaiserliche Residenz verloren. Wichtig war die Stadt seit dem 3. Jh. als Sitz eines Bischofs, der den Primat vor allen anderen Bischöfen beanspruchte. Konstantin war es, der die ersten Kirchen Roms, darunter die Grabeskirche seiner Mutter Helena, errichten ließ.

Das Reich wurde geteilt, der Westen von den Germanen erobert. Justinian (572–565) konnte ganz Italien nochmals zurückgewinnen. In der 1. Hälfte des 7. Jh.s verlor Byzanz unter Kaiser Heraklion Mittelitalien für immer.

Gebiet	Kirche	Entstehungszeit der Malerei
Rom	Domitella-Katakombe S. 77, 82, 202	2. bis 4. Jh.
	Priscilla-Katakombe S. 308	2. bis 4. Jh.
	Callisto-Katakombe S. 29, 73 f., 78, 82	2. bis 4. Jh.
	Lucina-Katakombe S. 73	2. bis 4. Jh.
	Praetextus-Katakombe S. 78	2. bis 4. Jh.
	Cimitero Maggiore S. 230	2. bis 4. Jh.
	Marcus- und Marcellinus-Katakombe S. 116	
	Santa Costanza S. 74, 116, 118, 213, 270	Mosaik, Mitte 4. Jh.
	Santa Pudenziana S. 48, 74, 95, 116, 149, 169, 192, 197, 219 f., 272	Mosaik, 384–397
	Santa Sabina S. 64, 116, 121, 149, 153, 157 f., 192, 196, 206, 211, 218, 228, 241, 247, 271	Relief auf der Holztür und Mosaik, ca. 432

Gebiet	Kirche	Entstehungszeit der Malerei
Rom	Santa Maria Maggiore S. 42, 48, 74, 111, 169, 219, 241, 273	Mosaik, 432–440
	San Lorenzo fuori le mure	Triumphbogenszenen, 578–590
	Santa Agnes	Apsismosaik, um 630
	Santa Maria Antiqua S. 83	7. Jh.
	San Cosmas und Damian S. 48	6. Jh.
	Capella Sancta Sanctorum S. 55, 158, 211	6. Jh.
Milano	San Aquilino San Lorenzo S. 247	355–397
	San Ambrogio S. 97	
Neapel	San Giovanni in fonte	2. Hälfte 4. Jh.

Süditalien und Sizilien

Süditalien und Sizilien wurden seit dem 8. Jh. v. Chr. durch griechische Kolonisten besiedelt. Nach der Reichsteilung 395 gehörte ganz Italien zunächst zum Westreich. Ab 440 begann die gotische Eroberung. Doch Justinian konnte ganz Italien für Byzanz gewinnen (Sizilien 535), Verwaltungszentrum war Syrakus. 827 setzten sich die Araber auf der Insel fest. 878 nahmen sie Syrakus, ganz Sizilien war in ihrer Hand. Die Normannen vertrieben 1071 die Byzantiner endgültig aus ihren süditalienischen Restterritorien. Gleichzeitig (1061–1091) nahmen sie den Arabern Sizilien ab. Die Kultur der unterlegenen Griechen war der der Eroberer weit überlegen. Auch unter fremder Oberhoheit schufen griechische Künstler aus Konstantinopel Goldmosaik-Meisterwerke im byz. Stil.

Gebiet	Kirche	Entstehungszeit der Malerei
Cefalu (Sizilien)	Kathedrale	um 1148
Monreale (Sizilien)	Kathedrale S. 139	Ende 12. Jh.
	Basilika S. 32	Ende 12. Jh.
Palermo (Sizilien)	Matorana S. 152	um 1151
	Capelle Palatina	um 1160
Aquileia (Sizilien)	Dom S. 266	1. Hälfte 13. Jh.
Otranto		Fußbodenmosaik

JUGOSLAWIEN

Basilios II. Bulgaroktonos (der Bulgarenschlächter) besiegt 1014 in der Belasica-Schlucht die Bulgaren und erneuerte damit die byz. Vorherrschaft im gesamten Balkan bis zur Donaugrenze. Vom direkt Konstantinopel unterstellten Erzbistum Ochrid aus verbreitete sich die byz. Kunst auf dem Boden des heutigen Jugoslawien.

Gebiet	Kirche	Entstehungszeit der Malerei
Poreč (Parenzo) (Istrien)	Euphrasius-Basilika S. 48, 213	Goldmosaik, 6. Jh.
Studenica (Serbien)	Nemanja-Kirche S. 281	1208
	Joachim- und Anna-Kirche S. 111	1313/1314
Mileševa (Serbien)	Christi-Himmelfahrts-Kirche S. 266	1235
Sopoćani (Serbien)	Dreifaltigkeitskirche S. 111f., 118, 152, 235, 301	1265

Gebiet	Kirche	Entstehungszeit der Malerei
Žiča (Serbien)	Auferstehungskirche S. 230	13. Jh.
Lesnowo (Serbien)	Klosterkirche S. 232, 291	1341–1349
Nerezi (Makedonien)	Pantelimonoskirche S. 266	1164
Kurbinowo (Makedonien)	Georgskirche	1191
Staro Goričino (Makedonien)	Georgskirche S. 265	1317/1318
Ochrid (Makedonien)	Sophienkirche S. 67, 112, 199	Mitte 11. Jh.
	Periwleptoskirchen (St. Clemens) S. 228, 230	1295
Prizren (Serbien)	Kirche der Muttergottes von Ljeviška	1309
Matejic (Makedonien)	S. 55	14. Jh.
Peč	Patriarchatskirche (Pečkaja Patriarchia) S. 228, 233	1250

RUMÄNIEN

Gebiet	Kirche	Entstehungszeit der Malerei
Moldowitja (Moldau)		1532
Voronet (Moldau)	Klosterkirche S. 95	1550
Cozia (Walachei)	Klosterkirche	14. Jh.

Die wichtigsten byzantinischen Monumente

RUSSLAND

Großfürst Wladimir von Kiew nimmt 988 das Christentum an (→ Daniel, 3 Jünglinge im Feuerofen!). Er heiratet eine Schwester des byz. Kaisers Basilios II. Byz. Architekten und Ikonenmaler arbeiten im Kiewer Reich. Nach dem Fall Konstantinopels wird Rußland zum Zentrum der Ikonenmalerei. Moskau wird Sitz eines → Patriarchen und versteht sich als drittes Rom.

Gebiet	Kirche	Entstehungszeit der Malerei
Kiew	Sophien-kathedrale S. 62, 112, 117, 139, 250	Mosaik, 1043–1046
Pskow	Erlöserkirche Mirozski-Kloster S. 64, 121	Fresko, 1156
	Ferapont-Kloster	ca. 1500

Literaturverzeichnis

Akathistos Hymnos. Akolouthia tou Akathistou Ymnou (»Chäretismoi«), Ekdosis Orthodoxou Idrymatos »O Apostolos Barnabas«
Aranca: Christos anesti – Osterbräuche im heutigen Griechenland. Zürich 1968
Julius *Aßfalg:* Kleines Wörterbuch des christlichen Orients. Wiesbaden 1975

Basilius der Große: Patrologiae Series Graeca, Bd. 85. Turnhout o. J.
Renate *Baumgärtel-Fleischmann:* Ausgewählte Kunstwerke aus dem Diözesanmuseum Bamberg. Bamberg 1983
Hans-Georg *Beck:* Byzantinisches Lesebuch. München 1982
Ernst *Benz:* Patriarchen und Einsiedler – Der tausendjährige Athos und die Zukunft der Ostkirche. Düsseldorf/Köln 1964
Rudolf *Biach:* Das Geheimnis des heiligen Berges. Wien 1949
Die *Bibel.* Jerusalemer Bibel; Luthertext
Fritz *Boehm:* Die neugriechische Totenklage. Berlin 1947
Klaus *von Bolzano*/Yvonne *von Bolzano:* Das andere Rhodos. Salzburg 1977
Antoine *Bon:* Byzanz. Archeologia Mundi. München 1979
Giuseppe *Bovini:* Die Kirchen von Ravenna. München 1985
Panagiotis *Bratsoitis:* Die orthodoxe Kirche in griechischer Sicht. Stuttgart 1959
Josef *Braun:* Die liturgische Gewandung in Occident und Orient nach Ursprung und Entwicklung, Verwendung und Symbolik. Freiburg 1907
Robert *Browning:* Byzanz. Die Geschichte des byzantinischen Weltreiches. Bergisch Gladbach 1980
Emma *Brunner-Traut:* Die Kopten. Köln 1982
Cyril G. E. *Bunt:* Byzantine Fabrics. Leigh-on-Sea 1967

Manolis *Chatzdakis:* Byzantinisches Athen. Athen o. J.
– I Zografiki sto Mystra. Athen 1953
Stanislaw *Chojnacki:* Major Themes in Ethiopian Painting. Wiesbaden 1983
Johannes *Chrysostomos:* Die göttliche Liturgie. Serbischorthodoxe Diözese Westdeutschland 1984
– Patrologiae Series Graeca, Bd. 47. Turnhout 1962
Columnella: Über Landwirtschaft. Berlin 1972
Cyrill von Jerusalem: Katechesen. Bibliothek der Kirchenväter. München 1922

Johannes *Damascenus:* 2. Ekdosis akribes tes orthodoxes pisteuos. Patristische Texte und Studien, Bd. 12. 1913
– De fine orthodoxe. Orationes pro sacris imagini (griech./lat.). Patrologia Series Graeca, Bd. 94. Turnhout o. J.
– Des heiligen Johannes von Damascenus Mönchs und Priesters zu Jerusalem genaue Darlegung des orthodoxen Glaubens. Kempten 1880
Henri *Daniel-Rops:* Die apokryphe Bibel am Rande des Alten Testaments. Zürich 1959
Nik. G. *Daskalaki:* Touristikos odigos Kastorias. Athen 1982
Friedrich Wilhelm *Deichmann:* Frühchristliche Kirchen in Rom. Basel 1948
André *Deguér:* Museo Rieder-Ikonen. München 1962
Ömer *Demir:* Kappadokien. Wege der Geschichte. Nevshehir 1978

Otto *Demus:* Die Mosaiken von San Marco in Venedig 1100–1300. Baden b. Wien o. J.
Ernst *Dietz:* Der Baumeister Sinan und sein Werk. Atlantis 4/1953
Ernst *Dinkler:* Das Apsismosaik von Sant'Apollinare in Classe. 1964
– Kunst und Geschichte Nubiens in christlicher Zeit. 1970
– Signum Crucis. Tübingen 1967
Dionysios – Malermönch vom Berge Athos (Ermenia). München 1960
Dionysios Areopagita: Celestis Hierarchia (griech./franz.). Sources Chrétiennes no. 85. Paris 1985
– Der heilige Dionysos – Angebliche Schriften über die beiden Hierarchien. Bibliothek der Kirchenväter. Kempten/München 1911

Wolfram *Eberhard:* Lexikon der chinesischen Symbole. Köln 1983
Hans *Egli:* Das Schlangensymbol. Freiburg 1982
Mircea *Eliade:* (Vorwort), Die Schöpfungsmythen. Darmstadt 1980
– Ewige Bilder und Sinnbilder. Olten/Freiburg 1958
– Schamanismus und archaische Ekstasentechnik. Zürich/Stuttgart 1954
Franz Carl *Endres* / Annemarie *Schimmel:* Das Mysterium der Zahl. Köln 1984
Ephraem Syrus: Hymnen de Nativitate; Hymnen de Ecclesia; Hymnen de Virginitate. Corp. Script. Christ. Orient., Bd. 83, 85, 95. Louvain 1959, 1960, 1962

Caspari *Fossati:* Die Hagia Sophia nach dem Tafelwerk von 1852. Dortmund 1980
John *Freely* / Hilary *Sumner Boyd:* Istanbul, ein Führer. München 1975
Dagobert *Frey:* Grundlegung zu einer vergleichenden Kunstwissenschaft. Wien 1949

George *Galavaris:* Bread and the Liturgy. Milwaukee/London 1970
Klaus *Gallas* / Klaus *Wessel* / Manolis *Bourboudakis:* Byzantinisches Kreta. München 1983
Sigrid *Geerken* / Hartmut *Geerken:* Führer durch Göreme. Türkischer Automobil- und Touringclub. Ankara 1965
Arnold *van Gennep:* The Rites of Passage. Chicago, 6. Aufl. 1972
Friedrich *Gerke:* Christus in der spätantiken Plastik. Mainz 1948
Georg *Gerster:* Äthiopien. Zürich 1974
Luciano *Giovanni:* Kunst in Kappadokien. Genf 1972
Helmuth *von Glasenapp:* Die nichtchristlichen Religionen. Frankfurt/M. 1957
Glossium Artis. Bd. 2 und 4. München, 2. Aufl. 1982
André *Grabar:* Die byzantinische Kunst des Mittelalters vom 8. bis zum 15. Jahrhundert. Baden-Baden 1964
Gregor der Theologe: I thía litourjia. Thessaloniki 1981
Griechenland – Ein Porträt. Athen 1979
Lelik *Gülersoy:* Kariye (Chora) (dt.). Istanbul 1983
Samuel *Guyer:* Grundlagen mittelalterlicher abendländischer Baukunst. Einsiedeln 1950
Muhammer *Güzelgöz* / Memduk *Güzelgöz:* Kappadokien. Göreme o. J.
Lorenz *Gyömörey:* Griechische Ostern. Das Drama Jesu Christi nach den Texten der byzantinischen Karwoche (griech./dt.). Athen o. J.

Ernst *Hammerschmidt:* Symbolik des orientalischen Christentums. Stuttgart 1960
Walter *Haug:* Das Mosaik von Otranto. Wiesbaden 1972
Hans Wilhem *Haussig:* Die Geschichte Zentralasiens und der Seidenstraße in vorislamischer Zeit. Darmstadt 1983
Friedrich *Heiler:* Die Ostkirchen. München/Basel 1971
Gerd *Heinz-Mohr:* Lexikon der Symbole. Bilder und Zeichen der christlichen Kunst. Köln 1983
Edgar *Hennecke:* Handbuch zu den neutestamentlichen Apokryphen. Tübingen 1904
Edgar *Hennecke* / Wilhelm *Schneemelcher:* Neutestamentliche Apokryphen, Bd. 1 und 2. Tübingen 1971
Ferdinand *Herrmann:* Symbolik des orthodoxen Christentums und der kleineren christlichen Kirchen in Ost und West. Stuttgart 1968
– Symbolik des orthodoxen und orientalischen Christentums. Stuttgart 1962
Ludwig *Hertling* / Engelbert *Kirschbaum:* Die römischen Katakomben und ihre Märtyrer. 1950
Karl *Heussi:* Kompendium der Kirchengeschichte. Tübingen 1949
Friedrich *Heyer:* Die Kirche Armeniens. Stuttgart 1978
Helmut *Hoffmann:* Symbolik der tibetischen Religionen und des Schamanismus. Stuttgart 1967
C. *Hooykaas:* Cosmogony and Creation in Balinese Tradition. Den Haag 1974
Robert *Hotz:* Gebete aus der orthodoxen Kirche. Zürich / Einsiedeln / Köln 1982
Walter *Hotz:* Byzanz – Konstantinopel – Istanbul. Darmstadt 1978
Paul *Huber:* Athos. Leben – Glaube – Kunst. Zürich 1982
– Bild und Botschaft. Byzantinische Miniaturen. Zürich 1973
Joan M. *Hussey:* Die byzantinische Welt. Stuttgart 1958

I käni Diathiki. Neues Testament (neutestamentl. griech./griech.). Athen 1967
M. S. *Ispiroglu:* Die Kirche von Achtamar. Mainz 1962

Jahrbuch für Antike und Christentum. Hrsg. Franz Joseph Dölger-Institut der Universität Bonn. Münster 1958 ff.
Jeratikon: J theä Litourjyä (Liturgisches Handbuch des Priesters, dt.). 1981
Gisela *Jeremias:* Die Holztür der Basilika S. Sabina in Rom. Tübingen 1980
Ernest *Jones:* Theorie der Symbolik und andere Aufsätze. Frankfurt/M. 1978
Carl Gustav *Jung* u. a.: Der Mensch und seine Symbole. Freiburg/Br. 1968
Milan *Kasanin:* Mittelalterliche Fresken aus Jugoslawien. München 1954
E. *Kautsch:* Die Apokryphen und Pseudoepigraphen des Alten Testaments. Bd. 1 und 2. Darmstadt 1975
Karl *Kerenyi:* Der Sprung vom Leukasfelsen. Archiv für Religionswissenschaft Nr. 24. Leipzig/Berlin 1926/27
Kilian *Kirchhoff:* Die Ostkirche betet. Hymnen aus den Tageszeiten der byzantinischen Kirche. Bd. 1 (1.–3. Fastenwoche); Bd. 2 (4.–6. Fastenwoche); Bd. 3 (6. Woche, Heilige Woche). Leipzig 1935/37
– Osterjubel in der Ostkirche. Hymnen aus der fünfzigtägigen Osterfeier der byzantinischen Kirche. Münster 1944
Theodor *Klauser:* Frühchristliche Sarkophage in Wort und Bild. Stuttgart 1966
– Die Kathedra im Totenkult der heidnischen und christlichen Antike. Münster 1927
Richard *Klein:* Constantius II. und die christliche Kirche. Darmstadt 1977

Johannes *Koder:* Der Lebensraum der Byzantiner. Darmstadt 1984
Johannes *Kollwitz:* Die Sarkophage der westlichen Gebiete des Imperium Romanum. Bd. 2: die ravennatischen Sarkophage. Berlin 1979
Konstantinos VII. Porphyrogenetos. Vom Bauernhof auf den Kaiserthron. Leben des Kaisers Basilios I. Graz 1981
Koptische Kunst. Ausstellungskatalog Kunsthaus Zürich 1963
Der Koran. Wiesbaden o. J.

Pablo *Lazarides:* Hosios Lukas. Athen o. J.
Xavier *Léon-Dufour:* Wörterbuch zum Neuen Testament. München 1977
Lexikon der christlichen Ikonographie. Hrsg. E. Kirschbaum 1968 ff., W. Braunfels 1973 ff. Freiburg/Br.–Basel–Wien
Lietzmann: Symbole der alten Kirche. Bonn 1906
Martin *Luther:* Vorrede auf die Offenbarung S. Johannis zur Übersetzung des NT.

Alexios *Maltzew:* Die göttliche Liturgie unserer heiligen Väter Johannes Chrysostomos, Basilius des Großen und Gregor. Berlin 1980
Cyrill *Mango:* Byzantinische Architektur. Stuttgart 1975
– Mosaiken. In: Heinz Kaehler, Die Hagia Sophia. Berlin 1967
– Die Türkei und ihre Kunstschätze. Genf 1966
George A. *Megas:* Greek Calendar Customs. Athen 1963
Meteora. Geschichte – Kunst – Mönchtum. Athen 1981
Franz Georg *Meyer:* Byzanz. Frankfurt 1983
Wilhelm *Michaelis:* Die apokryphen Schriften zum Neuen Testament. Bremen 1956
Kazimierz *Michalowski:* Faras. Die nubischen Wandbilder in den Sammlungen des Nationalmuseum zu Warschau. Dresden 1974
Paul *Michel:* Tiere als Symbol und Ornament. Wiesbaden 1979
K. *Mitsakis:* Modern Greek Music and Poetry (griech./engl.). Athen 1974

S. *Der Nersessian:* Armenia and the Byzantine Empire. Cambridge/Mass., 2. Aufl. 1947
Eberhard *Nestle:* Novum Testamentum Graecum. Stuttgart 1950
Novum Testamentum Tetraglotton (neutestamentl. griech./lat./dt./engl.). Zürich 1981

Konrad *Onasch:* Kunst und Liturgie der Ostkiche in Stichworten. Wien/Köln/Graz 1981
Robert E. *Ornstein:* The Psychology of Consciousness. San Francisco 1972 (dt. u. d. T.: Psychologie des Bewußtseins. Frankfurt/M. 1976)
Alice Oswald *Ruperti:* Russische Ikonen. Hamburg 1984
Léonide *Ouspensky:* Symbolik des orthodoxen Kirchengebäudes und der Ikone. In: Ferdinand Herrmann, Symbolik des orthodoxen und orientalischen Christentums. Stuttgart 1962
Léonide *Ouspensky* / Wladimir *Lossky:* Der Sinn der Ikonen. Bern 1952

N. D. *Papahadzis:* Denkmäler von Thessaloniki. Thessaloniki o. J.
Rudi *Paret:* Symbolik des Islam. Stuttgart 1958
N. G. *Politis:* Eklogai apo ta Tragoudia tou ellenikou Laou. Athen o. J.

Prokopius: Anektoda. Geheimgeschichte des Kaiserhauses von Byzanz (altgriech./dt.). München 1981
Protevangelium des Jakobus (griech./franz.)
Theocharis *Provatakis:* Meteora (dt.). Athen 1983

H. G. *Quaritch Wales:* The Universe Around Theme Cosmology and Cosmic Renewal in Indianized South-East Asia. London 1979

Reallexikon für Antike und Christentum. Hrsg. Th. Klausner. Stuttgart 1950 ff.
Reallexikon zur byzantinischen Kunst. Hrsg. K. Wessel. Stuttgart 1963 ff.
Sybille *von Reden:* Zypern – Vergangenheit und Gegenwart. Köln 1974
Mariell *Restle:* Die byzantinischen Wandmalerei in Kleinasien, Bd. 3. Recklinghausen 1967

Sachs / Badstübner / Neumann: Erklärendes Wörterbuch zur christlichen Kunst. Hanau o. J.
Der Schatz von San Marco. Ausstellungskatalog Römisch-Germanisches Museum Köln 1984
Alfons Maria *Schneider*: Die Hagia Sophia in Istanbul. Berlin 1939
– Stimmen aus der Frühzeit der Kirche. Köln 1948
Bernhard *Schmidt:* Griechische Märchen, Sagen und Volkslieder. Leipzig 1877
– Das Volksleben der Neugriechen. Leipzig 1871
– Neugriechische Totenbräuche. Archiv für Religionswissenschaft.
Ph. *Schmidt:* Die Illustrationen der Lutherbibel 1522–1700. Basel 1977
Alfred *Schmoller:* Handkonkordanz zum griechischen Neuen Testament. Stuttgart 1951
Hans Joachim *Schulz:* Die byzantinische Liturgie. Trier 1980
Metropolit *Seraphim:* Die Ostkirche. Stuttgart 1950
Spätantike und frühes Christentum. Ausstellungskatalog Liebighaus Frankfurt/M. 1984
Günter *Spitzing:* Bali. Köln 1983
– Das indonesische Schattenspiel. Bali – Java – Lombok. Köln 1981
– Schulfotografie. Didaktik und Methodik. München 1975
– Fotopsychologie. Weinheim 1985
– Rhodos – richtig wandern. Köln 1987
Franz *Spunda:* Legenden und Fresken vom Berg Athos. Stuttgart 1962
Eduard *Stenphinger:* Antiker Volksglaube. Stuttgart 1948

Symeon der Theologe. Licht vom Licht – Hymnen. München 1951

David *Talbot Rice:* Beginn und Entwicklung christlicher Kunst. Köln 1947
– Byzantinische Malerei – die letzte Phase. Frankfurt 1968
Georgia *Tarsouli:* Mystras – Sparta (dt.). Athen o. J.
Nonne *Theotekni:* Meteora, der Felsenwald Griechenlands. Athen 1983
Nikolaus *Thon:* Quellenbuch zur Geschichte der orthodoxen Kirche. Trier 1983
Irmgard *Timmermann:* Die Seide Chinas. Köln 1986
Klaus Peter *Todt:* Das Griechentum im Pontos und das Kaiserreich von Trapezunt. Bochum 1985
Arnold *Toynbee:* Auf diesen Felsen. Das Christentum – Grundlagen und Wege zur Macht. Wien 1970
Otto *Treitinger:* Die oströmische Kaiser- und Reichsidee nach ihrer Gestaltung im höfischen Zeremoniell. Darmstadt 1956
P. P. *Trempela:* Litourgikon. Athen 1980
Elisabeth *Trenkle:* Liturgische Geräte und Gewänder der Ostkirche. München 1962
Ursula *Treu:* Physiologus. Naturkunde in frühchristlicher Deutung. Hanau 1981
G. N. *Tschubinaschwili:* Die georgische Kunst, ihre Entwicklung vom 4. bis zum 18. Jahrhundert. Ausstellungskatalog Berlin 1930

Zyciak / Nyssen: Die göttliche Liturgie unseres heiligen Vaters Johannes Chrysostomos (kirchenslav./dt.). Trier 1977

Edouard *Utudjian:* Les monuments armeniens. Paris 1967

Wolfgang F. *Volbach* / Jacqueline Fa Fontaine-Desogne: Byzanz und der christliche Osten. Frankfurt 1984
Wolfgang F. *Volbach* / Helmut *Theodor:* Byzanz. In: T. H. Bossert, Geschichte des Kunstgewerbes aller Zeiten und Völker, Bd. 5. Berlin 1932

Diedrich *Wachsmuth:* Alt- und neugriechischer Schifferglaube. Ingolstadt 1965
Jörg *Wagner:* Göreme. Stuttgart 1979
Dimitrios *Wakaros:* Apo tin Jennisi mechri tin Pentikosti. Thessaloniki 1981
Klaus *Wessel:* Die byzantinische Emailkunst. Recklinghausen 1968
D. *Wood:* Byzantine Military Standarts in a Cappadokian Church. Araecheology 12/1959
Oskar *Wulff:* Die altchristliche Kunst. Potsdam 1936
– Die byzantinische Kunst. Potsdam 1924
Wyzantini Techni. Ausstellungskatalog Athen 1964
Mündliche Informationen über *Folegandros: Alexander Spitzing*